독자의 1초를
아껴주는 정성을
만나보세요!

세상이 아무리 바쁘게 돌아가더라도 책까지 아무렇게나 빨리 만들 수는 없습니다.
인스턴트 식품 같은 책보다 오래 익힌 술이나 장맛이 밴 책을 만들고 싶습니다.
땀 흘리며 일하는 당신을 위해 한 권 한 권 마음을 다해 만들겠습니다.
마지막 페이지에서 만날 새로운 당신을 위해 더 나은 길을 준비하겠습니다.

Java Coding Problems by Anghel Leonard

Copyright © Packt Publishing 2019

First published in the English language under the title 'Java Coding Problems – (9781789801415)'

이 책의 한국어판 저작권은 에이전시 원을 통한 저작권사와의 독점 계약으로 ㈜도서출판 길벗에 있습니다.
저작권법에 의해 한국 내에서 보호를 받는 저작물이므로 무단전재와 복제를 금합니다.

코딩 개념 잡는 자바 코딩 문제집
Java Coding Problems

초판 발행 · 2022년 9월 30일

지은이 · 앵겔 레너드
옮긴이 · 심지현
발행인 · 이종원
발행처 · ㈜도서출판 길벗
출판사 등록일 · 1990년 12월 24일
주소 · 서울시 마포구 월드컵로 10길 56(서교동)
대표 전화 · 02)332-0931 | **팩스** · 02)323-0586
홈페이지 · www.gilbut.co.kr | **이메일** · gilbut@gilbut.co.kr

기획 및 책임편집 · 한동훈(monaca@gilbut.co.kr) | **디자인** · [서―랍] 이유나 | **제작** · 이준호, 손일순, 이진혁
마케팅 · 박민영, 박성용, 전선하, 지운집, 차명환 | **영업관리** · 김명자 | **독자지원** · 윤정아, 최희창

교정교열 · 박한솔 | **전산편집** · 책돼지 | **출력 및 인쇄** · 북솔루션 | **제본** · 북솔루션

ISBN 979-11-407-0145-2 93000
(길벗 도서번호 080292)

정가 48,000원

독자의 1초를 아껴주는 정성 길벗출판사

길벗 | IT단행본, IT교육서, 교양&실용서, 경제경영서
길벗스쿨 | 어린이학습, 어린이어학

페이스북 · www.facebook.com/gbitbook
예제 소스 · https://github.com/gilbutITbook/080292

JAVA CODING

PROBLEMS

코딩 개념 잡는

자바 코딩
문제집

앵겔 레너드 지음

심지현 옮김

크리스티안 스탄칼라우(Cristian Stancalau)는 바베스-볼라야 대학에서 컴퓨터 과학과 공학으로 학사 및 석사 학위를 취득한 뒤 2018년부터 조교수로 재직했다. 현재는 DevFactory에서 수석 소프트웨어 설계자로 일하며 엔터프라이즈 코드 리뷰를 담당하고 있다.

한때 영상 기술 스타트업을 공동 창업해 기술 이사로 회사를 이끌었다. 학계와 업계를 넘나들며 멘토링과 교육에 전문성을 보여 자바 기술과 제품 아키텍처에 대한 자문을 맡고 있다.

"〈코딩 개념 잡는 자바 코딩 문제집〉의 기술 리뷰를 맡는 영광을 준 앵겔 레너드에게 감사한다. 책을 읽으며 너무나 즐거웠고 독자들 또한 분명 그러할 것이다."

비슈누 고빈드라오 쿨카르니(Vishnu Govindrao Kulkarni)는 포춘 컨설팅과 협업하는, 열정적인 프리랜서 솔루션 제공자다. 풀스택 자바, 자바 스프링, 스프링 부트, 하이버네이트 REST API, 오라클을 다루며 다양한 분야에서 8년 넘게 폭넓은 경험을 쌓아 왔다. 또한 여러 기관과의 협업으로 자바와 자바 프레임워크를 사용한 엔터프라이즈 솔루션을 개발하는 기회도 가졌다. 지금도 여전히 솔루션 디자인과 개발에 매진하며 고객 가까이에서 가치를 창출하도록 돕고 있다.

팩트에서 출간한 〈Java Fundamentals〉의 기술 감수를 맡았었다.

프로그래밍 언어는 문법을 익힌 다음 실전에 쓰일 만한 코드를 작성해봐야 실력을 키울 수 있습니다. 실전 코드를 작성해보면서 깊이 있는 내용을 배워야 합니다. 〈코딩 개념 잡는 자바 코딩 문제집〉은 최신 자바 기능을 활용해 실전 문제 269개를 풀어보면서 자바 코딩 실력을 한층 높일 기회를 제공합니다. 데이터 처리와 입출력을 비롯해 객체 불변성, 리플렉션, 함수형 프로그래밍, 동시성, 옵셔널 같은 고급 기능까지 한 권에 모두 아우릅니다. 더불어 자칫 수박 겉핥기가 되지 않도록 실용적인 예제 코드로 간결하게 설명합니다.

이 책은 크게는 개념 단위로, 작게는 문제 단위로 자바를 소개합니다. 1995년에 공개된 자바는 오늘날엔 아주 복잡한 기능을 갖춘 자바 생태계로 진화했습니다. 이 방대한 자바 생태계를 이 책은 13개의 장으로 나눈 후, 한눈에 파악하기 쉽도록 매 장의 첫 번째 절에서 어떤 문제를 다룰지 요약해 놓았습니다. 자바 개발자에게 실질적으로 유용한 개념과 API들이 마치 백과사전처럼 예제와 함께 주제별로 수록하여 업무상 필요하거나 실력을 늘리고 싶은 부분만 추려서 찾아보기 좋습니다.

문제가 매우 많은데다 자바가 제공하는 기능을 폭넓게 소개하므로 꼭 끝까지 차례대로 읽겠다는 무거운 다짐은 내려놓으세요. 구성이 독립적이니 리프레시가 필요할 때 한두 장씩 훑어보아도 좋습니다. 문제 하나하나는 결코 이해하기 어렵지 않습니다. 아주 쉽게 핵심만 강조하여 설명하고 이를 활용할 수 있도록 안내합니다.

이 책은 문제뿐 아니라 그 해법 또한 다양하게 제시합니다. 자바 버전별로 다르게 문제를 해결하기도 하고 함수형 해법도 적용해봅니다. 익숙한 API가 뜻밖의 방식으로 쓰이고, 아주 생소한 API가 등장하기도 합니다. 바꿔 말해 이미 해결법을 아는 문제라도 새로운 기능으로 더 간결하게 해결하는 법을 배울 수 있습니다. 중급 이상의 개발자라면 문제의 해법을 읽기 전에 스스로 코드를 작성해보세요. 최신 API 문서도 살펴보고 오류도 해결해보세요. 더 나은 해법을 모색하고 다른 개발자의 코드와 비교해 나가는 과정도 코딩의 일부입니다.

〈코딩 개념 잡는 자바 코딩 문제집〉은 단순히 문제를 나열하는 데 그치지 않고 어떤 문제가 주어지든 올바른 해법을 고안할 수 있도록, 혹은 최소한 그 시작점을 찾아낼 수 있도록 돕습니다. 같은 형식으로 반복되는 문제를 통해 독자는 단련될 수 있습니다. 효과를 극대화하려면 예제를 직접 실습하여 자신의 것으로 만드세요. 간결하면서도 명확한 설명으로 독자가 지치지 않게끔 배려하는 저자의 정성을 문득문득 느낄 수 있을 것입니다.

JDK가 버전 8부터 12까지 빠른 속도로 진화함에 따라 현대 자바의 학습 곡선이 점차 올라가면서 개발자가 생산성의 안정 단계에 접어들기 위한 시간도 늘어나고 있다. JDK의 새로운 기능과 개념을 활용하면 최근의 다양한 문제를 해결할 수 있다. 이 책은 복잡도와 성능, 가독성 관점에서 올바른 관례와 결정을 설명함으로써 일반적인 문제에 객관적으로 접근하게 해준다.

〈코딩 개념 잡는 자바 코딩 문제집〉은 기한 안에 주어진 업무를 마치도록 돕는다. 이 책에 나오는 300개 이상의 애플리케이션은 문자열, 수, 배열, 컬렉션, 데이터 구조, 날짜와 시간, 불변성, 타입 추론, Optional, 자바 I/O, 자바 리플렉션, 함수형 프로그래밍, 동시성, HTTP 클라이언트 API 같은 일반적이고 기초적인 관심 분야를 다루는 1,000개 이상의 예제를 포함하므로 활용도가 높다. 일상 업무에서 사용할 핵심 지식을 강조하고 다뤄 보기 위해 정교하게 만든 문제들이니 온갖 능력을 발휘해 배워보자. 다시 말해 (맡은 업무가 쉽든 평범하든 복잡하든) 이러한 지식을 미리 갖추는 것은 선택이 아니라 필수다.

이 책을 다 읽을 무렵에는 자바 개념을 깊이 이해하게 되고, 자신있게 문제에 맞는 올바른 해법을 고안하고 선택할 수 있을 것이다.

이 책의 독자층

〈코딩 개념 잡는 자바 코딩 문제집〉은 자바 초보 개발자나 중급 개발자에게 가장 알맞다. 하지만 이 책의 모든 문제는 어떤 자바 개발자든 일상적으로 마주할 문제들이다.

기술적 배경 지식은 얕아도 좋다. 다만 자바의 팬이어야 하고 자바 코드를 이해하는 뛰어난 능력과 직관을 갖추고 있어야 한다.

이 책에서 다루는 내용

1장 문자열과 수, 수학에서는 문자열과 수, 수학 연산을 다루는 39개의 문제를 살펴본다. 먼저 문자 개수 세기, 문자열 뒤집기, 여백 제거 같은 고전적인 문자열 문제를 다룬다. 이어서 두 큰 수의 합, 연산 오버플로, 부호 없는 두 수 비교, 나눗셈과 나머지의 버림 계산 같은 수와 수학 연산을 다루는 문제를 풀어본다. 각 문제는 자바 8 함수형 스타일을 포함해 몇 가지 해법으로 해결한다. 또한 JDK 9, 10, 11, 12에 추가된 기능도 다룬다.

2장 객체와 불변성, switch 문에서는 객체와 불변성, switch 문을 다루는 18개의 문제를 살펴본다. 우선 null 참조를 다루는 몇 가지 문제로 시작한다. 이어서 인덱스 검사, equals()와 hashCode(), 불변성(불변 클래스 작성과 불변 클래스에서 가변 객체 전달/반환 등)을 다루는 문제를 살펴본다. 2장의 마지막 부분에서는 객체 복제와 JDK 12 switch 문을 다룬다.

3장 날짜와 시간 다루기에서는 날짜와 시간을 다루는 20개의 문제를 살펴본다. Date, Calendar, LocalDate, LocalTime, LocalDateTime, ZoneDateTime, OffsetDateTime, OffsetTime, Instant 등을 둘러보며 다양한 범위의 주제(포매팅 변환, 더하기와 빼기, period/duration 정의, 계산 등)를 다룬다. 3장을 모두 읽고 나면 애플리케이션의 요구사항에 맞게 날짜와 시간을 자유자재로 바꿀 수 있다.

4장 타입 추론에서는 var 타입으로 알려진 JEP 286 혹은 자바 로컬 변수 타입 추론(Local Variable Type Inference, LVTI)을 다루는 21개의 문제를 살펴본다. 4장의 문제들은 var를 처리하는 모범 사례와 그 과정에서 생기는 흔한 실수를 보이기 위해 세심하게 만들어졌다. 4장을 끝내면 var를 프로덕션 코드에 사용할 수 있을 만큼 충분한 지식을 갖추게 된다.

5장 배열, 컬렉션, 그리고 데이터 구조는 배열, 컬렉션, 몇 가지 데이터 구조를 다루는 30개의 문제를 살펴본다. 목표는 다양한 애플리케이션에서 마주칠 정렬, 검색, 비교, 순서 매기기, 뒤집기, 채우기, 병합, 복사, 치환 등 문제 범주에 대한 해법을 제공하는 것이다. 이러한 해법은 자바 8부터 자바 12로 구현했으며 연관된 다른 문제를 해결하는 토대가 된다. 5장을 읽고 나면 배열과 컬렉션, 여러 데이터 구조와 관련된 다양한 문제를 해결하는 데 유용하고도 견고한 지식을 갖추게 된다.

6장 자바 입출력 경로, 파일, 버퍼, 스캐닝, 포매팅에서는 자바의 파일 입출력을 다루는 20개의 문제를 살펴본다. 경로 조작, 탐색, 감시부터 파일 스트리밍, 텍스트 및 이진 파일을 읽고 쓰는 효율적 방법까지 자바 개발자라면 꼭 알아야 할 문제들을 다룬다. 6장에서 축적한 기술로 자바 입출력 파일과 관련된 대부분의 일반적인 문제를 해결할 수 있다.

7장 자바 리플렉션 클래스, 인터페이스, 생성자, 메서드, 필드에서는 자바 리플렉션 API를 다루는 17개의 문제를 살펴본다. 자바 아티팩트(예를 들어 모듈, 패키지, 클래스, 인터페이스, 상위 클래스, 생성자, 메서드, 애너테이션, 배열)를 검사하고 인스턴스를 생성하는 등의 전형적인 주제부터 합성과 브릿지 구조체, 중첩 기반 접근 제어(JDK 11)까지 자바 리플렉션 API를 폭넓게 다룬다.

8장 함수형 스타일 프로그래밍의 기초와 디자인 패턴에서는 자바 함수형 프로그래밍을 다루는 11개의 문제를 살펴본다. 8장은 함수형 인터페이스를 완벽히 익히기 위해 디자인한 문제로 시작한다. 이어서 GoF의 여러 디자인 패턴을 자바 함수형 스타일로 해석한다.

9장 함수형 스타일 프로그래밍 더 깊이 파고들기에서는 자바 함수형 프로그래밍을 다루는 22개의 문제를 살펴본다. 9장에서는 스트림에 쓰이는 대표적 연산(예를 들어 filter와 map) 관련 문제를 주로 다루면서 무한 스트림, 널 안전 스트림, 디폴트 메서드를 알아본다. 그루핑, 파티셔닝, 컬렉터를 비롯해 JDK 12 teeing() 컬렉터와 맞춤형 컬렉터 작성 문제까지 광범위하게 다룬다. 또한 takeWhile(), dropWhile()을 설명하고 함수, 프레디케이트, 비교자 구성, 람다 테스트와 디버깅 외 여러 가지 멋진 주제도 다룬다.

10장 동시성 − 스레드 풀, 콜러블, 싱크로나이저에서는 자바 동시성을 다루는 14개의 문제를 살펴본다. 먼저 스레드 생명 주기와 객체 단/클래스 레벨 잠금을 다루는 기초적인 문제로 시작한다. 이어서 JDK 8 작업 가로채기 스레드 풀을 포함해 자바의 스레드 풀 관련 문제를 다룬다. Callable과 Future도 사용해본다. 다음으로 자바 싱크로나이저(예를 들어 배리어, 세마포어, 익스체인저)를 다루는 문제를 살펴본다. 10장을 끝내면 자바 동시성을 이루는 핵심 요소를 깊이 이해하게 되어 더 고급 문제 집합으로 나아갈 준비가 된다.

11장 동시성 더 깊이 파고들기에서는 자바 동시성을 다루는 13개의 문제를 살펴본다. 포크/조인 프레임워크, CompletableFuture, ReentrantLock, ReentrantReadWriteLock, StampedLock, 원자 변수, 작업 취소, 인터럽터블 메서드, 스레드 로컬 잠금, 데드락에 대한 문제를 다룬다. 11장을 모두 읽으면 자바 개발자가 알아야 할 동시성 지식이 상당히 축적된다.

12장 옵셔널에서는 Optional을 다루는 몇 가지 규칙을 강조하는 24개의 문제를 살펴본다. 12장의 문제와 해법은 브라이언 게츠(자바 언어 설계자)가 내린 다음 정의에 기반한다. 옵셔널은 결과가 없음을 명확하게 표현해야 하는 라이브러리 메서드 반환 타입을 위해 만들어진 제한된 메커니즘으로서 결과 없음을 널(null)로 표현하면 오류 발생 가능성이 압도적으로 높다. 단, 규칙에는 예외가 따르는 법이다. 즉, 12장에서 소개할 규칙(또는 관례)을 어떻게든 따라야(혹은 피해야) 한다고 결론 짓지 말자. 늘 그렇듯이 올바른 해법은 문제에 따라 다르다.

13장 HTTP 클라이언트와 WebSocket API에서는 HTTP 클라이언트와 WebSocket API를 다루는 20개의 문제를 살펴본다. HttpUrlConnection을 기억하는가? JDK 11에는 HttpUrlConnection을 다시 만든 HTTP 클라이언트 API가 딸려 있다. HTTP 클라이언트 API는 사용하기 쉽고 HTTP/2(기본)와 HTTP/1.1을 지원한다. 후방 호환성을 위해 HTTP 클라이언트 API는 HTTP/2를 지원하지 않는 서버는 HTTP/2에서 HTTP/1.1로 자동으로 다운그레이드한다. 또한 동기와 비동기 프로그래밍 모델을 지원하고 스트림을 이용해 데이터를 전송한다(리액티브 스트림). 실시간 웹 애플리케이션에서 메시지 오버헤드가 적은 클라이언트-서버 커뮤니케이션을 제공하기 위한 WebSocket 프로토콜도 지원한다.

이 책을 읽는 방법

기초적인 자바 언어 지식은 지니고 있어야 한다. 다음을 설치하자.

- IDE(아파치 넷빈즈 11.x(https://netbeans.apache.org/)을 권장하지만 다른 IDE도 괜찮다)
- JDK 12와 메이븐 3.3.x[1]
- 외부 라이브러리를 추가로 설치해야 하는 문제도 있다(어렵지 않다).

예제 코드 파일 다운로드

이 책의 예제 코드 파일은 www.packt.com 계정으로 다운로드할 수 있다. 다른 곳에서 구입했으면 www.packtpub.com/support에 가입해 이메일로 바로 파일을 받을 수 있다.

아래 단계를 따라 코드 파일을 다운로드한다.

1. www.packt.com에 로그인하거나 회원 가입한다.
2. **Support** 탭을 선택한다.
3. **Code Downloads**를 클릭한다.
4. **Search** 창에 책 제목을 입력하고 화면에 나오는 지시에 따른다.

---

1 역주 원서 집필 시점의 요구사항이므로 최신 버전을 설치해도 문제는 없습니다.

코드 파일을 다운로드했으면 다음 프로그램의 최신 버전으로 폴더를 압축 해제하거나 추출하자.

- 윈도: WinRAR/7-Zip

- 맥: Zipeg/iZip/UnRarX

- 리눅스: 7-Zip/PeaZip

깃허브의 https://github.com/PacktPublishing/Java-Coding-Problems에서도 이 책의 예제 코드를 호스팅하고 있다. 코드에 업데이트가 생기면 기존 깃허브 저장소도 업데이트된다.

길벗 출판사의 홈페이지 www.gilbut.co.kr이나 github.com/gilbutITbook/080292에서도 받을 수 있다.

컬러 이미지 다운로드

이 책에 나오는 스크린샷과 도표의 컬러 이미지를 PDF 파일로 제공하고 있다. https://static.packt-cdn.com/downloads/9781789801415_ColorImages.pdf에서 받을 수 있다.

코드 실습

http://bit.ly/2kSgFKf에 가면 코드가 실행되는 과정을 확인할 수 있다. 길벗 출판사에서는 좀 더 쉬운 주소 https://bit.ly/java_coding_problems를 만들었다. 둘 다 같은 유튜브로 안내된다.

이 책의 표기

이 책은 다양한 문장 표기를 사용한다.

본문 속 코드: 문장 내 코드, 데이터베이스 테이블명, 폴더명, 파일명, 파일 확장자, 경로명, 더미 URL, 사용자 입력, 트위터 핸들은 코드 서체로 표기한다. 예를 들어 "현재 문자가 Map에 있으면 (character, occurrences+1)처럼 빈도수를 1 증가시킨다."처럼 표기한다.

코드 블록은 다음과 같이 표기한다.

```
public Map<Character, Integer> countDuplicateCharacters(String str) {

  Map<Character, Integer> result = new HashMap<>();

  // for(char ch: str.toCharArray()) { ... }를 사용해도 된다
  for (int i = 0; i<str.length(); i++) {
    char ch = str.charAt(i);

    result.compute(ch, (k, v) -> (v == null) ? 1 : ++v);
  }

  return result;
}
```

코드의 특정 부분을 강조할 때는 해당 줄이나 항목을 굵게 표시한다.

```
for (int i = 0; i < str.length(); i++) {
  int cp = str.codePointAt(i);
  String ch = String.valueOf(Character.toChars(cp));
  if(Character.charCount(cp) == 2) { // 2는 대리 쌍을 의미한다.
    i++;
  }
}
```

명령 줄 입력이나 출력은 다음과 같이 표기한다.

```
$ mkdir css
$ cd css
```

새로운 용어나 중요 단어 및 문장은 별도의 색으로 굵게 표기한다. 예를 들어 "이진 탐색(Binary Search) 같은 유명한 알고리즘이나 트라이(Trie)를 사용하는 해법도 있다."처럼 표기한다.

Info ≡   경고나 중요한 노트는 이렇게 표기한다.

TIP ≡   팁과 트릭은 이렇게 표기한다.

예제 파일 내려받기

이 책에서 사용하는 예제 코드는 길벗출판사 웹사이트에서 도서명으로 검색하여 내려받거나 아래 깃허브 저장소에서 내려받을 수 있다.

- 길벗출판사 웹사이트: http://www.gilbut.co.kr
- 길벗 깃허브 저장소: https://github.com/gilbutITbook/080292
- 원서 소스 코드: https://github.com/PacktPublishing/Java-Coding-Problems

이 책의 다른 리소스

각 장의 예제를 실습하는 과정을 동영상으로 볼 수 있다.

- https://bit.ly/java_coding_problems

원서에 사용된 그림의 컬러 버전을 받아볼 수 있다. 강의 자료에 활용할 수 있다.

- https://static.packt-cdn.com/downloads/9781789801415_ColorImages.pdf

예제의 버전에 대한 안내

Packt 원서 출판사의 저장소는 다음 버전을 사용한다.

- 아파치 넷빈즈 11.x
- JDK 12와 메이븐 3.3.x
- 일부 외부 라이브러리

번역서에서는 테스트 시점에 최신 버전을 사용했다.

- 아파치 넷빈즈 13
- JDK 18과 메이븐 3.8
- 각 외부 라이브러리의 최신 버전

예제 파일 구조 및 참고 사항

이 책에서 사용하는 예제 파일은 장별로 분류되어 있다.

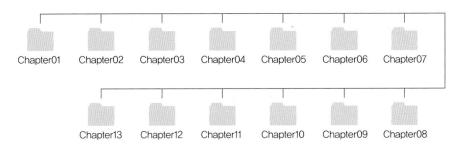

명령 창에서 직접 컴파일과 실행을 한다면 다음과 같이 실습할 수 있다.

1장 첫 번째 예제를 예시로 설명한다. 이 예제는 Main.java와 Strings.java로 구성되어 있다.

```
cd C:\Chapter01\P01_CountDuplicateCharacters\src\modern\challenge
javac -d . Main.java Strings.java
```

실습 경로는 자신이 압축을 푼 경로에 맞게 수정해야 한다. javac 명령으로 파일을 모두 컴파일한다. 컴파일 결과로 Main.class와 Strings.class가 생성된다.

실행할 때는 패키지 이름을 함께 지정한다.

```
java modern.challenge.Main
```

5장 배열, 컬렉션, 그리고 데이터 구조 ····· 215

6장 자바 입출력 경로, 파일, 버퍼, 스캐닝, 포매팅 ····· 311

6.1 문제   312

6.2 해법   313

7장 자바 리플렉션 클래스, 인터페이스, 생성자, 메서드, 필드
····· 391

10장 동시성 - 스레드 풀, 콜러블, 싱크로나이저 ····· 573

12장 옵셔널 ····· 711

1^장

문자열과 수, 수학

1장에서는 문자열과 수, 수학 연산을 포함하는 39개의 문제를 다룬다. 먼저 문자 개수 세기, 문자열 뒤집기, 여백 제거 같은 고전적인 문자열 문제부터 살펴본다. 이어서 두 큰 수의 합, 연산 오버플로, 부호 없는 두 수 비교, 나눗셈과 나머지의 버림 계산 같은 수와 수학 연산을 살펴본다. 문제마다 자바 8의 함수형 스타일을 포함해 몇 가지 해법을 알아본다. 또한 JDK 9, 10, 11, 12와 관계된 문제도 다룬다.

1장을 모두 읽으면 문자열을 조작하고 다른 문제에 맞게 적용하고 맞추고 조정할 수 있는 여러 기법을 활용할 수 있게 된다. 또한 기이하고 예측 불가능한 결과로 이어질 수 있는 수학적으로 특이한 경우를 어떻게 해결하는지도 알게 된다.

1.1 문제

다음 문제를 통해 문자열 조작과 수학적으로 특이한 경우를 프로그래밍하는 실력을 테스트해보자. 해답 페이지로 넘어가거나 예제 프로그램을 다운로드하기 전에 반드시 스스로 문제를 풀어보기 바란다.

001. 문자 개수 세기: 주어진 문자열에서 문자 개수를 세는 프로그램을 작성하라.

002. 반복되지 않는 첫 번째 문자 찾기: 주어진 문자열에서 반복되지 않는 첫 번째 문자를 반환하는 프로그램을 작성하라.

003. 글자와 단어 뒤집기: 각 단어의 글자를 뒤집는 프로그램과 각 단어의 글자와 각 단어를 뒤집는 프로그램을 작성하라.

004. 숫자만 포함하는 문자열인지 검사: 주어진 문자열이 숫자만 포함하는지 검사하는 프로그램을 작성하라.

005. 모음과 자음 세기: 주어진 문자열에서 모음과 자음 개수를 세는 프로그램을 작성하라. 대상은 자음이 5개(a, e, i, o, u)인 영어다.

006. 문자 빈도수 세기: 주어진 문자열에서 특정 문자의 빈도수를 세는 프로그램을 작성하라.

007. 문자열을 int, long, float, double로 변환: (수를 표현하는) 주어진 String 객체를 int나 long, float, double로 변환하는 프로그램을 작성하라.

008. 문자열에서 여백 제거: 주어진 문자열에서 모든 여백을 제거하는 프로그램을 작성하라.

009. 구분자로 여러 문자열 합치기: 주어진 문자열을 주어진 구분자로 합치는 프로그램을 작성하라.

010. 모든 순열 생성: 주어진 문자열의 모든 순열을 생성하는 프로그램을 작성하라.

011. 문자열 회문 검사: 주어진 문자열이 회문인지 알아내는 프로그램을 작성하라.

012. 중복 문자 제거: 주어진 문자열에서 중복 문자를 제거하는 프로그램을 작성하라.

013. 주어진 문자 제거: 주어진 문자열에서 주어진 문자를 제거하는 프로그램을 작성하라.

014. 빈도수가 가장 높은 문자 찾기: 주어진 문자열에서 빈도수가 가장 큰 문자를 찾는 프로그램을 작성하라.

015. 문자열 배열을 길이 순으로 정렬: 주어진 문자열 배열의 길이로 정렬하는 프로그램을 작성하라.

016. 문자열이 부분 문자열을 포함하는지 검사: 주어진 문자열이 주어진 부분 문자열을 포함하는지 검사하는 프로그램을 작성하라.

017. 문자열 내 부분 문자열 빈도수 세기: 주어진 문자열에서 또 다른 주어진 문자열의 빈도수를 세는 프로그램을 작성하라.

018. 두 문자열이 애너그램인지 검사: 두 문자열이 애너그램인지 검사하는 프로그램을 작성하라. 대소문자와 여백을 무시함으로써 문자열의 애너그램을 그 문자열의 순열이라고 간주하자.

019. 여러 줄 문자열(텍스트 블록) 선언: 여러 줄 문자열 또는 텍스트 블록을 선언하는 프로그램을 작성하라.

020. 같은 문자열 n번 이어 붙이기: 같은 문자열을 주어진 횟수만큼 이어 붙이는 프로그램을 작성하라.

021. 문자열 앞과 뒤 공백 제거: 주어진 문자열의 앞과 뒤 공백을 제거하는 프로그램을 작성하라.

022. 가장 긴 공통 접두사 찾기: 주어진 문자열들에서 가장 긴 공통 접두사를 찾는 프로그램을 작성하라.

023. 들여쓰기 적용: 주어진 텍스트에 들여쓰기를 적용하는 몇 가지 코드를 작성하라.

024. 문자열 변환: 문자열을 또 다른 문자열로 변환하는 몇 가지 코드를 작성하라.

025. 두 수의 최솟값과 최댓값 계산: 두 수의 최솟값과 최댓값을 반환하는 프로그램을 작성하라.

026. 두 큰 int/long 수의 합과 연산 오버플로: 두 큰 int/long 수를 합하고 연산 오버플로가 발생하면 산술 예외를 던지는 프로그램을 작성하라.

027. 기수를 지정해 문자열을 부호 없는 수로 변환: 주어진 문자열을 주어진 기수(radix)의 부호 없는 수(int나 long)로 파싱하는 프로그램을 작성하라.

028. 부호 없는 수로 변환: 주어진 int 수를 부호 없는 long으로 변환하는 프로그램을 작성하라.

029. 부호 없는 두 수 비교: 부호 없는 두 수를 비교하는 프로그램을 작성하라.

030. 부호 없는 값의 나눗셈과 나머지: 부호 없는 값이 주어졌을 때 나눗셈과 나머지를 계산하는 프로그램을 작성하라.

031. double/float가 유한 부동소수점 값인지 검사: 주어진 double/float 값이 유한 부동소수점 값인지 알아내는 프로그램을 작성하라.

032. 두 불 표현식에 논리 AND/OR/XOR 적용: 두 불 표현식에 논리 AND/OR/XOR을 적용하는 프로그램을 작성하라.

033. BigInteger를 원시 타입으로 변환: 주어진 BigInteger에서 원시 타입 값을 추출하는 프로그램을 작성하라.

034. long을 int로 변환: long을 int로 변환하는 프로그램을 작성하라.

035. 나눗셈과 나머지의 버림 계산: 피제수(x)와 제수(y)가 주어졌을 때 나눗셈의 버림과 나머지의 버림을 계산하는 프로그램을 작성하라.

036. 다음 부동소수점 값: 주어진 float/double 값과 양의 무한대와 음의 무한대 방향으로 인접한 다음 부동소수점 값을 반환하는 프로그램을 작성하라.

037. 두 큰 int/long 수의 곱과 연산 오버플로: 두 큰 int/long 값을 곱하고 연산 오버플로가 발생하면 산술 예외를 던지는 프로그램을 작성하라.

038. 단일 곱셈 누산기(Fused Multiply Add): 세 float/double 값 a, b, c를 받아 $a * b + c$를 효율적으로 계산하는 프로그램을 작성하라.

039. 컴팩트 수 포매팅: 수 1,000,000을 1M(미국 로캘)과 1mln(이탈리아 로캘)로 포매팅하는 프로그램을 작성하라. 또한 문자열 내 1M과 1mln을 수로 파싱해보자.

1.2 해법

앞서 나열한 문제의 해법을 설명하겠다. 우선 문제의 정답이 딱 하나인 경우는 드물다는 점을 잊지 말자. 또한 문제를 푸는 데 반드시 필요한 가장 흥미롭고 중요한 사항만 설명했음을 기억하자. 코드를 자세히 살펴보고 프로그램을 직접 실행하려면 https://github.com/gilbutITbook/080292 에서 예제 솔루션을 다운로드한다.

001 문자 개수 세기

문자열에서 문자 개수를 세려면 각 문자(#, $, % 같은 특수 문자 포함)를 하나씩 보며 나머지 문자들과 비교해야 한다. 비교하다 똑같은 문자를 찾으면 숫자 카운터를 1씩 증가시키며 현재 개수를 기록한다.

이 문제의 해법은 두 가지다.

첫 번째 해법은 문자열 내 문자를 순회하며 Map을 사용해 문자를 키로, 빈도수를 값으로 저장하는 방법이다. 현재 문자가 Map에 없으면 (character, 1)을 추가한다. 현재 문자가 Map에 있으면 (character, occurrences+1)처럼 빈도수를 1 증가시킨다. 코드로 살펴보자.

```java
public Map<Character, Integer> countDuplicateCharacters(String str) {
  Map<Character, Integer> result = new HashMap<>();

  // for(char ch: str.toCharArray()) { ... }를 사용해도 된다
  for (int i = 0; i<str.length(); i++) {
    char ch = str.charAt(i);

    result.compute(ch, (k, v) -> (v == null) ? 1 : ++v);
  }

  return result;
}
```

두 번째 해법은 자바 8의 스트림 기능을 활용한다. 이 해법은 세 단계로 이뤄진다. 처음 두 단계에서는 주어진 문자열을 Stream<Character>로 변환하고, 나머지 한 단계에서는 문자를 분류하고 센다. 단계는 다음과 같다.

1. 원래 문자열에 String.chars() 메서드를 호출한다. 이 메서드는 IntStream을 반환한다. IntStream은 주어진 문자열 내 문자를 정수로 표현한다.

2. mapToObj() 메서드로 IntStream을 문자 스트림으로 변환한다(이 메서드는 정수 표현을 사람이 읽기 쉬운 문자 형태로 변환한다).

3. 끝으로 문자를 분류하고(Collectors.groupingBy()) 센다(Collectors.counting()).

위 세 단계를 메서드 하나로 합치면 다음과 같다.

```java
public Map<Character, Long> countDuplicateCharacters(String str) {
  Map<Character, Long> result = str.chars()
    .mapToObj(c -> (char) c)
    .collect(Collectors.groupingBy(c -> c, Collectors.counting()));

  return result;
}
```

001.1 유니코드 문자는 어떻게 처리할까?

개발자는 아스키(ASCII) 문자에 굉장히 익숙하다. 0부터 31까지는 출력할 수 없는 제어 코드고 32부터 127까지는 출력할 수 있는 문자, 128부터 255까지는 확장 아스키 코드다. 하지만 유니코드 문자는 어떨까? 유니코드 문자를 조작해야 하는 문제가 나오면 이 절을 떠올리자.

간단히 말해 초기 유니코드 버전은 65,535(0xFFFF)보다 작은 값의 문자를 포함했다. 자바는 이러한 문자를 16비트 char 데이터 타입으로 표현한다. charAt(i)를 호출하면 i가 65,535를 초과하지 않는 한 올바르게 동작한다. 하지만 시간이 흐르며 유니코드에 문자가 추가됐고 최댓값도 1,114,111(0x10FFFF)까지 늘어났다. 이러한 문자들은 16비트로 표현할 수 없으므로 (코드 포인트(code point)라 불리는) 32비트 값을 UTF-32 인코딩 스키마에 고려하게 되었다.

안타깝게도 자바는 UTF-32를 지원하지 않는다! 그래도 유니코드는 16비트만으로 이러한 문자를 표현할 방법을 고안해냈다. 바로 다음과 같은 방법이다.

- 16비트 상위 대리(high surrogate): 값 1,024개(U+D800부터 U+DBFF까지)
- 16비트 하위 대리(low surrogate): 값 1,024개(U+DC00부터 U+DFFF까지)

상위 대리와 하위 대리로 하나의 대리 쌍(surrogate pair)을 정의한다. 대리 쌍은 65,536(0x10000)에서 1,114,111(0x10FFFF) 사이의 값을 표현하는 데 쓰인다. 즉, 하나의 코드 포인트[1]로 병합되는 유니코드 대리 쌍(문자(기호) 하나가 문자 쌍에 대응한다)으로 유니코드 추가 문자라 불리는 특정 문자들을 표현한다. 자바는 대리 쌍 표현을 활용해 codePointAt(), codePoints(), codePointCount(), offsetByCodePoints() 같은 메서드 집합으로 코드 포인트를 노출한다 (자세한 내용은 자바 설명서를 참고한다). charAt() 대신 codePointAt()을, chars() 대신 codePoints()를 호출하면 아스키 외에 유니코드 문자까지 처리하도록 해법을 작성할 수 있다.

유니코드 대리 쌍의 한 예가 잘 알려진 하트 두 개짜리 기호다. 이 기호는 \uD83D와 \uDC95, 두 값을 포함하는 char[]로 표현된다. 이 기호의 코드 포인트는 128149다. String str = String.valueOf(Character.toChars(128149))를 호출하면 이 코드 포인트로부터 String 객체를 얻는다. str.codePointCount(0, str.length())를 호출하면 str 내 코드 포인트를 셀 수 있고, str의 길이가 2여도 1을 반환한다. str.codePointAt(0)을 호출하면 128149를, str.codePointAt(1)을 호출하면 56469를 반환한다. 128149라는 코드 포인트를 유니코드 대리 쌍으로 표현하려면 문자 두 개가 필요하므로 Character.toChars(128149)를 호출하면 2를 반환한다. 아스키와 유니코드 16비트 문자라면 1을 반환한다.

따라서 첫 번째 해법(문자열 문자를 순회하며 문자를 키로, 빈도수를 값으로 Map에 저장하는 방법)을 아스키와 유니코드(대리 쌍 포함) 모두 지원하도록 다시 작성하면 다음 코드와 같다.

```java
public static Map<String, Integer>
    countDuplicateCharacters(String str) {
  Map<String, Integer> result = new HashMap<>();

  for (int i = 0; i < str.length(); i++) {
    int cp = str.codePointAt(i);
    String ch = String.valueOf(Character.toChars(cp));
    if(Character.charCount(cp) == 2) { // 2는 대리 쌍을 뜻한다
      i++;
    }

    result.compute(ch, (k, v) -> (v == null) ? 1 : ++v);
  }

  return result;
}
```

---

1 역주 유니코드 문자 집합에서 각 문자의 위치를 코드 포인트로 표현합니다.

강조한 코드 부분은 아래처럼 작성해도 된다.

```java
String ch = String.valueOf(Character.toChars(str.codePointAt(i)));
if (i < str.length() - 1 && str.codePointCount(i, i + 2) == 1) {
  i++;
}
```

덧붙여 자바 8 함수형 스타일로 유니코드 대리 쌍을 처리하려면 다음과 같이 다시 작성한다.

```java
public static Map<String, Long> countDuplicateCharacters(String str) {
  Map<String, Long> result = str.codePoints()
    .mapToObj(c -> String.valueOf(Character.toChars(c)))
    .collect(Collectors.groupingBy(c -> c, Collectors.counting()));

  return result;
}
```

> **Info** ≡ 외부 라이브러리 지원을 받으려면 구아바(Guava)의 Multiset<String>을 활용한다.

앞으로 나올 문제 중에 아스키와 16비트 유니코드, 유니코드 대리 쌍까지 처리하는 해법을 제공하는 문제도 있다. 무작위로 골랐을 뿐이니 이러한 해법을 활용해 해법이 제공되지 않은 문제에도 쉽게 해법을 작성할 수 있다.

002 반복되지 않는 첫 번째 문자 찾기

문자열에서 반복되지 않는 첫 번째 문자를 찾는 해법은 여러 가지가 있다. 보통은 문자열을 한 번 순회하거나 또는 문자열을 더 완전하고 부분적으로 순회해서 문제를 해결할 수 있다.

한 번 순회하는 방식에서는 배열을 생성해 문자열에서 한 번만 나오는 문자들의 인덱스를 저장한다. 이후 반복되지 않는 문자들을 포함하는 이 배열에서 가장 작은 인덱스를 반환한다.

```java
private static final int EXTENDED_ASCII_CODES = 256;
...
public char firstNonRepeatedCharacter(String str) {
  int[] flags = new int[EXTENDED_ASCII_CODES];

  for (int i = 0; i < flags.length; i++) {
    flags[i] = -1;
```

```
    }

    for (int i = 0; i < str.length(); i++) {
      char ch = str.charAt(i);
      if (flags[ch] == -1) {
        flags[ch] = i;
      } else {
        flags[ch] = -2;
      }
    }

    int position = Integer.MAX_VALUE;

    for (int i = 0; i < EXTENDED_ASCII_CODES; i++) {
      if (flags[i] >= 0) {
        position = Math.min(position, flags[i]);
      }
    }

    return position == Integer.MAX_VALUE ?
      Character.MIN_VALUE : str.charAt(position);
  }
```

위 해법은 문자열 내 모든 문자가 확장 아스키표(256 코드)에 속한다고 가정한다. 256보다 코드가 크면 그에 맞게 배열 크기를 늘려야 한다(http://www.alansofficespace.com/unicode/unicd99.htm). 위 해법은 배열 크기가 char 타입의 최댓값, 즉 Character.MAX_VALUE인 65,535를 넘지 않는 한 잘 동작한다. 이와 달리 Character.MAX_CODE_POINT는 유니코드 코드 포인트의 최댓값인 1,114,111을 반환한다. 이 범위까지 지원하려면 codePointAt()과 codePoints()에 기반한 다른 구현이 필요하다.

한 번만 순회하므로 위 코드는 상당히 빠르다. 또 다른 해법에서는 각 문자마다 문자열을 순회하며 빈도수를 세야 한다. 문자가 두 번 나오면(중복) 바로 루프를 종료하고 다음 문자로 넘어가는 식으로 알고리즘을 반복한다. 문자열 끝에 도달하면 현재 문자를 반복되지 않는 첫 번째 문자로 반환한다. 이 해법은 이 책에 딸린 예제 코드에 들어 있다.

여기서 소개할 또 다른 해법은 LinkedHashMap을 활용하는 것이다. 자바의 LinkedHashMap 맵은 삽입 순서를 유지하는(insertion-order) 맵으로서(맵에 삽입한 순서대로 키를 유지한다) 이 해법에 사용하면 아주 편리하다. LinkedHashMap은 문자를 키로, 빈도수를 값으로 해서 만들어진다. LinkedHashMap이 완성되면 값이 1인 첫 번째 키를 반환한다. 삽입 순서 유지 기능 덕분에 이 키가 문자열에서 반복되지 않는 첫 번째 문자다.

```java
public char firstNonRepeatedCharacter(String str) {
  Map<Character, Integer> chars = new LinkedHashMap<>();

  // for(char ch: str.toCharArray()) { ... }를 사용해도 된다
  for (int i = 0; i < str.length(); i++) {
    char ch = str.charAt(i);

    chars.compute(ch, (k, v) -> (v == null) ? 1 : ++v);
  }

  for (Map.Entry<Character, Integer> entry: chars.entrySet()) {
    if (entry.getValue() == 1) {
      return entry.getKey();
    }
  }

  return Character.MIN_VALUE;
}
```

이 책의 예제 코드에 방금 소개한 해법을 자바 8 함수형 스타일로 작성해두었다. 다음은 아스키와 16비트 유니코드, 유니코드 대리 쌍을 모두 지원하는 함수형 스타일 해법이다.

```java
public static String firstNonRepeatedCharacter(String str) {
  Map<Integer, Long> chs = str.codePoints()
    .mapToObj(cp -> cp)
    .collect(Collectors.groupingBy(Function.identity(),
      LinkedHashMap::new, Collectors.counting()));

  int cp = chs.entrySet().stream()
    .filter(e -> e.getValue() == 1L)
    .findFirst()
    .map(Map.Entry::getKey)
    .orElse(Integer.valueOf(Character.MIN_VALUE));

  return String.valueOf(Character.toChars(cp));
}
```

코드를 더 자세히 이해하려면 001. 문자 개수 세기 절의 001.1 유니코드 문자는 어떻게 처리할까? 절을 참고한다.

003 글자와 단어 뒤집기

먼저 각 단어의 글자들을 뒤집겠다. 이 해법에는 StringBuilder 클래스를 활용할 수 있다. 첫 번째 단계에서는 공백을 구분자로 사용해(String.split(" ")) 문자열을 단어 배열로 분할한다. 두번째 단계에서는 해당하는 아스키 코드로 각 단어를 뒤집은 후 StringBuilder에 결과를 덧붙인다. 먼저 주어진 문자열을 공백으로 분할한다. 이어서 생성한 단어 배열을 순회하며 charAt()으로 각 문자를 역순으로 가져와 각 단어를 뒤집는다.

```java
private static final String WHITESPACE = " ";
...
public String reverseWords(String str) {
  String[] words = str.split(WHITESPACE);
  StringBuilder reversedString = new StringBuilder();

  for (String word: words) {
    StringBuilder reverseWord = new StringBuilder();

    for (int i = word.length() - 1; i >= 0; i--) {
      reverseWord.append(word.charAt(i));
    }

    reversedString.append(reverseWord).append(WHITESPACE);

  }

  return reversedString.toString();
}
```

자바 8 함수형 스타일로 같은 결과를 얻으려면 다음과 같이 한다.

```java
private static final Pattern PATTERN = Pattern.compile(" +");
...
public static String reverseWords(String str) {
  return PATTERN.splitAsStream(str)
    .map(w -> new StringBuilder(w).reverse())
    .collect(Collectors.joining(" "));
}
```

두 메서드는 각 단어 내 글자를 역순으로 뒤집은 문자열을 반환하지만 단어 자체의 순서는 그대로다. 이제 각 단어의 글자뿐 아니라 단어 순서도 뒤집는 메서드를 알아보자. StringBuilder. reverse() 메서드를 이용하면 매우 간단하다.

```java
public String reverse(String str) {
  return new StringBuilder(str).reverse().toString();
}
```

Info ≡   외부 라이브러리 지원을 받으려면 아파치 커먼즈 랭(Apache Commons Lang)의 StringUtils.
reverse()를 활용한다.

004 숫자만 포함하는 문자열인지 검사

이 해법에는 Character.isDigit()이나 String.matches() 메서드를 활용하면 된다.

Character.isDigit()을 활용하는 해법이 간단하고 빠르다. 문자열 내 문자를 순회하다가 이 메서
드에서 false를 반환하면 루프를 종료한다.

```java
public static boolean containsOnlyDigits(String str) {
  for (int i = 0; i < str.length(); i++) {
    if (!Character.isDigit(str.charAt(i))) {
      return false;
    }
  }

  return true;
}
```

자바 8 함수형 스타일로 위 코드를 다시 작성하려면 anyMatch()를 이용한다.

```java
public static boolean containsOnlyDigits(String str) {
  return !str.chars()
    .anyMatch(n -> !Character.isDigit(n));
}
```

이제 String.matches()를 활용하는 해법을 살펴보자. 이 메서드는 문자열이 주어진 정규식과 일
치하는지 나타내는 boolean 값을 반환한다.

```java
public static boolean containsOnlyDigits(String str) {
  return str.matches("[0-9]+");
}
```

자바 8 함수형 스타일과 정규식 기반 해법은 대개 느리므로 속도가 중요하면 Character.isDigit()을 사용하는 첫 번째 해법을 쓰는 것이 좋다.

> Info ≡ parseInt()나 parseLong()으로 위 문제를 해결하지 말자. 우선 NumberFormatException을 잡아 catch 블록에서 비즈니스 로직을 결정하는 것은 잘못된 관례다. 또한 두 메서드는 문자열이 유효한 수인지 확인할 뿐 숫자만 포함하는지는 확인하지 못한다(예를 들어 -4도 유효하다). 외부 라이브러리 지원을 받으려면 아파치 커먼즈 랭의 StringUtils.isNumeric()을 활용한다.

005 모음과 자음 세기

아래 코드는 영어를 다루지만 여러 언어를 다룰 줄 안다면 모음과 자음 수가 다를 수 있고 코드도 그에 맞게 바뀌어야 한다.

첫 번째 해법에서는 문자열 내 문자를 순회하며 다음을 수행한다.

1. 현재 문자가 모음인지 확인해야 한다(영어는 모음이 5개뿐이니 간단하다. 다른 언어에는 모음이 더 있을 수 있으나 그래도 많지 않다).

2. 현재 문자가 모음이 아니면 'a'에서 'z' 사이인지(즉, 현재 문자가 자음인지) 확인한다.

우선 주어진 String 객체를 소문자로 변환해야 한다. 이렇게 하면 대문자와 비교하지 않아도 된다. 예를 들어 'A'와 'a' 대신 'a'만 비교하면 된다.

위 해법을 코드로 구현하면 다음과 같다.

```java
private static final Set<Character> allVowels
            = new HashSet(Arrays.asList('a', 'e', 'i', 'o', 'u'));
public static Pair<Integer, Integer>
    countVowelsAndConsonants(String str) {
  str = str.toLowerCase();
  int vowels = 0;
  int consonants = 0;

  for (int i = 0; i < str.length(); i++) {
    char ch = str.charAt(i);
    if (allVowels.contains(ch)) {
      vowels++;
    } else if ((ch >= 'a' && ch <= 'z')) {
      consonants++;
    }
```

```
        }

        return Pair.of(vowels, consonants);
    }
```

chars()와 filter()를 사용해 자바 8 함수형 스타일로 다시 작성할 수 있다.

```
    private static final Set<Character> allVowels
            = new HashSet(Arrays.asList('a', 'e', 'i', 'o', 'u'));
    public static Pair<Long, Long> countVowelsAndConsonants(String str) {
        str = str.toLowerCase();

        long vowels = str.chars()
            .filter(c -> allVowels.contains((char) c))
            .count();

        long consonants = str.chars()
            .filter(c -> !allVowels.contains((char) c))
            .filter(ch -> (ch >= 'a' && ch<= 'z'))
            .count();

        return Pair.of(vowels, consonants);
    }
```

주어진 문자열을 조건에 맞게 필터링한 후 종결 연산(terminal operation)인 count()에서 결과를 반환한다. partitioningBy()를 사용하면 코드가 다음과 같이 줄어든다.

```
    Map<Boolean, Long> result = str.chars()
        .mapToObj(c -> (char) c)
        .filter(ch -> (ch >= 'a' && ch <= 'z'))
        .collect(partitioningBy(c -> allVowels.contains(c), counting()));

    return Pair.of(result.get(true), result.get(false));
```

다 됐다! 이제 어떤 문자가 문자열에 몇 번 나오는지 세는 법을 알아보자.

006 문자 빈도수 세기

이 문제를 간단하게 푸는 방법은 다음 두 단계다.

1. 주어진 문자열에서 해당 문자를 전부 ""로 치환한다(사실상 주어진 문자열에서 해당 문자를 전부 제거하는 것이다).

2. 원래 문자열의 길이에서 첫 번째 단계에서 얻은 문자열의 길이를 뺀다.

코드로 구현하면 다음과 같다.

```java
public static int countOccurrencesOfACertainCharacter(
    String str, char ch) {
  return str.length() - str.replace(String.valueOf(ch), "").length();
}
```

아래 해법은 유니코드 대리 쌍까지 처리한다.

```java
public static int countOccurrencesOfACertainCharacter(
    String str, String ch) {
  if (ch.codePointCount(0, ch.length()) > 1) {
    // 주어진 문자열에 유니코드 문자가 둘 이상이면
    return -1;
  }

  int result = str.length() - str.replace(ch, "").length();

  // ch.length()가 2를 반환하면 유니코드 대리 쌍이라는 뜻이다
  return ch.length() == 2 ? result / 2 : result;
}
```

구현하기 쉽고 빠른 또 다른 해법은 문자열 내 문자를 순회하며(한 번 순회) 각 문자를 주어진 문자와 비교하는 것이다. 같을 때마다 카운터를 1 증가시킨다.

```java
public static int countOccurrencesOfACertainCharacter(
    String str, char ch) {
  int count = 0;

  for (int i = 0; i < str.length(); i++) {
    if (str.charAt(i) == ch) {
      count++;
    }
  }

  return count;
}
```

유니코드 대리 쌍을 처리하는 해법은 이 책의 예제 코드에 들어 있다. 자바 8 함수형 스타일로 문제를 해결하려면 filter()나 reduce()를 사용한다. 다음은 filter()를 사용한 코드다.

```
public static long countOccurrencesOfACertainCharacter(
    String str, char ch) {
  return str.chars()
    .filter(c -> c == ch)
    .count();
}
```

유니코드 대리 쌍을 처리하는 해법은 이 책의 예제 코드에 들어 있다.

> $TIP \equiv$ 외부 라이브러리 지원을 받으려면 아파치 커먼즈 랭의 StringUtils.countMatches()와 스프링 프레임워크의 StringUtils.countOccurrencesOf(), 구아바의 CharMatcher.is().countIn()을 활용한다.

007 문자열을 int, long, float, double로 변환

다음과 같은 문자열을 가정하자(음수도 가능하다).

```
private static final String TO_INT = "453";
private static final String TO_LONG = "45234223233";
private static final String TO_FLOAT = "45.823F";
private static final String TO_DOUBLE = "13.83423D";
```

String을 int나 long, float, double로 변환하는 올바른 해법은 parseInt(), parseLong(), parseFloat(), parseDouble() 같은 자바 Integer, Long, Float, Double 클래스의 메서드를 사용하는 것이다.

```
int toInt = Integer.parseInt(TO_INT);
long toLong = Long.parseLong(TO_LONG);
float toFloat = Float.parseFloat(TO_FLOAT);
double toDouble = Double.parseDouble(TO_DOUBLE);
```

String을 Integer나 Long, Float, Double 객체로 변환하려면 Integer.valueOf(), Long.valueOf(), Float.valueOf(), Double.valueOf() 같은 자바 메서드를 사용한다.

```
Integer toInt = Integer.valueOf(TO_INT);
Long toLong = Long.valueOf(TO_LONG);
```

```
Float toFloat = Float.valueOf(TO_FLOAT);
Double toDouble = Double.valueOf(TO_DOUBLE);
```

String을 성공적으로 변환하지 못하면 자바는 NumberFormatException 예외를 던진다. 다음 코드로 충분히 설명된다.

```
private static final String WRONG_NUMBER = "452w";

try {
  Integer toIntWrong1 = Integer.valueOf(WRONG_NUMBER);
} catch (NumberFormatException e) {
  System.err.println(e);
  // 핸들 예외
}

try {
  int toIntWrong2 = Integer.parseInt(WRONG_NUMBER);
} catch (NumberFormatException e) {
  System.err.println(e);
  // 핸들 예외
}
```

> Info ≡ 외부 라이브러리 지원을 받으려면 아파치 커먼즈 빈유틸즈(BeanUtils)의 IntegerConverter, LongConverter, FloatConverter, DoubleConverter를 활용한다.

008 문자열에서 여백 제거

String.replaceAll() 메서드와 \s 정규식으로 문제를 해결할 수 있다. \s는 \t, \n, \r처럼 보이지 않는 여백을 포함해 모든 여백을 제거한다.

```
public static String removeWhitespaces(String str) {
  return str.replaceAll("\\s", "");
}
```

> TIP ≡ JDK 11부터는 String.isBlank()를 사용해 문자열이 비었는지 혹은 여백 코드 포인트(code point)만 포함하는지 검사할 수 있다. 외부 라이브러리 지원을 받으려면 아파치 커먼즈 랭의 StringUtils. deleteWhitespace()와 스프링 프레임워크의 StringUtils.trimAllWhitespace()를 활용한다.

009 구분자로 여러 문자열 합치기

몇 가지 적당한 해법으로 문제를 풀어보겠다. 자바 8 이전에는 아래처럼 StringBuilder를 사용하면 편했다.

```
public static String joinByDelimiter(char delimiter, String... args) {
    StringBuilder result = new StringBuilder();

    int i = 0;
    for (i = 0; i < args.length - 1; i++) {
        result.append(args[i]).append(delimiter);
    }
    result.append(args[i]);

    return result.toString();
}
```

자바 8부터는 적어도 네 가지 해법으로 문제를 풀 수 있다. 그 중 하나가 StringJoiner 유틸리티 클래스를 이용하는 것이다. 이 클래스는 구분자(가령 콤마)로 분리된 문자 시퀀스를 생성한다.

선택적으로 접두사와 접미사도 지원한다(이 책에서는 다루지 않는다).

```
public static String joinByDelimiter(char delimiter, String... args) {
    StringJoiner joiner = new StringJoiner(String.valueOf(delimiter));

    for (String arg: args) {
        joiner.add(arg);
    }

    return joiner.toString();
}
```

String.join() 메서드를 활용하는 방법도 있다. 이 메서드는 자바 8에 처음 소개되었으며 종류가 다음 두 가지다.

```
String join(CharSequence delimiter, CharSequence... elems)
String join(CharSequence delimiter, Iterable<? extends CharSequence> elems)
```

다음과 같이 공백으로 구분된 여러 문자열을 합친다.

```
String result = String.join(" ", "how", "are", "you"); // how are you
```

뿐만 아니라 자바 8 스트림과 Collectors.joining()도 유용하다.

```
public static String joinByDelimiter(char delimiter, String... args) {
  return Arrays.stream(args, 0, args.length)
    .collect(Collectors.joining(String.valueOf(delimiter)));
}
```

> _TIP_ ≡ += 연산자와 concat(), String.format() 메서드로 문자열을 이어 붙일 때 주의해야 한다. 여
> 러 문자열을 합칠 수는 있으나 성능 저하가 발생하기 쉽다. 예를 들어 다음 코드는 += 연산자를 사용하는데,
> StringBuilder를 쓸 때보다 훨씬 느리다.
>
> ```
> String str = "";
> for(int i = 0; i < 1_000_000; i++) {
>   str += "x";
> }
> ```
>
> +=는 한 문자열에 추가한 다음 새로운 문자열로 재구성하는데, 이때 시간이 걸린다.
>
> 외부 라이브러리 지원을 받으려면 아파치 커먼즈 랭의 StringUtils.join()과 구아바의 Joiner를 활용한다.

010 모든 순열 생성

순열과 관련된 문제는 흔히 재귀(recursivity)를 포함한다. 기본적으로 재귀는 어떤 시작 상태(initial state)가 주어지고 앞선 상태에 따라 각 연속된 상태(successive state)를 정의하는 하나의 프로세스로 정의된다.

모든 순열을 생성하는 문제에서는 주어진 문자열의 글자들로 상태를 나타낼 수 있다. 시작 상태는 최초의 문자열을 포함하며 연속된 각 상태는 다음 공식으로 계산한다. 문자열의 각 글자가 그 문자열의 첫 번째 글자가 되고(위치를 뒤바꾼다) 재귀 호출로 나머지 글자들을 뒤바꾼다. 재귀가 아닌 해법 혹은 다른 재귀 해법도 있으나 이 해법이 고전적이다.

ABC라는 문자열에 위 해법을 적용하면 다음과 같이 수행된다(순열이 어떻게 만들어지는지 보자).

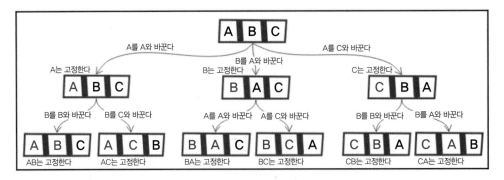

위 알고리즘을 코드로 나타내면 다음과 같다.

```java
public static void permuteAndPrint(String str) {
  permuteAndPrint("", str);
}

private static void permuteAndPrint(String prefix, String str) {
  int n = str.length();

  if (n == 0) {
    System.out.print(prefix + " ");
  } else {
    for (int i = 0; i < n; i++) {
      permuteAndPrint(prefix + str.charAt(i),
        str.substring(i + 1, n) + str.substring(0, i));
    }
  }
}
```

최초 접두사는 빈 문자열인 ""이어야 한다. 반복할 때마다 접두사에 문자열의 다음 문자를 이어 붙인다(고정한다). 메서드를 진행하며 남은 글자들을 다시 전달한다.

위 메서드가 Strings라는 유틸리티 클래스에 들어 있다고 가정해보자. 그럼 아래처럼 호출할 수 있다.

```java
Strings.permuteAndStore("ABC");
```

결과는 다음과 같을 것이다.

```
ABC ACB BCA BAC CAB CBA
```

위 해법은 결과를 화면에 출력한다. 결과를 저장하고 싶으면 구현에 Set을 추가해야 한다. 중복을 제거해주므로 Set을 쓰는 편이 좋다.

```java
public static Set<String> permuteAndStore(String str) {
  return permuteAndStore("", str);
}

private static Set<String>
    permuteAndStore(String prefix, String str) {
  Set<String> permutations = new HashSet<>();
  int n = str.length();

  if (n == 0) {
    permutations.add(prefix);
  } else {
    for (int i = 0; i < n; i++) {
      permutations.addAll(permuteAndStore(prefix + str.charAt(i),
        str.substring(i + 1, n) + str.substring(0, i)));
    }
  }

  return permutations;
}
```

가령 TEST라는 문자열을 전달하면 Set은 다음과 같은 출력을 생성한다(모두 고유한 순열이다).

  ETST SETT TEST TTSE STTE STET TETS TSTE TSET TTES ESTT ETTS

Set 대신 List를 사용하면 출력은 다음과 같다(보다시피 중복이 있다).

  TEST TETS TSTE TSET TTES TTSE ESTT ESTT ETTS ETST ETST ETTS STTE STET
  STET STTE SETT SETT TTES TTSE TEST TETS TSTE TSET

순열이 총 24개다. n의 계승($n!$)을 계산해 쉽게 순열의 개수를 알아낼 수 있다. $n=4$(문자열의 길이)이면 $4! = 4 \times 3 \times 2 \times 1 = 24$다. 재귀적으로 나타내면 $n! = n \times (n - 1)!$이다.

> Info ≡ $n!$은 매우 빠르게 높은 수를 내므로(가령 10! = 3628800) 결과를 저장하지 않는 것이 바람직하다.
> HELICOPTER 같은 문자 10개짜리 문자열은 순열이 무려 3,628,800개다!

위 해법을 자바 8 함수형 스타일로 구현하면 다음과 같다.

```
private static void permuteAndPrintStream(String prefix, String str) {
  int n = str.length();

  if (n == 0) {
    System.out.print(prefix + " ");
  } else {
    IntStream.range(0, n)
      .parallel()
      .forEach(i -> permuteAndPrintStream(prefix + str.charAt(i),
        str.substring(i + 1, n) + str.substring(0, i)));
  }
}
```

덧붙여 Stream⟨String⟩을 반환하는 해법은 이 책의 예제 코드를 확인하자.

011 문자열 회문 검사

간단히 짚고 넘어가자면 회문(palindrome)이란 거꾸로 뒤집어도 똑같은 문자열 또는 수다. 즉, 회문은 양방향으로 처리할(읽을) 수 있고 그 결과가 같다(예를 들어 madam은 회문이고 madame은 회문이 아니다).

간단히 구현하려면 중간에서 만나는 방식(meet-in-the-middle)으로 주어진 문자열들의 글자를 비교하면 된다. 기본적으로 이 해법은 문자열 중간에 도달할 때까지 첫 번째 문자와 마지막 문자, 두 번째 문자와 끝에서 두 번째 문자 등을 비교한다. 구현에는 while 문을 사용한다.

```
public static boolean isPalindrome(String str) {
  int left = 0;
  int right = str.length() - 1;

  while (right > left) {
    if (str.charAt(left) != str.charAt(right)) {
      return false;
    }
    left++;
    right--;
  }
  return true;
}
```

위 해법을 더욱 간결하게 작성하려면 다음과 같이 while 문 대신 for 문을 사용한다.

```
public static boolean isPalindrome(String str) {
  int n = str.length();

  for (int i = 0; i < n / 2; i++) {
    if (str.charAt(i) != str.charAt(n - i - 1)) {
      return false;
    }
  }
  return true;
}
```

그런데 '위 해법을 아예 코드 한 줄로 줄일 수는 없을까?'라는 생각을 할 수 있다.

자바 API에는 reverse() 메서드를 사용하는 StringBuilder 클래스가 있다. 이름에서 알 수 있듯이 reverse() 메서드는 주어진 문자열을 뒤집어 반환한다. 회문이라면 주어진 문자열과 그 문자열을 뒤집은 문자열이 같을 것이다.

```
public static boolean isPalindrome(String str) {
  return str.equals(new StringBuilder(str).reverse().toString());
}
```

자바 8 함수형 스타일로 작성해도 코드는 단 한 줄이다. 0부터 주어진 문자열의 반만큼 IntStream을 정의한 후 다음과 같이 중간에서 만나는 방식(meet-in-the-middle)으로 글자들을 비교하는 프레디케이트(predicate)를 noneMatch() 단락(short-circuiting) 종결 연산으로 사용하면 된다.

```
public static boolean isPalindrome(String str) {
  return IntStream.range(0, str.length() / 2)
    .noneMatch(p -> str.charAt(p) !=
      str.charAt(str.length() - p - 1));
}
```

다음으로 주어진 문자열에서 중복 문자를 어떻게 제거하는지 논하겠다.

012 중복 문자 제거

StringBuilder를 사용하는 해법부터 알아보자. 이 해법에서는 대개 주어진 문자열의 문자를 순회하며 고유한 문자를 포함하는 새 문자열을 구성해야 한다(자바에서 문자열은 불변이므로 주어진 문자열에서 그냥 문자를 제거할 수는 없다).

StringBuilder 클래스는 indexOf()라는 주어진 문자열에서 명시한 부분 문자열(이 문제에서는 명시한 문자)이 처음 나오는 인덱스를 반환하는 메서드를 제공한다. 따라서 한 가지 가능한 해법은 주어진 문자열의 문자를 순회하며 현재 문자에 indexOf() 메서드를 호출해 -1을 반환하면(음수는 StringBuilder가 현재 문자를 포함하지 않는다는 뜻이다) 해당 문자를 StringBuilder에 하나씩 추가하는 것이다.

```
public static String removeDuplicates(String str) {
  char[] chArray = str.toCharArray(); // 또는 charAt(i)를 사용한다
  StringBuilder sb = new StringBuilder();

  for (char ch : chArray) {
    if (sb.indexOf(String.valueOf(ch)) == -1) {
      sb.append(ch);
    }
  }
  return sb.toString();
}
```

다음 해법은 HashSet과 StringBuilder를 함께 사용한다. HashSet은 중복을 제거하는 역할, StringBuilder는 결과 문자열을 저장하는 역할을 한다. HashSet.add()가 true를 반환하면 그 문자를 StringBuilder에도 추가한다.

```
public static String removeDuplicates(String str) {
  char[] chArray = str.toCharArray();
  StringBuilder sb = new StringBuilder();
  Set<Character> chHashSet = new HashSet<>();

  for (char c: chArray) {
    if (chHashSet.add(c)) {
      sb.append(c);
    }
  }
  return sb.toString();
}
```

지금까지 살펴본 해법은 toCharArray()로 주어진 문자열을 char[]로 변환했다. 두 해법에 모두 str.charAt(position)을 사용해도 된다.

세 번째 해법은 자바 8 함수형 스타일을 사용한다.

```
public static String removeDuplicates(String str) {
  return Arrays.asList(str.split("")).stream()
    .distinct()
    .collect(Collectors.joining());
}
```

먼저 주어진 문자열을 Stream<String>으로 변환한다. 이때 각 항목은 각각 하나의 문자다. 이어서 스테이트풀 중간 연산인 distinct()를 적용한다. distinct() 연산은 스트림에서 중복을 제거하므로 중복이 없는 스트림을 반환한다. 끝으로 collect() 종결 연산을 호출해 Collectors.joining()으로 문자를 마주치는 순서대로 하나의 문자열로 이어 붙인다.

013 주어진 문자 제거

한 가지 해법은 JDK의 지원을 받아 String.replaceAll() 메서드를 활용하는 방법이다. 이 메서드는 주어진 정규식과 일치하는 주어진 문자열의 각 부분 문자열(문제에서는 각 문자)을 주어진 대체 문자열(문제에서는 빈 문자열인 "")로 대체한다.

```
public static String removeCharacter(String str, char ch) {
  return str.replaceAll(Pattern.quote(String.valueOf(ch)), "");
}
```

위 코드를 보면 정규식을 Pattern.quote() 메서드로 래핑했다. <와 (, [, {, \, ^, -, =, $, !, |,], },), ?, *, +, ., > 같은 특수 문자를 이스케이프하기 위해서다. 대개 이 메서드는 명시된 문자열의 리터럴 패턴을 반환한다.

지금부터는 정규식을 쓰지 않는 해법을 살펴보자. StringBuilder를 활용하면 된다. 기본적으로 주어진 문자열의 문자를 순회하며 각 문자와 삭제할 문자를 비교하는 방식이다. 현재 문자와 삭제할 문자가 다를 때마다 현재 문자를 StringBuilder에 이어 붙인다.

```
public static String removeCharacter(String str, char ch) {
  StringBuilder sb = new StringBuilder();
  char[] chArray = str.toCharArray();

  for (char c : chArray) {
    if (c != ch) {
      sb.append(c);
    }
```

```
    }

    return sb.toString();
  }
```

마지막으로 자바 8 함수형 스타일 해법을 살펴보자. 다음 네 단계를 거친다.

  1. String.chars() 메서드를 사용해 문자열을 IntStream으로 변환한다.

  2. IntStream을 필터링해 중복을 제거한다.

  3. 결과 IntStream을 Stream〈String〉으로 매핑한다.

  4. 이 스트림의 문자열을 조인해 하나의 문자열로 모은다.

위 해법을 코드로 작성하면 다음과 같다.

```
public static String removeCharacter(String str, char ch) {
  return str.chars()
    .filter(c -> c != ch)
    .mapToObj(c -> String.valueOf((char) c))
    .collect(Collectors.joining());
}
```

이 밖에 유니코드 대리 쌍을 삭제하려면 다음 구현처럼 codePointAt()과 codePoints()를 이용한다.

```
public static String removeCharacter(String str, String ch) {
    int codePoint = ch.codePointAt(0);

    return str.codePoints()
      .filter(c -> c != codePoint)
      .mapToObj(c -> String.valueOf(Character.toChars(c)))
      .collect(Collectors.joining());
}
```

> TIP ≡ 외부 라이브러리 지원을 받으려면 아파치 커먼즈 랭의 StringUtils.remove()를 활용한다.

다음으로 빈도수가 가장 큰 문자를 어떻게 찾는지 알아보자.

014 빈도수가 가장 높은 문자 찾기

HashMap을 쓰면 쉽다. 이 해법은 다음 세 단계를 거친다.

1. 주어진 문자열의 문자들을 순회하면서 현재 문자를 키로, 현재까지의 빈도수를 값으로 하는 키-값 쌍을 HashMap에 넣는다.

2. HashMap의 최댓값, 즉 가장 높은 빈도수를 계산한다(Collections.max() 등을 사용한다).

3. HashMap 내 항목 집합을 순회하며 가장 높은 빈도수의 문자를 찾는다.

위 유틸리티 메서드는 빈도수가 가장 높은 문자와 그 빈도수를 포함하는 Pair<Character, Integer>를 반환한다(이때 여백은 제외한다). Pair라는 클래스를 사용하지 않으려면 Map.Entry<K, V>를 사용한다.

```java
public static Pair<Character, Integer> maxOccurenceCharacter(String str) {
  Map<Character, Integer> counter = new HashMap<>();
  char[] chStr = str.toCharArray();

  for (int i = 0; i < chStr.length; i++) {
    char currentCh = chStr[i];
    if (!Character.isWhitespace(currentCh)) { // 여백은 제외
      Integer noCh = counter.get(currentCh);
      if (noCh == null) {
        counter.put(currentCh, 1);
      } else {
        counter.put(currentCh, ++noCh);
      }
    }
  }

  int maxOccurrences = Collections.max(counter.values());
  char maxCharacter = Character.MIN_VALUE;

  for (Entry<Character, Integer> entry: counter.entrySet()) {
    if (entry.getValue() == maxOccurrences) {
      maxCharacter = entry.getKey();
    }
  }

  return Pair.of(maxCharacter, maxOccurrences);
}
```

HashMap을 사용하는 방식이 너무 복잡하고 느려 보인다면 (살짝 더 빠른) 아스키 코드를 이용하는 방법도 있다. 이 해법은 인덱스가 총 256개인 빈 배열로 시작한다(256은 확장 아스키표 코드의 최 댓값이다. 자세한 내용은 002. **반복되지 않는 첫 번째 문자 찾기** 절을 참고한다). 이어서 주어진 문자 열의 각 문자를 순회하며 배열 내 해당 문자의 인덱스를 증가시킴으로써 빈도수를 기록한다.

```java
private static final int EXTENDED_ASCII_CODES = 256;
...
public static Pair<Character, Integer> maxOccurenceCharacter(String str) {
  int maxOccurrences = -1;
  char maxCharacter = Character.MIN_VALUE;
  char[] chStr = str.toCharArray();
  int[] asciiCodes = new int[EXTENDED_ASCII_CODES];

  for (int i = 0; i < chStr.length; i++) {
    char currentCh = chStr[i];
    if (!Character.isWhitespace(currentCh)) { // 여백은 제외
      int code = (int) currentCh;
      asciiCodes[code]++;
      if (asciiCodes[code] > maxOccurrences) {
        maxOccurrences = asciiCodes[code];
        maxCharacter = currentCh;
      }
    }
  }

  return Pair.of(maxCharacter, maxOccurrences);
}
```

마지막으로 소개할 해법은 자바 8 함수형 스타일 방식이다.

```java
public static Pair<Character, Long>
    maxOccurenceCharacter(String str) {
  return str.chars()
    .filter(c -> Character.isWhitespace(c) == false) // 여백은 제외
    .mapToObj(c -> (char) c)
    .collect(groupingBy(c -> c, counting()))
    .entrySet()
    .stream()
    .max(comparingByValue())
    .map(p -> Pair.of(p.getKey(), p.getValue()))
    .orElse(Pair.of(Character.MIN_VALUE, -1L));
}
```

먼저 빈도수를 값으로 해서 별개의 문자들을 Map의 키로 모은다. 이어서 자바 8의 `Map.Entry.comparingByValue()`와 `max()` 종결 연산을 사용해 값이 가장 큰(빈도수가 가장 높은) 맵 내 항목을 찾아낸다. `max()`가 종결 연산이므로 마지막에 `Optional<Entry<Character, Long>>`을 반환할 수도 있으나 위 해법에서는 단계를 하나 더 넣어 이 항목을 `Pair<Character, Long>`으로 매핑한다.

015 문자열 배열을 길이 순으로 정렬

정렬하면 가장 먼저 떠오르는 방법은 비교자(comparator)를 사용하는 것이다.

여기서는 문자열의 길이를 비교해야 하므로 주어진 배열의 각 문자열마다 `String.length()`를 호출해 정숫값을 받겠다. 정수들을 (오름차순이나 내림차순으로) 정렬하면 문자열이 정렬된다.

자바 Arrays 클래스에 이미 배열을 받아 정렬하는 `sort()` 메서드와 비교자가 있다. 이 문제에는 `Comparator<String>`을 써야 한다.

> Info ≡ 자바 7 이전에는 비교자 구현 코드에 `compareTo()` 메서드가 쓰였다. 이 메서드는 일반적으로 x1 - x2의 차이를 계산할 때 쓰이는데, 이때 오버플로가 발생할 수 있다. 결국 `compareTo()` 메서드가 상당히 장황해진다. 자바 7 이후부터는 (오버플로 위험이 없는) `Integer.compare()`를 쓰는 것이 바람직하다.

아래 메서드는 `Arrays.sort()` 메서드로 주어진 배열을 정렬한다.

```java
public static void sortArrayByLength(String[] strs, Sort direction) {
  if (direction.equals(Sort.ASC)) {
    Arrays.sort(strs, (String s1, String s2)
      -> Integer.compare(s1.length(), s2.length()));
  } else {
    Arrays.sort(strs, (String s1, String s2)
      -> (-1) * Integer.compare(s1.length(), s2.length()));
  }
}
```

> Info ≡ 원시 수 타입에는 래퍼마다 `compare()` 메서드가 존재한다.

자바 8부터 Comparator 인터페이스에 유용한 메서드가 상당수 포함됐다. 이 중 하나가 `comparingInt()`다. 이 메서드는 제네릭 타입으로부터 int 정렬 키를 추출하는 함수를 입력으로 받아 그 정렬 키로 비교하는 Comparator<T>를 반환한다. 현재 Comparator 값을 뒤집는 reversed() 메서드도 상당히 유용하다.

두 메서드를 사용하면 다음과 같이 Arrays.sort()에 정렬을 맡길 수 있다.

```java
public static void sortArrayByLength(String[] strs, Sort direction) {
  if (direction.equals(Sort.ASC)) {
    Arrays.sort(strs, Comparator.comparingInt(String::length));
  } else {
    Arrays.sort(strs,
      Comparator.comparingInt(String::length).reversed());
  }
}
```

> Info ≡ 비교자를 서로 이으려면(메서드 체인) thenComparing() 메서드를 사용한다.

앞선 해법들은 받은 배열 그대로 정렬하므로 void를 반환한다. 새로운 배열을 정렬해서 반환하고 주어진 배열을 변경하지 않으려면 다음 코드처럼 자바 8 함수형 스타일을 사용한다.

```java
public static String[] sortArrayByLength(String[] strs, Sort direction) {
  if (direction.equals(Sort.ASC)) {
    return Arrays.stream(strs)
      .sorted(Comparator.comparingInt(String::length))
      .toArray(String[]::new);
  } else {
    return Arrays.stream(strs)
      .sorted(Comparator.comparingInt(String::length).reversed())
      .toArray(String[]::new);
  }
}
```

위 코드는 주어진 배열로부터 스트림을 생성해 sorted() 스테이트풀 중간 연산으로 정렬한 후 그 결과를 또 다른 배열 안에 모은다.

016 문자열이 부분 문자열을 포함하는지 검사

String.contains() 메서드로 아주 간단하게 코드 한 줄짜리 해법을 만들 수 있다.

이 메서드는 원래 문자열이 주어진 부분 문자열을 포함하는지 가리키는 boolean 값을 반환한다.

```
String text = "hello world!";
String subtext = "orl";

// subtext=""이면 true를 반환한다는 점에 유의하자
boolean contains = text.contains(subtext);
```

아래처럼 String.indexOf()(또는 String.lastIndexOf())로 구현하는 해법도 있다.

```
public static boolean contains(String text, String subtext) {
  return text.indexOf(subtext) != -1; // 또는 lastIndexOf()
}
```

아래처럼 정규식을 사용해 구현하는 해법도 있다.

```
public static boolean contains(String text, String subtext) {
  return text.matches("(?i).*" + Pattern.quote(subtext) + ".*");
}
```

이때 정규식을 Pattern.quote() 메서드로 감쌌다. 주어진 부분 문자열 내 ⟨([{\^-=$!|]})?*+.⟩ 같은 특수 문자를 이스케이프하기 위해서다.

> **TIP ≡** 외부 라이브러리 지원을 받으려면 아파치 커먼즈 랭의 StringUtils.containsIgnoreCase()를 활용한다.

017 문자열 내 부분 문자열 빈도수 세기

문자열에서 또 다른 문자열의 빈도수를 세는 문제는 최소 다음 두 가지로 해석할 수 있다.

- 111에 11은 1번 나온다.
- 111에 11은 2번 나온다.

첫 번째 경우라면 해법에 String.indexOf() 메서드를 사용하면 된다. 이 메서드의 특징 중 하나는 문자열에 명시한 부분 문자열이 처음 나오는 인덱스를 반환한다는 점이다(나오지 않으면 -1을 반환한다). 이 메서드를 사용하는 해법은 단순히 주어진 문자열을 순회하면서 주어진 부분 문자열이 나오는 횟수를 센다. 위치 0부터 시작해 부분 문자열이 나오지 않을 때까지 계속 순회한다.

```
public static int countStringInString(String string, String toFind) {
  int position = 0;
  int count = 0;
  int n = toFind.length();

  while ((position = string.indexOf(toFind, position)) != -1) {
    position = position + n;
    count++;
  }

  return count;
}
```

또 다른 해법은 String.split() 메서드를 사용한다. 기본적으로 이 해법은 주어진 부분 문자열을 구분자로 사용해 주어진 문자열을 분할한다. 결과로 나온 String[] 배열의 길이가 실제 빈도수와 동일하다.

```
public static int countStringInString(String string, String toFind) {
  int result = string.split(Pattern.quote(toFind), -1).length - 1;

  return result < 0 ? 0 : result;
}
```

두 번째 경우라면 해법에 Pattern과 Matcher 클래스를 활용해 다음과 같이 간단한 구현한다.

```
public static int countStringInString(String string, String toFind) {
  Pattern pattern = Pattern.compile(Pattern.quote(toFind));
  Matcher matcher = pattern.matcher(string);

  int position = 0;
  int count = 0;

  while (matcher.find(position)) {
    position = matcher.start() + 1;
    count++;
  }

  return count;
}
```

훌륭하다! 문자열을 다루는 또 다른 문제를 살펴보자.

018 두 문자열이 애너그램인지 검사

같은 문자들을 서로 다른 순서로 포함하는 두 문자열을 애너그램(anagram)이라 부른다. 어떤 정의에서는 대소문자를 구분하지 않고(않거나) 여백(공백)을 무시한다.

따라서 어떤 알고리즘을 적용하든 해법은 주어진 문자열을 소문자로 바꾸고 여백(공백)을 제거해야 한다. 첫 번째로 살펴볼 해법에서는 배열을 Arrays.sort()로 정렬한 후 Arrays.equals()로 동등한지 검사한다.

애너그램이면 정렬 후에 서로 동등하다(다음 그림은 두 단어가 애너그램임을 보여준다).

▼ 그림 1-2

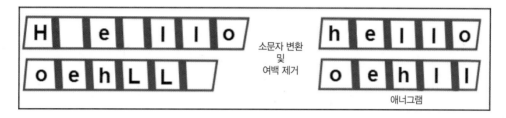

위 해법(과 자바 8 함수형 스타일 버전)은 이 책의 예제 코드에 들어 있다. 두 해법의 가장 큰 문제는 정렬 부분이다. 이어지는 해법에서는 정렬 단계를 없애고 (0으로 초기화한) 인덱스 256개의 빈 배열을 사용한다(256개 인덱스는 확장 아스키표의 문자 코드로서 자세한 내용은 002. **반복되지 않는 첫 번째 문자 찾기** 절을 참고한다).

알고리즘은 아주 간단하다.

- 첫 번째 문자열의 각 문자마다 해당하는 아스키 코드의 배열 값을 1씩 증가시킨다.
- 두 번째 문자열의 각 문자마다 해당하는 아스키 코드의 배열 값을 1씩 감소시킨다.

코드는 다음과 같다.

```
private static final int EXTENDED_ASCII_CODES = 256;
...
public static boolean isAnagram(String str1, String str2) {
  int[] chCounts = new int[EXTENDED_ASCII_CODES];
  char[] chStr1 = str1.replaceAll("\\s",
    "").toLowerCase().toCharArray();
  char[] chStr2 = str2.replaceAll("\\s",
    "").toLowerCase().toCharArray();
```

```
  if (chStr1.length != chStr2.length) {
    return false;
  }

  for (int i = 0; i < chStr1.length; i++) {
    chCounts[chStr1[i]]++;
    chCounts[chStr2[i]]--;
  }

  for (int i = 0; i < chCounts.length; i++) {
    if (chCounts[i] != 0) {
      return false;
    }
  }

  return true;
}
```

모두 순회했을 때 주어진 문자열이 애너그램이면 배열은 0만 포함한다.

019 여러 줄 문자열(텍스트 블록) 선언

이 책을 쓸 당시 JDK 12에는 JEP 326: 원시 문자열 리터럴(Raw String Literals)이라 알려진 여러 줄 문자열 추가 제안이 있었다. 하지만 마지막 순간에 제외됐다.

JDK 13에서 이 개념을 다시 검토함에 따라 제외됐던 원시 문자열 리터럴과 다르게 다음과 같이 텍스트 블록을 세 개의 큰따옴표로 감싸기 시작했다.

```
String text = """My high school,
the Illinois Mathematics and Science Academy,
showed me that anything is possible
and that you're never too young to think big.""";
```

TIP ≡ 여러 줄짜리 SQL 문을 작성하거나 다국어를 사용할 때 텍스트 블록이 매우 유용하다. 자세한 내용은 https://openjdk.java.net/jeps/355를 참고한다.

그렇지만 JDK 13 이전 버전에도 몇 가지 해법은 있다. 이러한 해법은 공통적으로 줄 구분자(line separator)를 사용한다.

```
private static final String LS = System.lineSeparator();
```

JDK 8부터는 다음과 같이 String.join()을 이용하면 된다.

```
String text = String.join(LS,
  "My high school, ",
  "the Illinois Mathematics and Science Academy,",
  "showed me that anything is possible ",
  "and that you're never too young to think big.");
```

JDK 8 이전 버전이라면 StringBuilder를 사용하는 해법이 정교하다. 이 책의 예제 코드에서 확인할 수 있다.

앞선 해법들은 문자열이 비교적 많을 때 적합한 반면, 문자열이 몇 안 되면 다음 두 해법도 괜찮다. 첫 번째 해법은 + 연산자를 사용한다.

```
String text = "My high school, " + LS +
  "the Illinois Mathematics and Science Academy," + LS +
  "showed me that anything is possible " + LS +
  "and that you're never too young to think big.";
```

두 번째 해법은 String.format()을 사용한다.

```
String text = String.format("%s" + LS + "%s" + LS + "%s" + LS + "%s",
  "My high school, ",
  "the Illinois Mathematics and Science Academy,",
  "showed me that anything is possible ",
  "and that you're never too young to think big.");
```

> TIP ≡ 여러 줄 문자열 내 각 줄은 어떻게 처리할까? JDK 11의 String.lines() 메서드를 사용하면 간
> 단하다. 이 메서드는 주어진 문자열을 줄 구분자(\n, \r, \r\n 지원)로 분할해 Stream<String>으로 변환한다.
> String.split() 메서드를 사용해도 된다(JDK 1.4부터 사용 가능). 문자열이 너무 많으면 파일에 저장해 한 번
> 에 하나씩 읽고 처리하는 방식(가령 getResourceAsStream() 메서드를 사용하는 등)이 좋다. StringWriter나
> BufferedWriter.newLine()을 사용할 수도 있다.
>
> 외부 라이브러리 지원을 받으려면 아파치 커먼즈 랭의 StringUtils.join()과 구아바의 Joiner, 사용자 지정 표
> 기(custom annotation)인 @Multiline을 활용한다.

020 같은 문자열 n번 이어 붙이기

JDK 11 이전 버전에서는 StringBuilder로 다음과 같이 간단히 해결할 수 있다.

```java
public static String concatRepeat(String str, int n) {
  StringBuilder sb = new StringBuilder(str.length() * n);

  for (int i = 1; i <= n; i++) {
    sb.append(str);
  }

  return sb.toString();
}
```

JDK 11부터는 String.repeat(int count) 메서드를 사용한다. 이 메서드는 문자열을 count번만큼 이어 붙인 문자열을 반환한다. 내부적으로 System.arraycopy()를 사용하므로 매우 빠르다.

```java
String result = "hello".repeat(5);
```

다양한 상황에 적합한 그 밖에 여러 해법을 나열해보겠다.

- 다음은 String.join() 기반 해법이다.

  ```java
  String result = String.join("", Collections.nCopies(5, TEXT));
  ```

- 다음은 Stream.generate() 기반 해법이다.

  ```java
  String result = Stream.generate(() -> TEXT)
    .limit(5)
    .collect(joining());
  ```

- 다음은 String.format() 기반 해법이다.

  ```java
  String result = String.format("%0" + 5 + "d", 0)
    .replace("0", TEXT);
  ```

- 다음은 char[] 기반 해법이다.

  ```java
  String result = new String(new char[5]).replace("\0", TEXT);
  ```

> TIP ≣ 외부 라이브러리 지원을 받으려면 아파치 커먼즈 랭의 StringUtils.repeat()와 구아바의 Strings.repeat()를 활용한다.

같은 부분 문자열로만 이어진 문자열인지 검사하려면 다음 메서드를 사용한다.

```
public static boolean hasOnlySubstrings(String str) {
  StringBuilder sb = new StringBuilder();

  for (int i = 0; i < str.length() / 2; i++) {
    sb.append(str.charAt(i));
    String resultStr = str.replaceAll(sb.toString(), "");
    if (resultStr.length() == 0) {
      return true;
    }
  }

  return false;
}
```

위 해법은 주어진 문자열의 절반을 순회하며 StringBuilder에 원래 문자열을 한 문자씩 이어 붙이면서 해당 부분 문자열을 전부 ""로 치환해본다. 치환 결과가 빈 문자열이면 주어진 문자열이 같은 부분 문자열로만 이어졌다는 뜻이다.

021 문자열 앞과 뒤 공백 제거

아마도 가장 간단한 해법은 String.trim() 메서드를 활용하는 방법일 것이다. 이 메서드는 앞과 뒤의 공백, 즉 코드 포인트가 32(공백 문자)이거나 U+0020보다 작거나 같은 모든 문자를 제거한다.

```
String text = "\n \n\n hello \t \n \r";
String trimmed = text.trim();
```

위 코드는 예상한 대로 동작한다. 공백을 제거한 문자열은 hello다. 문자열에 쓰인 여백이 전부 U+0020보다 작거나 32(공백 문자)이므로 문제없이 동작한다. 여백으로 정의된 문자는 25개인데(https://en.wikipedia.org/wiki/Whitespace_character#Unicode), trim()은 그중 일부만 처리한다(간단히 말해 trim()은 유니코드를 인식하지 못한다). 아래 문자열을 보자.

```
char space = '\u2002';
String text = space + "\n \n\n hello \t \n \r" + space;
```

\u2002은 trim()이 인식하지 못하는 또 다른 종류의 여백이다(\u2002는 \u0020보다 크다). 이러한 경우에는 trim()이 기대한 것처럼 동작하지 않는다. 이 문제를 해결하기 위해 JDK 11부터

strip()이 도입됐다. strip() 메서드는 trim()의 기능을 유니코드의 영역까지 확장한다.

```
String stripped = text.strip();
```

이제 앞과 뒤 모든 여백을 제거한다.

> Info ≡   JDK 11에는 앞 여백만 제거하는 메서드(stripLeading())와 뒤 여백만 제거하는 메서드(strip
> Trailing())도 추가됐다. trim() 메서드에는 이러한 메서드가 없다.

022 가장 긴 공통 접두사 찾기

다음 문자열 배열을 예로 살펴보자.

```
String[] texts = {"abc", "abcd", "abcde", "ab", "abcd", "abcdef"};
```

위 문자열들을 다음과 같이 한 줄에 하나씩 넣자.

abc
abcd
abcde
ab
abcd
abcdef

한눈에 봐도 ab가 가장 긴 공통 접두사다. 이제 이 문제의 해법을 알아보자. 여기서 소개할 해법은 간단한 비교 방법이다. 배열의 첫 번째 문자열을 가져와 각 문자를 나머지 문자열과 비교한다. 다음 중 하나를 만족하면 알고리즘을 중지한다.

- 첫 번째 문자열의 길이가 나머지 모든 문자열의 길이보다 길 때
- 첫 번째 문자열의 현재 문자가 나머지 모든 문자열의 현재 문자와 다를 때

두 시나리오 중 하나로 인해 알고리즘을 강제로 중지할 경우 0부터 첫 번째 문자열 내 현재 문자의 인덱스까지의 부분 문자열이 가장 긴 공통 접두사다. 그렇지 않으면 배열의 첫 번째 문자열이 가장 긴 공통 접두사다. 코드로 나타내면 다음과 같다.

```
public static String longestCommonPrefix(String[] strs) {
    if (strs.length == 1) {
```

```
        return strs[0];
    }

    int firstLen = strs[0].length();

    for (int prefixLen = 0; prefixLen < firstLen; prefixLen++) {
      char ch = strs[0].charAt(prefixLen);
      for (int i = 1; i < strs.length; i++) {
        if (prefixLen >= strs[i].length()
            || strs[i].charAt(prefixLen) != ch) {
              return strs[i].substring(0, prefixLen);
        }
      }
    }

    return strs[0];
  }
```

이진 탐색(Binary Search) 같은 유명한 알고리즘이나 트라이(Trie)를 사용하는 해법도 있다. 이진 탐색을 활용한 해법은 이 책에 딸린 소스 코드에 들어 있다.

023 들여쓰기 적용

JDK 12 이상에서는 String.indent(int n) 메서드로 텍스트를 들여쓰기할 수 있다.

다음 String 값을 예로 살펴보자.

```
String days = "Sunday\n"
  + "Monday\n"
  + "Tuesday\n"
  + "Wednesday\n"
  + "Thursday\n"
  + "Friday\n"
```

다음은 위 String 값을 10칸 들어써서 출력하는 코드다.

```
System.out.print(days.indent(10));
```

출력은 다음과 같다.

✔ 그림 1-3

```
           Sunday
           Monday
           Tuesday
          Wednesday
           Thursday
           Friday
           Saturday
```

이번에는 들여쓰기를 중첩해보자.

```
List<String> days = Arrays.asList("Sunday", "Monday", "Tuesday",
  "Wednesday", "Thursday", "Friday", "Saturday");

for (int i = 0; i < days.size(); i++) {
  System.out.print(days.get(i).indent(i));
}
```

출력은 다음과 같다.

✔ 그림 1-4

```
Sunday
 Monday
  Tuesday
   Wednesday
    Thursday
     Friday
      Saturday
```

String 값의 길이에 따라 들여쓰기를 달리해보자.

```
days.stream()
  .forEachOrdered(d -> System.out.print(d.indent(d.length())));
```

출력은 다음과 같다.

▼ 그림 1-5

```
            Sunday
           Monday
          Tuesday
             Wednesday
          Thursday
         Friday
           Saturday
```

HTML 코드는 어떻게 들여쓰기할까? 한번 해보자.

```
String html = "<html>";
String body = "<body>";
String h2 = "<h2>";
String text = "Hello world!";
String closeH2 = "</h2>";
String closeBody = "</body>";
String closeHtml = "</html>";

System.out.println(html.indent(0) + body.indent(4) + h2.indent(8)
    + text.indent(12) + closeH2.indent(8) + closeBody.indent(4)
    + closeHtml.indent(0));
```

출력은 다음과 같다.

▼ 그림 1-6

```
<html>
    <body>
        <h2>
            Hello world!
        </h2>
    </body>
</html>
```

024 문자열 변환

어떤 문자열을 또 다른 문자열로(예를 들어 대문자로) 변환한다고 가정하자. Function<? super String, ? extends R> 같은 형태의 함수를 적용하면 된다.

JDK 8에서는 다음의 두 간단한 예제처럼 map()을 쓰면 된다.

```
// hello world
String resultMap = Stream.of("hello")
  .map(s -> s + " world")
  .findFirst()
  .get();

// GOOOOOOOOOOOOOOOOL! GOOOOOOOOOOOOOOOOL!
String resultMap = Stream.of("gooool! ")
  .map(String::toUpperCase)
  .map(s -> s.repeat(2))
  .map(s -> s.replaceAll("O", "OOOO"))
  .findFirst()
  .get();
```

JDK 12부터는 transform(Funcion<? super String, ? extends R> f)라는 새 메서드가 등장했다. 위 코드를 transform()으로 다시 작성해보자.

```
// hello world
String result = "hello".transform(s -> s + " world");

// GOOOOOOOOOOOOOOOOL! GOOOOOOOOOOOOOOOOL!
String result = "gooool! ".transform(String::toUpperCase)
  .transform(s -> s.repeat(2))
  .transform(s -> s.replaceAll("O", "OOOO"));
```

map()이 보다 일반적이고, transform()은 함수를 문자열에 적용해 결과 문자열을 반환하는 데 쓰인다.

025 두 수의 최솟값과 최댓값 계산

JDK 8 이하에서는 아래처럼 Math.min()과 Math.max() 메서드를 이용한다.

```
int i1 = -45;
int i2 = -15;
int min = Math.min(i1, i2);
int max = Math.max(i1, i2);
```

Math 클래스는 각 원시 수 타입(int, long, float, double)을 위한 min()과 max() 메서드를 제공한다.

JDK 8부터는 원시 수 타입의 각 래퍼 클래스(Integer, Long, Float, Double)마다 min()과 max()가 딸려 있고, 이러한 메서드는 내부적으로 Math 클래스로부터 각각 해당하는 메서드를 호출한다. 다음 예제를 살펴보자(좀 더 표현적이다).

```
double d1 = 0.023844D;
double d2 = 0.35468856D;
double min = Double.min(d1, d2);
double max = Double.max(d1, d2);
```

함수형 스타일에서는 BinaryOperator 함수 인터페이스를 사용한다. 이 인터페이스에는 minBy()와 maxBy()라는 두 메서드가 딸려 있다.

```
float f1 = 33.34F;
final float f2 = 33.213F;
float min = BinaryOperator.minBy(Float::compare).apply(f1, f2);
float max = BinaryOperator.maxBy(Float::compare).apply(f1, f2);
```

두 메서드는 지정된 비교자에 따라 두 원소의 최솟값(그리고 최댓값)을 반환한다.

026 두 큰 int/long 수의 합과 연산 오버플로

아래 예제를 통해 + 연산자의 해법부터 알아보자.

```
int x = 2;
int y = 7;
int z = x + y; // 9
```

아주 간단한 접근으로 int, long, float, double을 포함하는 대부분의 계산에 잘 동작한다.

이제 + 연산자를 아래처럼 두 큰 수에 적용해보자(2,147,483,647을 두 번 더한다).

```
int x = Integer.MAX_VALUE;
int y = Integer.MAX_VALUE;
int z = x + y; // -2
```

z의 결과를 4,294,967,294로 예상했으나 -2가 나왔다. z의 타입을 int에서 long으로 바꿔도 결과는 달라지지 않는다. 하지만 x와 y의 타입까지 모두 int에서 long으로 바꾸면 원하는 결과가 나온다.

```
long x = Integer.MAX_VALUE;
long y = Integer.MAX_VALUE;
long z = x + y; // 4294967294
```

단, Integer.MAX_VALUE를 Long.MAX_VALUE로 바꾸면 같은 문제가 반복된다.

```
long x = Long.MAX_VALUE;
long y = Long.MAX_VALUE;
long z = x + y; // -2
```

JDK 8부터 각 원시 수 타입에 래퍼를 추가하면서 + 연산자를 보다 표현적으로 래핑했다. 다시 말해 Integer, Long, Float, Double 클래스에 sum( ) 메서드가 생겼다.

```
long z = Long.sum(); // -2
```

내부적으로 sum( ) 메서드도 + 연산자를 사용하므로 결국 결과는 같다.

하지만 JDK 8부터 Math 클래스에도 두 개의 addExact( ) 메서드가 추가됐다. 두 int 변수를 합하는 addExact( )와 두 long 변수를 합하는 addExact( )다. 두 메서드는 앞선 예제처럼 결과에 int나 long 오버플로가 발생하기 쉬울 때 매우 유용하다. 이때 잘못된 결과를 반환하는 대신 아래 예제처럼 ArithmeticException을 던진다.

```
int z = Math.addExact(x, y); // ArithmeticException을 던진다
```

위 코드는 java.lang.ArithmeticException: integer overflow 같은 예외를 던진다. 뒤이은 계산에서 잘못된 결과를 넣지 않으므로 이러한 예외는 유용하다(가령 아무도 모르게 -2가 뒤이은 계산에 들어갈 수 있다).

함수형 스타일에서는 다음과 같이 BinaryOperator 함수 인터페이스를 사용한다(타입이 같은 두 피연산자 간 연산을 정의하면 된다).

```
BinaryOperator<Integer> operator = Math::addExact;
int z = operator.apply(x, y);
```

addExact( ) 외에도 Math는 multiplyExact( ), substractExact( ), negateExact( )를 지원한다.

또한 잘 알려진 증감 연산자인 i++와 i--도 incrementExact(), decrementExact() 메서드로 도메인 오버플로를 제어할 수 있다(Math.incrementExact(i)처럼 사용한다). 단, 두 메서드는 int와 long에만 쓸 수 있다.

TIP ≡ 큰 수를 다룰 때 BigInteger(불변 임의 정밀도(arbitrary-precision) 정수)와 BigDecimal(불변 임의 정밀도 부호 있는 소수) 클래스도 고려하자.

027 기수를 지정해 문자열을 부호 없는 수로 변환

부호 없는 산술 연산은 자바 8부터 지원하기 시작했다. Byte, Short, Integer, Long 클래스가 가장 큰 영향을 받았다.

자바에서는 양수를 표현하는 문자열을 parseUnsignedInt()와 parseUnsignedLong()의 JDK 8 메서드를 사용해 부호 없는 int와 long 타입으로 파싱할 수 있다. 예를 들어 문자열로 표현된 다음 정수를 보자.

```
String nri = "255500";
```

다음은 위 문자열을 기수 36(허용 가능한 최대 기수)으로 지정해 부호 없는 int 값으로 파싱하는 해법이다.

```
int result = Integer.parseUnsignedInt(nri, Character.MAX_RADIX);
```

첫 번째 인수는 수, 두 번째 인수는 기수다. 기수는 [2, 36] 또는 [Character.MIN_RADIX, Character.MAX_RADIX] 범위여야 한다.

기수가 10이면 아래처럼 간단히 할 수 있다(parseUnsignedInt() 메서드는 기수에 기본적으로 10을 적용한다).

```
int result = Integer.parseUnsignedInt(nri);
```

JDK 9부터 parseUnsignedInt()에 새 기능이 추가됐다. 문자열과 기수 외에 [beginIndex, endIndex] 범위 타입을 허용한다. 이제 이 범위 안에서 파싱이 이뤄진다. 다음은 범위를 [1, 3]으로 명시한 코드다.

```
int result = Integer.parseUnsignedInt(nri, 1, 4, Character.MAX_RADIX);
```

parseUnsignedInt() 메서드는 Integer.MAX_VALUE보다 큰 수를 표현하는 문자열을 파싱할 수 있다(Integer.parseInt()로 파싱하면 java.lang.NumberFormatException 예외를 던진다).

```
// Integer.MAX_VALUE + 1 = 2147483647 + 1 = 2147483648
int maxValuePlus1 = Integer.parseUnsignedInt("2147483648");
```

> Info ≣   Long 클래스의 long 수에도 (parseUnsignedLong() 같은) 동일한 메서드 집합을 지원한다.

028 부호 없는 수로 변환

이 문제에서는 부호 있는 int가 주어졌을 때 부호 없는 long으로 변환해야 한다. 따라서 부호 있는 Integer.MIN_VALUE, 즉 -2,147,483,648을 예로 살펴보자.

JDK 8에서는 Integer.toUnsignedLong() 메서드로 다음과 같이 변환한다(결과는 2,147,483,648이다).

```
long result = Integer.toUnsignedLong(Integer.MIN_VALUE);
```

또 다른 예제로서 부호 있는 Short.MIN_VALUE와 Short.MAX_VALUE를 부호 없는 정수로 변환해보자.

```
int result1 = Short.toUnsignedInt(Short.MIN_VALUE);
int result2 = Short.toUnsignedInt(Short.MAX_VALUE);
```

같은 부류에 속하는 다른 메서드로는 Integer.toUnsignedString()과 Long.toUnsignedString(), Byte.toUnsignedInt(), Byte.toUnsignedLong(), Short.toUnsignedInt(), Short.toUnsignedLong() 이 있다.

029 부호 없는 두 수 비교

부호 있는 두 정수인 Integer.MIN_VALUE(-2,147,483,648)와 Integer.MAX_VALUE(2,147,483,647)를 생각해보자. 두 정수(부호 있는 값)를 비교하면 -2,147,483,648이 2,147,483,647보다 작다고 나온다.

```
// resultSigned는 -1이 되는데,
// 이는 MIN_VALUE가 MAX_VALUE보다 작다는 뜻이다
int resultSigned = Integer.compare(Integer.MIN_VALUE, Integer.MAX_VALUE);
```

JDK 8의 Integer.compareUnsigned() 메서드는(부호 없는 값에 Integer.compare()를 쓰는 것과 동등) 위 두 정수를 부호 없는 값으로서 비교한다. 대개 이 메서드는 부호 비트(sign bit) 표기를 무시하고, 가장 왼쪽 비트(left-most bit)를 최상위 비트(most-significant bit)로 본다. 부호 없는 값으로 간주해서 비교하는 두 수가 같으면 0을, 첫 번째 부호 없는 값이 두 번째 부호 없는 값보다 작으면 0보다 작은 값을, 첫 번째 부호 없는 값이 두 번째 부호 없는 값보다 크면 0보다 큰 값을 반환한다.

아래 비교에서는 1을 반환하는데, 이는 Integer.MIN_VALUE의 부호 없는 값이 Integer.MAX_VALUE의 부호 없는 값보다 크다는 뜻이다.

```
// resultSigned는 1이 되는데,
// 이는 MIN_VALUE가 MAX_VALUE보다 크다는 뜻이다
int resultUnsigned
   = Integer.compareUnsigned(Integer.MIN_VALUE, Integer.MAX_VALUE);
```

> Info ≡ compareUnsigned() 메서드는 JDK 8부터는 Integer와 Long 클래스에, JDK 9부터는 Byte와 Short 클래스에 사용할 수 있다.

030 부호 없는 값의 나눗셈과 나머지

두 부호 없는 값을 나눠 부호 없는 몫과 나머지를 구하는 계산은 JDK 8 부호 없는 산술 연산 API 의 divideUnsigned()와 remainderUnsigned() 메서드로 가능하다.

Integer.MIN_VALUE와 Integer.MAX_VALUE를 부호 있는 수로 간주하고 나눗셈과 나머지를 구해보자. 전부 아는 내용이다.

```
// 부호 있는 나눗셈
// -1
int divisionSignedMinMax = Integer.MIN_VALUE / Integer.MAX_VALUE;

// 0
int divisionSignedMaxMin = Integer.MAX_VALUE / Integer.MIN_VALUE;
```

```
// 부호 있는 나머지
// -1
int moduloSignedMinMax = Integer.MIN_VALUE % Integer.MAX_VALUE;

// 2147483647
int moduloSignedMaxMin = Integer.MAX_VALUE % Integer.MIN_VALUE;
```

이제부터는 Integer.MIN_VALUE와 Integer.MAX_VALUE를 부호 없는 수로 간주하고 divideUnsigned()와 remainderUnsigned() 메서드를 적용해보자.

```
// 부호 없는 나눗셈
int divisionUnsignedMinMax = Integer.divideUnsigned(
  Integer.MIN_VALUE, Integer.MAX_VALUE); // 1
int divisionUnsignedMaxMin = Integer.divideUnsigned(
  Integer.MAX_VALUE, Integer.MIN_VALUE); // 0

// 부호 없는 나머지
int moduloUnsignedMinMax = Integer.remainderUnsigned(
  Integer.MIN_VALUE, Integer.MAX_VALUE); // 1
int moduloUnsignedMaxMin = Integer.remainderUnsigned(
  Integer.MAX_VALUE, Integer.MIN_VALUE); // 2147483647
```

보다시피 비교 연산과 유사하다. 두 연산, 즉 부호 없는 나눗셈과 부호 없는 나머지 연산은 모든 비트를 값 비트(value bit)로 해석하고 부호 비트(sign bit)를 무시한다.

Info ≡   divideUnsigned()와 remainderUnsigned()는 각각 Integer와 Long 클래스로 표현된다.

031 double/float가 유한 부동소수점 값인지 검사

이 문제는 일부 부동소수점 메서드와 연산에서 예외를 던지는 대신 Infinity나 NaN으로 결과를 내기 때문에 발생한다.

주어진 float/double이 유한 부동소수점 값인지 확인하려면 해법에서 다음 조건을 활용한다. 주어진 float/double 값의 절댓값은 float/double 타입의 양의 최대 유한값(finite value)을 초과해서는 안 된다.

```
// float의 경우
Math.abs(f) <= Float.MAX_VALUE;

// double의 경우
Math.abs(d) <= Double.MAX_VALUE
```

자바 8부터 전용 플래그 메서드인 Float.isFinite()과 Double.isFinite()로 위 조건을 검사한다. 따라서 다음 테스트 케이스처럼 유한 부동소수점 값인지 확인한다.

```
Float f1 = 4.5f;
boolean f1f = Float.isFinite(f1); // f1 = 4.5는 유한하다

Float f2 = f1 / 0;
boolean f2f = Float.isFinite(f2); // f2 = Infinity는 유한하지 않다

Float f3 = 0f / 0f;
boolean f3f = Float.isFinite(f3); // f3 = NaN은 유한하지 않다

Double d1 = 0.000333411333d;
boolean d1f = Double.isFinite(d1); // d1 = 3.33411333E-4는 유한하다

Double d2 = d1 / 0;
boolean d2f = Double.isFinite(d2); // d2 = Infinity는 유한하지 않다

Double d3 = Double.POSITIVE_INFINITY * 0;
boolean d3f = Double.isFinite(d3); // d3 = NaN은 유한하지 않다
```

위 메서드들은 다음과 같은 조건문에서 유용하게 쓰인다.

```
if (Float.isFinite(d1)) {
    // 유한 부동소수점 값인 d1로 계산한다
} else {
    // 뒤이은 계산에 d1을 사용해서는 안 된다
}
```

032 두 불 표현식에 논리 AND/OR/XOR 적용

다음은 기초 논리 연산(AND와 OR, XOR)의 진리표다.

▼ 그림 1-7

X	Y	AND	OR	XOR
0	0	0	0	0
0	1	0	1	1
1	0	0	1	1
1	1	1	1	0

자바에서는 논리 AND 연산자를 &&로, 논리 OR 연산자를 ||로, 논리 XOR 연산자를 ^로 나타낸다. JDK 8부터 두 불 표현식에 이러한 연산자를 적용하기 시작했고 Boolean.logicalAnd()와 Boolean.logicalOr(), Boolean.logicalXor()이라는 세 개의 static 메서드로 래핑했다.

```
int s = 10;
int m = 21;

// if (s > m && m < 50) { } else { }
if (Boolean.logicalAnd(s > m, m < 50)) {} else {}

// if (s > m || m < 50) { } else { }
if (Boolean.logicalOr(s > m, m < 50)) {} else {}

// if (s > m ^ m < 50) { } else { }
if (Boolean.logicalXor(s > m, m < 50)) {} else {}
```

다음 코드처럼 위 메서드를 조합해서 사용할 수도 있다.

```
if (Boolean.logicalAnd(
    Boolean.logicalOr(s > m, m < 50),
    Boolean.logicalOr(s <= m, m > 50))) {} else {}
```

033 BigInteger를 원시 타입으로 변환

BigInteger 클래스는 불변 임의 정밀도 정수를 표현하는 아주 유용한 도구다.

이 클래스는 BigInteger를 byte나 long, double 같은 원시 타입으로 변환해주는 메서드(java.lang.Number에서 유래)도 포함한다. 하지만 이러한 메서드는 예상치 못한 결과와 혼란으로 이어질 수 있다. 한 예로 Long.MAX_VALUE를 래핑하는 다음 BigInteger를 가정해보자.

```
BigInteger nr = BigInteger.valueOf(Long.MAX_VALUE);
```

BigInteger.longValue() 메서드를 사용해 위 BigInteger를 원시 롱 타입으로 변환해보자.

```
long nrLong = nr.longValue();
```

아직까지는 예상대로 동작한다. Long.MAX_VALUE가 9,223,372,036,854,775,807인데, nrLong 원시 변수도 정확히 이 값이다.

이제 BigInteger.intValue() 메서드로 위 BigInteger 클래스를 int 값으로 변환해보자.

```
int nrInt = nr.intValue();
```

이번에는 nrInt 원시 변수 값이 −1이다(shortValue()와 byteValue()의 결과도 마찬가지다). 공식 문서에 따르면 BigInteger 값이 너무 커 명시한 원시 타입에 들어가지 않는 경우 낮은 차수의 비트 n개만 반환한다(이때 n은 명시한 원시 타입에 따라 다르다). 코드에 이러한 명세를 반영하지 않으면 이어지는 계산에 −1 값이 들어가 혼란이 생긴다.

하지만 JDK 8부터 새 메서드 집합이 추가됐다. 이러한 메서드들은 BigInteger를 명시한 원시 타입으로 변환하다 잃어버린 정보가 있는지 확인한다. 잃어버린 정보를 찾으면 ArithmeticException을 던진다. 이러한 방식으로 코드는 변환 중에 어떤 문제에 부딪혔음을 알리고 유쾌하지 않은 상황을 방지한다.

longValueExact()와 intValueExact(), shortValueExact(), byteValueExact() 메서드가 여기에 속한다.

```
long nrExactLong = nr.longValueExact(); // 예상대로 동작한다
int nrExactInt = nr.intValueExact();    // ArithmeticException을 던진다
```

위 코드의 intValueExact()는 intValue()처럼 −1을 반환하지 않는다. 가장 큰 long 값을 int로 변환하다 잃어버린 정보를 ArithmeticException 타입의 예외를 통해 알린다.

034 long을 int로 변환

long 값을 int 값으로 변환하기는 쉬워 보인다. 아래처럼 캐스팅을 사용하면 된다.

```
long nr = Integer.MAX_VALUE;
int intNrCast = (int) nr;
```

혹은 다음과 같이 Long.intValue()를 활용하는 방법도 있다.

```
int intNrValue = Long.valueOf(nrLong).intValue();
```

두 방식 모두 잘 동작한다. 이번에는 long 값이 다음과 같다고 가정하자.

```
long nrMaxLong = Long.MAX_VALUE;
```

이렇게 하면 위 두 방식 모두 -1을 반환한다. 올바른 결과를 얻으려면 JDK 8의 Math.toIntExact()를 사용하는 것이 좋다. 이 메서드는 long 타입의 인자를 받아 int로 변환한다. 받은 값이 int를 초과하면 ArithmeticException을 던진다.

```
// ArithmeticException을 던진다
int intNrMaxExact = Math.toIntExact(nrMaxLong);
```

toIntExact()는 내부적으로 ((int)value != value)라는 조건을 사용한다.

035 나눗셈과 나머지의 버림 계산

다음과 같이 나눈다고 가정하자.

```
double z = (double)222/14;
```

z는 나눗셈의 결과인 15.85로 초기화되는데, 이 문제에서는 나눗셈의 몫을 버림한 15(대수 몫 (algebraic quotient)보다 작거나 같은 가장 큰 정숫값)를 얻고자 한다. 한 가지 해법으로서 Math.floor(15.85)로 원하는 결과인 15를 얻을 수 있다.

하지만 222와 14는 정수이므로 위 나눗셈을 다음과 같이 작성해보자.

```
int z = 222/14;
```

이렇게 하면 정확히 원하던 결과인 15가 나온다(/ 연산자는 0에 가장 가까운 정수를 반환한다). Math.floor(z)가 없어도 된다. 게다가 제수가 0이면 222/0은 ArithmeticException을 던진다.

지금까지의 결론은 부호가 같은 두 정수(둘 다 양수 혹은 둘 다 음수)의 나눗셈의 버림을 / 연산자로 구할 수 있다는 것이다.

지금까지는 좋았지만 다음 두 정수를 가정해보자(부호가 서로 반대다. 즉, 피제수가 음수이고 제수가 양수이거나 혹은 그 반대다).

```
double z = (double) -222/14;
```

이번에는 z가 -15.85다. 앞선 예제처럼 Math.floor(z)를 쓰면 올바른 결과인 -16(대수 몫보다 작거나 같은 가장 큰 정숫값)이 나온다.

같은 문제를 int로 한 번 더 살펴보자.

```
int z = -222/14;
```

이번에는 z가 -15다. 원하던 답이 아니며 Math.floor(-15)가 -15이므로 Math.floor(z)로도 문제가 해결되지 않는다. 즉, 이 문제를 고려해야 한다.

JDK 8부터 이러한 문제를 전부 해결했고, 이는 Math.floorDiv() 메서드로 드러냈다. 이 메서드는 피제수와 제수를 표현한 두 정수를 인자로 받아 대수 몫보다 작거나 같은 가장 큰(양수 무한대에 가장 가까운) int 값을 반환한다.

```
int x = -222;
int y = 14;

// x는 피제수, y는 제수
int z = Math.floorDiv(x, y); // -16
```

Math.floorDiv() 메서드에는 floorDiv(int x, int y)와 floorDiv(long x, int y), floorDiv(long x, long y)의 세 가지 유형이 있다.

> Info≡ Math.floorDiv() 외에도 JDK 8은 주어진 인자들을 나눈 나머지의 버림을 반환하는 Math.floorMod()를 제공한다. x - (floorDiv(x, y) * y)로 값을 계산하므로 부호가 같은 인자들에 % 연산자를 적용한 결과와 같고, 부호가 다른 인자들에 % 연산자를 적용한 결과와는 다르다.

두 양수의 나눗셈(a/b) 결과의 반올림도 아래처럼 간단히 구할 수 있다.

```
long result = (a + b - 1) / b;
```

예제로 살펴보자(4 / 3 = 1.33이고 2를 원한다).

```
long result = (4 + 3 - 1) / 3; // 2
```

예제를 하나 더 살펴보자(17 / 7 = 2.42이고 3을 원한다).

```
long result = (17 + 7 - 1) / 7; // 3
```

양의 정수가 아니라면 Math.ceil()을 이용한다.

```
long result = (long) Math.ceil((double) a/b);
```

036 다음 부동소수점 값

10 같은 정수는 10+1(양의 무한대 방향)이나 10-1(음의 무한대 방향)처럼 다음 정숫값(integer-point value)을 구하기가 아주 쉽다. float나 double은 같은 결과를 얻기가 정수만큼 쉽지 않다.

JDK 6부터 Math 클래스에 nextAfter() 메서드가 추가됐다. 이 메서드는 처음 수(float나 double)와 방향(Float/Double.NEGATIVE/POSITIVE_INFINITY)을 두 인자로 받아 다음 부동소수점 값을 반환한다. 여기서는 이 메서드로 음의 무한대 방향으로 0.1에 가까운 다음 부동소수점을 반환하는 예제를 살펴보겠다.

```
float f = 0.1f;

// 0.099999994
float nextf = Math.nextAfter(f, Float.NEGATIVE_INFINITY);
```

JDK 8부터는 nextAfter() 메서드를 보다 손쉽게 사용할 수 있으면서 더 빠른 두 개의 메서드가 Math 클래스에 추가됐다. 두 메서드는 nextDown()과 nextUp()이다.

```
float f = 0.1f;

float nextdownf = Math.nextDown(f); // 0.099999994
float nextupf = Math.nextUp(f);     // 0.10000001

double d = 0.1d;

double nextdownd = Math.nextDown(d); // 0.09999999999999999
double nextupd = Math.nextUp(d);     // 0.10000000000000002
```

즉, 음의 무한대 방향의 nextAfter()는 Math.nextDown()으로, 양의 무한대 방향의 nextAfter()는 Math.nextUp()으로 구할 수 있다.

037 두 큰 int/long 수의 곱과 연산 오버플로

다음 예제처럼 * 연산자를 활용하는 해법부터 살펴보자.

```
int x = 10;
int y = 5;
int z = x * y; // 50
```

아주 단순한 방식이며 int와 long, float, double을 포함하는 대부분의 계산에 잘 동작한다.

이제 * 연산자를 다음의 두 큰 수에 적용해보자(2,147,483,647을 두 번 곱한다).

```
int x = Integer.MAX_VALUE;
int y = Integer.MAX_VALUE;
int z = x * y; // 1
```

z는 원하던 결과인 4,611,686,014,132,420,609가 아니라 1이다. z의 타입을 int에서 long으로 바꿔도 문제는 해결되지 않는다. 하지만 x와 y의 타입을 둘 다 int에서 long으로 바꾸면 해결된다.

```
long x = Integer.MAX_VALUE;
long y = Integer.MAX_VALUE;
long z = x * y; // 4611686014132420609
```

그래도 Integer.MAX_VALUE 대신 Long.MAX_VALUE를 쓰면 같은 문제가 다시 발생한다.

```
long x = Long.MAX_VALUE;
long y = Long.MAX_VALUE;
long z = x * y; // 1
```

* 연산자를 사용하는 계산에서 도메인을 초과하면 원하지 않는 결과로 이어진다.

뒤이은 계산에서 이 결과를 사용하기보다는 오버플로 연산이 일어나자마자 바로 알리는 편이 낫다. JDK 8은 Math.multiplyExact() 메서드를 지원한다. 이 메서드는 두 정수를 곱한다. 결과에 오버플로가 생기면 int에서 ArithmeticException을 던진다.

```
int x = Integer.MAX_VALUE;
int y = Integer.MAX_VALUE;
int z = Math.multiplyExact(x, y); // ArithmeticException을 던진다
```

> Info ≡ JDK 8의 Math.multiplyExact(int x, int y)는 int를 반환하고 Math.multiplyExact(long x, long y)는 long을 반환한다. JDK 9에는 long을 반환하는 Math.multiplyExact(long x, int y)도 들어갔다.

JDK 9는 long 값을 반환하는 Math.multiplyFull(int x, int y)를 지원한다. 이 메서드는 수학적으로 정확한 두 정수의 곱을 long으로 구하고 싶을 때 아주 유용하다.

```
int x = Integer.MAX_VALUE;
int y = Integer.MAX_VALUE;
long z = Math.multiplyFull(x, y); // 4611686014132420609
```

참고로 JDK 9는 long 값을 반환하는 Math.multiplyHigh(long x, long y)도 지원한다. 이 메서드가 반환하는 long 값은 두 64비트 인자의 128비트 곱 중 최상위 64비트를 나타낸다.

```
long x = Long.MAX_VALUE;
long y = Long.MAX_VALUE;
// 9223372036854775807 * 9223372036854775807 = 4611686018427387903
long z = Math.multiplyHigh(x, y);
```

함수형 스타일의 해법은 다음과 같이 BinaryOperator 함수형 인터페이스를 쓸 수 있다(타입이 같은 두 피연산자 간 연산을 정의하면 된다).

```
int x = Integer.MAX_VALUE;
int y = Integer.MAX_VALUE;
BinaryOperator<Integer> operator = Math::multiplyExact;
int z = operator.apply(x, y); // throw ArithmeticException
```

큰 수를 다룰 때 BigInteger(불변 임의 정밀도 정수)와 BigDecimal(불변 임의 정밀도 부호 있는 소수) 클래스도 고려하자.

038 단일 곱셈 누산기(Fused Multiply Add)

$(a * b) + c$라는 수학적 계산은 행렬 곱셈에 꼭 필요하고, **고성능 컴퓨팅**(High-Performance Computing, HPC)과 AI 애플리케이션, 머신러닝, 딥러닝, 신경망 등에 자주 쓰인다.

가장 단순하게는 아래처럼 *와 + 연산자를 그대로 써서 구현한다.

```
double x = 49.29d;
double y = -28.58d;
double z = 33.63d;
double q = (x * y) + z;
```

위 구현의 가장 큰 문제점은 두 건의 반올림 오류(곱셈 연산과 덧셈 연산에서 각각 하나씩)로 인한 낮은 정확도와 성능이다.

하지만 SIMD 연산을 수행하는 인텔 AVX 명령어와 Math.fma() 메서드를 지원하는 JDK 9가 등장하면서 계산 성능이 업그레이드됐다. Math.fma()를 사용하면 가장 가까운 짝수로 반올림하는 모드를 사용해 반올림을 한 번만 수행한다.

```
double fma = Math.fma(x, y, z);
```

이와 같은 개선은 최신 인텔 프로세서에서 가능하므로 JDK 9만으로는 부족하다.

039 컴팩트 수 포매팅

JDK 12부터 컴팩트 수(compact number)를 포매팅하는 클래스가 새로 추가됐다. java.text.CompactNumberFormat이라는 클래스다. 이 클래스의 주된 목적은 로캘(locale)과 압축(compaction)을 지원하도록 기존 자바 수 포매팅 API를 확장하는 것이다.

수(number)는 간결한 스타일(가령 1000을 1K로) 혹은 장황한 스타일(가령 1000을 1 thousand로)로 포매팅할 수 있다. 두 스타일은 Style 열거형(enum)에서 각각 SHORT와 LONG으로 분류된다.

CompactNumberFormat은 CompactNumberFormat 생성자 외에도 NumberFormat 클래스에 추가된 다음 두 개의 static 메서드로 생성할 수 있다.

- 첫 번째 메서드는 NumberFormat.Style.SHORT를 사용하는 기본 로캘의 컴팩트 수 포맷이다.

  ```
  public static NumberFormat getCompactNumberInstance()
  ```

- 두 번째 메서드는 NumberFormat.Style과 로캘을 명시하는 컴팩트 수 포맷이다.

  ```
  public static NumberFormat getCompactNumberInstance(
      Locale locale, NumberFormat.Style formatStyle)
  ```

포매팅과 파싱에 대해 자세히 알아보자.

039.1 포매팅

기본적으로 수는 RoundingMode.HALF_EVEN으로 포매팅된다. 하지만 NumberFormat.setRoundingMode()를 사용해 반올림 모드를 명시적으로 설정할 수도 있다.

다음과 같이 이러한 정보를 NumberFormatters라는 유틸리티 클래스로 모아 넣는다.

```java
public static String forLocale(Locale locale, double number) {
  return format(locale, Style.SHORT, null, number);
}

public static String forLocaleStyle(
  Locale locale, Style style, double number) {

  return format(locale, style, null, number);
}

public static String forLocaleStyleRound(
  Locale locale, Style style, RoundingMode mode, double number) {

  return format(locale, style, mode, number);
}

private static String format(
  Locale locale, Style style, RoundingMode mode, double number) {

  if (locale == null || style == null) {
    return String.valueOf(number); // 또는 기본 포맷을 사용한다
  }

  NumberFormat nf = NumberFormat.getCompactNumberInstance(locale, style);

  if (mode != null) {
    nf.setRoundingMode(mode);
  }

  return nf.format(number);
}
```

이제 1,000, 1,000,000, 1,000,000,000이라는 수를 US 로캘과 SHORT 스타일, 기본 반올림 모드로 포매팅해보자.

```java
// 1K
NumberFormatters.forLocaleStyle(Locale.US, Style.SHORT, 1_000);

// 1M
NumberFormatters.forLocaleStyle(Locale.US, Style.SHORT, 1_000_000);

// 1B
NumberFormatters.forLocaleStyle(Locale.US, Style.SHORT, 1_000_000_000);
```

LONG 스타일에도 똑같이 할 수 있다.

```
// 1 thousand
NumberFormatters.forLocaleStyle(Locale.US, Style.LONG, 1_000);

// 1 million
NumberFormatters.forLocaleStyle(Locale.US, Style.LONG, 1_000_000);

// 1 billion
NumberFormatters.forLocaleStyle(Locale.US, Style.LONG, 1_000_000_000);
```

ITALIAN 로캘과 SHORT 스타일도 사용할 수 있다.

```
// 1.000
NumberFormatters.forLocaleStyle(Locale.ITALIAN, Style.SHORT, 1_000);

// 1 Mln
NumberFormatters.forLocaleStyle(Locale.ITALIAN, Style.SHORT, 1_000_000);

// 1 Mld
NumberFormatters.forLocaleStyle(Locale.ITALIAN, Style.SHORT, 1_000_000_000);
```

끝으로 ITALIAN 로캘과 LONG 스타일도 사용할 수 있다.

```
// 1 mille
NumberFormatters.forLocaleStyle(Locale.ITALIAN, Style.LONG, 1_000);

// 1 milione
NumberFormatters.forLocaleStyle(Locale.ITALIAN, Style.LONG, 1_000_000);

// 1 miliardo
NumberFormatters.forLocaleStyle(Locale.ITALIAN, Style.LONG, 1_000_000_000);
```

이제 1,200과 1,600이라는 두 수를 가정해보자.

반올림 모드로 보면 각각 1,000과 2,000으로 반올림된다. 기본 반올림 모드인 HALF_EVEN은 1,200을 1,000으로, 1,600을 2,000으로 반올림한다. 하지만 1,200을 2,000으로, 1,600을 1,000으로 만들려면 다음과 같이 명시적으로 반올림 모드를 설정해야 한다.

```
// 2000 (2 thousand)
NumberFormatters.forLocaleStyleRound(
  Locale.US, Style.LONG, RoundingMode.UP, 1_200);
```

```
// 1000 (1 thousand)
NumberFormatters.forLocaleStyleRound(
    Locale.US, Style.LONG, RoundingMode.DOWN, 1_600);
```

039.2 파싱

파싱은 포매팅 과정의 반대다. 문자열이 주어지면 수로 파싱한다. `NumberFormat.parse()` 메서드를 사용하면 된다. 기본적으로 파싱에서는 분류(grouping)를 쓰지 않는다(예를 들어 분류하지 않으면 5,50K는 5로 파싱되고, 분류하면 5,50K를 550000으로 파싱한다).

이 정보를 헬퍼 메서드 집합에 다음과 같이 모아 넣을 수 있다.

```
public static Number parseLocale(Locale locale, String number)
    throws ParseException {
  return parse(locale, Style.SHORT, false, number);
}

public static Number parseLocaleStyle(
  Locale locale, Style style, String number) throws ParseException {

  return parse(locale, style, false, number);
}

public static Number parseLocaleStyleRound(
  Locale locale, Style style, boolean grouping, String number)
    throws ParseException {

  return parse(locale, style, grouping, number);
}

private static Number parse(
  Locale locale, Style style, boolean grouping, String number)
    throws ParseException {

  if (locale == null || style == null || number == null) {
    throw new IllegalArgumentException(
      "Locale/style/number cannot be null");
  }

  NumberFormat nf = NumberFormat.getCompactNumberInstance(locale, style);
  nf.setGroupingUsed(grouping);

  return nf.parse(number);
}
```

명시적으로 분류하지 않고 5K와 5 thousand를 5000으로 파싱해보자.

```
// 5000
NumberFormatters.parseLocaleStyle(Locale.US, Style.SHORT, "5K");
```

```
// 5000
NumberFormatters.parseLocaleStyle(Locale.US, Style.LONG, "5 thousand");
```

명시적으로 분류해서 5,50K와 5,50 thousand를 550000으로 파싱해보자.

```
// 550000
NumberFormatters.parseLocaleStyleRound(
   Locale.US, Style.SHORT, true, "5,50K");
```

```
// 550000
NumberFormatters.parseLocaleStyleRound(
   Locale.US, Style.LONG, true, "5,50 thousand");
```

setCurrency()와 setParseIntegerOnly(), setMaximumIntegerDigits(), setMinimumIntegerDigits(), setMinimumFractionDigits(), setMaximumFractionDigits() 메서드로 더 세부적으로 조정할 수 있다.

JAVA CODING PROBLEMS

1.3 / 요약

1장에서는 문자열과 수를 다루는 여러 일반적인 문제를 살펴봤다. 당연히 여기에 소개하지 못한 문제가 아주 많고 어떤 책에서도 전부 다루지는 못한다. 하지만 1장에서 소개했던 문제들의 해법을 익힘으로써 연관된 많은 문제를 스스로 해결할 수 있는 견고한 기반을 다질 수 있다.

1장의 애플리케이션을 다운로드해서 결과와 추가적인 세부 사항을 확인하자.

memo

2^장

객체와 불변성, switch 문

2장에서는 객체와 불변성, switch 문을 다루는 18개의 문제를 살펴본다. 우선 null 참조를 처리하는 몇 가지 문제부터 풀어본다. 이어서 인덱스, equals(), hashCode() 검사와 불변성에 관한 문제(불변 클래스 작성과 불변 클래스로부터 가변 객체 전달/반환 등)를 다룬다. 마지막으로 객체 복제와 JDK 12의 switch 문을 알아본다. 2장이 끝날 때쯤에는 객체와 불변성에 대한 기초 지식을 갖출 것이다. 또한 switch 문을 처리하는 법도 익힌다. 이러한 지식은 모든 자바 개발자에게 매우 중요하고 반드시 필요한 무기다.

2.1 / 문제

다음 문제를 통해 객체와 불변성, switch 문을 프로그래밍하는 실력을 테스트해보자. 해답 페이지로 넘어가거나 예제 프로그램을 다운로드하기 전에 반드시 스스로 문제를 풀어보기 바란다.

040. 함수형 스타일과 절차적 코드에서 null 참조 검사: 함수형 스타일과 절차적 코드에서 주어진 참조에 null 검사를 수행하는 프로그램을 작성하라.

041. null 참조 검사와 맞춤형 NullPointerException 던지기: 주어진 참조에 null 검사를 수행하고 맞춤형 메시지로 NullPointerException을 던지는 프로그램을 작성하라.

042. null 참조 검사와 명시된 예외(가령 IllegalArgumentException) 던지기: 주어진 참조에 null 검사를 수행하고 명시된 예외를 던지는 프로그램을 작성하라.

043. null 참조 검사와 null이 아닌 기본 참조 반환: 주어진 참조에 null 검사를 수행해서 null이 아니면 반환하고 null이면 null이 아닌 기본 참조를 반환하는 프로그램을 작성하라.

044. 인덱스가 0부터 길이까지 범위에 속하는지 검사: 주어진 인덱스가 0(포함)에서 주어진 길이(불포함) 사이인지 검사하는 프로그램을 작성하라. 주어진 인덱스가 [0, 주어진 길이] 범위 밖이면 IndexOutOfBoundsException을 던진다.

045. 부분 범위가 0부터 길이까지 범위에 속하는지 검사: 주어진 부분 범위인 [주어진 시작점, 주어진 끝점]이 [0, 주어진 길이] 범위 내에 속하는지 검사하는 프로그램을 작성하라. 주어진 부분 범위가 [0, 주어진 길이] 범위 밖이면 IndexOutOfBoundsException을 던진다.

046. equals( )와 hashCode( ): 자바의 equals()와 hashCode() 메서드의 동작 방식을 설명하고 예를 들어 보아라.

047. 불변 객체 개요: 자바에서 불변 객체란 무엇인지 설명하고 예를 들어 보아라.

048. 불변 문자열: String 클래스가 왜 불변인지 설명하라.

049. 불변 클래스 작성: 불변 클래스를 표현하는 프로그램을 작성하라.

050. 불변 클래스로 가변 객체 전달: 가변 객체를 불변 클래스에(클래스로부터) 전달하고 반환하는 프로그램을 작성하라.

051. 빌더 패턴으로 불변 클래스 작성: 빌더 패턴으로 불변 클래스를 구현하는 프로그램을 작성하라.

052. 불변 객체 내 잘못된 데이터 유입 방지: 불변 객체에 잘못된 데이터가 들어 가지 않게 하는 프로그램을 작성하라.

053. 객체 복제: 얕은 복제와 깊은 복제 기법의 예를 보이는 프로그램을 작성하라.

054. toString( ) 오버라이딩: toString( )을 오버라이딩하는 관례를 설명하고 예를 들어 보아라.

055. switch 표현식: JDK 12의 switch 표현식에 대한 간략한 개요를 제공하라.

056. 다수의 case 레이블: JDK 12의 switch 표현식에 다수의 case 레이블을 사용하는 예를 코드로 작성하라.

057. 명령문 블록: 중괄호 블록을 가리키는 case 레이블을 포함하는 JDK 12의 switch 표현식 예를 코드로 작성하라.

JAVA CODING PROBLEMS

2.2 해법

앞서 나열한 문제의 해법을 설명하겠다. 그에 앞서 문제의 정답이 딱 하나인 경우는 드물다는 점을 잊지 말자. 또한 문제를 푸는 데 반드시 필요한 가장 흥미롭고 중요한 사항만 설명했음을 기억하자. 코드를 자세히 살펴보고 프로그램을 직접 실행하려면 https://github.com/gilbutITbook/080292에서 예제 솔루션을 다운로드한다.

040 함수형 스타일과 절차적 코드에서 null 참조 검사

함수형 스타일이든 절차적 코드든 잘 알려진 NullPointerException 예외 발생을 줄이기 위해 null 참조 검사 기법이 널리 쓰이고 권장된다. 이러한 검사 유형은 전달하는 참조가 NullPointerException이나 예상치 못한 동작으로 이어지지 않도록 주로 메서드 인자에 쓰인다.

예를 들어 List<Integer>를 메서드에 전달하려면 적어도 두 가지 null 검사를 해야 한다. 첫째, 메서드는 리스트 참조 자체가 null이 아닌지 확인해야 한다. 둘째, 리스트를 사용하는 방식에 따라 메서드는 리스트가 null 객체를 포함하지 않는지 확인해야 한다.

```
List<Integer> numbers
  = Arrays.asList(1, 2, null, 4, null, 16, 7, null);
```

위 리스트를 아래 메서드에 전달한다.

```
public static List<Integer> evenIntegers(List<Integer> integers) {
  if (integers == null) {
    return Collections.EMPTY_LIST;
  }

  List<Integer> evens = new ArrayList<>();
  for (Integer nr: integers) {
    if (nr != null && nr % 2 == 0) {
      evens.add(nr);
    }
  }

  return evens;
}
```

evenIntegers 함수는 ==와 != 연산자를 이용하는 고전적인 검사 방식(integers==null, nr != null)을 따른다. JDK 8부터 java.util.Objects 클래스는 두 연산자를 사용한 null 검사를 두 개의 메서드로 래핑했다. object == null은 Objects.isNull()로, object != null은 Objects.nonNull()로 래핑했다.

두 메서드를 사용해 코드를 다시 작성하면 다음과 같다.

```
public static List<Integer> evenIntegers(List<Integer> integers) {
  if (Objects.isNull(integers)) {
    return Collections.EMPTY_LIST;
```

```
  }

  List<Integer> evens = new ArrayList<>();

  for (Integer nr: integers) {
    if (Objects.nonNull(nr) && nr % 2 == 0) {
      evens.add(nr);
    }
  }

  return evens;
}
```

코드가 보다 표현적으로 바뀌었으나 두 메서드의 주된 용도는 아니다. (API 공식 문서에 따르면)
사실 두 메서드는 또 다른 목적, 즉 자바 8 함수형 스타일 코드에서 프레디케이트(predicate)로 쓰
일 목적으로 추가됐다. 함수형 스타일 코드라면 다음 예제처럼 null 검사를 수행할 수 있다.

```
public static int sumIntegers(List<Integer> integers) {
  if (integers == null) {
    throw new IllegalArgumentException("List cannot be null");
  }

  return integers.stream()
    .filter(i -> i != null)
    .mapToInt(Integer::intValue).sum();
}

public static boolean integersContainsNulls(List<Integer> integers) {
  if (integers == null) {
    return false;
  }

  return integers.stream()
    .anyMatch(i -> i == null);
}
```

보다시피 i -> i != null과 i -> i == null을 주변 코드와 같은 스타일로 표현하지 않았다. 위
코드를 Objects.nonNull()과 Objects.isNull()로 바꿔보자.

```
public static int sumIntegers(List<Integer> integers) {
  if (integers == null) {
    throw new IllegalArgumentException("List cannot be null");
```

```
      }

      return integers.stream()
        .filter(Objects::nonNull)
        .mapToInt(Integer::intValue).sum();
    }

    public static boolean integersContainsNulls(List<Integer> integers) {
      if (integers == null) {
        return false;
      }

      return integers.stream()
        .anyMatch(Objects::isNull);
    }
```

인수에도 Objects.nonNull()과 Objects.isNull() 메서드를 사용할 수 있다.

```
    public static int sumIntegers(List<Integer> integers) {
      if (Objects.isNull(integers)) {
        throw new IllegalArgumentException("List cannot be null");
      }

      return integers.stream()
        .filter(Objects::nonNull)
        .mapToInt(Integer::intValue).sum();
    }

    public static boolean integersContainsNulls(List<Integer> integers) {
      if (Objects.isNull(integers)) {
        return false;
      }

      return integers.stream()
        .anyMatch(Objects::isNull);
    }
```

정말 멋지다! 결론적으로 함수형 스타일 코드에서는 null 검사가 필요할 때 항상 위 두 메서드를 사용해야 하고, 절차적 코드에서는 취향에 따라 선택하면 된다.

041 null 참조 검사와 맞춤형 NullPointerException 던지기

다음 코드로 null 참조를 검사하고 맞춤형 메시지를 넣어 NullPointerException을 던질 수 있다 (총 네 번 수행하는데, 두 번은 생성자에서 두 번은 assignDriver() 메서드에서 일어난다).

```java
public class Car {
  private final String name;
  private final Color color;

  public Car(String name, Color color) {

    if (name == null) {
      throw new NullPointerException("Car name cannot be null");
    }

    if (color == null) {
      throw new NullPointerException("Car color cannot be null");
    }

    this.name = name;
    this.color = color;
  }

  public void assignDriver(String license, Point location) {

    if (license == null) {
      throw new NullPointerException("License cannot be null");
    }

    if (location == null) {
      throw new NullPointerException("Location cannot be null");
    }
  }
}
```

결론적으로 위 코드는 == 연산자와 NullPointerException 클래스를 직접 초기화하는 방식으로 문제를 해결한다. 둘의 조합은 JDK 7부터 Objects.requireNonNull()이라는 static 메서드에 숨겨졌다. 이제 이 메서드로 코드를 보다 표현적으로 다시 작성할 수 있다.

```
public class Car {
  private final String name;
  private final Color color;

  public Car(String name, Color color) {

    this.name = Objects.requireNonNull(name, "Car name cannot be null");
    this.color = Objects.requireNonNull(color, "Car color cannot be null");
  }

  public void assignDriver(String license, Point location) {

    Objects.requireNonNull(license, "License cannot be null");
    Objects.requireNonNull(location, "Location cannot be null");
  }
}
```

Objects.requireNonNull()은 명시된 참조가 null이면 제공받은 메시지로 NullPointerException을 던진다. null이 아니면 검사한 참조를 반환한다.

생성자에서는 제공받은 참조가 null일 때 NullPointerException을 던지는 전형적인 방식을 따른다. 하지만 (위의 assignDriver() 같은) 메서드에서는 이 방식에 논란이 많다. 어떤 개발자는 코드에 부정적인 영향을 미치지 않는 결과를 반환하거나 IllegalArgumentException을 던지고 싶어한다. 다음 문제인 널 참조 검사와 명시된 예외(예를 들어 IllegalArgumentException) 던지기에서 IllegalArgumentException 방식을 다루겠다.

JDK 7은 두 가지 Objects.requireNonNull() 메서드를 지원하는데, 하나는 앞서 사용했고 다른하나는 다음과 같이 기본 메시지로 NullPointerException을 던지는 메서드다.

```
this.name = Objects.requireNonNull(name);
```

JDK 8에는 또 다른 Objects.requireNonNull()이 추가됐다. 이 메서드는 맞춤형 NullPointer Exception 메시지를 Supplier에 래핑한다. 즉, 주어진 참조가 null일 때까지 메시지 생성을 미룬다(여러 메시지를 이어 붙이는 + 연산자를 사용해도 문제가 없다는 뜻이다).

다음은 그 예다.

```
this.name = Objects.requireNonNull(name, ()
  -> "Car name cannot be null ... Consider one from " + carsList);
```

참조가 null이 아니면 메시지를 생성하지 않는다.

042 null 참조 검사와 명시된 예외(가령 IllegalArgumentException) 던지기

당연히 한 가지 해법은 == 연산자를 직접 사용하는 것이다.

```
if (name == null) {
  throw new IllegalArgumentException("Name cannot be null");
}
```

java.util.Objects에는 requireNonNullElseThrow() 메서드가 없으므로 이 문제는 java.util. Objects의 메서드로 해결할 수 없다. IllegalArgumentException이나 또 다른 명시된 예외를 던지려면 다음 화면에 보이는 메서드 집합이 필요하다.

❤ 그림 2-1

```
◉ requireNonNullElseThrow(T obj, X exception)                               T
◉ requireNonNullElseThrowIAE(T obj, String message)                        T
◉ requireNonNullElseThrowIAE(T obj, Supplier<String> messageSupplier)      T
◉ requireNotNullElseThrow(T obj, Supplier<? extends X> exceptionSupplier)  T
```

이 중 requireNonNullElseThrowIAE() 메서드에 주목하자. 두 메서드는 String이나 Supplier에 명시된 맞춤형 메시지를 넣어 IllegalArgumentException을 던진다(이로써 null이 true로 평가될 때까지 생성하지 않는다).

```
public static <T> T requireNonNullElseThrowIAE(T obj, String message) {
  if (obj == null) {
    throw new IllegalArgumentException(message);
  }

  return obj;
}

public static <T> T requireNonNullElseThrowIAE(T obj,
    Supplier<String> messageSupplier) {
  if (obj == null) {
    throw new IllegalArgumentException(messageSupplier == null
      ? null : messageSupplier.get());
  }

  return obj;
}
```

즉, IllegalArgumentException은 위 두 메서드로 던질 수 있다. 하지만 이것만으로는 부족하다. 예를 들어 코드에서 IllegalArgumentException이나 UnsuppportedOperationException 등을 던져야 할 수 있다. 이러한 경우에는 다음 메서드가 더 낫다.

```
public static <T, X extends Throwable> T requireNonNullElseThrow(
    T obj, X exception) throws X {
  if (obj == null) {
    throw exception;
  }

  return obj;
}

public static <T, X extends Throwable> T requireNotNullElseThrow(
    T obj, Supplier<<? extends X> exceptionSupplier) throws X {
  if (obj != null) {
    return obj;
  } else {
    throw exceptionSupplier.get();
  }
}
```

위 메서드들을 MyObjects라는 헬퍼 클래스에 넣자. 그리고 다음 예제처럼 호출하자.

```
public Car(String name, Color color) {
  this.name = MyObjects.requireNonNullElseThrow(name,
    new UnsupportedOperationException("Name cannot be set as null"));
  this.color = MyObjects.requireNotNullElseThrow(color, () ->
    new UnsupportedOperationException("Color cannot be set as null"));
}
```

이러한 방식으로 MyObjects에서 다른 유형의 예외도 지원하게 할 수 있다.

043 null 참조 검사와 null이 아닌 기본 참조 반환

이 문제는 예제에서 보듯이 if-else(또는 삼항(ternary) 연산자)로 해결할 수 있다(name과 color에 final을 빼고 선언하거나 선언하면서 기본값으로 초기화하는 식의 변형도 가능하다).

```
public class Car {
  private final String name;
```

```
    private final Color color;
    public Car(String name, Color color) {

      if (name == null) {
        this.name = "No name";
      } else {
        this.name = name;
      }

      if (color == null) {
        this.color = new Color(0, 0, 0);
      } else {
        this.color = color;
      }
    }
  }
```

하지만 JDK 9부터 Objects 클래스의 두 메서드로 위 코드를 간소화할 수 있게 됐다. 바로 requireNonNullElse()와 requireNonNullElseGet() 메서드다. 두 메서드는 널을 검사할 참조와 검사한 참조가 null일 경우 반환할 null이 아닌 기본 참조, 두 인자를 받는다.

```
  public class Car {
    private final String name;
    private final Color color;

    public Car(String name, Color color) {

      this.name = Objects.requireNonNullElse(name, "No name");
      this.color = Objects.requireNonNullElseGet(color,
        () -> new Color(0, 0, 0));
    }
  }
```

앞선 예제에서는 생성자에 두 메서드를 사용하였으나 메서드에 사용해도 된다.

044 인덱스가 0부터 길이까지 범위에 속하는지 검사

이 문제를 보여주는 간단한 시나리오로 시작해보겠다. 다음의 간단한 클래스로 이 시나리오를 구체화할 수 있다.

```
public class Function {
  private final int x;

  public Function(int x) {
    this.x = x;
  }

  public int xMinusY(int y) {
    return x - y;
  }

  public static int oneMinusY(int y) {
    return 1 - y;
  }
}
```

위 코드는 x와 y의 범위를 제한하지 않는다. 이제 범위를 다음과 같이 제한해보자(수학 함수에서 아주 흔한 가정이다).

- x는 0(포함)부터 11(불포함) 사이여야 하므로 x는 [0, 11)에 속한다.

- xMinusY() 메서드에서 y는 0(포함)부터 x(불포함) 사이여야 하므로 y는 [0, x)에 속한다.

- oneMinusY() 메서드에서 y는 0(포함)부터 16(불포함) 사이여야 하므로 y는 [0, 16)에 속한다.

다음과 같이 코드에 if 문을 두어 범위를 제한할 수 있다.

```
public class Function {
  private static final int X_UPPER_BOUND = 11;
  private static final int Y_UPPER_BOUND = 16;
  private final int x;

  public Function(int x) {
    if (x < 0 || x >= X_UPPER_BOUND) {
      throw new IndexOutOfBoundsException("...");
    }

    this.x = x;
  }

  public int xMinusY(int y) {
    if (y < 0 || y >= x) {
      throw new IndexOutOfBoundsException("...");
```

```
    }

    return x - y;
  }

  public static int oneMinusY(int y) {
    if (y < 0 || y >= Y_UPPER_BOUND) {
      throw new IndexOutOfBoundsException("...");
    }

    return 1 - y;
  }
}
```

IndexOutOfBoundsException 예외를 더 유의미하게 바꿔보자(예를 들어 IndexOutOfBoundsException 을 확장해 RangeOutOfBoundsException 타입의 맞춤형 예외를 생성하자).

JDK 9부터는 Objects.checkIndex() 메서드를 사용해 코드를 다시 작성할 수 있다. 이 메서드는 주어진 인덱스가 [0, 길이] 범위인지 확인하고 이 범위 내 주어진 인덱스를 반환하거나 IndexOutOfBoundsException을 던진다.

```
public class Function {
  private static final int X_UPPER_BOUND = 11;
  private static final int Y_UPPER_BOUND = 16;
  private final int x;

  public Function(int x) {
    this.x = Objects.checkIndex(x, X_UPPER_BOUND);
  }

  public int xMinusY(int y) {
    Objects.checkIndex(y, x);

    return x - y;
  }

  public static int oneMinusY(int y) {
    Objects.checkIndex(y, Y_UPPER_BOUND);

    return 1 - y;
  }
}
```

예를 들어 다음 코드처럼 oneMinuxY( )를 호출하면 y는 [0, 16) 사이의 값이어야 하므로 IndexOut
OfBoundsException이 발생한다.

```
int result = Function.oneMinusY(20);
```

이제 한 걸음 더 나아가 부분 범위가 0부터 주어진 길이까지 범위인지 검사해보자.

045 부분 범위가 0부터 길이까지 범위에 속하는지 검사

이전 문제와 같은 흐름으로 살펴보겠다. 이제 Function 클래스는 다음과 같다.

```
public class Function {
  private final int n;

  public Function(int n) {
    this.n = n;
  }

  public int yMinusX(int x, int y) {
    return y - x;
  }
}
```

위 코드는 x와 y, n의 범위를 제한하지 않는다. 범위를 다음과 같이 제한해보자.

- n은 0(포함)부터 101(불포함) 사이여야 하므로 n는 [0, 101)에 속한다.
- yMinusX( ) 메서드에서 x, y로 제한되는 범위인 [x, y]는 [0, n] 사이의 부분 범위여야 한다.

다음과 같이 코드에 if 문을 두어 범위를 제한할 수 있다.

```
public class Function {
  private static final int N_UPPER_BOUND = 101;
  private final int n;

  public Function(int n) {
    if (n < 0 || n >= N_UPPER_BOUND) {
      throw new IndexOutOfBoundsException("...");
    }

    this.n = n;
```

```
    }

    public int yMinusX(int x, int y) {
        if (x < 0 || x > y || y >= n) {
            throw new IndexOutOfBoundsException("...");
        }

        return y - x;
    }
}
```

앞선 문제에서처럼 n의 조건을 Objects.checkIndex()로 바꿀 수 있다. 또한 JDK 9 Objects 클래스는 [start, end]라는 부분 범위가 주어졌을 때 [0, length] 범위에 속하는지 검사하는 checkFromToIndex(int start, int end, int length)라는 메서드도 지원한다. 따라서 이 메서드를 yMinusX() 메서드에 적용해 x, y로 제한한 범위인 [x, y]가 [0, n]의 부분 범위인지 검사할 수 있다.

```
public class Function {
    private static final int N_UPPER_BOUND = 101;
    private final int n;

    public Function(int n) {
        this.n = Objects.checkIndex(n, N_UPPER_BOUND);
    }

    public int yMinusX(int x, int y) {
        Objects.checkFromToIndex(x, y, n);
        return y - x;
    }
}
```

예를 들어 아래 테스트에서 x는 y보다 크므로 IndexOutOfBoundsException이 발생한다.

```
Function f = new Function(50);
int r = f.yMinusX(30, 20);
```

> *Info* ≡ 이 밖에도 Objects에는 checkFromIndexSize(int start, int size, int length)라는 메서드가 들어 있다. 이 메서드는 [start, start+size]라는 부분 범위가 [0, length] 범위에 속하는지 검사한다.

046 equals( )와 hashCode( )

equals( )와 hashCode( ) 메서드는 java.lang.Object에서 정의한다. Object는 모든 자바 객체의 상위 클래스이므로 어떤 객체에든 두 메서드를 사용할 수 있다. 주된 용도는 객체를 비교하는 간단하고 효율적이면서 강력한 해법을 제공함으로써 두 객체가 동등한지 알아내는 것이다. 두 메서드와 계약(contract) 없이는 길고 복잡한 if 문으로 객체의 각 필드를 비교하는 수밖에 없다.

메서드를 오버라이딩하지 않을 경우 자바는 기본 구현을 사용한다. 안타깝게도 기본 구현으로는 실제로 두 객체의 값이 같은지 알아낼 수 없다. 기본적으로 equals( )는 ID(identity)를 검사한다. 즉, 두 객체의 메모리 주소가 똑같이 표현될 때(객체 참조가 같을 때) 두 객체를 동등하게 보고, hashCode( )는 객체의 메모리 주소를 표현하는 정수를 반환한다. hashCode( )는 ID 해시 코드 (identity hash code)라 알려진 네이티브 함수다.

한 예로 다음 클래스를 가정해보자.

```java
public class Player {
  private int id;
  private String name;

  public Player(int id, String name) {
    this.id = id;
    this.name = name;
  }
}
```

이어서 같은 내용으로 위 클래스의 두 인스턴스를 생성한 후 동등한지 비교해보자.

```java
Player p1 = new Player(1, "Rafael Nadal");
Player p2 = new Player(1, "Rafael Nadal");

System.out.println(p1.equals(p2)); // false
System.out.println("p1 hash code: " + p1.hashCode()); // 1809787067
System.out.println("p2 hash code: " + p2.hashCode()); // 157627094
```

> TIP ≡ 객체 동등(equality)을 테스트할 때 == 연산자를 사용하지 말자(if(p1 == p2)처럼 쓰지 말자). == 연산자는 두 객체가 같은 객체를 참조하는지 비교하는 반면, equals( )는 객체의 값을 비교한다(우리가 알고 싶은 정보는 바로 이것이다).
>
> 일반적으로 두 변수의 참조가 같으면 **동일(identical)**하고, 그 참조의 값이 같으면 **동등(equal)**하다. **값이 같다(the same value)**는 것을 equals( )에서 정의한다.

p1과 p2는 동등해 보이지만 equals()는 false를 반환한다(p1과 p2 인스턴스는 필드 값이 꼭 같으나 서로 다른 메모리 주소에 저장된다). 즉, 기본 equals() 구현을 활용해서는 문제를 해결할 수 없다는 뜻이다. 해법에서는 equals() 메서드를 오버라이딩해야 하고, 그러기 위해서는 다음과 같은 equals() 계약 명세를 알아야 한다.

- **반사성(reflexivity)**: 객체는 그 자신과 동등하다. 즉, p1.equals(p1)은 true를 반환해야 한다.

- **대칭성(symmetry)**: p1.equals(p2)는 p2.equals(p1)과 같은 결과(true/false)를 반환해야 한다.

- **이행성(transitive)**: p1.equals(p2)가 참이고 p2.equals(p3)이 참이면 p1.equals(p3)도 참이어야 한다.

- **일관성(consistent)**: 동등한 두 객체는 둘 중 하나가 바뀌지 않는 한 계속 동등해야 한다.

- **Null에는 false를 반환한다**: 모든 객체는 null과 동등하지 않아야 한다.

위 계약을 이행하기 위해 Player 클래스의 equals() 메서드를 다음과 같이 오버라이딩한다.

```
@Override
public boolean equals(Object obj) {
  if (this == obj) {
    return true;
  }

  if (obj == null) {
    return false;
  }

  if (getClass() != obj.getClass()) {
    return false;
  }

  final Player other = (Player) obj;

  if (this.id != other.id) {
    return false;
  }

  if (!Objects.equals(this.name, other.name)) {
    return false;
  }

  return true;
}
```

이제 다시 동등 테스트를 수행해보자(이번에는 p1과 p2가 동등하다).

```
System.out.println(p1.equals(p2)); // true
```

잘 풀어나가고 있다! 이제 두 Player 인스턴스를 컬렉션에 추가해보자. 예제에서는 HashSet(중복을 허용하지 않는 자바 컬렉션)에 추가해보겠다.

```
Set<Player> players = new HashSet<>();
players.add(p1);
players.add(p2);
```

위 HashSet의 크기와 p1의 포함 여부를 확인해보자.

```
System.out.println("p1 hash code: " + p1.hashCode()); // 1809787067
System.out.println("p2 hash code: " + p2.hashCode()); // 157627094
System.out.println("Set size: " + players.size());    // 2
System.out.println("Set contains Rafael Nadal: "
  + players.contains(new Player(1, "Rafael Nadal"))); // false
```

앞선 equals() 구현에 따라 p1과 p2는 동등하고, 따라서 HashSet 크기는 2가 아닌 1이어야 한다. 또한 Rafael Nadal도 포함해야 한다. 왜 이렇게 동작하지 않았을까?

보편적인 답은 자바를 어떻게 개발했는지에서 찾을 수 있다. 한눈에 보기에도 equals()는 빠른 메서드가 아니므로 동등 비교를 자주 수행하면 룩업에 따른 성능 저하가 발생한다. 가령 (HashSet과 HashMap, HashTable 같은) 컬렉션에서 특정 값들을 룩업하려면 수많은 동등 비교를 수행해야 하므로 심각한 결점 하나가 추가된다.

이를 보완하기 위해 자바는 버킷(bucket)을 추가해 동등 비교를 줄이려 했다. 버킷은 동등 객체를 분류하는 해시 기반 컨테이너다. 다시 말해 동등한 객체는 똑같은 해시 코드를 반환해야 하고, 동등하지 않은 객체는 서로 다른 해시 코드를 반환해야 한다(동등하지 않은 객체의 해시 코드가 서로 같으면 해시 충돌(hash collision)이 발생하고, 두 객체는 같은 버킷 안에 들어간다). 따라서 자바는 해시 코드를 비교한 후 (같은 객체가 아니라) 서로 다른 객체를 참조하는데, 해시 코드가 같을 때만 더 나아가 equals()를 호출한다. 이로써 근본적으로 컬렉션 룩업 속도가 빨라진다.

하지만 위 문제에서는 어땠을까? 단계별로 알아보자.

- p1이 생성될 때 자바는 p1의 메모리 주소에 기반해 p1에 해시 코드를 할당한다.
- p1이 Set에 추가될 때 자바는 p1 해시 코드에 새 버킷을 연결한다.
- p2가 생성될 때 자바는 p2의 메모리 주소에 기반해 p2에 해시 코드를 할당한다.

- p2가 Set에 추가될 때 자바는 p2 해시 코드에 새 버킷을 연결한다(이때 HashSet이 예상대로 동작하지 않았고 중복을 허용했다).

- `players.contains(new Player(1, "Rafael Nadal"))`이 실행될 때 새 플레이어인 p3에는 p3의 메모리 주소에 기반한 새 해시 코드가 생성된다.

- 이어서 `contains()` 안에서 p1과 p3, p2와 p3 각각에 동등 테스트를 수행하며 각각의 해시 코드를 검사하는데, 이때 p1 해시 코드는 p3 해시 코드와 다르고, p2 해시 코드도 p3 해시 코드와 다르므로 `equals()`를 평가하지 않고 비교를 멈춘다. 즉, HashSet은 비교 대상 객체(p3)를 포함하지 않는다.

원래 의도대로 동작하려면 코드에서 `hashCode()` 메서드도 오버라이딩해야 한다. 다음은 `hashCode()`의 계약 명세다.

- `equals()`에서 동등하다고 나온 두 객체는 같은 해시 코드를 반환해야 한다.
- 두 객체의 해시 코드가 같아도 동등하지 않을 수 있다.
- 객체가 바뀌지 않는 한 `hashCode()`는 같은 값을 반환해야 한다.

`equals()`와 `hashCode()` 계약을 이행하려면 일반적으로 다음 두 가지 기본 원리를 따른다.

- `equals()`를 오버라이딩할 때 `hashCode()`도 오버라이딩하고, `hashCode()`를 오버라이딩할 때 `equals()`도 오버라이딩한다.
- 같은 식별 속성(attribute)을 같은 순서로 두 메서드에 사용한다.

Player 클래스의 `hashCode()`를 다음과 같이 오버라이딩한다.

```
@Override
public int hashCode() {
  int hash = 7;
  hash = 79 * hash + this.id;
  hash = 79 * hash + Objects.hashCode(this.name);

  return hash;
}
```

이제 한 번 더 테스트해보자(이번에는 예상대로 동작한다).

```
System.out.println("p1 hash code: " + p1.hashCode()); // -322171805
System.out.println("p2 hash code: " + p2.hashCode()); // -322171805
System.out.println("Set size: " + players.size());    // 1
```

```
System.out.println("Set contains Rafael Nadal: "
    + players.contains(new Player(1, "Rafael Nadal"))); // true
```

다음은 equals()와 hashCode()를 사용할 때 자주 저지르는 실수다.

- equals()만 오버라이딩하고 hashCode()를 오버라이딩하지 않거나 혹은 그 반대로 한다(둘 다 오버라이딩하거나 둘 다 하지 말자).

- 객체 값 비교에 equals() 대신 == 연산자를 사용한다.

- equals()에서 다음 중 하나를 빠뜨린다.

    - 자기 검사(self-check)부터 추가한다(if (this == obj) ...).

    - 어떤 인스턴스도 null과 동등하지 않으므로 이어서 널 검사(null-check)를 추가한다(if (obj == null) ...).

    - 예상한 인스턴스인지 확인한다(getClass()나 instanceof 사용).

    - 끝으로 이러한 코너 케이스(corne-case) 외에 필드 비교를 추가한다.

- 상속으로 인해 equals() 대칭성이 깨진다. 클래스A와 A를 확장해 새 필드를 추가한 클래스B가 있다고 하자. 클래스B는 A로부터 상속받은 equals() 구현을 오버라이딩하고 이 구현이 새 필드에 추가된다. instanceof로 검사해보면 b.equals(a)는 (예상대로) false를 반환하지만, a.equals(b)는 (예상과 달리) true를 반환하므로 대칭성이 깨진다. 이로써 이행성과 반사성도 깨지므로 슬라이스 비교(slice comparison)도 동작하지 않는다. 결국 문제를 해결하려면 instanceof 대신 getClass()(getClass()에서는 어떤 타입과 그 하위 타입의 인스턴스가 동등하지 않다)를 사용하거나 이 책에 딸린 애플리케이션(P46_ViolateEqualsViaSymmetry)에서처럼 상속 대신 조합(composition)을 사용하면 더 좋다.

- 객체당 고유한 해시 코드가 아니라 hashCode()로부터 받은 상수를 반환한다.

JDK 7부터 Objects 클래스에서 객체 동등과 해시 코드를 다루는 다음 헬퍼를 지원하기 시작했다.

- Objects.equals(Object a, Object b): 객체a와 객체b가 동등한지 테스트한다.

- Objects.deepEquals(Object a, Object b): 두 객체가 동등한지 테스트할 때 유용하다(두 객체가 배열이면 Arrays.deepEquals()로 테스트를 수행한다).

- Objects.hash(Object ... values): 입력 값 시퀀스의 해시 코드를 생성한다.

047 불변 객체 개요

불변 객체는 한 번 생성하면 변경할 수 없는(상태가 고정된) 객체다.

자바에서 불변 객체는 다음과 같다.

- 원시 타입은 불변이다.

- 널리 알려진 자바 String 클래스가 불변이다(Pattern과 LocalDate 같은 클래스도 불변이다).

- 배열은 불변이 아니다.

- 컬렉션은 가변일 수도(mutable), 수정이 불가능할 수도(unmodifiable), 불변일 수도(immutable) 있다.

수정이 불가능한 컬렉션이라고 해서 반드시 불변은 아니다. 어떤 객체를 컬렉션에 저장했는지에 따라 다르다. 저장한 객체가 가변이면 컬렉션은 가변이고 수정이 불가능하다. 하지만 저장한 객체가 불변이면 컬렉션도 사실상 불변이다.

불변 객체는 동시 실행(다중 스레드) 애플리케이션과 스트림에 유용하게 쓰인다. 변경할 수 없으므로 동시성 이슈에 민감하지 않고 손상되거나 일관되지 않을 위험도 없다.

가변 객체 사용에 상태 관리 문제가 따르듯이 불변 객체 사용에는 새 객체 생성에 의한 불이익이 따른다. 하지만 불변 객체는 가비지 컬렉션 과정에서 특별하게 관리된다는 이점이 있다. 뿐만 아니라 동시성 이슈에 취약하지 않고 가변 객체의 상태를 별도로 코드에서 관리하지 않아도 된다. 새 객체를 생성하는 코드보다 가변 객체의 상태를 관리하는 코드가 대개 더 느리다.

다음 문제에서 자바의 객체 불변성에 대해 자세히 알아보자.

048 불변 문자열

모든 프로그래밍 언어는 각자의 방식으로 문자열을 표현한다. 원시 타입의 문자열은 사전에 정의된 타입으로서 거의 모든 자바 애플리케이션 유형에 쓰인다.

자바에서는 문자열을 int와 long, float 같은 원시 타입으로 표현하지 않는다. 대신 String이라는 참조 타입으로 표현한다. 거의 모든 자바 애플리케이션에서 문자열을 사용하며, 자바 애플리케이션의 main() 메서드에서 String 타입의 배열을 인자로 받는 것이 대표적이다.

String을 비롯해 String을 사용하는 다양한 애플리케이션까지 악명이 자자하다는 것은 String에 대해 그만큼 자세히 알아야 한다는 뜻이다. 개발자는 문자열을 선언하고 조작하는 방법(뒤집거나 대문자화하는 등) 외에도 왜 String 클래스가 특수하게 혹은 다르게 디자인됐는지 이해해야 한다. 구체적으로 말해 String은 왜 불변일까? 어쩌면 이 질문을 'String이 불변이면 장점과 단점이 무엇일까?'로 바꾸는 편이 더 이해하기 쉬울 것이다.

048.1 문자열 불변의 장점

지금부터 문자열이 불변일 때 몇 가지 장점을 알아보자.

문자열 상수 풀 또는 캐시 풀

문자열 불변이 필요한 한 가지 이유를 **문자열 상수 풀**(String Constant Pool, SCP) 혹은 **캐시 풀**(cached pool)로 설명할 수 있다. 이해를 돕기 위해 String 클래스의 내부 동작을 좀 더 자세히 살펴보자.

문자열 상수 풀은 문자열 리터럴을 저장하는 메모리 내 특수 영역이다. 다음과 같은 세 개의 String 변수가 있다고 가정하자.

```
String x = "book";
String y = "book";
String z = "book";
```

String 객체는 몇 개 생성될까? 3개라고 말하고 싶겠지만 실제로 자바는 값이 "book"인 String 객체 딱 한 개만 생성한다. 자바는 큰따옴표 속 내용을 문자열 리터럴로 간주하고 다음과 같은 알고리즘에 따라 문자열 리터럴을 문자열 상수 풀이라는 특수 메모리 영역에 저장한다(이 알고리즘을 문자열 인터닝(interning)이라고 부른다).

- 문자열 리터럴이 생성되면(예를 들어 String x = "book") 자바는 문자열 상수 풀을 검사해 이 문자열 리터럴이 존재하는지 확인한다.

- 문자열 상수 풀에 문자열 리터럴이 없으면 해당 문자열 리터럴을 위한 새 문자열 객체를 문자열 상수 풀에 생성한 후 대응하는 변수인 x가 이 문자열 객체를 가리키게 한다.

- 문자열 상수 풀에 문자열 리터럴이 있으면(예를 들어 String y = "book", String z = "book") 새 변수는 그 String 객체를 가리킨다(기본적으로 값이 같은 모든 변수는 같은 String 객체를 가리킨다).

▼ 그림 2-2

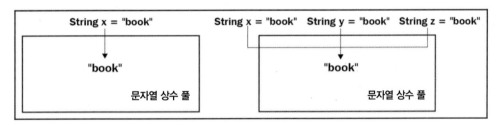

x는 "book"이 아니라 "cook"이어야 하니 x = x.replace("b", "c");를 사용해 "b"를 "c"로 치환하자.

x는 "cook"이어야 하지만 y와 z는 그대로여야 한다. 불변성이 이 동작을 제공한다. 자바는 새 객체를 생성한 후 그 객체를 다음과 같이 변경한다.

▼ 그림 2-3

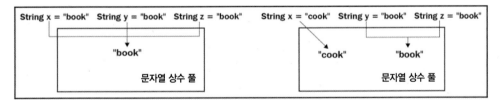

즉, 문자열이 불변이면 문자열 리터럴을 캐싱할 수 있으므로 힙 메모리와 가비지 컬렉터에 미치는 영향을 최소화하면서 애플리케이션에서 다수의 문자열을 사용할 수 있다. 문자열이 가변이면 문자열 리터럴 수정이 변수 손상으로 이어질 수 있다.

보안

문자열 불변에는 보안상의 이점도 있다. 일반적으로 여러 가지 민감한 정보(이름, 비밀번호, URL, 포트, 데이터베이스, 소켓 연결, 매개변수, 프로퍼티 등)를 문자열로 표현하고 전달한다. 이러한 정보가 불변이면 코드는 다양한 보안 위협(가령 우연히 혹은 고의로 참조를 수정하는 등)으로부터 안전하다.

스레드 안전

수천 개의 가변 String 객체를 사용하면서 스레드 안전 코드를 처리하는 애플리케이션을 상상해 보자. 다행히도 String은 불변이기 때문에 이 시나리오가 실현될 일은 없다. 모든 불변 객체는 본질적으로 스레드 안전(thread-safe)이다. 다시 말해 손상이나 불일치 없이 다수의 스레드로 문자열을 공유하고 조작할 수 있다.

해시 코드 캐싱

046. equals( )와 hashCode( ) 절에서 equals()와 hashCode()를 살펴봤다. 해시 코드는 특정 동작(가령 컬렉션 내 원소 찾기)을 해싱할 때마다 계산해야 한다. String은 불변이라 문자열을 생성한 후에는 변경할 수 없으므로 문자열마다 캐싱하고 재사용할 수 있는 불변 해시 코드가 존재한다. 문자열의 해시 코드를 쓸 때마다 다시 계산하지 않고 캐시에서 가져와 재사용할 수 있다는 뜻이다. 예를 들어 HashMap은 연산(가령 put(), get() 등)마다 키를 해싱하는데, 키가 String 타입이면 해시 코드를 다시 계산하지 않고 캐시에서 가져와 재사용한다.

클래스 로딩

메모리에 클래스를 로딩할 때는 전형적으로 Class.forName(String className) 메서드를 호출한다. 이때 클래스명을 나타내는 인자가 String임에 주목하자. 문자열은 불변이므로 클래스명은 로딩 과정에서 바뀌지 않는다. 만약 String이 가변이었다면 class A를 로딩할 때(Class.forName("A")) 로딩 과정에서 이름이 BadA로 바뀔 것이다. 그럼 BadA 객체는 정말 못된 짓을 할지도 모른다!

048.2 문자열 불변의 단점

이번에는 문자열 불변의 몇 가지 단점을 알아보자.

문자열은 확장할 수 없다

불변 클래스는 확장을 막기 위해 final로 선언해야 한다. 하지만 개발자 입장에서는 String 클래스를 확장해 기능을 추가하고 싶고, 이러한 제약이 불변의 단점으로 느껴질 수 있다.

그렇지만 개발자는 유틸리티 클래스(예를 들어 아파치 커먼즈 랭의 StringUtils와 스프링 프레임워크의 StringUtils, 구아바, 문자열)를 작성해 기능을 추가로 제공하고 클래스 메서드의 인자로 문자열을 전달할 수 있다.

민감한 데이터가 메모리에 장기간 머문다

문자열 타입의 민감한 데이터(가령 비밀번호)가 메모리(문자열 상수 풀)에 오래 머무를 수 있다. 문자열 상수 풀을 캐시로 사용하면 가비지 컬렉터는 다른 메모리 영역과 다른 빈도(주기)로 문자열 상수 풀을 방문한다. 이 특별한 대우 덕분에 민감한 데이터가 문자열 상수 풀에 오래 머무르게 되고 의도와 다르게 쓰이기 쉽다.

이러한 잠재적 문제를 방지하기 위해 민감한 데이터(가령 비밀번호)를 String 대신 char[]에 저장하기 바란다.

OutOfMemoryError

문자열 상수 풀은 다른 메모리 영역에 비해 작아서 상당히 빠르게 채워질 수 있다. 너무 많은 문자열 리터럴을 문자열 상수 풀에 저장하면 OutOfMemoryError가 발생한다.

048.3 문자열은 완전히 불변인가?

내부적으로 String은 private final char[]를 사용해 문자열의 각 문자를 저장한다. JDK 8의 자바 리플렉션 API를 사용하면 다음 코드로 이 char[]를 수정할 수 있다(같은 코드를 JDK 11에서 실행하면 java.lang.ClassCastException을 던진다).

```
String user = "guest";
System.out.println("User is of type: " + user);

Class<String> type = String.class;
Field field = type.getDeclaredField("value");
field.setAccessible(true);
```

```
char[] chars = (char[]) field.get(user);

chars[0] = 'a';
chars[1] = 'd';
chars[2] = 'm';
chars[3] = 'i';
chars[4] = 'n';

System.out.println("User is of type: " + user);
```

즉, JDK 8에서 String은 사실상 불변이지만 완전히는 아니다.

049 불변 클래스 작성

불변 클래스는 다음 요구 사항을 준수해야 한다.

- 확장을 막기 위해 클래스를 final로 표시해야 한다(다른 클래스에서 이 클래스를 확장할 수 없으니 메서드를 오버라이딩할 수 없다).
- 모든 필드는 private과 final로 선언해야 한다(다른 클래스에 노출되지 않고 이 클래스의 생성자에서 딱 한 번 초기화된다).
- 클래스는 매개변수로 필드를 초기화하는 public 생성자(혹은 private 생성자와 인스턴스를 생성하는 팩터리 메서드)를 포함해야 한다.
- 클래스는 필드의 게터를 제공해야 한다.
- 클래스는 세터를 노출하지 않아야 한다.

예를 들어 다음 Point 클래스는 앞선 검사 항목을 모두 통과하므로 불변이다.

```
public final class Point {
  private final double x;
  private final double y;

  public Point(double x, double y) {
    this.x = x;
    this.y = y;
  }

  public double getX() {
    return x;
```

```
    }

    public double getY() {
      return y;
    }
  }
```

불변 클래스에서 가변 객체를 조작해야 할 때는 이어지는 문제를 살펴보자.

050 불변 클래스로 가변 객체 전달

가변 객체를 불변 클래스로 전달할 때 불변이 깨질 수 있다. 다음 가변 클래스를 살펴보자.

```
  public class Radius {
    private int start;
    private int end;

    public int getStart() {
      return start;
    }

    public void setStart(int start) {
      this.start = start;
    }

    public int getEnd() {
      return end;
    }

    public void setEnd(int end) {
      this.end = end;
    }
  }
```

위 클래스의 인스턴스를 Point라는 불변 클래스에 전달해보자. 우선 Point 클래스를 다음과 같이
작성할 수 있다.

```
  public final class Point {
    private final double x;
    private final double y;
```

```
    private final Radius radius;

    public Point(double x, double y, Radius radius) {
      this.x = x;
      this.y = y;
      this.radius = radius;
    }

    public double getX() {
      return x;
    }

    public double getY() {
      return y;
    }

    public Radius getRadius() {
      return radius;
    }
  }
```

위 클래스는 여전히 불변인가? 아니다. 아래 예제처럼 상태가 바뀔 수 있으므로 Point 클래스는
더 이상 불변이 아니다.

```
Radius r = new Radius();
r.setStart(0);
r.setEnd(120);

Point p = new Point(1.23, 4.12, r);

System.out.println("Radius start: " + p.getRadius().getStart()); // 0
r.setStart(5);
System.out.println("Radius start: " + p.getRadius().getStart()); // 5
```

p.getRadius().getStart()를 두 번 호출했는데, 서로 다른 결과를 반환했다. p의 상태가 바뀌었
으므로 Point는 더 이상 불변이 아니다. 문제의 해법은 Radius 객체를 복제해 Point의 필드로 저
장하는 것이다.

```
  public final class Point {
    private final double x;
    private final double y;
    private final Radius radius;
```

```
  public Point(double x, double y, Radius radius) {
    this.x = x;
    this.y = y;

    Radius clone = new Radius();
    clone.setStart(radius.getStart());
    clone.setEnd(radius.getEnd());

    this.radius = clone;
  }

  public double getX() {
    return x;
  }

  public double getY() {
    return y;
  }

  public Radius getRadius() {
    return radius;
  }
}
```

이제 Point 클래스는 보다 불변에 가까워졌다(radius 필드는 r을 복제한 것이므로 r.setStart(5)
를 호출해도 radius 필드에 영향을 미치지 않는다). 하지만 아직 Point 클래스는 완전히 불변이
아니다. 해결해야 할 문제가 하나 남았다. 불변 클래스로부터 가변 객체를 반환할 때 불변이 깨질
수 있다. Point의 불변이 어떻게 깨지는지 코드 예제로 확인해보자.

```
Radius r = new Radius();
r.setStart(0);
r.setEnd(120);

Point p = new Point(1.23, 4.12, r);

System.out.println("Radius start: " + p.getRadius().getStart()); // 0
p.getRadius().setStart(5);
System.out.println("Radius start: " + p.getRadius().getStart()); // 5
```

p.getRadius().getStart()를 두 번 호출했는데, 이번에도 서로 결과가 다르다. 즉, p의 상태가
바뀌었다. 해법은 getRadius() 메서드에서 radius 필드의 복제본을 반환하도록 수정하는 것이다.

```
  ...
  public Radius getRadius() {
    Radius clone = new Radius();
    clone.setStart(this.radius.getStart());
    clone.setEnd(this.radius.getEnd());

    return clone;
  }
  ...
```

Point 클래스가 이제야 다시 불변이 됐다. 드디어 문제 해결!

TIP ≣　어떤 경우에는 복제 기법/도구를 고르기 전에 시간을 들여 자바와 외부 라이브러리(예를 들어 053. **객체 복제** 절 참고)에서 쓸 수 있는 다양한 방법들을 먼저 분석하고 배우는 것이 좋다. 얕은 복사(shallow copy)에는 앞선 기법이 적절할 수 있으나 깊은 복사(deep copy)에는 복사 생성자나 Cloneable 인터페이스, 외부 라이브러리(예를 들어 아파치 커먼즈 랭의 ObjectsUtils, Gson이나 Jackson으로 JSON 직렬화 등) 같은 방식을 코드에서 사용해야 할 수 있다.

051 빌더 패턴으로 불변 클래스 작성

(불변이든 가변이든) 클래스에 필드가 너무 많으면 인자가 여러 개인 생성자가 필요하다. 인자 중 일부가 필수이고 나머지는 선택이면 클래스에 여러 개의 생성자를 만들어 가능한 조합을 전부 처리해야 한다. 이는 개발자와 클래스 사용자 모두에게 복잡하고 번거롭다. 이럴 때 빌더 패턴 (Builder pattern)이 아주 유용하다.

> GoF(Gang of Four)[1] 디자인 패턴에 따르면 빌더 패턴은 복잡한 객체의 생성(construction)과 표현(representation)을 분리함으로써 하나의 생성 프로세스로 다양한 표현을 생성한다.

빌더 패턴은 별도의 클래스로 구현하거나 내부 static 클래스로 구현할 수 있다. 여기서는 두 번째 방법을 사용하겠다. User 클래스는 필수 필드 3개(nickname, password, created)와 옵션 필드 3개(email, firstname, lastname)를 포함한다.

다음은 빌더 패턴을 사용하는 불변 User 클래스다.

1 　[역주] 디자인 패턴을 구체화한 4명의 공저자를 사인방(Gang of Four)이라 부르고 약어로 GoF라고 씁니다.

```java
public final class User {

  private final String nickname;
  private final String password;
  private final String firstname;
  private final String lastname;
  private final String email;
  private final Date created;

  private User(UserBuilder builder) {
    this.nickname = builder.nickname;
    this.password = builder.password;
    this.created = builder.created;
    this.firstname = builder.firstname;
    this.lastname = builder.lastname;
    this.email = builder.email;
  }

  public static UserBuilder getBuilder(
      String nickname, String password) {
    return new User.UserBuilder(nickname, password);
  }

  public static final class UserBuilder {
    private final String nickname;
    private final String password;
    private final Date created;
    private String email;
    private String firstname;
    private String lastname;

    public UserBuilder(String nickname, String password) {
      this.nickname = nickname;
      this.password = password;
      this.created = new Date();
    }

    public UserBuilder firstName(String firstname) {
      this.firstname = firstname;
      return this;
    }

    public UserBuilder lastName(String lastname) {
      this.lastname = lastname;
      return this;
    }
```

```java
    public UserBuilder email(String email) {
      this.email = email;
      return this;
    }

    public User build() {
      return new User(this);
    }
  }

  public String getNickname() {
    return nickname;
  }

  public String getPassword() {
    return password;
  }

  public String getFirstname() {
    return firstname;
  }

  public String getLastname() {
    return lastname;
  }

  public String getEmail() {
    return email;
  }

  public Date getCreated() {
    return new Date(created.getTime());
  }
}
```

User 클래스를 다음과 같이 사용한다.

```java
import static modern.challenge.User.getBuilder;
...
// nickname과 password가 있는 사용자
User user1 = getBuilder("marin21", "hjju9887h").build();

// nickname과 password, email이 있는 사용자
User user2 = getBuilder("ionk", "44fef22")
  .email("ion@gmail.com")
  .build();
```

```
// nickname과 password, email, firstname, lastname이 있는 사용자
User user3 = getBuilder("monika", "klooi0988")
  .email("monika@gmail.com")
  .firstName("Monika")
  .lastName("Ghuenter")
  .build();
```

052 불변 객체 내 잘못된 데이터 유입 방지

잘못된 데이터(bad data)란 불변 객체에 부정적인 영향을 미치는 모든 데이터(예를 들면 손상된 데이터)를 말한다. 사용자 입력이나 외부 데이터 소스에서 들어온 데이터처럼 직접 제어하기 힘든 데이터일 가능성이 높다. 이때 잘못된 데이터가 불변 객체로 들어갈 수 있는데, 가장 큰 문제는 수정할 방법이 없다는 것이다. 불변 객체는 한 번 생성하면 변경할 수 없으므로 객체가 살아 있는 한 잘못된 데이터도 영원히 지속된다.

이 문제의 해법은 불변 객체로 들어오는 모든 데이터를 광범위한 제약 집합으로 검증하는 것이다.

맞춤형 검증부터 내장 솔루션까지 검증을 수행하는 방식은 다양하다. 애플리케이션 디자인에 따라 불변 객체 클래스 외부 혹은 내부에서 수행할 수 있다. 가령 빌더 패턴으로 불변 객체를 생성했으면 빌더 클래스에서 검증을 수행할 수 있다.

JSR 380은 빈 검증(bean validation)을 수행하는 자바 API 명세(자바 SE/EE)로서 애너테이션(annotation)을 통한 검증에 쓰인다. 이 검증 API의 참조 구현이 하이버네이트 검증자(Hibernate Validator)이며, pom.xml 파일 내에 메이븐 의존성(Maven dependency)으로 쉽게 제공할 수 있다(이 책의 소스 코드를 참고한다).

또한 전용 애너테이션(dedicated annotation)으로 필요한 제약을 제공하기도 한다(예를 들어 @NotNull과 @Min, @Max, @Size, @Email). 다음 예제처럼 제약을 빌더 클래스에 추가한다.

```
...
public static final class UserBuilder {
  @NotNull(message = "cannot be null")
  @Size(min = 3, max = 20, message = "must be between 3 and 20 characters")
  private final String nickname;

  @NotNull(message = "cannot be null")
  @Size(min = 6, max = 50, message = "must be between 6 and 50 characters")
  private final String password;
```

```java
@Size(min = 3, max = 20, message = "must be between 3 and 20 characters")
private String firstname;

@Size(min = 3, max = 20, message = "must be between 3 and 20 characters")
private String lastname;

@Email(message = "must be valid")
private String email;

private final Date created;

public UserBuilder(String nickname, String password) {
  this.nickname = nickname;
  this.password = password;
  this.created = new Date();
}
...
```

마지막으로 코드에서 Validator API를 통해 검증 프로세스를 시작한다(자바 SE에서만 그렇다).
빌더 클래스로 들어온 데이터가 유효하지 않으면 불변 객체는 생성되지 않는다(build() 메서드를
호출하지 않는다).

```java
User user;
Validator validator
  = Validation.buildDefaultValidatorFactory().getValidator();

User.UserBuilder userBuilder
  = new User.UserBuilder("monika", "klooi0988")
    .email("monika@gmail.com")
    .firstName("Monika").lastName("Gunther");

final Set<ConstraintViolation<User.UserBuilder>> violations
  = validator.validate(userBuilder);
if (violations.isEmpty()) {
  user = userBuilder.build();
  System.out.println("User successfully created on: "
    + user.getCreated());
} else {
  printConstraintViolations("UserBuilder Violations: ", violations);
}
```

이렇게 하면 잘못된 데이터가 불변 객체로 들어가지 않는다. 빌더 클래스가 없는 경우에는 제약을 직접 불변 객체의 필드 단에 추가한다. 앞선 해법에서는 잠재적 위반을 콘솔에 표시했지만 상황에 따라 다른 동작(예를 들어 특정 예외를 던지는 등)을 취할 수도 있다.

053 객체 복제

객체 복제가 흔히 이뤄지는 작업은 아니지만 올바르게 수행해야 한다. 객체 복제는 주로 객체의 복제본 생성을 뜻한다. 크게 **얕은**(swallow) 복사(최대한 적게 복사)와 **깊은**(deep) 복사(전부 복사)라는 두 가지 복사 유형으로 나뉜다.

다음과 같은 클래스를 가정하자.

```
public class Point {
  private double x;
  private double y;

  public Point() {}
  public Point(double x, double y) {
    this.x = x;
    this.y = y;
  }

  // 게터와 세터
}
```

(x, y) 형태의 점을 클래스와 매핑했다. 이제 복제를 수행해보자.

053.1 수동 복제

간단하게 현재 Point를 새 Point로 수동으로 복사하는 메서드를 추가할 수 있다(얕은 복사가 일어난다).

```
public Point clonePoint() {
  Point point = new Point();
  point.setX(this.x);
  point.setY(this.y);

  return point;
}
```

코드는 상당히 단순하다. 새 Point 인스턴스를 생성한 후 현재 Point의 필드로 그 인스턴스의 필드를 채운다. 반환된 Point는 현재 Point의 얕은 복사본이다(Point는 다른 객체에 의존하지 않으므로 깊은 복사본도 이와 똑같다).

```
Point point = new Point(...);
Point clone = point.clonePoint();
```

053.2 clone()을 통한 복제

Object 클래스는 clone()이라는 메서드를 지원한다. 이 메서드는 얕은 복사본을 생성할 때 유용하다(깊은 복사본도 생성할 수 있다). 이 메서드를 사용하려면 클래스에서 다음 단계를 따라야 한다.

- Cloneable 인터페이스를 구현한다(이 인터페이스를 구현하지 않으면 CloneNotSupportedException이 발생한다).
- clone() 메서드를 오버라이딩한다(Object.clone()은 protected다).
- super.clone()을 호출한다.

Cloneable 인터페이스는 어떤 메서드도 포함하지 않는다. JVM에 이 객체를 복제할 수 있다고 알릴 뿐이다. 인터페이스를 구현한 후에는 코드에서 Object.clone() 메서드를 오버라이딩해야 한다. Object.clone()은 protected이기 때문에 super로 호출하려면 반드시 오버라이딩해야 한다. 자식 클래스에 clone()을 추가하면 모든 상위 클래스마다 clone() 메서드를 정의해야 super.clone()의 연쇄 호출이 실패하지 않으므로 이는 어떻게 보면 심각한 결점이다.

게다가 Object.clone()은 생성자를 호출하지 않으므로 개발자가 객체 생성을 제어할 수 없다.

```
public class Point implements Cloneable {
  private double x;
  private double y;

  public Point() {}

  public Point(double x, double y) {
    this.x = x;
    this.y = y;
  }

  @Override
```

```java
public Point clone() throws CloneNotSupportedException {
    return (Point) super.clone();
}

// 게터와 세터
}
```

다음과 같이 복제본을 생성한다.

```java
Point point = new Point(...);
Point clone = point.clone();
```

053.3 생성자를 통한 복제

이 복제 기법을 사용하려면 복제본을 생성할 클래스 인스턴스만 인자로 받는 생성자를 클래스에
추가해야 한다.

코드로 살펴보자.

```java
public class Point {
    private double x;
    private double y;

    public Point() {}

    public Point(double x, double y) {
        this.x = x;
        this.y = y;
    }

    public Point(Point another) {
        this.x = another.x;
        this.y = another.y;
    }

    // 게터와 세터
}
```

다음과 같이 복제본을 생성한다.

```java
Point point = new Point(...);
Point clone = new Point(point);
```

053.4 Cloning 라이브러리를 통한 복제

객체가 다른 객체에 의존하면 깊은 복사를 수행해야 한다. 깊은 복사란 의존성 사슬까지 모두 포함해 객체를 복사한다는 뜻이다. 예를 들어 Point에 Radius 타입의 필드가 있다고 가정하자.

```java
public class Radius {
  private int start;
  private int end;

  // 게터와 세터
}

public class Point {
  private double x;
  private double y;
  private Radius radius;

  public Point(double x, double y, Radius radius) {
    this.x = x;
    this.y = y;
    this.radius = radius;
  }

  // 게터와 세터
}
```

Point에 얕은 복사를 수행하면 x와 y의 복사본은 생성하지만 radius 객체의 복사본은 생성하지 않는다. 다시 말해 어떤 수정이 radius 객체에 영향을 미치면 복제본에도 반영된다는 뜻이다. 그래서 깊은 복사가 필요하다.

한 가지 번거로운 해법은 깊은 복사를 지원하도록 앞서 보였던 얕은 복사 기법을 조정하는 것이다. 다행히 바로 사용할 수 있는 몇 가지 방법이 있는데, 그 중 하나가 Cloning 라이브러리 (https://github.com/kostaskougios/cloning)를 사용하는 것이다.

```java
import com.rits.cloning.Cloner;
...
Point point = new Point(...);
Cloner cloner = new Cloner();
Point clone = cloner.deepClone(point);
```

위 코드에는 따로 설명이 필요 없다. 다음 스크린샷에서 보듯이 Cloning 라이브러리에는 몇 가지 매력적인 메서드가 더 딸려 있다.

▼ 그림 2-4

```
◉ deepClone(T o)                                                        T
◉ deepCloneDontCloneInstances(T o, Object... dontCloneThese) T
◉ fastCloneOrNewInstance(Class<T> c)                                    T
◉ shallowClone(T o)                                                     T
◉ copyPropertiesOfInheritedClass(T src, E dest)                      void
◉ dontClone(Class<?>... c)                                           void
◉ dontCloneInstanceOf(Class<?>... c)                                 void
◉ equals(Object obj)                                              boolean
◉ getClass()                                                      Class<?>
◉ getDumpCloned()                                              IDumpCloned
...
```

053.5 직렬화를 통한 복제

이 기법을 사용하려면 (java.io.Serializable을 구현한) 직렬화할 수 있는 객체가 필요하다. 기본적으로 객체는 새 객체로 직렬화(writeObject())되고 역직렬화(readObject())된다. 다음은 직렬화와 역직렬화를 수행하는 헬퍼 메서드다.

```
private static <T> T cloneThroughSerialization(T t) {
  try {
    ByteArrayOutputStream baos = new ByteArrayOutputStream();
    ObjectOutputStream oos = new ObjectOutputStream(baos);
    oos.writeObject(t);

    ByteArrayInputStream bais
      = new ByteArrayInputStream(baos.toByteArray());
    ObjectInputStream ois = new ObjectInputStream(bais);

    return (T) ois.readObject();
  } catch (IOException | ClassNotFoundException ex) {
    // log exception
    return t;
  }
}
```

객체를 ObjectOutputStream으로 직렬화하고, ObjectInputStream으로 역직렬화한다. 위 메서드로 다음과 같이 객체를 복제할 수 있다.

```
Point point = new Point(...);
Point clone = cloneThroughSerialization(point);
```

아파치 커먼즈 랭은 SerializationUtils를 통해 직렬화 기반의 내장 해법을 제공한다. SerializationUtils 내 메서드 중 clone()이라는 메서드를 다음과 같이 사용한다.

```
Point point = new Point(...);
Point clone = SerializationUtils.clone(point);
```

053.6 JSON을 통한 복제

대부분의 자바 JSON 라이브러리는 추가 설정이나 매핑 없이 어떤 POJO(Plain Old Java Object)든 직렬화할 수 있다. 프로젝트에 JSON 라이브러리를 포함하면(많은 프로젝트에 포함되어 있다) 깊은 복제를 지원할 라이브러리를 추가하지 않아도 된다. 기존 JSON 라이브러리를 활용해 동일한 효과를 얻을 수 있다.

다음은 Gson 라이브러리를 사용하는 예제다.

```
private static <T> T cloneThroughJson(T t) {
  Gson gson = new Gson();
  String json = gson.toJson(t);

  return (T) gson.fromJson(json, t.getClass());
}

Point point = new Point(...);
Point clone = cloneThroughJson(point);
```

물론 객체 복제에 쓰일 사용자 라이브러리를 직접 작성하는 방법도 있다.

054 toString() 오버라이딩

toString() 메서드는 java.lang.Object에 정의되어 있으며 JDK에서 기본 구현을 제공한다. print()와 println(), printf(), 개발 중 디버깅, 로깅, 예외 내 유익한 메시지 등에 쓰이는 모든 객체에서 이 기본 구현을 자동으로 사용한다.

안타깝게도 기본 구현에서 반환하는 객체의 문자열 표현은 그다지 유익하지 않다. 예를 들어 다음 User 클래스를 살펴보자.

```
public class User {
  private final String nickname;
  private final String password;
  private final String firstname;
  private final String lastname;
  private final String email;
  private final Date created;

  // 이하 생성자와 게터 생략
}
```

이제 위 클래스의 인스턴스를 생성해 콘솔에 출력해보자.

```
User user = new User("sparg21", "kkd454ffc", "Leopold", "Mark", "markl@yahoo.com");
System.out.println(user);
```

위 println() 메서드의 출력은 다음과 같을 것이다.

▼ 그림 2-5

위 화면처럼 출력하지 않으려면 toString() 메서드를 오버라이딩해야 한다. 자세한 사용자 정보를 노출하도록 다음과 같이 오버라이딩하자.

```
@Override
public String toString() {
  return "User{" + "nickname=" + nickname + ", password=" + password
    + ", firstname=" + firstname + ", lastname=" + lastname
    + ", email=" + email + ", created=" + created + '}';
}
```

다시 println()을 호출하면 출력은 다음과 같다.

```
User {
  nickname = sparg21, password = kkd454ffc,
  firstname = Leopold, lastname = Mark,
  email = markl@yahoo.com, created = Fri Feb 22 10: 49: 32 EET 2019
}
```

이전 출력보다 훨씬 더 유익해졌다.

하지만 앞서 언급했다시피 toString()은 다른 목적으로도 자동으로 호출된다. 예를 들어 아래처럼 로깅할 수 있다.

```
logger.log(Level.INFO, "This user rocks: {0}", user);
```

문제는 사용자 비밀번호를 로그에 남길 때다. 비밀번호나 계좌, 비밀 IP처럼 로그로 남기기 민감한 애플리케이션 내 데이터를 노출하는 것은 분명 잘못된 관례다.

toString()에 들어 가는 정보는 악의적으로 활용될 위치에 놓일 수 있으므로 특별히 유의해서 정보를 신중하게 고르자. 위 예제에서 비밀번호는 toString()에 넣으면 안 된다.

```
@Override
public String toString() {
  return "User{" + "nickname=" + nickname
    + ", firstname=" + firstname + ", lastname=" + lastname
    + ", email=" + email + ", created=" + created + '}';
}
```

흔히 toString() 메서드는 IDE를 통해 생성된다. 따라서 IDE에서 코드를 생성하기 전에 주의를 기울여 필드를 고르자.

055 switch 표현식

JDK 12에서 지원하는 switch 표현식을 간략히 살펴보기 앞서 메서드 안에 래핑하는 전형적인 구식 예제부터 살펴보자.

```
private static Player createPlayer(PlayerTypes playerType) {
  switch (playerType) {
    case TENNIS:
      return new TennisPlayer();
    case FOOTBALL:
      return new FootballPlayer();
    case SNOOKER:
      return new SnookerPlayer();
    case UNKNOWN:
      throw new UnknownPlayerException("Player type is unknown");
    default:
```

```
          throw new IllegalArgumentException(
            "Invalid player type: " + playerType);
      }
   }
```

default를 빠뜨리면 코드는 컴파일되지 않는다.

물론 위 예제 정도면 괜찮다. 허위(spurious) 변수(가령 player)와 어수선한 break 문을 추가해 default 없이도 컴파일되도록 하는 경우가 최악이다. 다음 코드는 구식의 아주 지저분한 switch 문이다.

```
private static Player createPlayerSwitch(PlayerTypes playerType) {
   Player player = null;

   switch (playerType) {
     case TENNIS:
       player = new TennisPlayer();
       break;
     case FOOTBALL:
       player = new FootballPlayer();
       break;
     case SNOOKER:
       player = new SnookerPlayer();
       break;
     case UNKNOWN:
       throw new UnknownPlayerException(
         "Player type is unknown");
     default:
       throw new IllegalArgumentException(
         "Invalid player type: " + playerType);
   }

   return player;
}
```

default를 빠뜨려도 컴파일러는 아무 오류를 내지 않는다. 이때 누락된 default 케이스로 인해 null 플레이어가 생길 수 있다.

하지만 JDK 12부터 switch 표현식이 가능해졌다. JDK 12 이전에는 switch가 (if 문처럼) 흐름을 제어하는 구조체로서의 명령문이었을 뿐 결과를 표현하지 않았다. 이와 달리 표현식은 결과로 평가된다. 즉, switch 표현식은 결과를 가진다.

앞선 예제를 JDK 12 스타일의 switch 표현식으로 작성하면 다음과 같다.

```
private static Player createPlayer(PlayerTypes playerType) {
  return switch (playerType) {
    case TENNIS ->
      new TennisPlayer();
    case FOOTBALL ->
      new FootballPlayer();
    case SNOOKER ->
      new SnookerPlayer();
    case UNKNOWN ->
      throw new UnknownPlayerException(
        "Player type is unknown");
    // default는 없어도 된다
    default ->
      throw new IllegalArgumentException(
        "Invalid player type: " + playerType);
  };
}
```

이제 default는 필수가 아니다. 생략할 수 있다.

JDK 12의 switch는 모든 입력 값을 다루지 않았음을 알릴 만큼 똑똑하다. 특히 자바 enum 값일 때 매우 유용하다. JDK 12 switch는 enum 값을 전부 다뤘는지 감지할 수 있고 default가 불필요하면 강요하지 않는다. 가령 default를 제거하고 PlayerTypes enum에 새 항목(가령 GOLF)을 추가하면 컴파일러는 다음 화면처럼 메시지로 이를 알린다(넷빈즈 실행 결과).

▼ 그림 2-6

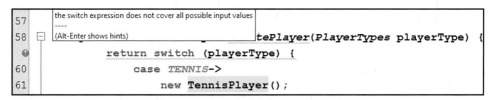

레이블과 실행 명령문 사이의 콜론이 화살표(람다 스타일 문법)로 바뀐 점에 주목하자. 이 화살표의 주된 역할은 폴 스루(fall-through) 방지, 즉 화살표 오른쪽에 있는 코드 블록만 실행하는 것이다. break를 쓸 필요가 없다.

화살표 하나로 switch 문이 switch 표현식으로 바뀐다고 결론짓지 말자. 아래처럼 switch 표현식에도 콜론과 break를 사용할 수 있다.

```java
private static Player createPlayer(PlayerTypes playerType) {
  return switch (playerType) {
    case TENNIS:
      break new TennisPlayer();
    case FOOTBALL:
      break new FootballPlayer();
    case SNOOKER:
      break new SnookerPlayer();
    case UNKNOWN:
      throw new UnknownPlayerException(
        "Player type is unknown");
    // default는 없어도 된다
    default:
      throw new IllegalArgumentException(
        "Invalid player type: " + playerType);
  };
}
```

> **Info** ≡   예제는 enum에 switch를 사용했지만 JDK 12의 switch는 int, Integer, short, Short, byte, Byte, char, Character, String에도 쓸 수 있다.
>
> JDK 12는 switch 표현식을 프리뷰(preview) 기능으로 지원한다. 따라서 이후 릴리스에서 바뀌기 쉽고, 컴파일과 런타임 시에 --enable-preview 명령 줄 옵션으로 활성화해야 한다.

056 다수의 case 레이블

JDK 12 이전의 switch 문은 case당 하나의 레이블을 허용했다. switch 표현식에는 case에 콤마로 구분된 다수의 레이블을 둘 수 있다. 다음 메서드는 다수의 case 레이블을 보여주는 예제다.

```java
private static SportType
    fetchSportTypeByPlayerType(PlayerTypes playerType) {
  return switch (playerType) {
    case TENNIS, GOLF, SNOOKER ->
      new Individual();
    case FOOTBALL, VOLLEY ->
      new Team();
  };
}
```

위 메서드에 TENNIS, GOLF, SNOOKER를 전달하면 Individual 클래스의 인스턴스를 반환한다. FOOTBALL이나 VOLLEY를 전달하면 Team 클래스의 인스턴스를 반환한다.

057 명령문 블록

레이블의 화살표는 하나의 명령문(앞선 두 예제처럼)이나 중괄호로 둘러싼 블록을 가리킨다. 람다 블록과 상당히 비슷하다. 다음 해법을 살펴보자.

```
private static Player createPlayer(PlayerTypes playerType) {
  return switch (playerType) {
    case TENNIS -> {
      System.out.println("Creating a TennisPlayer ...");
      break new TennisPlayer();
    }
    case FOOTBALL -> {
      System.out.println("Creating a FootballPlayer ...");
      break new FootballPlayer();
    }
    case SNOOKER -> {
      System.out.println("Creating a SnookerPlayer ...");
      break new SnookerPlayer();
    }
    default ->
      throw new IllegalArgumentException(
        "Invalid player type: " + playerType);
  };
}
```

> TIP ≡ 중괄호 블록을 return이 아닌 break로 빠져나왔음에 주목하자. 다시 말해 switch 문 안에서는 return할 수 있으나 표현식 안에서는 return할 수 없다.

2.3 / 요약

여기까지다! 2장에서는 객체와 불변성, switch 문과 관련된 몇 가지 문제를 소개했다. 객체와 불변성을 다루는 문제에서는 프로그래밍의 기초 개념을 설명한 반면, switch 표현식을 다루는 문제에서는 주제와 관련된 JDK 12의 새 기능을 소개했다.

2장의 애플리케이션을 다운로드해서 결과와 추가적인 세부 사항을 확인하자.

3^장

날짜와 시간 다루기

3장에서는 날짜와 시간을 다루는 20개의 문제를 살펴본다. 각 문제들은 Date와 Calendar, LocalDate, LocalTime, LocalDateTime, ZoneDateTime, OffsetDateTime, OffsetTime, Instant 등을 둘러보며 넓은 범위의 주제를 다룬다. 3장을 끝내면 애플리케이션의 요구에 맞게 막힘없이 날짜와 시간을 바꿀 수 있다. 3장에서 소개하는 기본적인 문제들은 날짜와 시간 API에 대한 보다 전체적인 지식을 얻는 데 아주 유용할뿐더러 날짜와 시간에 관련된 복잡한 문제를 해결하기 위해 조립해야 하는 퍼즐 조각 같은 역할을 할 것이다.

3.1 문제

다음 문제를 통해 날짜와 시간을 프로그래밍하는 실력을 테스트해보자. 해답 페이지로 넘어가거나 예제 프로그램을 다운로드하기 전에 반드시 스스로 문제를 풀어보기 바란다.

058. 문자열을 날짜와 시간으로 변환: 문자열과 날짜/시간 간 변환을 예로 보여주는 프로그램을 작성하라.

059. 날짜와 시간 포매팅: 날짜와 시간의 포맷 패턴을 설명하라.

060. 시간/날짜 없이 현재 날짜/시간 구하기: 시간이나 날짜 없이 현재 날짜를 추출하는 프로그램을 작성하라.

061. LocalDate와 LocalTime으로 LocalDateTime 생성: LocalDate 객체와 LocalTime으로 LocalDateTime을 생성하는 프로그램을 작성하라. 날짜와 시간을 하나의 LocalDateTime 객체로 조합한다.

062. Instant 클래스로 기계 시간 구하기: Instant API를 설명하고 예를 들어 보아라.

063. 날짜 기반 값을 사용한 기간(period)과 시간 기반 값을 사용한 기간(duration) 정의: Period와 Duration API를 사용하는 방법을 설명하고 예를 들어 보아라.

064. 날짜와 시간 단위 구하기: 날짜-시간을 표현한 객체로부터 날짜와 시간 단위(예를 들어 년, 월, 분 등)를 추출하는 프로그램을 작성하라.

065. 날짜와 시간 더하기와 빼기: 날짜와 시간 객체에 시간(예를 들어 년, 일, 분)을 더하는(빼는) 프로그램을 작성하라(예를 들어 어떤 날짜에 1시간을 더하거나 LocalDatetime에서 2일을 빼는 등).

066. UTC와 GMT로 모든 표준 시간대 구하기: UTC와 GMT로 모든 표준 시간대를 표시하는 프로그램을 작성하라.

067. 모든 표준 시간대로 로컬 날짜와 시간 구하기: 모든 표준 시간대의 로컬 시간을 표시하는 프로그램을 작성하라.

068. 항공편 날짜와 시간 표시: 15시간 30분의 정기 항공편 시간 정보를 표시하는 프로그램을 작성하라. 좀 더 구체적으로 말해 호주 퍼스에서 유럽 부쿠레슈티로 가는 항공편이다.

069. 유닉스 타임스탬프를 날짜와 시간으로 변환: 유닉스 타임스탬프를 java.util.Date와 java.time.LocalDateTime으로 변환하는 프로그램을 작성하라.

070. 어떤 달의 첫째 날과 마지막 날 찾기: JDK 8의 TemporalAdjusters를 사용해 어떤 달의 첫째 날과 마지막 날을 찾는 프로그램을 작성하라.

071. 존 오프셋 정의/추출: 시간대 오프셋을 정의하고 추출하는 다양한 기법을 보여주는 프로그램을 작성하라.

072. Date와 Temporal 간 변환: Date와 Instant, LocalDate, LocalDateTime 등 간에 변환하는 프로그램을 작성하라.

073. 날짜 범위 순회: 주어진 날짜 범위를 하루씩(하루하루)(하루 한 단계씩) 순회하는 프로그램을 작성하라.

074. 나이 계산: 어떤 사람의 나이를 계산하는 프로그램을 작성하라.

075. 어떤 날의 시작과 끝 시간: 어떤 날의 시작과 끝 시간을 반환하는 프로그램을 작성하라.

076. 두 날짜 간 차이: 두 날짜 간 날짜 차이를 계산하는 프로그램을 작성하라.

077. 체스 시계 구현: 체스 시계를 구현하는 프로그램을 작성하라.

3.2 해법

앞서 나열한 문제의 해법을 설명하겠다. 그에 앞서 문제의 정답이 딱 하나인 경우는 드물다는 점을 잊지 말자. 또한 문제를 푸는 데 반드시 필요한 가장 흥미롭고 중요한 사항만 설명했음을 기억하자. 코드를 자세히 살펴보고 프로그램을 직접 실행하려면 https://github.com/gilbutITbook/080292에서 예제 솔루션을 다운로드한다.

058 문자열을 날짜와 시간으로 변환

parse() 메서드 집합을 사용해 String을 날짜와 시간으로 변환 혹은 파싱할 수 있다. 날짜와 시간을 String으로 변환할 때는 toString()이나 format() 메서드를 사용한다.

058.1 JDK 8 이전

JDK 8 이전에는 일반적으로 추상 DateFormat 클래스의 주요 확장인 SimpleDateFormat(스레드 안전 클래스가 아니다)을 사용해 이 문제를 해결했다. 이 책에 딸린 코드 묶음에 SimpleDateFormat 클래스를 사용하는 몇 가지 예제가 나온다.

058.2 JDK 8 이후

JDK 8 이후부터는 SimpleDateFormat 대신 새 클래스인 DateTimeFormatter를 사용할 수 있다. DateTimeFormatter는 불변(이고 따라서 스레드 안전) 클래스로서 날짜–시간 객체를 출력하고 파싱하는 데 쓰인다. 이 클래스는 사전에 정의된 포매터(상수와 ISO 로컬 날짜, ISO_LOCAL_DATE인 2011-12-03 등으로 표현)부터 사용자 정의 포매터(기호 집합을 활용해 맞춤형 포맷 패턴 작성)까지 모두 지원한다.

또한 Date 클래스 외에도 JDK 8에는 날짜와 시간을 다루는 데 특화된 새 클래스가 더 딸려 있다. 이 중 일부를 아래 목록에 나열했다(Temporal 인터페이스를 구현하므로 템포럴(temporal)로도 참조할 수 있다).

* LocalDate(ISO-8601 달력 시스템의 표준 시간대가 아닌 날짜)
* LocalTime(ISO-8601 달력 시스템의 표준 시간대가 아닌 시간)
* LocalDateTime(ISO-8601 달력 시스템의 표준 시간대가 아닌 날짜와 시간)
* ZonedDateTime(ISO-8601 달력 시스템의 표준 시간대로 된 날짜와 시간)
* OffsetDateTime(ISO-8601 달력 시스템의 UTC/GMT 오프셋으로 된 날짜와 시간)
* OffsetTime(ISO-8601 달력 시스템의 UTC/GMT 오프셋으로 된 시간)

사전에 정의된 포매터를 사용해 String을 LocalDate로 변환하려면 2020-06-01 같은 DateTimeFormatter.ISO_LOCAL_DATE 패턴을 따라야 한다. 다음과 같이 LocalDate의 parse() 메서드를 사용한다.

```
// 06은 월, 01은 일
LocalDate localDate = LocalDate.parse("2020-06-01");
```

비슷하게 LocalTime으로 변환하려면 다음 코드처럼 10:15:30 같은 DateTimeFormatter.ISO_
LOCAL_TIME 패턴을 따라야 한다.

```
LocalTime localTime = LocalTime.parse("12:23:44");
```

LocalDateTime으로 변환하려면 다음 코드처럼 2020-06-01T11:20:15 같은 DateTimeFormatter.
ISO_LOCAL_DATE_TIME 패턴을 따라야 한다.

```
LocalDateTime localDateTime
  = LocalDateTime.parse("2020-06-01T11:20:15");
```

ZonedDateTime으로 변환하려면 다음 코드처럼 2020-06-01T10:15:30+09:00[Asia/Tokyo] 같은
DateTimeFormatter.ISO_ZONED_DATE_TIME 패턴을 따라야 한다.

```
ZonedDateTime zonedDateTime
  = ZonedDateTime.parse("2020-06-01T10:15:30+09:00[Asia/Tokyo]");
```

OffsetDateTime으로 변환하려면 다음 코드처럼 2007-12-03T10:15:30+01:00 같은
DateTimeFormatter.ISO_OFFSET_DATE_TIME 패턴을 따라야 한다.

```
OffsetDateTime offsetDateTime
  = OffsetDateTime.parse("2007-12-03T10:15:30+01:00");
```

끝으로 OffsetTime으로 변환하려면 다음 코드처럼 10:15:30+01:00 같은 DateTimeFormatter.
ISO_OFFSET_TIME 패턴을 따라야 한다.

```
OffsetTime offsetTime = OffsetTime.parse("10:15:30+01:00");
```

사전에 정의된 포매터를 따르지 않는 문자열이라면 맞춤형 포맷 패턴으로 정의한 사용자 정의 포
매터가 필요하다. 예를 들어 문자열 01.06.2020이라는 날짜에는 다음과 같은 사용자 정의 포매터
가 필요하다.

```
DateTimeFormatter dateFormatter
  = DateTimeFormatter.ofPattern("dd.MM.yyyy");
LocalDate localDateFormatted
  = LocalDate.parse("01.06.2020", dateFormatter);
```

하지만 12¦23¦44 같은 문자열에는 다음과 같은 사용자 정의 포매터가 필요하다.

```
DateTimeFormatter timeFormatter
  = DateTimeFormatter.ofPattern("HH¦mm¦ss");
LocalTime localTimeFormatted
  = LocalTime.parse("12¦23¦44", timeFormatter);
```

01.06.2020, 11:20:15 같은 문자열에는 다음과 같은 사용자 정의 포매터가 필요하다.

```
DateTimeFormatter dateTimeFormatter
  = DateTimeFormatter.ofPattern("dd.MM.yyyy, HH:mm:ss");
LocalDateTime localDateTimeFormatted
  = LocalDateTime.parse("01.06.2020, 11:20:15", dateTimeFormatter);
```

01.06.2020, 11:20:15+09:00 [Asia/Tokyo] 같은 문자열에는 다음과 같은 사용자 정의 포매터가 필요하다.

```
DateTimeFormatter zonedDateTimeFormatter
  = DateTimeFormatter.ofPattern("dd.MM.yyyy, HH:mm:ssXXXXX '['VV']'");
ZonedDateTime zonedDateTimeFormatted
  = ZonedDateTime.parse("01.06.2020, 11:20:15+09:00 [Asia/Tokyo]",
    zonedDateTimeFormatter);
```

2007.12.03, 10:15:30, +01:00 같은 문자열에는 다음과 같은 사용자 정의 포매터가 필요하다.

```
DateTimeFormatter offsetDateTimeFormatter
  = DateTimeFormatter.ofPattern("yyyy.MM.dd, HH:mm:ss, XXXXX");
OffsetDateTime offsetDateTimeFormatted
  = OffsetDateTime.parse("2007.12.03, 10:15:30, +01:00",
    offsetDateTimeFormatter);
```

끝으로 10 15 30 +01:00 같은 문자열에는 다음과 같은 사용자 정의 포매터가 필요하다.

```
DateTimeFormatter offsetTimeFormatter
  = DateTimeFormatter.ofPattern("HH mm ss XXXXX");
OffsetTime offsetTimeFormatted
  = OffsetTime.parse("10 15 30 +01:00", offsetTimeFormatter);
```

Info ≡　앞선 예제들에 나오는 각 ofPattern( ) 메서드는 Locale도 지원한다.

LocalDate나 LocalDateTime, ZonedDateTime을 String으로 변환하는 방법은 최소 아래 두 가지다.

- LocalDate나 LocalDateTime, ZonedDateTime.toString() 메서드를 (자동으로 혹은 명시적으로) 이용한다. toString()은 사전에 정의된 포매터 중 부합하는 포매터로 날짜를 출력한다.

```
// 2020-06-01은 ISO_LOCAL_DATE인 2020-06-01이 된다
String localDateAsString = localDate.toString();

// 01.06.2020은 ISO_LOCAL_DATE인 2020-06-01이 된다
String localDateAsString = localDateFormatted.toString();

// 2020-06-01T11:20:15는
// ISO_LOCAL_DATE_TIME인 2020-06-01T11:20:15가 된다
String localDateTimeAsString = localDateTime.toString();

// 01.06.2020, 11:20:15는
// ISO_LOCAL_DATE_TIME인 2020-06-01T11:20:15가 된다
String localDateTimeAsString
  = localDateTimeFormatted.toString();

// 2020-06-01T10:15:30+09:00[Asia/Tokyo]는
// ISO_ZONED_DATE_TIME인 2020-06-01T11:20:15+09:00[Asia/Tokyo]가 된다
String zonedDateTimeAsString = zonedDateTime.toString();

// 01.06.2020, 11:20:15+09:00 [Asia/Tokyo]는
// ISO_ZONED_DATE_TIME인 2020-06-01T11:20:15+09:00[Asia/Tokyo]가 된다
String zonedDateTimeAsString
  = zonedDateTimeFormatted.toString();
```

- DateTimeFormatter.format() 메서드를 이용한다. DateTimeFormatter.format() 메서드를 이용하면 항상 명시된 포매터(기본적으로 표준 시간대는 null)를 사용해 날짜와 시간을 출력한다.

```
// 01.06.2020
String localDateAsFormattedString
  = dateFormatter.format(localDateFormatted);

// 01.06.2020, 11:20:15
String localDateTimeAsFormattedString
  = dateTimeFormatter.format(localDateTimeFormatted);

// 01.06.2020, 11:20:15+09:00 [Asia/Tokyo]
String zonedDateTimeAsFormattedString
  = zonedDateTimeFormatted.format(zonedDateTimeFormatter);
```

표준 시간대는 명시적으로 다음과 같이 추가할 수 있다.

```
DateTimeFormatter zonedDateTimeFormatter
  = DateTimeFormatter.ofPattern("dd.MM.yyyy, HH:mm:ssXXXXX '['VV']'")
    .withZone(ZoneId.of("Europe/Paris"));
ZonedDateTime zonedDateTimeFormatted
  = ZonedDateTime.parse("01.06.2020, 11:20:15+09:00 [Asia/Tokyo]",
    zonedDateTimeFormatter);
```

아래 문자열은 유럽/파리 표준 시간대의 날짜와 시간을 표현한다.

```
// 01.06.2020, 04:20:15+02:00 [Europe/Paris]
String zonedDateTimeAsFormattedString
  = zonedDateTimeFormatted.format(zonedDateTimeFormatter);
```

059 날짜와 시간 포매팅

앞선 문제에서 SimpleDateFormat.format()과 DateTimeFormatter.format()으로 날짜와 시간을 포매팅해보았다. 포맷 패턴(format pattern)을 정의하려면 개발자는 포맷 패턴 문법을 알아야 한다. 다시 말해 자바의 날짜-시간 API에 쓰이는 기호 집합을 알아야 유효한 포맷 패턴인지 알아낼 수 있다.

대부분의 기호가 SimpleDateFormat(JDK 8 이전)과 DateTimeFormatter(JDK 8 이후)에 공통이다. 가장 일반적인 기호를 표 3-1에 나열해보았다. 전체 기호 목록은 JDK 설명서에서 확인할 수 있다.

❤ 표 3-1

문자	의미	표현	예
y	년	년도	1994; 94
M	월	수/텍스트	7; 07; Jul; July; J
W	주	수	4
E	요일	텍스트	Tue; Tuesday; T
d	일	수	15
H	시	수	22

문자	의미	표현	예
m	분	수	34
s	초	수	55
S	나노초	수	345
z	표준 시간대 이름	시간대 이름	Pacific Standard Time; PST
Z	시간대 오프셋	시간대 오프셋	-0800
V	표준 시간대 id(JDK 8)	시간대 ID	America/Los_Angeles; Z; -08:30

몇 가지 포맷 패턴을 예제로 살펴보자.

▼ 표 3-2

패턴	예
yyyy-MM-dd	2019-02-24
MM-dd-yyyy	02-24-2019
MMM-dd-yyyy	02-24-2019
dd-MM-yy	24-02-19
dd.MM.yyyy	24.02.2019
yyyy-MM-dd HH:mm:ss	2019-02-24 11:26:26
yyyy-MM-dd HH:mm:ssSSS	2019-02-24 11:36:32743
yyyy-MM-dd HH:mm:ssZ	2019-02-24 11:40:35+0200
yyyy-MM-dd HH:mm:ss z	2019-02-24 11:45:03 EET
E MMM yyyy HH:mm:ss.SSSZ	Sun Feb 2019 11:46:32.393+0200
yyyy-MM-dd HH:mm:ss VV(JDK 8)	2019-02-24 11:45:41 Europe/Athens

JDK 8 이전 버전이면 SimpleDateFormat으로 포맷 패턴을 적용한다.

```
// yyyy-MM-dd
Date date = new Date();
SimpleDateFormat formatter = new SimpleDateFormat("yyyy-MM-dd");
String stringDate = formatter.format(date);
```

JDK 8부터는 DateTimeFormatter로 포맷 패턴을 적용한다.

- LocalDate(ISO—8601 달력 시스템의 표준 시간대가 아닌 날짜)

```
// yyyy-MM-dd
LocalDate localDate = LocalDate.now();
DateTimeFormatter formatterLocalDate
  = DateTimeFormatter.ofPattern("yyyy-MM-dd");
String stringLD = formatterLocalDate.format(localDate);

// 혹은 더 간단히
String stringLD = LocalDate.now()
  .format(DateTimeFormatter.ofPattern("yyyy-MM-dd"));
```

- LocalTime(ISO—8601 달력 시스템의 표준 시간대가 아닌 시간)

```
// HH:mm:ss
LocalTime localTime = LocalTime.now();
DateTimeFormatter formatterLocalTime
  = DateTimeFormatter.ofPattern("HH:mm:ss");
String stringLT
  = formatterLocalTime.format(localTime);

// 혹은 더 간단히
String stringLT = LocalTime.now()
  .format(DateTimeFormatter.ofPattern("HH:mm:ss"));
```

- LocalDateTime(ISO—8601 달력 시스템의 표준 시간대가 아닌 날짜와 시간)

```
// yyyy-MM-dd HH:mm:ss
LocalDateTime localDateTime = LocalDateTime.now();
DateTimeFormatter formatterLocalDateTime
  = DateTimeFormatter.ofPattern("yyyy-MM-dd HH:mm:ss");
String stringLDT
  = formatterLocalDateTime.format(localDateTime);

// 혹은 더 간단히
String stringLDT = LocalDateTime.now()
  .format(DateTimeFormatter.ofPattern("yyyy-MM-dd HH:mm:ss"));
```

- ZonedDateTime(ISO—8601 달력 시스템의 표준 시간대로 된 날짜와 시간)

```
// E MMM yyyy HH:mm:ss.SSSZ
ZonedDateTime zonedDateTime = ZonedDateTime.now();
DateTimeFormatter formatterZonedDateTime
```

```
  = DateTimeFormatter.ofPattern("E MMM yyyy HH:mm:ss.SSSZ");
String stringZDT
  = formatterZonedDateTime.format(zonedDateTime);

// 혹은 더 간단히
String stringZDT = ZonedDateTime.now()
  .format(DateTimeFormatter
    .ofPattern("E MMM yyyy HH:mm:ss.SSSZ"));
```

- OffsetDateTime(ISO-8601 달력 시스템의 UTC/GMT 오프셋으로 된 날짜와 시간)

```
// E MMM yyyy HH:mm:ss.SSSZ
OffsetDateTime offsetDateTime = OffsetDateTime.now();
DateTimeFormatter formatterOffsetDateTime
  = DateTimeFormatter.ofPattern("E MMM yyyy HH:mm:ss.SSSZ");
String odt1 = formatterOffsetDateTime.format(offsetDateTime);

// 혹은 더 간단히
String odt2 = OffsetDateTime.now()
  .format(DateTimeFormatter
    .ofPattern("E MMM yyyy HH:mm:ss.SSSZ"));
```

- OffsetTime(ISO-8601 달력 시스템의 UTC/GMT 오프셋으로 된 시간)

```
// HH:mm:ss,Z
OffsetTime offsetTime = OffsetTime.now();
DateTimeFormatter formatterOffsetTime
  = DateTimeFormatter.ofPattern("HH:mm:ss,Z");
String ot1 = formatterOffsetTime.format(offsetTime);

// 혹은 더 간단히
String ot2 = OffsetTime.now()
  .format(DateTimeFormatter.ofPattern("HH:mm:ss,Z"));
```

060 시간/날짜 없이 현재 날짜/시간 구하기

JDK 8 이전에는 java.util.Date 클래스로 해결해야 했다. 해법은 이 책의 예제 코드에 들어 있다.

JDK 8 이후부터는 java.time 패키지 내 전용 클래스인 LocalDate와 LocalTime으로 날짜와 시간을 구할 수 있다.

```
// 2019-02-24
LocalDate onlyDate = LocalDate.now();

// 12:53:28.812637300
LocalTime onlyTime = LocalTime.now();
```

061 LocalDate와 LocalTime으로 LocalDateTime 생성

LocalDateTime 클래스가 제공하는 여러 of() 메서드들을 사용해 다양한 종류의 LocalDateTime 인스턴스를 구할 수 있다. 예를 들어 다음은 년, 월, 일, 시, 분, 초, 나노초로 생성한 LocalDateTime 클래스다.

```
LocalDateTime ldt = LocalDateTime.of(2020, 4, 1, 12, 33, 21, 675);
```

위 코드는 of() 메서드의 인자들로 날짜와 시간을 조합한다. 객체로 날짜와 시간을 조합하려면 다음 of() 메서드를 활용한다.

```
public static LocalDateTime of(LocalDate date, LocalTime time)
```

먼저 LocalDate와 LocalTime을 다음과 같이 구한다.

```
LocalDate localDate = LocalDate.now(); // 2019-Feb-24
LocalTime localTime = LocalTime.now(); // 02:08:10 PM
```

이제 LocalDateTime이라는 하나의 객체로 조합한다.

```
LocalDateTime localDateTime = LocalDateTime.of(localDate, localTime);
```

LocalDateTime을 다음과 같은 포매팅해서 날짜와 시간을 나타낸다.

```
// 2019-Feb-24 02:08:10 PM
String localDateTimeAsString = localDateTime
  .format(DateTimeFormatter.ofPattern("yyyy-MMM-dd hh:mm:ss a"));
```

062 Instant 클래스로 기계 시간 구하기

JDK 8은 java.time.Instant라는 새 클래스를 지원한다. Instant 클래스는 주로 타임라인 상 특정 순간을 UTC 표준 시간대에서 1970년 1월 1일 0초 이후의 나노초 단위의 시간(에포크)으로 표현한다.

> TIP ≡ 자바 8의 Instant 클래스는 java.util.Date 개념과 비슷하다. 둘 다 UTC 내 타임라인 상 어떤 지점을 표현한다. Instant는 나노초 단위까지 재지만 java.util.Date는 밀리초 단위로 잰다.

Instant 클래스는 기계 시간의 타임스탬프를 생성할 때 아주 유용하다. 다음과 같이 now() 메서드만 호출하면 타임스탬프를 구할 수 있다.

```
// 2019-02-24T15:05:21.781049600Z
Instant timestamp = Instant.now();
```

다음 코드로도 비슷한 출력이 나온다.

```
OffsetDateTime now = OffsetDateTime.now(ZoneOffset.UTC);
```

혹은 다음과 같이 구해도 된다.

```
Clock clock = Clock.systemUTC();
```

> TIP ≡ Instant.toString()은 ISO-8601 표준에 맞게 날짜와 시간을 표현한 출력을 생성한다.

062.1 문자열을 Instant로 변환

ISO-8601 표준에 맞게 날짜와 시간을 표현한 문자열은 다음 예제처럼 Instant.parse() 메서드로 쉽게 Instant로 변환할 수 있다.

```
// 2019-02-24T14:31:33.197021300Z
Instant timestampFromString =
    Instant.parse("2019-02-24T14:31:33.197021300Z");
```

062.2 시간에서 Instant 더하거나 빼기

Instant는 시간을 더하는 메서드 묶음을 지원한다. 다음은 현재 타임스탬프에 2시간을 더하는 예제다.

```
Instant twoHourLater = Instant.now().plus(2, ChronoUnit.HOURS);
```

다음은 10분을 빼는 예제다.

```
Instant tenMinutesEarlier = Instant.now()
  .minus(10, ChronoUnit.MINUTES);
```

TIP ≡ plus() 메서드 외에 Instant는 plusNanos()와 plusMillis(), plusSeconds()를 제공한다. 마찬가지로 minus() 메서드 외에 minusNanos()와 minusMillis(), minusSeconds()도 제공한다.

062.3 Instant 객체 비교

Instant.isAfter()와 Instant.isBefore()로 두 Instant 객체를 비교할 수 있다. 다음 두 Instant 객체를 예로 들겠다.

```
Instant timestamp1 = Instant.now();
Instant timestamp2 = timestamp1.plusSeconds(10);
```

timestamp1이 timestamp2보다 나중인지 확인한다.

```
boolean isAfter = timestamp1.isAfter(timestamp2); // false
```

timestamp1이 timestamp2보다 먼저인지 확인한다.

```
boolean isBefore = timestamp1.isBefore(timestamp2); // true
```

두 Instant 객체 간 시간차는 Instant.until() 메서드로 계산한다.

```
// 10초
long difference = timestamp1.until(timestamp2, ChronoUnit.SECONDS);
```

062.4 Instant와 LocalDateTime, ZonedDateTime, OffsetDateTime 간 변환

일반적으로 이러한 변환은 아래 예제들처럼 수행한다.

- Instant와 LocalDateTime 간 변환이다. LocalDateTime에는 표준 시간대 개념이 없으니 제로 오프셋인 UTC+0을 사용한다.

```
// 2019-02-24T15:27:13.990103700
LocalDateTime ldt = LocalDateTime.ofInstant(
  Instant.now(), ZoneOffset.UTC);

// 2019-02-24T17:27:14.013105Z
Instant instantLDT =
LocalDateTime.now().toInstant(ZoneOffset.UTC);
```

- Instant와 ZonedDateTime 간 변환이다. Instant UTC+0을 파리 ZonedDateTime UTC+1로 변환한다.

```
// 2019-02-24T16:34:36.138393100+01:00[Europe/Paris]
ZonedDateTime zdt =
Instant.now().atZone(ZoneId.of("Europe/Paris"));

// 2019-02-24T16:34:36.150393800Z
Instant instantZDT = LocalDateTime.now()
  .atZone(ZoneId.of("Europe/Paris")).toInstant();
```

- Instant와 OffsetDateTime 간 변환이다. 2시간의 오프셋을 명시한다.

```
// 2019-02-24T17:34:36.151393900+02:00
OffsetDateTime odt =
Instant.now().atOffset(ZoneOffset.of("+02:00"));

// 2019-02-24T15:34:36.153394Z
Instant instantODT = LocalDateTime.now()
  .atOffset(ZoneOffset.of("+02:00")).toInstant();
```

063 날짜 기반 값을 사용한 기간(period)과 시간 기반 값을 사용한 기간 (duration) 정의

JDK 8은 java.time.Period와 java.time.Duration이라는 새 클래스를 지원한다. 하나씩 자세히 살펴보자.

063.1 날짜 기반 값을 사용한 기간(period)

Period 클래스는 날짜 기반 값(년, 개월, 주, 일)을 사용해 시간의 양을 표현한다. 이 기간(period)은 다양한 방법으로 구할 수 있다. 예를 들어 120일이라는 기간은 다음과 같이 구한다.

```
Period fromDays = Period.ofDays(120); // P120D
```

> Info ≡ ofDays() 메서드 외에 Period 클래스는 ofMonths()와 ofWeeks(), ofYears()도 지원한다.

혹은 of() 메서드로 2000년 11개월 24일의 기간을 구한다.

```
Period periodFromUnits = Period.of(2000, 11, 24); // P2000Y11M24D
```

LocalDate로도 Period를 구할 수 있다.

```
LocalDate localDate = LocalDate.now();
Period periodFromLocalDate = Period.of(localDate.getYear(),
    localDate.getMonthValue(), localDate.getDayOfMonth());
```

끝으로 ISO–8601 기간(period) 포맷인 PnYnMnD와 PnW를 따르는 String 객체로부터 Period를 구할 수 있다. 예를 들어 P2019Y2M25D라는 문자열은 2019년 2개월 25일을 나타낸다.

```
Period periodFromString = Period.parse("P2019Y2M25D");
```

> Info ≡ 문자열이 ISO–8601 기간 포맷인 PnYnMnD와 PnW(예를 들어 P120D이나 P2000Y11M24D)를 따른다면 Period.toString()을 호출해도 기간을 반환한다.

하지만 Period의 진정한 위력은 두 날짜 간 기간을 표현할 때 발휘된다. 2018년 3월 12일과 2019년 7월 20일 간 기간을 다음과 같이 표현할 수 있다.

```
LocalDate startLocalDate = LocalDate.of(2018, 3, 12);
LocalDate endLocalDate = LocalDate.of(2019, 7, 20);
Period periodBetween = Period.between(startLocalDate, endLocalDate);
```

Period.getYears()와 Period.getMonths(), Period.getDays()를 사용하면 년과 개월, 일로 시간의 양을 구할 수 있다. 다음 헬퍼 메서드는 이러한 메서드를 사용해 시간의 양을 문자열로 출력한다.

```
public static String periodToYMD(Period period) {
  StringBuilder sb = new StringBuilder();
  sb.append(period.getYears())
   .append("y:")
   .append(period.getMonths())
   .append("m:")
   .append(period.getDays())
   .append("d");

 return sb.toString();
 }
```

periodBetween으로 위 메서드를 호출하자(차이는 1년 4개월 8일이다).

```
periodToYMD(periodBetween); // 1y:4m:8d
```

어떤 날짜가 다른 날짜보다 이른지 알아낼 때도 Period 클래스가 유용하다. isNegative()라는 플래그 메서드를 쓰면 된다. 기간 A와 기간 B가 있을 때 Period.between(A, B)를 호출하면 B가 A 이전이면 음수를, A가 B 이전이면 양수를 반환한다. 이 논리를 더 발전시켜 isNegative()는 다음 예제처럼 B가 A 이전이면 true를, A가 B 이전이면 false를 반환한다(기본적으로 이 메서드는 년과 개월, 일이 음수이면 false를 반환한다).

```
// 2018년 3월 12일은 2019년 7월 20일 이전이므로 false를 반환한다
periodBetween.isNegative();
```

끝으로 Period에 기간을 더하거나 빼서 수정할 수 있다. plusYears()와 plusMonths(), plusDays(), minusYears(), minusMonths(), minusDays() 같은 메서드를 쓰면 된다. 예를 들어 아래처럼 periodBetween에 1년을 더한다.

```
Period periodBetweenPlus1Year = periodBetween.plusYears(1L);
```

두 Period 클래스는 Period.plus() 메서드로 더할 수 있다.

```
Period p1 = Period.ofDays(5);
Period p2 = Period.ofDays(20);
Period p1p2 = p1.plus(p2); // P25D
```

063.2 시간 기반 값을 사용한 시간 기간(duration)

Duration 클래스는 시간 기반 값(시간이나 분, 초, 나노초)을 사용해 시간의 양을 표현한다. 이 기간
(duration)은 다양한 방법으로 구할 수 있다. 예를 들어 10시간이라는 기간은 다음과 같이 구한다.

```
Duration fromHours = Duration.ofHours(10); // PT10H
```

> Info ≡ ofHours() 메서드 외에 Duration 클래스는 ofDays()와 ofMillis(), ofMinutes(), ofSeconds(),
> ofNanos()도 지원한다.

혹은 of() 메서드로 3분의 기간을 구한다.

```
Duration fromMinutes = Duration.of(3, ChronoUnit.MINUTES); // PT3M
```

LocalDateTime으로도 Period를 구할 수 있다.

```
LocalDateTime localDateTime
  = LocalDateTime.of(2018, 3, 12, 4, 14, 20, 670);

// PT14M
Duration fromLocalDateTime
  = Duration.ofMinutes(localDateTime.getMinute());
```

LocalTime으로도 구할 수 있다.

```
LocalTime localTime = LocalTime.of(4, 14, 20, 670);

// PT0.00000067S
Duration fromLocalTime = Duration.ofNanos(localTime.getNano());
```

끝으로 ISO-8601 기간(duration) 포맷인 PnDTnHnMn.nS를 따르는 String 객체로부터 Duration을
구할 수 있다(하루를 정확히 24시간으로 계산한다). 예를 들어 P2DT3H4M이라는 문자열은 2일 3시
간 4분을 나타낸다.

```
Duration durationFromString = Duration.parse("P2DT3H4M");
```

> TIP ≡ 문자열이 ISO-8601 기간 포맷인 PnDTnHnMn.nS(예를 들어 PT10H나 PT3M, PT51H4M)를 따른다면
> Duration.toString()을 호출해도 기간을 반환한다.

하지만 Period에서처럼 Duration의 진정한 위력은 두 시각(예를 들어 Instant) 간 기간을 표현할 때 발휘된다. 2015년 11월 3일 12:11:30과 2016년 12월 6일 15:17:10 간 기간을 두 Instant 클래스 간 차이로 계산해 다음과 같이 표현할 수 있다.

```
Instant startInstant = Instant.parse("2015-11-03T12:11:30.00Z");
Instant endInstant = Instant.parse("2016-12-06T15:17:10.00Z");

// PT10059H5M40S
Duration durationBetweenInstant
  = Duration.between(startInstant, endInstant);
```

Duration.getSeconds()는 차이를 초 단위로 바꿔준다.

```
durationBetweenInstant.getSeconds(); // 36212740초
```

혹은 2018년 3월 12일 04:14:20.000000670과 2019년 7월 20일 06:10:10.000000720 간 기간을 두 LocalDateTime 객체 간 차이로 계산해 다음과 같이 표현할 수 있다.

```
LocalDateTime startLocalDateTime
  = LocalDateTime.of(2018, 3, 12, 4, 14, 20, 670);
LocalDateTime endLocalDateTime
  = LocalDateTime.of(2019, 7, 20, 6, 10, 10, 720);
// PT11881H55M50.00000005S 혹은 42774950초
Duration durationBetweenLDT
  = Duration.between(startLocalDateTime, endLocalDateTime);
```

끝으로 04:14:20.000000670과 06:10:10.000000720 간 기간을 두 LocalTime 객체 간 차이로 계산해 다음과 같이 표현할 수 있다.

```
LocalTime startLocalTime = LocalTime.of(4, 14, 20, 670);
LocalTime endLocalTime = LocalTime.of(6, 10, 10, 720);

// PT1H55M50.00000005S 혹은 6950초
Duration durationBetweenLT
  = Duration.between(startLocalTime, endLocalTime);
```

앞선 예제들은 Duration.getSeconds() 메서드를 사용해 Duration을 초 단위로 표현했다. Duration 클래스를 초로 환산한 것이다. 하지만 Duration 클래스는 Duration을 다른 단위로 표현하는 전용 메서드 집합도 제공한다. toDays()는 일 단위로, toHours()는 시간 단위로, toMinutes()는 분 단위로, toMillis()는 밀리초 단위로, toNanos()는 나노초 단위로 표현한다.

한 시간 단위에서 다른 시간 단위로 변환할 때 나머지가 생길 수 있다. 예를 들어 초를 분으로 변환하면 초의 나머지가 생긴다(예를 들어 65초는 1분 5초다(5초가 나머지다)). 나머지를 구하는 메서드 집합은 다음과 같다. toDaysPart()는 일의 나머지를, toHoursPart()는 시간의 나머지를, toMinutesPart()는 분의 나머지를 구한다.

차이를 일:시간:분:초:나노초 형태(예를 들어 9d:2h:15m:20s:230n)로 표시해야 한다고 가정하자. 다음 헬퍼 메서드는 toFoo()와 tooFooPart() 메서드를 조합해서 사용한다.

```
public static String durationToDHMSN(Duration duration) {
    StringBuilder sb = new StringBuilder();
    sb.append(duration.toDays())
      .append("d:")
      .append(duration.toHoursPart())
      .append("h:")
      .append(duration.toMinutesPart())
      .append("m:")
      .append(duration.toSecondsPart())
      .append("s:")
      .append(duration.toNanosPart())
      .append("n");

    return sb.toString();
}
```

durationBetweenLT로 위 메서드를 호출하자(차이는 495일 1시간 55분 50초 50나노초다).

```
// 495d:1h:55m:50s:50n
durationToDHMSN(durationBetweenLDT);
```

Period 클래스와 동일하게 Duration 클래스에도 isNegative()라는 플래그 메서드가 있다. 이 메서드는 어떤 시간이 다른 시간보다 이른지 알아낼 때 유용하다. 기간 A와 기간 B가 있을 때 Duration.between(A, B)를 적용하면 B가 A 이전이면 음수를, A가 B 이전이면 양수를 반환한다. 이 논리를 더 발전시켜 isNegative()는 다음 예제처럼 B가 A 이전이면 true를, A가 B 이전이면 false를 반환한다.

```
durationBetweenLT.isNegative(); // false
```

끝으로 Duration에 기간을 더하거나 빼어 수정할 수 있다. plusDays()와 plusHours(), plusMinutes(), plusMillis(), plusNanos(), minusDays(), minusHours(), minusMinutes(),

minusMillis(), minusNanos() 같은 메서드로 수행한다. 예를 들어 아래처럼 durationBetweenLT
에 5시간을 더한다.

```
Duration durationBetweenPlus5Hours = durationBetweenLT.plusHours(5);
```

두 Duration 클래스는 Duration.plus() 메서드로 더할 수 있다.

```
Duration d1 = Duration.ofMinutes(20);
Duration d2 = Duration.ofHours(2);

Duration d1d2 = d1.plus(d2);

System.out.println(d1 + "+" + d2 + "=" + d1d2); // PT2H20M
```

064 날짜와 시간 단위 구하기

Date 객체에는 Calendar 인스턴스를 사용하면 된다. 해법은 이 책의 예제 코드에 들어 있다.

자바는 JDK 8 클래스 각각에 getFoo() 메서드와 get(TemporalField field) 메서드를 제공한다.
다음과 같은 LocalDateTime 객체가 있다고 가정하자.

```
LocalDateTime ldt = LocalDateTime.now();
```

아래 코드처럼 getFoo() 메서드를 사용한다.

```
int year = ldt.getYear();
int month = ldt.getMonthValue();
int day = ldt.getDayOfMonth();
int hour = ldt.getHour();
int minute = ldt.getMinute();
int second = ldt.getSecond();
int nano = ldt.getNano();
```

혹은 아래처럼 get(TemporalField field)를 사용한다.

```
int yearLDT = ldt.get(ChronoField.YEAR);
int monthLDT = ldt.get(ChronoField.MONTH_OF_YEAR);
int dayLDT = ldt.get(ChronoField.DAY_OF_MONTH);
int hourLDT = ldt.get(ChronoField.HOUR_OF_DAY);
```

```
int minuteLDT = ldt.get(ChronoField.MINUTE_OF_HOUR);
int secondLDT = ldt.get(ChronoField.SECOND_OF_MINUTE);
int nanoLDT = ldt.get(ChronoField.NANO_OF_SECOND);
```

이때 월은 1, 즉 1월부터 계산한다.

예를 들어 LocalDateTime 객체인 2019-02-25T12:58:13.109389100을 다음과 같이 날짜와 시간 단위들로 쪼갤 수 있다.

```
Year: 2019 Month: 2 Day: 25 Hour: 12 Minute: 58 Second: 13 Nano: 109389100
```

약간의 직관과 설명서만 있으면 위 예제를 LocalDate와 LocalTime, ZonedDateTime 등에 맞게 쉽게 조정할 수 있다.

065 날짜와 시간 더하기와 빼기

이 문제는 날짜와 시간을 조작하는 전용 자바 API를 사용하면 해결할 수 있다. 이어지는 절에서 살펴보자.

065.1 Date 계산

Date 객체에는 Calendar 인스턴스를 사용하면 된다. 해법은 이 책의 예제 코드에 들어 있다.

065.2 LocalDateTime 계산

JDK 8부터 LocalDate, LocalTime, LocalDateTime, Instant 등 많은 클래스가 생겼다. 자바의 새 날짜와 시간 API에는 시간의 양을 더하거나 빼는 메서드가 딸려 있다. LocalDate, LocalTime, LocalDateTime, ZonedDateTime, OffsetDateTime, Instant, Period, Duration 외 많은 클래스에서 plusFoo()와 minusFoo() 같은 메서드를 지원한다. Foo를 시간 단위(예를 들어 plusYears(), plusMinutes(), minusHours(), minusSeconds() 등)로 치환하면 된다.

다음과 같은 LocalDateTime이 있다고 가정하자.

```
// 2019-02-25T14:55:06.651155500
LocalDateTime ldt = LocalDateTime.now();
```

10분을 더하려면 간단히 LocalDateTime.plusMinutes(long minutes)를 호출하고, 10분을 빼려면 간단히 LocalDateTime.minusMinutes(long minutes)를 호출한다.

```
LocalDateTime ldtAfterAddingMinutes = ldt.plusMinutes(10);
LocalDateTime ldtAfterSubtractingMinutes = ldt.minusMinutes(10);
```

출력해보면 날짜는 다음과 같다.

```
After adding 10 minutes: 2019-02-25T15:05:06.651155500
After subtracting 10 minutes: 2019-02-25T14:45:06.651155500
```

> **Info** ≡ 시간 단위별 메서드 외에 plus/minus(TemporalAmount amountToAdd)와 plus/minus(long amountToAdd, TemporalUnit unit)도 지원한다.

이제 Instant 클래스에 초점을 맞추자. Instant 클래스는 plus/minusSeconds()와 plus/minusMillis(), plus/minusNanos() 외에 plus/minus(TemporalAmount amountToAdd)를 제공한다.

이 메서드를 예제로 보이려면 다음 Instant를 가정하자.

```
// 2019-02-25T12:55:06.654155700Z
Instant timestamp = Instant.now();
```

이제 5시간을 더하고 빼자.

```
Instant timestampAfterAddingHours
  = timestamp.plus(5, ChronoUnit.HOURS);
Instant timestampAfterSubtractingHours
  = timestamp.minus(5, ChronoUnit.HOURS);
```

결과 Instant가 다음과 같이 출력된다.

```
After adding 5 hours: 2019-02-25T17:55:06.654155700Z
After subtracting 5 hours: 2019-02-25T07:55:06.654155700Z
```

066 UTC와 GMT로 모든 표준 시간대 구하기

UTC와 GMT는 날짜와 시간을 다루는 공인된 표준이다. 최근에는 UTC를 선호하지만 대부분의 경우 UTC와 GMT는 같은 결과를 반환해야 한다.

UTC와 GMT로 모든 표준 시간대를 구하려면 JDK 8 이전과 이후 구현으로 나눠 해법을 살펴봐야 한다. 먼저 JDK 8 이전에 유용했던 방법부터 알아보자.

066.1 JDK 8 이전

해법에서는 모든 시간대 ID(Africa/Bamako와 Europe/Belgrade 등)를 추출해야 한다. 또한 각 시간대 ID로 TimeZone 객체를 생성해야 한다. 끝으로 서머타임을 고려하면서 각 시간대의 오프셋을 추출해야 한다. 해법은 이 책의 예제 코드에 들어 있다.

066.2 JDK 8 이후

자바의 새 날짜와 시간 API에서 이 문제를 해결할 새로운 도구를 제공한다.

첫째, ZoneId 클래스로 모든 시간대 ID를 구한다.

```
Set<String> zoneIds = ZoneId.getAvailableZoneIds();
```

둘째, 각 시간대 ID로 ZoneId 인스턴스를 생성해야 한다. 이때 ZoneId.of(String zoneId) 메서드를 사용한다.

```
ZoneId zoneid = ZoneId.of(current_zone_Id);
```

셋째, 각 ZoneId로 해당 시간대의 시간을 구한다. '실험용 쥐'로 쓰일 참조 날짜—시간이 필요한 시점이다. 이 참조 날짜—시간(시간대가 없는 LocalDateTime.now())을 주어진 표준 시간대와 합쳐 ZonedDateTime(시간대 내 날짜와 시간)을 구한다.

```
LocalDateTime now = LocalDateTime.now();
ZonedDateTime zdt = now.atZone(ZoneId.of(zone_id_instance));
```

> TIP ≡ atZone() 메서드는 서머타임 같은 시간대 규칙을 고려해 날짜와 시간을 최대한 가깝게 일치시킨다.

넷째, ZonedDateTime을 활용해 UTC 오프셋을 추출한다(가령 Europe/Bucharest면 UTC 오프셋은 +02:00이다).

```
String utcOffset = zdt.getOffset().getId().replace("Z", "+00:00");
```

getId() 메서드는 정규화한 존 오프셋 ID를 반환한다. +00:00 오프셋을 Z 문자로 반환하므로 +hh:mm 혹은 +hh:mm:ss 포맷을 따르는 다른 오프셋과 맞추려면 코드에서 재빨리 Z를 +00:00으로 치환해야 한다.

이제 위 단계들을 하나의 헬퍼 메서드로 합친다.

```
public static List<String> fetchTimeZones(OffsetType type) {
    List<String> timezones = new ArrayList<>();
    Set<String> zoneIds = ZoneId.getAvailableZoneIds();
    LocalDateTime now = LocalDateTime.now();

    zoneIds.forEach((zoneId) -> {
        timezones.add("(" + type + now.atZone(ZoneId.of(zoneId))
            .getOffset().getId().replace("Z", "+00:00") + ") " + zoneId);
    });

    return timezones;
}
```

위 메서드가 DateTimes 클래스에 있다는 가정 하에 코드는 다음과 같다.

```
List<String> timezones
    = DateTimes.fetchTimeZones(DateTimes.OffsetType.GMT);
Collections.sort(timezones); // 정렬은 꼭 하지 않아도 된다
timezones.forEach(System.out::println);
```

덧붙여 출력 스냅샷은 다음과 같다.

```
(GMT+00:00) Africa/Abidjan
(GMT+00:00) Africa/Accra
(GMT+00:00) Africa/Bamako
...
(GMT+11:00) Australia/Tasmania
(GMT+11:00) Australia/Victoria
...
```

067 모든 표준 시간대로 로컬 날짜와 시간 구하기

이 문제를 해결하려면 다음 네 단계를 거친다.

1. 로컬 날짜와 시간을 구한다.

2. 사용할 수 있는 표준 시간대를 구한다.

3. JDK 8 이전 버전이면 SimpleDateFormat의 setTimeZone() 메서드를 사용한다.

4. JDK 8 이후 버전이면 ZonedDateTime을 사용한다.

067.1 JDK 8 이전

JDK 8 이전에는 빈 생성자로 Date를 호출해 간단하게 현재 로컬 날짜와 시간을 구했다. 이어서
Date를 사용해 TimeZone 클래스로 구할 수 있는 모든 표준 시간대로 로컬 날짜와 시간을 표시한
다. 해법은 이 책의 예제 코드에 들어 있다.

067.2 JDK 8 이후

JDK 8부터는 ZonedDateTime.now() 메서드를 호출해 기본 시간대의 현재 로컬 날짜와 시간을 편
리하게 구할 수 있다.

```
ZonedDateTime zlt = ZonedDateTime.now();
```

zlt는 기본 시간대의 현재 날짜다. 이제 이 날짜를 ZoneId 클래스로 구한 모든 표준 시간대로 표
시해야 한다.

```
Set<String> zoneIds = ZoneId.getAvailableZoneIds();
```

끝으로 코드에서 zoneIds를 순회하며 각 시간대 ID마다 ZonedDateTime.withZoneSameInstant
(ZoneId zone) 메서드를 호출한다. 이 메서드는 다른 시간대로 날짜와 시간의 복사본을 반환한다.

```
public static List<String> localTimeToAllTimeZones() {
  List<String> result = new ArrayList<>();
  Set<String> zoneIds = ZoneId.getAvailableZoneIds();
  DateTimeFormatter formatter
    = DateTimeFormatter.ofPattern("yyyy-MMM-dd'T'HH:mm:ss a Z");
  ZonedDateTime zlt = ZonedDateTime.now();
```

```
    zoneIds.forEach((zoneId) -> {
        result.add(zlt.format(formatter) + " in " + zoneId + " is "
            + zlt.withZoneSameInstant(ZoneId.of(zoneId))
                .format(formatter));
    });

    return result;
}
```

다음은 위 메서드의 출력 스냅샷이다.

```
2019-Feb-26T14:26:30 PM +0200 in Africa/Nairobi
    is 2019-Feb-26T15:26:30 PM +0300
2019-Feb-26T14:26:30 PM +0200 in America/Marigot
    is 2019-Feb-26T08:26:30 AM -0400
...
2019-Feb-26T14:26:30 PM +0200 in Pacific/Samoa
    is 2019-Feb-26T01:26:30 AM -1100
```

068 항공편 날짜와 시간 표시

이번 절에서 제시할 해법에서는 호주 퍼스에서 유럽 부쿠레슈티로 가는 15시간 30분짜리 항공편
에 대한 다음과 같은 정보를 표시한다.

- UTC 날짜와 시간으로 출발과 도착 시간 표시
- 퍼스의 날짜와 시간으로 출발 시간과 부쿠레슈티 도착 시간 표시
- 부쿠레슈티의 날짜와 시간으로 출발과 도착 시간 표시

퍼스에서 출발하는 기준 날짜와 시간은 2019년 2월 26일 16:00(혹은 오후 4:00)이다.

```
LocalDateTime ldt = LocalDateTime.of(2019, Month.FEBRUARY, 26, 16, 00);
```

먼저 위 날짜와 시간을 호주/퍼스의 시간대(+08:00)와 합친다. 호주/퍼스를 위한 ZonedDateTime
객체가 생성된다(출발 시 퍼스의 클록 날짜와 시간이다).

```
// 04:00 PM, Feb 26, 2019 +0800 Australia/Perth
ZonedDateTime auPerthDepart
    = ldt.atZone(ZoneId.of("Australia/Perth"));
```

이어서 ZonedDateTime에 15시간 30분을 더한다. 결과로 나오는 ZonedDateTime은 퍼스에서의 날짜와 시간을 나타낸다(부쿠레슈티에 도착했을 때 퍼스의 클록 날짜와 시간이다).

```
// 07:30 AM, Feb 27, 2019 +0800 Australia/Perth
ZonedDateTime auPerthArrive
  = auPerthDepart.plusHours(15).plusMinutes(30);
```

이제 퍼스의 출발 날짜와 시간에 대해 부쿠레슈티의 날짜와 시간을 계산해보자. 다음 코드는 퍼스 시간대에서의 출발 날짜와 시간을 부쿠레슈티 시간대로 표현한다.

```
// 10:00 AM, Feb 26, 2019 +0200 Europe/Bucharest
ZonedDateTime euBucharestDepart
  = auPerthDepart.withZoneSameInstant(ZoneId.of("Europe/Bucharest"));
```

끝으로 부쿠레슈티에 도착했을 때 날짜와 시간을 계산한다. 다음 코드는 퍼스 시간대에서의 도착 날짜와 시간을 부쿠레슈티 시간대로 표현한다.

```
// 01:30 AM, Feb 27, 2019 +0200 Europe/Bucharest
ZonedDateTime euBucharestArrive
  = auPerthArrive.withZoneSameInstant(ZoneId.of("Europe/Bucharest"));
```

그림 3-1에서 보듯이 퍼스에서 출발할 때 UTC 시간은 오전 8:00이고, 부쿠레슈티에 도착했을 때 UTC 시간은 오후 11:30이다.

▼ 그림 3-1

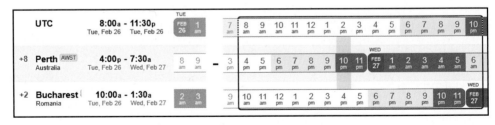

이러한 시간들을 OffsetDateTime으로 쉽게 추출할 수 있다.

```
// 08:00 AM, Feb 26, 2019
OffsetDateTime utcAtDepart = auPerthDepart.withZoneSameInstant(
  ZoneId.of("UTC")).toOffsetDateTime();

// 11:30 PM, Feb 26, 2019
OffsetDateTime utcAtArrive = auPerthArrive.withZoneSameInstant(
  ZoneId.of("UTC")).toOffsetDateTime();
```

069 유닉스 타임스탬프를 날짜와 시간으로 변환

이 해법에서는 1573768800이라는 유닉스 타임스탬프를 가정하겠다. 이 타임스탬프는 다음과 동등하다.

- 11/14/2019 @ 10:00pm (UTC)

- ISO-8601의 2019-11-14T22:00:00+00:00

- RFC 822, 1036, 1123, 2822의 Thu, 14 Nov 2019 22:00:00 +0000

- RFC 2822의 Thursday, 14-Nov-19 22:00:00 UTC

- RFC 3339의 2019-11-14T22:00:00+00:00

유닉스 타임스탬프를 날짜와 시간으로 변환하려면 유닉스 타임스탬프가 초 단위인 반면, java.util.Date는 밀리초 단위임을 알아야 한다. 따라서 유닉스 타임스탬프로부터 Date 객체를 구하려면 아래 두 예제처럼 유닉스 타임스탬프에 1000을 곱해 초를 밀리초로 변환해야 한다.

```
long unixTimestamp = 1573768800;

// 기본 시간대에서 Fri Nov 15 00:00:00 EET 2019
Date date = new Date(unixTimestamp * 1000L);

// 기본 시간대에서 Fri Nov 15 00:00:00 EET 2019
Date date = new Date(TimeUnit.MILLISECONDS
  .convert(unixTimestamp, TimeUnit.SECONDS));
```

JDK 8부터 Date 클래스는 from(Instant instant) 메서드를 지원한다. 또한 Instant 클래스에는 1970-01-01T00:00:00Z로부터의 에포크 시간을 사용해 Instant의 인스턴스를 반환하는 ofEpochSecond(long epochSecond)가 딸려 있다.

```
// UTC로 2019-11-14T22:00:00Z
Instant instant = Instant.ofEpochSecond(unixTimestamp);

// 기본 시간대로 Fri Nov 15 00:00:00 EET 2019
Date date = Date.from(instant);
```

위 예제에서 구한 인스턴트로 아래처럼 LocalDateTime이나 ZonedDateTime을 생성한다.

```
// 2019-11-15T06:00
LocalDateTime date = LocalDateTime
  .ofInstant(instant, ZoneId.of("Australia/Perth"));
```

```
// 2019-Nov-15 00:00:00 +0200 Europe/Bucharest
ZonedDateTime date = ZonedDateTime
  .ofInstant(instant, ZoneId.of("Europe/Bucharest"));
```

070 어떤 달의 첫째 날과 마지막 날 찾기

이 문제의 해법에는 JDK 8의 Temporal과 TemporalAdjuster 인터페이스를 사용하면 적절하다.

Temporal 인터페이스는 날짜와 시간 표현의 근간이다. 다시 말해 날짜와(나) 시간을 표현하는 클래스는 Temporal 인터페이스를 구현한다. 다음은 이 인터페이스를 구현한 몇몇 클래스들이다.

- LocalDate(ISO-8601 달력 시스템의 표준 시간대가 아닌 날짜)
- LocalTime(ISO-8601 달력 시스템의 표준 시간대가 아닌 시간)
- LocalDateTime(ISO-8601 달력 시스템의 표준 시간대가 아닌 날짜와 시간)
- ZonedDateTime(ISO-8601 달력 시스템의 표준 시간대로 된 날짜와 시간)
- OffsetDateTime(ISO-8601 달력 시스템의 UTC/GMT 오프셋으로 된 날짜와 시간)
- OffsetTime(ISO-8601 달력 시스템의 UTC/GMT 오프셋으로 된 시간)

TemporalAdjuster 클래스는 함수형 인터페이스로서 Temporal 객체를 조정하는 전략을 정의한다. 사용자 스스로 전략을 정의할 수 있으나 TemporalAdjuster 클래스에는 이미 사전에 정의된 다음과 같은 전략이 있다.

- firstDayOfMonth()(이번 달의 첫 번째 날을 반환한다)
- lastDayOfMonth()(이번 달의 마지막 날을 반환한다)
- firstDayOfNextMonth()(다음 달의 첫 번째 날을 반환한다)
- firstDayOfNextYear()(다음 해의 첫 번째 날을 반환한다)

문제를 풀려면 목록의 처음 두 어드저스터(adjuster)가 반드시 필요하다.

LocalDate로 생각해보자.

```
LocalDate date = LocalDate.of(2019, Month.FEBRUARY, 27);
```

2월의 첫 번째 날과 마지막 날이 언제인지 확인하자.

```
// 2019-02-01
LocalDate firstDayOfFeb
  = date.with(TemporalAdjusters.firstDayOfMonth());

// 2019-02-28
LocalDate lastDayOfFeb
  = date.with(TemporalAdjusters.lastDayOfMonth());
```

사전에 정의된 전략을 활용하니 매우 간단하다. 하지만 2019년 2월 27일부터 21일 후, 즉 2019년 3월 20일을 찾는다고 가정해보자. 이 문제에는 미리 정의된 전략이 없으니 사용자가 전략을 정의해야 한다. 다음 헬퍼 메서드처럼 람다 표현식을 활용할 수 있다.

```
public static LocalDate getDayAfterDays(
    LocalDate startDate, int days) {
  Period period = Period.ofDays(days);
  TemporalAdjuster ta = p -> p.plus(period);
  LocalDate endDate = startDate.with(ta);

  return endDate;
}
```

DateTimes라는 클래스가 위 메서드를 포함하면 다음 호출에서 원하는 결과를 반환한다.

```
// 2019-03-20
LocalDate datePlus21Days = DateTimes.getDayAfterDays(date, 21);
```

아래 코드는 같은 기법을 따르되 static 팩터리 메서드인 ofDateAdjuster()를 활용해 다음 토요일의 날짜를 반환하는 정적 어드저스터를 정의한다.

```
static TemporalAdjuster NEXT_SATURDAY
    = TemporalAdjusters.ofDateAdjuster(today -> {
  DayOfWeek dayOfWeek = today.getDayOfWeek();

  if (dayOfWeek == DayOfWeek.SATURDAY) {
    return today;
  }

  if (dayOfWeek == DayOfWeek.SUNDAY) {
    return today.plusDays(6);
  }

  return today.plusDays(6 - dayOfWeek.getValue());
});
```

2019년 2월 27일로 위 메서드를 호출해보자(다음 토요일은 2019년 3월 2일이다).

```
// 2019-03-02
LocalDate nextSaturday = date.with(NEXT_SATURDAY);
```

끝으로 TemporalAdjuster 함수형 인터페이스는 adjustInto()라는 abstract 메서드를 정의한다.
사용자 구현에서 다음과 같이 Temporal 객체를 전달해 이 메서드를 오버라이딩할 수 있다.

```
public class NextSaturdayAdjuster implements TemporalAdjuster {
  @Override
  public Temporal adjustInto(Temporal temporal) {
    DayOfWeek dayOfWeek = DayOfWeek
      .of(temporal.get(ChronoField.DAY_OF_WEEK));

    if (dayOfWeek == DayOfWeek.SATURDAY) {
      return temporal;
    }

    if (dayOfWeek == DayOfWeek.SUNDAY) {
      return temporal.plus(6, ChronoUnit.DAYS);
    }

    return temporal.plus(6 - dayOfWeek.getValue(), ChronoUnit.DAYS);
  }
}
```

다음 예제처럼 사용한다.

```
NextSaturdayAdjuster nsa = new NextSaturdayAdjuster();

// 2019-03-02
LocalDate nextSaturday = date.with(nsa);
```

071 존 오프셋 정의/추출

지구상의 어떤 구역(예를 들어 호주 퍼스)의 날짜와 시간을 구할 때, 존 오프셋(zone offset)에 기반
해 GMT/UTC 시간에 얼마만큼의 시간을 더하거나 빼야 하는지 알아낸다. 일반적으로 존 오프셋
은 +02:00, -08:30, +0400, UTC+01:00처럼 시간과 분을 일정한 수로 표현해 출력한다.

즉, 간단히 말해 존 오프셋이란 어떤 시간대와 GMT/UTC의 시간차다.

071.1 JDK 8 이전

JDK 8 이전 버전은 java.util.TimeZone으로 시간대를 정의한다. TimeZone.getRawOffset() 메서드를 사용하면 이 시간대의 존 오프셋을 구할 수 있다(서머타임을 고려하지 않는 메서드라는 뜻으로 raw가 붙었다). 해법은 이 책의 예제 코드에 들어 있다.

071.2 JDK 8 이후

JDK 8 이후부터는 두 개의 클래스에서 표준 시간대 표현을 처리한다. 하나는 아테네와 유럽 같은 표준 시간대를 표현하는 java.time.ZoneId이고 다른 하나는 GMT/UTC라는 특정 표준 시간대와의 정해진 시차(오프셋)를 표현하는 java.time.ZoneOffset(ZoneId의 확장)이다.

자바의 새로운 날짜와 시간 API는 기본적으로 서머타임을 고려하므로 서머타임을 사용하는 여름 겨울 주기가 있는 지역은 ZoneOffset 클래스를 두 개 포함한다.

UTC 존 오프셋은 간단히 구할 수 있다(자바에서 Z로 표현하는 +00:00이다).

```
// Z
ZoneOffset zoneOffsetUTC = ZoneOffset.UTC;
```

시스템 기본 표준 시간대도 ZoneOffset 클래스로 쉽게 구할 수 있다.

```
// Europe/Athens
ZoneId defaultZoneId = ZoneOffset.systemDefault();
```

서머타임을 고려하는 존 오프셋을 구하려면 코드에서 날짜와 시간을 존 오프셋에 넣어줘야 한다. 다음 코드처럼 LocalDateTime 클래스(Instant도 가능)를 넣어준다.

```
// 기본적으로 서머타임을 처리한다
LocalDateTime ldt = LocalDateTime.of(2019, 6, 15, 0, 0);
ZoneId zoneId = ZoneId.of("Europe/Bucharest");

// +03:00
ZoneOffset zoneOffset = zoneId.getRules().getOffset(ldt);
```

문자열로도 존 오프셋을 구할 수 있다. 다음은 +02:00이라는 존 오프셋을 구하는 코드다.

```
ZoneOffset zoneOffsetFromString = ZoneOffset.of("+02:00");
```

이 방법으로 아주 편리하게 Temporal 객체에 존 오프셋을 간단히 더할 수 있다. 예를 들어 OffsetTime과 OffsetDateTime에 존 오프셋을 더해보자(날짜를 데이터베이스에 저장하거나 인터넷상으로 전송할 때 편리한 방법이다).

```
OffsetTime offsetTime = OffsetTime.now(zoneOffsetFromString);
OffsetDateTime offsetDateTime
  = OffsetDateTime.now(zoneOffsetFromString);
```

ZoneOffset을 시간과 분, 초로 정의하는 방법도 있다. ZoneOffset의 헬퍼 메서드 중 하나를 사용하면 된다.

```
// +08:30 (8시간 30분으로 존 오프셋을 구한다)
ZoneOffset zoneOffsetFromHoursMinutes
  = ZoneOffset.ofHoursMinutes(8, 30);
```

> Info ≡ ZoneOffset.ofHoursMinutes() 외에 ZoneOffset.ofHours()와 ofHoursMinutesSeconds(), ofTotalSeconds()가 있다.

끝으로 존 오프셋을 지원하는 모든 Temporal 객체는 getOffset()이라는 편리한 메서드를 제공한다. 다음은 앞선 offsetDateTime 객체로부터 존 오프셋을 구하는 코드다.

```
// +02:00
ZoneOffset zoneOffsetFromOdt = offsetDateTime.getOffset();
```

072 Date와 Temporal 간 변환

여기서 소개할 해법에서는 Temporal 클래스 중 Instant와 LocalDate, LocalDateTime, Zoned DateTime, OffsetDateTime, LocalTime, OffsetTime 클래스를 다룬다.

072.1 Date – Instant

Date를 Instant로 변환하려면 Date.toInstant() 메서드를 사용한다. 반대로 하려면 Date.from(Instant instant) 메서드를 사용한다.

- 다음과 같이 Date를 Instant로 변환한다.

  ```
  Date date = new Date();

  // 예를 들어 2019-02-27T12:02:49.369Z, UTC
  Instant instantFromDate = date.toInstant();
  ```

- 다음과 같이 Instant를 Date로 변환한다.

```
Instant instant = Instant.now();

// 기본 시스템 표준 시간대인 Wed Feb 27 14:02:49 EET 2019
Date dateFromInstant = Date.from(instant);
```

> *TIP* ≣ Date는 표준 시간대를 알지 못하지만 시스템 기본 표준 시간대로 표시된다는 점을 기억하자(가령 toString()을 통해). Instant는 UTC 표준 시간대를 따른다.

서둘러 위 코드를 DateConverters라는 유틸리티 클래스에 정의되는 두 개의 유틸리티 메서드로 감싸보자.

```
public static Instant dateToInstant(Date date) {
    return date.toInstant();
}

public static Date instantToDate(Instant instant) {
    return Date.from(instant);
}
```

나아가 DateConverters 클래스에 다음 화면에 보이는 메서드도 포함시키자.

▼ 그림 3-2

```
DEFAULT_TIME_ZONE                                          ZoneId
dateToInstant(Date date)                                   Instant
dateToLocalDate(Date date)                                 LocalDate
dateToLocalDateTime(Date date)                             LocalDateTime
dateToLocalTime(Date date)                                 LocalTime
dateToOffsetDateTime(Date date)                            OffsetDateTime
dateToOffsetTime(Date date)                                OffsetTime
dateToZonedDateTime(Date date)                             ZonedDateTime
instantToDate(Instant instant)                             Date
localDateTimeToDate(LocalDateTime localDateTime)           Date
localDateToDate(LocalDate localDate)                       Date
localTimeToDate(LocalTime localTime)                       Date
offsetDateTimeToDate(OffsetDateTime offsetDateTime)        Date
offsetTimeToDate(OffsetTime offsetTime)                    Date
zonedDateTimeToDate(ZonedDateTime zonedDateTime)           Date
class
```

화면에 보이는 DEFAULT_TIME_ZONE 상수는 시스템 기본 표준 시간대다.

```
public static final ZoneId DEFAULT_TIME_ZONE = ZoneId.systemDefault();
```

072.2 Date – LocalDate

Date 객체는 Instant 객체를 통해 LocalDate로 변환할 수 있다. 주어진 Date 객체로 Instant 객체를 구한 후, 시스템 기본 표준 시간대를 적용하고 toLocalDate() 메서드를 호출한다.

```
// 예를 들어 2019-03-01
public static LocalDate dateToLocalDate(Date date) {
  return dateToInstant(date).atZone(DEFAULT_TIME_ZONE).toLocalDate();
}
```

LocalDate를 Date로 변환할 때는 LocalDate에 Date로 사용할 시간 컴포넌트가 없다는 점을 고려해야 한다. 따라서 그 날의 시작을 시간 컴포넌트로 제공한다(자세한 내용은 075. **어떤 날의 시작과 끝 시간** 절을 참고한다).

```
// 예를 들어 Fri Mar 01 00:00:00 EET 2019
public static Date localDateToDate(LocalDate localDate) {
  return Date.from(localDate.atStartOfDay(
    DEFAULT_TIME_ZONE).toInstant());
}
```

072.3 Date – DateLocalTime

Date를 DateLocalTime으로 변환할 때는 toLocalDateTime() 메서드를 호출하는 부분만 제외하고는 Date를 LocalDate로 변환할 때와 똑같다.

```
// 예를 들어 2019-03-01T07:25:25.624
public static LocalDateTime dateToLocalDateTime(Date date) {
  return dateToInstant(date).atZone(
    DEFAULT_TIME_ZONE).toLocalDateTime();
}
```

LocalDateTime을 Date로 변환하기는 쉽다. 시스템 기본 표준 시간대를 적용한 후 toInstant()만 호출하면 된다.

```
// 예를 들어 Fri Mar 01 07:25:25 EET 2019
public static Date localDateTimeToDate(LocalDateTime localDateTime) {
  return Date.from(localDateTime.atZone(
      DEFAULT_TIME_ZONE).toInstant());
}
```

072.4 Date – ZonedDateTime

Date 객체는 주어진 Date 객체로 구한 Instant 객체와 시스템 기본 표준 시간대를 사용해 ZonedDateTime으로 변환할 수 있다.

```
// 예를 들어 2019-03-01T07:25:25.624+02:00[Europe/Athens]
public static ZonedDateTime dateToZonedDateTime(Date date) {
  return dateToInstant(date).atZone(DEFAULT_TIME_ZONE);
}
```

ZonedDateTime을 Date로 변환하려면 ZonedDateTime을 Instant로 변환하면 된다.

```
// 예를 들어 Fri Mar 01 07:25:25 EET 2019
public static Date zonedDateTimeToDate(ZonedDateTime zonedDateTime) {
  return Date.from(zonedDateTime.toInstant());
}
```

072.5 Date – OffsetDateTime

Date를 OffsetDateTime으로 변환하려면 toOffsetDateTime() 메서드를 사용한다.

```
// 예를 들어 2019-03-01T07:25:25.624+02:00
public static OffsetDateTime dateToOffsetDateTime(Date date) {
  return dateToInstant(date).atZone(
      DEFAULT_TIME_ZONE).toOffsetDateTime();
}
```

OffsetDateTime을 Date로 변환하려면 두 단계를 거쳐야 한다. 먼저 OffsetDateTime을 LocalDateTime으로 변환한다. 이어서 OffsetDateTime의 오프셋을 사용해 LocalDateTime을 Instant로 변환한다.

```
// 예를 들어 Fri Mar 01 07:55:49 EET 2019
public static Date offsetDateTimeToDate(
    OffsetDateTime offsetDateTime) {
```

```
    return Date.from(offsetDateTime.toLocalDateTime()
        .toInstant(ZoneOffset.of(offsetDateTime.getOffset().getId())));
}
```

072.6 Date – LocalTime

Date를 LocalTime으로 변환하려면 LocalTime.toInstant() 메서드를 사용한다.

```
// 예를 들어 08:03:20.336
public static LocalTime dateToLocalTime(Date date) {
  return LocalTime.ofInstant(dateToInstant(date), DEFAULT_TIME_ZONE);
}
```

LocalTime을 Date로 변환하려면 LocalTime에 날짜 컴포넌트가 없다는 점을 고려해야 한다. 따라서 날짜를 에포크(epoch)인 1970년 1월 1일로 설정한다.

```
// 예를 들어 Thu Jan 01 08:03:20 EET 1970
public static Date localTimeToDate(LocalTime localTime) {
  return Date.from(localTime.atDate(LocalDate.EPOCH)
    .toInstant(DEFAULT_TIME_ZONE.getRules()
      .getOffset(Instant.now())));
}
```

072.7 Date – OffsetTime

Date를 OffsetTime으로 변환하려면 OffsetTime.toInstant() 메서드를 사용한다.

```
// 예를 들어 08:03:20.336+02:00
public static OffsetTime dateToOffsetTime(Date date) {
  return OffsetTime.ofInstant(dateToInstant(date), DEFAULT_TIME_ZONE);
}
```

OffsetTime을 Date로 변환하려면 OffsetTime에 날짜 컴포넌트가 없다는 점을 고려해야 한다. 따라서 날짜를 에포크(epoch)인 1970년 1월 1일로 설정한다.

```
// 예를 들어 Thu Jan 01 08:03:20 EET 1970
public static Date offsetTimeToDate(OffsetTime offsetTime) {
  return Date.from(offsetTime.atDate(LocalDate.EPOCH).toInstant());
}
```

073 날짜 범위 순회

시작 날짜를 2019년 2월 1일로, 마지막 날짜를 2019년 2월 21일로 경계를 정한 범위가 있다고 가정하자. 이 문제에서는 [2019 Feb 1, 2019 Feb 21) 사이를 하루씩 순회하며 화면에 각 날짜를 출력해야 한다. 근본적으로 다음 두 가지를 해결해야 한다.

- 시작 날짜가 마지막 날짜와 같아지면 루프를 중지한다.
- 마지막 날짜까지 시작 날짜를 하루씩 증가시킨다.

073.1 JDK 8 이전

JDK 8 이전 버전이면 Calendar 유틸리티 클래스를 사용한다. 해법은 이 책의 예제 코드에 있다.

073.2 JDK 8 이후

일단 JDK 8부터는 Calendar 없이도 날짜를 LocalDate로 쉽게 정의할 수 있다.

```
LocalDate startLocalDate = LocalDate.of(2019, 2, 1);
LocalDate endLocalDate = LocalDate.of(2019, 2, 21);
```

시작 날짜가 마지막 날짜와 같아지면 LocalDate.isBefore(ChronoLocalDate other) 메서드로 루프를 중지시킨다. 이 플래그 메서드는 어떤 날짜가 주어진 날짜보다 이른지 확인한다.

시작 날짜를 마지막 날짜까지 하루씩 증가시킬 때는 LocalDate.plusDays(long daysToAdd) 메서드를 사용한다. 두 메서드를 for 루프에 넣으면 다음과 같다.

```
for (LocalDate date = startLocalDate;
        date.isBefore(endLocalDate); date = date.plusDays(1)) {
  // 이 날짜에 무언가를 한다
  System.out.println(date);
}
```

출력 화면은 다음과 같다.

```
2019-02-01
2019-02-02
2019-02-03
...
2019-02-20
```

073.3 JDK 9 이후

JDK 9는 코드 한 줄로 문제를 해결한다. LocalDate.datesUntil(LocalDate endExclusive) 메서드 덕분이다. 이 메서드는 하루씩 늘어나는 Stream<LocalDate>를 반환한다.

```
startLocalDate.datesUntil(endLocalDate).forEach(System.out::println);
```

늘어나는 주기를 일이나 주, 개월, 년으로 표현하려면 LocalDate.datesUntil(LocalDate endExclusive, Period step)을 사용한다. 예를 들어 한 주씩 늘리려면 다음과 같이 명시한다.

```
startLocalDate.datesUntil(endLocalDate,
    Period.ofWeeks(1)).forEach(System.out::println);
```

출력은 다음과 같다(1-8까지 한 주, 8-15까지 한 주).

```
2019-02-01
2019-02-08
2019-02-15
```

074 나이 계산

두 날짜 간 차이는 아마 사람의 나이를 계산할 때 가장 자주 쓰일 것이다. 일반적으로 사람의 나이는 세(year)로 표현하지만 때로는 개월, 심지어 일로 나타내기도 한다.

074.1 JDK 8 이전

JDK 8 이전 버전이면 Calendar와(나) SimpleDateFormat을 쓰는 것이 좋다. 이 책의 예제 코드에서 해법을 제공한다.

074.2 JDK 8 이후

더 좋은 방법은 JDK 8로 업그레이드해서 다음과 같이 간단한 코드로 해결하는 것이다.

```
LocalDate startLocalDate = LocalDate.of(1977, 11, 2);
LocalDate endLocalDate = LocalDate.now();

long years = ChronoUnit.YEARS.between(startLocalDate, endLocalDate);
```

Period 클래스를 사용하면 개월과 일도 결과에 쉽게 추가할 수 있다.

```
Period periodBetween = Period.between(startLocalDate, endLocalDate);
```

이제 periodBetween.getYears(), periodBetween.getMonths(), periodBetween.getDays()로 년, 개월, 일의 나이를 구할 수 있다.

예를 들어 2019년 2월 28일과 1977년 11월 2일 간 차이는 41년 3개월 26일이다.

075 어떤 날의 시작과 끝 시간

JDK 8에서는 여러 가지 방법으로 어떤 날의 시작과 끝 시간을 찾는다.

먼저 LocalDate로 날짜를 표현해보자.

```
LocalDate localDate = LocalDate.of(2019, 2, 28);
```

2019년 2월 28일의 시작 시간을 찾으려면 atStartOfDay() 메서드를 활용한다. 이 메서드는 이 날짜의 자정인 00:00의 LocalDateTime을 반환한다.

```
// 2019-02-28T00:00
LocalDateTime ldDayStart = localDate.atStartOfDay();
```

혹은 of(LocalDate date, LocalTime time) 메서드를 사용해도 된다. 이 메서드는 주어진 날짜와 시간을 LocalDateTime으로 조합한다. 다음과 같이 시간을 LocalTime.MIN(어떤 날이 시작하는 자정)으로 전달한다.

```
// 2019-02-28T00:00
LocalDateTime ldDayStart = LocalDateTime.of(localDate, LocalTime.MIN);
```

LocalDate 객체로 어떤 날의 끝 시간을 구하는 방법은 적어도 두 가지다. 하나는 LocalDate. atTime(LocalTime time)을 사용하는 것이다. 결과 LocalDateTime은 이 날짜와 그 날의 끝 시간을 조합해서 표현하므로 인자로 LocalTime.MAX(그 날이 끝나는 자정 바로 전 시간)를 전달한다.

```
// 2019-02-28T23:59:59.999999999
LocalDateTime ldDayEnd = localDate.atTime(LocalTime.MAX);
```

혹은 atDate(LocalDate date) 메서드로 LocalTime.MAX를 주어진 날짜와 조합할 수 있다.

```
// 2019-02-28T23:59:59.999999999
LocalDateTime ldDayEnd = LocalTime.MAX.atDate(localDate);
```

LocalDate에는 표준 시간대 개념이 없으므로 앞선 예제들은 서머타임 같은 다양한 코너 케이스에 따른 이슈에 취약하다. 한 서머타임은 자정일 때 시간을 바꿔서(00:00이 01:00AM이 된다) 어떤 날의 시작 시간이 00:00:00이 아니라 01:00:00이다. 이러한 위험 요소를 줄이려면 서머타임을 인식하는 ZonedDateTime을 사용하도록 앞선 예제를 확장하자.

```
// 2019-02-28T00:00+08:00[Australia/Perth]
ZonedDateTime ldDayStartZone
  = localDate.atStartOfDay(ZoneId.of("Australia/Perth"));

// 2019-02-28T00:00+08:00[Australia/Perth]
ZonedDateTime ldDayStartZone = LocalDateTime
  .of(localDate, LocalTime.MIN).atZone(ZoneId.of("Australia/Perth"));

// 2019-02-28T23:59:59.999999999+08:00[Australia/Perth]
ZonedDateTime ldDayEndZone = localDate.atTime(LocalTime.MAX)
  .atZone(ZoneId.of("Australia/Perth"));

// 2019-02-28T23:59:59.999999999+08:00[Australia/Perth]
ZonedDateTime ldDayEndZone = LocalTime.MAX.atDate(localDate)
  .atZone(ZoneId.of("Australia/Perth"));
```

이번에는 2019년 2월 28일 18:00:00이라는 LocalDateTime을 가정하자.

```
LocalDateTime localDateTime = LocalDateTime.of(2019, 2, 28, 18, 0, 0);
```

간단하게는 LocalDateTime으로부터 LocalDate를 추출해 앞선 방식을 적용할 수 있다. 또는 모든 Temporal 인터페이스 구현에서 with(TemporalField field, long newValue) 메서드를 이용할 수 있다는 점을 활용할 수 있다. with() 메서드는 대개 ChronoField라는 특정 필드에 newValue를 할당해 이 날짜의 복사본을 반환한다. 따라서 ChronoField.NANO_OF_DAY(어떤 날의 나노초)를 LocalTime.MIN으로 할당하면 결과는 그 날의 시작 시간이 된다. 이때 toNanoOfDay()로 LocalTime.MIN을 나노초로 변환해야 한다.

```
// 2019-02-28T00:00
LocalDateTime ldtDayStart = localDateTime
  .with(ChronoField.NANO_OF_DAY, LocalTime.MIN.toNanoOfDay());
```

다음은 위와 동등한 코드다.

```
LocalDateTime ldtDayStart
  = localDateTime.with(ChronoField.HOUR_OF_DAY, 0);
```

어떤 날의 끝 시간도 상당히 비슷하다. MIN 대신 LocalTime.MAX를 전달하면 된다.

```
// 2019-02-28T23:59:59.999999999
LocalDateTime ldtDayEnd = localDateTime
  .with(ChronoField.NANO_OF_DAY, LocalTime.MAX.toNanoOfDay());
```

다음은 위와 동등한 코드다.

```
LocalDateTime ldtDayEnd = localDateTime.with(
  ChronoField.NANO_OF_DAY, 86399999999999L);
```

LocalDate처럼 LocalDateTime 객체도 표준 시간대를 인지하지 못한다. 이때 ZonedDateTime이
유용하다.

```
// 2019-02-28T00:00+08:00[Australia/Perth]
ZonedDateTime ldtDayStartZone = localDateTime
  .with(ChronoField.NANO_OF_DAY, LocalTime.MIN.toNanoOfDay())
  .atZone(ZoneId.of("Australia/Perth"));
```

```
// 2019-02-28T23:59:59.999999999+08:00[Australia/Perth]
ZonedDateTime ldtDayEndZone = localDateTime
  .with(ChronoField.NANO_OF_DAY, LocalTime.MAX.toNanoOfDay())
  .atZone(ZoneId.of("Australia/Perth"));
```

덧붙여 어떤 날의 시작과 끝 시간을 UTC로 확인해보자. with() 메서드 대신 toLocalDate()를
활용하는 방법도 있다.

```
// e.g., 2019-02-28T09:23:10.603572Z
ZonedDateTime zdt = ZonedDateTime.now(ZoneOffset.UTC);
```

```
// 2019-02-28T00:00Z
ZonedDateTime dayStartZdt
  = zdt.toLocalDate().atStartOfDay(zdt.getZone());
```

```
// 2019-02-28T23:59:59.999999999Z
ZonedDateTime dayEndZdt = zdt.toLocalDate()
  .atTime(LocalTime.MAX).atZone(zdt.getZone());
```

076 두 날짜 간 차이

두 날짜 간 차이 계산은 아주 흔하게 쓰인다(074. **나이 계산** 절 참고). 두 날짜 간 차이를 밀리초, 초, 시간 등으로 구하는 다른 방법을 살펴보자.

076.1 JDK 8 이전

java.util.Date와 Calendar 클래스를 통해 날짜와 시간 정보를 표현하는 것이 좋다. 밀리초로 표현하면 차이를 계산하기 가장 쉽다. 해법은 이 책의 예제 코드에서 제공한다.

076.2 JDK 8 이후

JDK 8부터는 Temporal로 날짜와 시간 정보를 표현하는 것이 좋다(예를 들어 DateTime이나 DateLocalTime, ZonedDateTime 등).

2018년 1월 1일과 2019년 3월 1일이라는 두 LocalDate 객체를 가정하자.

```
LocalDate ld1 = LocalDate.of(2018, 1, 1);
LocalDate ld2 = LocalDate.of(2019, 3, 1);
```

두 Temporal 객체 간 차이를 계산하는 가장 쉬운 방법은 ChronoUnit 클래스를 통하는 것이다. ChronoUnit은 표준 날짜 기간 단위 집합만 표현하는 것이 아니라 between(Temporal t1Inclusive, Temporal t2Exclusive) 같은 편리한 메서드도 지원한다. 이름에서 알 수 있듯이 between() 메서드는 두 Temporal 객체 간 시간차를 계산한다. 다음은 ld1과 ld2 간 차이를 일과 개월, 년으로 계산하는 코드다.

```
// 424
long betweenInDays = Math.abs(ChronoUnit.DAYS.between(ld1, ld2));

// 14
long betweenInMonths = Math.abs(ChronoUnit.MONTHS.between(ld1, ld2));

// 1
long betweenInYears = Math.abs(ChronoUnit.YEARS.between(ld1, ld2));
```

혹은 모든 Temporal은 until()이라는 메서드를 지원한다. 실제 LocalDate도 두 개를 지원하는데, 하나는 두 날짜 간 차이를 Period로 반환하고 다른 하나는 두 날짜 간 차이를 명시한 시간 단위의 long으로 반환한다. Period를 반환하는 메서드는 다음과 같이 사용한다.

```
Period period = ld1.until(ld2);

// Period로 차이 표현: 1y2m0d
System.out.println("Difference as Period: " + period.getYears() + "y"
  + period.getMonths() + "m" + period.getDays() + "d");
```

시간 단위를 명시하는 메서드는 다음과 같이 사용한다.

```
// 424
long untilInDays = Math.abs(ld1.until(ld2, ChronoUnit.DAYS));

// 14
long untilInMonths = Math.abs(ld1.until(ld2, ChronoUnit.MONTHS));

// 1
long untilInYears = Math.abs(ld1.until(ld2, ChronoUnit.YEARS));
```

LocalDateTime에는 ChronoUnit.convert() 메서드도 유용하다. 2018년 1월 1일 22:15:15와 2019년 3월 1일 23:15:15라는 두 LocalDateTime 객체를 가정해보자.

```
LocalDateTime ldt1 = LocalDateTime.of(2018, 1, 1, 22, 15, 15);
LocalDateTime ldt2 = LocalDateTime.of(2018, 1, 1, 23, 15, 15);
```

이제 ldt1과 ldt2의 차이를 분으로 표현해 확인해보자.

```
// 60
long betweenInMinutesWithoutZone
  = Math.abs(ChronoUnit.MINUTES.between(ldt1, ldt2));
```

이번에는 LocalDateTime.until() 메서드를 사용해 차이를 시간으로 표현하자.

```
// 1
long untilInMinutesWithoutZone
  = Math.abs(ldt1.until(ldt2, ChronoUnit.HOURS));
```

그렇지만 ChronoUnit.between()과 until()의 진정한 매력은 ZonedDateTime에 동작한다는 점이다. 예를 들어 ldt1이 유럽/부쿠레슈티 표준 시간대에 속하고, ldt2가 같은 날짜와 시간을 호주/퍼스 표준 시간대로 바꿔 1시간을 더한 시간이라고 하자.

날짜와 시간 다루기

```
ZonedDateTime zdt1 = ldt1.atZone(ZoneId.of("Europe/Bucharest"));
ZonedDateTime zdt2 = zdt1.withZoneSameInstant(
  ZoneId.of("Australia/Perth")).plusHours(1);
```

이제 ChronoUnit.between()으로 zdt1과 zdt2의 차이를 분으로, ZonedDateTime.until()로 zdt1
과 zdt2의 차이를 시간으로 표현해보자.

```
// 60
long betweenInMinutesWithZone
  = Math.abs(ChronoUnit.MINUTES.between(zdt1, zdt2));

// 1
long untilInHoursWithZone
  = Math.abs(zdt1.until(zdt2, ChronoUnit.HOURS));
```

끝으로 같은 기법을 두 개의 독립적인 ZonedDateTime 객체에 적용해보자. 하나는 ldt1로, 다른 하
나는 ldt2로 구한다.

```
ZonedDateTime zdt1 = ldt1.atZone(ZoneId.of("Europe/Bucharest"));
ZonedDateTime zdt2 = ldt2.atZone(ZoneId.of("Australia/Perth"));

// 300
long betweenInMinutesWithZone
  = Math.abs(ChronoUnit.MINUTES.between(zdt1, zdt2));

// 5
long untilInHoursWithZone
  = Math.abs(zdt1.until(zdt2, ChronoUnit.HOURS));
```

077 체스 시계 구현

JDK 8부터 java.time 패키지는 Clock이라는 추상 클래스를 지원한다. 이 클래스의 주된 목적
은 필요에 따라(가령 테스트 목적으로) 각기 다른 시계를 플러그인해주는 것이다. 기본적으로 자
바에는 SystemClock, OffsetClock, TickClock, FixedClock 네 개의 구현이 있다. 각 구현마다
Clock 클래스 내에 static 메서드를 포함한다. 예를 들어 다음 코드는 FixedClock(항상 동일한
Instant를 반환하는 시계)을 생성한다.

```
Clock fixedClock = Clock.fixed(Instant.now(), ZoneOffset.UTC);
```

주어진 표준 시간대에서 초 단위로 시간이 움직이는 현재 Instant를 반환하는 TickClock도 있다.

```
Clock tickClock = Clock.tickSeconds(ZoneId.of("Europe/Bucharest"));
```

> Info ≡ 분 단위로 시간이 움직이는 tickMinutes()와 Duration을 명시할 수 있는 제네릭 메서드인 tick()
> 도 있다.

Clock 클래스도 표준 시간대와 오프셋을 지원할 수 있으나 Clock 클래스의 핵심 메서드는 instant()다. 이 메서드는 Clock의 인스턴트를 반환한다.

```
// 2019-03-01T13:29:34Z
System.out.println(tickClock.instant());
```

> Info ≡ 현재 인스턴트를 밀리초로 반환하는 millis() 메서드도 있다.

체스 시계로 동작하는 시계를 구현하고 싶다고 하자.

▼ 그림 3-3

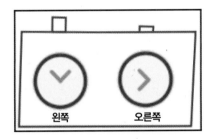

Clock 클래스를 구현하려면 몇 가지 단계를 거쳐야 한다.

1. Clock 클래스를 확장한다.

2. Serializable을 구현한다.

3. 최소한 Clock으로부터 상속받은 추상 메서드는 오버라이딩한다.

다음은 Clock 클래스의 스켈레톤이다.

```
public class ChessClock extends Clock implements Serializable {
    @Override
    public ZoneId getZone() {
```

```
    ...
  }

  @Override
  public Clock withZone(ZoneId zone) {
    ...
  }

  @Override
  public Instant instant() {
    ...
  }
}
```

ChessClock은 UTC로만 동작하고 다른 표준 시간대는 지원하지 않는다. 즉, getZone()과 withZone() 메서드를 아래처럼 구현할 수 있다(물론 나중에 수정해도 된다).

```
@Override
public ZoneId getZone() {
  return ZoneOffset.UTC;
}

@Override
public Clock withZone(ZoneId zone) {
  throw new UnsupportedOperationException(
    "The ChessClock works only in UTC time zone");
}
```

가장 중요하게 구현해야 할 부분은 instant() 메서드다. 왼쪽 플레이어(instantLeft)와 오른쪽 플레이어(instantRight) 각각을 위한 두 Instant를 관리하는 부분이 어렵다. instant() 메서드를 호출할 때마다 현재 플레이어가 말을 움직였고 이제 다른 플레이어 차례로 넘어가도록 코드를 구현해야 한다. 즉, 같은 플레이어가 instant()를 두 번 호출할 수 없다는 논리다. instant() 메서드로 구현하면 다음과 같다.

```
public class ChessClock extends Clock implements Serializable {
  public enum Player {
    LEFT,
    RIGHT
  }

  private static final long serialVersionUID = 1L;
```

```java
private Instant instantStart;
private Instant instantLeft;
private Instant instantRight;
private long timeLeft;
private long timeRight;
private Player player;

public ChessClock(Player player) {
  this.player = player;
}

public Instant gameStart() {
  if (this.instantStart == null) {
    this.timeLeft = 0;
    this.timeRight = 0;
    this.instantStart = Instant.now();
    this.instantLeft = instantStart;
    this.instantRight = instantStart;
    return instantStart;
  }

  throw new IllegalStateException(
    "Game already started. Stop it and try again.");
}

public Instant gameEnd() {
  if (this.instantStart != null) {
    instantStart = null;
    return Instant.now();
  }

  throw new IllegalStateException("Game was not started.");
}

@Override
public ZoneId getZone() {
  return ZoneOffset.UTC;
}

@Override
public Clock withZone(ZoneId zone) {
  throw new UnsupportedOperationException(
    "The ChessClock works only in UTC time zone");
```

```java
    }

    @Override
    public Instant instant() {
      if (this.instantStart != null) {
        if (player == Player.LEFT) {
          player = Player.RIGHT;

          long secondsLeft = Instant.now().getEpochSecond()
            - instantRight.getEpochSecond();
          instantLeft = instantLeft.plusSeconds(
            secondsLeft - timeLeft);
          timeLeft = secondsLeft;

          return instantLeft;
        } else {
          player = Player.LEFT;

          long secondsRight = Instant.now().getEpochSecond()
            - instantLeft.getEpochSecond();
          instantRight = instantRight.plusSeconds(
            secondsRight - timeRight);
          timeRight = secondsRight;

          return instantRight;
        }
      }

      throw new IllegalStateException("Game was not started.");
    }
  }
```

instant() 메서드를 호출한 플레이어에 따라 코드는 그 플레이어가 말을 놓기 전까지 생각할 시간을 초로 계산한다. 또한 플레이어도 전환하므로 다음 instant() 호출에서는 다른 플레이어를 처리한다.

```java
ChessClock chessClock = new ChessClock(Player.LEFT);

// 2019-03-01T14:02:46.309459Z
Instant start = chessClock.gameStart();
```

더 나아가 오른쪽 플레이어가 이길 때까지 두 플레이어는 아래 순서로 말을 놓는다.

```
Left moved first after 2 seconds: 2019-03-01T14:02:48.309459Z
Right moved after 5 seconds: 2019-03-01T14:02:51.309459Z
Left moved after 6 seconds: 2019-03-01T14:02:54.309459Z
Right moved after 1 second: 2019-03-01T14:02:52.309459Z
Left moved after 2 second: 2019-03-01T14:02:56.309459Z
Right moved after 3 seconds: 2019-03-01T14:02:55.309459Z
Left moved after 10 seconds: 2019-03-01T14:03:06.309459Z
Right moved after 11 seconds and win: 2019-03-01T14:03:06.309459Z
```

시계가 플레이어의 수를 올바르게 기재한 것 같다.

끝으로 게임은 40초 후에 끝난다.

```
Game ended:2019-03-01T14:03:26.350749300Z
Instant end = chessClock.gameEnd();

Game duration: 40 seconds
// Duration.between(start, end).getSeconds();
```

3.3 요약

임무를 완수했다! 3장에서는 날짜와 시간 정보를 어떻게 처리하는지 포괄적으로 간략히 살펴봤다. 다양한 애플리케이션에서 이러한 정보 유형을 다룬다. 따라서 이러한 문제의 해법을 알아두는 것은 선택 사항이 아니다. Date와 Calendar부터 LocalDate와 LocalTime, LocalDateTime, ZoneDateTime, OffsetDateTime, OffsetTime, Instant에 이르기까지 하나같이 중요하고 날짜와 시간을 처리하는 일상적인 업무에 아주 유용하다.

3장의 애플리케이션을 다운로드해서 결과와 추가적인 세부 사항을 확인하자.

memo

4장

타입 추론

4장에서는 var 타입으로 알려진 JEP 286 혹은 자바 **로컬 변수 타입 추론**(Local Variable Type Inference, LVTI)을 다루는 21개의 문제를 살펴본다. 4장의 문제들은 var를 처리하는 모범 사례와 그 과정에 생기는 흔한 실수를 보이기 위해 세심하게 만들어졌다. 4장을 끝내면 프로덕션 코드에 var를 사용할 수 있을 만큼 var에 대한 모든 지식을 갖추게 된다.

4.1 / 문제

다음 문제를 통해 타입 추론을 프로그래밍하는 실력을 테스트해보자. 해답 페이지로 넘어가거나 예제 프로그램을 다운로드하기 전에 반드시 스스로 문제를 풀어보기 바란다.

078. 간단한 var 예제: 코드 가독성 면에서 타입 추론(var)을 올바르게 사용하는 예를 보여주는 프로그램을 작성하라.

079. 원시 타입에 var 사용하기: 자바 원시 타입(int, long, float, double)에 var를 사용하는 예를 보여주는 프로그램을 작성하라.

080. var와 자동 형 변환으로 코드 유지 보수성 지속: var와 자동 형 변환으로 코드 유지 보수성을 어떻게 지속시키는지 보여주는 프로그램을 작성하라.

081. 명시적 다운캐스트, 사실 var를 쓰지 않는 편이 낫다: var와 명시적 다운캐스트를 함께 사용하는 예를 보여주는 프로그램을 작성하고 왜 var를 쓰지 말아야 하는지 설명하라.

082. 눈으로 봤을 때 호출하는 이름에 타입 정보가 부족하면 var를 쓰지 말자: var를 호출하는 이름에 사용하면 정보가 손실될 수 있으므로 var를 언제 사용하지 말아야 하는지 예를 들어 보아라.

083. LVTI와 인터페이스 기반 프로그래밍 기법: 인터페이스 기반 프로그래밍 기법으로 var를 사용하는 예를 보여주는 프로그램을 작성하라.

084. LVTI와 다이아몬드 연산자: 다이아몬드 연산자로 var를 사용하는 예를 보여주는 프로그램을 작성하라.

085. 배열을 var에 할당: 배열을 var에 할당하는 프로그램을 작성하라.

086. LVTI로 복합 선언: 복합 선언으로 LVTI를 사용하는 법을 설명하고 예를 들어 보아라.

087. LVTI와 변수 범위: LVTI가 왜 변수 범위를 가능한 한 최소화해야 하는지 설명하고 예를 보아라.

088. LVTI와 삼항 연산자: LVTI를 삼항 연산자에 사용할 때의 이점을 보여주는 몇 개의 코드를 작성하라.

089. LVTI와 for 루프: for 루프에 LVTI를 사용하는 예를 보여주는 몇 개의 코드를 작성하라.

090. LVTI와 스트림: LVTI와 자바 스트림을 사용하는 예를 보여주는 몇 개의 코드를 작성하라.

091. LVTI로 연쇄적인 중첩/긴 표현식 나누기: LVTI로 연쇄적인 중첩/긴 표현식을 나누는 예를 보여주는 프로그램을 작성하라.

092. LVTI와 메서드 리턴과 인자 타입: 리턴과 인자 타입에 LVTI와 자바 메서드를 사용하는 예를 보여주는 몇 개의 코드를 작성하라.

093. LVTI와 익명 클래스: 익명 클래스에서 LVTI를 사용하는 예를 보여주는 몇 개의 코드를 작성하라.

094. LVTI는 final과 effectively final에 사용할 수 있다: LVTI가 어떻게 final과 사실상 final로 쓰일 수 있는지 보여주는 코드 몇 개를 작성하라.

095. LVTI와 람다: LVTI를 어떻게 람다 표현식에 사용하는지 몇 개의 코드로 설명하라.

096. LVTI와 null 초기자, 인스턴스 변수, catch 블록 변수: LVTI를 어떻게 null 초기자와 인스턴스 변수, catch 블록에 사용하는지 예제로 설명하라.

097. LVTI와 제네릭 타입 T: LVTI를 어떻게 제네릭 타입에 사용하는지 보여주는 몇 개의 코드를 작성하라.

098. LVTI와 와일드카드, 공변성, 반변성: LVTI를 어떻게 와일드카드, 공변성, 반변성에 사용하는지 보여주는 몇 개의 코드를 작성하라.

4.2 해법

앞서 나열한 문제의 해법을 설명하겠다. 그에 앞서 문제의 정답이 딱 하나인 경우는 드물다는 점을 잊지 말자. 또한 문제를 푸는 데 반드시 필요한 가장 흥미롭고 중요한 사항만 설명했음을 기억하자. 코드를 자세히 살펴보고 프로그램을 직접 실행하려면 https://github.com/gilbutITbook/080292에서 예제 솔루션을 다운로드한다.

078 간단한 var 예제

자바 버전 10부터 var 타입으로 알려진 JEP 286 혹은 자바 LVTI를 지원한다.

> TIP ≡ var 식별자는 자바 **키워드**가 아니라 **예약된 타입명**이다.

var는 바이트 코드나 런타임, 성능 면에서 부수 효과가 전혀 없는 순전히 컴파일 기능이다. 간단히 말해 LVTI는 로컬 변수에 쓰이며 컴파일러에서 오른쪽항을 검사해 실제 타입을 추론하는 식으로 동작한다(오른편이 **초기자**(initializer)면 그 타입을 사용한다).

> TIP ≡ 이 기능은 컴파일 타임 안전(compile-time safety)을 보장한다. 다시 말해 잘못된 할당문을 시도하는 애플리케이션은 컴파일할 수 없다. 컴파일러에서 var의 구체/실제 타입을 추론한 경우에 한해 그 타입의 값만 할당한다.

LVTI에는 여러 가지 이점이 있는데, 코드가 덜 장황해지고 중복과 **보일러플레이트**(boilerplate)[1] 코드가 줄어든다. 또한 아래처럼 선언문이 많을 때는 코드 작성 시간도 감소한다.

```
// var를 사용하지 않은 경우
Map<Boolean, List<Integer>> evenAndOddMap...

// var를 사용한 경우
var evenAndOddMap = ...
```

---

1 역주 게터, 세터처럼 사소한 기능을 위해 반복되는 코드를 뜻합니다. 행사 코드로 옮기기도 하지만, 보일러플레이트 코드라는 표현도 많이 쓰입니다.

한편 코드 가독성에 대해서는 논란이 많다. 일각에서는 var를 사용하면 코드 가독성이 떨어진다고 주장하고 다른 한편에서는 그 반대를 주장한다. 유스 케이스(use case)(사용 사례)에 따라 가독성을 절충해야겠으나 사실 필드명(인스턴스 변수)은 주의를 기울여 의미 있게 명명하면서 로컬변수명은 도외시하는 경우가 다반사다. 다음 메서드를 예로 살펴보자.

```
public Object fetchTransferableData(String data)
    throws UnsupportedFlavorException, IOException {
  StringSelection ss = new StringSelection(data);
  DataFlavor[] df = ss.getTransferDataFlavors();
  Object obj = ss.getTransferData(df[0]);

  return obj;
}
```

간단한 메서드다. 의미 있게 명명했고 구현도 깔끔하다. 하지만 로컬 변수명을 보자. 이름이 지나치게 간결하기는 해도(단순히 축약어) 왼쪽항에서 각 로컬 변수의 타입을 쉽게 알아차릴 만한 충분한 정보를 주고 있으니 크게 문제는 없다. 이제 위 코드를 LVTI로 작성해보자.

```
public Object fetchTransferableData(String data)
    throws UnsupportedFlavorException, IOException {
  var ss = new StringSelection(data);
  var df = ss.getTransferDataFlavors();
  var obj = ss.getTransferData(df[0]);

  return obj;
}
```

로컬 변수의 타입을 추론하기 힘들어졌으니 분명 코드 가독성은 떨어졌다. 아래 화면에 보듯이 컴파일러는 문제없이 올바른 타입을 추론하나 인간에게는 훨씬 어렵다.

❤ 그림 4-1

```
이 메서드를 포함하는 클래스의 역컴파일

public Object fetchTransferableData(String data)
     throws UnsupportedFlavorException, IOException {

        StringSelection ss = new StringSelection(data);
        DataFlavor[] df = ss.getTransferDataFlavors();
        Object obj = ss.getTransferData(df[0]);

        return obj;
}
```

문제의 해법은 LVTI를 활용해 로컬 변수에 의미 있는 이름을 제공하는 것이다. 예를 들어 로컬 변수명을 다음과 같이 제공해 코드 가독성을 다시 끌어올린다.

```java
public Object fetchTransferableData(String data)
    throws UnsupportedFlavorException, IOException {
  var stringSelection = new StringSelection(data);
  var dataFlavorsArray = stringSelection.getTransferDataFlavors();
  var obj = stringSelection.getTransferData(dataFlavorsArray[0]);

  return obj;
}
```

그렇다 하더라도 가독성 문제는 일반적으로 타입을 주요 정보로, 변수명을 부가 정보로 보는 경향으로 인해 발생하며, 사실은 정반대여야 한다.

부연 설명을 위해 예제 두 개를 더 살펴보자. 다음은 컬렉션(예를 들어 List)을 사용하는 메서드다.

```java
// 잘못된 예
public List<Player> fetchPlayersByTournament(String tournament) {
  var t = tournamentRepository.findByName(tournament);
  var p = t.getPlayers();

  return p;
}
```

```java
// 올바른 예
public List<Player> fetchPlayersByTournament(String tournament) {
  var tournamentName = tournamentRepository.findByName(tournament);
  var playerList = tournamentName.getPlayers();

  return playerList;
}
```

로컬 변수를 의미 있게 명명하라는 것이 과도하게 명명(overnaming)하라는 뜻은 아니다.

예를 들어 변수명에 타입명을 단순히 반복하지 않는다.

```java
// 잘못된 예
var fileCacheImageOutputStream
  = new FileCacheImageOutputStream(..., ...);

// 올바른 예
var outputStream = new FileCacheImageOutputStream(..., ...);

// 또 다른 올바른 예
var outputStreamOfFoo = new FileCacheImageOutputStream(..., ...);
```

079 원시 타입에 var 사용하기

LVTI를 원시 타입(int, long, float, double)에 사용할 경우 예상한 타입과 추론된 타입이 다를 수 있다는 문제가 발생한다. 당연히 이는 혼란과 예상치 못한 동작으로 이어진다.

이 상황의 책임은 var 타입에서 사용하는 **자동 형 변환**(implicit type casting)에 있다.

명시적으로 원시 타입을 사용하는 다음 두 선언문을 예로 살펴보자.

```
boolean valid = true;  // boolean 타입이다
char c = 'c';          // char 타입이다
```

이제 명시적인 원시 타입을 LVTI로 바꿔보자.

```
var valid = true;  // boolean으로 추론한다
var c = 'c';       // char로 추론한다
```

훌륭하다! 아직 아무런 문제도 없다! 명시적 원시 타입을 사용하는 또 다른 선언문을 살펴보자.

```
int intNumber = 10;        // int 타입이다
long longNumber = 10;      // long 타입이다
float floatNumber = 10;    // float 타입인 10.0이다
double doubleNumber = 10;  // double 타입인 10.0이다
```

첫 번째 예제와 같은 논리로 명시적인 원시 타입을 LVTI로 바꿔보자.

```
// 잘못된 예
var intNumber = 10;     // int로 추론한다
var longNumber = 10;    // int로 추론한다
var floatNumber = 10;   // int로 추론한다
var doubleNumber = 10;  // int로 추론한다
```

다음 화면에서 보듯이 변수 4개 모두 정수로 추론된다.

▼ 그림 4-2

이 선언문을 포함하는 클래스의 역컴파일

int intNumber = 10;
int longNumber = 10;
int floatNumber = 10;
int doubleNumber = 10;

이 문제는 명시적 자바 리터럴(literal)을 사용해서 해결할 수 있다.

```
// 올바른 예
var intNumber = 10;     // int로 추론한다
var longNumber = 10L;   // long으로 추론한다
var floatNumber = 10F;  // float인 10.0으로 추론한다
var doubleNumber = 10D; // double인 10.0으로 추론한다
```

끝으로 소수를 살펴보자.

```
var floatNumber = 10.5; // double로 추론한다
```

변수명을 보면 10.5는 float인데, 실제로는 double로 추론한다. 따라서 소수점이 있는 수(특히 float 타입의 수라면)라도 리터럴을 사용하는 것이 좋다.

```
var floatNumber = 10.5F; // float로 추론한다
```

080 var와 자동 형 변환으로 코드 유지 보수성 지속

앞서 079. 원시 타입에 var 사용하기 절에서는 var와 자동 형 변환이 함께 쓰일 때 실제로 여러 가지 문제가 발생할 수 있음을 알아봤다. 하지만 어떤 시나리오에서는 이 조합이 유리하고 코드 유지 보수성을 지속시키기도 한다.

한 가지 시나리오를 생각해보자. ShoppingAddicted라는 외부 API의 두 메서드(두 웹 서비스 혹은 엔드포인트 등으로 추정해볼 수 있다)를 잇는 새 메서드를 하나 작성해야 한다. 두 메서드 중 하나는 주어진 쇼핑 카트의 최저가를 반환한다. 기본적으로 이 메서드는 여러 개의 제품을 받아 다양한 온라인 쇼핑몰에 쿼리를 던져 최저가를 가져온다.

반환하는 가격은 int다. 다음은 이 메서드의 스텁(stub)이다.

```
public static int fetchBestPrice(String[] products) {
    float realprice = 399.99F; // 쇼핑몰에서 가격을 가져오는 코드
    int price = (int) realprice;

    return price;
}
```

다른 한 메서드는 int로 가격을 받아 결제한다. 결제에 성공하면 true를 반환한다.

```
public static boolean debitCard(int amount) {
    return true;
}
```

이제 위 두 코드를 사용해 클라이언트처럼 동작할 새 메서드를 프로그래밍해보자(고객이 구매할 제품들을 결정하면 코드는 그 제품들의 최저가를 반환하고 그 가격만큼 카드를 결제한다).

```
// 잘못된 예
public static boolean purchaseCart(long customerId) {
    int price = ShoppingAddicted.fetchBestPrice(new String[0]);
    boolean paid = ShoppingAddicted.debitCard(price);

    return paid;
}
```

하지만 시간이 조금 지난 뒤 ShoppingAddicted API의 소유주는 실제 가격을 int로 변환하는 중에 돈을 잃어버렸음을 깨닫는다(예를 들어 실제 가격은 399.99인데, int로 바꾸면 399.0이 되어 99센트를 잃어버린다). 따라서 이 방식을 중단하고 실제 가격을 float로 반환하기로 한다.

```
public static float fetchBestPrice(String[] products) {
    float realprice = 399.99F; // 쇼핑몰에서 가격을 가져오는 코드

    return realprice;
}
```

가격을 float로 반환하므로 debitCard()도 함께 업데이트한다.

```
public static boolean debitCard(float amount) {
    return true;
}
```

하지만 새 ShoppingAddicted API 릴리스로 업그레이드하면, float에서 int로 변환할 때 손실이 발생할 수 있다는 예외와 함께 코드는 실패한다. 코드에서는 int를 받으려고 하니 당연하다. API의 수정을 받아들일 수 없으므로 그에 맞게 코드도 수정해야 한다.

그러나 이러한 상황을 예상하고 int 대신 var를 썼다면 코드는 자동 형 변환 덕분에 문제없이 동작했을 것이다.

```
// 올바른 예
public static boolean purchaseCart(long customerId) {
    var price = ShoppingAddicted.fetchBestPrice(new String[0]);
```

```
    var paid = ShoppingAddicted.debitCard(price);

    return paid;
}
```

081 명시적 다운캐스트, 사실 var를 쓰지 않는 편이 낫다

079. 원시 타입에 var 사용하기 절에서는 원시 타입(int, long, float, double)에 리터럴을 사용함으로써 자동 형 변환으로 발생하는 이슈를 해결했다. 하지만 모든 자바 원시 타입에 리터럴을 사용할 수 있는 것은 아니다. 이럴 때는 var를 쓰지 않는 편이 최선이다. 그 이유를 알아보자!

다음과 같이 byte와 short 변수를 선언해보자.

```
byte byteNumber = 25;        // byte 타입이다
short shortNumber = 1463;    // short 타입이다
```

명시적 타입을 var로 바꾸면 타입을 int로 추론한다.

```
var byteNumber = 25;         // int로 추론한다
var shortNumber = 1463;      // int로 추론한다
```

안타깝게도 두 원시 타입에 맞는 리터럴은 없다. 컴파일러가 올바른 타입을 추론할 방법은 명시적 다운캐스트(downcast)뿐이다.

```
var byteNumber = (byte) 25;        // byte로 추론한다
var shortNumber = (short) 1463;    // short로 추론한다
```

이렇게 하면 컴파일이 무사히 끝나고 예상대로 동작하지만 var를 쓰는 것이 명시적 타입보다 딱히 더 낫다고 말할 수는 없다. 다시 말해 이럴 때는 var와 명시적 다운캐스트를 쓰지 않는 편이 낫다.

082 눈으로 봤을 때 호출하는 이름에 타입 정보가 부족하면 var를 쓰지 말자

앞서 봤듯이 var는 만병통치약이 아니며, 이 문제를 다시 한번 짚고 넘어가겠다. 다음 코드는 명시적 타입으로도 작성할 수 있고 정보의 손실 없이 var로도 작성할 수 있다.

```
// 명시적 타입 사용
MemoryCacheImageInputStream is =
  new MemoryCacheImageInputStream(...);
JavaCompiler jc = ToolProvider.getSystemJavaCompiler();
StandardJavaFileManager fm = compiler.getStandardFileManager(...);
```

위 코드를 var로 바꾸면 다음과 같다(오른쪽항에서 호출하는 **이름**을 직접 확인해서 변수명을 골랐다).

```
// var 사용
var inputStream = new MemoryCacheImageInputStream(...);
var compiler = ToolProvider.getSystemJavaCompiler();
var fileManager = compiler.getStandardFileManager(...);
```

과도하게 명명해도 결과는 같다.

```
// var 사용
var inputStreamOfCachedImages = new MemoryCacheImageInputStream(...);
var javaCompiler = ToolProvider.getSystemJavaCompiler();
var standardFileManager = compiler.getStandardFileManager(...);
```

즉, 위 코드는 변수명 선택과 가독성에 있어 전혀 문제가 없다. 호출하는 **이름**에 정보가 충분해 var를 써도 편하게 읽힌다.

하지만 다음 코드를 보자.

```
// 잘못된 예
public File fetchBinContent() {
  return new File(...);
}
```

```
// 다른 위치에서 호출한다
// 변수명 bin에 주목하자
var bin = fetchBinContent();
```

fetchBinContent()라는 **이름**이 어떤 타입을 반환하는지 검사하지 않고서는 호출하는 **이름**의 타입을 추론하기 상당히 힘들다. 적절한 변수명을 고르고 가독성이 높은 코드로 만들기에는 오른쪽항에 정보가 부족하므로 일반적으로 이럴 때는 var 대신 명시적 타입을 사용해야 한다.

```
// 다른 위치에서 호출한다
// 이제 왼쪽항은 충분한 정보를 포함한다
File bin = fetchBinContent();
```

결론적으로 호출하는 이름에 var를 함께 사용해 명료성이 떨어진다면 var를 사용하지 않는 편이 낫다. 이를 무시하면 혼란을 야기할 수 있고 코드를 이해하고(하거나) 확장하는 데 걸리는 시간도 늘어난다.

java.nio.channels.Selector 클래스에 기반한 예제를 하나 더 살펴보자. 이 클래스는 새로 오픈한 Selector를 반환하는 open()이라는 static 메서드를 제공한다. 하지만 var로 선언한 변수에 결과를 받아 저장하면 메서드가 현재 셀렉터를 성공적으로 오픈했는지를 나타내는 boolean을 반환하리라고 생각하기 쉽다. 명료성 저하를 고려하지 않고 var를 사용하면 정확히 이와 같은 문제에 맞닥뜨린다. 이러한 이슈 몇 개와 코드 때문에 정말 애를 먹는다.

083 LVTI와 인터페이스 기반 프로그래밍 기법

자바 모범 사례에서는 코드를 추상화하라고 권한다. 다르게 말하면 인터페이스 기반 프로그래밍 (programming to the interface) 기법을 사용해야 한다는 뜻이다.

이 기법은 컬렉션을 선언할 때 매우 적합하다. 예를 들어 ArrayList는 다음과 같이 선언하면 좋다.

```
List<String> players = new ArrayList<>();
```

아래처럼 해서는 안 된다.

```
ArrayList<String> players = new ArrayList<>();
```

첫 번째 예제를 보면 코드는 ArrayList 클래스(또는 HashSet, HashMap 등)로 인스턴스를 생성하지만 List 타입(또는 Set, Map 등)으로 변수를 선언한다. List와 Set, Map 외 많은 클래스가 인터페이스(또는 계약)이므로 다른 코드 수정 없이 쉽게 다른 List(Set과 Map) 구현으로 초기화를 대체할 수 있다.

안타깝게도 LVTI에는 인터페이스 기반 프로그래밍 기법을 활용할 수 없다. var를 사용할 때 추론하는 타입은 구체 구현이지 계약이 아니다. 예를 들어 List<String>을 var로 바꾸면 타입을 ArrayList<String>으로 추론한다.

```
// ArrayList<String>으로 추론한다
var playerList = new ArrayList<String>();
```

그렇지만 이러한 동작을 지지하는 몇 가지 해명이 있다.

- LVTI는 **인터페이스 기반 프로그래밍** 기법이 메서드 인자/반환 타입이나 필드 타입보다 적게 쓰이는 로컬 단(로컬 변수)에서 동작한다.

- 로컬 변수는 범위가 작으므로 다른 구현으로 바꾸더라도 많이 수정하지 않아도 된다. 구현을 바꿔도 코드를 찾아내고 고치는 데 크게 영향이 없다.

- LVTI는 오른쪽항의 코드를 실제 타입을 추론하는 데 유용한 **초기자(initializer)**로 본다. 향후 초기자를 수정하면 추론하는 타입이 달라질 수 있고 이 변수를 사용하는 코드에 문제가 발생한다.

084 LVTI와 다이아몬드 연산자

다이아몬드 연산자와 LVTI를 함께 사용할 때, 타입을 추론하는 데 필요한 정보가 오른쪽항에 보이지 않으면 일반적으로 예상치 못한 타입이 추론된다.

프로젝트 코인(Project Coin)인 JDK 7 이전에는 List<String>을 다음과 같이 선언했다.

```
List<String> players = new ArrayList<String>();
```

기본적으로 위 예제는 제네릭 클래스의 초기화 인수 타입을 명시한다. JDK 7부터 프로젝트 코인은 제네릭 클래스 초기화 인수 타입을 추론할 수 있는 **다이아몬드(diamond)** 연산자를 도입했다.

```
List<String> players = new ArrayList<>();
```

LVTI 관점에서 위 예제를 생각하면 결과는 다음과 같다.

```
var playerList = new ArrayList<>();
```

과연 어떤 타입을 추론할까? 추론하는 타입은 ArrayList<String>이 아니라 ArrayList<Object>다. 이유는 너무나 명백하다. 예상 타입(String)을 추론할만한 정보가 제시되지 않았다(오른쪽항에 String 타입을 언급하지 않았다). 결국 LVTI는 가장 폭넓게 쓰일 수 있는 타입인 Object로 추론할 수밖에 없다.

코드에서는 ArrayList<Object>를 의도하지 않았으므로 다르게 문제를 해결해야 한다. 해법은 다음과 같이 예상 타입을 추론할 정보를 제공하는 것이다.

```
var playerList = new ArrayList<String>();
```

이제 ArrayList〈String〉으로 추론한다. 간접적으로 타입을 추론할 수도 있다. 아래 예제를 보자.

```
var playerStack = new ArrayDeque<String>();

// ArrayList<String>으로 추론한다
var playerList = new ArrayList<>(playerStack);
```

다른 방식으로도 간접적으로 추론할 수 있다.

```
Player p1 = new Player();
Player p2 = new Player();
var listOfPlayer = List.of(p1, p2); // List<Player>로 추론한다

// 이렇게 하지 말자!
var listOfPlayer = new ArrayList<>(); // ArrayList<Object>로 추론한다
listOfPlayer.add(p1);
listOfPlayer.add(p2);
```

085 배열을 var에 할당

일반적으로 배열을 var에 할당할 때는 대괄호인 [ ]가 없어도 된다. 명시적 타입으로 int 배열을
선언하는 방법은 다음과 같다.

```
int[] numbers = new int[10];

// 덜 선호하는 방식
int numbers[] = new int[10];
```

이제 int 대신 var를 어떻게 사용할지 직관적으로 시도해보자.

```
var[] numberArray = new int[10];
var numberArray[] = new int[10];
```

안타깝게도 두 방식 모두 컴파일되지 못한다. 해결하려면 왼쪽항의 대괄호를 없애야 한다.

```
// 선호하는 방식
var numberArray = new int[10];   // int 배열인 int[]로 추론한다
numberArray[0] = 3;              // 동작한다
numberArray[0] = 3.2;            // 동작하지 않는다
numbers[0] = "3";                // 동작하지 않는다
```

대개 다음과 같이 배열을 선언하면서 초기화한다.

```
// 명시적 타입은 예상대로 동작한다
int[] numbers = {1, 2, 3};
```

하지만 var를 사용하면 동작하지 않는다(컴파일되지 않는다).

```
// 컴파일되지 않는다
var numberArray = {1, 2, 3};
var numberArray[] = {1, 2, 3};
var[] numberArray = {1, 2, 3};
```

오른쪽항에 타입이 없으므로 위 코드는 컴파일되지 않는다.

086 LVTI로 복합 선언

복합 선언(compound declaration)을 사용하면 타입의 반복 없이 같은 타입의 변수 그룹을 선언할 수 있다. 타입은 한 번만 명시하고 변수들은 콤마로 구분한다.

```
// 명시적 타입 사용
String pending = "pending", processed = "processed",
      deleted = "deleted";
```

String을 var로 바꾸면 코드는 컴파일되지 않는다.

```
// 컴파일되지 않는다
var pending = "pending", processed = "processed", deleted = "deleted";
```

해법은 복합 선언을 한 줄당 하나씩 선언하도록 바꾸는 것이다.

```
// var 사용, 타입을 String으로 추론한다
var pending = "pending";
var processed = "processed";
var deleted = "deleted";
```

즉, LVTI는 일반적으로 복합 선언에 사용할 수 없다.

087 LVTI와 변수 범위

클린 코드의 모범 사례는 모든 로컬 변수의 범위를 작게 유지하는 것이다. LVTI가 등장하기 전부터 지켜져 온 황금률의 하나다.

이 규칙은 가독성과 디버깅 측면에서 도움이 된다. 버그를 찾고 버그 픽스를 작성하는 과정이 빨라진다. 이 규칙을 깨뜨리는 예제를 하나 살펴보자.

```java
// 잘못된 예
...
var stack = new Stack<String>();
stack.push("John");
stack.push("Martin");
stack.push("Anghel");
stack.push("Christian");

// 스택을 사용하지 않는 코드 50줄

// John, Martin, Anghel, Christian
stack.forEach(...);
```

위 코드는 스택을 선언해 이름을 네 개 넣은 후 스택을 사용하지 않는 코드 50줄을 수행하고 forEach() 메서드로 스택의 루프를 순회한다. java.util.Vector로부터 상속받은 forEach()는 벡터로서 스택을 순회한다(John, Martin, Anghel, Christian). 원하던 순회 순서다.

하지만 시간이 흘러 스택을 ArrayDeque로 바꾸기로 한다(이유는 중요하지 않다). 이제는 ArrayDeque 클래스에서 제공하는 forEach() 메서드를 사용한다. 이 메서드의 동작은 Vector. forEach()와 다르다. 즉, 루프에서 LIFO(Last In First Out) 방식으로 항목을 순회한다(Christian, Anghel, Martin, John).

```java
// 잘못된 예
...
var stack = new ArrayDeque<String>();
stack.push("John");
stack.push("Martin");
stack.push("Anghel");
stack.push("Christian");

// 스택을 사용하지 않는 코드 50줄

// Christian, Anghel, Martin, John
stack.forEach(...);
```

의도했던 결과가 아니다! 순회 순서를 바꾸려던 것이 아니라 다른 목적이 있어서 ArrayDeque로 바꿨을 뿐이다. 하지만 forEach()가 있는 코드 부분이 수정했던 코드와 가까이 있지 않으므로(50줄 아래) 코드의 버그를 감지하기 상당히 어렵다. 최대한 이 버그를 빠르게 수정하면서 상황을 파악하느라 화면을 위아래로 잔뜩 스크롤하지 않을 해법을 찾아내야 한다. 해법은 앞서 언급했던 클린 코드 규칙을 따르고 stack 변수의 범위를 작게 작성하는 것이다.

```
// 올바른 예
...
var stack = new Stack<String>();
stack.push("John");
stack.push("Martin");
stack.push("Anghel");
stack.push("Christian");

// John, Martin, Anghel, Christian
stack.forEach(...);

// 스택을 사용하지 않는 코드 50줄
```

이제 Stack을 ArrayDeque로 바꿀 때 버그를 더 빠르게 감지하고 고칠 수 있다.

088 LVTI와 삼항 연산자

올바르게만 작성한다면 삼항(ternary) 연산자의 오른쪽항에 다양한 타입의 피연산자를 사용할 수 있다. 예를 들어 다음 코드는 컴파일되지 않는다.

```
// 컴파일되지 않는다
List evensOrOdds = containsEven ?
  List.of(10, 2, 12) : Set.of(13, 1, 11);

// 컴파일되지 않는다
Set evensOrOdds = containsEven ?
  List.of(10, 2, 12) : Set.of(13, 1, 11);
```

그렇지만 지원되는 올바른 명시적 타입으로 다시 작성하면 위 코드를 고칠 수 있다.

```
Collection evensOrOdds = containsEven ?
  List.of(10, 2, 12) : Set.of(13, 1, 11);
```

```
Object evensOrOdds = containsEven ?
  List.of(10, 2, 12) : Set.of(13, 1, 11);
```

비슷한 시도가 다음 코드에서는 실패한다.

```
// 컴파일되지 않는다
int numberOrText = intOrString ? 2234 : "2234";
```

```
// 컴파일되지 않는다
String numberOrText = intOrString ? 2234 : "2234";
```

하지만 고칠 수 있다.

```
Serializable numberOrText = intOrString ? 2234 : "2234";
```

```
Object numberOrText = intOrString ? 2234 : "2234";
```

즉, **삼항 연산자** 오른쪽항에 다양한 피연산자 타입을 사용하려면 개발자는 두 개의 조건 브랜치를 만족하는 올바른 타입으로 일치시켜야 한다. 혹은 아래처럼 LVTI를 활용할 수도 있다(물론 피연산자 타입이 같아도 동작한다).

```
// Collection<Integer>로 추론한다
var evensOrOddsCollection = containsEven ?
  List.of(10, 2, 12) : Set.of(13, 1, 11);
```

```
// Serializable로 추론한다
var numberOrText = intOrString ? 2234 : "2234";
```

예제만으로 var 타입이 런타임에 추론된다고 결론짓지 말자! 절대 그렇지 않다!

089 LVTI와 for 루프

간단한 for 루프를 명시적 타입으로 선언하기는 정말 쉽다.

```
// 명시적 타입
for (int i = 0; i < 5; i++) {
  ...
}
```

혹은 향상된 for 루프를 쓸 수도 있다.

```
List<Player> players = List.of(
  new Player(), new Player(), new Player());
for (Player player: players) {
  ...
}
```

JDK 10부터는 변수 i와 player의 명시적 타입을 var로 바꿀 수 있다.

```
for (var i = 0; i < 5; i++) { // i를 int 타입으로 추론한다
  ...
}

for (var player: players) { // i를 player 타입으로 추론한다
  ...
}
```

var는 순회하는 타입이 배열이나 컬렉션 등으로 바뀔 때 유용하다. 예를 들어 var를 사용하면 다음 두 array 버전을 명시적 타입 없이 순회할 수 있다.

```
// int[]인 변수 'array'
int[] array = { 1, 2, 3 };

// 같은 변수지만 String[]인 'array'
String[] array = {
  "1", "2", "3"
};

// 'array'를 어떻게 정의하느냐에 따라
// 'i'를 int 또는 String으로 추론한다
for (var i: array) {
  System.out.println(i);
}
```

090 LVTI와 스트림

다음 Stream<Integer> 스트림을 예로 살펴보자.

```
// 명시적 타입
Stream<Integer> numbers = Stream.of(1, 2, 3, 4, 5);
numbers.filter(t -> t % 2 == 0).forEach(System.out::println);
```

아주 간단하게 Stream<Integer> 대신 LVTI를 사용할 수 있다. Stream<Integer>를 var로 바꾸면된다.

```
// var 사용, Stream<Integer>로 추론한다
var numberStream = Stream.of(1, 2, 3, 4, 5);
numberStream.filter(t -> t % 2 == 0).forEach(System.out::println);
```

또 다른 예제를 보자.

```
// 명시적 타입
Stream<String> paths = Files.lines(Path.of("..."));
List<File> files = paths.map(p -> new File(p)).collect(toList());

// var 사용
// Stream<String>으로 추론한다
var pathStream = Files.lines(Path.of(""));

// List<File>로 추론한다
var fileList = pathStream.map(p -> new File(p)).collect(toList());
```

자바 10과 LVTI, 자바 8, 스트림 API가 조화롭게 쓰이고 있다.

091 LVTI로 연쇄적인 중첩/긴 표현식 나누기

중첩된 긴 표현식은 일반적으로 상당히 눈에 띄고 위협적이다. 보통은 영리하고 기발한 코드로 여겨진다. 찬반을 놓고 논란이 많으나 그러한 코드는 피하자는 주장이 우세하다. 예를 들어 다음 표현식을 보자.

```
List<Integer> ints = List.of(1, 1, 2, 3, 4, 4, 6, 2, 1, 5, 4, 5);

// 잘못된 예
int result = ints.stream()
  .collect(Collectors.partitioningBy(i -> i % 2 == 0))
  .values()
  .stream()
  .max(Comparator.comparing(List::size))
  .orElse(Collections.emptyList())
  .stream()
  .mapToInt(Integer::intValue)
  .sum();
```

이러한 표현식은 의도적으로 이렇게 작성했을 수도 있고 처음에는 짧았는데 필요에 따라 점진적으로 늘려온 결과물일 수도 있다. 그렇지만 이러한 표현식으로 인해 가독성이 크게 떨어지면 로컬 변수를 사용해 나누어야 한다. 하지만 재미도 없을 뿐더러 기피하고 싶을 만큼 피곤한 작업이다.

```
List<Integer> ints = List.of(1, 1, 2, 3, 4, 4, 6, 2, 1, 5, 4, 5);

// 올바른 예
Collection<List<Integer>> evenAndOdd = ints.stream()
  .collect(Collectors.partitioningBy(i -> i % 2 == 0))
  .values();

 List<Integer> evenOrOdd = evenAndOdd.stream()
  .max(Comparator.comparing(List::size))
  .orElse(Collections.emptyList());

int sumEvenOrOdd = evenOrOdd.stream()
  .mapToInt(Integer::intValue)
  .sum();
```

위 코드의 로컬 변수 타입을 확인해보자. Collection<List<Integer>>와 List<Integer>, int다. 명시적 타입을 알아내고 작성하려면 당연히 어느 정도 시간이 걸린다. 어쩌면 표현식을 나누지 말아야 할 좋은 이유일지도 모른다. 그럼에도 불구하고 로컬 변수 스타일을 사용하면 보통은 명시적 타입을 알아내는 시간이 줄어들기 때문에 간단히 명시적 타입 대신 var 타입을 사용하고 싶어진다.

```
var intList = List.of(1, 1, 2, 3, 4, 4, 6, 2, 1, 5, 4, 5);

// 올바른 예
var evenAndOdd = intList.stream()
  .collect(Collectors.partitioningBy(i -> i % 2 == 0))
  .values();

var evenOrOdd = evenAndOdd.stream()
  .max(Comparator.comparing(List::size))
  .orElse(Collections.emptyList());

var sumEvenOrOdd = evenOrOdd.stream()
  .mapToInt(Integer::intValue)
  .sum();
```

멋지다! 로컬 변수의 타입 추론은 이제 컴파일러의 몫이다. 표현식 어느 부분에서 var로 경계를 나눌지만 정하면 된다.

092 LVTI와 메서드 리턴과 인자 타입

일반적으로 LVTI는 return 메서드 타입이나 인자 메서드 타입으로 사용할 수 없다. 대신 var 타입 변수는 메서드 인자로 전달하거나 return 메서드를 저장할 수 있다. 몇 가지 예제로 다시 설명하겠다.

- LVTI는 메서드 리턴 타입으로 사용할 수 없다. 아래 코드는 컴파일되지 않는다.

```java
// 컴파일되지 않는다
public var fetchReport(Player player, Date timestamp) {
  return new Report();
}
```

- LVTI는 메서드 인자 타입으로 사용할 수 없다. 아래 코드는 컴파일되지 않는다.

```java
public Report fetchReport(var player, var timestamp) {
  return new Report();
}
```

- var 타입 변수는 메서드 인자로 전달하거나 리턴 메서드를 저장할 수 있다. 아래 코드는 문제없이 컴파일되고 잘 동작한다.

```java
public Report checkPlayer() {
  var player = new Player();
  var timestamp = new Date();
  var report = fetchReport(player, timestamp);

  return report;
}

public Report fetchReport(Player player, Date timestamp) {
  return new Report();
}
```

093 LVTI와 익명 클래스

익명 클래스에도 LVTI를 사용할 수 있다. 다음은 weighter 변수에 명시적 타입을 사용하는 익명 클래스 예제다.

```
public interface Weighter {
  int getWeight(Player player);
}


Weighter weighter = new Weighter() {
  @Override
  public int getWeight(Player player) {
    return ...;
  }
};


Player player = ...;
int weight = weighter.getWeight(player);
```

LVTI를 사용하면 어떻게 되는지 보자.

```
var weighter = new Weighter() {
  @Override
  public int getWeight(Player player) {
    return ...;
  }
};
```

094 LVTI는 final과 effectively final에 사용할 수 있다

간단히 짚고 넘어가면 **자바 SE 8부터 로컬 클래스는 로컬 변수를 비롯해 final 혹은 사실상 final인 코드 블록의 인수에 접근할 수 있다.** 초기화 후 값이 절대 변하지 않는 변수나 인수가 사실상(effectively) final이다.

다음 코드는 사실상 final인 변수(ratio 변수를 다시 할당하려고 하면 오류가 발생하므로 이 변수는 사실상 final이다)와 두 final 변수(limit와 bmi 변수를 다시 할당하려고 하면 오류가 발생하므로 두 변수는 final이다)의 유스 케이스를 보여준다.

```
public interface Weighter {
  float getMarginOfError();
}


float ratio = fetchRatio(); // 사실상 final이다

var weighter = new Weighter() {
```

```
    @Override
    public float getMarginOfError() {
      return ratio * ...;
    }
  };

  ratio = fetchRatio(); // 다시 할당하면 오류가 발생한다

  public float fetchRatio() {
    final float limit = new Random().nextFloat();  // final이다
    final float bmi = 0.00023f;                     // final이다

    limit = 0.002f;  // 다시 할당하면 오류가 발생한다
    bmi = 0.25f;     // 다시 할당하면 오류가 발생한다

    return limit * bmi / 100.12f;
  }
```

이제 명시적 타입을 var로 바꿔보자. 컴파일러는 이 변수들(ratio, limit, bmi)의 타입을 올바르게 추론하고 변수 상태를 유지한다. ratio는 사실상 final인 반면, limit와 bmi는 final이다. 어떤 변수든 다시 할당하려 하면 특정 오류가 발생한다.

```
  var ratio = fetchRatio(); // 사실상 final이다

  var weighter = new Weighter() {
    @Override
    public float getMarginOfError() {
      return ratio * ...;
    }
  };

  ratio = fetchRatio(); // 다시 할당하면 오류가 발생한다

  public float fetchRatio() {
    final var limit = new Random().nextFloat();  // final이다
    final var bmi = 0.00023f;                     // final이다

    limit = 0.002f;  // 다시 할당하면 오류가 발생한다
    bmi = 0.25f;     // 다시 할당하면 오류가 발생한다

    return limit * bmi / 100.12f;
  }
```

095 LVTI와 람다

LVTI에 람다를 사용하면 구체 타입을 추론할 수 없다. 즉, 람다와 메서드 참조 **초기자**(initializer)는 허용되지 않는다. 이는 var 제약의 하나로서 람다 표현식과 메서드 참조에는 명시적 타깃 타입이 필요하다.

예를 들어 아래 코드는 컴파일되지 않는다.

```
// 컴파일되지 않는다
// 람다 표현식에는 명시적 타깃 타입이 필요하다
var incrementX = x -> x + 1;

// 메서드 참조에는 명시적 타깃 타입이 필요하다
var exceptionIAE = IllegalArgumentException::new;
```

var를 사용할 수 없으므로 위 두 코드를 아래처럼 작성해야 한다.

```
Function<Integer, Integer> incrementX = x -> x + 1;
Supplier<IllegalArgumentException> exceptionIAE
  = IllegalArgumentException::new;
```

하지만 람다 관점에서 보면 자바 11에서는 람다 인수에 var 사용할 수 있다. 예를 들어 다음 코드는 자바 11에서 동작한다(자세한 내용은 https://openjdk.java.net/jeps/323에 있는 JEP 323: 람다 인수의 로컬 변수 문법을 참고한다).

```
@FunctionalInterface
public interface Square {
  int calculate(int x);
}

Square square = (var x) -> x * x;
```

단, 아래 코드는 동작하지 않는다는 사실을 잊지 말자.

```
var square = (var x) -> x * x; // 추론할 수 없다
```

096 LVTI와 null 초기자, 인스턴스 변수, catch 블록 변수

LVTI는 null 초기자와 인스턴스 변수, catch 블록 변수과 어떤 공통점이 있을까? LVTI는 앞서 나열한 요소들에 사용할 수 없다. 다음은 실패하는 예제들이다.

- LVTI는 null 초기자에 사용할 수 없다.

```
// 타입 오류 발생: 변수 초기자가 'null'이다
var message = null;

// 초기자 없이 변수에 'var'를 사용할 수 없다
var message;
```

- LVTI는 인스턴스 변수(필드)에 사용할 수 없다.

```
public class Player {
  private var age; // 오류: 'var'는 사용할 수 없다
  private var name; // 오류: 'var'는 사용할 수 없다
  ...
}
```

- LVTI는 catch 블록에 사용할 수 없다.

```
try {
  TimeUnit.NANOSECONDS.sleep(1000);
} catch (var ex) {  ... }
```

096.1 try-with-resource

반면, var 타입은 다음 예제처럼 try-with-resource 문과 잘 어울린다.

```
// 명시적 타입
try (PrintWriter writer = new PrintWriter(new File("welcome.txt"))) {
  writer.println("Welcome message");
}

// var 사용
try (var writer = new PrintWriter(new File("welcome.txt"))) {
  writer.println("Welcome message");
}
```

097 LVTI와 제네릭 타입 T

LVTI를 제네릭 타입에 어떻게 사용하는지 이해하기 위해 예제 하나를 살펴보겠다. 다음 메서드는 제네릭 타입 T의 전형적인 유스 케이스다.

```
public static <T extends Number> T add(T t) {
  T temp = t;
  ...
  return temp;
}
```

이때 T를 var로 바꿔도 코드는 잘 동작한다.

```
public static <T extends Number> T add(T t) {
  var temp = t;
  ...
  return temp;
}
```

즉, 제네릭 타입의 로컬 변수에는 LVTI를 사용할 수 있다. 예제를 몇 개 더 살펴보자. 먼저 제네릭 타입 T를 사용하는 예제다.

```
public <T extends Number> T add(T t) {
  List<T> numberList = new ArrayList<T>();
  numberList.add(t);
  numberList.add((T) Integer.valueOf(3));
  numberList.add((T) Double.valueOf(3.9));

  // 오류: 호환되지 않는 타입: String은 T로 변환할 수 없다
  // numbers.add("5");

  return numberList.get(0);
}
```

List<T>를 var로 바꿔보자.

```
public <T extends Number> T add(T t) {
  var numberList = new ArrayList<T>();
  numberList.add(t);
  numberList.add((T) Integer.valueOf(3));
  numberList.add((T) Double.valueOf(3.9));
```

```
        // 오류: 호환되지 않는 타입: String은 T로 변환할 수 없다
        // numbers.add("5");

        return numberList.get(0);
    }
```

T를 빠뜨리지 않도록 신중히 ArrayList를 초기화하고 다시 한번 확인하자. 아래처럼 하지 말자 (ArrayList<Object>로 추론되어 제네릭 타입 T에 숨겨진 진짜 타입이 무시된다).

```
    var numberList = new ArrayList<>();
```

098 LVTI와 와일드카드, 공변성, 반변성

와일드카드와 공변성(covariant), 반변성(contravariant)을 LVTI로 바꾸는 작업은 매우 까다로우므로 그 결과를 충분히 인지하고 행해야 한다.

098.1 LVTI와 와일드카드

먼저 LVTI와 와일드카드(?)부터 설명하겠다. 흔히 와일드카드를 Class에 붙여 아래처럼 작성한다.

```
    // 명시적 타입
    Class<?> clazz = Long.class;
```

이때 Class<?> 대신 var를 써도 전혀 문제되지 않는다. 오른쪽항의 타입에 따라 컴파일러는 올바른 타입을 추론한다. 위 예제에서 컴파일러는 Class<Long>을 추론한다.

하지만 와일드카드를 LVTI로 바꿀 때는 신중해야 하고 그 결과(혹은 부수 효과)를 잘 알고 있어야 한다. 와일드카드를 var로 바꾸지 말았어야 할 예를 들어보겠다. 다음 코드를 살펴보자.

```
    Collection<?> stuff = new ArrayList<>();
    stuff.add("hello"); // 컴파일 타임 오류
    stuff.add("world"); // 컴파일 타임 오류
```

호환되지 않는 타입이므로 위 코드는 컴파일되지 않는다. 와일드카드를 var로 바꿔 위 코드를 고치는 것은 아주 잘못된 접근이다.

```
var stuff = new ArrayList<>();
strings.add("hello"); // 오류 없음
strings.add("world"); // 오류 없음
```

var를 사용해 오류는 사라졌으나 앞선 코드(호환되지 않는 타입 오류가 발생했던 코드)에서 의도했던 바가 아니다. 즉, 경험에 비춰 말하건대 성가신 오류를 마법처럼 사라지게 하고 싶다는 이유로 Foo<?>를 var로 바꾸지 말자. 무엇을 의도했으며 그에 따라 어떻게 동작해야 하는지 신중히 생각하자. 어쩌면 위 코드는 ArrayList<String>을 정의하려다가 실수로 Collection<?>이 된 것일 수도 있다.

098.2 LVTI와 공변성/반변성

공변성(Foo<? extends T>)이나 반변성(Foo<? super T>)을 LVTI로 바꾸는 방식은 위험하며 하지 말아야 한다.

다음 코드를 보자.

```
// 명시적 타입
Class<? extends Number> intNumber = Integer.class;
Class<? super FilterReader> fileReader = Reader.class;
```

공변성에서는 Number 클래스로 상한선을, 반변성에서는 FilterReader 클래스로 하한선을 나타낸다. 이러한 경계(혹은 제약)를 두었기 때문에 다음 코드는 특정 컴파일 오류를 일으킨다.

```
// 컴파일되지 않는다
// 오류: Class<Reader>를
//       Class<? extends Number>로 변환할 수 없다
Class<? extends Number> intNumber = Reader.class;

// 오류: Class<Integer>를
//       Class<? super FilterReader>로 변환할 수 없다
Class<? super FilterReader> fileReader = Integer.class;
```

이제 공변성과 반변성 대신 var를 사용해보자.

```
// var 사용
var intNumber = Integer.class;
var fileReader = Reader.class;
```

코드에 아무 이슈가 없다. 어떤 클래스든 위 변수에 할당할 수 있으니 경계/제약이 사라졌다. 의도했던 바가 아니다.

```
// 문제없이 컴파일된다
var intNumber = Reader.class;
var fileReader = Integer.class;
```

즉, 공변성과 반변성 자리에 var를 쓰는 것은 잘못된 선택이다!

4.3 요약

4장의 마지막 문제까지 끝냈다. 더 자세한 내용은 JEP 323: 람다 인수의 로컬 변수 문법(https://openjdk.java.net/jeps/323)과 JEP 301: 향상된 Enum(https://openjdk.java.net/jeps/301)을 참고한다. 4장에서 다뤘던 문제를 충분히 익히면 이러한 기능을 매끄럽게 사용할 수 있다.

4장의 애플리케이션을 다운로드해서 결과와 추가적인 세부 사항을 확인하자.

5^장

배열, 컬렉션, 그리고 데이터 구조

5장에서는 배열과 컬렉션, 그 외 몇 가지 데이터 구조를 다루는 30개의 문제를 살펴본다. 목표는 다양한 애플리케이션에서 마주칠 정렬, 검색, 비교, 순서 매기기, 뒤집기, 병합, 복사, 치환 같은 문제 범주에 대한 해답을 제공하는 것이다. 해법은 자바 8부터 자바 12까지로 구현했으며 연관된 다른 문제를 해결하는 토대가 된다. 5장을 끝내면 배열과 컬렉션, 데이터 구조와 관련된 다양한 문제를 해결하는 데 유용한 견고하고 폭넓은 지식을 갖추게 된다.

5.1 / 문제

다음 문제를 통해 배열과 컬렉션, 데이터 구조를 프로그래밍하는 실력을 테스트해보자. 해답 페이지로 넘어가거나 예제 프로그램을 다운로드하기 전에 반드시 스스로 문제를 풀어보기 바란다.

099. 배열 정렬: 다양한 배열 정렬 알고리즘의 예를 보여주는 프로그램을 작성하라.

100. 배열 내 원소 찾기: 주어진 배열에서 주어진 원소(원시 또는 객체)를 찾는 방법을 보여주는 몇 개의 프로그램을 작성하라. 인덱스를 알아내고(알아내거나) 그 값이 배열에 있는지 검사하라.

101. 두 배열의 동등 혹은 불일치 검사: 주어진 두 배열이 동등한지 혹은 불일치가 있는지 검사하는 프로그램을 작성하라.

102. 사전 순으로 두 배열 비교: 주어진 배열을 사전 순으로 비교하는 프로그램을 작성하라.

103. 배열로 스트림 생성: 주어진 배열로부터 스트림을 생성하는 프로그램을 작성하라.

104. 배열의 최솟값과 최댓값, 평균: 주어진 배열의 최솟값과 최댓값, 평균을 계산하는 프로그램을 작성하라.

105. 배열 뒤집기: 주어진 배열을 거꾸로 뒤집는 프로그램을 작성하라.

106. 배열 채우기와 할당: 배열을 채우고 생성자 함수로 각 원소를 계산해 모든 원소를 할당하는 몇 개의 예제를 작성하라.

107. NGE(Next Greater Element): 배열 내 각 원소의 NGE를 반환하는 프로그램을 작성하라.

108. 배열 크기 변경: 배열 크기를 1씩 늘리며 배열에 원소 하나를 추가하는 프로그램을 작성하라. 또한 배열 크기를 주어진 길이로 늘리는 프로그램을 작성하라.

109. 수정 불가/불변 컬렉션 생성: 수정 불가/불변 컬렉션을 생성하는 몇 개의 예제를 작성하라.

110. 기본값 매핑: Map에서 값을 가져오거나 기본값을 반환하는 프로그램을 작성하라.

111. 맵의 존재/부재 계산: 존재하지 않는 키의 값 또는 존재하는 키의 새 값을 계산하는 프로그램을 작성하라.

112. 맵에서 삭제: 주어진 키로 Map에서 삭제하는 프로그램을 작성하라.

113. 맵 항목 치환: Map에서 주어진 항목을 치환하는 프로그램을 작성하라.

114. 두 맵 비교: 두 맵을 비교하는 프로그램을 작성하라.

115. 맵 정렬: Map을 정렬하는 프로그램을 작성하라.

116. 해시맵 복사: HashMap의 얕은 복사와 깊은 복사를 수행하는 프로그램을 작성하라.

117. 두 맵 병합: 주어진 두 Map을 병합하는 프로그램을 작성하라.

118. 프레디케이트와 일치하는 컬렉션 내 모든 원소 삭제: 주어진 프레디케이트(predicate)에 부합하는 컬렉션의 모든 원소를 삭제하는 프로그램을 작성하라.

119. 컬렉션을 배열로 변환: 컬렉션을 배열로 변환하는 프로그램을 작성하라.

120. 리스트로 컬렉션 필터링: List로 컬렉션을 필터링하는 몇 개의 해법을 작성하라. 가장 좋은 방법을 알아내라.

121. 리스트 원소 치환: 주어진 연산자를 적용한 값으로 List의 각 원소를 치환하는 프로그램을 작성하라.

122. 스레드 안전 컬렉션, 스택, 큐: 자바 스레드 안전 컬렉션을 어떻게 사용하는지 보여주는 몇 개의 프로그램을 작성하라.

123. 너비 우선 탐색: 너비 우선 탐색 알고리즘을 구현하는 프로그램을 작성하라.

124. 트라이: 트라이 데이터 구조를 구현하는 프로그램을 작성하라.

125. 튜플: 튜플 데이터 구조를 구현하는 프로그램을 작성하라.

126. 유니온 파인드: 서로소 집합 알고리즘을 구현하는 프로그램을 작성하라.

127. 펜윅 트리 또는 이진 인덱스 트리: 펜윅 트리 알고리즘을 구현하는 프로그램을 작성하라.

128. 블룸 필터: 블룸 필터 알고리즘을 구현하는 프로그램을 작성하라.

5.2 해법

앞서 나열한 문제의 해법을 설명하겠다. 그에 앞서 문제의 정답이 딱 하나인 경우는 드물다는 점을 잊지 말자. 또한 문제를 푸는 데 반드시 필요한 가장 흥미롭고 중요한 사항만 설명했음을 기억하자. 코드를 자세히 살펴보고 프로그램을 직접 실행하려면 https://github.com/gilbutITbook/080292에서 예제 솔루션을 다운로드한다.

099 배열 정렬

배열 정렬은 많은 도메인과 애플리케이션에서 볼 수 있는 일반적인 작업이다. 너무 자주 쓰여서 자바에서는 비교자(comparator)를 사용해 원시 타입과 객체 배열을 정렬하는 내장 솔루션을 제공한다. 이 해법은 아주 잘 동작하며 대부분의 경우에 알맞는 방법이다. 이어지는 절에서 다양한 해법들을 살펴보자.

099.1 JDK 내장 해법

내장 해법은 sort()이며 java.util.Arrays 클래스에서 다양한 종류를 지원한다(15종류 이상).

sort() 메서드 내부에서는 듀얼 피벗(Dual-Pivot) 퀵 정렬이라는 성능 좋은 퀵 정렬(Quicksort) 알고리즘을 사용한다.

자연스러운 순서로 정수 배열을 정렬해야 한다고 하자(원시 int). 다음 예제처럼 Arrays.sort(int[] a)를 활용하면 된다.

```
int[] integers = new int[]{...};
Arrays.sort(integers);
```

객체 배열을 정렬해야 할 때도 있다. Melon이라는 클래스를 가정해보자.

```
public class Melon {
  private final String type;
  private final int weight;

  public Melon(String type, int weight) {
    this.type = type;
```

```
    this.weight = weight;
  }

  // 이하 게터 생략
}
```

적절한 Comparator를 사용하면 Melon 배열을 무게 오름차순으로 정렬할 수 있다.

```
Melon[] melons = new Melon[] { ... };

Arrays.sort(melons, new Comparator<Melon>() {
  @Override
  public int compare(Melon melon1, Melon melon2) {
    return Integer.compare(melon1.getWeight(), melon2.getWeight());
  }
});
```

다음은 같은 결과를 내도록 위 코드를 람다 표현식으로 다시 작성한 것이다.

```
Arrays.sort(melons, (Melon melon1, Melon melon2)
  -> Integer.compare(melon1.getWeight(), melon2.getWeight()));
```

배열에는 원소를 병렬로 정렬하는 parallelSort() 메서드도 있다. 내부에서는 ForkJoinPool에 기반한 병렬 정렬−병합(sort-merge)이라는 정렬 알고리즘을 사용하는데, 이 방법은 배열을 정렬된 하위 배열로 쪼개어 병합한다. 예제로 살펴보자.

```
Arrays.parallelSort(melons, new Comparator<Melon>() {
  @Override
  public int compare(Melon melon1, Melon melon2) {
    return Integer.compare(melon1.getWeight(), melon2.getWeight());
  }
});
```

람다 표현식으로는 다음과 같다.

```
Arrays.parallelSort(melons, (Melon melon1, Melon melon2)
  -> Integer.compare(melon1.getWeight(), melon2.getWeight()));
```

지금까지는 배열을 오름차순으로 정렬했지만 내림차순으로 정렬해야 할 때도 있다. Comparator를 사용해 Object 배열을 정렬할 때는 Integer.compare()가 반환한 결과에 -1만 곱하면 된다.

```
Arrays.sort(melons, new Comparator<Melon>() {
  @Override
  public int compare(Melon melon1, Melon melon2) {
    return (-1) * Integer.compare(melon1.getWeight(),
      melon2.getWeight());
  }
});
```

혹은 compare() 메서드의 인수를 바꿔도 된다.

객체화된(boxed) 원시 타입 배열에는 다음 예제처럼 Collections.reverse() 메서드를 사용한다.

```
Integer[] integers = new Integer[] {3, 1, 5};

// 1, 3, 5
Arrays.sort(integers);

// 5, 3, 1
Arrays.sort(integers, Collections.reverseOrder());
```

안타깝게도 원시 배열을 내림차순으로 정렬해주는 내장 해법은 없다. Arrays.sort()를 계속 쓰고 싶다면 오름차순으로 정렬한 후 배열을 뒤집는 해법(O(n))이 가장 일반적이다.

```
// 오름차순 정렬
Arrays.sort(integers);

// 배열을 뒤집어 내림차순으로 바꾼다.
for (int leftHead = 0, rightHead = integers.length - 1;
    leftHead < rightHead; leftHead++, rightHead--) {
  int elem = integers[leftHead];
  integers[leftHead] = integers[rightHead];
  integers[rightHead] = elem;
}
```

혹은 자바 8 함수형 스타일과 박싱을 사용하는 방법도 있다(박싱(boxing)은 시간이 상당히 오래 걸리는 연산이다).

```
int[] descIntegers = Arrays.stream(integers)
  .boxed() //or .mapToObj(i -> i)
  .sorted((i1, i2) -> Integer.compare(i2, i1))
  .mapToInt(Integer::intValue)
  .toArray();
```

099.2 그 밖에 정렬 알고리즘

정렬 알고리즘은 이 밖에도 많다. 장단점이 서로 다르니 애플리케이션별로 상황을 벤치마킹해 선택하는 것이 최선이다.

몇 가지 알고리즘을 이어지는 절들에서 살펴볼 텐데, 우선 상당히 느린 알고리즘부터 시작하겠다.

버블 정렬

버블 정렬은 기본적으로 배열의 원소를 따라 올라가는 간단한 알고리즘이다. 즉, 그림 5-1처럼 배열을 여러 번 순회하며 인접한 원소와 순서가 바뀌었으면 교환(swap)한다.

▼ 그림 5-1

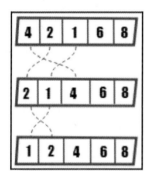

시간 복잡도는 최선의 시나리오에서 O(n), 평균 시나리오에서 O(n²), 최악의 시나리오에서 O(n²)이다.

공간 복잡도는 최악의 시나리오에서 O(1)이다.

다음은 버블 정렬을 구현한 유틸리티 메서드다.

```
public static void bubbleSort(int[] arr) {
  int n = arr.length;

  for (int i = 0; i < n - 1; i++) {
    for (int j = 0; j < n - i - 1; j++) {

      if (arr[j] > arr[j + 1]) {
        int temp = arr[j];
        arr[j] = arr[j + 1];
        arr[j + 1] = temp;
      }
    }
  }
}
```

while 루프를 사용해 더 최적화할 수 있다. 이 책의 예제 코드에서 bubbleSortOptimized()를 찾아본다.

실행 시간으로 성능 비교를 해보니 임의의 100,000개짜리 정수 배열에서 최적화 버전이 2초 더 빨랐다.

앞선 구현은 원시 배열을 정렬할 때는 잘 동작하나 Object 배열을 정렬하려면 코드에 Comparator를 넣어야 한다.

```
public static <T> void bubbleSortWithComparator(
    T arr[], Comparator<? super T> c) {
  int n = arr.length;

  for (int i = 0; i < n - 1; i++) {
    for (int j = 0; j < n - i - 1; j++) {

      if (c.compare(arr[j], arr[j + 1]) > 0) {
        T temp = arr[j];
        arr[j] = arr[j + 1];
        arr[j + 1] = temp;
      }
    }
  }
}
```

앞서 봤던 Melon 클래스를 떠올려보자. Comparator 인터페이스를 구현해 Comparator를 작성할 수 있다.

```
public class MelonComparator implements Comparator<Melon> {
  @Override
  public int compare(Melon o1, Melon o2) {
    return o1.getType().compareTo(o2.getType());
  }
}
```

자바 8 함수형 스타일로는 다음과 같다.

```
// 오름차순
Comparator<Melon> byType = Comparator.comparing(Melon::getType);

// 내림차순
Comparator<Melon> byType
  = Comparator.comparing(Melon::getType).reversed();
```

Melon 배열과 위 Comparator, bubbleSortWithComparator() 메서드를 ArraySorts라는 유틸리티 클래스에 넣으면 다음 코드처럼 작성할 수 있다.

```
Melon[] melons = {...};
ArraySorts.bubbleSortWithComparator(melons, byType);
```

간결한 설명을 위해 Comparator가 들어간 버블 정렬 최적화 버전은 생략했으나 이 책의 예제 코드에서 확인할 수 있다.

> TIP ≡ 버블 정렬은 배열이 대부분 정렬되어 있을 때 빠르다. 또한 토끼(배열 앞부분에서 큰 원소)와 거북이(배열 끝부분에서 작은 원소)를 정렬할 때 적합하다. 하지만 전체적으로 느린 알고리즘이다.

삽입 정렬

삽입 정렬 알고리즘은 간단한 단계를 따른다. 두 번째 원소부터 시작해 바로 앞 원소와 비교한다. 앞 원소가 현재 원소보다 크면 알고리즘은 두 원소를 교환(swap)한다. 앞 원소가 현재 원소보다 작을 때까지 이 과정을 이어간다.

이어서 알고리즘은 배열의 다음 원소로 넘어가고 다음 그림처럼 단계를 반복한다.

▼ 그림 5-2

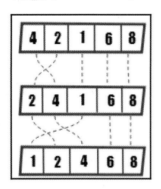

시간 복잡도는 최선의 시나리오에서 O(n), 평균 시나리오에서 O(n²), 최악의 시나리오에서 O(n²)이다.

공간 복잡도는 최악의 시나리오에서 O(1)이다.

다음은 원시 타입에 대해 위 단계를 따르도록 구현한 코드다.

```java
public static void insertionSort(int arr[]) {
  int n = arr.length;

  for (int i = 1; i < n; ++i) {
    int key = arr[i];
    int j = i - 1;

    while (j >= 0 && arr[j] > key) {
      arr[j + 1] = arr[j];
      j = j - 1;
    }

    arr[j + 1] = key;
  }
}
```

Melon 배열을 비교하려면 구현에 다음 Comparator를 포함시켜야 한다.

```java
public static <T> void insertionSortWithComparator(
    T arr[], Comparator<? super T> c) {
  int n = arr.length;

  for (int i = 1; i < n; ++i) {
    T key = arr[i];
    int j = i - 1;

    while (j >= 0 && c.compare(arr[j], key) > 0) {
      arr[j + 1] = arr[j];
      j = j - 1;
    }

    arr[j + 1] = key;
  }
}
```

다음은 자바 8 함수형 스타일로 thenComparing() 메서드를 사용해 품종과 무게에 따라 멜론을 정렬하는 Comparator다.

```java
Comparator<Melon> byType = Comparator.comparing(Melon::getType)
  .thenComparing(Melon::getWeight);
```

Melon 배열과 위의 Comparator, insertionSortWithComparator() 메서드를 ArraySorts라는 유틸리티 클래스에 넣으면 다음 코드처럼 작성할 수 있다.

```
Melon[] melons = {...};
ArraySorts.insertionSortWithComparator(melons, byType);
```

> TIP ≡ 삽입 정렬은 배열이 작고 대부분 정렬되어 있을 때 빠르다. 특히 배열에 새 원소를 추가할 때 성능이 뛰어나다. 또한 원소를 하나만 움직이므로 상당히 메모리 효율적이다.

계수 정렬

계수 정렬은 배열의 최소 원소와 최대 원소부터 계산한다. 계산한 최솟값과 최댓값으로 알고리즘은 새 배열을 정의하고, 이 배열은 원소를 인덱스로 사용해 정렬되지 않은 원소들을 센다. 이어서 각 인덱스의 원소마다 개수 합을 저장하는 식으로 새 배열을 수정한다. 끝으로 이 배열로 정렬된 배열을 구한다.

시간 복잡도는 최선의 시나리오에서 $O(n + k)$, 평균 시나리오에서 $O(n + k)$, 최악의 시나리오에서 $O(n + k)$이다.

공간 복잡도는 최악의 시나리오에서 $O(k)$다.

> Info ≡ k는 범위 내 값의 개수고, n은 저장된 원소 개수다.

간단히 예제로 살펴보자. 초기 배열 arr의 원소는 다음과 같이 4, 2, 6, 2, 6, 8, 5다.

▼ 그림 5-3

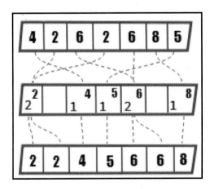

최소 원소는 2고 최대 원소는 8이다. 새 배열 counts의 크기는 최댓값에서 최솟값을 빼고 1을 더한 8 - 2 + 1 = 7이다.

각 원소를 세면 배열(counts[arr[i] - min]++)은 다음과 같다.

```
counts[2] = 1 (4); counts[0] = 2 (2); counts[4] = 2 (6);
counts[6] = 1 (8); counts[3] = 1 (5);
```

이제 counts 배열을 순회하며 아래 구현처럼 정렬된 배열을 다시 구성한다.

```java
public static void countingSort(int[] arr) {
  int min = arr[0];
  int max = arr[0];

  for (int i = 1; i < arr.length; i++) {
    if (arr[i] < min) {
      min = arr[i];
    } else if (arr[i] > max) {
      max = arr[i];
    }
  }

  int[] counts = new int[max - min + 1];

  for (int i = 0; i < arr.length; i++) {
    counts[arr[i] - min]++;
  }

  int sortedIndex = 0;

  for (int i = 0; i < counts.length; i++) {
    while (counts[i] > 0) {
      arr[sortedIndex++] = i + min;
      counts[i]--;
    }
  }
}
```

계수 정렬은 매우 빠른 알고리즘이다.

힙 정렬

힙 정렬은 이진 힙(완전 이진 트리)을 사용하는 알고리즘이다.

시간 복잡도는 최선의 시나리오에서 O(n log n), 평균 시나리오에서 O(n log n), 최악의 시나리오에서 O(n log n)이다.

공간 복잡도는 최악의 시나리오에서 O(1)이다.

최대 힙(Max Heap)(부모 노드가 항상 자식 노드보다 같거나 크다)을 사용하면 원소를 오름차순으로 정렬하고, **최소 힙(Min Heap)**(부모 노드가 항상 자식 노드보다 같거나 작다)을 사용하면 원소를 내림차순으로 정렬할 수 있다.

첫 번째 단계에서 알고리즘은 문제에 제공된 배열로 힙을 만든 후 **최대 힙**(힙은 또 다른 배열로 표현된다)으로 변환한다. **최대 힙**이므로 가장 큰 원소는 힙의 루트다. 다음 단계에서 힙의 마지막 원소와 루트를 교환하고, 이때 힙의 크기가 1 줄어든다(힙에서 마지막 노드를 삭제한다). 힙 꼭대기에 있는 원소들은 정렬된 순서로 나온다. 마지막 단계는 **힙 구성(heapify)**(하향식으로 힙을 구성하는 재귀적 프로세스)과 힙의 루트(최대 힙 재구성)로 이뤄진다. 이 세 단계를 힙의 크기가 1이 될 때까지 반복한다.

▼ 그림 5-4

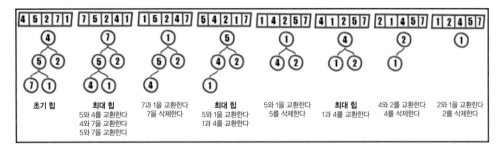

예를 들어 위 그림의 배열인 4, 5, 2, 7, 1을 가정해보자.

1. 알고리즘에 따라 첫 번째 단계에서는 힙 4, 5, 2, 7, 1을 만든다.

2. **최대 힙** 7, 5, 2, 4, 1을 만든다(5를 4와 교환하고, 4를 7과 교환하고, 5를 7과 교환한다).

3. 이어서 루트(7)와 마지막 원소(1)를 교환하고 7을 삭제한다. 결과는 1, 5, 2, 4, 7이다.

4. 다음으로 **최대 힙** 5, 4, 2, 1을 다시 구성한다(5를 1과 교환하고 1을 4와 교환한다).

5. 루트(5)를 마지막 원소(1)와 교환하고 5를 삭제한다. 결과는 1, 4, 2, 5, 7이다.

6. 이어서 **최대 힙** 4, 1, 2를 다시 구성한다(1을 4와 교환한다).

7. 루트(4)를 마지막 원소(2)와 교환하고 4를 삭제한다. 결과는 2, 1, 4, 5, 7이다.

8. 이미 최대 힙이므로 루트(2)를 마지막 원소(1)와 교환하고 2를 삭제한다. 결과는 1, 2, 4, 5, 7이다.

9. 끝났다! 힙에 원소가 하나(1)뿐이다.

위 예제를 다음과 같은 코드로 일반화할 수 있다.

```java
public static void heapSort(int[] arr) {
    int n = arr.length;

    buildHeap(arr, n);

    while (n > 1) {
        swap(arr, 0, n - 1);
        n--;
        heapify(arr, n, 0);
    }
}

private static void buildHeap(int[] arr, int n) {
    for (int i = arr.length / 2; i >= 0; i--) {
        heapify(arr, n, i);
    }
}

private static void heapify(int[] arr, int n, int i) {
    int left = i * 2 + 1;
    int right = i * 2 + 2;
    int greater;

    if (left < n && arr[left] > arr[i]) {
        greater = left;
    } else {
        greater = i;
    }

    if (right < n && arr[right] > arr[greater]) {
        greater = right;
    }

    if (greater != i) {
        swap(arr, i, greater);
        heapify(arr, n, greater);
    }
}

private static void swap(int[] arr, int x, int y) {
    int temp = arr[x];
    arr[x] = arr[y];
    arr[y] = temp;
}
```

객체를 비교하려면 구현에 Comparator를 포함시켜야 한다. 해법은 이 책의 예제 코드 내 heapSortWithComparator()에 들어 있다.

다음은 thenComparing()과 reversed() 메서드를 사용해 품종과 무게에 따라 내림차순으로 멜론을 정렬하도록 자바 8 함수형 스타일로 작성한 Comparator다.

```
Comparator<Melon> byType = Comparator.comparing(Melon::getType)
  .thenComparing(Melon::getWeight).reversed();
```

Melon 배열과 위 Comparator, heapSortWithComparator() 메서드를 ArraySorts라는 유틸리티 클래스에 넣으면 다음 코드처럼 작성할 수 있다.

```
Melon[] melons = {...};
ArraySorts.heapSortWithComparator(melons, byType);
```

> TIP ≡ 힙 정렬은 상당히 빠르지만 불안정하다. 예를 들어 이미 정렬된 배열을 정렬하면 순서가 뒤바뀌기도 한다.

배열 정렬에 대한 설명은 이쯤에서 마치겠으나 다음 정렬 알고리즘을 이 책의 예제 코드에서 더 찾아볼 수 있다.

▼ 그림 5-5

```
bubbleSort(int[] arr)                                                              void
bubbleSortWithComparator(T[] arr, Comparator<? super T> c)                         void
bubleSortOptimized(int[] arr)                                                      void
bubleSortOptimizedWithComparator(T[] arr, Comparator<? super T> c)                 void
bucketSort(int[] arr)                                                              void
cocktailSort(int[] arr)                                                            void
countingSort(int[] arr)                                                            void
cycleSort(int[] arr)                                                               void
exchangeSort(int[] arr)                                                            void
heapSort(int[] arr)                                                                void
heapSortWithComparator(T[] arr, Comparator<? super T> c)                           void
insertionSort(int[] arr)                                                           void
insertionSortWithComparator(T[] arr, Comparator<? super T> c)                      void
mergeSort(int[] arr)                                                               void
pancakeSort(int[] arr)                                                             void
quickSort(int[] arr, int left, int right)                                          void
quickSortWithComparator(T[] arr, int left, int right, Comparator<? super T> c)     void
radixSort(int[] arr, int radix)                                                    void
selectionSort(int[] arr)                                                           void
shellSort(int[] arr)                                                               void
shuffleInt(int[] arr)                                                              void
shuffleObj(T[] arr)                                                                void
```

이 외에도 배열 정렬 알고리즘은 많다. 몇몇 알고리즘은 앞서 소개한 방법에 기반한다(예를 들어 빗질(Comb) 정렬, 칵테일(Cocktail) 정렬, 홀짝(Odd-even) 정렬은 버블 정렬 유형이고, 버킷 정렬은 주로 삽입 정렬을 활용하는 분포수(distribution) 정렬이며, 기수(Radix) 정렬은 버킷 정렬과 유사하면서 안정된 분포수 정렬이고, 난쟁이(Gnome) 정렬은 삽입 정렬의 변형이다).

다른 방식을 쓰는 알고리즘도 있다(가령 Arrays.sort() 메서드에서 구현하는 퀵 정렬과 Arrays.parallelSort()에서 구현하는 병합 정렬).

마지막으로 배열을 셔플(shuffle)하는 방법을 알아보자. 피셔-예이츠(Fisher-Yates) 셔플(혹은 커누스(Knuth) 셔플)을 활용하는 방법이 효율적이다. 기본적으로 배열을 역순으로 순회하며 무작위로 원소들을 교환한다. 다음 구현에서는 (int 같은) 원시 타입을 처리한다.

```java
public static void shuffleInt(int[] arr) {
    int index;

    Random random = new Random();

    for (int i = arr.length - 1; i > 0; i--) {
        index = random.nextInt(i + 1);
        swap(arr, index, i);
    }
}
```

Object 배열을 셔플하는 구현은 이 책의 예제 코드에서 찾아본다.

> TIP ≡ 팁 리스트는 Collections.shuffle(List<?> list)로 아주 간단하게 셔플할 수 있다.

100 배열 내 원소 찾기

배열에서 원소를 찾을 때는 원소가 속한 인덱스를 알아내고 싶을 수도 혹은 배열에 존재하는지만 알고 싶을 수도 있다. 다음은 이 절에서 소개할 해법들을 구현한 메서드다.

```
⬦ containsElementObjectV1(T[] arr, T toContain)                              boolean
⬦ containsElementObjectV2(T[] arr, T toContain, Comparator<? super T> c) boolean
⬦ containsElementObjectV3(T[] arr, T toContain, Comparator<? super T> c) boolean
⬦ containsElementV1(int[] arr, int toContain)                              boolean
⬦ containsElementV2(int[] arr, int toContain)                              boolean
⬦ containsElementV3(int[] arr, int toContain)                              boolean
⬦ findIndexOfElementObjectV1(T[] arr, T toFind)                                 int
⬦ findIndexOfElementObjectV2(T[] arr, T toFind, Comparator<? super T> c)        int
⬦ findIndexOfElementObjectV3(T[] arr, T toFind, Comparator<? super T> c)        int
⬦ findIndexOfElementV1(int[] arr, int toFind)                                   int
⬦ findIndexOfElementV2(int[] arr, int toFind)                                   int
```

지금부터 몇 가지 해법을 살펴보자.

100.1 존재하는지만 확인

다음과 같은 정수 배열을 가정하자.

```
int[] numbers = {4, 5, 1, 3, 7, 4, 1};
```

원시 배열이므로 아래 코드처럼 배열을 순회하다가 주어진 정수가 나오면 바로 반환하면 된다.

```
public static boolean containsElement(int[] arr, int toContain) {
  for (int elem: arr) {
    if (elem == toContain) {
      return true;
    }
  }

  return false;
}
```

Arrays.binarySearch() 메서드를 활용하는 해법도 있다. 이 메서드는 여러 유형을 지원하는데, 이 문제에는 int binarySearch(int[] a, int key)면 충분하다. 이 메서드는 주어진 배열에서 주어진 키를 찾아 해당 인덱스 혹은 음수 값을 반환한다. 다만 정렬된 배열에 대해서만 동작하므로 먼저 배열부터 정렬해야 한다.

```
public static boolean containsElement(int[] arr, int toContain) {
  Arrays.sort(arr);
  int index = Arrays.binarySearch(arr, toContain);

  return (index >= 0);
}
```

자바 8에서는 함수형 스타일로 해결할 수 있다. 한 가지 좋은 방법은 anyMatch() 메서드다. 이 메서드는 전달받은 프레디케이트(predicate)에 부합하는 원소가 스트림 내에 있는지 반환한다. 따라서 다음과 같이 배열을 스트림으로 변환하기만 하면 된다.

```
public static boolean containsElement(int[] arr, int toContain) {
  return Arrays.stream(arr)
    .anyMatch(e -> e == toContain);
}
```

다른 원시 타입에 대해서도 아주 쉽게 위 예제를 조정하거나 일반화할 수 있다.

다음으로 배열에서 Object를 찾는 문제를 생각해보자. 다음과 같은 Melon 클래스가 있다고 하자.

```
public class Melon {
  private final String type;
  private final int weight;

  // 이하 생성자, 게터, equals(), hashCode() 생략
}
```

다음은 Melon 배열이다.

```
Melon[] melons = new Melon[] {new Melon("Crenshaw", 2000),
  new Melon("Gac", 1200), new Melon("Bitter", 2200)
};
```

이제 위 배열에서 무게 1200그램의 긱(Gac) 멜론을 찾으려 한다. equals() 메서드로 두 객체가 동등한지 알아낼 수 있다.

```
public static <T> boolean
    containsElementObject(T[] arr, T toContain) {
  for (T elem: arr) {
    if (elem.equals(toContain)) {
      return true;
    }
```

```
  }

  return false;
}
```

TIP ≡ Arrays.asList(arr).contains(find)를 활용하는 방법도 있다. 한마디로 배열을 List로 변환한 후 contains() 메서드를 호출한다. 이 메서드는 내부적으로 equals() 계약을 따른다.

위 메서드를 ArraySearch라는 유틸리티 메서드에 넣고 다음을 호출하면 true를 반환한다.

```
// true
boolean found = ArraySearch.containsElementObject(
  melons, new Melon("Gac", 1200));
```

equals() 계약을 따르는 경우라면 위 해법이 통한다. 하지만 이름(Gac)이 같거나 무게(1200)만 같아도 해당 멜론을 포함하는 것으로 간주할 수도 있다. 이때는 Comparator를 사용하는 방식이 더 적합하다.

```
public static <T> boolean containsElementObject(
    T[] arr, T toContain, Comparator<? super T> c) {
  for (T elem: arr) {
    if (c.compare(elem, toContain) == 0) {
      return true;
    }
  }

  return false;
}
```

이제 멜론의 품종만 고려하도록 Comparator를 작성해보자.

```
Comparator<Melon> byType = Comparator.comparing(Melon::getType);
```

위 Comparator는 멜론의 무게는 무시하므로(무게가 1205그램인 멜론은 없다[1]) 다음 호출은 true를 반환한다.

```
// true
boolean found = ArraySearch.containsElementObject(
  melons, new Melon("Gac", 1205), byType);
```

---

1 역주 독자는 한 통에 2.5kg인 멜론도 마트에서 판매하고 있다는 사실은 신경 쓰지 않기로 합니다.

다른 유형의 binarySearch()를 활용하는 해법도 있다. Arrays 클래스는 Comparator, <T> int binarySearch(T[] a, T key, Comparator<? super T> c)를 가져오는 binarySearch() 메서드를 제공한다. 즉, 다음과 같이 사용할 수 있다.

```
public static <T> boolean containsElementObject(
    T[] arr, T toContain, Comparator<? super T> c) {
  Arrays.sort(arr, c);
  int index = Arrays.binarySearch(arr, toContain, c);

  return (index >= 0);
}
```

TIP ≡ 최초의 배열 상태를 수정 없이 그대로 유지하려면 배열의 복제본을 메서드에 전달하는 편이 낫다. 혹은 헬퍼 메서드 안에서 배열을 복제한다.

이번에는 멜론의 무게만 고려하는 Comparator를 작성해보자.

```
Comparator<Melon> byWeight = Comparator.comparing(Melon::getWeight);
```

위 Comparator는 멜론의 품종은 무시하므로 다음 호출은 true를 반환한다.

```
// true
boolean found = ArraySearch.containsElementObject(
  melons, new Melon("Honeydew", 1200), byWeight);
```

100.2 처음 나오는 인덱스만 확인

원시 배열에 대해서는 다음과 같이 구현하는 방식이 가장 간단하다.

```
public static int findIndexOfElement(int[] arr, int toFind) {
  for (int i = 0; i < arr.length; i++) {
    if (arr[i] == toFind) {
      return i;
    }
  }

  return -1;
}
```

자바 8 함수형 스타일을 활용해 배열을 순회하며 주어진 원소와 일치하는 원소를 걸러낼 수도 있다. 이후 처음 찾은 원소를 반환하면 된다.

```java
public static int findIndexOfElement(int[] arr, int toFind) {
    return IntStream.range(0, arr.length)
        .filter(i -> toFind == arr[i])
        .findFirst()
        .orElse(-1);
}
```

Object 배열에서 찾는 방법은 최소 세 가지다. 첫 번째 방법은 equals() 계약을 활용한다.

```java
public static <T> int findIndexOfElementObject(T[] arr, T toFind) {
    for (int i = 0; i < arr.length; i++) {
        if (arr[i].equals(toFind)) {
            return i;
        }
    }

    return -1;
}
```

> TIP ≡ Arrays.asList(arr).indexOf(find)를 활용하는 방법도 있다. 한마디로 배열을 List로 변환한 후 indexOf() 메서드를 호출한다. 이 메서드는 내부적으로 equals() 계약을 따른다.

두 번째 방법은 Comparator를 활용한다.

```java
public static <T> int findIndexOfElementObject(
        T[] arr, T toFind, Comparator<? super T> c) {
    for (int i = 0; i < arr.length; i++) {
        if (c.compare(arr[i], toFind) == 0) {
            return i;
        }
    }

    return -1;
}
```

세 번째 방법은 자바 8 함수형 스타일과 Comparator를 활용한다.

```
public static <T> int findIndexOfElementObject(
    T[] arr, T toFind, Comparator<? super T> c) {
  return IntStream.range(0, arr.length)
    .filter(i -> c.compare(toFind, arr[i]) == 0)
    .findFirst()
    .orElse(-1);
}
```

101 두 배열의 동등 혹은 불일치 검사

두 개의 원시 배열이 있을 때, 원소 수가 같고 대응하는 모든 원소 쌍이 같으면 두 배열은 동등하다.

동등과 불일치를 검사하는 문제는 Arrays 유틸리티 클래스로 해결할 수 있다. 두 문제의 해법을 알아보자.

101.1 두 배열의 동등 검사

두 배열의 동등(equal) 검사는 Arrays.equals() 메서드로 간단히 수행할 수 있다. equals() 플래 그 메서드는 원시 타입과 Object, 제네릭에 쓰이는 여러 종류의 메서드를 제공한다. 또한 비교자 (comparator)도 지원한다.

다음 세 정수 배열을 예로 살펴보자.

```
int[] integers1 = {3, 4, 5, 6, 1, 5};
int[] integers2 = {3, 4, 5, 6, 1, 5};
int[] integers3 = {3, 4, 5, 6, 1, 3};
```

integers1이 integers2와 동등한지, integers1이 integers3과 동등한지 검사해보자. 아주 간단 하다.

```
boolean i12 = Arrays.equals(integers1, integers2); // true
boolean i13 = Arrays.equals(integers1, integers3); // false
```

위 예제에서는 두 배열이 동등한지 검사했으나 불 메서드인 equals(int[] a, int aFromIndex, int aToIndex, int[] b, int bFromIndex, int bToIndex)를 사용하면 배열의 특정 부분(또는 범위)이 동등한지도 검사할 수 있다. 이를 위해 첫 번째 배열의 한 부분을 [aFromIndex, aToIndex) 로, 두 번째 배열의 한 부분을 [bFromIndex, bToIndex)로 경계를 정했다.

```
// true
boolean is13 = Arrays.equals(integers1, 1, 4, integers3, 1, 4);
```

이제 다음 세 Melon 배열을 가정해보자.

```
public class Melon {
  private final String type;
  private final int weight;

  public Melon(String type, int weight) {
    this.type = type;
    this.weight = weight;
  }

  // 이하 게터, equals(), hashCode() 생략
}

Melon[] melons1 = {
  new Melon("Horned", 1500), new Melon("Gac", 1000)
};

Melon[] melons2 = {
  new Melon("Horned", 1500), new Melon("Gac", 1000)
};

Melon[] melons3 = {
  new Melon("Hami", 1500), new Melon("Gac", 1000)
};
```

두 개의 Object 배열은 equals() 계약이나 명시된 Comparator에 기반해 동등하다고 결정된다. melons1과 melons2의 동등, melons1과 melons3의 동등은 간단히 확인할 수 있다.

```
boolean m12 = Arrays.equals(melons1, melons2); // true
boolean m13 = Arrays.equals(melons1, melons3); // false
```

또한 범위를 명시하려면 boolean equals(Object[] a, int aFromIndex, int aToIndex, Object[] b, int bFromIndex, int bToIndex)를 사용한다.

```
boolean ms13 = Arrays.equals(melons1, 1, 2, melons3, 1, 2); // false
```

앞선 예제에서는 Melon.equals() 구현을 사용했으나 이어지는 두 예제에서는 다음 두 Comparator를 사용해보겠다.

```
Comparator<Melon> byType = Comparator.comparing(Melon::getType);
Comparator<Melon> byWeight = Comparator.comparing(Melon::getWeight);
```

불 메서드인 equals(T[] a, T[] a2, Comparator<? super T> cmp)를 다음과 같이 사용한다.

```
boolean mw13 = Arrays.equals(melons1, melons3, byWeight); // true
boolean mt13 = Arrays.equals(melons1, melons3, byType);   // false
```

또한 범위를 명시하려면 Comparator, <T> boolean equals(T[] a, int aFromIndex, int aToIndex, T[] b, int bFromIndex, int bToIndex, Comparator<? super T> cmp)를 사용한다.

```
// true
boolean mrt13 = Arrays.equals(melons1, 1, 2, melons3, 1, 2, byType);
```

101.2 두 배열의 불일치 검사

두 배열이 동등하면 불일치 검사는 −1을 반환해야 한다. 반면, 두 배열이 동등하지 않으면 불일치 검사는 주어진 두 배열에서 일치하지 않는 첫 번째 원소의 인덱스를 반환해야 한다. 이 문제는 JDK 9의 Arrays.mismatch() 메서드로 해결할 수 있다.

예를 들어 integers1과 integers2 간 불일치는 다음과 같이 검사한다.

```
int mi12 = Arrays.mismatch(integers1, integers2); // −1
```

integers1과 integers2는 동등하므로 결과는 −1이다. 반면, integers1과 integers3을 검사하면 두 배열에서 일치하지 않는 첫 번째 원소의 인덱스인 값 5가 나온다.

```
int mi13 = Arrays.mismatch(integers1, integers3); // 5
```

> TIP ≡ 주어진 두 배열의 길이가 다르고 작은 배열이 더 큰 배열의 앞부분과 일치하면 더 작은 배열의 길이가 불일치 값으로 반환된다.

mismatch()는 Object 배열에 쓰이는 메서드도 지원한다. 이러한 메서드들은 equals() 계약 혹은 주어진 Comparator를 따른다. 다음과 같이 melons1과 melons2 간 불일치를 검사한다.

```
int mm12 = Arrays.mismatch(melons1, melons2); // −1
```

첫 번째 인덱스가 일치하지 않으면 값 0을 반환한다. melons1과 melons3을 검사하는 경우가 여기에 해당한다.

```
int mm13 = Arrays.mismatch(melons1, melons3); // 0
```

Arrays.equals()에서처럼 Comparator로 범위를 명시해 불일치를 검사할 수 있다.

```
// [1, 2) 범위로 한정하면 -1을 반환한다
int mms13 = Arrays.mismatch(melons1, 1, 2, melons3, 1, 2);

// 멜론의 무게로 비교하는 Comparator를 사용하면 -1을 반환한다
int mmw13 = Arrays.mismatch(melons1, melons3, byWeight);

// 멜론의 품종으로 비교하는 Comparator를 사용하면 0을 반환한다
int mmt13 = Arrays.mismatch(melons1, melons3, byType);

// [1,2) 범위로 한정하고 멜론의 품종으로 비교하는 Comparator를 사용하면 -1을 반환한다
int mmrt13 = Arrays.mismatch(melons1, 1, 2, melons3, 1, 2, byType);
```

102 사전 순으로 두 배열 비교

JDK 9부터는 Arrays.compare() 메서드로 두 배열을 사전 순으로 비교할 수 있다. 다시 만드느라 애쓰지 말고 JDK 9로 업그레이드해 바로 가져다 쓰자.

두 배열을 사전 순으로 비교하면 다음 중 하나를 반환한다.

- 주어진 배열이 동등하고 같은 원소를 같은 순서로 포함하면 0을 반환한다.
- 사전 순으로 첫 번째 배열이 두 번째 배열보다 작으면 0보다 작은 값을 반환한다.
- 사전 순으로 첫 번째 배열이 두 번째 배열보다 크면 0보다 큰 값을 반환한다.

첫 번째 배열의 길이가 두 번째 배열의 길이보다 작으면 사전 순으로 첫 번째 배열은 두 번째 배열보다 작다. 두 배열의 길이가 같고 원시 타입을 포함하며 공통 접두사를 공유하면 사전 순 비교에서는 Integer.compare(int, int), Boolean.compare(boolean, boolean), Byte.compare(byte, byte) 등으로 두 원소를 비교한다. 배열이 Object를 포함하면 사전 순 비교는 주어진 Comparator나 Comparable 구현을 따른다.

먼저 다음 원시 배열부터 살펴보자.

```
int[] integers1 = {3, 4, 5, 6, 1, 5};
int[] integers2 = {3, 4, 5, 6, 1, 5};
int[] integers3 = {3, 4, 5, 6, 1, 3};
```

integers1과 integers2 두 배열은 서로 동등하고 같은 원소를 같은 순서로 포함하므로 int compare(int[] a, int[] b)를 수행해보면 사전 순으로 동등하다.

```
int i12 = Arrays.compare(integers1, integers2); // 0
```

하지만 integers1과 integers3의 경우 같은 접두사(3, 4, 5, 6, 1)를 공유하나 마지막 원소인 Integer.compare(5, 3)에서 5가 3보다 커 0보다 큰 값을 반환하므로 integers1이 integers3보다 사전 순으로 작다.

```
int i13 = Arrays.compare(integers1, integers3); // 1
```

배열의 다른 범위에 대해서도 사전 순 비교를 수행할 수 있다. 예를 들어 다음 예제는 int compare(int[] a, int aFromIndex, int aToIndex, int[] b, int bFromIndex, int bToIndex) 메서드를 통해 integers1과 integers3를 [3, 6) 범위에서 비교한다.

```
int is13 = Arrays.compare(integers1, 3, 6, integers3, 3, 6); // 1
```

Arrays 클래스는 Object 배열에 쓰이는 compare() 메서드 집합도 제공한다. Melon 클래스를 떠올려보자. 명시된 Comparator 없이 두 Melon 배열을 비교하려면 Comparable 인터페이스와 compareTo() 메서드를 구현해야 한다. 다음과 같이 멜론의 무게로 비교한다고 가정하자.

```
public class Melon implements Comparable {
  private final String type;
  private final int weight;

  @Override
  public int compareTo(Object o) {
    Melon m = (Melon) o;

    return Integer.compare(this.getWeight(), m.getWeight());
  }

  // 이하 생성자, 게터, equals(), hashCode() 생략
}
```

TIP ≡ 보다시피 Object 배열을 사전 순으로 비교할 때는 equals()를 사용하지 않는다. Comparator나 Comparable 원소를 명시해야 한다.

다음 Melon 배열을 가정하자.

```
Melon[] melons1 = {new Melon("Horned", 1500), new Melon("Gac", 1000)};
Melon[] melons2 = {new Melon("Horned", 1500), new Melon("Gac", 1000)};
Melon[] melons3 = {new Melon("Hami", 1600), new Melon("Gac", 800)};
```

이제 <T extends Comparable<? super T>> int compare(T[] a, T[] b)를 사용해 melons1과 melons2를 사전 순으로 비교해보자.

```
int m12 = Arrays.compare(melons1, melons2); // 0
```

melons1과 melons2는 동일하므로 결과는 0이다.

이제 melons1과 melons3에 같은 비교를 수행해보자. 이번에는 melons1이 사전 순으로 melons3 보다 작으므로 결과가 음수일 것이다. 인덱스0에 있는 뿔(Horned) 멜론의 무게 1500그램이 하미 (Hami) 멜론의 무게 1600그램보다 작기 때문이다.

```
int m13 = Arrays.compare(melons1, melons3); // -1
```

<T extends Comparable<? super T>> int compare(T[] a, int aFromIndex, int aToIndex, T[] b, int bFromIndex, int bToIndex) 메서드로 배열의 서로 다른 범위를 비교할 수도 있다. 예를 들어 공통 범위인 [1, 2)에 대해 melons1과 melons3을 비교하면 객(Gac)의 무게가 melons1은 1000그램이고 melons3은 800그램이므로 melons1이 사전 순으로 melons3보다 크다.

```
int ms13 = Arrays.compare(melons1, 1, 2, melons3, 1, 2); // 1
```

Comparable 원소(Comparable 구현) 대신 <T> int compare(T[] a, T[] b, Comparator<? super T> cmp) 메서드를 통해 Comparator를 전달하는 방법도 있다.

```
Comparator<Melon> byType = Comparator.comparing(Melon::getType);
int mt13 = Arrays.compare(melons1, melons3, byType); // 14
```

<T> int compare(T[] a, int aFromIndex, int aToIndex, T[] b, int bFromIndex, int bToIndex, Comparator<? super T> cmp)로 범위도 한정할 수 있다.

```
int mrt13 = Arrays.compare(melons1, 1, 2, melons3, 1, 2, byType); // 0
```

5

배열, 컬렉션, 그리고 데이터 구조

103 배열로 스트림 생성

배열로 Stream을 생성하면 모든 스트림 API에 접근할 수 있다. 따라서 알아두면 좋을 편리한 연산이다.

다음과 같은 문자열 배열(다른 객체도 가능)로 시작해보자.

```
String[] arr = {"One", "Two", "Three", "Four", "Five"};
```

String[] 배열로 Stream을 생성하는 가장 간단한 방법은 JDK 8부터 지원하는 Arrays.stream() 메서드다.

```
Stream<String> stream = Arrays.stream(arr);
```

부분 배열로 Stream을 만들려면 범위를 인수로 전달한다. 예를 들어 [0, 2) 범위의 원소로 Stream을 생성할 때는 다음과 같이 0과 2를 전달한다.

```
Stream<String> stream = Arrays.stream(arr, 0, 2);
```

같은 배열을 List를 통해 전달하도록 작성하면 다음과 같다.

```
Stream<String> stream = Arrays.asList(arr).stream();
Stream<String> stream = Arrays.asList(arr).subList(0, 2).stream();
```

또 다른 해법은 Stream.of() 메서드로 간단한 예제를 들어보겠다.

```
Stream<String> stream = Stream.of(arr);
Stream<String> stream = Stream.of("One", "Two", "Three");
```

Stream으로 배열을 생성할 때는 Stream.toArray() 메서드를 사용한다. 예제로 간단한 방법을 보이겠다.

```
String[] array = stream.toArray(String[]::new);
```

덧붙여 다음 원시 배열을 생각해보자.

```
int[] integers = {2, 3, 4, 1};
```

위 예제에도 Arrays.stream() 메서드를 쓸 수 있다. 한 가지 다른 점은 결과를 IntStream 타입 (int를 위한 특수 Stream)으로 반환한다는 점이다.

```
IntStream intStream = Arrays.stream(integers);
```

IntStream 클래스도 마찬가지로 of() 메서드를 제공하며 다음과 같이 사용할 수 있다.

```
IntStream intStream = IntStream.of(integers);
```

때로는 1씩 증가하는 순차적 순서의 정수 Stream을 정의해야 한다. 이때 Stream 크기는 배열 크기와 같아야 한다. IntStream 메서드는 이러한 목적에 맞게 range(int inclusive, int exclusive)와 rangeClosed(int startInclusive, int endInclusive)라는 두 메서드를 제공한다.

```
IntStream intStream = IntStream.range(0, integers.length);
IntStream intStream = IntStream.rangeClosed(0, integers.length);
```

정수 Stream으로 배열을 생성할 때는 Stream.toArray() 메서드를 사용한다. 예제로 간단한 방법을 보이겠다.

```
int[] intArray = intStream.toArray();

// 객체화된 정수 배열
int[] intArray = intStream.mapToInt(i -> i).toArray();
```

> Info ≡ JDK 8부터는 IntStream 외에 long(LongStream)과 double(DoubleStream)을 위한 특수 스트림도 제공한다.

104 배열의 최솟값과 최댓값, 평균

배열의 최솟값과 최댓값, 평균은 흔히 수행하는 계산이다. 함수형 스타일과 명령형 프로그래밍으로 이 문제를 해결하는 몇 가지 방법을 알아보겠다.

104.1 최솟값과 최댓값 계산

수 배열의 최댓값 계산은 배열을 순회하며 배열의 각 원소와 비교해 최댓값을 추적하는 식으로 구현한다. 코드로는 다음과 같다.

```
public static int max(int[] arr) {
  int max = arr[0];

  for (int elem: arr) {
    if (elem > max) {
      max = elem;
    }
  }

  return max;
}
```

가독성이 다소 떨어지는 if 문 대신 Math.max() 메서드를 사용해도 된다.

```
...
max = Math.max(max, elem);
...
```

앞선 메서드를 포함하는 MathArrays라는 유틸리티 클래스와 다음 정수 배열이 있다고 하자.

```
int[] integers = {2, 3, 4, 1, -4, 6, 2};
```

다음 코드로 위 배열의 최댓값을 쉽게 구할 수 있다.

```
int maxInt = MathArrays.max(integers); // 6
```

자바 8 함수형 스타일에서는 코드 한 줄로 문제를 해결한다.

```
int maxInt = Arrays.stream(integers).max().getAsInt();
```

> Info ≡ 함수형 스타일에서는 max() 메서드가 OptionalInt를 반환한다. 비슷하게 OptionalLong과 OptionalDouble도 있다.

이제 객체 배열, 즉 Melon 배열을 가정해보자.

```
Melon[] melons = {
  new Melon("Horned", 1500), new Melon("Gac", 2200),
  new Melon("Hami", 1600), new Melon("Gac", 2100)
};

public class Melon implements Comparable {
  private final String type;
  private final int weight;

  @Override
  public int compareTo(Object o) {
    Melon m = (Melon) o;

    return Integer.compare(this.getWeight(), m.getWeight());
  }

  // 이하 생성자, 게터, equals(), hashCode() 생략
}
```

앞서 정의한 max() 메서드는 당연히 사용할 수 없으나 논리적으로 원리는 같다. 이번에는
Comparable이나 Comparator를 구현해야 한다. 다음은 Comparable 기반 구현이다.

```
public static <T extends Comparable<T>> T max(T[] arr) {
  T max = arr[0];

  for (T elem : arr) {
    if (elem.compareTo(max) > 0) {
      max = elem;
    }
  }

  return max;
}
```

Melon.compareTo() 메서드를 보면 구현에서 멜론의 무게를 비교하고 있다. 따라서 배열에서 가장
무거운 멜론은 찾기 쉽다.

```
Melon maxMelon = MathArrays.max(melons); // Gac(2200g)
```

다음은 Comparator 기반 구현이다.

```
public static <T> T max(T[] arr, Comparator<? super T> c) {
  T max = arr[0];

  for (T elem: arr) {
    if (c.compare(elem, max) > 0) {
      max = elem;
    }
  }

  return max;
}
```

멜론의 품종으로 비교하는 Comparator도 정의할 수 있다.

```
Comparator<Melon> byType = Comparator.comparing(Melon::getType);
```

이제 사전 순으로 문자열을 비교해 가장 큰 멜론을 구해보자.

```
Melon maxMelon = MathArrays.max(melons, byType); // Horned(1500g)
```

자바 8 함수형 스타일에서는 코드 한 줄로 문제를 해결한다.

```
Melon maxMelon = Arrays.stream(melons).max(byType).orElseThrow();
```

104.2 평균 계산

수(여기서는 정수) 배열의 평균 계산은 간단한 두 단계로 구현된다.

1. 배열 내 원소들의 합을 계산한다.

2. 이 합을 배열 길이로 나눈다.

코드로는 다음과 같다.

```
public static double average(int[] arr) {
  return sum(arr) / arr.length;
}

public static double sum(int[] arr) {
  double sum = 0;

  for (int elem: arr) {
    sum += elem;
```

```
    }

    return sum;
  }
```

앞선 integers 배열의 평균은 2.0이다.

```
double avg = MathArrays.average(integers);
```

자바 8 함수형 스타일에서는 코드 한 줄로 문제를 해결한다.

```
double avg = Arrays.stream(integers).average().getAsDouble();
```

> $\mathcal{TIP}\equiv$ 외부 라이브러리 지원을 받으려면 아파치 커먼즈 랭(Apache Commons Lang)의 ArrayUtil과 구아
> 바의 Chars, Ints, Longs 등의 클래스를 활용한다.

105 배열 뒤집기

이 문제의 해법은 여러 가지다. 어떤 해법에서는 최초의 배열을 바꾸기도 하고 어떤 해법에서는 새 배열을 반환하기도 한다.

다음 정수 배열을 가정하겠다.

```
int[] integers = {-1, 2, 3, 1, 4, 5, 3, 2, 22};
```

우선 배열의 첫 번째 원소를 마지막 원소와 바꾸고, 두 번째 원소를 끝에서 두 번째 원소와 바꾸는 식으로 간단히 구현해보자.

```
public static void reverse(int[] arr) {
  for (int leftHead = 0, rightHead = arr.length - 1;
      leftHead < rightHead; leftHead++, rightHead--) {
    int elem = arr[leftHead];
    arr[leftHead] = arr[rightHead];
    arr[rightHead] = elem;
  }
}
```

위 해법은 주어진 배열 자체를 변경하는데, 이러한 동작이 바람직하지 않을 때도 있다. 당연히 새

배열을 반환하도록 수정할 수 있고 다음과 같이 자바 8 함수형 스타일을 사용할 수도 있다.

```
// 22, 2, 3, 5, 4, 1, 3, 2, -1
int[] reversed = IntStream.rangeClosed(1, integers.length)
  .map(i -> integers[integers.length - i]).toArray();
```

이번에는 객체 배열을 뒤집어보자. Melon 클래스를 예로 들겠다.

```
public class Melon {
  private final String type;
  private final int weight;

  // 이하 생성자, 게터, equals(), hashCode() 생략
}
```

다음은 Melon 배열이다.

```
Melon[] melons = {
  new Melon("Crenshaw", 2000),
  new Melon("Gac", 1200),
  new Melon("Bitter", 2200)
};
```

첫 번째 해법은 제네릭을 사용해 배열의 첫 번째 원소를 마지막 원소와 교환하고, 두 번째 원소를 끝에서 두 번째 원소와 교환하는 식으로 구현된다.

```
public static <T> void reverse(T[] arr) {
  for (int leftHead = 0, rightHead = arr.length - 1;
      leftHead < rightHead; leftHead++, rightHead--) {
    T elem = arr[leftHead];
    arr[leftHead] = arr[rightHead];
    arr[rightHead] = elem;
  }
}
```

배열이 객체를 포함하므로 Collections.reverse()도 사용할 수 있다. 단, Arrays.asList() 메서드로 배열을 List로 변환해야 한다.

```
// Bitter(2200g), Gac(1200g), Crenshaw(2000g)
Collections.reverse(Arrays.asList(melons));
```

앞선 두 해법은 배열의 원소를 변경했다. 자바 8 함수형 스타일을 사용하면 변경 없이 가능하다.

```
// Bitter(2200g), Gac(1200g), Crenshaw(2000g)
Melon[] reversed = IntStream.rangeClosed(1, melons.length)
  .mapToObj(i -> melons[melons.length - i])
  .toArray(Melon[]:new);
```

> TIP ≡ 외부 라이브러리 지원을 받으려면 아파치 커먼즈 랭(Apache Commons Lang)의 ArrayUtil. reverse()와 구아바의 Lists 클래스를 활용한다.

106 배열 채우기와 할당

정해진 값으로 배열을 채워야 할 때가 있다. 값 1로 정수 배열을 채우는 예제를 생각해보자. 다음과 같이 for 문을 활용하는 방법이 가장 단순하다.

```
int[] arr = new int[10];

// 1, 1, 1, 1, 1, 1, 1, 1, 1, 1
for (int i = 0; i < arr.length; i++) {
  arr[i] = 1;
}
```

하지만 Arrays.fill() 메서드를 사용하면 코드가 한 줄로 줄어든다. 이 메서드는 다양한 원시 타입과 객체를 지원한다. 위 코드를 다음과 같이 Arrays.fill(int[] a, int val)을 사용해 다시 작성할 수 있다.

```
// 1, 1, 1, 1, 1, 1, 1, 1, 1, 1
Arrays.fill(arr, 1);
```

> Info ≡ 배열의 특정 부분 또는 특정 범위만 채우는 Arrays.fill() 메서드도 있다. 점수 배열에는 fill (int[] a, int fromIndex Inclusive, int toIndexExclusive, int val) 메서드를 사용한다.

이번에는 생성자 함수를 적용해 배열의 각 원소를 계산해보자. 예를 들어 바로 앞 원소에 1을 더해 각 원소를 계산하고 싶다. 이번에도 가장 단순한 방법은 for 문을 활용하는 것이다.

```
// 1, 2, 3, 4, 5, 6, 7, 8, 9, 10
for (int i = 1; i < arr.length; i++) {
```

```
  arr[i] = arr[i - 1] + 1;
}
```

각 원소에 적용할 계산에 맞게 얼마든지 코드를 수정할 수 있다.

JDK 8은 여러 가지 Arrays.setAll()과 Arrays.parallelSetAll() 메서드를 통해 이러한 작업을 지원한다. 예를 들어 위 코드를 다음과 같이 setAll(int[] array, IntUnaryOperator generator)를 사용해 다시 작성할 수 있다.

```
// 1, 2, 3, 4, 5, 6, 7, 8, 9, 10
Arrays.setAll(arr, t -> {
  if (t == 0) {
    return arr[t];
  } else {
    return arr[t - 1] + 1;
  }
});
```

> Info ≡ 이 외에도 setAll(double[] array, IntToDoubleFunction generator), setAll(long[] array, IntToLongFunction generator), setAll(T[] array, IntFunction<? extends T> generator)를 지원한다.

어떤 생성자 함수인지에 따라 작업을 병렬로 수행할 수도 혹은 못할 수도 있다. 예를 들어 앞선 생성자 함수는 바로 앞 원소의 값에 따라 각 원소의 값이 바뀌므로 병렬로 적용할 수 없다. 이 생성자 함수를 병렬로 적용하면 부정확하고 불안정한 결과가 나온다.

하지만 앞선 배열인 (1, 2, 3, 4, 5, 6, 7, 8, 9, 10)에 대해 각 짝수 값은 제곱하고 각 홀수 값은 1씩 감소시킨다고 하자. 이 경우에는 병렬 프로세스를 수행할 수 있다. Arrays.parallelSetAll() 메서드가 그 역할을 한다. 이 메서드는 원래부터 Arrays.setAll() 메서드를 병렬화하기 위해 만들어졌다.

이제 parallelSetAll(int[] array, IntUnaryOperator generator)를 배열에 적용해보자.

```
// 0, 4, 2, 16, 4, 36, 6, 64, 8, 100
Arrays.parallelSetAll(arr, t -> {
  if (arr[t] % 2 == 0) {
    return arr[t] * arr[t];
  } else {
    return arr[t] - 1;
  }
```

```
    });
```

> Info ≡   모든 Arrays.setAll() 메서드에는 Arrays.parallelSetAll() 메서드가 딸려 있다.

덧붙여 Arrays는 parallelPrefix()라는 메서드 집합도 지원한다. 이 메서드는 수학 함수를 배열의 원소에 점증적으로 동시에 적용할 때 유용하다.

예를 들어 다음 코드는 앞선 원소들을 합해 배열의 각 원소를 계산한다.

```
// 0, 4, 6, 22, 26, 62, 68, 132, 140, 240
Arrays.parallelPrefix(arr, (t, q) -> t + q);
```

107 NGE(Next Greater Element)

NGE(Next Greater Element)(다음 더 큰 원소)는 배열을 다루는 전형적인 문제다.

핵심은 어떤 배열과 그 배열의 원소 e가 있을 때, e보다 큰 다음(오른편) 원소를 가져오는 것이 목표다. 다음 배열을 예로 살펴보자.

```
int[] integers = {1, 2, 3, 4, 12, 2, 1, 4};
```

각 원소의 NGE를 가져오면 다음과 같은 결과 쌍이 나온다(−1은 현재 원소보다 큰 원소가 오른편에 없다는 뜻이다).

```
1 : 2   2 : 3   3 : 4   4 : 12   12 : -1   2 : 4   1 : 4   4 : -1
```

간단하게는 배열의 각 원소에 대해 더 큰 원소를 찾거나 검사할 원소가 없을 때까지 배열을 순회하는 방법으로 해결할 수 있다. 보통은 아래 코드처럼 작성해 화면에 결과 쌍을 출력한다.

```
public static void println(int[] arr) {
  int nge;
  int n = arr.length;

  for (int i = 0; i < n; i++) {
    nge = -1;
    for (int j = i + 1; j < n; j++) {
      if (arr[i] < arr[j]) {
        nge = arr[j];
        break;
```

```
        }
      }
      System.out.println(arr[i] + " : " + nge);
    }
  }
```

스택을 활용하는 방법도 있다. 현재 처리 중인 원소가 스택 위(top) 원소보다 커질 때까지 스택에 원소를 푸시한다. 현재 처리 중인 원소가 더 크면 스택의 원소를 팝한다. 해법은 이 책의 예제 코드에서 확인하자.

108 배열 크기 변경

배열의 크기는 늘리기 쉽지 않다. 자바에서 배열의 크기는 고정이고 그 크기를 바꿀 수 없기 때문이다. 결국 필요한 크기만큼 배열을 새로 생성해 원래 배열의 값을 전부 새 배열로 복사하는 수밖에 없다. Arrays.copyOf() 메서드나 System.arraycopy()(Arrays.copyOf()가 내부적으로 사용하는 메서드)를 사용하면 된다.

가령 원시(예를 들어 int) 배열의 크기를 하나 늘려 배열에 값을 추가할 수 있다.

```
public static int[] add(int[] arr, int item) {
  int[] newArr = Arrays.copyOf(arr, arr.length + 1);
  newArr[newArr.length - 1] = item;

  return newArr;
}
```

반대로 마지막 값을 삭제할 수도 있다.

```
public static int[] remove(int[] arr) {
  int[] newArr = Arrays.copyOf(arr, arr.length - 1);

  return newArr;
}
```

혹은 주어진 길이만큼 배열 크기를 조정할 수도 있다.

```
public static int[] resize(int[] arr, int length) {
  int[] newArr = Arrays.copyOf(arr, arr.length + length);
```

```
    return newArr;
  }
```

System.arraycopy()를 사용하는 해법은 이 책의 예제 코드에 나온다. 이 코드는 제네릭 배열을
위한 구현도 포함한다. 다음은 각 구현의 서명이다.

```
public static <T> T[] addObject(T[] arr, T item);
public static <T> T[] removeObject(T[] arr);
public static <T> T[] resize(T[] arr, int length);
```

제네릭 배열 이야기가 나왔으니 연관된 주제로서 자바에서 제네릭 배열을 어떻게 생성하는지 잠
시 짚고 넘어가자. 다음 코드는 동작하지 않는다.

```
T[] arr = new T[arr_size]; // 제네릭 배열 생성 오류 발생
```

몇 가지 방법이 있겠으나 자바의 copyOf(T[] original, int newLength)는 다음 코드를 사용한다.

```
// newType은 original.getClass()이다
T[] copy = ((Object) newType == (Object) Object[].class) ?
  (T[]) new Object[newLength] :
  (T[]) Array.newInstance(newType.getComponentType(), newLength);
```

109 수정 불가/불변 컬렉션 생성

자바에서는 Collections.unmodifiableFoo() 메서드(가령 unmodifiableList())와 JDK 9부터 지
원되는 List, Set, Map 외 여러 인터페이스의 of() 메서드 집합을 사용해 수정 불가(unmodifiable)/
불변(immutable) 컬렉션을 쉽게 생성할 수 있다.

아래의 몇 가지 예제에서 이러한 메서드를 사용해 수정 불가/불변 컬렉션을 만들어보겠다. 핵심
은 정의된 각 컬렉션이 수정 불가인지 혹은 불변인지 알아내는 것이다.

> TIP ≣ 마저 읽기 전에 **2장 객체와 불변성, switch 문**에서 다뤘던 불변성 문제를 먼저 읽어보기 바란다.

그럼 시작해보자. 원시 타입이면 아주 간단하다. 예를 들어 불변 정수 List는 다음과 같이 생성한다.

```
private static final List<Integer> LIST
  = Collections.unmodifiableList(Arrays.asList(1, 2, 3, 4, 5));
```

```
private static final List<Integer> LIST = List.of(1, 2, 3, 4, 5);
```

다음은 예제에서 사용할 가변 클래스다.

```
public class MutableMelon {
    private String type;
    private int weight;

    // 이하 생성자 생략

    public void setType(String type) {
        this.type = type;
    }

    public void setWeight(int weight) {
        this.weight = weight;
    }

    // 이하 게터, equals(), hashCode() 생략
}
```

109.1 문제1(Collections.unmodifiableList())

Collections.unmodifiableList() 메서드로 MutableMelon 리스트를 생성해보자.

```
// Crenshaw(2000g), Gac(1200g)
private final MutableMelon melon1
    = new MutableMelon("Crenshaw", 2000);
private final MutableMelon melon2
    = new MutableMelon("Gac", 1200);

private final List<MutableMelon> list
    = Collections.unmodifiableList(Arrays.asList(melon1, melon2));
```

위 list는 수정 불가인가 아니면 불변인가? 정답은 수정 불가다. 설정자(mutator) 메서드는
UnsupportedOperationException을 던지나 내부적으로 melon1과 melon2는 가변이다. 예를 들어
멜론의 무게에 0을 할당해보자.

```
melon1.setWeight(0);
melon2.setWeight(0);
```

이제 멜론 리스트는 다음과 같다(즉, 리스트가 바뀌었다).

```
Crenshaw(0g), Gac(0g)
```

109.2 문제2(Arrays.asList( ))

Arrays.asList( )로 직접 인스턴스를 하드코딩해 MutableMelon 리스트를 생성해보자.

```
private final List<MutableMelon> list
  = Collections.unmodifiableList(Arrays.asList(
    new MutableMelon("Crenshaw", 2000),
    new MutableMelon("Gac", 1200)));
```

위 list는 수정 불가인가 아니면 불변인가? 정답은 수정 불가다. 설정자 메서드는 Unsupported
OperationException을 던지나 하드코딩한 인스턴스는 List.get( ) 메서드로 접근할 수 있다. 접
근할 수 있다는 것은 바꿀 수 있다는 뜻이다.

```
MutableMelon melon1 = list.get(0);
MutableMelon melon2 = list.get(1);

melon1.setWeight(0);
melon2.setWeight(0);
```

이제 멜론 리스트는 다음과 같다(즉, 리스트가 바뀌었다).

```
Crenshaw(0g), Gac(0g)
```

109.3 문제3(Collections.unmodifiableList( )와 static 블록)

Collections.unmodifiableList( ) 메서드와 static 블록으로 MutableMelon 리스트를 생성해보자.

```
private static final List<MutableMelon> list;
static {
  final MutableMelon melon1 = new MutableMelon("Crenshaw", 2000);
  final MutableMelon melon2 = new MutableMelon("Gac", 1200);

  list = Collections.unmodifiableList(Arrays.asList(melon1, melon2));
}
```

위 list는 수정 불가인가 아니면 불변인가? 정답은 수정 불가다. 설정자 메서드는 Unsupported
OperationException을 던지나 앞선 예제처럼 하드코딩한 인스턴스는 List.get( ) 메서드로 접근
할 수 있다. 접근할 수 있다는 것은 바꿀 수 있다는 뜻이다.

```
MutableMelon melon1l = list.get(0);
MutableMelon melon2l = list.get(1);

melon1l.setWeight(0);
melon2l.setWeight(0);
```

이제 멜론 리스트는 다음과 같다(즉, 리스트가 바뀌었다).

```
Crenshaw(0g), Gac(0g)
```

109.4 문제4(List.of())

List.of()로 MutableMelon 리스트를 생성해보자.

```
private final MutableMelon melon1
  = new MutableMelon("Crenshaw", 2000);
private final MutableMelon melon2
  = new MutableMelon("Gac", 1200);

private final List<MutableMelon> list = List.of(melon1, melon2);
```

위 list는 수정 불가인가 아니면 불변인가? 정답은 수정 불가다. 설정자 메서드는 Unsupported
OperationException을 던지나 하드코딩한 인스턴스는 앞서 보였듯 List.get() 메서드로 접근할
수 있다. 접근할 수 있다는 것은 바꿀 수 있다는 것이다.

```
MutableMelon melon1l = list.get(0);
MutableMelon melon2l = list.get(1);

melon1l.setWeight(0);
melon2l.setWeight(0);
```

이제 멜론 리스트는 다음과 같다(즉, 리스트가 바뀌었다).

```
Crenshaw(0g), Gac(0g)
```

이후 예제부터는 다음 불변 클래스를 사용하겠다.

```
public final class ImmutableMelon {
  private final String type;
  private final int weight;
```

```
    // 이하 생성자, 게터, equals(), hashCode() 생략
}
```

109.5 문제5(immutable)

Collections.unmodifiableList() 메서드와 List.of() 메서드로 ImmutableMelon 리스트를 생성해보자.

```
private static final ImmutableMelon MELON_1
    = new ImmutableMelon("Crenshaw", 2000);
private static final ImmutableMelon MELON_2
    = new ImmutableMelon("Gac", 1200);

private static final List<ImmutableMelon> LIST
    = Collections.unmodifiableList(Arrays.asList(MELON_1, MELON_2));
private static final List<ImmutableMelon> LIST
    = List.of(MELON_1, MELON_2);
```

위 list는 수정 불가인가 아니면 불변인가? 정답은 불변이다. 설정자 메서드는 Unsupported OperationException을 던지고, ImmutableMelon의 인스턴스를 변경할 수 없다.

> TIP ≡ 일반적으로 unmodifiableFoo()나 of() 메서드로 정의한 컬렉션이 가변 데이터를 포함하면 수정 불가이고, 수정 불가 컬렉션이 불변 데이터(원시 포함)를 포함하면 불변이다.
>
> 이해하기 어려운 불변성에 대해서는 자바 리플렉션(Reflection) API를 비롯해 보조 코드 조작 기능을 지원하는 이와 유사한 API 도입을 고려하자.
>
> 외부 라이브러리 지원을 받으려면 아파치 커먼즈 컬렉션(Apache Commons Collection)의 UnmodifiableList(와 그 부류)와 구아바의 ImmutableList(와 그 부류)를 활용한다.

Map에 대해서는 unmodifiableMap() 메서드나 Map.of() 메서드로 수정 불가/불변 Map을 생성한다. 또한 Collections.emptyMap()으로도 빈 불변 Map을 생성할 수 있다.

```
Map<Integer, MutableMelon> emptyMap = Collections.emptyMap();
```

> Info ≡ emptyMap()과 비슷한 Collections.emptyList(), Collections.emptySet()도 있다. 이러한 메서드들은 Map, List, Set을 반환해야 하는 메서드에서 null을 반환하지 말아야 할 때 매우 유용하다.

Collections.singletonMap(K key, V value)로 원소 하나짜리 수정 불가/불변 Map을 생성할 수

도 있다.

```java
// 수정 불가
Map<Integer, MutableMelon> mapOfSingleMelon
  = Collections.singletonMap(1, new MutableMelon("Gac", 1200));

// 불변
Map<Integer, ImmutableMelon> mapOfSingleMelon
  = Collections.singletonMap(1, new ImmutableMelon("Gac", 1200));
```

> *Info* ≡ singletonMap()과 비슷한 singletonList()와 singleton()도 있다. 후자는 Set에 쓰이는 메서드다.

JDK 9부터는 ofEntries() 메서드로 수정 불가 Map을 생성할 수 있게 됐다. 이 메서드는 아래 예제에서처럼 Map.Entry를 인수로 받는다.

```java
// 주어진 키와 값을 포함하는 수정 불가 Map.Entry
import static java.util.Map.entry;
...
Map<Integer, MutableMelon> mapOfMelon = Map.ofEntries(
  entry(1, new MutableMelon("Apollo", 3000)),
  entry(2, new MutableMelon("Jade Dew", 3500)),
  entry(3, new MutableMelon("Cantaloupe", 1500))
);
```

다음과 같이 불변 Map을 써도 된다.

```java
Map<Integer, ImmutableMelon> mapOfMelon = Map.ofEntries(
  entry(1, new ImmutableMelon("Apollo", 3000)),
  entry(2, new ImmutableMelon("Jade Dew", 3500)),
  entry(3, new ImmutableMelon("Cantaloupe", 1500))
);
```

또한 JDK 10의 Map.copyOf(Map<? extends K,? extends V> map) 메서드를 사용해 수정 가능/가변 Map으로부터 수정 불가/불변 Map을 만들 수도 있다.

```java
Map<Integer, ImmutableMelon> mapOfMelon = new HashMap<>();
mapOfMelon.put(1, new ImmutableMelon("Apollo", 3000));
mapOfMelon.put(2, new ImmutableMelon("Jade Dew", 3500));
mapOfMelon.put(3, new ImmutableMelon("Cantaloupe", 1500));
```

```
Map<Integer, ImmutableMelon> immutableMapOfMelon
    = Map.copyOf(mapOfMelon);
```

한 가지 덧붙여 불변 배열에 대해 이야기해보자.

문제: 자바에서 불변 배열을 생성할 수 있을까?

정답: 할 수 없다. 아니…, 어떤 방법으로 불변 배열을 만들 수는 있다.

```
static final String[] immutable = new String[0];
```

결국 자바에서 실제 사용할 수 있는 배열은 모두 가변이다. 하지만 원소를 복사해 새 배열을 생성하는 Arrays.copyOf()(내부적으로 System.arraycopy()를 사용한다)로 헬퍼 클래스를 만들어 불변 배열을 생성할 수 있다.

정리해보면 헬퍼 클래스는 다음과 같다.

```
import java.util.Arrays;

public final class ImmutableArray<T> {
  private final T[] array;

  private ImmutableArray(T[] a) {
    array = Arrays.copyOf(a, a.length);
  }

  public static <T> ImmutableArray<T> from(T[] a) {
    return new ImmutableArray<>(a);
  }

  public T get(int index) {
    return array[index];
  }

  // 이하 equals(), hashCode(), toString() 생략
}
```

다음은 위 클래스를 사용하는 예제다.

```
ImmutableArray<String> sample =
  ImmutableArray.from(new String[] {
    "a", "b", "c"
  });
```

110 기본값 매핑

JDK 8 이전에는 헬퍼 메서드를 만들어 Map에 주어진 키가 있는지 검사해 대응하는 값 또는 기본 값을 반환했다. 헬퍼 메서드는 유틸리티 클래스 안에 작성하거나 Map 인터페이스를 확장해 작성한다. Map에서 주어진 키를 찾지 못해도 기본값을 반환하므로 null이 반환되지 않는다. 이 방식은 기본 설정이나 구성을 활용할 때 유용하다.

JDK 8부터는 Map.getOrDefault() 메서드를 호출해 문제를 해결한다. 이 메서드는 Map에서 찾을 키와 기본값을 인수로 받는다. 기본값은 주어진 키를 찾지 못했을 때 반환해야 하는 예비 값으로 쓰인다.

예를 들어 다음 Map은 몇몇 데이터베이스와 각각의 기본 host:port를 래핑한다.

```
Map<String, String> map = new HashMap<>();
map.put("postgresql", "127.0.0.1:5432");
map.put("mysql", "192.168.0.50:3306");
map.put("cassandra", "192.168.1.5:9042");
```

이제 위 Map이 더비 DB의 기본 host:port를 포함하는지 확인해보자.

```
map.get("derby"); // null
```

더비 DB는 맵에 없으니 결과는 null이다. 하지만 원하던 결과가 아니다. 사실 찾는 데이터베이스가 맵에 없더라도 69:89.31.226:27017로 언제든 몽고DB를 사용할 수 있다. 이러한 동작을 간단히 코드로 나타낼 수 있다.

```
// 69:89.31.226:27017
String hp1 = map.getOrDefault("derby", "69:89.31.226:27017");

// 192.168.0.50:3306
String hp2 = map.getOrDefault("mysql", "69:89.31.226:27017");
```

> TIP ≡ getOrDefault() 메서드를 사용하면 코드가 수월하게 읽힐 뿐 아니라 따로 null 검사를 하지 않아도 되니 편리하다. 다만 기본값을 반환할 뿐 Map에 추가하는 것은 아님을 알아두자. Map은 바뀌지 않는다.

111 맵의 존재/부재 계산

Map의 항목을 바로 가져다 쓸 수 없을 때가 있다. 또한 항목이 없을 때 기본 항목을 반환하는 것으로 부족할 때가 있다. 이럴 때는 항목을 직접 계산해야 한다.

이를 위해 JDK 8은 compute(), computeIfAbsent(), computeIfPresent(), merge() 메서드를 지원한다. 알맞은 메서드를 고르려면 각각을 제대로 파악하고 있어야 한다.

예제를 통해 각 메서드의 구현을 살펴보자.

111.1 예제1(computeIfPresent())

다음 Map을 예로 살펴보자.

```
Map<String, String> map = new HashMap<>();
map.put("postgresql", "127.0.0.1");
map.put("mysql", "192.168.0.50");
```

위 맵으로 다양한 데이터베이스의 JDBC URL을 만든다.

MySQL의 JDBC URL을 만들고 싶다고 하자. 맵에 mysql 키가 있으면 대응하는 값을 가져와 JDBC URL인 jdbc:mysql://192.168.0.50/customers_db를 계산한다. 반면, 맵에 mysql 키가 없으면 JDBC URL은 null이다. 덧붙여 계산 결과가 null이면(JDBC URL을 계산할 수 없으면) 맵에서 항목을 삭제하고 싶다.

이럴 때 V computeIfPresent(K key, BiFunction<? super K, ? super V, ? extends V> remappingFunction)을 사용한다.

다음은 새 값을 계산할 BiFunction이다(k는 맵의 키, v는 키와 연관된 값이다).

```
BiFunction<String, String, String> jdbcUrl
  = (k, v) -> "jdbc:" + k + "://" + v + "/customers_db";
```

BiFunction 함수를 작성했으면 mysql 키의 값을 다음과 같이 계산할 수 있다.

```
// jdbc:mysql://192.168.0.50/customers_db
String mySqlJdbcUrl = map.computeIfPresent("mysql", jdbcUrl);
```

맵에 mysql 키가 있으므로 결과는 jdbc:mysql://192.168.0.50/customers_db이고, 새 맵은 다음 항목을 포함한다.

```
postgresql=127.0.0.1, mysql=jdbc:mysql://192.168.0.50/customers_db
```

반면, 맵에 없는 항목(예를 들어 voltdb)에 같은 계산을 수행하면 null 값을 반환하고 맵은 바뀌지 않는다.

```
// null
String voldDbJdbcUrl = map.computeIfPresent("voltdb", jdbcUrl);
```

111.2 예제2(computeIfAbsent( ))

다음 Map을 예로 살펴보자.

```
Map<String, String> map = new HashMap<>();
map.put("postgresql", "jdbc:postgresql://127.0.0.1/customers_db");
map.put("mysql", "jdbc:mysql://192.168.0.50/customers_db");
```

위 맵으로 다양한 데이터베이스의 JDBC URL을 만든다.

몽고DB의 JDBC URL을 만들고 싶다고 하자. 앞서와 달리 맵에 mongodb 키가 있으면 다른 계산 없이 대응하는 값을 반환한다. 반면, 맵에 키가 없으면(혹은 연관된 값이 null 값이면) 이 키와 현재 IP로 값을 계산해 맵에 추가한다. 계산 결과가 null이면 맵은 바뀌지 않는다.

이럴 때 V computeIfAbsent(K key, Function<? super K, ? extends V> mappingFunction)을 사용한다.

다음은 새 값을 계산할 Function이다(첫 번째 String은 맵(k)의 키, 두 번째 String은 키와 연관된 값이다).

```
String address = InetAddress.getLocalHost().getHostAddress();

Function<String, String> jdbcUrl
  = k -> k + "://" + address + "/customers_db";
```

위 함수를 사용해 mongodb 키로 몽고DB의 JDBC URL을 다음과 같이 구한다.

```
// mongodb://192.168.100.10/customers_db
String mongodbJdbcUrl = map.computeIfAbsent("mongodb", jdbcUrl);
```

맵에 mongodb 키가 없으니 계산 후 맵에 추가한다.

Function이 null로 평가되면 맵은 바뀌지 않고 null 값을 반환한다.

> TIP ≡ computeIfAbsent()를 다시 호출해도 값은 다시 계산되지 않는다. 이제 mongodb가 맵에 있으므로(앞
> 선 호출에서 추가) 값으로 mongodb://192.168.100.10/customers_db를 반환한다. mysql의 JDBC URL을
> 가져올 때 다른 계산 없이 jdbc:mysql://192.168.0.50/customers_db를 반환했던 것과 동일하다.

111.3 예제3(compute())

다음 Map을 예로 살펴보자.

```
Map<String, String> map = new HashMap<>();
map.put("postgresql", "127.0.0.1");
map.put("mysql", "192.168.0.50");
```

위 맵으로 다양한 데이터베이스의 JDBC URL을 만든다.

MySQL과 더비 DB의 JDBC URL을 만들고 싶다고 하자. 이번에는 맵에 키(mysql이나 derby)가 있으면 대응하는 키와 값(null일 수 있음)으로 JDBC URL을 계산한다. 덧붙여 맵에 키가 있고 계산 결과가 null이면(JDBC URL을 계산할 수 없으면) 맵에서 이 항목을 삭제한다. 다시 말해 computeIfPresent()와 computeIfAbsent()를 합쳐 놓은 것처럼 동작한다.

이럴 때 V compute (K key, BiFunction<? super K, ? super V, ? extends V> remappingFunction)을 사용한다.

찾던 키의 값이 null인 경우를 처리하도록 BiFunction을 작성해야 한다.

```
String address = InetAddress.getLocalHost().getHostAddress();
BiFunction<String, String, String> jdbcUrl = (k, v)
    -> "jdbc:" + k + "://" + ((v == null) ? address : v)
      + "/customers_db";
```

이제 MySQL의 JDBC URL을 계산해보자. 맵에 mysql 키가 있으므로 대응하는 값인 192.168.0.50을 사용해 값을 계산한다. 이 결과를 mysql 키의 값으로 업데이트한다.

```
// jdbc:mysql://192.168.0.50/customers_db
String mysqlJdbcUrl = map.compute("mysql", jdbcUrl);
```

더비 DB의 JDBC URL도 계산해보자. 맵에 derby 키가 없으므로 현재 IP를 사용해 계산한다. 이 결과를 derby 키의 값으로 업데이트한다.

```
// jdbc:derby://192.168.100.10/customers_db
String derbyJdbcUrl = map.compute("derby", jdbcUrl);
```

두 계산이 끝나면 맵은 다음 세 항목을 포함한다.

- postgresql=127.0.0.1

- derby=jdbc:derby://192.168.100.10/customers_db

- mysql=jdbc:mysql://192.168.0.50/customers_db

> TIP ≡ compute()를 다시 호출하면 값을 다시 계산한다는 점에 유의하자. 원하지 않는 결과인 jdbc:derby:// jdbc:derby://...가 나올 수 있다.
>
> 계산 결과가 null이고(JDBC URL을 계산할 수 없고) 맵에 키(예를 들어 mysql)가 있으면 이 항목을 맵에서 삭제하고 결과로 null을 반환한다.

111.4 예제 4(merge())

다음 Map을 예로 살펴보자.

```
Map<String, String> map = new HashMap<>();
map.put("postgresql", "9.6.1 ");
map.put("mysql", "5.1 5.2 5.6 ");
```

위 맵으로 각 데이터베이스의 버전들을 공백으로 구분해 저장한다.

새 데이터베이스 버전이 출시될 때마다 대응하는 맵의 키에 추가하고 싶다. 맵에 키(예를 들어 mysql)가 있으면 현재 값 끝에 새 버전을 이어 붙인다. 맵에 키(예를 들어 derby)가 없으면 새로 항목을 추가한다.

이럴 때 V merge (K key, V value, BiFunction<? super V, ? super V, ? extends V> remappingFunction)을 사용한다.

주어진 키(K)에 값이 없거나 null 값이면 V가 새 값이 된다. 주어진 키(K)에 null이 아닌 값이 있으면 주어진 BiFunction에 따라 새 값을 계산한다. BiFunction의 결과가 null이고 맵에 키가 있으면 항목을 맵에서 삭제한다.

예제에서는 현재 값 끝에 새 버전을 이어 붙이므로 BiFunction을 다음과 같이 작성한다.

```
BiFunction<String, String, String> jdbcUrl = String::concat;
```

아래처럼 작성해도 결과는 같다.

```
BiFunction<String, String, String> jdbcUrl
  = (vold, vnew) -> vold.concat(vnew);
```

예를 들어 MySQL 8.0 버전을 맵에 이어 붙여보자. 아래처럼 하면 된다.

```
// 5.1 5.2 5.6 8.0
String mySqlVersion = map.merge("mysql", "8.0 ", jdbcUrl);
```

이어서 9.0 버전도 이어 붙여보자.

```
// 5.1 5.2 5.6 8.0 9.0
String mySqlVersion = map.merge("mysql", "9.0 ", jdbcUrl);
```

다른 예로 더비 DB 10.11.1.1 버전을 추가해보자. 맵에 derby 키가 없으므로 새 항목이 추가된다.

```
// 10.11.1.1
String derbyVersion = map.merge("derby", "10.11.1.1 ", jdbcUrl);
```

앞선 세 연산이 끝나면 맵은 다음 항목을 포함한다.

```
postgresql=9.6.1, derby=10.11.1.1, mysql=5.1 5.2 5.6 8.0 9.0
```

111.5 예제5(putIfAbsent( ))

다음 Map을 예로 살펴보자.

```
Map<Integer, String> map = new HashMap<>();
map.put(1, "postgresql");
map.put(2, "mysql");
map.put(3, null);
```

위 맵으로 데이터베이스의 이름을 저장한다.

다음 제약에 따라 위 맵에 데이터베이스를 더 추가하고 싶다.

- 맵에 주어진 키가 있으면 대응하는 값을 반환하고 맵은 그대로 둔다.

- 맵에 주어진 키가 없으면(또는 값이 null이면) 주어진 값을 맵에 넣고 null을 반환한다.

이럴 때 putIfAbsent(K key, V value)를 사용한다.

다음 세 호출만 봐도 쉽게 이해가 된다.

```
String v1 = map.putIfAbsent(1, "derby");     // postgresql
String v2 = map.putIfAbsent(3, "derby");     // null
String v3 = map.putIfAbsent(4, "cassandra"); // null
```

이제 맵은 다음 항목을 포함한다.

```
1=postgresql, 2=mysql, 3=derby, 4=cassandra
```

112 맵에서 삭제

Map에서 삭제할 때는 키를 이용하거나 키와 값 둘 다를 이용한다.

다음 Map을 예로 살펴보자.

```
Map<Integer, String> map = new HashMap<>();
map.put(1, "postgresql");
map.put(2, "mysql");
map.put(3, "derby");
```

키를 이용해 삭제할 때는 V Map.remove(Object key) 메서드만 호출하면 된다. 이 메서드는 주어진 키에 해당하는 항목을 성공적으로 삭제하면 그 값을, 그렇지 않으면 null을 반환한다.

예제로 확인해보자.

```
String r1 = map.remove(1); // postgresql
String r2 = map.remove(4); // null
```

이제 맵은 다음 항목을 포함한다(키가 1인 항목이 삭제됐다).

```
2=mysql, 3=derby
```

JDK 8부터는 boolean remove (Object key, Object value) 서명의 remove() 플래그 메서드가 Map 인터페이스에 추가됐다. 이 메서드는 주어진 키와 값이 모두 일치하는 항목을 맵에서 삭제한다. 이로써 map.containsKey(key) && Objects.equals(map.get(key), value)라는 조건문 조합을 간편하게 실행할 수 있다.

간단한 예제 두 가지를 살펴보자.

```
// true
boolean r1 = map.remove(2, "mysql");

// false (키는 있으나 값이 일치하지 않는다)
boolean r2 = map.remove(3, "mysql");
```

이제 맵은 3=derby 항목만 포함한다.

Map을 순회하며 삭제하는 방법은 최소 두 가지인데, Iterator를 통하거나 JDK 8부터는 removeIf (Predicate<? super E> filter)를 통하는 방법이 있다.

```
map.entrySet().removeIf(e -> e.getValue().equals("mysql"));
```

컬렉션 내 항목 삭제에 대한 자세한 내용은 118. **프레디케이트와 일치하는 컬렉션 내 모든 원소 삭제** 절을 참고한다.

113 맵 항목 치환

Map 내 항목 치환은 아주 다양한 상황에 쓰인다. 이 문제를 해결하면서 헬퍼 메서드에 스파게티 코드를 작성하지 않을 간편한 해법은 JDK 8의 replace() 메서드다.

다음 Melon 클래스와 Melon 맵을 예로 살펴보자.

```
public class Melon {
    private final String type;
    private final int weight;

    // 이하 생성자, 게터, equals(), hashCode(),
    // toString() 생략
}

Map<Integer, Melon> mapOfMelon = new HashMap<>();
mapOfMelon.put(1, new Melon("Apollo", 3000));
mapOfMelon.put(2, new Melon("Jade Dew", 3500));
mapOfMelon.put(3, new Melon("Cantaloupe", 1500));
```

V replace(K key, V value)를 사용하면 키가 2인 멜론을 치환할 수 있다. 치환에 성공하면 메서드는 원래의 Melon을 반환한다.

```
// Jade Dew(3500g)를 치환한다
Melon melon = mapOfMelon.replace(2, new Melon("Gac", 1000));
```

이제 맵은 다음 항목을 포함한다.

```
1=Apollo(3000g), 2=Gac(1000g), 3=Cantaloupe(1500g)
```

이번에는 키가 1인 아폴로(Apollo) 멜론(3000g) 항목을 치환하고 싶다. 정확히 같은 멜론일 때만 치환해야 한다. 이럴 때는 불 메서드인 replace(K key, V oldValue, V newValue)를 사용한다. 이 메서드는 equals() 계약에 따라 주어진 값들을 비교하므로 Melon에 equals() 메서드가 구현되어 있어야 하고, 구현이 없으면 결과는 예측할 수 없다.

```
// true
boolean melon = mapOfMelon.replace(
    1, new Melon("Apollo", 3000), new Melon("Bitter", 4300));
```

이제 맵은 다음 항목을 포함한다.

```
1=Bitter(4300g), 2=Gac(1000g), 3=Cantaloupe(1500g)
```

마지막으로 주어진 함수를 사용해 Map의 모든 항목을 치환하고 싶다. void replaceAll(BiFunction<? super K, ? super V, ? extends V> function을 사용한다.

예를 들어 무게가 1000그램보다 많이 나가는 모든 멜론을 1000그램짜리 멜론으로 치환해보자. 이를 BiFunction 함수로 구현하면 다음과 같다(k는 Map의 키, v는 각 항목의 값이다).

```
BiFunction<Integer, Melon, Melon> function = (k, v)
    -> v.getWeight() > 1000 ? new Melon(v.getType(), 1000) : v;
```

이어서 replaceAll()을 적용한다.

```
mapOfMelon.replaceAll(function);
```

이제 맵은 다음 항목을 포함한다.

```
1=Bitter(1000g), 2=Gac(1000g), 3=Cantaloupe(1000g)
```

114 두 맵 비교

Map.equals() 메서드로 쉽게 두 맵을 비교할 수 있다. 이 메서드는 Object.equals() 메서드로 두 맵의 키와 값을 비교한다.

다음과 같이 같은 항목을 포함하는 두 멜론 맵을 예로 살펴보자(Melon 클래스는 반드시 equals() 와 hashCode()를 포함해야 한다).

```
public class Melon {
  private final String type;
  private final int weight;

  // 이하 생성자, 게터, equals(), hashCode(),
  // toString() 생략
}

Map<Integer, Melon> melons1Map = new HashMap<>();
Map<Integer, Melon> melons2Map = new HashMap<>();
melons1Map.put(1, new Melon("Apollo", 3000));
melons1Map.put(2, new Melon("Jade Dew", 3500));
melons1Map.put(3, new Melon("Cantaloupe", 1500));
melons2Map.put(1, new Melon("Apollo", 3000));
melons2Map.put(2, new Melon("Jade Dew", 3500));
melons2Map.put(3, new Melon("Cantaloupe", 1500));
```

melons1Map과 melons2Map에 동등 테스트를 수행하면 true가 나온다.

```
boolean equals12Map = melons1Map.equals(melons2Map); // true
```

하지만 배열에는 위 코드가 동작하지 않는다. 예를 들어 다음 두 맵을 살펴보자.

```
Melon[] melons1Array = {
  new Melon("Apollo", 3000),
  new Melon("Jade Dew", 3500), new Melon("Cantaloupe", 1500)
};
Melon[] melons2Array = {
  new Melon("Apollo", 3000),
  new Melon("Jade Dew", 3500), new Melon("Cantaloupe", 1500)
};

Map<Integer, Melon[]> melons1ArrayMap = new HashMap<>();
melons1ArrayMap.put(1, melons1Array);
```

```
Map<Integer, Melon[]> melons2ArrayMap = new HashMap<>();
melons2ArrayMap.put(1, melons2Array);
```

melons1ArrayMap과 melons2ArrayMap이 동등하더라도 Map.equals()는 false를 반환한다.

```
boolean equals12ArrayMap = melons1ArrayMap.equals(melons2ArrayMap);
```

배열의 equals() 메서드는 배열의 내용이 아니라 일치(identity) 여부를 비교하기 때문이다. 문제를 해결하려면 다음과 같은 헬퍼 메서드를 작성해야 한다(배열의 내용을 비교하는 Arrays.equals() 를 사용한다).

```java
public static <A, B> boolean equalsWithArrays(
    Map<A, B[]> first, Map<A, B[]> second) {
  if (first.size() != second.size()) {
    return false;
  }

  return first.entrySet().stream()
    .allMatch(e -> Arrays.equals(e.getValue(),
      second.get(e.getKey())));
}
```

115 맵 정렬

Map을 정렬하는 방법은 여러 가지다. 우선 다음 Melon Map을 가정하자.

```java
public class Melon implements Comparable {
  private final String type;
  private final int weight;

  @Override
  public int compareTo(Object o) {
    return Integer.compare(this.getWeight(), ((Melon) o).getWeight());
  }

  // 이하 생성자, 게터, equals(), hashCode(),
  // toString() 생략
}
```

```
Map<String, Melon> melons = new HashMap<>();
melons.put("delicious", new Melon("Apollo", 3000));
melons.put("refreshing", new Melon("Jade Dew", 3500));
melons.put("famous", new Melon("Cantaloupe", 1500));
```

Map을 정렬하는 몇 가지 해법을 알아보겠다. 목표는 아래 화면의 메서드를 Maps라는 유틸리티 클래스를 통해 사용할 수 있게 하는 것이다.

▼ 그림 5-7

```
◍ sortByKeyList(Map<K, V> map)                                    List<K>
◍ sortByKeyStream(Map<K, V> map, Comparator<? super K> c)    Map<K, V>
◍ sortByKeyTreeMap(Map<K, V> map)                            TreeMap<K, V>
◍ sortByValueList(Map<K, V> map)                                  List<V>
◍ sortByValueStream(Map<K, V> map, Comparator<? super V> c) Map<K, V>
```

이제부터 다양한 해법을 살펴보자.

115.1 TreeMap을 통해 키 정렬과 자연 정렬

TreeMap을 활용해 간단히 Map을 정렬할 수 있다. 정의에 따르면 TreeMap 내 키는 자연 정렬된다. 또한 TreeMap(Map<? extends K, ? extends V> m)이라는 생성자를 포함한다.

```
public static <K, V> TreeMap<K, V> sortByKeyTreeMap(Map<K, V> map) {
    return new TreeMap<>(map);
}
```

위 메서드를 호출하면 키로 맵을 정렬한다.

```
// {delicious=Apollo(3000g),
// famous=Cantaloupe(1500g), refreshing=Jade Dew(3500g)}
TreeMap<String, Melon> sortedMap = Maps.sortByKeyTreeMap(melons);
```

115.2 Stream과 Comparator를 통해 키와 값 정렬

맵의 Stream을 생성해 Stream.sorted() 메서드를 사용하면 Comparator로 혹은 Comparator 없이 쉽게 맵을 정렬할 수 있다. 예제에서는 Comparator를 사용하겠다.

```
public static <K, V> Map<K, V> sortByKeyStream(
    Map<K, V> map, Comparator<? super K> c) {
```

```
        return map.entrySet()
            .stream()
            .sorted(Map.Entry.comparingByKey(c))
            .collect(toMap(Map.Entry::getKey, Map.Entry::getValue,
                (v1, v2) -> v1, LinkedHashMap::new));
    }

    public static <K, V> Map<K, V> sortByValueStream(
        Map<K, V> map, Comparator<? super V> c) {
      return map.entrySet()
          .stream()
          .sorted(Map.Entry.comparingByValue(c))
          .collect(toMap(Map.Entry::getKey, Map.Entry::getValue,
              (v1, v2) -> v1, LinkedHashMap::new));
    }
```

HashMap이 아니라 LinkedHashMap을 사용해야 한다. 그렇지 않으면 순회 순서가 유지되지 않는다.

다음과 같이 맵을 정렬한다.

```
// {delicious=Apollo(3000g),
//  famous=Cantaloupe(1500g),
//  refreshing=Jade Dew(3500g)}
Comparator<String> byInt = Comparator.naturalOrder();
Map<String, Melon> sortedMap = Maps.sortByKeyStream(melons, byInt);

// {famous=Cantaloupe(1500g),
//  delicious=Apollo(3000g),
//  refreshing=Jade Dew(3500g)}
Comparator<Melon> byWeight = Comparator.comparing(Melon::getWeight);
Map<String, Melon> sortedMap
    = Maps.sortByValueStream(melons, byWeight);
```

115.3 List를 통해 키와 값 정렬

앞선 예제에서는 주어진 맵을 정렬했고 결과도 맵이었다. 정렬된 키만(값은 없어도 된다) 혹은 값만 필요하면 Map.keySet(), Map.values()로 각각 키와 값 List를 생성하면 된다.

```
public static <K extends Comparable, V> List<K>
    sortByKeyList(Map<K, V> map) {
  List<K> list = new ArrayList<>(map.keySet());
  Collections.sort(list);
```

```
    return list;
  }

  public static <K, V extends Comparable> List<V>
      sortByValueList(Map<K, V> map) {
    List<V> list = new ArrayList<>(map.values());
    Collections.sort(list);

    return list;
  }
```

이제 맵을 정렬해보자.

```
  // [delicious, famous, refreshing]
  List<String> sortedKeys = Maps.sortByKeyList(melons);

  // [Cantaloupe(1500g), Apollo(3000g), Jade Dew(3500g)]
  List<Melon> sortedValues = Maps.sortByValueList(melons);
```

중복 값을 허용하지 않으려면 SortedSet 구현을 사용한다.

```
  SortedSet<String> sortedKeys = new TreeSet<>(melons.keySet());
  SortedSet<Melon> sortedValues = new TreeSet<>(melons.values());
```

116 해시맵 복사

HashMap을 얕은 복사(shallow copy)할 때는 HashMap 생성자인 HashMap(Map<? extends K, ? extends V> m)을 이용하면 편리하다. 다음 코드처럼 매우 간단하다.

```
  Map<K, V> mapToCopy = new HashMap<>();
  Map<K, V> shallowCopy = new HashMap<>(mapToCopy);
```

putAll(Map<? extends K, ? extends V> m) 메서드를 활용해도 된다. 이 메서드는 아래 헬퍼 메서드에서 보듯이 전달받은 맵의 모든 매핑을 복사한다.

```
  @SuppressWarnings("unchecked")
  public static <K, V> HashMap<K, V> shallowCopy(Map<K, V> map) {
    HashMap<K, V> copy = new HashMap<>();
    copy.putAll(map);
```

```
      return copy;
  }
```

위 헬퍼 메서드를 자바 8 함수형 스타일로도 작성할 수 있다.

```
@SuppressWarnings("unchecked")
public static <K, V> HashMap<K, V> shallowCopy(Map<K, V> map) {
  Set<Entry<K, V>> entries = map.entrySet();
  HashMap<K, V> copy = (HashMap<K, V>) entries.stream()
    .collect(Collectors.toMap(
        Map.Entry::getKey, Map.Entry::getValue));

  return copy;
  }
```

하지만 앞선 세 가지 해법은 맵의 얕은 복사본만 제공한다. 2장에서 소개한 클로닝(Cloning) 라이브러리(https://github.com/kostaskougios/cloning)를 사용하면 깊은 복사본(deep copy)을 얻을 수 있다. 클로닝을 사용하도록 헬퍼 메서드를 작성해보자.

```
@SuppressWarnings("unchecked")
public static <K, V> HashMap<K, V> deepCopy(Map<K, V> map) {
  Cloner cloner = new Cloner();
  HashMap<K, V> copy = (HashMap<K, V>) cloner.deepClone(map);

  return copy;
  }
```

117 두 맵 병합

두 개의 맵이 있을 때 두 맵의 원소를 모두 포함하는 하나의 맵으로 합치는 과정이 바로 병합이다. 키가 충돌하면 두 번째 맵의 값을 최종 맵에 포함시킨다. 물론 디자인 결정을 다르게 내릴 수 있다. 다음 두 맵을 보자(일부러 키 3을 충돌시켰다).

```
public class Melon {
  private final String type;
  private final int weight;

  // 이하 생성자, 게터, equals(), hashCode(),
```

```
    // toString() 생략
}

Map<Integer, Melon> melons1 = new HashMap<>();
Map<Integer, Melon> melons2 = new HashMap<>();
melons1.put(1, new Melon("Apollo", 3000));
melons1.put(2, new Melon("Jade Dew", 3500));
melons1.put(3, new Melon("Cantaloupe", 1500));
melons2.put(3, new Melon("Apollo", 3000));
melons2.put(4, new Melon("Jade Dew", 3500));
melons2.put(5, new Melon("Cantaloupe", 1500));
```

JDK 8부터 Map은 V merge(K key, V value, BiFunction<? super V, ? super V, ? extends V> remappingFunction) 메서드를 지원한다.

주어진 키(K)에 값이 없거나 값이 null이면 V가 새 값이 된다. 주어진 키(K)에 null이 아닌 값이 있으면 주어진 BiFunction에 따라 새 값을 계산한다. BiFunction의 결과가 null이고 키가 맵에 있으면 이 항목을 맵에서 삭제한다.

이러한 정의에 따라 두 맵을 병합하는 헬퍼 메서드를 작성해보자.

```
public static <K, V> Map<K, V> mergeMaps(
    Map<K, V> map1, Map<K, V> map2) {
  Map<K, V> map = new HashMap<>(map1);

  map2.forEach(
    (key, value) -> map.merge(key, value, (v1, v2) -> v2));

  return map;
}
```

보다시피 원본 맵은 수정하지 않았다. 보통은 새 맵에 첫 번째 맵의 원소을 포함시킨 후 두 번째 맵의 원소를 병합해서 반환한다. 키가 충돌하면 기존 값을 두 번째 맵(v2)의 값으로 대체한다.

Stream.concat()을 활용하는 방법도 있다. 이 메서드는 두 개의 스트림을 하나의 Stream으로 이어 붙인다. Map.entrySet().stream()을 호출하면 Map으로 Stream을 생성할 수 있다. 주어진 맵으로 두 스트림을 생성해서 이어 붙인 후 toMap() 컬렉터로 결과를 모은다.

```
public static <K, V> Map<K, V> mergeMaps(
    Map<K, V> map1, Map<K, V> map2) {
  Stream<Map.Entry<K, V>> combined
    = Stream.concat(map1.entrySet().stream(),
```

```
    map2.entrySet().stream());

  Map<K, V> map = combined.collect(
    Collectors.toMap(Map.Entry::getKey, Map.Entry::getValue,
      (v1, v2) -> v2));

  return map;
}
```

덧붙여 Set(예를 들어 정수 Set)은 다음과 같이 정렬할 수 있다.

```
  List<Integer> sortedList = someSetOfIntegers.stream()
    .sorted().collect(Collectors.toList());
```

객체에는 sorted(Comparator<? super T>)를 사용한다.

118 프레디케이트와 일치하는 컬렉션 내 모든 원소 삭제

먼저 컬렉션에 저장할 Melon부터 정의하겠다.

```
  public class Melon {
    private final String type;
    private final int weight;

    // 이하 생성자, 게터, equals(),
    // hashCode(), toString() 생략
  }
```

이 절의 예제에서는 다음 컬렉션(ArrayList)을 사용해 주어진 프레디케이트(predicate)에 부합하는 원소를 어떻게 삭제하는지 보인다.

```
  List<Melon> melons = new ArrayList<>();
  melons.add(new Melon("Apollo", 3000));
  melons.add(new Melon("Jade Dew", 3500));
  melons.add(new Melon("Cantaloupe", 1500));
  melons.add(new Melon("Gac", 1600));
  melons.add(new Melon("Hami", 1400));
```

지금부터 다양한 해법을 알아보자.

118.1 반복자로 삭제

Iterator로 삭제하는 방식은 자바에서 가장 오래된 방식이다. 주로 Iterator를 사용해 컬렉션을 반복(또는 순회)하며 특정 원소를 삭제한다. 오랫동안 쓰였음에도 몇 가지 단점은 있다. 먼저 다수의 스레드에서 컬렉션을 수정할 때 Iterator로 삭제하면 컬렉션 타입에 따라 ConcurrentModificationException이 발생하기 쉽다. 또한 컬렉션에 따라 삭제가 다르게 동작하기도 한다(예를 들어 ArrayList에서 삭제할 때보다 LinkedList에서 삭제할 때가 더 빠른데, ArrayList에서 삭제는 원소를 시프트해야 하지만 LinkedList에서 삭제는 포인터만 다음 원소로 이동하면 되기 때문이다). 그래도 해법을 이 책의 예제 코드에 넣었다.

Iterable의 크기만 필요하면 다음 두 방식 중 하나를 택한다.

```
// 이터러블(Iterable)일 때
StreamSupport.stream(iterable.spliterator(), false).count();

// 컬렉션일 때
((Collection<?>) iterable).size()
```

118.2 Collection.removeIf( )로 삭제

JDK 8부터 지원되는 Collection.removeIf() 메서드를 사용하면 앞선 코드를 한 줄로 줄일 수 있다. 이 메서드는 다음과 같은 Predicate를 사용한다.

```
melons.removeIf(t -> t.getWeight() < 3000);
```

위 ArrayList는 리스트를 반복하며 Predicate를 만족하는 원소에 삭제 표시를 남긴다. 이어서 ArrayList는 다시 리스트를 반복하며 표시된 원소를 삭제하고 남은 원소를 시프트한다.

이 방식에서는 LinkedList와 ArrayList가 거의 동일하게 동작한다.

118.3 Stream으로 삭제

JDK 8부터는 컬렉션으로부터 Stream을 생성해(Collection.stream()) 원소를 filter(Predicate p)로 걸러낼 수 있다. 필터는 주어진 Predicate를 만족하는 원소만 컬렉션에 남긴다.

끝으로 적절한 컬렉터로 남은 원소들을 모은다.

```
List<Melon> filteredMelons = melons.stream()
  .filter(t -> t.getWeight() >= 3000)
  .collect(Collectors.toList());
```

> Info ≡ 앞선 두 해법과 달리 원본 컬렉션을 변경하지 않으나 속도가 느리고 메모리를 더 소모할 수 있다.

118.4 Collectors.partitioningBy( )로 원소 분류

프레디케이트에 부합하지 않는 원소라도 삭제하고 싶지 않을 때가 있다. 프레디케이트에 따라 원소를 분류하고 싶을 뿐이다. 이럴 때 Collectors.partitioningBy(Predicate p)를 사용한다.

기본적으로 Collectors.partitioningBy()는 원소를 두 개의 리스트로 분리한다. 두 리스트는 Map의 값으로 추가된다. Map의 두 키는 true와 false다.

```
Map<Boolean, List<Melon>> separatedMelons = melons.stream()
  .collect(Collectors.partitioningBy(
    (Melon t) -> t.getWeight() >= 3000));

List<Melon> weightLessThan3000 = separatedMelons.get(false);
List<Melon> weightGreaterThan3000 = separatedMelons.get(true);
```

즉, true 키에는 프레디케이트에 부합하는 원소를 포함하는 List를, false 키에는 프레디케이트에 부합하지 않는 원소를 포함하는 List를 넣는다.

참고로 List의 모든 원소가 같은지 확인하고 싶으면 Collections.frequency(Collection c, Object obj)를 이용한다. 이 메서드는 명시한 객체와 동등한 원소가 컬렉션에 몇 개 있는지 반환한다.

```
boolean allTheSame = Collections.frequency(
  melons, melons.get(0)) == melons.size());
```

allTheSame이 true면 모든 원소가 같다는 뜻이다. 단, 비교할 수 있도록 List 내 객체에 equals()와 hashCode()를 구현해야 한다.

119 컬렉션을 배열로 변환

Collection.toArray() 메서드를 사용해 컬렉션을 배열로 변환할 수 있다. 다음 예제처럼 인수 없이 사용하면 주어진 컬렉션을 Object[]로 변환한다.

```
List<String> names = Arrays.asList("ana", "mario", "vio");
Object[] namesArrayAsObjects = names.toArray();
```

물론 Object[]가 아닌 String[]이 필요하니 위 코드는 전혀 쓸모가 없다. Collection.toArray(T[] a)를 사용하자.

```
String[] namesArraysAsStrings = names.toArray(new String[names.size()]);
String[] namesArraysAsStrings = names.toArray(new String[0]);
```

두 해법 중 컬렉션 크기를 계산하지 않아도 되는 두 번째 해법이 더 낫다.

하지만 JDK 11부터 Collection.toArray(IntFunction<T[]> generator)라는 메서드가 하나 더 생겼다. 이 메서드는 생성자 함수로 반환할 배열을 할당함으로써 컬렉션의 모든 원소를 포함하는 배열을 반환한다.

```
String[] namesArraysAsStrings = names.toArray(String[]::new);
```

Arrays.asList()는 고정된 크기의 수정 가능한 List를 생성하는 반면, of() 메서드는 배열로부터 수정 불가능한 List/Set을 생성한다.

```
String[] namesArray = {"ana", "mario", "vio"};

List<String> namesArrayAsList = List.of(namesArray);
Set<String> namesArrayAsSet = Set.of(namesArray);
```

120 리스트로 컬렉션 필터링

애플리케이션을 개발하다 보면 List로 Collection을 필터링하는 문제를 자주 마주친다. 보통은 아주 큰 Collection에서 List의 원소와 일치하는 원소를 추출한다.

다음은 예제에 사용할 Melon 클래스다.

```
public class Melon {
  private final String type;
  private final int weight;

  // 이하 생성자, 게터, equals(), hashCode(),
  // toString() 생략
}
```

이제 위 Melon으로 아주 큰 Collection(여기서는 ArrayList)을 만들어보자.

```
List<Melon> melons = new ArrayList<>();
melons.add(new Melon("Apollo", 3000));
melons.add(new Melon("Jade Dew", 3500));
melons.add(new Melon("Cantaloupe", 1500));
melons.add(new Melon("Gac", 1600));
melons.add(new Melon("Hami", 1400));
...
```

다음은 위 ArrayList로부터 추출할 멜론 품종 List다.

```
List<String> melonsByType
  = Arrays.asList("Apollo", "Gac", "Crenshaw", "Hami");
```

한 가지 해법은 두 컬렉션을 모두 순회하며 멜론 품종을 비교하는 것인데, 코드가 꽤 느리다. 또 다른 해법은 List.contains() 메서드와 람다 표현식을 사용하는 것이다.

```
List<Melon> results = melons.stream()
  .filter(t -> melonsByType.contains(t.getType()))
  .collect(Collectors.toList());
```

위 코드는 간결하고 빠르다. List.contains()는 내부적으로 다음과 같이 검사한다.

```
// size - melonsByType의 크기
// o - melons에서 현재 찾고 있는 원소
// elementData - melonsByType
for (int i = 0; i < size; i++)
  if (o.equals(elementData[i])) {
    return i;
  }
}
```

하지만 List.contains() 대신 HashSet.contains() 메서드를 활용하면 성능을 또 한 번 높일 수 있다. List.contains()는 앞서 봤듯이 for 문으로 원소를 찾지만 HashSet.contains()는 Map.containsKey()를 사용한다. Set은 대개 Map으로 구현하고 Set에 들어가는 각 원소는 element-PRESENT 타입의 키-값으로 매핑된다. 따라서 element는 Map의 키이고 PRESENT는 의미 없는 더미 값이다.

HashSet.contains(element)를 호출하면 실제로 Map.containsKey(element)가 호출된다. 이 메서드는 equals()보다 훨씬 빠른 hashCode()로 맵에서 주어진 원소와 일치하는 키를 찾는다.

우선 원본 ArrayList를 HashSet으로 변환해야 한다.

```
Set<String> melonsSetByType = melonsByType.stream()
    .collect(Collectors.toSet());

List<Melon> results = melons.stream()
    .filter(t -> melonsSetByType.contains(t.getType()))
    .collect(Collectors.toList());
```

이 방법은 앞선 해법보다 빠르다. 실행 시간이 절반으로 줄어든다.

121 리스트 원소 치환

특정 조건에 부합하는 List의 원소를 치환하는 문제도 애플리케이션 개발에 자주 등장한다.

다음은 예제에 사용할 Melon 클래스다.

```
public class Melon {
    private final String type;
    private final int weight;

    // 이하 생성자, 게터, equals(), hashCode(),
    // toString() 생략
}
```

위 Melon으로 List를 생성해보자.

```
melons.add(new Melon("Apollo", 3000));
melons.add(new Melon("Jade Dew", 3500));
melons.add(new Melon("Cantaloupe", 1500));
melons.add(new Melon("Gac", 1600));
melons.add(new Melon("Hami", 1400));
```

3000그램보다 적게 나가는 멜론을 같은 품종의 3000그램짜리 멜론으로 바꾸고 싶다고 하자.

List를 순회하며 List.set(int index, E element)를 사용하면 조건에 맞게 멜론을 치환할 수 있다.

스파게티 코드로 살펴보자.

```
for (int i = 0; i < melons.size(); i++) {
  if (melons.get(i).getWeight() < 3000) {
    melons.set(i, new Melon(melons.get(i).getType(), 3000));
  }
}
```

자바 8 함수형 스타일, 더 구체적으로는 UnaryOperator 함수형 인터페이스를 사용하는 방법도 있다.

UnaryOperator 함수형 인터페이스로 연산자를 작성하면 다음과 같다.

```
UnaryOperator<Melon> operator = t
  -> (t.getWeight() < 3000) ? new Melon(t.getType(), 3000) : t;
```

이제 위 연산자를 JDK 8의 List.replaceAll(UnaryOperator<E> operator)에 적용한다.

```
melons.replaceAll(operator);
```

두 방법의 성능은 거의 동일하다.

122 스레드 안전 컬렉션, 스택, 큐

다수의 스레드에서 컬렉션/스택/큐에 접근할 가능성이 높으면 동시성과 관련된 예외(가령 java.util.ConcurrentModificationException)도 발생하기 쉽다. 지금부터 자바에 내장된 다양한 동시 컬렉션들을 간략한 개요와 함께 소개하겠다.

122.1 동시 컬렉션

다행히 자바는 스레드 안전이 아닌 컬렉션을 대신할 스레드 안전 (동시) 컬렉션을 제공한다.

스레드 안전 리스트

ArrayList의 스레드 안전 버전은 CopyOnWriteArrayList다. 표 5-1은 자바에 내장된 단일 스레드 리스트와 다중 스레드 리스트를 보여준다.

▼ 표 5-1

단일 스레드	다중 스레드
ArrayList	CopyOnWriteArrayList(자주 읽고 거의 업데이트하지 않음)
LinkedList	Vector

CopyOnWriteArrayList 구현은 원소를 배열에 저장한다. 리스트를 변경하는 메서드(예를 들어 add(), set(), remove())를 호출하면 자바는 이 배열의 복제본을 변경한다.

CopyOnWriteArrayList 컬렉션을 순회하는 Iterator 역시 컬렉션의 불변 복제본을 조작한다. 따라서 원본 컬렉션을 수정해도 아무런 문제가 없다. 원본 컬렉션이 잠재적으로 수정되더라도 Iterator로는 보이지 않는다.

```
List<Integer> list = new CopyOnWriteArrayList<>();
```

TIP ≡ 자주 읽지만 거의 변경하지 않는 컬렉션에 CopyOnWriteArrayList를 사용한다.

스레드 안전 세트

Set의 스레드 안전 버전은 CopyOnWriteArraySet이다. 표 5-2는 자바에 내장된 단일 스레드 세트와 다중 스레드 세트를 보여준다.

▼ 표 5-2

단일 스레드	다중 스레드
HashSet TreeSet(정렬된 세트) LInkedHashSet(삽입 순서 유지) BitSet EnumSet	ConcurrentSkipListSet(정렬된 세트) CopyOnWriteArraySet(자주 읽고 거의 업데이트하지 않음)

이 Set은 모든 연산에서 내부적으로 CopyOnWriteArrayList를 사용한다. 다음과 같이 생성한다.

```
Set<Integer> set = new CopyOnWriteArraySet<>();
```

NavigableSet의 스레드 안전 버전은 ConcurrentSkipListSet(기초 연산이 O(log n)에 실행되는 동시 SortedSet 구현)이다.

스레드 안전 맵

Map의 스레드 안전 버전은 ConcurrentHashMap이다. 표 5-3은 자바에 내장된 단일 스레드 맵과 다중 스레드 맵을 보여준다.

▼ 표 5-3

단일 스레드	다중 스레드
HashMap TreeMap(정렬된 키) LInkedHashMap(삽입 순서 유지) IdentityHashMap(==로 키 비교) WeakHashMap EnumMap	ConcurrentHashMap ConcurrentSkipListMap(정렬된 맵) Hashtable

ConcurrentHashMap은 블로킹(blocking) 없이 추출 연산(가령 get())이 가능하다. 다시 말해 추출 연산과 업데이트 연산(put()과 remove() 등)이 겹칠 수 있다.

ConcurrentHashMap은 다음과 같이 생성한다.

```
ConcurrentMap<Integer, Integer> map = new ConcurrentHashMap<>();
```

NavigableMap을 지원하는 ConcurrentMap이면 ConcurrentSkipListMap으로 연산한다.

```
ConcurrentNavigableMap<Integer, Integer> map
  = new ConcurrentSkipListMap<>();
```

배열 기반 스레드 안전 큐

자바는 ArrayBlockingQueue를 통해 배열 기반의 스레드 안전 큐(Fist In Fist Out, FIFO)를 제공한다. 표 5-4는 자바에 내장된 배열 기반의 단일 스레드 큐와 다중 스레드 큐를 보여준다.

▼ 표 5-4

단일 스레드	다중 스레드
ArrayDeque PriorityQueue(정렬된 추출)	ArrayBlockingQueue(제한) ConcurrentLinkedQueue(무제한) ConcurrentLinkedDeque(무제한) LinkedBlockingQueue(선택적 제한) LinkedBlockingDeque(선택적 제한) LinkedTransferQueue PriorityBlockingQueue SynchronousQueue DelayQueue Stack

ArrayBlockingQueue의 크기는 한 번 생성하면 바꿀 수 없다. 가득 찬 큐에 원소를 넣으려 하면 연산 블로킹이 발생하고, 빈 큐에서 원소를 가져오려 해도 비슷하게 블로킹된다.

ArrayBlockingQueue는 다음과 같이 생성한다.

```
BlockingQueue<Integer> queue = new
    ArrayBlockingQueue<>(QUEUE_MAX_SIZE);
```

> Info ≡ 또한 자바는 LinkedBlockingQueue와 LinkedBlockingDeque를 통해 연결 노드 기반의 선택적 제한 스레드 안전 블로킹 큐도 제공한다(데큐(deque)는 양 끝에서 원소 삽입과 삭제가 가능한 선형 컬렉션(linear collection)이다).

연결 노드 기반 스레드 안전 큐

자바는 ConcurrentLinkedDeque와 ConcurrentLinkedQueue를 통해 연결 노드 기반의 무제한 스레드 안전 큐와 데큐를 제공한다. ConcurrentLinkedDeque는 다음과 같이 생성한다.

```
Deque<Integer> queue = new ConcurrentLinkedDeque<>();
```

스레드 안전 우선순위 큐

자바는 PriorityBlockingQueue를 통해 우선순위 힙 기반의 무제한 스레드 안전 블로킹 큐를 제공한다.

PriorityBlockingQueue는 다음과 같이 간단히 생성할 수 있다.

```
BlockingQueue<Integer> queue = new PriorityBlockingQueue<>();
```

> **Info** ≡ 스레드 안전이 아닌 버전은 PriorityQueue다.

스레드 안전 딜레이 큐

자바는 DelayQueue를 통해 딜레이가 만료되어야 원소를 가져올 수 있는 스레드 안전 무제한 블로킹 큐를 제공한다. DelayQueue 생성은 다음과 같이 간단하다.

```
BlockingQueue<TrainDelay> queue = new DelayQueue<>();
```

스레드 안전 전송 큐

자바는 LinkedTransferQueue를 통해 연결 노드 기반의 스레드 안전 무제한 전송(transfer) 큐를 제공한다.

FIFO 큐이므로 헤드(head)는 어떤 프로듀서가 가장 오래 전에 큐에 넣은 원소다. 큐의 테일(tail)은 어떤 프로듀서가 가장 최근에 큐에 넣은 원소다.

다음은 이러한 큐를 생성하는 한 가지 방법이다.

```
TransferQueue<String> queue = new LinkedTransferQueue<>();
```

스레드 안전 동기 큐

자바는 SynchronousQueue를 통해 각 삽입 연산이 다른 스레드가 수행 중인 삭제 연산을 기다려야 하고 그 반대도 마찬가지인 블로킹 큐를 제공한다.

```
BlockingQueue<String> queue = new SynchronousQueue<>();
```

스레드 안전 스택

스택의 스레드 안전 구현은 Stack과 ConcurrentLinkedDeque다.

Stack 클래스는 객체들의 LIFO(Last In First Out) 스택을 표현한다. Vector 클래스에 벡터를 스택처럼 다룰 수 있는 몇 가지 연산을 넣어 확장한 클래스다. Stack의 모든 메서드는 동기식이다. 다음과 같이 간단히 Stack을 생성할 수 있다.

```
Stack<Integer> stack = new Stack<>();
```

ConcurrentLinkedDeque 구현은 push( )와 pop( ) 메서드로 Stack(LIFO)처럼 사용할 수 있다.

```
Deque<Integer> stack = new ConcurrentLinkedDeque<>();
```

TIP ≡ 성능 면에서 Stack보다 ConcurrentLinkedDeque가 낫다.

스레드 안전의 특징을 보이기 위해 이 책의 예제 코드에서는 앞서 살펴본 각 컬렉션을 다수의 스레드에서 사용하는 애플리케이션 몇 가지를 제공한다.

동기화된 컬렉션

동시 컬렉션 외에 synchronized 컬렉션도 있다. 자바는 어떤 컬렉션을 스레드 안전 컬렉션으로 사용할 수 있게 해주는 래퍼 묶음을 제공한다. Collections에서 이러한 래퍼를 지원한다. 흔히 쓰이는 래퍼 위주로 살펴보자.

- synchronizedCollection(Collection<T> c): 명시한 컬렉션 기반의 동기화된 (스레드 안전) 컬렉션을 반환한다.

- synchronizedList(List<T> list): 명시한 리스트 기반의 동기화된 (스레드 안전) 리스트를 반환한다.

  ```
  List<Integer> syncList
    = Collections.synchronizedList(new ArrayList<>());
  ```

- synchronizedMap(Map<K, V> m): 명시한 맵 기반의 동기화된 (스레드 안전) 맵을 반환한다.

  ```
  Map<Integer, Integer> syncMap
    = Collections.synchronizedMap(new HashMap<>());
  ```

- synchronizedSet(Set<T> s): 명시한 세트 기반의 동기화된 (스레드 안전) 세트를 반환한다.

  ```
  Set<Integer> syncSet
    = Collections.synchronizedSet(new HashSet<>());
  ```

122.2 동시 컬렉션 대 동기화된 컬렉션

당연히 동시 컬렉션과 동기화된 컬렉션의 차이가 무엇인지 궁금할 것이다. 주된 차이는 스레드 안전을 달성하는 방식이다. 동시 컬렉션은 데이터를 세그먼트(segment)로 분할해 스레드 안전을 달성한다. 스레드는 이러한 세그먼트에 동시에 접근해 사용 중인 세그먼트에 대해서만 잠금을 획득한다. 반면, 동기화된 컬렉션은 고유 잠금(intrinsic locking)을 통해 전체 컬렉션을 잠근다(동기화된 메서드를 호출하는 스레드가 자동으로 그 메서드의 객체에 대한 고유 잠금을 획득하며 메서드가 반환할 때 잠금을 해제한다).

동기화된 컬렉션을 순회하려면 다음과 같이 수동으로 동기화해야 한다.

```
List syncList = Collections.synchronizedList(new ArrayList());
...
synchronized(syncList) {
  Iterator i = syncList.iterator();
  while (i.hasNext()) {
    do_something_with i.next();
  }
}
```

> TIP ≡ 동시 컬렉션은 스레드의 동시 접근을 허용하므로 동기화된 컬렉션보다 성능이 훨씬 뛰어나다.

123 너비 우선 탐색

너비 우선 탐색(Breadth-First Search, BFS)은 그래프나 트리의 모든 노드를 순회(방문)하는 대표적인 알고리즘이다.

가장 쉽게 알고리즘을 이해하는 방법은 의사 코드(pseudo-code)와 예제다. 다음은 너비 우선 탐색의 의사 코드다.

1. 큐 Q를 생성한다.

2. v에 방문했다고 표시하고 Q에 v를 넣는다.

3. Q가 빌 때까지

4. Q의 헤드 h를 삭제한다.

5. h의 모든 (방문하지 않은) 이웃에 방문했다고 표시하고 큐에 넣는다.

그림 5-8의 0단계에 나오는 그래프를 예로 살펴보자.

▼ 그림 5-8

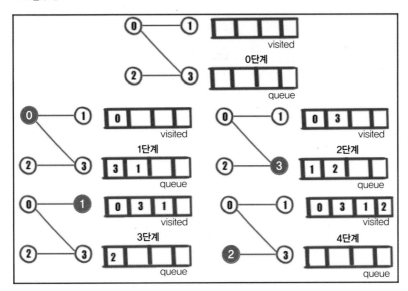

첫 번째 단계(1단계)에서 정점 0을 방문한다. 정점 0을 visited 리스트에 넣은 후 모든 인접 정점
을 queue(3, 1)에 넣는다. 이어서 2단계에서 queue의 앞 원소인 3을 방문한다. 정점 3에는 방문
하지 않은 인접 정점 2가 있으므로 2를 queue 뒤에 추가한다. 다음으로 3단계에서는 queue의 앞
원소인 1을 방문한다. 이 정점의 인접 정점은 하나(0)인데, 이미 방문했다. 끝으로 queue에 하나
남은 정점 2를 방문한다. 이 정점의 유일한 인접 정점(3)도 이미 방문했다.

너비 우선 탐색 알고리즘을 코드로 구현하면 다음과 같다.

```
public class Graph {
  private final int v;
  private final LinkedList<Integer>[] adjacents;

  public Graph(int v) {
    this.v = v;
    adjacents = new LinkedList[v];

    for (int i = 0; i < v; ++i) {
      adjacents[i] = new LinkedList();
    }
  }
```

```java
    public void addEdge(int v, int e) {
      adjacents[v].add(e);
    }

    public void BFS(int start) {
      boolean visited[] = new boolean[v];
      LinkedList<Integer> queue = new LinkedList<>();
      visited[start] = true;

      queue.add(start);

      while (!queue.isEmpty()) {
        start = queue.poll();
        System.out.print(start + " ");

        Iterator<Integer> i = adjacents[start].listIterator();
        while (i.hasNext()) {
          int n = i.next();
          if (!visited[n]) {
            visited[n] = true;
            queue.add(n);
          }
        }
      }
    }
  }
```

(그림 5-8의) 그래프는 다음과 같이 만든다.

```java
    Graph graph = new Graph(4);
    graph.addEdge(0, 3);
    graph.addEdge(0, 1);
    graph.addEdge(1, 0);
    graph.addEdge(2, 3);
    graph.addEdge(3, 0);
    graph.addEdge(3, 2);
    graph.addEdge(3, 3);
```

출력은 0 3 1 2다.

124 트라이

(디지털 트리라고도 부르는) 트라이(Trie)는 문자열 정렬에 흔히 쓰이는 순서 트리(ordered tree) 구조다. 추출(reTrieval) 데이터 구조라는 뜻에서 트라이(Trie)라는 이름이 붙었다. 이진 트리보다 성능이 뛰어나다.

루트를 제외한 트라이의 모든 노드는 문자를 하나씩 포함한다(예를 들어 단어가 hey면 노드는 3개다). 트라이의 각 노드는 일반적으로 다음을 포함한다.

- 값(문자나 0~9의 숫자)
- 자식 노드로의 포인터
- 현재 노드가 한 단어의 끝임을 뜻하는 true라는 플래그
- 노드 분기에 쓰이는 루트 하나

그림 5-9는 cat, caret, bye라는 단어를 트라이에 저장하는 순차적인 단계를 보여준다.

▼ 그림 5-9

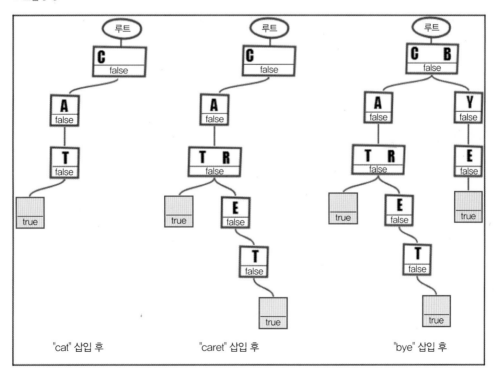

트라이 노드를 코드로 구현하면 다음과 같다.

```java
public class Node {
  private final Map<Character, Node> children = new HashMap<>();
  private boolean word;

  Map<Character, Node> getChildren() {
    return children;
  }

  public boolean isWord() {
    return word;
  }

  public void setWord(boolean word) {
    this.word = word;
  }
}
```

위 클래스를 바탕으로 다음과 같이 트라이의 기본 구조를 정의할 수 있다.

```java
class Trie {
  private final Node root;

  public Trie() {
    root = new Node();
  }

  public void insert(String word) {
    ...
  }

  public boolean contains(String word) {
    ...
  }

  public boolean delete(String word) {
    ...
  }
}
```

124.1 트라이 삽입

트라이에 단어를 삽입하는 알고리즘부터 살펴보자.

1. 현재 노드를 루트로 간주한다.

2. 주어진 단어를 첫 번째 문자부터 문자 단위로 순회한다.

3. 현재 노드(Map<Character, Node>)가 현재 문자의 값(Node)과 일치하면 노드를 따라간다. 그렇지 않으면 새 Node를 생성해 현재 문자를 노드에 할당한 후 노드를 따라간다.

4. 단어가 끝날 때까지 2단계부터 다시 반복한다(다음 문자로 넘어간다).

5. 현재 노드에 단어가 끝났음을 표시한다.

코드로 구현하면 다음과 같다.

```java
public void insert(String word) {
  Node node = root;

  for (int i = 0; i < word.length(); i++) {
    char ch = word.charAt(i);
    Function function = k -> new Node();

    node = node.getChildren().computeIfAbsent(ch, function);
  }

  node.setWord(true);
}
```

> Info ≡ 단어의 크기가 n일 때 삽입의 복잡도는 O(n)이다.

124.2 트라이 검색

이번에는 트라이에서 단어를 찾아보자.

1. 현재 노드를 루트로 간주한다.

2. 주어진 단어를 (첫 번째 문자부터) 문자 단위로 순회한다.

3. 각 문자가 트라이(Map<Character, Node>)에 있는지 확인한다.

4. 문자가 없으면 false를 반환한다.

5. 단어가 끝날 때까지 2단계부터 다시 반복한다.

6. 단어를 모두 순회했을 때 트라이에 있는 단어이면 true를, 접두사일 뿐이면 false를 반환
한다.

코드로 구현하면 다음과 같다.

```
public boolean contains(String word) {
  Node node = root;

  for (int i = 0; i < word.length(); i++) {
    char ch = word.charAt(i);
    node = node.getChildren().get(ch);

    if (node == null) {
      return false;
    }
  }

  return node.isWord();
}
```

> Info ≡   단어의 크기가 n일 때 검색의 복잡도는 O(n)이다.

124.3 트라이 삭제

마지막으로 트라이에서 삭제해보자.

1. 주어진 단어가 트라이에 속하는지 확인한다.

2. 트라이에 속하면 삭제한다.

삭제는 재귀와 다음 규칙을 사용해 상향식으로 이뤄진다.

- 주어진 단어가 트라이에 없으면 아무것도 하지 않는다(false를 반환한다).

- 주어진 단어가 고유하면(다른 단어의 일부가 아니면) 해당하는 노드를 모두 삭제한다(true
  를 반환한다).

- 주어진 단어가 트라이 내 또 다른 긴 단어의 접두사면 리프 노드의 플래그를 false로 할당
  한다(false를 반환한다).

- 주어진 단어가 접두사로서 또 다른 단어를 포함하면 주어진 단어의 끝에서부터 가장 긴 접두사 단어의 첫 번째 리프 노드까지 해당하는 노드를 삭제한다(false를 반환한다).

코드로 구현하면 다음과 같다.

```java
public boolean delete(String word) {
  return delete(root, word, 0);
}

private boolean delete(Node node, String word, int position) {
  if (word.length() == position) {
    if (!node.isWord()) {
      return false;
    }

    node.setWord(false);

    return node.getChildren().isEmpty();
  }

  char ch = word.charAt(position);
  Node children = node.getChildren().get(ch);

  if (children == null) {
    return false;
  }

  boolean deleteChildren = delete(children, word, position + 1);

  if (deleteChildren && !children.isWord()) {
    node.getChildren().remove(ch);

    return node.getChildren().isEmpty();
  }

  return false;
}
```

> Info ≡　단어의 크기가 n일 때 삭제의 복잡도는 O(n)이다.

이제 아래처럼 트라이를 만들 수 있다.

```java
Trie trie = new Trie();
trie.insert/contains/delete(...);
```

125 튜플

기본적으로 튜플(tuple)은 여러 부분으로 이뤄진 데이터 구조다. 보통 둘 또는 세 부분으로 이뤄진다. 일반적으로 세 부분보다 많아야 하면 전용 클래스를 만드는 편이 낫다.

튜플은 불변이며 결과를 여러 개 반환해야 하는 메서드에 쓰인다. 예를 들어 배열의 최솟값과 최댓값을 반환하는 메서드를 가정해보자. 일반적으로 메서드는 둘을 함께 반환할 수 없으므로 튜플을 사용하면 편리하다.

안타깝게도 자바는 내장 튜플을 제공하지 않는다. 그래도 Map의 항목을 나타내는 Map.Entry<K, V>는 지원한다. 특히 JDK 9부터는 Map 인터페이스에 entry(K k, V v)라는 메서드가 추가되면서 주어진 키와 값을 포함하는 수정 불가능한 Map.Entry<K, V>를 반환할 수 있게 됐다.

다음은 두 부분으로 이뤄진 튜플을 처리하는 메서드다.

```java
public static <T> Map.Entry<T, T> array(
    T[] arr, Comparator<? super T> c) {
  T min = arr[0];
  T max = arr[0];

  for (T elem: arr) {
    if (c.compare(min, elem) > 0) {
      min = elem;
    } else if (c.compare(max, elem)<0) {
      max = elem;
    }
  }

  return entry(min, max);
}
```

Bounds라는 클래스에 위 메서드를 넣으면 다음과 같이 호출할 수 있다.

```java
public class Melon {
  private final String type;
  private final int weight;

  // 이하 생성자, 게터, equals(), hashCode(),
  // toString() 생략
}

Melon[] melons = {
```

```
    new Melon("Crenshaw", 2000), new Melon("Gac", 1200),
    new Melon("Bitter", 2200), new Melon("Hami", 800)
};

Comparator<Melon> byWeight = Comparator.comparing(Melon::getWeight);
Map.Entry<Melon, Melon> minmax = Bounds.array(melons, byWeight);

System.out.println("Min: " + minmax1.getKey());    // Hami(800g)
System.out.println("Max: " + minmax1.getValue()); // Bitter(2200g)
```

따로 구현을 작성할 수도 있다. 두 부분으로 이뤄진 튜플은 흔히 쌍(pair)이라 부르므로 직관적으로 구현하면 다음과 같다.

```
public final class Pair<L, R> {
  final L left;
  final R right;

  public Pair(L left, R right) {
    this.left = left;
    this.right = right;
  }

  static <L, R> Pair<L, R> of (L left, R right) {
    return new Pair<>(left, right);
  }

  // 이하 equals()와 hashCode() 생략
}
```

이제 최솟값과 최댓값을 계산하는 메서드를 다시 작성해보자.

```
public static <T> Pair<T, T> array(T[] arr, Comparator<? super T> c) {
  ...
  return Pair.of(min, max);
}
```

126 유니온 파인드

유니온 파인드(Union Find)는 서로소 집합(disjoint-set)이라는 네이터 구조를 다루는 알고리즘이다.

서로소 집합 데이터 구조는 서로 겹치지 않는 분리된 부분 집합들로 이뤄진 원소 집합을 정의한다. 그림 5-10은 세 개의 부분 집합으로 이뤄진 서로소 집합을 보여준다.

▼ 그림 5-10

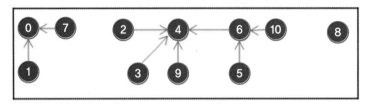

코드에서는 서로소 집합을 다음과 같이 표현한다.

- n은 총 원소 수다(예를 들어 그림 5-10에서 n은 11이다).
- rank는 0으로 초기화하는 배열로 여러 개의 원소로 이뤄진 두 부분 집합을 어떻게 합칠지 결정한다(rank가 더 낮은 부분 집합이 rank가 더 높은 부분 집합의 자식이 된다).
- parent는 배열 기반 유니온 파인드를 수행하기 위한 배열이다(최초에 parent[0] = 0; parent[1] = 1; ... parent[10] = 10;이다).

```
public DisjointSet(int n) {
  this.n = n;
  rank = new int[n];
  parent = new int[n];

  initializeDisjointSet();
}
```

유니온 파인드 알고리즘은 일반적으로 다음을 할 수 있어야 한다.

- 두 부분 집합을 하나의 부분 집합으로 병합
- 주어진 원소가 속한 부분 집합 반환(같은 부분 집합에 속하는 원소들을 찾을 때 유용하다)

서로소 집합 데이터 구조를 배열로 표현하면 메모리에 저장할 수 있다. 처음에는 배열의 각 인덱스에 인덱스 값을 저장한다(x[i] = i). 각 인덱스에 의미 있는 정보를 넣을 수 있으나 필수는 아니다. 가령 그림 5-11처럼 배열을 표현할 수 있다(최초에 부분 집합은 11개고 각 원소가 곧 부모다).

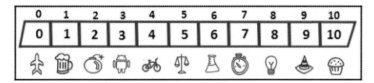

그림 5-12처럼 숫자를 사용해서 표현해도 된다.

▼ 그림 5-12

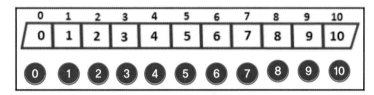

코드로 구현하면 다음과 같다.

```
private void initializeDisjointSet() {
  for (int i = 0; i < n; i++) {
    parent[i] = i;
  }
}
```

이제 유니온(union) 연산으로 부분 집합을 정의해야 한다. 부분 집합은 일련의 (부모, 자식) 쌍으로 정의한다. 예를 들어 union(0,1);, union(4, 9);, union(6, 5);로 세 개의 쌍을 정의해보자. 그림 5-13에서처럼 어떤 원소(부분 집합)가 또 다른 원소(부분 집합)의 자식이 되면 그 부모의 값을 할당한다.

▼ 그림 5-13

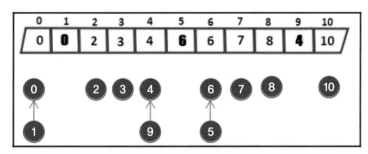

299

부분 집합을 모두 정의할 때까지 위 과정을 반복한다. 예를 들어 union(0, 7);, union(4, 3);, union(4, 2);, union(6, 10);, union(4, 5);로 합집합을 추가할 수 있다. 결과 그래프는 다음과 같다.

▼ 그림 5-14

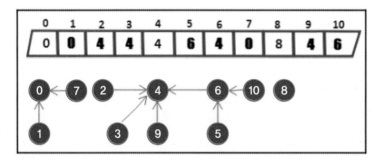

일반적으로 더 작은 부분 집합을 더 큰 부분 집합에 합치는 편이 그 반대보다 낫다. 예를 들어 4를 포함하는 부분 집합과 5를 포함하는 부분 집합을 합치는 순간을 살펴보자. 이때 4는 부분 집합의 부모이고 자식이 셋(2, 3, 9)이지만 5는 10과 나란하고 그 둘은 6의 자식이다. 즉, 5를 포함하는 부분 집합에는 노드가 3개(6, 5, 10)인 반면, 4를 포함하는 부분 집합에는 노드가 4개(4, 2, 3, 9)다. 따라서 4를 6의 부모로, 간접적으로는 5의 부모로 만든다.

코드에서는 rank[ ] 배열로 부모를 정한다.

▼ 그림 5-15

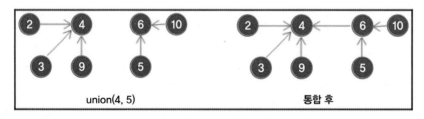

이제 find와 union 연산을 어떻게 구현하는지 살펴보자.

126.1 find 연산 구현

주어진 원소의 부분 집합 찾기는 현재 원소가 부모가 될 때까지 부모 원소를 따라가며 부분 집합을 순회하는 재귀적 과정이다.

```java
public int find(int x) {
  if (parent[x] == x) {
    return x;
  } else {
    return find(parent[x]);
  }
}
```

126.2 union 연산 구현

유니온(union) 연산은 주어진 두 부분 집합의 루트 원소를 가져오는 것으로 시작한다. 두 루트가 다르면 랭크를 보고 어느 부분 집합을 다른 부분 집합의 부모로 만들지 결정한다(더 높은 랭크가 부모가 된다). 랭크가 같으면 둘 중 하나를 골라 rank를 1 증가시킨다.

```java
public void union(int x, int y) {
  int xRoot = find(x);
  int yRoot = find(y);

  if (xRoot == yRoot) {
    return;
  }

  if (rank[xRoot] < rank[yRoot]) {
    parent[xRoot] = yRoot;
  } else if (rank[yRoot] < rank[xRoot]) {
    parent[yRoot] = xRoot;
  } else {
    parent[yRoot] = xRoot;
    rank[xRoot]++;
  }
}
```

모두 구현했으니 이제 서로소 집합을 정의해보자.

```java
DisjointSet set = new DisjointSet(11);
set.union(0, 1);
set.union(4, 9);
set.union(6, 5);
set.union(0, 7);
set.union(4, 3);
set.union(4, 2);
set.union(6, 10);
```

```
set.union(4, 5);
```

앞서 구현한 메서드를 사용해보자.

```
// 4와 0은 친구인가 => false
System.out.println("Is 4 and 0 friends: "
  + (set.find(0) == set.find(4)));

// 4와 5는 친구인가 => true
System.out.println("Is 4 and 5 friends: "
  + (set.find(4) == set.find(5)));
```

원소 간 경로를 줄임으로써 위 알고리즘을 최적화할 수 있다. 그림 5-16을 예로 살펴보자.

▼ 그림 5-16

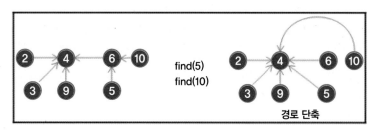

왼쪽 그림에서 5의 부모를 찾으려면 4에 닿기 위해 6을 지나가야 한다. 비슷하게 10의 부모를 찾으려면 4에 닿기 위해 6을 지나가야 한다. 하지만 오른쪽 그림에서처럼 5와 10을 4에 직접 연결해 5와 10의 경로를 단축할 수 있다. 이번에는 중간에 거치는 원소 없이 5와 10의 부모를 찾는다.

경로 단축은 find() 연산에도 적용할 수 있다.

```
public int find(int x) {
  if (parent[x] != x) {
    return parent[x] = find(parent[x]);
  }

  return parent[x];
}
```

이 책의 예제 코드는 경로 단축을 포함하는 애플리케이션과 그렇지 않은 애플리케이션을 모두 제공한다.

127 펜윅 트리 또는 이진 인덱스 트리

펜윅 트리(Fenwick Tree) 혹은 이진 인덱스 트리(Binary Indexed Tree, BIT)는 주어진 배열의 구간합을 저장하기 위해 생성하는 또 다른 배열이다. 주어진 배열과 크기가 같은 배열을 생성한 후 각 위치(또는 노드)에 주어진 배열의 일부 원소들의 합을 저장한다. 이진 인덱스 트리는 주어진 배열의 부분합을 포함하므로 두 인덱스가 주어지면 인덱스를 순회하며 합을 계산하지 않고도 주어진 배열 내 원소들의 합(범위 합/쿼리)을 아주 효율적으로 계산할 수 있다.

이진 인덱스 트리는 선형 시간이나 $O(n \log n)$에 만들 수 있다. 당연히 선형 시간이 좋으므로 이 방법을 알아보겠다. 다음과 같은 (원본) 배열이 주어졌다고 하자(아래 첨자는 배열의 인덱스를 나타낸다).

$3_{(1)}$, $1_{(2)}$, $5_{(3)}$, $8_{(4)}$, $12_{(5)}$, $9_{(6)}$, $7_{(7)}$, $13_{(8)}$, $0_{(9)}$, $3_{(10)}$, $1_{(11)}$, $4_{(12)}$, $9_{(13)}$, $0_{(14)}$, $11_{(15)}$, $5_{(16)}$

이진 인덱스 트리를 생성할 때는 **최하위 비트**(Least Significant Bit, LSB) 개념을 활용한다. 구체적으로 현재 인덱스a의 원소를 처리하고 있다고 가정하자. 바로 위 값은 $b = a + LSB(a)$로 계산한 인덱스b에 들어가야 한다. 이 알고리즘을 적용하려면 인덱스0의 값이 0이어야 하므로 배열을 다음과 같이 가정하자.

$0_{(0)}$, $3_{(1)}$, $1_{(2)}$, $5_{(3)}$, $8_{(4)}$, $12_{(5)}$, $9_{(6)}$, $7_{(7)}$, $13_{(8)}$, $0_{(9)}$, $3_{(10)}$, $1_{(11)}$, $4_{(12)}$, $9_{(13)}$, $0_{(14)}$, $11_{(15)}$, $5_{(16)}$

알고리즘을 몇 단계 진행하며 이진 인덱스 트리에 합을 넣어 보자. 이진 인덱스 트리의 인덱스0에는 0이 들어 있다. $b = a + LSB(a)$라는 공식으로 다음과 같이 남은 합들을 계산한다.

1. **a = 1**: $a = 1 = 00001_2$이면 $b = 00001_2 + 00001_2 = 1 + 1 = 2 = 00010_2$이다. 즉, 인덱스2에서 a(1)을 담당한다. 따라서 이진 인덱스 트리의 인덱스1에 값 3을 저장한 후, 인덱스2의 원소 1에 인덱스1의 원소 3을 합해 $1 + 3 = 4$를 인덱스2에 저장한다.

2. **a = 2**: $a = 2 = 00010_2$이면 $b = 00010_2 + 00010_2 = 2 + 2 = 4 = 00100_2$이다. 즉, 인덱스4에서 a(2)를 담당한다. 따라서 이진 인덱스 트리의 인덱스4의 원소 8에 인덱스2의 원소 4를 합해 $8 + 4 = 12$를 인덱스4에 저장한다.

3. **a = 3**: $a = 3 = 00011_2$이면 $b = 00011_2 + 00001_2 = 3 + 1 = 4 = 00100_2$이다. 즉, 인덱스4에서 a(3)을 담당한다. 따라서 이진 인덱스 트리의 인덱스4의 원소 12에 인덱스3의 원소 5를 합해 $12 + 5 = 17$을 인덱스4에 저장한다.

4. **a = 4**: $a = 4 = 00100_2$이면 $b = 00100_2 + 00100_2 = 4 + 4 = 8 = 01000_2$이다. 즉, 인덱스8에서 a(4)를 담당한다. 따라서 이진 인덱스 트리의 인덱스8의 원소 13에 인덱스4의 원소 17을 합해 $13 + 17 = 30$을 인덱스8에 저장한다.

이진 인덱스 트리가 완성될 때까지 위 알고리즘을 이어간다. 그림으로 나타내면 다음과 같다.

▼ 그림 5-17

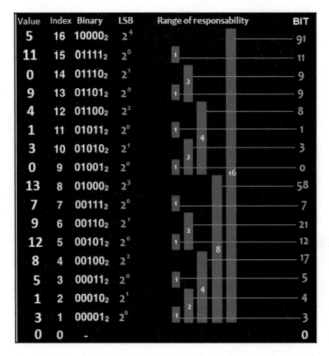

TIP ☰ | 계산한 인덱스 값이 한도를 벗어나면 무시한다.

위 흐름을 코드로 구현하면 다음과 같다(values는 주어진 배열이다).

```
public class FenwickTree {
  private final int n;
  private long[] tree;
  ...

  public FenwickTree(long[] values) {
    values[0] = 0 L;
    this.n = values.length;
    tree = values.clone();

    for (int i = 1; i < n; i++) {
      int parent = i + lsb(i);
      if (parent < n) {
```

```
        tree[parent] += tree[i];
      }
    }
  }

  private static int lsb(int i) {
    return i & -i;

    // 혹은
    // return Integer.lowestOneBit(i);
  }

    ...
  }
```

이진 인덱스 트리를 생성했으니 업데이트와 범위 쿼리를 수행할 수 있다.

가령 범위 합을 구할 때는 해당하는 범위를 가져와 전부 합한다. 그림 5–18의 오른쪽에 나오는 몇 가지 예제를 보면 이해하기 쉽다.

▼ 그림 5–18

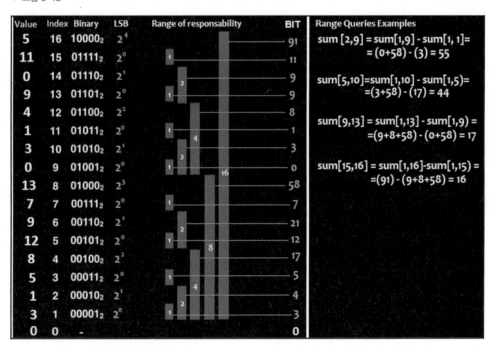

간단히 코드로 구현할 수 있다.

```
public long sum(int left, int right) {
  return prefixSum(right) - prefixSum(left - 1);
}


private long prefixSum(int i) {
  long sum = 0L;

  while (i != 0) {
    sum += tree[i];
    i &= ~lsb(i); // 또는 i -= lsb(i);
  }

  return sum;
}
```

뿐만 아니라 새 값도 추가할 수 있다.

```
public void add(int i, long v) {
  while (i < n) {
    tree[i] += v;
    i += lsb(i);
  }
}
```

특정 인덱스에 새 값을 할당할 수도 있다.

```
public void set(int i, long v) {
  add(i, v - sum(i, i));
}
```

기능을 모두 개발했으니 예제 배열의 이진 인덱스 트리를 다음과 같이 생성할 수 있다.

```
FenwickTree tree = new FenwickTree(new long[] {
  0, 3, 1, 5, 8, 12, 9, 7, 13, 0, 3, 1, 4, 9, 0, 11, 5
});
```

여기에 메서드를 호출해보자.

```
long sum29 = tree.sum(2, 9); // 55
tree.set(4, 3);
tree.add(4, 5);
```

128 블룸 필터

블룸 필터(Bloom filter)는 **주어진 집합이 값 X를 포함하는가?**라는 질문에 확률적으로 답할 수 있는 빠르고 메모리 효율적인 데이터 구조다.

대개 이 알고리즘은 집합이 아주 크고 대부분의 검색 알고리즘에 메모리와 속도 이슈가 발생했을 때 유용하다.

블룸 필터가 속도와 메모리 효율성이 좋은 까닭은 비트 배열(예를 들어 java.util.BitSet)을 활용하기 때문이다. 최초에 이 배열의 비트들은 0 또는 false로 할당된다.

비트 배열은 블룸 필터를 이루는 첫 번째 주재료다. 두 번째 주재료는 하나 이상의 해시 함수다. 이상적으로는 **쌍으로 독립이고(pairwise independent) 균일하게 분포된(uniformly distributed)** 해시 함수다. 또한 아주 빨라야 한다. 머머(murmur), fnv 시리즈, HashMix 등의 해시 함수가 블룸 필터에 사용할 수 있을 정도의 제약을 만족한다.

블룸 필터에 원소를 추가하려면 (준비된 각 해시 함수를 거쳐) 원소를 해싱한 후 비트 배열 내 해당 해시의 인덱스의 비트에 1 또는 true를 할당해야 한다.

다음 코드가 핵심 개념을 명확히 보여준다.

```
private BitSet bitset; // 비트 배열
private static final Charset CHARSET = StandardCharsets.UTF_8;
...
public void add(T element) {
  add(element.toString().getBytes(CHARSET));
}

public void add(byte[] bytes) {
  int[] hashes = hash(bytes, numberOfHashFunctions);

  for (int hash: hashes) {
    bitset.set(Math.abs(hash % bitSetSize), true);
  }

  numberOfAddedElements++;
}
```

원소를 찾을 때도 같은 해시 함수에 통과시켜야 한다. 이어서 결괏값이 비트 배열에 1 또는 true로 표시되어 있는지 확인한다. 표시되어 있지 않으면 당연히 원소는 집합에 없다. 반면, 표시되어 있으면 어떤 확률로 원소가 집합에 들어 있다는 뜻이다. 다른 원소나 원소들의 조합이 이 비트들

에 들어 있을 수 있으니 100%는 아니다. 이때 틀린 답을 **긍정 오류**(false positive)라 부른다.

코드로 구현하면 다음과 같다.

```java
private BitSet bitset; // 비트 배열
private static final Charset CHARSET = StandardCharsets.UTF_8;
...

public boolean contains(T element) {
  return contains(element.toString().getBytes(CHARSET));
}

public boolean contains(byte[] bytes) {
  int[] hashes = hash(bytes, numberOfHashFunctions);

  for (int hash: hashes) {
    if (!bitset.get(Math.abs(hash % bitSetSize))) {
      return false;
    }
  }

  return true;
}
```

그림 5-19는 3개의 해시 함수와 크기 11의 비트 배열로 표현한 블룸 필터를 보여준다(원소 2개를 추가했다).

▼ 그림 5-19

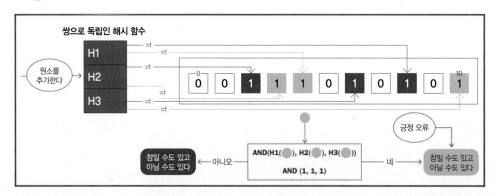

당연히 **긍정 오류** 수를 최소화하고 싶을 것이다. 아예 없앨 수는 없어도 비트 배열의 크기, 해시 함수의 개수, 집합의 원소 수를 바꾸면 비율에 영향을 줄 수 있다.

다음은 최적의 블룸 필터를 생성하는 데 필요한 수학 공식들이다.

- 필터 내 항목 수(m, k, p로 추정할 수 있다)

  n = ceil(m / (-k / log(1 - exp(log(p) / k))));

- **긍정 오류**가 발생할 확률로서 0부터 1 사이의 분수 또는 1-in-p를 나타내는 수

  p = pow(1 - exp(-k / (m / n)), k);

- 필터 내 비트 수(또는 KB, KiB, MB, Mb, GiB 등으로 나타낸 크기)

  m = ceil((n * log(p)) / log(1 / pow(2, log(2))));

- 해시 함수 개수(m과 n으로 추정할 수 있다)

  k = round((m / n) * log(2));

TIP ≡ 일반적으로 필터가 클수록 **긍정 오류**가 적다. 해시 함수의 개수를 늘려 **긍정 오류**를 줄일 수도 있으나 필터가 느려질 뿐 아니라 빠르게 채워진다. 해시 함수의 개수를 h라고 할 때, 블룸 필터의 성능은 O(h)다.

이 책의 예제 코드에서 SHA-256과 머머(murmur) 기반의 해시 함수를 사용하는 블룸 필터 구현을 제공한다. 코드가 너무 길어 책에 나열하기 어려우니 Main 클래스에 나오는 예제부터 살펴보자.

5.3 요약

JAVA CODING PROBLEMS

5장에서는 배열과 컬렉션, 그 밖에 몇 가지 데이터 구조를 다루는 문제 30개를 살펴봤다. 배열과 컬렉션을 다루는 문제에서는 일상적으로 마주치는 문제들을, 데이터 구조를 다루는 문제에서는 펜윅 트리, 유니온 파인드, 트라이 같이 덜 알려진(하지만 강력한) 데이터 구조를 소개했다.

5장의 애플리케이션을 다운로드해서 결과와 추가적인 세부 사항을 확인하자.

memo

6장

자바 입출력 경로, 파일, 버퍼, 스캐닝, 포매팅

6장에서는 자바의 파일 입출력을 다루는 20개의 문제를 살펴본다. 스트리밍 파일로의 경로를 조작하고 탐색하고 감시하는 것으로 시작해서 텍스트와 이진 파일을 읽고 쓰는 효율적인 방법까지 자바 개발자가 일상적으로 마주칠 문제들을 다룬다.

6장에서 습득하게 될 기술들로 자바 입출력 파일을 포함하는 일반적인 문제 대부분에 대처할 수 있게 된다. 6장에서 다루는 다양한 주제들은 자바가 입출력 작업을 어떻게 처리하는지에 대한 수많은 정보를 제공한다.

6.1 / 문제

다음 문제를 통해 자바 입출력을 프로그래밍하는 실력을 테스트해보자. 해답 페이지로 넘어가거나 예제 프로그램을 다운로드하기 전에 반드시 스스로 문제를 풀어보기 바란다.

129. 파일 경로 생성: 다양한 종류의 파일 경로(예를 들어 절대 경로, 상대 경로 등)를 생성하는 몇 가지 예제를 작성하라.

130. 파일 경로 변환: 파일 경로를 변환하는 몇 가지 예제를 작성하라(예를 들어 파일 경로를 문자열, URI, 파일 등으로 변환).

131. 파일 경로 결합: 파일 경로를 결합하는(합치는) 몇 가지 예제를 작성하라. 고정 경로를 정의한 후 다른 경로를 덧붙여보자(혹은 경로의 일부를 다른 경로로 치환해보자).

132. 두 위치 간 경로 생성: 주어진 두 경로 간 상대 경로(한 경로로부터 다른 경로로의 경로)를 생성하는 몇 가지 예제를 작성하라.

133. 파일 경로 비교: 주어진 파일 경로를 비교하는 몇 가지 예제를 작성하라.

134. 경로 탐색: 디렉터리 내 하위 디렉터리까지 포함해 모든 파일을 방문하는 프로그램을 작성하라. 또한 이름으로 파일을 찾고, 디렉터리를 삭제하고, 디렉터리를 이동하고, 디렉터리를 복사하는 프로그램을 작성하라.

135. 경로 감시: 특정 경로에 발생하는 변경(가령 생성, 삭제, 수정)을 감시하는 몇 가지 프로그램을 작성하라.

136. 파일 내용 스트리밍: 주어진 파일의 내용을 스트리밍하는 프로그램을 작성하라.

6.2 해법

앞서 나열한 문제의 해법을 설명하겠다. 그에 앞서 문제의 정답이 딱 하나인 경우는 드물다는 점을 잊지 말자. 또한 문제를 푸는 데 반드시 필요한 가장 흥미롭고 중요한 사항만 설명했음을 기억하자. 코드를 자세히 살펴보고 프로그램을 직접 실행하려면 https://github.com/gilbutITbook/080292에서 예제 솔루션을 다운로드한다.

129 파일 경로 생성

JDK 7부터는 NIO.2 API를 사용해 파일 경로를 생성할 수 있다. 구체적으로는 Path와 Paths API로 파일 경로를 간단히 정의한다.

Path 클래스는 파일 시스템 내 경로를 프로그램에서 처리할 수 있도록 표현한다. 경로 문자열은 다음 정보로 구성된다.

- 파일명

- 디렉터리 목록

- OS에 따라 다른 파일 구분자(예를 들어 솔라리스와 리눅스는 슬래시(/), 마이크로소프트 윈도는 역슬래시(\)를 사용한다)

- .(현재 디렉터리)와 ..(부모 디렉터리) 표기 등 그 밖에 허용된 문자

> TIP ≡ Path 클래스는 서로 다른 저장소(FileStore가 내부 저장소다)를 사용하는 다양한 파일 시스템 (FileSystem) 내 파일을 처리한다.

일반적으로 Path는 Paths 헬퍼 클래스의 get() 메서드 중 하나를 호출해 정의한다. FileSystems. getDefault().getPath() 메서드를 활용하는 방법도 있다.

Path는 파일 시스템 내에 존재한다. **파일 시스템은 대개 하나 이상의 하드 드라이브에 들어 있는 파일이나 미디어 형태를 쉽게 추출할 수 있도록 저장하고 조직한다.** 파일 시스템을 알아내려면 java.nio. file.FileSystems의 final 클래스로 java.nio.file.FileSystem 인스턴스를 구한다. JVM의 기본 FileSystem(대개 운영 체제의 기본 파일 시스템)은 FileSystems().getDefault() 메서드로 알아낸다. 파일 시스템과 파일(혹은 디렉터리나 폴더)의 위치를 알아야 Path 객체를 생성할 수 있다.

Path를 생성하는 또 다른 방법은 **통합 자원 식별자**(Uniform Resource Identifier, URI)다. 자바는 URI를 URI 클래스로 래핑하므로 URI.create(String uri) 메서드를 사용해 URI String으로부터 URI를 생성할 수 있다. 또한 Paths 클래스는 URI 객체를 인수로 받아 해당 Path를 반환하는 get() 메서드도 제공한다.

JDK 11부터는 두 개의 of() 메서드로 Path를 생성할 수 있다. 하나는 URI를 Path로 변환하고, 다른 하나는 경로 문자열(path-string)이나 경로 문자열로 합쳐지는 문자열 시퀀스를 Path로 변환한다.

이제부터 다양한 방법으로 경로를 생성해보겠다.

129.1 파일 저장소 루트 기준으로 경로 생성

현재 파일 저장소 루트(예를 들어 C:\) 기준으로 상대 경로를 생성하려면 파일 구분자로 시작해야 한다. 아래 예제에서 현재 파일 저장소 루트가 C일 때, 절대 경로는 C:\learning\packt\JavaModernChallenge.pdf다.

```
Path path = Paths.get("/learning/packt/JavaModernChallenge.pdf");
Path path = Paths.get("/learning", "packt/JavaModernChallenge.pdf");

Path path = Path.of("/learning/packt/JavaModernChallenge.pdf");
Path path = Path.of("/learning", "packt/JavaModernChallenge.pdf");

Path path = FileSystems.getDefault()
  .getPath("/learning/packt", "JavaModernChallenge.pdf");
Path path = FileSystems.getDefault()
  .getPath("/learning/packt/JavaModernChallenge.pdf");

Path path = Paths.get(
  URI.create("file:///learning/packt/JavaModernChallenge.pdf"));
Path path = Path.of(
  URI.create("file:///learning/packt/JavaModernChallenge.pdf"));
```

129.2 현재 폴더 기준으로 경로 생성

현재 작업 폴더 기준으로 상대 경로를 생성할 때는 파일 구분자로 시작하면 안 된다. 현재 폴더의 이름이 books고 C 루트 아래에 있을 때, 다음 코드에서 반환하는 절대 경로는 C:\books\learning\packt\JavaModernChallenge.pdf다.

```
Path path = Paths.get("learning/packt/JavaModernChallenge.pdf");
Path path = Paths.get("learning", "packt/JavaModernChallenge.pdf");

Path path = Path.of("learning/packt/JavaModernChallenge.pdf");
Path path = Path.of("learning", "packt/JavaModernChallenge.pdf");

Path path = FileSystems.getDefault()
  .getPath("learning/packt", "JavaModernChallenge.pdf");
Path path = FileSystems.getDefault()
  .getPath("learning/packt/JavaModernChallenge.pdf");
```

129.3 절대 경로 생성

절대 경로는 아래 예제에서 보듯이 루트 디렉터리와 파일이나 폴더를 포함하는 모든 하위 디렉터리를 명시해서 생성한다(C:\learning\packt\JavaModernChallenge.pdf).

```
Path path = Paths.get("C:/learning/packt", "JavaModernChallenge.pdf");
Path path = Paths.get(
  "C:", "learning/packt", "JavaModernChallenge.pdf");
Path path = Paths.get(
  "C:", "learning", "packt", "JavaModernChallenge.pdf");
Path path = Paths.get("C:/learning/packt/JavaModernChallenge.pdf");
Path path = Paths.get(
  System.getProperty("user.home"), "downloads", "chess.exe");

Path path = Path.of(
  "C:", "learning/packt", "JavaModernChallenge.pdf");
Path path = Path.of(
  System.getProperty("user.home"), "downloads", "chess.exe");

Path path = Paths.get(URI.create(
  "file:///C:/learning/packt/JavaModernChallenge.pdf"));
Path path = Path.of(URI.create(
  "file:///C:/learning/packt/JavaModernChallenge.pdf"));
```

129.4 단축 기호로 경로 생성

알다시피 .(현재 디렉터리)과 ..(부모 디렉터리) 표기는 단축 기호다. 이러한 종류의 경로는 normalize() 메서드로 정규화할 수 있다. normalize() 메서드는 .과 directory/.. 같은 중복을 제거한다.

```
Path path = Paths.get(
  "C:/learning/packt/chapters/../JavaModernChallenge.pdf")
    .normalize();
Path path = Paths.get(
  "C:/learning/./packt/chapters/../JavaModernChallenge.pdf")
    .normalize();

Path path = FileSystems.getDefault()
  .getPath("/learning/./packt", "JavaModernChallenge.pdf")
    .normalize();

Path path = Path.of(
```

```
  "C:/learning/packt/chapters/../JavaModernChallenge.pdf")
    .normalize();
Path path = Path.of(
  "C:/learning/./packt/chapters/../JavaModernChallenge.pdf")
    .normalize();
```

> $TIP \equiv$ 정규화하지 않으면 경로에서 중복되는 부분이 제거되지 않는다.

현재 운영 체제와 완벽히 호환되는 경로를 생성하려면 FileSystems.getDefault().getPath()를
사용하거나 File.separator(시스템에 따라 다른 기본 이름 구분자 문자)와 File.listRoots()(사
용 가능한 파일 시스템 루트)를 조합해서 사용한다. 상대 경로는 다음 예제처럼 생성한다.

```
private static final String FILE_SEPARATOR = File.separator;
```

getSeparator()를 사용해도 된다.

```
private static final String FILE_SEPARATOR
  = FileSystems.getDefault().getSeparator();

// 현재 작업 폴더 기준
Path path = Paths.get("learning",
  "packt", "JavaModernChallenge.pdf");
Path path = Path.of("learning",
  "packt", "JavaModernChallenge.pdf");
Path path = Paths.get(String.join(FILE_SEPARATOR, "learning",
  "packt", "JavaModernChallenge.pdf"));
Path path = Path.of(String.join(FILE_SEPARATOR, "learning",
  "packt", "JavaModernChallenge.pdf"));

// 파일 저장소 루트 기준
Path path = Paths.get(FILE_SEPARATOR + "learning",
  "packt", "JavaModernChallenge.pdf");
Path path = Path.of(FILE_SEPARATOR + "learning",
  "packt", "JavaModernChallenge.pdf");
```

절대 경로도 같은 방법으로 생성한다.

```
Path path = Paths.get(File.listRoots()[0] + "learning",
  "packt", "JavaModernChallenge.pdf");
Path path = Path.of(File.listRoots()[0] + "learning",
  "packt", "JavaModernChallenge.pdf");
```

FileSystems로 루트 디렉터리 목록도 알아낼 수 있다.

```
FileSystems.getDefault().getRootDirectories()
```

130 파일 경로 변환

파일 경로를 String, URI, File 등으로 변환하는 작업은 애플리케이션에서 광범위하게 쓰인다. 다음 파일 경로를 예로 살펴보자.

```
Path path = Paths.get("/learning/packt", "JavaModernChallenge.pdf");
```

JDK 7과 NIO.2 API를 사용해 Path를 String, URI, 절대 경로, 실제 경로, 파일로 변환하는 방법을 알아보자.

- Path를 String으로 변환할 때는 Path.toString() 메서드만 (명시적으로 혹은 자동으로) 호출하면 된다. 단, FileSystem.getPath() 메서드로 생성한 경로라면 toString()이 반환하는 경로 문자열과 경로를 생성할 때 사용했던 최초의 String이 다를 수 있다.

  ```
  // \learning\packt\JavaModernChallenge.pdf
  String pathToString = path.toString();
  ```

- Path를 URI(브라우저 포맷)로 변환할 때는 Path.toURI() 메서드를 호출한다. 반환된 URI가 래핑하고 있는 경로 문자열은 웹 브라우저의 주소창에 사용할 수 있다.

  ```
  // file:///D:/learning/packt/JavaModernChallenge.pdf
  URI pathToURI = path.toUri();
  ```

URI/URL로 표현한 파일명에서 Path를 추출하고 싶다고 하자(실제 흔히 마주치는 시나리오다). 다음 코드를 활용한다.

```
// JavaModernChallenge.pdf
URI uri = URI.create(
    "https://www.learning.com/packt/JavaModernChallenge.pdf");
Path URIToPath = Paths.get(uri.getPath()).getFileName();

// JavaModernChallenge.pdf
URL url = new URL(
    "https://www.learning.com/packt/JavaModernChallenge.pdf");
Path URLToPath = Paths.get(url.getPath()).getFileName();
```

경로 변환은 다음과 같이 수행한다.

- 상대 Path를 절대 Path로 변환할 때는 Path.toAbsolutePath() 메서드를 호출한다. Path가 이미 절대 경로이면 그대로 반환한다.

```
// D:\learning\packt\JavaModernChallenge.pdf
Path pathToAbsolutePath = path.toAbsolutePath();
```

- Path를 실제 Path로 변환할 때는 Path.toRealPath() 메서드를 호출하는데, 구현에 따라 결과가 달라진다. 가리키고 있는 파일이 존재하지 않으면 메서드는 IOException을 던진다. 하지만 일반적으로 이 메서드는 중복 원소가 없는(정규화된) 절대 경로를 반환한다. 또한 이 메서드는 **심볼릭 링크** 처리 방법을 가리키는 상수를 인수로 받는다. 기본적으로 파일 시스템이 **심볼릭 링크**를 지원하면 이 메서드도 링크를 분석한다. **심볼릭 링크**를 무시하려면 메서드에 LinkOption.NOFOLLOW_LINKS 상수만 전달하면 된다. 또한 경로명 원소는 디렉터리와 파일의 실제 이름을 나타낸다.
  다음 Path를 예로 들어 toRealPath() 메서드를 호출한 결과를 살펴보자(일부러 중복 원소 몇 개를 넣었고 PACKT 폴더를 대문자로 만들었다).

```
Path path = Paths.get(
"/learning/books/../PACKT/./", "JavaModernChallenge.pdf");
```

```
// D:\learning\packt\JavaModernChallenge.pdf
Path realPath = path.toRealPath(LinkOption.NOFOLLOW_LINKS);
```

- Path를 파일로 변환할 때는 Path.toFile() 메서드를 호출한다. 파일을 Path로 변환할 때는 File.toPath()를 호출한다.

```
File pathToFile = path.toFile();
Path fileToPath = pathToFile.toPath();
```

131 파일 경로 결합

파일 경로 결합(통합)이란 루트 경로를 정한 후 거기에 부분 경로를 덧붙이거나 루트 경로 일부를 치환하는 것이다(예를 들어 파일명은 또 다른 파일명으로 치환해야 한다). 특히 이 기법은 정해진 공통 부분을 공유하는 새 경로를 생성할 때 편리하다.

NIO.2와 Path.resolve(), Path.resolveSibling() 메서드를 사용하면 된다.

루트 경로를 다음과 같이 정한다고 하자.

```
Path base = Paths.get("D:/learning/packt");
```

두 책의 Path는 다음과 같이 구한다.

```
// D:\learning\packt\JBossTools3.pdf
Path path = base.resolve("JBossTools3.pdf");
```

```
// D:\learning\packt\MasteringJSF22.pdf
Path path = base.resolve("MasteringJSF22.pdf");
```

파일 집합을 순회할 때, 예를 들어 책 배열 String[]을 순회할 때도 이 기능을 사용할 수 있다.

```
Path basePath = Paths.get("D:/learning/packt");
String[] books = {
  "Book1.pdf", "Book2.pdf", "Book3.pdf"
};

for (String book: books) {
  Path nextBook = basePath.resolve(book);
  System.out.println(nextBook);
}
```

때로는 루트 경로가 파일명을 포함하기도 한다.

```
Path base = Paths.get("D:/learning/packt/JavaModernChallenge.pdf");
```

이때 resolveSibling() 메서드를 사용해 파일명(JavaModernChallenge.pdf)을 다른 이름으로 치환할 수 있다. 예제에서 보듯이 resolveSibling() 메서드는 주어진 경로의 부모 경로를 기준으로 경로를 구한다.

```
// D:\learning\packt\MasteringJSF22.pdf
Path path = base.resolveSibling("MasteringJSF22.pdf");
```

Path.getParent() 메서드에 resolve()와 resolveSibling() 메서드를 연결하면 더 복잡한 경로를 생성할 수 있다.

```
// D:\learning\publisher\MyBook.pdf
Path path = base.getParent().resolveSibling("publisher")
  .resolve("MyBook.pdf");
```

resolve()와 resolveSibling() 메서드는 각각 resolve(String other)와 resolveSibling(String other), resolve(Path other)와 resolveSibling(Path other)라는 두 종류의 메서드를 제공한다.

132 두 위치 간 경로 생성

두 위치 간 상대 경로는 Path.relativize() 메서드로 생성한다.

결과로 나오는(Path.relativize()가 반환하는) 상대 경로는 어떤 경로로 시작해 또 다른 경로로 끝난다. 두 경로를 기준으로 구한 상대 경로를 사용해 서로 다른 위치 간에 탐색할 수 있는 아주 강력한 기능이다.

다음 두 경로를 예로 살펴보자.

```
Path path1 = Paths.get("JBossTools3.pdf");
Path path2 = Paths.get("JavaModernChallenge.pdf");
```

보다시피 JBossTools3.pdf와 JavaModernChallenge.pdf는 형제다. 즉, 한 레벨 올라갔다가 한 레벨 내려오는 식으로 서로를 탐색할 수 있다. 예제를 수행해보면 어떻게 탐색하는지 잘 보인다.

```
// ..\JavaModernChallenge.pdf
Path path1ToPath2 = path1.relativize(path2);

// ..\JBossTools3.pdf
Path path2ToPath1 = path2.relativize(path1);
```

Path.relativize() 메서드는 공통 루트 원소를 갖는 경로 간에도 자주 쓰인다.

```
Path path3 = Paths.get("/learning/packt/2003/JBossTools3.pdf");
Path path4 = Paths.get("/learning/packt/2019");
```

path3과 path4는 같은 공통 루트 원소인 /learning을 공유한다. path3에서 path4를 탐색하려면 두 레벨 위로 올라가 한 레벨 아래로 내려와야 한다. 비슷하게 path4에서 path3을 탐색하려면 한 레벨 위로 올라갔다가 두 레벨 아래로 내려와야 한다. 코드로 살펴보자.

```
// ..\..\2019
Path path3ToPath4 = path3.relativize(path4);

// ..\2003\JBossTools3.pdf
Path path4ToPath3 = path4.relativize(path3);
```

TIP ≡ 두 경로 모두 루트 원소를 포함해야 한다. 다만 이 요구 사항을 충족하더라도 상대 경로 생성은 구현에 따라 다르므로 성공은 장담할 수 없다.

133 파일 경로 비교

두 파일 경로 간 무엇을 동등으로 보느냐에 따라 문제의 해법은 여러 가지다. 일반적으로 목적에 따라 Path 동등을 입증하는 방법도 다르다.

다음과 같은 경로 세 개를 가정하자(사용자 컴퓨터에서는 path3을 다르게 가정해도 된다).

```
Path path1 = Paths.get("/learning/packt/JavaModernChallenge.pdf");
Path path2 = Paths.get("/LEARNING/PACKT/JavaModernChallenge.pdf");
Path path3 = Paths.get("D:/learning/packt/JavaModernChallenge.pdf");
```

지금부터 다양한 방법으로 파일 경로를 비교해보겠다.

133.1 Path.equals()

path1은 path2와 동등한가? 혹은 path2는 path3과 동등한가? Path.equals()로 두 테스트를 수행하면 path1은 path2와 동등하지만 path2는 path3과 동등하지 않다고 나올 것이다.

```
boolean path1EqualsPath2 = path1.equals(path2); // true
boolean path2EqualsPath3 = path2.equals(path3); // false
```

Path.equals() 메서드는 Object.equals() 명세를 따른다. 이 메서드는 파일 시스템에 접근하지 않지만 동등은 파일 시스템 구현에 따라 좌우된다. 예를 들어 어떤 파일 시스템 구현은 경로를 비교할 때 대소문자를 구분하고 어떤 파일 시스템 구현은 대소문자를 무시한다.

133.2 같은 파일이나 폴더를 나타내는 경로

하지만 정작 비교하고 싶은 대상은 이 둘이 아닐 것이다. 같은 파일이거나 같은 폴더일 때 두 경로를 동등하다고 하는 편이 더 의미를 갖는다. 이럴 때 Files.isSameFile() 메서드를 사용한다. 이 메서드는 다음 두 단계로 동작한다.

1. Path.equals()를 호출해 true를 반환하면 경로가 동등하니 다른 동작을 취하지 않아도 된다.

2. Path.equals()가 false를 반환하면 두 경로가 같은 파일이나 폴더를 나타내는지 검사한다 (구현에 따라 두 파일을 열거나 접근해야 할 수 있으므로 IOException이 발생하지 않으려면 파일이 반드시 존재해야 한다).

```
//true
boolean path1IsSameFilePath2 = Files.isSameFile(path1, path2);
//true
boolean path1IsSameFilePath3 = Files.isSameFile(path1, path3);
//true
boolean path2IsSameFilePath3 = Files.isSameFile(path2, path3);
```

133.3 사전 순 비교

사전 순으로만 경로를 비교해도 되면 Path.compareTo() 메서드를 사용한다(정렬에 유용하다).

이 메서드는 다음과 같은 정보를 반환한다.

- 경로가 동등하면 0
- 첫 번째 경로가 인수로 주어진 경로보다 사전 순으로 작으면 0보다 작은 값
- 첫 번째 경로가 인수로 주어진 경로보다 사전 순으로 크면 0보다 큰 값

```
int path1compareToPath2 = path1.compareTo(path2); // 0
int path1compareToPath3 = path1.compareTo(path3); // 24
int path2compareToPath3 = path2.compareTo(path3); // 24
```

결괏값이 위 예제와 다를 수 있다. 또한 비즈니스 로직에서 값이 아닌 그 의미를 활용해야 할 수도 있다(예를 들어 if(path1compareToPath3 == 24) { ... } 대신 if(path1compareToPath3 > 0) { ... }을 사용한다).

133.4 부분 비교

부분 비교는 Path.startsWith()와 Path.endsWith() 메서드로 수행한다. 두 메서드는 현재 경로 가 주어진 경로로 시작하거나 끝나는지 테스트한다.

```
boolean sw = path1.startsWith("/learning/packt");    // true
boolean ew = path1.endsWith("JavaModernChallenge.pdf"); // true
```

6

자바 임출력 경로, 파일, 매포, 스캐닝, 포매팅

134 경로 탐색

경로를 탐색(또는 방문)하는 방법은 여러 가지인데, 그 중 하나가 NIO.2 API에서 제공하는 FileVisitor 인터페이스다.

FileVisitor 인터페이스는 주어진 경로를 방문하는 재귀 프로세스 내 각 체크 포인트에서 수행하는 메서드 집합을 제공한다. 이러한 체크 포인트를 오버라이딩해 프로세스에 개입할 수 있다. 현재 방문 중인 파일 혹은 폴더를 처리한 후 다음 상수로 이뤄진 fileVisitResult 열거형을 사용해 앞으로의 진행 방향을 결정한다.

- CONTINUE: 계속 순회한다(다음 파일이나 폴더를 방문하거나 실패를 무시하는 등).
- SKIP_SIBLINGS: 현재 파일 혹은 폴더의 형제를 방문하지 않고 계속 순회한다.
- SKIP_SUBTREE: 현재 폴더 내 항목을 방문하지 않고 계속 순회한다.
- TERMINATE: 순회를 강제로 종료한다.

FileVisitor는 다음 메서드를 외부에 제공한다.

- FileVisitResult visitFile(T file, BasicFileAttributes attrs) throws IOException: 각 파일 혹은 폴더에 방문할 때 자동으로 호출된다.
- FileVisitResult preVisitDirectory(T dir, BasicFileAttributes attrs) throws IOException: 디렉터리 내 항목을 방문하기 전에 자동으로 호출된다.
- FileVisitResult postVisitDirectory(T dir, IOException exc) throws IOException: 디렉터리 내 항목을 방문한 후, 또는 폴더를 순회하다 입출력 오류가 발생하거나 프로그램에서 방문을 강제로 중지시켰을 때 자동으로 호출된다.
- FileVisitResult visitFileFailed(T file, IOException exc) throws IOException: 여러 가지 이유로 파일에 방문(접근)할 수 없을 때 자동으로 호출된다(예를 들어 파일 속성을 읽을 수 없거나 폴더를 열 수 없는 등).

여기까지는 순조롭다! 실용적인 예제로 설명을 이어가겠다.

134.1 일반적인 폴더 순회

FileVisitor 인터페이스를 구현하려면 메서드 4개를 오버라이딩해야 한다. 하지만 NIO.2는 FileVisitor 인터페이스를 간단히 구현한 SimpleFileVisitor라는 내장 클래스를 제공한다. 필요한 메서드만 오버라이딩하면 되니 간단한 경우에는 FileVisitor를 구현하기보다 이 클래스를 확장하는 편이 유리하다.

예를 들어 D:/learning 폴더의 하위 폴더에 온라인 강의를 저장하기 위해 FileVisitor API로 각
하위 폴더를 방문한다고 하자. 하위 폴더를 순회하다 문제가 생기면 보고된 예외만 던진다.

이러한 동작을 구현하려면 postVisitDirectory() 메서드를 오버라이딩해야 한다.

```
class PathVisitor extends SimpleFileVisitor<Path> {
  @Override
  public FileVisitResult postVisitDirectory(
      Path dir, IOException ioe) throws IOException {
    if (ioe != null) {
      throw ioe;
    }

    System.out.println("Visited directory: " + dir);

    return FileVisitResult.CONTINUE;
  }
}
```

PathVisitor 클래스를 사용하려면 경로를 할당한 후 Files.walkFileTree() 메서드 중 하나를 호
출해야 한다(예제에서는 시작 파일이나 폴더, FileVisitor를 인수로 받는 walkFileTree()를 사
용했다).

```
Path path = Paths.get("D:/learning");
PathVisitor visitor = new PathVisitor();

Files.walkFileTree(path, visitor);
```

위 코드의 출력은 다음과 같다.

```
Visited directory: D:\learning\books\ajax
Visited directory: D:\learning\books\angular
...
```

134.2 이름으로 파일 찾기

컴퓨터에서 특정 파일을 찾는 일은 아주 흔하다. 보통은 운영 체제에서 제공하는 도구나 부가 도구
를 활용하지만 프로그램에서도 (예를 들어 특수 기능이 딸린 파일 검색 도구를 작성하고 싶을 때)
FileVisitor를 사용해 아주 간단하게 파일을 찾을 수 있다. 이 애플리케이션의 스텁을 살펴보자.

6

자바 입출력 경로, 파일, 버퍼, 스캐닝, 포매팅

325

```java
public class SearchFileVisitor implements FileVisitor {
  private final Path fileNameToSearch;
  private boolean fileFound;
  ...

  private boolean search(Path file) throws IOException {
    Path fileName = file.getFileName();

    if (fileNameToSearch.equals(fileName)) {
      System.out.println("Searched file was found: " +
        fileNameToSearch + " in " + file.toRealPath().toString());

      return true;
    }

    return false;
  }
}
```

주요 체크 포인트와 함께 이름으로 파일을 찾는 구현을 살펴보자.

- 가장 중요한 체크 포인트는 visitFile()이다. 파일을 제어할 수 있으면 현재 방문한 파일의 이름, 확장자, 속성 등을 쿼리할 수 있다. 검색 중인 파일 정보와 일치하는지 비교하려면 이러한 정보를 알아내야 한다. 예를 들어 이름으로 비교할 때 첫 번째 항목이 일치하면 검색을 종료(TERMINATE)할 수 있다. 반면, 파일을 더 찾으려면(파일이 둘 이상임을 알 때) CONTINUE를 반환한다.

```java
@Override
public FileVisitResult visitFile(
    Object file, BasicFileAttributes attrs) throws IOException {
  fileFound = search((Path) file);

  if (!fileFound) {
    return FileVisitResult.CONTINUE;
  } else {
    return FileVisitResult.TERMINATE;
  }
}
```

TIP ≡ visitFile() 메서드는 폴더는 찾지 못한다. preVisitDirectory()나 postVisitDirectory() 메서드를 사용하자.

- 두 번째로 중요한 체크 포인트는 `visitFileFailed()`다. 이 메서드가 호출됐다는 것은 현재 파일을 방문하는 중에 문제가 생겼다는 뜻이다. 보통은 문제를 무시하고 검색을 계속(`CONTINUE`)한다. 검색 프로세스를 중지해봐야 별로 소용이 없다.

```
@Override
public FileVisitResult visitFileFailed(
    Object file, IOException ioe) throws IOException {
  return FileVisitResult.CONTINUE;
}
```

`preVisitDirectory()`와 `postVisitDirectory()` 메서드는 중요한 역할을 하지 않으니 간결한 설명을 위해 생략하겠다.

검색에는 다른 종류의 `Files.walkFileTree()` 메서드를 사용한다. 이번에는 검색의 시작 지점(예를 들어 모든 루트)과 검색에 사용할 옵션(예를 들어 **심볼릭 링크** 따르기), 방문할 최대 디렉터리 깊이(예를 들어 `Integer.MAX_VALUE`), `FileVisitor`(예를 들어 `SearchFileVisitor`)를 명시한다.

```
Path searchFile = Paths.get("JavaModernChallenge.pdf");

SearchFileVisitor searchFileVisitor
  = new SearchFileVisitor(searchFile);

EnumSet opts = EnumSet.of(FileVisitOption.FOLLOW_LINKS);
Iterable<Path> roots = FileSystems.getDefault().getRootDirectories();

for (Path root: roots) {
  if (!searchFileVisitor.isFileFound()) {
    Files.walkFileTree(root, opts,
        Integer.MAX_VALUE, searchFileVisitor);
  }
}
```

이 책의 예제 코드에 나오는 위 코드로 검색을 수행해보면 컴퓨터의 모든 루트(디렉터리)를 재귀적으로 순회한다. 예제를 조금만 수정하면 확장자나 패턴으로 찾거나 텍스트로 파일 내부를 찾을 수도 있다.

134.3 폴더 삭제

폴더를 삭제하려면 먼저 폴더 내 파일부터 전부 삭제해야 한다. 파일을 포함하는 폴더에 `delete()`나 `deleteIfExists()` 메서드를 호출한다고 해서 폴더 안까지 삭제해주지 않으니 꼭 기억하자. 다음 스텝으로 시작하도록 `FileVisitor`를 구현하면 이 문제를 명쾌하게 해결할 수 있다.

```
public class DeleteFileVisitor implements FileVisitor {
  ...
  private static boolean delete(Path file) throws IOException {
    return Files.deleteIfExists(file);
  }
}
```

주요 체크 포인트와 폴더 삭제 구현을 살펴보자.

- 주어진 폴더나 하위 폴더의 각 파일을 삭제할 때는 visitFile()이 가장 알맞다(파일을 삭제
  하지 못하면 다음 파일로 건너뛰는데, 원하는 대로 코드를 얼마든지 조정할 수 있다).

```
@Override
public FileVisitResult visitFile(
    Object file, BasicFileAttributes attrs) throws IOException {
  delete((Path) file);

  return FileVisitResult.CONTINUE;
}
```

- 폴더가 비어 있어야만 삭제할 수 있으니 삭제에는 postVisitDirectory()가 적합하다(잠재
  적 IOException을 무시하지만 필요에 따라 코드를 얼마든지 조정할 수 있다(예를 들어 삭제
  할 수 없었던 폴더명을 로깅하거나 프로세스를 중지시키는 예외를 던지는 등)).

```
@Override
public FileVisitResult postVisitDirectory(
    Object dir, IOException ioe) throws IOException {
  delete((Path) dir);

  return FileVisitResult.CONTINUE;
}
```

visitFileFailed()와 preVisitDirectory()는 단순히 CONTINUE를 반환한다.

D:/learning 내 폴더를 삭제하려면 DeleteFileVisitor를 다음과 같이 호출한다.

```
Path directory = Paths.get("D:/learning");
DeleteFileVisitor deleteFileVisitor = new DeleteFileVisitor();
EnumSet opts = EnumSet.of(FileVisitOption.FOLLOW_LINKS);

Files.walkFileTree(directory, opts,
  Integer.MAX_VALUE, deleteFileVisitor);
```

Info ≡   SearchFileVisitor와 DeleteFileVisitor를 조합해 검색–삭제 애플리케이션을 만들 수 있다.

134.4 폴더 복사

파일을 복사하려면 Path copy(Path source, Path target, CopyOption options) throws IOException 메서드를 사용한다. 이 메서드는 복사 방법을 명시한 options 인자에 따라 파일을 타깃 파일로 복사한다.

폴더 전체(폴더 내 항목 포함)를 복사하려면 copy() 메서드와 맞춤형 FileVisitor를 함께 사용한다. 다음은 맞춤형 FileVisitor의 스텁 코드다.

```java
public class CopyFileVisitor implements FileVisitor {
  private final Path copyFrom;
  private final Path copyTo;
  ...

  private static void copySubTree(
      Path copyFrom, Path copyTo) throws IOException {
    Files.copy(copyFrom, copyTo,
    REPLACE_EXISTING, COPY_ATTRIBUTES);
  }
}
```

주요 체크 포인트와 폴더 복사 구현을 살펴보자(복사할 수 있는 것은 모두 복사하고 예외를 던지지 않는 식으로 너그럽게 동작하지만 필요에 따라 코드를 얼마든지 조정할 수 있다).

- 소스 폴더의 파일을 복사하기 전에 소스 폴더 자체부터 복사해야 한다. (빈 폴더든 아니든) 소스 폴더를 복사하면 빈 타깃 폴더가 생성된다. preVisitDiretory() 메서드에서 처리하면 딱 알맞다.

```java
@Override
public FileVisitResult preVisitDirectory(
    Object dir, BasicFileAttributes attrs) throws IOException {
  Path newDir = copyTo.resolve(
    copyFrom.relativize((Path) dir));

  try {
    Files.copy((Path) dir, newDir,
      REPLACE_EXISTING, COPY_ATTRIBUTES);
```

```
      } catch (IOException e) {
        System.err.println("Unable to create "
          + newDir + " [" + e + "]");

        return FileVisitResult.SKIP_SUBTREE;
      }

      return FileVisitResult.CONTINUE;
    }
```

- 각 파일을 복사할 때는 visitFile( ) 메서드가 적합하다.

```
    @Override
    public FileVisitResult visitFile(
        Object file, BasicFileAttributes attrs) throws IOException {
      try {
        copySubTree((Path) file, copyTo.resolve(
          copyFrom.relativize((Path) file)));
      } catch (IOException e) {
        System.err.println("Unable to copy "
          + copyFrom + " [" + e + "]");
      }

      return FileVisitResult.CONTINUE;
    }
```

- 필요하다면 소스 디렉터리의 속성을 그대로 유지할 수도 있다. 단, 파일을 postVisitDirectory( ) 메서드로 복사했을 때만 그렇다(가령 최종 수정 시각이 그대로 남는다).

```
    @Override
    public FileVisitResult postVisitDirectory(
        Object dir, IOException ioe) throws IOException {
      Path newDir = copyTo.resolve(
        copyFrom.relativize((Path) dir));

      try {
        FileTime time = Files.getLastModifiedTime((Path) dir);
        Files.setLastModifiedTime(newDir, time);
      } catch (IOException e) {
        System.err.println("Unable to preserve
          the time attribute to: " + newDir + " [" + e + "]");
      }
```

```
    return FileVisitResult.CONTINUE;
  }
```

- 파일에 방문할 수 없으면 visitFileFailed()가 호출된다. 이때 **순환 링크**(circular link)를 발견하고 보고하면 좋다. 링크를 따라가다 보면(FOLLOW_LINK) 파일 트리에서 부모 폴더와 **순환 링크**가 있는 지점을 발견하게 된다. visitFileFailed()에서는 FileSystemLoopException으로 순환 링크를 보고한다.

```
@Override
public FileVisitResult visitFileFailed(
    Object file, IOException ioe) throws IOException {
  if (ioe instanceof FileSystemLoopException) {
    System.err.println("Cycle was detected: " + (Path) file);
  } else {
    System.err.println("Error occured, unable to copy:"
      + (Path) file + " [" + ioe + "]");
  }

    return FileVisitResult.CONTINUE;
  }
```

D:/learning/packt 폴더를 D:/e-courses로 복사해보자.

```
Path copyFrom = Paths.get("D:/learning/packt");
Path copyTo = Paths.get("D:/e-courses");

CopyFileVisitor copyFileVisitor
  = new CopyFileVisitor(copyFrom, copyTo);

EnumSet opts = EnumSet.of(FileVisitOption.FOLLOW_LINKS);

Files.walkFileTree(copyFrom, opts, Integer.MAX_VALUE, copyFileVisitor);
```

> *Info* ≡ CopyFileVisitor와 DeleteFileVisitor를 조합하면 폴더를 이동하는 애플리케이션을 쉽게 만들수 있다. 이 책의 예제 코드에도 폴더를 이동하는 완전한 애플리케이션이 나온다. 세부 사항을 모르더라도 지금까지축적한 지식을 바탕으로 코드를 쉽게 이해할 수 있다.
>
> 파일 정보를 로깅할 때(예를 들어 예외 처리 중에)는 파일에 악의적으로 쓰일 수 있는 민감한 정보(예를 들어 이름, 경로, 속성)가 들어 있을 수 있으니 주의하자.

134.5 JDK 8, Files.walk( )

JDK 8부터 Files 클래스에 두 개의 walk( ) 메서드가 추가됐다. 두 메서드는 지연 생성되는(lazily populated) Path Stream을 반환한다. 주어진 최대 깊이와 옵션에 따라 주어진 시작 파일을 루트로 해서 파일 트리를 탐색한다.

```
public static Stream<Path> walk(
  Path start, FileVisitOption...options)
    throws IOException

public static Stream<Path> walk(
  Path start, int maxDepth, FileVisitOption...options)
    throws IOException
```

예를 들어 D:/learning 아래에서 D:/learning/books/cid로 시작하는 모든 경로를 표시해보자.

```
Path directory = Paths.get("D:/learning");

Stream<Path> streamOfPath = Files.walk(
  directory, FileVisitOption.FOLLOW_LINKS);

streamOfPath.filter(e -> e.startsWith("D:/learning/books/cdi"))
  .forEach(System.out::println);
```

이번에는 폴더(예를 들어 D:/learning) 크기를 바이트로 계산해보자.

```
long folderSize = Files.walk(directory)
  .filter(f -> f.toFile().isFile())
  .mapToLong(f -> f.toFile().length())
  .sum();
```

> TIP ≡ walk( )는 **약하게 일관된(weakly consistent)** 메서드다. 순회하면서 파일 트리를 동결(freeze)하지 않는다. 따라서 파일 트리의 업데이트가 반영될 수도 있고 아닐 수도 있다.

135 경로 감시

스레드 안전 요구 사항 중 하나인 경로 변경 감시는 JDK 7 NIO.2 하단에 있는 WatchService API로 수행한다.

크게 다음 두 단계로 경로 변경을 감시한다.

1. 다양한 이벤트 타입을 감시할 폴더(혹은 다수의 폴더)를 등록한다.

2. WatchService에서 감지한 이벤트 타입은 별도의 스레드에서 처리되므로 감시 서비스는 블로킹되지 않는다.

API 단 구현은 WatchService 인터페이스부터 시작한다. 파일과 운영 체제에 따라 인터페이스의 종류도 여러 가지다.

WatchService 인터페이스는 두 개의 메인 클래스로 동작한다. 두 클래스를 함께 사용해 특정 상황(예를 들어 파일 시스템)에 맞는 감시 기능을 편리하게 구현할 수 있다.

- Watchable: WatchService 인터페이스를 구현한 객체는 **와처블(watchable) 객체**이므로 변경을 감시할 수 있다(예를 들어 Path).

- StandardWatchEventKinds: 표준 **이벤트 타입**을 정의하는 클래스다(알림을 받도록 등록해 놓는 이벤트 타입이다).

  - ENTRY_CREATE: 디렉터리 항목 생성

  - ENTRY_DELETE: 디렉터리 항목 삭제

  - ENTRY_MODIFY: 디렉터리 항목 수정. 무엇을 수정으로 보느냐는 플랫폼에 조금씩 다르지만 파일 내용이 수정됐다면 항상 이 이벤트 타입이 발생해야 한다.

  - OVERFLOW: 이벤트가 사라졌거나 폐기됐음을 나타내는 특수 이벤트

WatchService를 **와처(watcher)**라 부르며 와처가 **와처블(watchable)**을 감시한다고 말한다. 이후 예제에서 WatchService는 FileSystem 클래스를 통해 생성하고 등록한 Path를 감시한다.

135.1 폴더 변경 감시

변경을 감시할 폴더의 Path를 인수로 받는 스텁 메서드부터 살펴보자.

```
public void watchFolder(Path path)
    throws IOException, InterruptedException {
  ...
}
```

WatchService는 ENTRY_CREATE, ENTRY_DELETE, ENTRY_MODIFY 이벤트 타입 중 하나가 주어진 폴더에 발생하면 알려준다. 다음 단계를 따라 구현한다.

1. 파일 시스템을 감시할 수 있도록 WatchService를 생성한다. FileSystem.newWatchService() 를 사용한다.

```
WatchService watchService
    = FileSystems.getDefault().newWatchService();
```

2. 알림이 필요한 이벤트 타입을 등록한다. Watchable.register()를 사용한다.

```
path.register(watchService,
    StandardWatchEventKinds.ENTRY_CREATE,
    StandardWatchEventKinds.ENTRY_MODIFY,
    StandardWatchEventKinds.ENTRY_DELETE);
```

> *TIP* ☰ 와처블 객체마다 WatchKey 인스턴스(**와치 키**) 형태의 등록 토큰을 받는다. 등록할 때 이 **와치 키**가 반환되고, 이벤트가 발생할 때마다 WatchService는 관련된 WatchKey를 반환한다.

3. 이제 들어오는 이벤트를 기다린다. 무한 루프를 통해 수행한다(이벤트가 발생하면 **와처**는 해당 **와치 키**를 큐에 넣어 향후 추출되도록 한 후 상태를 signaled로 바꾼다).

```
while (true) {
    // 들어오는 이벤트 타입 처리
}
```

4. 다음으로 **와치 키**를 추출해야 한다. 최소 아래 세 가지 메서드로 **와치 키**를 추출할 수 있다.

- poll(): 큐의 다음 키를 반환한 후 삭제한다(키가 없으면 null을 반환한다).

- poll(long timeout, TimeUnit unit): 큐의 다음 키를 반환한 후 삭제한다. 키가 없으면 정해진 타임아웃 동안 기다린 후 다시 시도한다. 여전히 키가 없으면 null을 반환한다.

- take(): 큐의 다음 키를 반환한 후 삭제한다. 키가 없으면 큐에 들어올 때까지 기다리거나 무한 루프를 중지시킨다.

  ```
  WatchKey key = watchService.take();
  ```

5. 이어서 대기(pending) 상태인 **와치 키** 이벤트를 추출해야 한다. signaled 상태인 **와치 키**에는 대기 이벤트가 최소 하나 이상이다. WatchKey.pollEvents() 메서드로 특정 와치 키의 이벤트를 모두 추출해서 삭제할 수 있다.

```
for (WatchEvent<?> watchEvent : key.pollEvents()) {
  ...
}
```

6. 이제 **이벤트 타입** 정보를 추출한다. 이벤트마다 정보가 서로 다를 수 있다(예를 들어 이벤트 타입, 발생 횟수, 상황별 정보(가령 이벤트를 일으킨 파일명) 등 이벤트 처리에 유용한 정보).

```
Kind<?> kind = watchEvent.kind();
WatchEvent<Path> watchEventPath = (WatchEvent<Path>)
watchEvent;
Path filename = watchEventPath.context();
```

7. 이어서 와치 키를 리셋한다. 와치 키의 상태는 ready(생성 시 초기 상태), signaled, invalid 중 하나다. signaled 상태가 된 **와치 키**는 reset() 메서드를 호출해 이벤트 상태를 바꿀 수 있는 ready 상태로 다시 전환하기 전까지는 상태가 바뀌지 않는다. reset() 메서드는 signaled에서 ready(이벤트를 다시 기다림)로 무사히 전환하면 true를 반환하고, 그렇지 않으면 와치 키가 **유효하지 않을**(invalid) 수 있다는 의미로 false를 반환한다. 활성화되지 못한 와치 키는 invalid 상태에 놓일 수 있다(명시적으로 **와치 키**의 close() 메서드를 호출하거나 와처를 닫거나 디렉터리를 삭제하면 휴면(inactivity) 상태에 놓인다).

```
boolean valid = key.reset();

if (!valid) {
  break;
}
```

> TIP ≡ 큐에 **invalid** 상태의 와치 키 하나뿐이면 더 이상 무한 루프를 수행할 이유가 없다. break를 호출해 루프를 끝낸다.

8. 끝으로 와처를 닫는다. WatchService의 close() 메서드를 명시적으로 호출하거나 try-with-resources 문을 활용한다.

```
try (WatchService watchService
  = FileSystems.getDefault().newWatchService()) {
  ...
}
```

이 책의 예제 코드에서는 위 코드를 한데 모아 FolderWatcher라는 하나의 클래스로 제공한다. 코드를 실행하면 특정 경로에 발생한 이벤트의 생성, 삭제, 수정을 보고하는 **와처**가 만들어진다.

watchFolder() 메서드만 호출하면 D:/learning/packt라는 경로를 감시할 수 있다.

```
Path path = Paths.get("D:/learning/packt");

FolderWatcher watcher = new FolderWatcher();
watcher.watchFolder(path);
```

애플리케이션을 실행하면 다음 메시지가 표시된다.

```
Watching: D:\learning\packt
```

이제 이 폴더 바로 아래에 파일을 생성, 삭제, 수정해서 알림을 확인해보자. 예를 들어 resources.txt라는 파일을 복사해서 붙여넣기하면 출력은 다음과 같다.

```
ENTRY_CREATE -> resources.txt
ENTRY_MODIFY -> resources.txt
```

위 애플리케이션은 (이론상) 무한대로 실행되므로 종료할 때는 반드시 애플리케이션을 중지시키자.

이 밖에도 이 책의 소스 코드에는 애플리케이션 두 개가 더 들어 있다. 하나는 영상 캡쳐 시스템 시뮬레이션이고 다른 하나는 프린터 트레이 와처 시뮬레이션이다. 지금까지 쌓아 온 지식을 활용한다면 부연 설명 없이도 두 애플리케이션을 쉽게 이해할 것이다.

136 파일 내용 스트리밍

파일 내용 스트리밍 문제는 JDK 8의 Files.lines()와 BufferedReader.lines() 메서드로 해결한다.

Stream<String> Files.lines(Path path, Charset cs)는 파일의 모든 행을 Stream으로 읽는다. 이 메서드는 스트림이 읽힐 때마다 지연 읽기를 수행한다. 터미널 스트림 연산을 실행하는 중에 파일 내용이 바뀌면 예상 밖의 결과가 나올 수 있으니 변경해서는 안 된다.

D:/learning/packt/resources.txt 파일의 내용을 읽어 화면에 표시하는 예제를 살펴보자(try-with-resources로 코드를 실행하므로 스트림이 닫힐 때 파일도 닫힌다).

```
private static final String FILE_PATH
  = "D:/learning/packt/resources.txt";

...
try (Stream<String> filesStream = Files.lines(
  Paths.get(FILE_PATH), StandardCharsets.UTF_8)) {

  filesStream.forEach(System.out::println);
} catch (IOException e) {
  // 필요하면 IOException을 처리하고, 불필요하면 catch 블록을 제거한다
}
```

같은 방식으로 쓰이는 비슷한 메서드를 BufferedReader 클래스에서도 제공한다.

```
try (BufferedReader brStream = Files.newBufferedReader(
  Paths.get(FILE_PATH), StandardCharsets.UTF_8)) {

  brStream.lines().forEach(System.out::println);
} catch (IOException e) {
  // 필요하면 IOException을 처리하고, 불필요하면 catch 블록을 제거한다
}
```

137 파일 트리에서 파일과 폴더 검색

파일 트리 내 파일이나 폴더 검색은 많은 상황에 공통적으로 필요한 작업이다. JDK 8에 새로 추가된 Files.find() 메서드 덕분에 해결이 간단해졌다.

Files.find() 메서드에서 반환하는 Stream<Path>는 제공받은 검색 조건에 부합하는 경로로 지연 생성된다.

```
public static Stream<Path> find(
  Path start,
  int maxDepth,
  BiPredicate<Path, BasicFileAttributes > matcher, FileVisitOption...options
) throws IOException
```

이 메서드는 walk() 메서드와 유사하게 동작해서 현재 파일 트리를 주어진 경로(start)부터 주어진 최대 깊이(maxDepth)까지 순회한다. 그리고 현재 파일 트리를 순회하며 주어진 프레디케이트(matcher)를 적용한다. 프레디케이트에는 최종 스트림에 들어가려면 각 파일이 어떤 제약을 만족

해야 하는지 명시한다. 방문 옵션(options) 집합도 선택적으로 명시할 수 있다.

```
Path startPath = Paths.get("D:/learning");
```

메서드의 용법을 몇 가지 예제로 명확히 보이겠다.

- 심볼릭 링크를 따라가며 확장자가 .properties인 파일을 찾는다.

```
Stream<Path> resultAsStream = Files.find(
  startPath,
  Integer.MAX_VALUE,
  (path, attr) -> path.toString().endsWith(".properties"),
  FileVisitOption.FOLLOW_LINKS
);
```

- application이라는 이름으로 시작하는 일반(regular) 파일을 찾는다.

```
Stream<Path> resultAsStream = Files.find(
  startPath,
  Integer.MAX_VALUE,
  (path, attr) -> attr.isRegularFile() &amp;&amp;
  path.getFileName().toString().startsWith("application")
);
```

- 2019년 3월 16일 이후 생성된 디렉터리를 찾는다.

```
Stream<Path> resultAsStream = Files.find(
  startPath,
  Integer.MAX_VALUE,
  (path, attr) -> attr.isDirectory() &amp;&amp;
    attr.creationTime().toInstant()
      .isAfter(LocalDate.of(2019, 3, 16).atStartOfDay()
        .toInstant(ZoneOffset.UTC))
);
```

제약을 표현식(가령 정규식)으로 표현하려면 PathMatcher 인터페이스를 활용한다. 이 인터페이스에서 제공하는 matches(Path path) 메서드는 주어진 경로가 매처(matcher)의 패턴에 부합하는지 알려준다.

FileSystem 구현은 FileSystem.getPathMatcher(String syntaxPattern)을 통해 glob와 regex 문법(외 다수)을 지원한다. 이때 제약은 syntax:pattern 형태를 따른다.

PathMatcher를 기반으로 다양한 제약을 처리하는 헬퍼 메서드를 작성할 수 있다. 예를 들어 다음 헬퍼 메서드는 syntax:pattern에 명시한 제약을 따르는 파일만 가져온다.

```java
public static Stream<Path> fetchFilesMatching(Path root,
    String syntaxPattern) throws IOException {
  final PathMatcher matcher
    = root.getFileSystem().getPathMatcher(syntaxPattern);

  return Files.find(root, Integer.MAX_VALUE, (path, attr)
    -> matcher.matches(path) && !attr.isDirectory());
}
```

다음 코드는 glob 문법으로 자바 파일을 찾는다.

```java
Stream<Path> resultAsStream
  = fetchFilesMatching(startPath, "glob:**/*.java");
```

현재 폴더 내 파일만 나열할 목적이라면 (다른 제약 없이 한 레벨 아래만) 다음 예제처럼 Files. list() 메서드를 사용한다.

```java
try (Stream<Path> allfiles = Files.list(startPath)) {
  ...
}
```

138 효율적으로 텍스트 파일 읽고 쓰기

자바에서 파일을 효율적으로 읽으려면 알맞은 방식을 택해야 한다. 이해를 돕기 위해 예제에서는 플랫폼의 기본 문자 집합을 UTF-8로 가정하겠다. Charset.defaultCharset()을 사용해 프로그램 상에서 플랫폼의 기본 문자 집합을 알아낼 수 있다.

우선 원시 이진 데이터와 텍스트 파일을 자바 퍼스펙티브(perspective)와 분리해야 한다. 원시 이진 데이터는 InputStream과 OutputStream이라는 두 abstract 클래스로 처리한다. 원시 이진 데이터의 스트리밍 파일은 한 번에 한 바이트(8비트)씩 읽고 쓰는 FileInputStream과 FileOutputStream 클래스로 처리한다. 널리 쓰이는 이진 데이터 타입에는 전용 클래스를 사용한다(예를 들어 오디오 파일은 FileInputStream 대신 AudioInputStream으로 처리한다).

이러한 클래스로 원시 이진 데이터는 훌륭하게 처리할 수 있으나 텍스트 파일에 사용하면 느리고 잘못된 결과가 나올 수 있으므로 알맞지 않다. 단적인 예로 앞선 클래스로 텍스트 파일을 스트리밍하려면 텍스트 파일의 각 바이트를 읽고 처리해야 한다(같은 과정을 한 바이트씩 작성하며 지루하게 반복해야 한다). 게다가 1바이트를 넘는 문자는 기이하게 표시될 수도 있다. 다시 말해 문자 집합(예를 들어 라틴어, 중국어 등)과 무관하게 8비트로 디코딩하고 인코딩하면 예상하지 못한 결과가 나온다.

예를 들어 다음 중국어 시를 UTF-16으로 저장했다고 가정해보자.

```
Path chineseFile = Paths.get("chinese.txt");
和毛泽东 《 重上井冈山 》.严永欣，一九八八年.
久有归天愿
终过鬼门关
千里来寻归宿
...
```

아래 코드로는 원하는 출력을 얻지 못한다.

```
try (InputStream is = new FileInputStream(chineseFile.toString())) {
  int i;
  while ((i = is.read()) != -1) {
    System.out.print((char) i);
  }
}
```

문제를 바로잡으려면 적절한 문자 집합을 명시해야 한다. InputStream에서는 지원하지 않으니 InputStreamReader(또는 OutputStreamReader)를 활용하자. 이 클래스는 원시 바이트 스트림을 문자 스트림으로 바꿔주고 문자 집합을 명시하게 해준다.

```
try (InputStreamReader isr = new InputStreamReader(
    new FileInputStream(chineseFile.toFile()),
      StandardCharsets.UTF_16)) {
  int i;
  while ((i = isr.read()) != -1) {
    System.out.print((char) i);
  }
}
```

원하던 대로 동작하지만 여전히 느리다! 위 애플리케이션은 (문자 집합에 따라) 한 번에 한 바이트 이상 읽어 명시된 문자 집합을 사용해 문자를 디코딩할 수 있다. 하지만 몇 바이트 더 읽어도 여전히 느리다.

InputStreamReader는 원시 이진 데이터 스트림을 문자 스트림으로 바꿔준다. 하지만 자바는 FileReader 클래스도 제공한다. FileReader 클래스를 사용하면 문자 파일로 표현되는 문자 스트림으로 바꾸는 과정을 생략할 수 있다.

텍스트 파일에는 FileReader(혹은 FileWriter)라는 전용 클래스를 사용한다. 이 클래스는 (문자 집합에 따라) 한 번에 2바이트 또는 4바이트를 읽는다. JDK 11 이전의 FileReader는 명시적인 문자 집합을 지원하지 않았다. 플랫폼의 기본 문자 집합만 사용했다. 즉, 다음 코드는 원하는 출력을 얻기에 알맞지 않다.

```
try (FileReader fr = new FileReader(chineseFile.toFile())) {
  int i;
  while ((i = fr.read()) != -1) {
    System.out.print((char) i);
  }
}
```

반면, JDK 11부터는 명시적인 문자 집합을 지원하는 생성자 두 개가 FileReader 클래스에 추가됐다.

- FileReader(File file, Charset charset)
- FileReader(String fileName, Charset charset)

이전 코드를 다시 작성해 원하는 출력을 얻어보자.

```
try (FileReader frch = new FileReader(
    chineseFile.toFile(), StandardCharsets.UTF_16)) {
  int i;
  while ((i = frch.read()) != -1) {
    System.out.print((char) i);
  }
}
```

한 번에 2바이트나 4바이트를 읽는 것이 당연히 1바이트를 읽는 것보다 낫지만 느리기는 마찬가지다. 게다가 위 해법은 추출한 char를 int로 저장하므로 이를 표시하려면 명시적으로 char로 캐스팅해야 한다. 실제로 입력 파일에서 추출한 char를 int로 변환했다가 다시 char로 변환한다.

이때 버퍼링 스트림(buffering streams)이 쓰인다. 온라인 동영상을 시청한다고 가정해보자. 동영상을 시청하는 동안 브라우저는 들어오는 바이트를 미리 버퍼링한다. 이렇게 버퍼로부터 바이트를 읽으며 네트워크로 전송 중인 바이트를 읽다가 발생하는 잠재적 중단을 피함으로써 매끄러운 사용자 경험을 제공한다.

▼ 그림 6-1

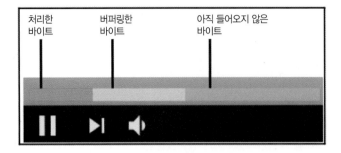

원시 이진 스트림에 쓰이는 BufferedInputStream과 BufferedOutputStream, 문자 집합 스트림에 쓰이는 BufferedReader와 BufferedWriter에도 같은 원리가 적용된다. 핵심은 데이터를 버퍼링했다가 처리하는 것이다. 이때 FileReader는 줄 끝(예를 들어 \n이나 \n\r)까지의 데이터를 BufferedReader에게 반환한다. BufferedReader는 버퍼링한 데이터를 RAM에 저장한다.

```
try (BufferedReader br = new BufferedReader(
    new FileReader(chineseFile.toFile(), StandardCharsets.UTF_16))) {
  String line;
  // 계속 버퍼링하고 출력한다
  while ((line = br.readLine()) != null) {
    System.out.println(line);
  }
}
```

결과적으로 한 번에 2바이트가 아니라 줄 전체를 읽으니 훨씬 빠르다. 텍스트 파일을 읽는 아주 효율적인 방법이다.

> TIP ≡ 전용 생성자로 버퍼 크기를 설정하면 보다 최적화할 수 있다.

BufferedReader 클래스는 들어오는 데이터에 맞게 버퍼를 생성하고 처리하지만 데이터 소스에는 구애받지 않는다. 예제에서 데이터 소스는 FileReader, 즉 파일이었으나 하나의 BufferedReader에 다양한 소스(예를 들어 네트워크, 파일, 콘솔, 프린터, 센서 등)의 데이터를 버퍼링할 수 있다. 최종적으로 버퍼링한 데이터를 읽는다.

지금까지 자바에서 텍스트 파일을 읽는 주요 방법을 여러 가지 예제로 살펴봤다. JDK 8부터 새 메서드 집합이 추가되면서 이 과정이 한결 간단해졌다. BufferedReader를 Files.newBufferedReader(Path path, Charset cs)로도 생성할 수 있다.

```
try (BufferedReader br = Files.newBufferedReader(
    chineseFile, StandardCharsets.UTF_16)) {
  String line;
  while ((line = br.readLine()) != null) {
    System.out.println(line);
  }
}
```

BufferedWriter는 Files.newBufferedWriter()로도 생성할 수 있다. Path를 바로 쓸 수 있다는 점이 두 메서드의 장점이다.

텍스트 파일의 내용을 Stream<T>로 가져오는 방법은 136. **파일 내용 스트리밍** 절에 나오는 문제를 참고하자.

보기에는 불편하지만 다음 방법도 유용하다.

```
try (BufferedReader br = new BufferedReader(new InputStreamReader(
    new FileInputStream(chineseFile.toFile()),
      StandardCharsets.UTF_16))) {
  String line;
  while ((line = br.readLine()) != null) {
    System.out.println(line);
  }
}
```

이제 텍스트 파일을 곧장 메모리로 읽는 방법을 알아보자.

138.1 텍스트 파일을 메모리로 읽기

Files 클래스는 전체 텍스트 파일을 메모리로 읽는 두 가지 메서드를 제공한다. 그 중 하나가 List<String> readAllLines(Path path, Charset cs)다.

```
List<String> lines = Files.readAllLines(
  chineseFile, StandardCharsets.UTF_16);
```

전체 내용을 String으로 읽으려면 Files.readString(Path path, Charset cs)를 사용한다.

```
String content = Files.readString(chineseFile,
  StandardCharsets.UTF_16);
```

비교적 작은 파일에는 두 메서드가 매우 편리하지만 큰 파일에는 알맞지 않다. 큰 파일을 메모리로 읽어들이면 OutOfMemoryError가 발생하기 쉽고 당연히 메모리도 많이 소모한다. 대용량 파일(예를 들어 200GB)에는 메모리 맵(memory-mapped) 파일(MappedByteBuffer)을 사용하는 것이 좋다. MappedByteBuffer는 대용량 파일을 생성하고 수정할 때 유용하며, 파일을 아주 큰 배열로 처리한다. 파일이 메모리에 없는데도 꼭 메모리에 있는 것처럼 보인다. 모든 작업은 네이티브 단에서 수행된다.

```java
// Files.newByteChannel()을 사용해도 된다
try (FileChannel fileChannel = (FileChannel.open(chineseFile,
    EnumSet.of(StandardOpenOption.READ)))) {

  MappedByteBuffer mbBuffer = fileChannel.map(
    FileChannel.MapMode.READ_ONLY, 0, fileChannel.size());

  if (mbBuffer != null) {
    String bufferContent
      = StandardCharsets.UTF_16.decode(mbBuffer).toString();

    System.out.println(bufferContent);
    mbBuffer.clear();
  }
}
```

파일이 너무 크면 다음과 같이 정해진 크기의 버퍼를 순회하는 방법이 바람직하다.

```java
private static final int MAP_SIZE = 5242880; // 바이트로는 5MB

try (FileChannel fileChannel = (FileChannel.open(chineseFile,
    EnumSet.of(StandardOpenOption.READ)))) {

  int position = 0;
  long length = fileChannel.size();

  while (position < length) {
    long remaining = length - position;
    int bytestomap = (int) Math.min(MAP_SIZE, remaining);

    MappedByteBuffer mbBuffer = fileChannel.map(
      MapMode.READ_ONLY, position, bytestomap);

    ... // 현재 버퍼로 어떤 작업을 수행한다
```

```
            position += bytestomap;
        }
    }
```

Info ≡   JDK 13에서 비휘발성 MappedByteBuffer 출시를 준비 중이다. 관심을 갖고 지켜보자!

138.2 텍스트 파일 쓰기

텍스트 파일을 읽는 각각의 전용 클래스와 메서드(가령 BufferedReader와 readString())마다 그에
대응하는 텍스트 파일에 쓰는 전용 클래스와 메서드(가령 BufferedWriter와 writeString())도 존
재한다. 다음은 BufferedWriter로 텍스트 파일에 쓰는 예제다.

```
Path textFile = Paths.get("sample.txt");

try (BufferedWriter bw = Files.newBufferedWriter(
    textFile, StandardCharsets.UTF_8, StandardOpenOption.CREATE,
     StandardOpenOption.WRITE)) {
  bw.write("Lorem ipsum dolor sit amet, ... ");
  bw.newLine();
  bw.write("sed do eiusmod tempor incididunt ...");
}
```

Iterable을 텍스트 파일에 쓸 때는 Files.write(Path path, Iterable<? extends CharSequence>
lines, Charset cs, OpenOption... options) 메서드를 사용하면 편리하다. 다음은 리스트의 내
용을 텍스트 파일에 쓰는 예제다(파일의 각 행마다 리스트의 각 원소를 쓴다).

```
List<String> linesToWrite = Arrays.asList("abc", "def", "ghi");
Path textFile = Paths.get("sample.txt");
Files.write(textFile, linesToWrite, StandardCharsets.UTF_8,
    StandardOpenOption.CREATE, StandardOpenOption.WRITE);
```

파일에 String을 쓰려면 Files.writeString(Path path, CharSequence csq, OpenOption...
options) 메서드를 사용한다.

```
Path textFile = Paths.get("sample.txt");

String lineToWrite = "Lorem ipsum dolor sit amet, ...";
Files.writeString(textFile, lineToWrite, StandardCharsets.UTF_8,
    StandardOpenOption.CREATE, StandardOpenOption.WRITE);
```

끝으로 MappedByteBuffer를 사용해 텍스트 파일에 쓰는 예제를 살펴보자(대용량 텍스트 파일을 작성하기 좋다).

```
Path textFile = Paths.get("sample.txt");
CharBuffer cb = CharBuffer.wrap("Lorem ipsum dolor sit amet, ...");

try (FileChannel fileChannel = (FileChannel) Files.newByteChannel(
    textFile, EnumSet.of(StandardOpenOption.CREATE,
      StandardOpenOption.READ, StandardOpenOption.WRITE))) {

  MadByteBuffer mbBuffer = fileChannel
    .map(FileChannel.MapMode.READ_WRITE, 0, cb.length());

  if (mbBuffer != null) {
    mbBuffer.put(StandardCharsets.UTF_8.encode(cb));
  }
}
```

139 효율적으로 이진 파일 읽고 쓰기

138. 효율적으로 텍스트 파일 읽고 쓰기 절에서 버퍼링 스트림을 설명했었다(앞 절을 먼저 읽어야 이해하기 쉽다). 이진 파일도 같은 방식으로 동작하므로 몇 가지 예제를 바로 살펴보겠다.

다음과 같은 이진 파일이 있을 때 파일의 크기를 바이트로 구한다.

```
Path binaryFile = Paths.get(
  "build/classes/modern/challenge/Main.class");

int fileSize = (int) Files.readAttributes(
  binaryFile, BasicFileAttributes.class).size();
```

이어서 FileInputStream(버퍼링을 사용하지 않는 메서드)으로 파일 내용을 byte[]에 읽어 들인다.

```
final byte[] buffer = new byte[fileSize];
try (InputStream is = new FileInputStream(binaryFile.toString())) {
  int i;
  while ((i = is.read(buffer)) != -1) {
    System.out.print("\nReading ... ");
  }
}
```

위 방법은 그다지 효율적이지 못하다. 입력 스트림에서 바이트 배열로 읽어 들일 때 BufferedInputStream을 사용해 buffer.length 바이트만큼 읽어야 효율성이 높아진다.

```
final byte[] buffer = new byte[fileSize];

try (BufferedInputStream bis = new BufferedInputStream(
    new FileInputStream(binaryFile.toFile()))) {
  int i;
  while ((i = bis.read(buffer)) != -1) {
    System.out.print("\nReading ... " + i);
  }
}
```

FileInputStream은 Files.newInputStream() 메서드로도 생성할 수 있다. Path를 바로 쓸 수 있다는 것이 장점이다.

```
final byte[] buffer = new byte[fileSize];

try (BufferedInputStream bis = new BufferedInputStream(
    Files.newInputStream(binaryFile))) {
  int i;
  while ((i = bis.read(buffer)) != -1) {
    System.out.print("\nReading ... " + i);
  }
}
```

파일이 너무 커 파일 크기의 버퍼에 들어가지 않으면 정해진 크기의 더 작은 버퍼(예를 들어 512 바이트)를 사용해 다음 read() 중 하나로 읽는 것이 좋다.

- read(byte[] b)

- read(byte[] b, int off, int len)

- readNBytes(byte[] b, int off, int len)

- readNBytes(int len)

입력 스트림을 바이트 배열로 읽는 것이 목표라면 ByteArrayInputStream도 방법이다(내부 버퍼를 사용하니 BufferedInputStream을 쓰지 않아도 된다).

```
final byte[] buffer = new byte[fileSize];

try (ByteArrayInputStream bais = new ByteArrayInputStream(buffer)) {
  int i;
  while ((i = bais.read(buffer)) != -1) {
    System.out.print("\nReading ... ");
  }
}
```

앞선 방식들은 원시 이진 데이터에 알맞으나 이진 파일이 특정 데이터(예를 들어 int나 float 등)를 포함할 때가 있다. 이럴 때는 DataInputStream과 DataOutputStream으로 특정 데이터 타입을 읽고 쓰면 편리하다. data.bin 파일에 float 수가 들어 있다고 가정해보자. 다음과 같이 읽어야 효율적이다.

```
Path dataFile = Paths.get("data.bin");

try (DataInputStream dis = new DataInputStream(
    new BufferedInputStream(Files.newInputStream(dataFile)))) {
  while (dis.available() > 0) {
    float nr = dis.readFloat();
    System.out.println("Read: " + nr);
  }
}
```

이제 이진 파일을 곧장 메모리로 읽는 방법을 알아보자.

139.1 이진 파일을 메모리로 읽기

Files.readAllBytes()를 사용하면 이진 파일 전체를 메모리로 읽을 수 있다.

```
byte[] bytes = Files.readAllBytes(binaryFile);
```

InputStream 클래스도 비슷한 메서드를 제공한다.

비교적 작은 파일에는 두 메서드가 매우 편리하지만 큰 파일에는 알맞지 않다. 큰 파일을 메모리로 읽어들이면 OutOfMemoryError가 발생하기 쉽고 당연히 메모리도 많이 소모한다. 대용량 파일 (예를 들어 200GB)에는 메모리 맵(memory-mapped) 파일(MappedByteBuffer)을 사용하는 것이 좋다. MappedByteBuffer는 대용량 파일을 생성하고 수정할 때 유용하며, 파일을 아주 큰 배열로 처리한다. 파일이 메모리에 없는데도 꼭 메모리에 있는 것처럼 보인다. 모든 작업은 네이티브 단에서 수행된다.

```
try (FileChannel fileChannel = (FileChannel.open(binaryFile,
    EnumSet.of(StandardOpenOption.READ)))) {
  MappedByteBuffer mbBuffer = fileChannel.map(
    FileChannel.MapMode.READ_ONLY, 0, fileChannel.size());

  System.out.println("\nRead: " + mbBuffer.limit() + " bytes");
}
```

파일이 너무 크면 다음과 같이 정해진 크기의 버퍼를 순회하는 방법이 바람직하다.

```
private static final int MAP_SIZE = 5242880; // 바이트로 5MB

try (FileChannel fileChannel = FileChannel.open(
    binaryFile, StandardOpenOption.READ)) {
  int position = 0;
  long length = fileChannel.size();

  while (position < length) {
    long remaining = length - position;
    int bytestomap = (int) Math.min(MAP_SIZE, remaining);

    MappedByteBuffer mbBuffer = fileChannel.map(
      MapMode.READ_ONLY, position, bytestomap);

    ... // 현재 버퍼로 어떤 작업을 수행한다

    position += bytestomap;
  }
}
```

139.2 이진 파일 쓰기

BufferedOutputStream을 사용하면 이진 파일에 효율적으로 쓸 수 있다. 다음은 byte[]를 파일에 쓰는 예제다.

```
final byte[] buffer...;
Path classFile = Paths.get(
   "build/classes/modern/challenge/Main.class");

try (BufferedOutputStream bos = newBufferedOutputStream(
     Files.newOutputStream(classFile, StandardOpenOption.CREATE,
       StandardOpenOption.WRITE))) {
   bos.write(buffer);
}
```

> $Info \equiv$ 바이트 단위로 쓸 때는 write(int b) 메서드를, 데이터 묶음을 쓸 때는 write(byte[] b, int off, int len) 메서드를 사용한다.

Files.write(Path path, byte[] bytes, OpenOption... options) 메서드를 사용하면 보다 편리하게 byte[]를 파일에 쓸 수 있다. 이전 예제의 버퍼를 파일에 써보자.

```
Path classFile = Paths.get(
   "build/classes/modern/challenge/Main.class");

Files.write(classFile, buffer,
   StandardOpenOption.CREATE, StandardOpenOption.WRITE);
```

다음은 MappedByteBuffer를 사용해 이진 파일에 쓰는 예제다(대용량 텍스트 파일을 작성하기 좋다).

```
Path classFile = Paths.get(
   "build/classes/modern/challenge/Main.class");
try (FileChannel fileChannel = (FileChannel) Files.newByteChannel(
     classFile, EnumSet.of(StandardOpenOption.CREATE,
       StandardOpenOption.READ, StandardOpenOption.WRITE))) {
   MappedByteBuffer mbBuffer = fileChannel
     .map(FileChannel.MapMode.READ_WRITE, 0, buffer.length);

   if (mbBuffer != null) {
     mbBuffer.put(buffer);
   }
}
```

끝으로 (원시 이진 데이터가 아닌) 데이터를 쓸 때는 DataOutputStream을 사용한다. 이 클래스는 다양한 타입의 데이터를 위한 writeFoo() 메서드를 지원한다. float 몇 개를 파일에 쓰는 예제를 살펴보자.

```
Path floatFile = Paths.get("float.bin");

try (DataOutputStream dis = new DataOutputStream(
    new BufferedOutputStream(Files.newOutputStream(floatFile)))) {
  dis.writeFloat(23.56f);
  dis.writeFloat(2.516f);
  dis.writeFloat(56.123f);
}
```

140 대용량 파일 검색

파일에서 특정 문자열을 찾아 빈도수를 세는 경우가 많다. 특히나 파일이 (200GB처럼) 크다면 최대한 빠르게 수행해야 한다는 조건이 반드시 따라붙는다.

이 절의 구현에서는 111이라는 문자열에 문자열 11이 한 번만 등장한다고 가정한다. 처음 세 구현은 1장의 017. **문자열 내 부분 문자열 빈도수 세기** 절에 나오는 다음 헬퍼 메서드를 사용한다.

```
private static int countStringInString(String string, String tofind) {
  return string.split(Pattern.quote(tofind), -1).length - 1;
}
```

말이 나왔으니 이 문제의 몇 가지 해법을 살펴보자.

140.1 BufferedReader 해법

앞선 문제들로부터 효율적으로 텍스트 파일을 읽는 방법이 BufferedReader임을 배웠다. 따라서 BufferedReader로 대용량 파일도 읽을 수 있다. 파일을 읽으면서 BufferedReader.readLine()으로 받아온 각 행에 countStringInString()을 호출해 검색할 문자열의 빈도수를 센다.

```
public static int countOccurrences(Path path, String text, Charset ch)
    throws IOException {
  int count = 0;

  try (BufferedReader br = Files.newBufferedReader(path, ch)) {
```

```
    String line;
    while ((line = br.readLine()) != null) {
      count += countStringInString(line, text);
    }
  }

  return count;
}
```

140.2 Files.readAllLines( ) 해법

메모리(RAM)에 제한이 없다면 (Files.readAllLines()를 통해) 전체 파일을 메모리로 읽어 메모리에서 처리할 수 있다. 전체 파일을 메모리로 가져오니 병렬 처리도 가능하다. 따라서 병렬 처리가 가능한 하드웨어라면 parallelStream()을 활용해본다.

```
public static int countOccurrences(Path path, String text, Charset ch)
    throws IOException {
  return Files.readAllLines(path, ch).parallelStream()
    .mapToInt((p) -> countStringInString(p, text))
    .sum();
}
```

TIP ≡ parallelStream()으로 별다른 이득이 없으면 stream()으로 바꾼다. 벤치마킹의 문제일 뿐이다.

140.3 Files.lines( ) 해법

Files.lines()을 사용해 스트림을 활용하는 방법도 있다. 이 메서드는 파일을 지연 Stream<String>으로 가져온다. 병렬 처리를 활용할 수 있으면(벤치마킹에서 더 나은 성능을 보였으면) 간단히 parallel() 메서드를 호출해 Stream<String>을 병렬화한다.

```
public static int countOccurrences(Path path, String text, Charset ch)
    throws IOException {
  return Files.lines(path, ch).parallel()
    .mapToInt((p) -> countStringInString(p, text))
    .sum();
}
```

140.4 Scanner 해법

JDK 9부터 Scanner 클래스는 구분자로 구분된 토큰 스트림을 반환하는 Stream<String> tokens() 메서드를 제공한다. 검색할 텍스트를 Scanner의 구분자로 넣은 후 tokens()로 반환되는 Stream의 항목을 세면 올바른 결과가 나온다.

```java
public static long countOccurrences(
    Path path, String text, Charset ch) throws IOException {

    long count;

    try (Scanner scanner = new Scanner(path, ch)
        .useDelimiter(Pattern.quote(text))) {

        count = scanner.tokens().count() - 1;
    }

    return count;
}
```

> Info ≡ JDK 10에 명시적인 문자 집합을 지원하는 스캐너 생성자가 추가됐다.

140.5 MappedByteBuffer 해법

이번 문제의 마지막 해법은 자바 NIO.2의 MappedByteBuffer와 FileChannel을 활용한다. 이 해법은 파일이 주어지면 FileChannel로 메모리 맵 바이트 버퍼(MappedByteBuffer)를 연다.

```java
private static final int MAP_SIZE = 5242880; // 바이트로는 5MB

public static int countOccurrences(Path path, String text)
    throws IOException {
  final byte[] texttofind = text.getBytes(StandardCharsets.UTF_8);
  int count = 0;

  try (FileChannel fileChannel = FileChannel.open(path,
    StandardOpenOption.READ)) {
    int position = 0;
    long length = fileChannel.size();
```

```
    while (position < length) {
        long remaining = length - position;
        int bytestomap = (int) Math.min(MAP_SIZE, remaining);

        MappedByteBuffer mbBuffer = fileChannel.map(
          MapMode.READ_ONLY, position, bytestomap);

        int limit = mbBuffer.limit();
        int lastSpace = -1;
        int firstChar = -1;

        while (mbBuffer.hasRemaining()) {
            // 복잡해지지 않도록 스파게티 코드는 생략하겠다
            ...
        }
    }
}

return count;
}
```

파일을 JVM으로 로드하지 않고 곧장 운영 체제의 메모리로 읽어 들이므로 위 해법은 매우 빠르
다. 연산은 네이티브 단, 즉 운영 체제 단에서 수행된다. 위 구현은 UTF-8 문자 집합에서만 동작
하나 다른 문자 집합에 맞게 얼마든지 조정할 수 있다.

141 JSON/CSV 파일 객체로 읽기

근래에는 JSON과 CSV 파일이 쓰이지 않는 곳이 없다. JSON과 CSV 파일 읽기(역직렬화)는 일
반적으로 비즈니스 로직 앞 단에서 수행되는 일상적인 작업이다. 마찬가지로 JSON/CSV 파일 쓰
기(직렬화)는 전형적으로 비즈니스 로직 뒷 단에서 수행되는 일상적인 작업이다. 파일을 읽고 쓰
는 중간에서 애플리케이션은 데이터를 객체로 처리한다.

141.1 JSON 파일을 객체로 읽고 쓰기

전형적인 JSON 형태의 매핑을 표현한 아래 텍스트 파일 세 개부터 살펴보자.

원시 JSON	배열 형태의 JSON	맵 형태의 JSON

{"type": "Gac", "weight": 2000}
{"type": "Hemi", "weight": 1200}
	[{
	    "type": "Gac",
	    "weight": 2000
	}, {
	    "type": "Hemi",
	    "weight": 1200
	}]
		{
		  "A": {
		    "type": "Gac",
		    "weight": 2000
		  },
		  "B": {
		    "type": "Hemi",
		    "weight": 1200
		  }
		}

melons_raw.json	melons_array.json	melons_map.json

melons_raw.json은 한 행에 하나의 JSON 항목을 포함한다. 각 행의 JSON 항목은 서로 독립적이지만 스키마는 같다. melons_array.json은 JSON 배열을, melons_map.json은 자바 Map에 부합하는 JSON을 포함한다.

다음은 각 파일의 Path다.

```
Path pathArray = Paths.get("melons_array.json");
Path pathMap = Paths.get("melons_map.json");
Path pathRaw = Paths.get("melons_raw.json");
```

지금부터 세 가지 전용 라이브러리로 위 파일의 내용을 Melon 인스턴스로 읽어보겠다.

```
public class Melon {
  private String type;
  private int weight;

  // 게터와 세터
}
```

JSON-B

자바 EE8은 JAXB와 유사한 JSON-B라는 선언형(declarative) JSON 바인딩(JSR-367)을 제공한다. JSON-B는 JAXB를 비롯해 다른 자바 EE/SE API와 호환된다. 자카르타 EE는 자바 EE8 JSON(P와 B)을 한 단계 업그레이드시켰다. JSON-B API는 javax.json.bind.Jsonb와 javax.json.bind.JsonbBuilder 클래스에서 제공된다.

```
Jsonb jsonb = JsonbBuilder.create();
```

역직렬화에는 Jsonb.fromJson()을, 직렬화에는 Jsonb.toJson()을 사용한다.

- melons_array.json을 Melon Array로 읽어보자.

```java
Melon[] melonsArray = jsonb.fromJson(Files.newBufferedReader(
    pathArray, StandardCharsets.UTF_8), Melon[].class);
```

- melons_array.json을 Melon List로 읽어보자.

```java
List<Melon> melonsList
    = jsonb.fromJson(Files.newBufferedReader(
```

- melons_map.json을 Melon Map으로 읽어보자.

```java
Map<String, Melon> melonsMap
    = jsonb.fromJson(Files.newBufferedReader(
        pathMap, StandardCharsets.UTF_8), HashMap.class);
```

- melons_raw.json을 한 행씩 Map으로 읽어보자.

```java
Map<String, String> stringMap = new HashMap<>();

try (BufferedReader br = Files.newBufferedReader(
        pathRaw, StandardCharsets.UTF_8)) {
    String line;

    while ((line = br.readLine()) != null) {
        stringMap = jsonb.fromJson(line, HashMap.class);
        System.out.println("Current map is: " + stringMap);
    }
}
```

- melons_raw.json을 한 행씩 Melon으로 읽어보자.

```java
try (BufferedReader br = Files.newBufferedReader(
        pathRaw, StandardCharsets.UTF_8)) {
    String line;

    while ((line = br.readLine()) != null) {
        Melon melon = jsonb.fromJson(line, Melon.class);
        System.out.println("Current melon is: " + melon);
    }
}
```

- JSON 파일(melons_output.json)에 객체를 써보자.

```
Path path = Paths.get("melons_output.json");

jsonb.toJson(melonsMap, Files.newBufferedWriter(path,
    StandardCharsets.UTF_8, StandardOpenOption.CREATE,
      StandardOpenOption.WRITE));
```

잭슨(Jackson)

잭슨(Jackson)은 JSON 데이터 처리(직렬화/역직렬화)에 자주 쓰이는 빠른 라이브러리다. 잭슨 API는 com.fasterxml.jackson.databind.ObjectMapper에서 제공된다. 앞선 예제를 잭슨으로 해결해보자.

```
ObjectMapper mapper = new ObjectMapper();
```

역직렬화에는 ObjectMapper.readValue()를, 직렬화에는 ObjectMapper.writeValue()를 사용한다.

- melons_array.json을 Melon Array로 읽어보자.

```
Melon[] melonsArray
  = mapper.readValue(Files.newBufferedReader(
      pathArray, StandardCharsets.UTF_8), Melon[].class);
```

- melons_array.json을 Melon List로 읽어보자.

```
List<Melon> melonsList
  = mapper.readValue(Files.newBufferedReader(
      pathArray, StandardCharsets.UTF_8), ArrayList.class);
```

- melons_map.json을 Melon Map으로 읽어보자.

```
Map<String, Melon> melonsMap
  = mapper.readValue(Files.newBufferedReader(
      pathMap, StandardCharsets.UTF_8), HashMap.class);
```

- melons_raw.json을 한 행씩 Map으로 읽어보자.

```
Map<String, String> stringMap = new HashMap<>();

try (BufferedReader br = Files.newBufferedReader(
```

```
    pathRaw, StandardCharsets.UTF_8)) {
  String line;

  while ((line = br.readLine()) != null) {
    stringMap = mapper.readValue(line, HashMap.class);
    System.out.println("Current map is: " + stringMap);
  }
}
```

- melons_raw.json을 한 행씩 Melon으로 읽어보자.

```
try (BufferedReader br = Files.newBufferedReader(
    pathRaw, StandardCharsets.UTF_8)) {
  String line;

  while ((line = br.readLine()) != null) {
    Melon melon = mapper.readValue(line, Melon.class);
    System.out.println("Current melon is: " + melon);
  }
}
```

- JSON 파일(melons_output.json)에 객체를 써보자.

```
Path path = Paths.get("melons_output.json");

mapper.writeValue(Files.newBufferedWriter(path,
  StandardCharsets.UTF_8, StandardOpenOption.CREATE,
    StandardOpenOption.WRITE), melonsMap);
```

Gson

Gson 역시 JSON 데이터 처리(직렬화/역직렬화)에 특화된 빠른 라이브러리 중 하나다. 메이븐 프로젝트의 pom.xml에 종속성으로 추가할 수 있다. Gson의 API는 com.google.gson.Gson이라는 클래스명이다. Gson 예제는 이 책의 예제 코드에서 제공한다.

141.2 CSV 파일을 객체로 읽기

가장 단순한 형태의 CSV 파일 하나를 예로 들어보겠다(쉼표로 구분된 여러 행의 데이터).

```
melon.csv
CSV
Gaac,2000
Hemi,1500
Cantaloupe,800
Golden Prize,2300
Crenshaw,3000
```

위와 같은 CSV 파일을 역직렬화하는 간단하면서도 효율적인 해법은 BufferedReader와 String.split() 메서드를 활용하는 것이다. BufferedReader.readLine()으로 파일의 각 행을 읽은 후 String.split()을 사용해 쉼표 구분자로 분할한다. 결과(각 행의 내용)는 List<String>에 저장한다. 최종 결과는 다음과 같이 List<List<String>>이다.

```java
public static List<List<String>> readAsObject(
    Path path, Charset cs, String delimiter) throws IOException {
  List<List<String>> content = new ArrayList<>();

  try (BufferedReader br = Files.newBufferedReader(path, cs)) {
    String line;

    while ((line = br.readLine()) != null) {
      String[] values = line.split(delimiter);
      content.add(Arrays.asList(values));
    }
  }

  return content;
}
```

CSV 데이터에 대응하는 POJO(Plain Old Java Object)가 있다면(예를 들어 다수의 Melon 인스턴스를 직렬화한 CSV라면) 아래 예제처럼 역직렬화할 수 있다.

```java
public static List<Melon> readAsMelon(
    Path path, Charset cs, String delimiter) throws IOException {
  List<Melon> content = new ArrayList<>();

  try (BufferedReader br = Files.newBufferedReader(path, cs)) {
    String line;

    while ((line = br.readLine()) != null) {
      String[] values = line.split(Pattern.quote(delimiter));
```

```
            content.add(new Melon(values[0], Integer.valueOf(values[1])));
        }
    }

    return content;
}
```

> Info ≡   복잡한 CSV 파일에는 전용 라이브러리(예를 들어 OpenCSV, 아파치 커먼즈 CSV, SuperCSV 등)를
> 사용하는 것이 좋다.

142 임시 폴더와 파일 다루기

자바 NIO.2 API는 임시 폴더와 파일을 다루는 여러 가지 지원을 제공한다. 예를 들어 임시 폴더
와 파일의 기본 위치는 다음과 같은 코드로 간단히 알아낼 수 있다.

```
String defaultBaseDir = System.getProperty("java.io.tmpdir");
```

보통 윈도의 기본 임시 폴더는 C:\Temp나 %Windows%\Temp, Local Settings\Temp 아래 사용자별
임시 디렉터리다(이 위치는 주로 TEMP 환경 변수로 제어한다). 리눅스/유닉스의 전역 임시 디렉터
리는 /tmp와 /var/tmp다. 위 코드는 운영 체제별로 기본 위치를 알맞게 반환한다.

이어지는 절에서는 임시 폴더와 파일을 어떻게 생성하는지 알아본다.

142.1 임시 폴더와 파일 생성

임시 폴더는 Path createTempDirectory(Path dir, String prefix, FileAttribute<?>...
attrs)로 생성한다. 이 메서드는 Files 클래스 내 static 메서드로서 아래처럼 사용한다.

- 접두사 없이 운영 체제의 기본 위치에 임시 폴더를 생성해보자.

  ```
  // C:\Users\Anghel\AppData\Local\Temp\8083202661590940905
  Path tmpNoPrefix = Files.createTempDirectory(null);
  ```

- 원하는 접두사를 붙여 운영 체제의 기본 위치에 임시 폴더를 생성해보자.

  ```
  // C:\Users\Anghel\AppData\Local\Temp\logs_5825861687219258744
  String customDirPrefix = "logs_";
  ```

```
Path tmpCustomPrefix
    = Files.createTempDirectory(customDirPrefix);
```

- 원하는 접두사를 붙여 원하는 위치에 임시 폴더를 생성해보자.

```
// D:\tmp\logs_10153083118282372419
Path customBaseDir
  = FileSystems.getDefault().getPath("D:/tmp");
String customDirPrefix = "logs_";
Path tmpCustomLocationAndPrefix
    = Files.createTempDirectory(customBaseDir, customDirPrefix);
```

임시 파일은 Path createTempFile(Path dir, String prefix, String suffix, FileAttribute<?>...
attrs)로 생성한다. 이 메서드는 Files 클래스 내 static 메서드로서 아래처럼 사용한다.

- 접두사와 접미사 없이 운영 체제의 기본 위치에 임시 파일을 생성해보자.

```
// C:\Users\Anghel\AppData\Local\Temp\16106384687161465188.tmp
Path tmpNoPrefixSuffix = Files.createTempFile(null, null);
```

- 원하는 접두사와 접미사를 붙여 운영 체제의 기본 위치에 임시 파일을 생성해보자.

```
// C:\Users\Anghel\AppData\Local\Temp\log_402507375350226.txt
String customFilePrefix = "log_";
String customFileSuffix = ".txt";
Path tmpCustomPrefixAndSuffix
    = Files.createTempFile(customFilePrefix, customFileSuffix);
```

- 원하는 접두사와 접미사를 붙여 원하는 위치에 임시 파일을 생성해보자.

```
// D:\tmp\log_13299365648984256372.txt
Path customBaseDir
  = FileSystems.getDefault().getPath("D:/tmp");
String customFilePrefix = "log_";
String customFileSuffix = ".txt";
Path tmpCustomLocationPrefixSuffix = Files.createTempFile(
  customBaseDir, customFilePrefix, customFileSuffix);
```

지금부터는 임시 폴더와 파일을 삭제하는 다양한 방법을 알아보겠다.

자바 입출력 경로, 파일, 버퍼, 스캐닝, 포매팅

142.2 셧다운 후크로 임시 폴더와 파일 삭제

임시 폴더와 파일은 운영 체제나 특수 도구에서 삭제할 수 있다. 하지만 프로그램 상에서 제어하면서 다양한 디자인 고려 사항에 맞게 폴더와 파일을 삭제해야 할 때가 있다.

문제의 한 가지 해법은 Runtime.getRuntime().addShutdownHook()으로 구현하는 **셧다운 후크** (shutdown-hook) 메커니즘이다. 셧다운 후크는 JVM 셧다운 직전에 특정 작업(예를 들어 해제 (cleanup) 작업)을 완료해야 할 때 알맞다. 자바 스레드로 구현하는데, JVM이 셧다운 과정에서 셧다운 후크를 실행할 때 이 자바 스레드의 run() 메서드를 호출한다. 코드로 살펴보자.

```
Path customBaseDir = FileSystems.getDefault().getPath("D:/tmp");
String customDirPrefix = "logs_";
String customFilePrefix = "log_";
String customFileSuffix = ".txt";

try {
  Path tmpDir = Files.createTempDirectory(
    customBaseDir, customDirPrefix);
  Path tmpFile1 = Files.createTempFile(
    tmpDir, customFilePrefix, customFileSuffix);
  Path tmpFile2 = Files.createTempFile(
    tmpDir, customFilePrefix, customFileSuffix);

  Runtime.getRuntime().addShutdownHook(new Thread() {
    @Override
    public void run() {
      try (DirectoryStream<Path> ds
          = Files.newDirectoryStream(tmpDir)) {
        for (Path file: ds) {
          Files.delete(file);
        }

        Files.delete(tmpDir);
      } catch (IOException e) {
        ...
      }
    }
  });

  // 삭제 전까지 임시 파일에 시뮬레이션할 연산
  Thread.sleep(10000);
} catch (IOException | InterruptedException e) {
  ...
}
```

142.3 deleteOnExit( )로 임시 폴더와 파일 삭제

File.deleteOnExit() 메서드로도 임시 폴더와 파일을 삭제할 수 있다. 이 메서드를 호출해 폴더나 파일 삭제를 등록해 둔다. 삭제 연산은 JVM 셧다운 중에 실행된다.

```java
Path customBaseDir = FileSystems.getDefault().getPath("D:/tmp");
String customDirPrefix = "logs_";
String customFilePrefix = "log_";
String customFileSuffix = ".txt";

try {
  Path tmpDir = Files.createTempDirectory(
    customBaseDir, customDirPrefix);
  System.out.println("Created temp folder as: " + tmpDir);
  Path tmpFile1 = Files.createTempFile(
    tmpDir, customFilePrefix, customFileSuffix);
  Path tmpFile2 = Files.createTempFile(
    tmpDir, customFilePrefix, customFileSuffix);

  try (DirectoryStream<Path> ds = Files.newDirectoryStream(tmpDir)) {
    tmpDir.toFile().deleteOnExit();

    for (Path file: ds) {
      file.toFile().deleteOnExit();
    }
  } catch (IOException e) {
    ...
  }

  // 삭제 전까지 임시 파일에 시뮬레이션할 연산
  Thread.sleep(10000);
} catch (IOException | InterruptedException e) {
  ...
}
```

142.4 DELETE_ON_CLOSE로 임시 파일 삭제

StandardOpenOption.DELETE_ON_CLOSE도 임시 파일을 삭제하는 한 가지 방법이다(스트림이 닫힐 때 파일을 삭제한다). 예를 들어 다음 코드는 createTempFile() 메서드로 임시 파일을 생성한 후 그 파일의 BufferedWriter 스트림을 열 때 DELETE_ON_CLOSE를 명시한다.

```
Path customBaseDir = FileSystems.getDefault().getPath("D:/tmp");
String customFilePrefix = "log_";
String customFileSuffix = ".txt";
Path tmpFile = null;

try {
  tmpFile = Files.createTempFile(
    customBaseDir, customFilePrefix, customFileSuffix);
} catch (IOException e) {
  ...
}

try (BufferedWriter bw = Files.newBufferedWriter(tmpFile,
    StandardCharsets.UTF_8, StandardOpenOption.DELETE_ON_CLOSE)) {

  // 삭제 전까지 임시 파일에 시뮬레이션할 연산
  Thread.sleep(10000);
} catch (IOException | InterruptedException e) {
  ...
}
```

Info ≡ 위 해법은 모든 파일에 적용할 수 있다. 임시 자원에만 한정되지 않는다.

143 파일 필터링

Path에서 파일을 필터링하는 작업은 매우 흔하다. 예를 들어 특정 타입, 특정 패턴의 이름, 오늘 수정한 파일 등만 걸러낸다.

143.1 newDirectoryStream()으로 필터링

필터 없이 간단히 `Files.newDirectoryStream(Path dir)` 메서드로 폴더의 내용(한 레벨 아래)을 순회할 수 있다. 이 메서드에서 반환하는 `DirectoryStream<Path>` 객체를 사용해 디렉터리 내 항목을 순회한다.

```
Path path = Paths.get("D:/learning/books/spring");

try (DirectoryStream<Path> ds = Files.newDirectoryStream(path)) {
  for (Path file: ds) {
    System.out.println(file.getFileName());
  }
}
```

위 코드에 필터를 넣는 방법은 최소 두 가지다. 한 가지 해법은 다른 종류의 `newDirectoryStream()` 메서드인 `newDirectoryStream(Path dir, String glob)`를 활용하는 것이다. 이 메서드는 Path와 더불어 글로브(glob) 문법으로 기술된 필터를 받는다. 다음 예제는 D:/learning/books/spring 폴더에서 PNG, JPG, BMP 타입의 파일만 필터링한다.

```
try (DirectoryStream<Path> ds =
    Files.newDirectoryStream(path, "*.{png,jpg,bmp}")) {
  for (Path file: ds) {
    System.out.println(file.getFileName());
  }
}
```

글로브(glob) 문법으로 나타낼 수 없으면 Filter를 받는 또 다른 `newDirectoryStream()` 메서드인 `newDirectoryStream(Path dir, DirectoryStream.Filter<? super Path> filter)`를 사용한다. 10MB보다 큰 파일만 가져오는 필터를 정의해보자.

```
DirectoryStream.Filter<Path> sizeFilter
    = new DirectoryStream.Filter<>() {
  @Override
  public boolean accept(Path path) throws IOException {
```

```
        return (Files.size(path) > 1024 * 1024 * 10);
    }
};
```

함수형 스타일로도 정의할 수 있다.

```
DirectoryStream.Filter<Path> sizeFilter
  = p -> (Files.size(p) > 1024 * 1024 * 10);
```

위 필터를 적용해보면 다음과 같다.

```
try (DirectoryStream<Path> ds =
     Files.newDirectoryStream(path, sizeFilter)) {
  for (Path file: ds) {
    System.out.println(file.getFileName() + " " +
      Files.readAttributes(file, BasicFileAttributes.class).size()
        + " bytes");
  }
}
```

같은 기법으로 만들어낼 수 있는 필터 몇 가지를 더 알아보자.

- 다음은 폴더만 가져오는 사용자 정의 필터다.

```
DirectoryStream.Filter<Path> folderFilter
    = new DirectoryStream.Filter<>() {
  @Override
  public boolean accept(Path path) throws IOException {
    return (Files.isDirectory(path, NOFOLLOW_LINKS));
  }
};
```

- 다음은 오늘 수정한 파일을 가져오는 사용자 정의 필터다.

```
DirectoryStream.Filter<Path> todayFilter
    = new DirectoryStream.Filter<>() {
  @Override
  public boolean accept(Path path) throws IOException {
    FileTime lastModified = Files.readAttributes(path,
      BasicFileAttributes.class).lastModifiedTime();

    LocalDate lastModifiedDate = lastModified.toInstant()
      .atOffset(ZoneOffset.UTC).toLocalDate();
```

```
    LocalDate todayDate = Instant.now()
       .atOffset(ZoneOffset.UTC).toLocalDate();

    return lastModifiedDate.equals(todayDate);
  }
};
```

- 다음은 숨겨진 파일과 폴더를 가져오는 사용자 정의 필터다.

```
DirectoryStream.Filter<Path> hiddenFilter
  = new DirectoryStream.Filter<>() {
  @Override
  public boolean accept(Path path) throws IOException {
    return (Files.isHidden(path));
  }
};
```

이어지는 절에서는 파일을 필터링하는 몇 가지 방법을 살펴보겠다.

143.2 FilenameFilter로 필터링

FilenameFilter 함수형 인터페이스로 폴더로부터 파일을 필터링할 수 있다. 필터부터 정의해보자(예를 들어 다음은 PDF 타입의 파일만 가져오는 필터다).

```
String[] files = path.toFile().list(new FilenameFilter() {
  @Override
  public boolean accept(File folder, String fileName) {
    return fileName.endsWith(".pdf");
  }
});
```

함수형 스타일로도 정의할 수 있다.

```
FilenameFilter filter = (File folder, String fileName)
  -> fileName.endsWith(".pdf");
```

좀 더 간결하게 바꿔보자.

```
FilenameFilter filter = (f, n) -> n.endsWith(".pdf");
```

위 필터를 사용하려면 File.list(FilenameFilter filter)나 File.listFiles(FilenameFilter filter) 메서드를 오버로딩한 후 메서드에 전달해야 한다.

```
String[] files = path.toFile().list(filter);
```

files 배열은 PDF 파일의 이름만 포함한다.

143.3 FileFilter로 필터링

FileFilter도 파일과 폴더를 필터링하는 함수형 인터페이스 중 하나다. 예를 들어 폴더만 필터링해보자.

```
File[] folders = path.toFile().listFiles(new FileFilter() {
  @Override
  public boolean accept(File file) {
    return file.isDirectory();
  }
});
```

함수형 스타일로도 작성할 수 있다.

```
File[] folders = path.toFile().listFiles((File file)
  -> file.isDirectory());
```

좀 더 간결하게 바꿔보자.

```
File[] folders = path.toFile().listFiles(f -> f.isDirectory());
```

끝으로 멤버 참조를 사용해 구현할 수도 있다.

```
File[] folders = path.toFile().listFiles(File::isDirectory);
```

144 두 파일 간 불일치 찾기

문제를 해결하려면 불일치를 하나 찾거나 EOF(End of File)에 도달할 때까지 두 파일의 내용을 (바이트 단위로) 비교해야 한다.

다음과 같은 텍스트 파일 네 개를 가정해보자.

This is a file for testing mismatches between two files! **file1.txt**	This is a file for testing mismatches between two files! **file2.txt**	This is a file for testing mismatches between two files! **file3.txt**	This is a file for testing mismatches between two files. **file4.txt**

처음 두 파일(file1.txt와 file2.txt)만 동일하다. 다른 파일 간 비교에서는 적어도 한 군데 이상이 일치하지 않는다고 나와야 한다.

첫 번째 해법은 MappedByteBuffer를 이용한다. 매우 빠르고 구현하기 쉽다. (각 파일당 하나씩) 두 개의 FileChannel을 열어 불일치를 하나 찾거나 EOF에 닿을 때까지 바이트 단위 비교를 수행하면 된다. 바이트로 봤을 때 두 파일의 길이가 다르면 두 파일이 다르다고 가정하고 즉시 반환한다.

```
private static final int MAP_SIZE = 5242880; // 바이트로는 5MB

public static boolean haveMismatches(Path p1, Path p2)
    throws IOException {

  try (FileChannel channel1 = (FileChannel.open(p1,
      EnumSet.of(StandardOpenOption.READ)))) {
    try (FileChannel channel2 = (FileChannel.open(p2,
        EnumSet.of(StandardOpenOption.READ)))) {
      long length1 = channel1.size();
      long length2 = channel2.size();

      if (length1 != length2) {
        return true;
      }

      int position = 0;
      while (position < length1) {
        long remaining = length1 - position;
        int bytestomap = (int) Math.min(MAP_SIZE, remaining);

        MappedByteBuffer mbBuffer1 = channel1.map(
          MapMode.READ_ONLY, position, bytestomap);
        MappedByteBuffer mbBuffer2 = channel2.map(
          MapMode.READ_ONLY, position, bytestomap);
```

```
      while (mbBuffer1.hasRemaining()) {
        if (mbBuffer1.get() != mbBuffer2.get()) {
          return true;
        }
      }

      position += bytestomap;
    }
  }
}

  return false;
}
```

> Info ≡　JDK 13에서 비휘발성(non-valatile) MappedByteBuffer 출시를 준비 중이다. 관심을 갖고 지켜보자![1]

JDK 12부터 두 파일 간 불일치를 찾아내는 메서드 하나가 Files 클래스에 새로 추가됐다. 다음은 이 메서드의 서명이다.

```
public static long mismatch(Path path, Path path2) throws IOException
```

위 메서드는 두 파일에서 처음으로 다른 바이트를 찾아 그 위치를 반환한다. 불일치가 없으면 −1을 반환한다.

```
long mismatches12 = Files.mismatch(file1, file2); // -1
long mismatches13 = Files.mismatch(file1, file3); // 51
long mismatches14 = Files.mismatch(file1, file4); // 60
```

145 순환 바이트 버퍼

자바 NIO.2 API는 java.nio.ByteBuffer라는 바이트 버퍼 구현을 제공한다. java.nio.ByteBuffer는 기본적으로 바이트 배열(byte[])로서 이 배열을 처리하는 전용 메서드 묶음(get(), put() 등)으로 감싸져 있다. 순환 버퍼(circular buffer)(사이클릭 버퍼(cyclic buffer), 링 버퍼(ring buffer), 순환

1 　[역주] JDK 14에 추가되었습니다.

큐(circular queue))는 양 끝 단이 연결된 고정된 크기의 버퍼다. 순환 큐를 그림으로 나타내면 다음과 같다.

▼ 그림 6-5

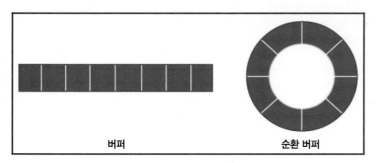

순환 버퍼는 미리 할당된 배열(미리 할당된 용량) 안에서 동작하지만 구현에 따라 용량 조정이 필요할 수 있다. 그림 6-6에서 알 수 있듯이 원소를 뒤(tail)에 쓰고(추가하고) 앞(head)에서 읽는다(삭제한다).

▼ 그림 6-6

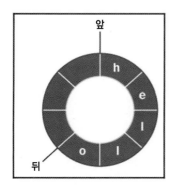

순환 버퍼에는 주요 연산, 즉 읽기(get)와 쓰기(put)를 위한 포인터(읽기 포인터와 쓰기 포인터)가 존재한다. 두 포인터는 버퍼 용량 내에서 순환한다. 원소를 몇 개 더 읽을 수 있는지, 쓰고 싶다면 비어 있는 슬롯이 몇 개인지 알아낼 수 있다. 이 연산에는 0(1)이 걸린다.

순환 바이트 버퍼는 바이트를 위한 순환 버퍼로서 문자(char)일 수도 있고 다른 타입일 수도 있다. 이번 절에서 구현해보려는 것이 바로 이 순환 바이트 버퍼다. 구현 스텁(stub)부터 작성해보자.

```
public class CircularByteBuffer {
  private int capacity;
  private byte[] buffer;
```

```
  private int readPointer;
  private int writePointer;
  private int available;

  CircularByteBuffer(int capacity) {
    this.capacity = capacity;
    buffer = new byte[capacity];
  }

  public synchronized int available() {
    return available;
  }

  public synchronized int capacity() {
    return capacity;
  }

  public synchronized int slots() {
    return capacity - available;
  }

  public synchronized void clear() {
    readPointer = 0;
    writePointer = 0;
    available = 0;
  }
  ...
}
```

이제 새 바이트를 넣고(쓰고) 기존 바이트를 가져와보자(읽어보자). 그림 6-7에 나오는 용량이
8인 순환 바이트 버퍼를 예로 살펴보겠다.

▼ 그림 6-7

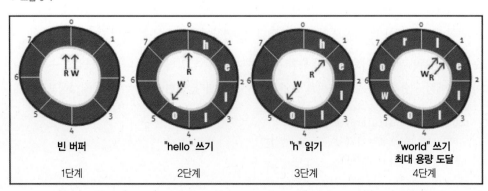

단계별로 자세히 살펴보자.

1. 순환 바이트 버퍼는 비어 있고 두 포인터는 슬롯0(첫 번째 슬롯)을 가리킨다.

2. hello에 해당하는 5바이트를 버퍼에 넣는다. readPointer는 같은 자리에 그대로 남고 writePointer는 슬롯5를 가리킨다.

3. h에 해당하는 바이트를 가져오므로 readPointer가 슬롯1로 이동한다.

4. 끝으로 world의 바이트를 버퍼에 넣는다. 5바이트짜리 단어인데, 최대 용량까지 남은 슬롯 이 4개뿐이다. 즉, worl에 해당하는 바이트만 쓸 수 있다.

이번에는 그림 6-8에 나오는 시나리오를 생각해보자.

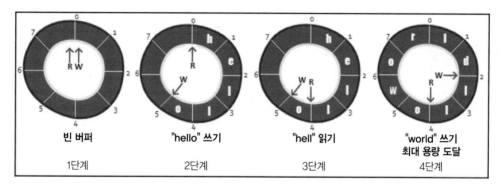

빈 버퍼	"hello" 쓰기	"hell" 읽기	"world" 쓰기 최대 용량 도달
1단계	2단계	3단계	4단계

왼쪽에서 오른쪽으로 진행하며 살펴보자.

1. 처음 두 단계는 이전 시나리오와 같다.

2. hell의 바이트를 가져온다. readPointer가 슬롯4로 이동한다.

3. 끝으로 world의 바이트를 버퍼에 넣는다. 이번에는 버퍼에 꼭 들어맞아서 writePointer가 슬롯2로 이동한다.

이러한 단계들을 활용하면 버퍼에 한 바이트를 넣고 다시 버퍼에서 한 바이트를 가져오는 메서드 를 쉽게 구현할 수 있다.

```
public synchronized boolean put(int value) {
  if (available == capacity) {
    return false;
  }
```

```
      buffer[writePointer] = (byte) value;
      writePointer = (writePointer + 1) % capacity;
      available++;

      return true;
  }

  public synchronized int get() {
    if (available == 0) {
      return -1;
    }

    byte value = buffer[readPointer];
    readPointer = (readPointer + 1) % capacity;
    available--;

    return value;
  }
```

자바 NIO.2의 ByteBuffer API를 살펴보면 알겠지만 get()과 put() 메서드의 종류가 여러 가지다. 예제에서는 get() 메서드에 byte[]를 전달할 수 있어야 하고, 이 메서드에서 버퍼 내 특정 범위의 원소들을 byte[]로 복사해야 한다. 버퍼에서 현재 readPointer부터 원소를 읽은 후 주어진 byte[]에 명시된 offset부터 쓴다.

그림 6-9는 writePointer가 readPointer보다 큰 경우다.

❤ 그림 6-9

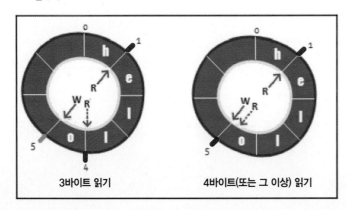

왼쪽 그림에서는 3바이트를 읽는다. 그러면 readPointer는 슬롯4로 이동한다. 오른쪽 그림에서는 4바이트(또는 그 이상)를 읽는다. 4바이트만 남았으니 readPointer는 writePointer가 가리키는 슬롯인 슬롯5로 이동한다.

이번에는 writePointer가 readPointer보다 작은 경우를 분석해보자.

▼ 그림 6–10

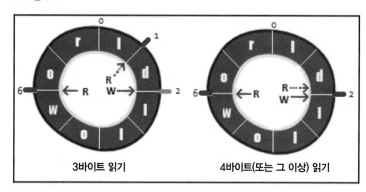

3바이트 읽기   4바이트(또는 그 이상) 읽기

왼쪽 그림에서는 3바이트를 읽는다. readPointer는 슬롯6에서 슬롯1로 이동한다. 오른쪽 그림에서는 4바이트(또는 그 이상)를 읽는다. readPointer는 슬롯6에서 슬롯2(writePointer와 같은 슬롯)로 이동한다.

두 가지 유스 케이스를 알았으니 버퍼 내 특정 범위의 바이트를 주어진 byte[]로 복사하도록 get() 메서드를 작성할 수 있다(get() 메서드는 버퍼에서 len 바이트만큼 읽어 주어진 byte[]에 지정된 offset부터 쓴다).

```
public synchronized int get(byte[] dest, int offset, int len) {
  if (available == 0) {
    return 0;
  }

  int maxPointer = capacity;

  if (readPointer < writePointer) {
    maxPointer = writePointer;
  }

  int countBytes = Math.min(maxPointer - readPointer, len);
  System.arraycopy(buffer, readPointer, dest, offset, countBytes);
  readPointer = readPointer + countBytes;
```

```
    if (readPointer == capacity) {
        int remainingBytes = Math.min(len - countBytes, writePointer);

        if (remainingBytes > 0) {
            System.arraycopy(buffer, 0, dest,
                offset + countBytes, remainingBytes);
            readPointer = remainingBytes;
            countBytes = countBytes + remainingBytes;
        } else {
            readPointer = 0;
        }
    }

    available = available - countBytes;

    return countBytes;
}
```

이번에는 반대로 주어진 byte[ ]를 버퍼에 넣어보자. 주어진 byte[ ]에서 명시된 offset부터 원소를 읽어 현재 writePointer부터 버퍼에 쓴다. 그림 6-11은 writePointer가 readPointer보다 큰 경우다.

▼ 그림 6-11

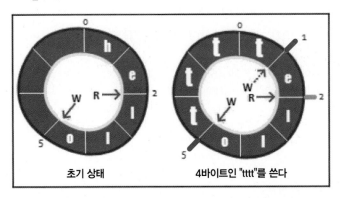

| 초기 상태 | 4바이트인 "tttt"를 쓴다 |

왼쪽 그림은 버퍼의 초기 상태다. 즉, readPointer는 슬롯2를 가리키고 writePointer는 슬롯5를 가리킨다. 4바이트를 쓰고 나면(오른쪽 그림) 보다시피 readPointer는 그대로고 writePointer는 슬롯1을 가리킨다.

다른 한 유스 케이스에서는 readPointer가 writePointer보다 크다고 가정한다.

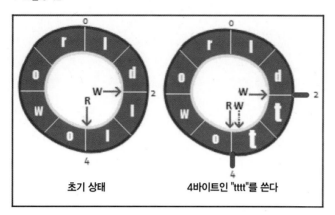

초기 상태   4바이트인 "tttt"를 쓴다

왼쪽 그림은 버퍼의 초기 상태다. 즉, readPointer는 슬롯4를 가리키고 writePointer는 슬롯2를 가리킨다. 4바이트를 쓰고 나면(오른쪽 그림) 보다시피 readPointer는 그대로고 writePointer는 슬롯4를 가리킨다. 두 바이트밖에 쓰지 못했다. 4바이트를 다 쓰기 전에 최대 버퍼 용량에 도달했기 때문이다.

두 가지 유스 케이스를 알았으니 주어진 byte[] 내 특정 범위의 바이트를 버퍼에 복사하도록 put() 메서드를 작성할 수 있다(이 메서드는 주어진 byte[]에서 명시된 offset부터 len 바이트만큼 읽어 버퍼에 현재 writePointer부터 쓴다).

```
public synchronized int put(byte[] source, int offset, int len) {
  if (available == capacity) {
    return 0;
  }

  int maxPointer = capacity;

  if (writePointer < readPointer) {
    maxPointer = readPointer;
  }

  int countBytes = Math.min(maxPointer - writePointer, len);
  System.arraycopy(source, offset, buffer, writePointer, countBytes);
  writePointer = writePointer + countBytes;

  if (writePointer == capacity) {
    int remainingBytes = Math.min(len - countBytes, readPointer);

    if (remainingBytes > 0) {
      System.arraycopy(source, offset + countBytes,
```

377

```
      buffer, 0, remainingBytes);
    writePointer = remainingBytes;
    countBytes = countBytes + remainingBytes;
  } else {
    writePointer = 0;
  }
}

  available = available + countBytes;

  return countBytes;
}
```

앞서 언급했듯이 버퍼 크기를 조정해야 할 때가 있다. 단순히 resize() 메서드를 호출해 크기를 두 배로 늘리고 싶다고 하자. 기본적으로 모든 바이트(원소)를 용량이 두 배 큰 새 버퍼로 복사하는 수밖에 없다.

```
public synchronized void resize() {
  byte[] newBuffer = new byte[capacity * 2];

  if (readPointer < writePointer) {
    System.arraycopy(buffer, readPointer, newBuffer, 0, available);
  } else {
    int bytesToCopy = capacity - readPointer;
    System.arraycopy(buffer, readPointer, newBuffer, 0, bytesToCopy);
    System.arraycopy(buffer, 0, newBuffer, bytesToCopy, writePointer);
  }

  buffer = newBuffer;
  capacity = buffer.length;
  readPointer = 0;
  writePointer = available;
}
```

전체가 맞물려 어떻게 동작하는지 알고 싶으면 이 책의 예제 코드를 확인한다.

146 파일 토큰화

파일 내용을 있는 그대로 처리할 수 없고, 전 단계를 거쳐 가공해야 할 때가 있다. 보통은 파일을 토큰화해서 다양한 데이터 구조(배열, 리스트, 맵 등)에서 정보를 추출한다.

clothes.txt라는 다음 파일을 예로 살펴보자.

```
Path path = Paths.get("clothes.txt");
```

파일 내용은 다음과 같다.

```
Top|white\10/XXL&amp;Swimsuit|black\5/L
Coat|red\11/M&amp;Golden Jacket|yellow\12/XLDenim|Blue\22/M
```

각 의류 품목마다 & 문자로 구분된 세부 정보가 들어 있다.

```
article name | color \ no. available items / size
```

구분자가 여러 개(&, |, \, /)인데다 포맷도 매우 독특하다.

이제부터 위 파일의 정보를 List로 추출해 토큰화하는 해법을 알아보자. FileTokenizer라는 유틸리티 클래스로 정보를 모으겠다.

품목을 List로 가져오는 한 가지 해법은 String.split() 메서드다. 우선은 파일을 줄 단위로 읽은 후 각 줄에 String.split() 메서드를 호출해야 한다. 이어서 List.addAll() 메서드를 사용해 각 줄을 토큰화한 결과를 List로 모은다.

```
public static List<String> get(Path path,
    Charset cs, String delimiter) throws IOException {
  String delimiterStr = Pattern.quote(delimiter);
  List<String> content = new ArrayList<>();

  try (BufferedReader br = Files.newBufferedReader(path, cs)) {
    String line;
    while ((line = br.readLine()) != null) {
      String[] values = line.split(delimiterStr);
      content.addAll(Arrays.asList(values));
    }
  }

  return content;
}
```

& 구분자로 위 메서드를 호출하면 결과는 다음과 같다.

```
[Top|white\10/XXL, Swimsuit|black\5/L, Coat|red\11/M, Golden
Jacket|yellow\12/XL, Denim|Blue\22/M]
```

Arrays.asList() 대신 Collectors.toList()를 사용해도 결과는 같다.

```
public static List<String> get(Path path,
    Charset cs, String delimiter) throws IOException {
  String delimiterStr = Pattern.quote(delimiter);
  List<String> content = new ArrayList<>();

  try (BufferedReader br = Files.newBufferedReader(path, cs)) {
    String line;
    while ((line = br.readLine()) != null) {
      content.addAll(Stream.of(line.split(delimiterStr))
        .collect(Collectors.toList()));
    }
  }

  return content;
}
```

혹은 Files.lines()를 사용해 지연 방식으로 파일 내용을 처리할 수도 있다.

```
public static List<String> get(Path path,
    Charset cs, String delimiter) throws IOException {
  try (Stream<String> lines = Files.lines(path, cs)) {
    return lines.map(l -> l.split(Pattern.quote(delimiter)))
      .flatMap(Arrays::stream)
      .collect(Collectors.toList());
  }
}
```

파일이 비교적 작으면 메모리에 로드해서 처리하기도 한다.

```
Files.readAllLines(path, cs).stream()
  .map(l -> l.split(Pattern.quote(delimiter)))
  .flatMap(Arrays::stream)
  .collect(Collectors.toList());
```

다음으로 JDK 8의 Pattern.splitAsStream() 메서드를 활용하는 해법을 알아보자. 이 메서드는 주어진 입력 시퀀스로부터 스트림을 생성한다. 다양한 방법을 알아두면 좋으니 이번에는 Collectors.joining(";")으로 결과 리스트를 모아보겠다.

```
public static List<String> get(Path path,
    Charset cs, String delimiter) throws IOException {
```

```
  Pattern pattern = Pattern.compile(Pattern.quote(delimiter));
  List<String> content = new ArrayList<>();

  try (BufferedReader br = Files.newBufferedReader(path, cs)) {
    String line;
    while ((line = br.readLine()) != null) {
      content.add(pattern.splitAsStream(line)
        .collect(Collectors.joining(";")));
    }
  }
  return content;
}
```

& 구분자로 위 메서드를 호출해보자.

```
List<String> tokens = FileTokenizer.get(
  path, StandardCharsets.UTF_8, "&amp;");
```

결과는 다음과 같다.

```
[Top¦white\10/XXL;Swimsuit¦black\5/L, Coat¦red\11/M;Golden
Jacket¦yellow\12/XL, Denim¦Blue\22/M]
```

지금까지 제시한 해법들은 구분자 하나를 적용해 품목 리스트를 모았다. 하지만 구분자를 더 적용
해야 할 때가 있다. 예를 들어 리스트를 다음과 같이 출력하고 싶다.

```
[Top, white, 10, XXL, Swimsuit, black, 5, L, Coat, red, 11, M, Golden
Jacket, yellow, 12, XL, Denim, Blue, 22, M]
```

위 리스트를 만들려면 구분자를 여러 개(&, ¦, \, /) 적용해야 한다. 논리 OR 연산자(x ¦ y)를
사용한 정규식을 String.split()에 넣어 호출해보자.

```
public static List<String> getWithMultipleDelimiters(
    Path path, Charset cs, String...delimiters) throws IOException {
  String[] escapedDelimiters = new String[delimiters.length];
  Arrays.setAll(escapedDelimiters, t -> Pattern.quote(delimiters[t]));
  String delimiterStr = String.join("¦", escapedDelimiters);

  List<String> content = new ArrayList<>();

  try (BufferedReader br = Files.newBufferedReader(path, cs)) {
    String line;
```

```
    while ((line = br.readLine()) != null) {
      String[] values = line.split(delimiterStr);
      content.addAll(Arrays.asList(values));
    }
  }

  return content;
}
```

구분자 여러 개(&, |, \, /)로 위 메서드를 호출하면 원하는 결과가 나온다.

```
List<String> tokens = FileTokenizer.getWithMultipleDelimiters(
  path, StandardCharsets.UTF_8,
    new String[] {"&amp;", "|", "\\", "/"});
```

아주 순조롭다! 앞선 해법들은 모두 String.split()와 Pattern.splitAsStream()을 활용했다. 이
번에는 StringTokenizer 클래스를 활용하는 해법을 살펴보자(성능이 뛰어나지 않으니 신중하게
사용한다). StringTokenizer 클래스는 주어진 문자열에 (하나 이상의) 구분자를 적용할 수 있고,
토큰화한 결과를 제어하는 hasMoreElements()와 nextToken()이라는 두 가지 주요 메서드를 제공
한다.

```
public static List<String> get(Path path,
    Charset cs, String delimiter) throws IOException {
  StringTokenizer st;
  List<String> content = new ArrayList<>();

  try (BufferedReader br = Files.newBufferedReader(path, cs)) {
    String line;
    while ((line = br.readLine()) != null) {
      st = new StringTokenizer(line, delimiter);
      while (st.hasMoreElements()) {
        content.add(st.nextToken());
      }
    }
  }

  return content;
}
```

Collectors와 함께 사용할 수도 있다.

```java
public static List<String> get(Path path,
    Charset cs, String delimiter) throws IOException {
  List<String> content = new ArrayList<>();

  try (BufferedReader br = Files.newBufferedReader(path, cs)) {
    String line;
    while ((line = br.readLine()) != null) {
      content.addAll(Collections.list(
          new StringTokenizer(line, delimiter)).stream()
        .map(t -> (String) t)
        .collect(Collectors.toList()));
    }
  }

  return content;
}
```

다수의 구분자를 사용할 때는 //로 구분한다.

```java
public static List<String> getWithMultipleDelimiters(
    Path path, Charset cs, String...delimiters) throws IOException {
  String delimiterStr = String.join("//", delimiters);
  StringTokenizer st;
  List<String> content = new ArrayList<>();

  try (BufferedReader br = Files.newBufferedReader(path, cs)) {
    String line;
    while ((line = br.readLine()) != null) {
      st = new StringTokenizer(line, delimiterStr);
      while (st.hasMoreElements()) {
        content.add(st.nextToken());
      }
    }
  }

  return content;
}
```

TIP ≡ 성능과 정규식 지원(즉, 높은 유연성)을 감안하면 StringTokenizer 대신 String.split()을 쓰는 편이 낫다. 같은 범주에 속하는 148. Scanner 다루기 절도 참고한다.

147 출력을 포매팅해서 파일에 작성하기

숫자(정수와 실수) 10개를 읽기 쉽게(가독성과 유용성을 고려해 들여쓰기와 정렬, 소수점 자릿수를 적용해서) 파일에 포매팅하고 싶다.

우선 (포매팅 없이) 파일에 작성해보자.

```
Path path = Paths.get("noformatter.txt");

try (BufferedWriter bw = Files.newBufferedWriter(path,
    StandardCharsets.UTF_8, StandardOpenOption.CREATE,
        StandardOpenOption.WRITE)) {
  for (int i = 0; i < 10; i++) {
    bw.write("¦ " + intValues[i] + " ¦ " + doubleValues[i] + " ¦ ");
    bw.newLine();
  }
}
```

위 코드를 실행하면 그림 6-13의 왼쪽 그림과 유사한 결과가 출력될 것이다.

▼ 그림 6-13

실제 출력	기대 출력
78910 ¦ 0.9276730641526881 ¦ 83222 ¦ 0.28423903775300785 ¦ 5593 ¦ 0.866538798997145 ¦ 57329 ¦ 0.9145723363689985 ¦ 61443 ¦ 0.41527451214386724 ¦ 9043 ¦ 0.8442927124583571 ¦ 474 ¦ 0.9159122616950742 ¦ 45763 ¦ 0.04448867226365116 ¦ 26671 ¦ 0.4648636732351614 ¦ 24096 ¦ 0.12870733626570974 ¦	78910 ¦ 0.928 ¦ 83222 ¦ 0.284 ¦ 5593 ¦ 0.867 ¦ 57329 ¦ 0.915 ¦ 61443 ¦ 0.415 ¦ 9043 ¦ 0.844 ¦ 474 ¦ 0.916 ¦ 45763 ¦ 0.044 ¦ 26671 ¦ 0.465 ¦ 24096 ¦ 0.129 ¦

하지만 그림 6-13의 오른쪽 그림처럼 출력하고 싶다. 문제를 해결하려면 String.format() 메서드를 사용해야 한다. format() 메서드에는 다음 패턴을 따르는 문자열로 포맷 규칙을 명시할 수 있다.

```
%[flags][width][.precision]conversion-character
```

위 패턴의 각 요소가 무엇을 뜻하는지 살펴보자.

- [flags]는 선택 옵션으로서 출력을 조정하는 표준 처리 방법으로 구성된다. 주로 정수와 부동소수점 수 포매팅에 쓰인다.

- [width]는 선택 옵션으로서 출력할 필드 너비(출력에 작성할 최소 문자 수)를 설정한다.

- [.precision]은 선택 옵션으로서 부동소수점 값의 자릿수(또는 String으로부터 추출할 부분 문자열의 길이)를 나타낸다.

- conversion-character는 필수로서 인수 포매팅 방법을 지정한다. 다음은 가장 많이 쓰이는 변환 문자(conversion-character)다.

  - s: 문자열 포매팅에 사용

  - d: 정수 포매팅에 사용

  - f: 부동소수점 수 포매팅에 사용

  - t: 날짜와 시간 값 포매팅에 사용

> *TIP* ☰ %n은 줄 구분자로 쓰인다.

이러한 포매팅 규칙을 알면 원하는 결과를 얻을 수 있다(%6s는 정수에, %.3f는 실수에 쓰인다).

```
Path path = Paths.get("withformatter.txt");

try (BufferedWriter bw = Files.newBufferedWriter(path,
    StandardCharsets.UTF_8, StandardOpenOption.CREATE,
      StandardOpenOption.WRITE)) {
  for (int i = 0; i<10; i++) {
    bw.write(String.format("| %6s | %.3f |",
      intValues[i], doubleValues[i]));
    bw.newLine();
  }
}
```

이 밖에 Formatter 클래스를 활용하는 방법도 있다. Formatter는 문자열 포매팅에 특화된 클래스로서 String.format()과 동일한 포매팅 규칙을 사용한다. Formatter의 format() 메서드로 앞선 코드를 다시 작성해보자.

```
Path path = Paths.get("withformatter.txt");

try (Formatter output = new Formatter(path.toFile())) {
  for (int i = 0; i < 10; i++) {
    output.format("| %6s | %.3f |%n", intValues[i], doubleValues[i]);
  }
}
```

오로지 정수만 처리한다면 어떻게 포매팅할까?

∨ 그림 6-14

```
78,910 bytes
83,222 bytes
 5,593 bytes
57,329 bytes
61,443 bytes
 9,043 bytes
    474 bytes
45,763 bytes
26,671 bytes
24,096 bytes
```

DecimalFormat과 문자열 포매터를 적용하면 된다.

```
Path path = Paths.get("withformatter.txt");
DecimalFormat formatter = new DecimalFormat("###,### bytes");

try (Formatter output = new Formatter(path.toFile())) {
  for (int i = 0; i < 10; i++) {
    output.format("%12s%n", formatter.format(intValues[i]));
  }
}
```

148 Scanner 다루기

Scanner는 문자열, 파일, 콘솔 등으로부터 텍스트를 파싱하는 API다. 파싱(parsing)이란 주어진 입력을 토큰화해서 필요에 맞게(예를 들어 integer, float, double 등으로) 반환하는 과정이다. 기본적으로 Scanner는 여백(기본 구분자)을 기준으로 주어진 입력을 파싱한 후, nextFoo() 메서드 묶음(next(), nextLine(), nextInt(), nextDouble() 등)을 통해 토큰을 제공한다.

> Info ≡ 같은 범주에 속하는 **146. 파일 토큰화** 절의 문제도 참고하자.

그림 6-15에 나오는 파일(doubles.txt)은 공백으로 구분된 실수를 포함한다.

✔ 그림 6-15

```
                              doubles.txt
23.4556 1.23 4.55 2.33
5.663 956.34343 23.2333
0.3434 0.788
```

실수 타입으로 위 텍스트를 파싱하려면 파일을 읽은 후 **스파게티** 코드를 통해 토큰화하고 실수로
변환해야 한다. 혹은 아래 코드처럼 Scanner와 Scanner의 nextDouble() 메서드를 활용하는 방법
도 있다.

```
try (Scanner scanDoubles = new Scanner(
    Path.of("doubles.txt"), StandardCharsets.UTF_8)) {
  while (scanDoubles.hasNextDouble()) {
    double number = scanDoubles.nextDouble();
    System.out.println(number);
  }
}
```

위 코드를 실행해보면 출력은 다음과 같다.

```
23.4556
1.23
...
```

하지만 파일에 여러 가지 타입의 정보가 섞여 있으면 이야기가 다르다. 예를 들어 그림 6-16의
파일(people.txt)은 다수의 구분자(쉼표와 세미콜론)로 구분된 문자열과 정수를 포함한다.

✔ 그림 6-16

```
                                                      people.txt
Matt,Kyle,23,San Franciso;
Darel,Der,50,New York;Sandra,Hui,40,Dallas;
Leonard,Vurt,43,Bucharest;Mark,Seil,19,Texas;Ulm,Bar,43,Kansas
```

Scanner는 useDelimeter()라는 메서드를 제공한다. 이 메서드는 정규식으로 쓰일 하나 이상의 구
분자가 명시된 String 혹은 Pattern 타입을 인수로 받는다.

```
try (Scanner scanPeople = new Scanner(Path.of("people.txt"),
    StandardCharsets.UTF_8).useDelimiter(";¦,")) {
  while (scanPeople.hasNextLine()) {
    System.out.println("Name: " + scanPeople.next().trim());
```

```
        System.out.println("Surname: " + scanPeople.next());
        System.out.println("Age: " + scanPeople.nextInt());
        System.out.println("City: " + scanPeople.next());
    }
}
```

위 메서드를 사용해 출력해보면 다음과 같다.

```
Name: Matt
Surname: Kyle
Age: 23
City: San Francisco
...
```

JDK 9부터 Scanner는 tokens()라는 새 메서드를 제공하기 시작했다. tokens() 메서드는
Scanner에서 구분자로 구분된 토큰 스트림을 반환한다. 다음은 tokens() 메서드로 people.txt
파일을 파싱해 콘솔에 출력하는 코드다.

```
try (Scanner scanPeople = new Scanner(Path.of("people.txt"),
    StandardCharsets.UTF_8).useDelimiter(";¦,")) {
  scanPeople.tokens().forEach(t -> System.out.println(t.trim()));
}
```

위 메서드를 사용해 출력해보면 다음과 같다.

```
Matt
Kyle
23
San Francisco
...
```

혹은 공백을 붙여 토큰을 조인할 수도 있다.

```
try (Scanner scanPeople = new Scanner(Path.of("people.txt"),
    StandardCharsets.UTF_8).useDelimiter(";¦,")) {
  String result = scanPeople.tokens()
    .map(t -> t.trim())
    .collect(Collectors.joining(" "));
}
```

Info ≡ 140. **대용량 파일 검색** 절을 보면 tokens() 메서드를 사용해 파일에서 특정 텍스트를 찾는 예제가 나온다.

위 메서드를 사용해 출력해보면 다음과 같다.

```
Matt Kyle 23 San Francisco Darel Der 50 New York ...
```

tokens() 메서드와 유사하게 JDK 9는 findAll()이라는 메서드도 제공한다. findAll() 메서드는 (String이나 Pattern으로 제공된) 정규식에 부합하는 토큰을 찾을 때 아주 유용하다. findAll() 메서드는 결과로서 Stream<MatchResult>를 반환하며, 다음과 같이 사용한다.

```
try (Scanner sc = new Scanner(Path.of("people.txt"))) {
  Pattern pattern = Pattern.compile("4[0-9]");

  List<String> ages = sc.findAll(pattern)
    .map(MatchResult::group)
    .collect(Collectors.toList());
  System.out.println("Ages: " + ages);
}
```

위 코드는 나이가 40에서 49 사이인 토큰, 즉 40과 43, 43을 모은다.

콘솔에 제공된 입력을 파싱할 때 Scanner를 사용하면 편리하다.

```
Scanner scanConsole = new Scanner(System.in);

String name = scanConsole.nextLine();
String surname = scanConsole.nextLine();
int age = scanConsole.nextInt();
// int는 "\n"을 포함할 수 없으므로
// "\n"을 읽으려면 다음 행을 가져와야 한다
scanConsole.nextLine();
String city = scanConsole.nextLine();
```

TIP ≡ (nextInt()나 nextFloat() 등으로 읽은) 수 입력에 대해서는 (**엔터**를 칠 때 생기는) 개행 문자를 별도로 읽어야 한다. 기본적으로 Scanner는 수를 파싱할 때 이 문자를 가져오지 않으므로 다음 토큰으로 들어간다. nextLine() 코드 행을 추가해 이 토큰을 읽지 않으면 이 때부터 입력이 계속 밀려 InputMismatchException 타입의 예외가 발생하거나 조기 종료된다.

JDK 10부터 문자 집합을 지원하는 Scanner 생성자가 도입됐다.

끝으로 Scanner와 BufferedReader 간 차이점을 알아보자.

148.1 Scanner 대 BufferedReader

그럼 Scanner와 BufferedReader 중 무엇을 사용해야 할까? 파일을 파싱해야 하면 Scanner가 바람직하고 그렇지 않으면 BufferedReader가 더 알맞다. 정면 대결을 펼쳐보자.

- BufferedReader는 파싱 연산을 수행하지 않으므로 Scanner보다 빠르다.

- 읽기 면에서는 BufferedReader가, 파싱 면에서는 Scanner가 성능이 뛰어나다.

- 기본적으로 BufferedReader는 8KB 버퍼를 사용하지만 Scanner는 1KB 버퍼를 사용한다.

- BufferedReader는 긴 문자열을 읽을 때 알맞고 Scanner는 짧은 입력에 더 알맞다.

- Scanner는 BufferedReader를 사용할 수 있으나 반대로는 불가능하다. 다음 코드로 살펴보자.

```
try (Scanner scanDoubles = new Scanner(Files.newBufferedReader(
    Path.of("doubles.txt"), StandardCharsets.UTF_8))) {
  ...
}
```

6.3 요약

6장에서는 입출력과 관련된 다양한 문제를 다뤘다. 경로 처리, 탐색, 감시부터 파일 스트리밍을 거쳐 텍스트 파일과 이진 파일을 효율적으로 읽고 쓰는 방법까지 폭넓게 알아봤다.

6장의 애플리케이션을 다운로드해서 결과와 추가적인 세부 사항을 확인하자.

7장

자바 리플렉션 클래스, 인터페이스, 생성자, 메서드, 필드

7장에서는 자바 리플렉션(Reflection) API를 다루는 17개의 문제를 살펴본다. 자바 아티팩트(예를 들어 모듈, 패키지, 클래스, 인터페이스, 상위 클래스, 생성자, 메서드, 애너테이션, 배열)를 검사하고 인스턴스를 생성하는 등의 전형적인 주제부터 합성(synthetic)과 브릿지 구조체, 중첩 기반 접근 제어(JDK 11)까지 자바 리플렉션 API를 폭넓게 다룬다. 7장을 끝내면 자바 리플렉션 API를 샅샅이 파악하게 되어 리플렉션으로 무엇을 할 수 있는지 자신 있게 동료들에게 말할 수 있을 것이다.

7.1 / 문제

다음 문제를 통해 자바 리플렉션 API를 프로그래밍하는 실력을 테스트해보자. 해답 페이지로 넘어가거나 예제 프로그램을 다운로드하기 전에 반드시 스스로 문제를 풀어보기 바란다.

149. 패키지 검사: 자바 패키지(이름, 클래스 목록 등)를 검사하는 몇 가지 예제를 작성하라.

150. 클래스 검사: 클래스와 상위 클래스(클래스명으로 Class 알아내기, 제어자, 구현한 인터페이스, 생성자, 메서드, 필드 등)를 검사하는 몇 가지 예제를 작성하라.

151. 리플렉션 생성자로 인스턴스 생성: 리플렉션으로 인스턴스를 생성하는 프로그램을 작성하라.

152. 리시버 타입의 애너테이션 알아내기: 리시버 타입의 애너테이션을 알아내는 프로그램을 작성하라.

153. 합성과 브릿지 구조체 알아내기: 리플렉션으로 합성과 브릿지 구조체를 알아내는 프로그램을 작성하라.

154. 다양한 수의 인수 검사: 메서드가 다양한 수의 인수를 받는지 검사하는 프로그램을 작성하라.

155. 디폴트 메서드 검사: 메서드가 default인지 검사하는 프로그램을 작성하라.

156. 리플렉션으로 중첩 기반 접근 제어: 리플렉션으로 중첩 기반 구조체에 접근하는 프로그램을 작성하라.

157. 게터와 세터 리플렉션: 리플렉션으로 게터와 세터를 호출하는 몇 가지 예제를 작성하라. 또한 리플렉션으로 게터와 세터를 생성하는 프로그램도 작성하라.

158. **애너테이션 리플렉션:** 리플렉션으로 다양한 종류의 애너테이션을 가져오는 몇 가지 예제를 작성하라.

159. **인스턴스 메서드 호출:** 리플렉션으로 인스턴스 메서드를 호출하는 프로그램을 작성하라.

160. **static 메서드 알아내기:** 주어진 클래스의 static 메서드를 그루핑한 후 리플렉션으로 그 중 하나를 호출하는 프로그램을 작성하라.

161. **메서드, 필드, 예외의 제네릭 타입 알아내기:** 리플렉션으로 주어진 메서드와 필드, 예외의 제네릭 타입을 가져오는 프로그램을 작성하라.

162. **퍼블릭과 프라이빗 필드 알아내기:** 리플렉션으로 주어진 클래스의 public과 private 필드를 가져오는 프로그램을 작성하라.

163. **배열 처리:** 리플렉션으로 배열을 처리하는 몇 가지 예제를 작성하라.

164. **모듈 검사:** 리플렉션으로 자바 9 모듈을 검사하는 몇 가지 예제를 작성하라.

165. **동적 프록시:** 동적 프록시를 활용해 주어진 인터페이스의 메서드를 호출한 횟수를 세는 프로그램을 작성하라.

7.2 해법

앞서 나열한 문제의 해법을 설명하겠다. 그에 앞서 문제의 정답이 딱 하나인 경우는 드물다는 점을 잊지 말자. 또한 문제를 푸는 데 반드시 필요한 가장 흥미롭고 중요한 사항만 설명했음을 기억하자. 코드를 자세히 살펴보고 프로그램을 직접 실행하려면 https://github.com/gilbutITbook/080292에서 예제 솔루션을 다운로드한다.

149 패키지 검사

어떤 패키지에 대한 정보를 얻으려면 java.lang.Package 클래스를 중점적으로 살펴야 한다. 이 클래스를 사용해 패키지명, 패키지를 구현한 주체, 소유권, 패키지 버전 등을 알아낼 수 있다.

Package 클래스는 대개 특정 클래스가 포함된 패키지명을 알아내는 데 쓰인다. 예를 들어 Integer 클래스의 패키지명을 찾는 코드는 아래처럼 간단하다.

```
Class clazz = Class.forName("java.lang.Integer");
Package packageOfClazz = clazz.getPackage();

// java.lang
String packageNameOfClazz = packageOfClazz.getName();
```

File 클래스의 패키지명도 찾아보자.

```
File file = new File(".");
Package packageOfFile = file.getClass().getPackage();

// java.io
String packageNameOfFile = packageOfFile.getName();
```

> $TIP \equiv$ 현재 클래스의 패키지명을 알고 싶으면 this.getClass().getPackage().getName()을 호출한다.
> 이 명령은 비정적(non-static) 컨텍스트에서 동작한다.

이와 달리 현재 클래스 로더의 패키지 목록을 전부 나열할 때는 getPackages() 메서드를 사용한다.

```
Package[] packages = Package.getPackages();
```

다음은 getPackages() 메서드로 호출자의 클래스 로더와 그 조상이 정의한 패키지 중 주어진 접두사로 시작하는 패키지를 나열하는 예제다.

```
public static List<String> fetchPackagesByPrefix(String prefix) {
  return Arrays.stream(Package.getPackages())
    .map(Package::getName)
    .filter(n -> n.startsWith(prefix))
    .collect(Collectors.toList());
}
```

위 메서드를 Packages라는 유틸리티 클래스에 넣어 다음과 같이 호출한다.

```
List<String> packagesSamePrefix
  = Packages.fetchPackagesByPrefix("java.util");
```

아래처럼 출력될 것이다.

```
java.util.function, java.util.jar, java.util.concurrent.locks, java.util.spi,
java.util.logging, ...
```

한편 시스템 클래스 로더 내 패키지의 클래스를 전부 나열하고 싶을 수도 있다. 이제부터 그 방법을 알아보자.

149.1 패키지의 클래스 알아내기

현재 애플리케이션의 패키지 중 하나(예를 들어 `modern.challenge` 패키지)의 클래스 또는 컴파일 타임 라이브러리의 패키지 중 하나(예를 들어 `commons-lang-2.4.jar`)의 클래스를 나열하고 싶다고 하자.

JAR로 아키이빙한 패키지로 클래스를 감싸기도 하나 필수는 아니다. 두 경우를 모두 다루려면 주어진 패키지가 JAR에 들어 있는지부터 알아야 한다. `ClassLoader.getSystemClassLoader().getResource(package_path)`로 자원을 로딩해서 반환된 자원의 URL을 확인해보면 알 수 있다. 패키지가 JAR에 없으면(예를 들어 `modern.challenge`) 아래 예제처럼 자원의 URL이 `file:` 스키마로 시작한다.

```
file:/D:/Java%20Modern%20Challenge/Code/Chapter%207/Inspect%20packages/build/classes/
modern/challenge
```

반면, 패키지가 JAR에 들어 있으면(예를 들어 `org.apache.commons.lang3.builder`) 아래 예제처럼 URL이 `jar:` 스키마로 시작한다.

```
jar:file:/D:/.../commons-lang3-3.9.jar!/org/apache/commons/lang3/builder
```

패키지가 JAR에 들어 있으면 자원이 `jar:`라는 접두사로 시작한다는 점에 근거해 두 경우를 구분하는 메서드를 작성해보자.

```
private static final String JAR_PREFIX = "jar:";

public static List<Class<?>> fetchClassesFromPackage(
    String packageName) throws URISyntaxException, IOException {
  List<Class<?>> classes = new ArrayList<>();
  String packagePath = packageName.replace('.', '/');

  URL resource = ClassLoader
    .getSystemClassLoader().getResource(packagePath);
```

```
        if (resource != null) {
          if (resource.toString().startsWith(JAR_PREFIX)) {
            classes.addAll(fetchClassesFromJar(resource, packageName));
          } else {
            File file = new File(resource.toURI());
            classes.addAll(fetchClassesFromDirectory(file, packageName));
          }
        } else {
          throw new RuntimeException("Resource not found for package: "
            + packageName);
        }

        return classes;
    }
```

주어진 패키지가 JAR 안에 있으면 fetchClassesFromJar()라는 헬퍼 메서드를 호출하고, 그렇지 않으면 fetchClassesFromDirectory()라는 헬퍼 메서드를 호출한다. 이름에서 알 수 있듯이 헬퍼들은 주어진 패키지를 JAR나 디렉터리에서 어떻게 추출해야 할지 알고 있다.

일반적으로 두 메서드는 .class 확장자를 가진 파일을 찾아내는 일종의 **스파게티 코드**일 뿐이다. String이 아닌 Class로 반환받기 위해 각 클래스를 Class.forName()에 전달한다. 두 메서드는 이 책의 예제 코드에서 확인한다.

그렇다면 시스템 클래스 로더에 들어 있지 않은 패키지, 가령 외부 JAR 내 패키지의 클래스는 어떻게 나열할까? 이럴 때 URLClassLoader를 사용하면 편리하다. URLClassLoader 클래스는 JAR 파일과 디렉터리를 모두 참조하는 URL 탐색 경로에서 클래스와 자원을 로드할 때 유용하다. 여기서는 JAR만 다루겠으나 디렉터리에도 쉽게 사용할 수 있다.

우선 주어진 경로에 있는 모든 JAR를 가져와 URL[]로 반환해야 한다(URLClassLoader를 정의하려면 URL[] 배열이 필요하다). 다음 예제는 Files.find() 메서드로 주어진 경로를 순회하며 모든 JAR를 추출한다.

```
public static URL[] fetchJarsUrlsFromClasspath(Path classpath)
    throws IOException {
  List<URL> urlsOfJars = new ArrayList<>();
  List<File> jarFiles = Files.find(
      classpath,
      Integer.MAX_VALUE,
      (path, attr) -> !attr.isDirectory() &&
        path.toString().toLowerCase().endsWith(JAR_EXTENSION))
      .map(Path::toFile)
```

```
        .collect(Collectors.toList());

    for (File jarFile: jarFiles) {
      try {
        urlsOfJars.add(jarFile.toURI().toURL());
      } catch (MalformedURLException e) {
        logger.log(Level.SEVERE, "Bad URL for{0} {1}",
          new Object[] {
            jarFile, e
          });
      }
    }

    return urlsOfJars.toArray(URL[]::new);
  }
```

보다시피 주어진 경로에서 시작해 모든 하위 디렉터리를 살펴본다. 물론 디자인 결정 사항일 뿐이며 탐색 깊이는 얼마든지 매개변수화할 수 있다. tomcat8/lib 폴더에서 JAR를 가져와보자(톰캣은 군이 설치하지 않아도 된다. 다른 로컬 JAR 디렉터리를 사용하도록 적절히 수정하자).

```
URL[] urls = Packages.fetchJarsUrlsFromClasspath(
  Path.of("D:/tomcat8/lib"));
```

이제 URLClassLoader의 인스턴스를 생성할 수 있다.

```
URLClassLoader urlClassLoader = new URLClassLoader(
  urls, Thread.currentThread().getContextClassLoader());
```

이렇게 하면 주어진 URL을 위한 새 URLClassLoader 객체가 만들어지고 현재 클래스 로더가 부모가 된다(두 번째 인수는 null일 수 있다). 예제의 URL[]은 JAR만 가리키나 일반적으로 jar: 스키마 URL은 JAR 파일을 참조하고, /로 끝나는 file: 스키마 URL은 디렉터리를 참조한다고 가정한다.

tomcat8/lib 폴더에는 tomcat-jdbc.jar라는 JAR가 있다. 이 JAR는 org.apache.tomcat.jdbc.pool이라는 패키지를 포함한다. 이 패키지의 클래스를 나열해보자.

```
List<Class<?>> classes = Packages.fetchClassesFromPackage(
  "org.apache.tomcat.jdbc.pool", urlClassLoader);
```

fetchClassesFromPackage() 메서드는 URLClassLoader의 URL[] 배열을 탐색하며 주어진 패키지에 속하는 클래스만 가져오는 헬퍼일 뿐이다. 소스 코드는 이 책의 예제 코드에서 확인한다.

149.2 모듈 내 패키지 검사

자바 9 모듈화(modularity)를 준수했다면 패키지는 모듈 안에 들어 있을 것이다. 예를 들어 org. tournament 모듈 내 com.management 패키지에 Manager 클래스가 있을 때, 다음 코드로 이 모듈의 패키지를 가져올 수 있다.

```
Manager mgt = new Manager();
Set<String> packages = mgt.getClass().getModule().getPackages();
```

덧붙여 클래스를 생성하려면 다음과 같은 Class.forName()이 필요하다.

```
Class<?> clazz = Class.forName(mgt.getClass()
    .getModule(), "com.management.Manager");
```

각 모듈마다 같은 이름의 디렉터리가 디스크에 존재한다. 가령 org.tournament라는 모듈에 대해 org/tournament라는 폴더가 디스크에 저장된다. 또한 각 모듈은 같은 이름의 JAR와 매핑된다(예를 들어 org.tournament.jar). 이러한 대응 관계를 기억해두면 이 절에 나오는 코드를 조정해 주어진 모듈 내 주어진 패키지의 모든 클래스를 쉽게 나열할 수 있다.

150 클래스 검사

자바 리플렉션(Reflection) API로 클래스 세부 정보, 가령 객체의 클래스명, 제어자, 생성자, 메서드, 필드 구현된 인터페이스 등을 알아낼 수 있다.

다음 Pair 클래스를 예로 살펴보자.

```
public final class Pair<L, R> extends Tuple implements Comparable {
  final L left;
  final R right;

  public Pair(L left, R right) {
    this.left = left;
    this.right = right;
  }

  public class Entry<L, R> {}

    ...
}
```

이어서 Pair 클래스의 인스턴스를 생성해보자.

```
Pair pair = new Pair(1, 1);
```

이제부터 리플렉션을 사용해 Pair 클래스의 이름을 알아내겠다.

150.1 인스턴스로 Pair 클래스의 이름 알아내기

Pair 인스턴스(객체)가 주어지면 getClass() 메서드와 Class.getName(), getSimpleName(), getCanonicalName()을 호출해 클래스의 이름을 알아낼 수 있다.

```
Class<?> clazz = pair.getClass();

// modern.challenge.Pair
System.out.println("Name: " + clazz.getName());

// Pair
System.out.println("Simple name: " + clazz.getSimpleName());

// modern.challenge.Pair
System.out.println("Canonical name: " + clazz.getCanonicalName());
```

> TIP ≡ 익명 클래스에는 단순(simple) 이름과 표준(canonical) 이름이 없다.

getSimpleName()은 한정되지 않은(unqualified) 클래스명을 반환한다. 혹은 다음 코드로도 클래스를 알아낼 수 있다.

```
Class<Pair> clazz = Pair.class;
Class<?> clazz = Class.forName("modern.challenge.Pair");
```

150.2 Pair 클래스 제어자 알아내기

클래스의 제어자(public, protected, private, final, static, abstract, interface)를 알아내려면 Class.getModifiers() 메서드를 호출한다. 이 메서드는 각 제어자를 플래그 비트로 표현한 int 값을 반환한다. 결과는 Modifier 클래스로 디코딩한다.

```
int modifiers = clazz.getModifiers();

System.out.println("Is public? "
  + Modifier.isPublic(modifiers)); // true
System.out.println("Is final? "
  + Modifier.isFinal(modifiers)); // true
System.out.println("Is abstract? "
  + Modifier.isAbstract(modifiers)); // false
```

150.3 Pair 클래스가 구현한 인터페이스 알아내기

객체를 표현한 클래스나 인터페이스가 직접 구현한 인터페이스를 알아내려면 Class.getInterfaces()
를 호출한다. 이 메서드는 배열을 반환한다. Pair 클래스는 인터페이스 하나(Comparable)만 구현
하므로 원소 하나짜리 배열이 반환된다.

```
Class<?>[] interfaces = clazz.getInterfaces();

// interface java.lang.Comparable
System.out.println("Interfaces: " + Arrays.toString(interfaces));

// Comparable
System.out.println("Interface simple name: "
  + interfaces[0].getSimpleName());
```

150.4 Pair 클래스 생성자 알아내기

Class.getConstructors() 클래스로 클래스의 public 생성자를 알아낸다. 결과는 Constructor<?>[]다.

```
Constructor<?>[] constructors = clazz.getConstructors();

// public modern.challenge.Pair(java.lang.Object,java.lang.Object)
System.out.println("Constructors: " + Arrays.toString(constructors));
```

> Info ≡ 선언한 모든 생성자(가령 private과 protected 생성자)를 가져오려면 getDeclaredConstructors()
> 를 호출한다. 특정 생성자를 찾을 때는 getConstructor(Class<?>... parameterTypes)나 getDeclared
> Constructor(Class<?>... parameterTypes)를 호출한다.

150.5 Pair 클래스 필드 알아내기

Class.getDeclaredFields() 메서드로 클래스의 모든 필드에 접근할 수 있다. 이 메서드는 Field 배열을 반환한다.

```
Field[] fields = clazz.getDeclaredFields();

// final java.lang.Object modern.challenge.Pair.left
// final java.lang.Object modern.challenge.Pair.right
System.out.println("Fields: " + Arrays.toString(fields));
```

필드의 실제 이름은 간단히 헬퍼 메서드를 작성해 가져온다.

```
public static List<String> getFieldNames(Field[] fields) {
  return Arrays.stream(fields)
    .map(Field::getName)
    .collect(Collectors.toList());
}
```

이제 필드 이름만 알아내보자.

```
List<String> fieldsName = getFieldNames(fields);

// left, right
System.out.println("Fields names: " + fieldsName);
```

필드의 값은 Object get(Object obj)라는 보편적인 메서드와 getFoo() 메서드 집합으로 가져온다(자세한 내용은 설명서를 참고한다). obj는 static이나 인스턴스 필드를 나타낸다. 예를 들어 CallableStatement 타입의 callableStatement라는 private 필드를 포함하는 ProcedureOutputs 클래스를 가정해보자. 다음 코드는 Field.get() 메서드로 이 필드에 접근해 CallableStatement 가 닫혔는지 확인한다.

```
ProcedureOutputs procedureOutputs
  = storedProcedure.unwrap(ProcedureOutputs.class);

Field csField = procedureOutputs.getClass()
  .getDeclaredField("callableStatement");
csField.setAccessible(true);

CallableStatement cs
  = (CallableStatement) csField.get(procedureOutputs);

System.out.println("Is closed? " + cs.isClosed());
```

7

자바 리플렉션 클래스, 인터페이스, 생성자, 메서드, 필드

150.6 Pair 클래스 메서드 알아내기

Class.getMethods() 메서드로 클래스의 public 메서드에 접근할 수 있다. 이 메서드는 Method 배열을 반환한다.

```
Method[] methods = clazz.getMethods();
// public boolean modern.challenge.Pair.equals(java.lang.Object)
// public int modern.challenge.Pair.hashCode()
// public int modern.challenge.Pair.compareTo(java.lang.Object)
// ...
System.out.println("Methods: " + Arrays.toString(methods));
```

메서드의 실제 이름은 간단히 헬퍼 메서드를 작성해 가져온다.

```
public static List<String> getMethodNames(Method[] methods) {
  return Arrays.stream(methods)
    .map(Method::getName)
    .collect(Collectors.toList());
}
```

이제 메서드 이름만 알아내보자.

```
List<String> methodsName = getMethodNames(methods);

// equals, hashCode, compareTo, wait, wait,
// wait, toString, getClass, notify, notifyAll
System.out.println("Methods names: " + methodsName);
```

150.7 Pair 클래스 모듈 알아내기

자바 9 모듈화(modularity)를 준수했다면 클래스는 모듈 안에 있을 것이다. 예제의 Pair 클래스는 모듈 안에 없으나 JDK 9의 Class.getModule() 메서드로 클래스의 모듈을 쉽게 알아낼 수 있다 (클래스가 모듈 안에 없으면 이 메서드는 null을 반환한다).

```
// Pair가 모듈 안에 없으므로 null을 반환한다
Module module = clazz.getModule();
```

150.8 Pair 클래스 상위 클래스 알아내기

Pair 클래스는 Tuple 클래스를 확장하므로 Pair의 상위 클래스는 Tuple 클래스다. Class. getSuperclass()로 알아낼 수 있다.

```
Class<?> superClass = clazz.getSuperclass();
// modern.challenge.Tuple
System.out.println("Superclass: " + superClass.getName());
```

150.9 특정 타입 이름 알아내기

JDK 8부터 특정 타입의 이름을 알려주는 문자열을 가져올 수 있다.

이 메서드는 getName(), getSimpleName(), getCanonicalName() 중 하나 이상과 같은 문자열을 반환한다.

- 원시 타입이면 세 메서드와 같은 결과를 반환한다.

```
System.out.println("Type: " + int.class.getTypeName()); // int
```

- Pair 타입이면 getName(), getCanonicalName()과 같은 결과를 반환한다.

```
// modern.challenge.Pair
System.out.println("Type name: " + clazz.getTypeName());
```

- (Pair의 Entry 같은) 내부 클래스면 getName()과 같은 결과를 반환한다.

```
// modern.challenge.Pair$Entry
System.out.println("Type name: "
  + Pair.Entry.class.getTypeName());
```

- 익명 클래스면 getName()과 같은 결과를 반환한다.

```
Thread thread = new Thread() {
  public void run() {
    System.out.println("Child Thread");
  }
};
```

```
// modern.challenge.Main$1
System.out.println("Anonymous class type name: "
  + thread.getClass().getTypeName());
```

- 배열이면 getCanonicalName()과 같은 결과를 반환한다.

```
Pair[] pairs = new Pair[10];
// modern.challenge.Pair[]
System.out.println("Array type name: "
  + pairs.getClass().getTypeName());
```

150.10 클래스를 설명하는 문자열 알아내기

JDK 8부터 Class.toGenericString() 메서드로 클래스를 간단히 설명한 문자열(제어자, 이름, 인자 타입 등을 포함)을 가져올 수 있다.

몇 가지 예제로 살펴보자.

```
// public final class modern.challenge.Pair<L,R>
System.out.println("Description of Pair: "
  + clazz.toGenericString());
```

```
// public abstract interface java.lang.Runnable
System.out.println("Description of Runnable: "
  + Runnable.class.toGenericString());
```

```
// public abstract interface java.util.Map<K, V>
System.out.println("Description of Map: "
  + Map.class.toGenericString());
```

150.11 클래스의 타입 디스크립터 문자열 알아내기

JDK 12부터 Class.descriptorString() 메서드를 사용해 클래스의 타입 디스크립터를 String 객체로 가져올 수 있다.

```
// Lmodern/challenge/Pair;
System.out.println("Type descriptor of Pair: "
  + clazz.descriptorString());

// Ljava/lang/String;
System.out.println("Type descriptor of String: "
  + String.class.descriptorString());
```

150.12 배열의 컴포넌트 타입 알아내기

특별히 배열에 대해서만 JDK 12는 Class<?> componentType() 메서드를 제공한다. 아래 두 예제에서처럼 이 메서드는 배열의 컴포넌트 타입을 반환한다.

```
Pair[] pairs = new Pair[10];
String[] strings = new String[] {"1", "2", "3"};

// class modern.challenge.Pair
System.out.println("Component type of Pair[]: "
  + pairs.getClass().componentType());

// class java.lang.String
System.out.println("Component type of String[]: "
  + strings.getClass().componentType());
```

150.13 컴포넌트 타입이 Pair인 배열 타입의 클래스 알아내기

주어진 클래스를 컴포넌트 타입으로 포함하는 배열 타입에 대해 JDK 12부터 Class.arrayType() 으로 해당 배열 타입의 Class를 알아낼 수 있다.

```
Class<?> arrayClazz = clazz.arrayType();

// modern.challenge.Pair<L,R>[]
System.out.println("Array type: " + arrayClazz.toGenericString());
```

151 리플렉션 생성자로 인스턴스 생성

자바 리플렉션 API의 Constructor.newInstance()를 사용해 클래스의 인스턴스를 생성할 수 있다.

다음은 생성자 4개를 포함하는 클래스다.

```java
public class Car {
  private int id;
  private String name;
  private Color color;

  public Car() {}

  public Car(int id, String name) {
    this.id = id;
    this.name = name;
  }

  public Car(int id, Color color) {
    this.id = id;
    this.color = color;
  }

  public Car(int id, String name, Color color) {
    this.id = id;
    this.name = name;
    this.color = color;
  }

  // 이하 게터와 세터 생략
}
```

4개의 생성자 중 하나로 Car 인스턴스를 생성한다. Constructor 클래스는 제공받은 생성자 인자 타입에 부합하는 생성자의 리플렉션 Constructor 객체를 반환하는 메서드를 제공한다. 이 메서드가 getConstructor(Class<?>... parameterTypes)다.

각 생성자를 호출해보자.

```java
Class<Car> clazz = Car.class;

Constructor<Car> emptyCnstr
  = clazz.getConstructor();
```

```
Constructor<Car> idNameCnstr
  = clazz.getConstructor(int.class, String.class);

Constructor<Car> idColorCnstr
  = clazz.getConstructor(int.class, Color.class);

Constructor<Car> idNameColorCnstr
  = clazz.getConstructor(int.class, String.class, Color.class);
```

이어서 Constructor.newInstance(Object... initargs)는 호출한 생성자에 부합하는 Car 인스턴스를 반환한다.

```
Car carViaEmptyCnstr = emptyCnstr.newInstance();

Car carViaIdNameCnstr = idNameCnstr.newInstance(1, "Dacia");

Car carViaIdColorCnstr = idColorCnstr
  .newInstance(1, new Color(0, 0, 0));

Car carViaIdNameColorCnstr = idNameColorCnstr
  .newInstance(1, "Dacia", new Color(0, 0, 0));
```

이어지는 절에서는 리플렉션을 사용해 private 생성자로 인스턴스를 생성하는 법을 알아보겠다.

151.1 private 생성자로 클래스 인스턴스 생성

private 생성자로 클래스의 인스턴스를 생성할 때도 자바 리플렉션 API를 사용한다. Cars라는 유틸리티 클래스를 예로 살펴보자. 모범 사례에 따라 이 클래스를 final로 정의한 후 private 생성자를 만들어 인스턴스 생성을 막겠다.

```
public final class Cars {
  private Cars() {}
    // 정적(static) 멤버
}
```

Class.getDeclaredConstructor()로 생성자를 가져와보자.

```
Class<Cars> carsClass = Cars.class;
Constructor<Cars> emptyCarsCnstr = carsClass.getDeclaredConstructor();
```

emptyCarsCnstr 인스턴스에 newInstance()를 호출하면 호출한 생성자의 접근 권한이 private 이므로 IllegalAccessException 예외가 발생한다. 하지만 자바 리플렉션의 플래그 메서드인 Constructor.setAccessible()을 통해 접근 수준을 바꿀 수 있다. 이렇게 하면 인스턴스가 성공적으로 생성된다.

```
emptyCarsCnstr.setAccessible(true);
Cars carsViaEmptyCnstr = emptyCarsCnstr.newInstance();
```

이러한 접근을 막기 위해 private 생성자에서 다음과 같이 오류를 던지는 것이 좋다.

```
public final class Cars {
  private Cars() {
    throw new AssertionError("Cannot be instantiated");
  }

  // 정적 멤버
}
```

이번에는 AssertionError와 함께 인스턴스 생성 시도가 실패로 끝난다.

151.2 JAR로 클래스 인스턴스 생성

D:/Java Modern Challenge/Code/lib 폴더에 구아바 JAR가 들어 있을 때, CountingInputStream 의 인스턴스를 생성해 파일에서 한 바이트씩 읽어보자.

먼저 구아바 JAR의 URL[] 배열을 정의한다.

```
URL[] classLoaderUrls = new URL[] {
  new URL(
    "file:///D:/Java Modern Challenge/Code/lib/guava-16.0.1.jar")
};
```

이어서 위 URL[] 배열로 URLClassLoader를 정의한다.

```
URLClassLoader urlClassLoader = new URLClassLoader(classLoaderUrls);
```

이제 타깃 클래스를 로드한다(CountingInputStream은 InputStream으로부터 읽은 바이트 수를 세는 클래스다).

```
Class<?> cisClass = urlClassLoader.loadClass(
  "com.google.common.io.CountingInputStream");
```

타깃 클래스를 로드했으면 클래스의 생성자를 가져올 수 있다(CountingInputStream은 주어진 InputStream을 래핑하는 생성자 하나를 포함한다).

```
Constructor<?> constructor
  = cisClass.getConstructor(InputStream.class);
```

뿐만 아니라 이 생성자로 CountingInputStream의 인스턴스도 생성할 수 있다.

```
Object instance = constructor.newInstance(
  new FileInputStream(Path.of("test.txt").toFile()));
```

반환된 인스턴스가 제대로 동작하는지 보기 위해 두 개의 메서드를 호출해보자(read() 메서드는 한 번에 한 바이트씩 읽고, getCount() 메서드는 읽은 바이트 수를 반환한다).

```
Method readMethod = cisClass.getMethod("read");
Method countMethod = cisClass.getMethod("getCount");
```

이어서 1바이트를 읽은 후 getCount()가 얼마를 반환하는지 보자.

```
readMethod.invoke(instance);
Object readBytes = countMethod.invoke(instance);
System.out.println("Read bytes (should be 1): " + readBytes); // 1
```

151.3 유용한 코드

덧붙여 리플렉션과 생성자를 다룰 때 흔히 쓰이는 몇 가지 코드를 살펴보겠다.

먼저 생성자가 몇 개 있는지 알아보자.

```
Class<Car> clazz = Car.class;
Constructor<?>[] cnstrs = clazz.getConstructors();
System.out.println("Car class has "
  + cnstrs.length + " constructors"); // 4
```

이번에는 각 생성자가 인자를 몇 개씩 포함하는지 알아보자.

```
for (Constructor<?> cnstr : cnstrs) {
  int paramCount = cnstr.getParameterCount();
  System.out.println("\nConstructor with "
    + paramCount + " parameters");
}
```

생성자의 각 인자에 대해 자세히 알려면 Constructor.getParameters()를 호출한다. 이 메서드는 Parameter 배열을 반환한다(JDK 8에 추가된 Parameter 클래스는 인자를 자세히 분석해 볼 수 있는 포괄적인 메서드 집합을 제공한다).

```
for (Constructor<?> cnstr : cnstrs) {
  Parameter[] params = cnstr.getParameters();
  ...
}
```

인자 타입만 궁금하다면 Constructor.getParameterTypes()가 알맞다.

```
for (Constructor<?> cnstr : cnstrs) {
  Class<?>[] typesOfParams = cnstr.getParameterTypes();
  ...
}
```

152 리시버 타입의 애너테이션 알아내기

JDK 8부터 명시적인 **리시버**(receiver) 인자를 사용할 수 있게 됐다. 자바 키워드 this로 감싼 타입을 인자로 받는 인스턴스 메서드를 선언할 수 있다는 뜻이다.

명시적 **리시버** 인자를 통해 this에 타입 애너테이션을 덧붙일 수 있다. 다음 애너테이션을 예로 살펴보자.

```
@Target({ElementType.TYPE_USE})
@Retention(RetentionPolicy.RUNTIME)
public @interface Ripe {}
```

위 애너테이션을 사용해 Melon 클래스의 eat() 메서드 내 this에 애너테이션을 넣어보자.

```
public class Melon {
  ...
  public void eat(@Ripe Melon this) {}
  ...
}
```

이로써 Melon 인스턴스가 익은 멜론을 표현해야 eat() 메서드를 호출할 수 있다.

```
Melon melon = new Melon("Gac", 2000);

// 멜론이 익었을 때만 동작한다
melon.eat();
```

리플렉션으로 명시적 리시버 인자의 애너테이션을 알아내려면 JDK 8의 java.lang.reflect.
Executable.getAnnotatedReceiverType() 메서드를 사용한다. 이 메서드는 아래처럼 Constructor
와 Method 클래스에도 쓰인다.

```
Class<Melon> clazz = Melon.class;
Method eatMethod = clazz.getDeclaredMethod("eat");

AnnotatedType annotatedType = eatMethod.getAnnotatedReceiverType();

// modern.challenge.Melon
System.out.println("Type: " + annotatedType.getType().getTypeName());

// [@modern.challenge.Ripe()]
System.out.println("Annotations: "
  + Arrays.toString(annotatedType.getAnnotations()));

// [interface java.lang.reflect.AnnotatedType]
System.out.println("Class implementing interfaces: "
  + Arrays.toString(annotatedType.getClass().getInterfaces()));

AnnotatedType annotatedOwnerType
   = annotatedType.getAnnotatedOwnerType();

// null
System.out.println("\nAnnotated owner type: " + annotatedOwnerType);
```

153 합성과 브릿지 구조체 알아내기

합성(synthetic) 구조체를 사용하면 컴파일러가 추가한 구조체를 대부분 알아낼 수 있다. 더 정
확히 말하면 자바 언어 명세에 따라 소스 코드에 일치하는 구조체가 없는 자바 컴파일러가 넣은 구조
체는 모두 합성 구조체로 표시해야 한다. 단, 기본 생성자, 클래스 초기화 메서드, Enum 클래스의 값과
valueOf() 메서드는 예외다.

여러 가지 합성 구조체(가령 필드, 메서드, 생성자)가 있으나 여기서는 합성 필드를 예로 살펴보겠다. 다음 클래스를 가정하자.

```
public class Melon {
    ...
    public class Slice {}
    ...
}
```

Slice라는 내부 클래스에 주목하자. 코드가 컴파일되면 컴파일러는 최상위 클래스를 참조하기 위한 합성 필드를 추가하는 식으로 이 클래스를 변경한다. 이 합성 필드 덕분에 중첩 클래스에서 감싸진 클래스 멤버에 쉽게 접근할 수 있다.

합성 필드가 있는지 확인하려면 선언된 필드를 모두 가져와 세어본다.

```
Class<Melon.Slice> clazzSlice = Melon.Slice.class;
Field[] fields = clazzSlice.getDeclaredFields();

// 1
System.out.println("Number of fields: " + fields.length);
```

명시적으로 어떤 필드도 선언하지 않았는데 필드 하나가 보고됐다. 해당 필드가 합성인지 확인하고 이름도 알아보자.

```
// true
System.out.println("Is synthetic: " + fields[0].isSynthetic());

// this$0
System.out.println("Name: " + fields[0].getName());
```

> Info ≡   위와 비슷하게 Method.isSynthetic()과 Constructor.isSynthetic() 메서드로 메서드나 생성자가 합성인지도 확인할 수 있다.

이번에는 브릿지(bridge) 메서드를 알아볼 차례다. 브릿지 메서드 역시 합성이고 제네릭의 타입 이레이저(type-erasure)를 수행하기 위해 만들어졌다.

다음 Melon 클래스를 살펴보자.

```
public class Melon implements Comparator<Melon> {
  @Override
  public int compare(Melon m1, Melon m2) {
    return Integer.compare(m1.getWeight(), m2.getWeight());
  }
  ...
}
```

Comparator 인터페이스를 구현하고 compare() 메서드를 오버라이딩했다. 뿐만 아니라 compare()
메서드가 두 개의 Melon 인스턴스를 받는다고 명시했다. 컴파일러는 **타입 이레이저**를 수행해 두 객
체를 받는 새 메서드를 생성한다.

```
public int compare(Object m1, Object m2) {
  return compare((Melon) m1, (Melon) m2);
}
```

위 메서드를 합성 브릿지(synthetic bridge) 메서드라 부른다. 사용자에게는 보이지 않지만 자바
리플렉션 API는 볼 수 있다.

```
Class<Melon> clazz = Melon.class;
Method[] methods = clazz.getDeclaredMethods();
Method compareBridge = Arrays.asList(methods).stream()
  .filter(m -> m.isSynthetic() && m.isBridge())
  .findFirst()
  .orElseThrow();

// public int modern.challenge.Melon.compare(
// java.lang.Object, java.lang.Object)
System.out.println(compareBridge);
```

154 다양한 수의 인수 검사

자바에서 메서드는 메서드 서명이 varargs 타입의 인수를 포함한다면 다양한 수의 인수를 받을
수 있다.

예를 들어 다음 plantation() 메서드는 Seed... seeds 같은 다수의 인수를 받는다.

```
public class Melon {
  ...
  public void plantation(String type, Seed...seeds) {}
  ...
}
```

자바 리플렉션 API의 `Method.isVarArgs()` 메서드로 이 메서드가 다수의 인수를 지원하는지 알
수 있다.

```
Class<Melon> clazz = Melon.class;
Method[] methods = clazz.getDeclaredMethods();

for (Method method: methods) {
  System.out.println("Method name: " + method.getName()
    + " varargs? " + method.isVarArgs());
}
```

아래처럼 출력될 것이다.

```
Method name: plantation, varargs? true
Method name: getWeight, varargs? false
Method name: toString, varargs? false
Method name: getType, varargs? false
```

155 디폴트 메서드 검사

자바 8은 default 메서드로 인터페이스 개념을 강화했다. 이 메서드는 인터페이스 안에 작성되고
기본 구현을 갖는다. 예를 들어 Slicer 인터페이스는 slice()라는 기본 메서드를 포함한다.

```
public interface Slicer {
  public void type();

  default void slice() {
    System.out.println("slice");
  }
}
```

어떤 Slicer 구현이든 type() 메서드를 구현해야 하고 선택적으로 slice() 메서드를 오버라이딩
하거나 기본 구현을 사용할 수 있다.

자바 리플렉션 API는 Method.isDefault() 플래그 메서드로 default 메서드를 찾아낸다.

```
Class<Slicer> clazz = Slicer.class;
Method[] methods = clazz.getDeclaredMethods();

for (Method method: methods) {
  System.out.println("Method name: " + method.getName()
    + ", is default? " + method.isDefault());
}
```

다음 출력을 얻는다.

```
Method name: type, is default? false
Method name: slice, is default? true
```

156 리플렉션으로 중첩 기반 접근 제어

JDK 11의 기능은 몇 가지 핫스팟(hotspot)(바이트 코드단 변경)을 포함한다. 이러한 핫스팟 중 하나가 JEP 181이라 알려진 중첩 기반 접근 제어(nest-based access control 또는 nest)다. 기본적으로 중첩(nest)이라는 용어는 논리적으로 같은 코드 엔터티에 속하나 별개의 클래스 파일로 컴파일되는 클래스들이 컴파일러가 제공해주는 접근성 확장(accessibility-broadening) 브릿지 메서드 없이도 서로의 프라이빗 멤버에 접근할 수 있는 새로운 접근 제어 컨텍스트를 정의한다.

다시 말해 중첩(nest)을 통해 여러 중첩 클래스가 하나의 바깥 클래스에 속하는 서로 다른 클래스 파일로 컴파일된다. 이로써 합성/브릿지 메서드 없이도 서로의 프라이빗 클래스에 접근할 수 있다.

다음 코드를 예로 살펴보자.

```
public class Car {
  private String type = "Dacia";

  public class Engine {
    private String power = "80 hp";

    public void addEngine() {
      System.out.println("Add engine of " + power
        + " to car of type " + type);
    }
  }
}
```

먼저 JDK 10으로 Car.class에 javap(바이트 코드를 분석하는 자바 클래스 파일 역어셈블러 도구)를 실행해보자. 그림 7-1의 스크린샷에 코드의 핵심 부분을 표시했다.

▼ 그림 7-1

```
JDK 10                                                                      javap
 Compiled from "Car.java"
 public class modern.challenge.Car {
   public modern.challenge.Car();
   public static modern.challenge.Car newCar(java.lang.String, java.lang.String)
 throws java.lang.NoSuchFieldException, java.lang.IllegalArgumentException, java.
 lang.IllegalAccessException;
   static java.lang.String access$000(modern.challenge.Car);
 }
```

그림에서 보듯이 자바는 코드를 변경하고 access$000()이라는 브릿지(bridge) package-private 메서드를 추가해 Engine.addEngine() 메서드에서 바깥 클래스 필드인 Car.type에 접근할 수 있도록 했다. 이러한 메서드는 대개 합성(synthetic)이며 리플렉션을 통해 Method.isSynthetic()과 Method.isBridge() 메서드로 확인할 수 있다.

Car(바깥)와 Engine(중첩) 클래스가 분명 같은 클래스에 속하지만 서로 다른 파일(Car.class와 Car$Engine.class)로 컴파일된다. 이렇게 말하면 바깥 클래스와 중첩 클래스가 서로의 private 멤버에 접근할 수 있을 것만 같다.

하지만 별개의 파일로 들어갔기에 불가능하다. 사용자의 예상대로 동작시키기 위해 자바는 합성 브릿지 package-private 메서드인 access$000()을 추가한다.

하지만 자바 11부터는 바깥 클래스와 중첩 클래스 내 private 접근을 지원하는 중첩 접근 제어 (nests access control) 컨텍스트가 도입됐다. 이제 바깥 클래스와 중첩 클래스는 두 개의 속성으로 연결되어 **중첩(nest)**을 형성한다(두 속성을 네스트메이트(nestmate)라 부른다). 대개 중첩된 클래스는 NestMembers 속성과 연결되고 바깥 클래스는 NestHost 속성과 연결된다. 합성 메서드는 따로 만들어지지 않는다.

그림 7-2의 스크린샷은 JDK 11에서 javap로 Car.class를 실행한 모습이다(NestMembers 속성을 눈여겨보자).

▼ 그림 7-2

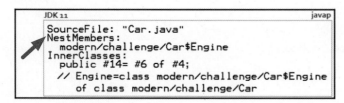

```
JDK 11                                                   javap
   SourceFile: "Car.java"
   NestMembers:
     modern/challenge/Car$Engine
   InnerClasses:
     public #14= #6 of #4;
     // Engine=class modern/challenge/Car$Engine
         of class modern/challenge/Car
```

그림 7-3의 스크린샷은 JDK 11에서 Car$Engine.class에 javap를 실행한 결과다(NestHost 속성을 눈여겨보자).

❤ 그림 7-3

```
JDK 11                                                              javap
    SourceFile: "Car.java"
    NestHost: class modern/challenge/Car
    InnerClasses:
      public #21= #9 of #29;
       // Engine=class modern/challenge/Car$Engine of class
          modern/challenge/Car
```

156.1 리플렉션 API로 접근

중첩 기반 접근 제어를 지원하지 않을 때는 리플렉션도 제한적이었다. 가령 JDK 11 이전에는 다음 코드에서 IllegalAccessException을 던졌다.

```
Car newCar = new Car();
Engine engine = newCar.new Engine();

Field powerField = Engine.class.getDeclaredField("power");
powerField.set(engine, power);
```

도중에 powerField.setAccessible(true)를 명시적으로 호출하면 접근을 허용할 수 있다.

```
...
Field powerField = Engine.class.getDeclaredField("power");
powerField.setAccessible(true);
powerField.set(engine, power);
...
```

JDK 11부터는 setAccessible()을 호출하지 않아도 된다.

또한 JDK 11에는 중첩을 지원하는 세 개의 메서드가 자바 리플렉션 API에 추가됐다. 바로 Class.getNestHost(), Class.getNestMembers(), Class.isNestmateOf()다.

중첩 클래스(Slice, Peeler, Juicer)를 포함하는 다음 Melon을 예로 살펴보자.

```
public class Melon {
  ...
  public class Slice {
    public class Peeler {}
  }
```

417

```java
    public class Juicer {}
    ...
}
```

각각의 Class를 정의해보자.

```java
Class<Melon> clazzMelon = Melon.class;
Class<Melon.Slice> clazzSlice = Melon.Slice.class;
Class<Melon.Juicer> clazzJuicer = Melon.Juicer.class;
Class<Melon.Slice.Peeler> clazzPeeler = Melon.Slice.Peeler.class;
```

Class.getNestHost()를 호출해 각 클래스의 NestHost를 확인해보자.

```java
// class modern.challenge.Melon
Class<?> nestClazzOfMelon = clazzMelon.getNestHost();

// class modern.challenge.Melon
Class<?> nestClazzOfSlice = clazzSlice.getNestHost();

// class modern.challenge.Melon
Class<?> nestClazzOfPeeler = clazzPeeler.getNestHost();

// class modern.challenge.Melon
Class<?> nestClazzOfJuicer = clazzJuicer.getNestHost();
```

두 가지 점에 주목해야 한다. 첫째, Melon의 NestHost도 Melon이다. 둘째, Peeler의 NestHost가 Slice가 아니라 Melon이다. Peeler는 Slice에 중첩된 클래스이므로 NestHost를 Slice로 생각하기 쉬우나 잘못된 가정이다.

이번에는 각 클래스의 NestMembers를 나열해보자.

```java
Class<?>[] nestMembersOfMelon = clazzMelon.getNestMembers();
Class<?>[] nestMembersOfSlice = clazzSlice.getNestMembers();
Class<?>[] nestMembersOfJuicer = clazzJuicer.getNestMembers();
Class<?>[] nestMembersOfPeeler = clazzPeeler.getNestMembers();
```

모두 똑같은 NestMember를 반환한다.

```
[class modern.challenge.Melon, class modern.challenge.Melon$Juicer,
class modern.challenge.Melon$Slice, class
modern.challenge.Melon$Slice$Peeler]
```

끝으로 네스트메이트(nestmate)를 확인해보자.

```
boolean melonIsNestmateOfSlice
  = clazzMelon.isNestmateOf(clazzSlice);  // true

boolean melonIsNestmateOfJuicer
  = clazzMelon.isNestmateOf(clazzJuicer); // true

boolean melonIsNestmateOfPeeler
  = clazzMelon.isNestmateOf(clazzPeeler); // true

boolean sliceIsNestmateOfJuicer
  = clazzSlice.isNestmateOf(clazzJuicer); // true

boolean sliceIsNestmateOfPeeler
  = clazzSlice.isNestmateOf(clazzPeeler); // true

boolean juicerIsNestmateOfPeeler
  = clazzJuicer.isNestmateOf(clazzPeeler); // true
```

157 게터와 세터 리플렉션

간단히 짚고 넘어가면 게터와 세터는 클래스의 필드(예를 들어 private 필드)에 접근하는 메서드 (또는 접근자)다.

먼저 선언된 게터와 세터를 가져오는 법부터 알아보자. 뒤이어 리플렉션을 사용해 누락된 게터와 세터를 생성해보겠다.

157.1 게터와 세터 가져오기

여러 가지 방법의 리플렉션을 사용해 클래스의 게터와 세터를 알아낼 수 있다. 다음 Melon 클래스에서 게터와 세터를 가져와보자.

```
public class Melon {
  private String type;
  private int weight;
  private boolean ripe;
  ...
```

```java
    public String getType() {
      return type;
    }

    public void setType(String type) {
      this.type = type;
    }

    public int getWeight() {
      return weight;
    }

    public void setWeight(int weight) {
      this.weight = weight;
    }

    public boolean isRipe() {
      return ripe;
    }

    public void setRipe(boolean ripe) {
      this.ripe = ripe;
    }
    ...
  }
```

리플렉션을 사용해(예를 들어 `Class.getDeclaredMethods()`로) 선언된 모든 메서드를 가져오는 해법부터 살펴보자. `Method[]`를 순회하며 게터와 세터에 국한된 제약(예를 들어 get/set 접두사로 시작하거나 void 혹은 특정 타입을 반환하는 등)에 따라 메서드를 필터링한다.

또 다른 해법은 리플렉션을 사용해(예를 들어 `Class.getDeclaredFields()`로) 클래스에 선언된 모든 필드를 가져오는 것이다. `Field[]`를 순회하며 필드명(get/set/is 접두사를 붙이고 첫 글자를 대문자로 바꿔)과 필드 타입(세터의 경우)을 `Class.getDeclaredMethod()`에 전달해 게터와 세터를 알아낸다.

마지막으로 PropertyDescriptor와 Introspector API를 활용하면 보다 정교하게 해결할 수 있다. 두 API는 `java.beans.*` 패키지에 들어 있으며 자바빈즈(JavaBeans)에 특화되어 있다.

TIP ≡ 두 클래스가 제공하는 많은 기능에서 내부적으로 리플렉션을 활용한다.

PropertyDescriptor 클래스는 getReadMethod()를 사용해 자바빈 프로퍼티를 읽는 메서드를 반환한다. 또한 getWriteMethod()를 사용해 자바빈 프로퍼티를 쓰는 메서드도 반환한다. 두 메서드를 활용해 Melon 클래스의 게터와 세터를 알아낼 수 있다.

```
for (PropertyDescriptor pd:
    Introspector.getBeanInfo(Melon.class).getPropertyDescriptors()) {
  if (pd.getReadMethod() != null && !"class".equals(pd.getName())) {
    System.out.println(pd.getReadMethod());
  }

  if (pd.getWriteMethod() != null && !"class".equals(pd.getName())) {
    System.out.println(pd.getWriteMethod());
  }
}
```

출력은 다음과 같다.

```
public boolean modern.challenge.Melon.isRipe()
public void modern.challenge.Melon.setRipe(boolean)
public java.lang.String modern.challenge.Melon.getType()
public void modern.challenge.Melon.setType(java.lang.String)
public int modern.challenge.Melon.getWeight()
public void modern.challenge.Melon.setWeight(int)
```

다음 Melon 인스턴스를 예로 살펴보자.

```
Melon melon = new Melon("Gac", 1000);
```

getType() 게터를 호출하고 싶다.

```
// type으로 Gac을 반환한다
Object type = new PropertyDescriptor("type",
  Melon.class).getReadMethod().invoke(melon);
```

이번에는 setWeight() 세터를 호출해보자.

```
// Gac의 무게를 2000으로 할당한다
new PropertyDescriptor("weight", Melon.class)
  .getWriteMethod().invoke(melon, 2000);
```

존재하지 않는 프로퍼티를 호출하면 IntrospectionException이 발생한다.

```
try {
  Object shape = new PropertyDescriptor("shape",
      Melon.class).getReadMethod().invoke(melon);
  System.out.println("Melon shape: " + shape);
} catch (IntrospectionException e) {
  System.out.println("Property not found: " + e);
}
```

157.2 게터와 세터 생성

필드 3개를 포함하는 Melon 클래스에 type 게터와 ripe 세터만 정의해보자.

```
public class Melon {
  private String type;
  private int weight;
  private boolean ripe;

  ...

  public String getType() {
    return type;
  }

  public void setRipe(boolean ripe) {
    this.ripe = ripe;
  }
  ...
}
```

누락된 게터와 세터를 생성하려면 일단 무엇이 누락됐는지부터 찾아야 한다. 다음 해법은 주어진
클래스에 선언된 필드를 순회하며 아래 중 하나에 속하면 foo 필드에 게터가 없다고 가정한다.

- get/isFoo() 메서드가 없을 때

- 반환 타입이 필드 타입과 같지 않을 때

- 인수 개수가 0이 아닐 때

누락된 각 게터의 필드 이름과 타입을 맵에 항목으로 추가한다.

```
private static Map<String, Class<?>>
    fetchMissingGetters(Class<?> clazz) {
  Map<String, Class<?>> getters = new HashMap<>();
  Field[] fields = clazz.getDeclaredFields();
```

```
    String[] names = new String[fields.length];
    Class<?>[] types = new Class<?>[fields.length];

    Arrays.setAll(names, i -> fields[i].getName());
    Arrays.setAll(types, i -> fields[i].getType());

    for (int i = 0; i < names.length; i++) {
      String getterAccessor = fetchIsOrGet(names[i], types[i]);
      try {
        Method getter = clazz.getDeclaredMethod(getterAccessor);
        Class<?> returnType = getter.getReturnType();

        if (!returnType.equals(types[i]) ||
            getter.getParameterCount() != 0) {
          getters.put(names[i], types[i]);
        }
      } catch (NoSuchMethodException ex) {
        getters.put(names[i], types[i]);
        // 예외를 로깅한다
      }
    }

    return getters;
}
```

이어서 주어진 클래스에 선언된 필드를 순회하며 아래 중 하나에 속하면 foo 필드에 세터가 없다고 가정한다.

- 필드가 final이 아닐 때

- setFoo() 메서드가 없을 때

- 메서드가 void를 반환할 때

- 메서드에 인자가 하나일 때

- 인자 타입이 필드 타입과 같을 때

- 인자명이 있다면 필드명과 같아야 한다.

누락된 각 세터의 필드 이름과 타입을 맵에 항목으로 추가한다.

```
private static Map<String, Class<?>>
    fetchMissingSetters(Class<?> clazz) {
  Map<String, Class<?>> setters = new HashMap<>();
```

```
Field[] fields = clazz.getDeclaredFields();
String[] names = new String[fields.length];
Class<?>[] types = new Class<?>[fields.length];

Arrays.setAll(names, i -> fields[i].getName());
Arrays.setAll(types, i -> fields[i].getType());

for (int i = 0; i < names.length; i++) {
  Field field = fields[i];
  boolean finalField = !Modifier.isFinal(field.getModifiers());

  if (finalField) {
    String setterAccessor = fetchSet(names[i]);

    try {
      Method setter = clazz.getDeclaredMethod(
          setterAccessor, types[i]);

      if (setter.getParameterCount() != 1 ||
          !setter.getReturnType().equals(void.class)) {

        setters.put(names[i], types[i]);
        continue;
      }

      Parameter parameter = setter.getParameters()[0];
      if ((parameter.isNamePresent() &&
          !parameter.getName().equals(names[i])) ||
            !parameter.getType().equals(types[i])) {
        setters.put(names[i], types[i]);
      }
    } catch (NoSuchMethodException ex) {
      setters.put(names[i], types[i]);
      // 예외를 로깅한다
    }
  }
}

return setters;
}
```

이제 어떤 필드에 게터와 세터가 없는지 알았다. 필드 이름과 타입도 맵에 저장했다. 먼저 맵을 순
회하며 게터를 생성해보자.

```java
public static StringBuilder generateGetters(Class<?> clazz) {
    StringBuilder getterBuilder = new StringBuilder();
    Map<String, Class<?>> accessors = fetchMissingGetters(clazz);

    for (Entry<String, Class<?>> accessor: accessors.entrySet()) {
        Class<?> type = accessor.getValue();
        String field = accessor.getKey();
        String getter = fetchIsOrGet(field, type);

        getterBuilder.append("\npublic ")
            .append(type.getSimpleName()).append(" ")
            .append(getter)
            .append("() {\n")
            .append("\treturn ")
            .append(field)
            .append(";\n")
            .append("}\n");
    }

    return getterBuilder;
}
```

이번에는 세터를 생성해보자.

```java
public static StringBuilder generateSetters(Class<?> clazz) {
    StringBuilder setterBuilder = new StringBuilder();
    Map<String, Class<?>> accessors = fetchMissingSetters(clazz);

    for (Entry<String, Class<?>> accessor: accessors.entrySet()) {
        Class<?> type = accessor.getValue();
        String field = accessor.getKey();
        String setter = fetchSet(field);

        setterBuilder.append("\npublic void ")
            .append(setter)
            .append("(").append(type.getSimpleName()).append(" ")
            .append(field).append(") {\n")
            .append("\tthis.")
            .append(field).append(" = ")
            .append(field)
            .append(";\n")
            .append("}\n");
    }
```

자바 리플렉션 클래스, 인터페이스, 생성자, 메서드, 필드

```
    return setterBuilder;
  }
```

위 해법은 다음의 간단한 헬퍼 세 개를 활용한다. 코드는 아주 쉽다.

```
  private static String fetchIsOrGet(String name, Class<?> type) {
    return "boolean".equalsIgnoreCase(type.getSimpleName()) ?
      "is" + uppercase(name) : "get" + uppercase(name);
  }

  private static String fetchSet(String name) {
    return "set" + uppercase(name);
  }

  private static String uppercase(String name) {
    return name.substring(0, 1).toUpperCase() + name.substring(1);
  }
```

이제 Melon 클래스에 두 메서드를 호출해보자.

```
  Class<?> clazz = Melon.class;
  StringBuilder getters = generateGetters(clazz);
  StringBuilder setters = generateSetters(clazz);
```

아래처럼 게터와 세터가 올바르게 생성됐을 것이다.

```
  public int getWeight() {
    return weight;
  }

  public boolean isRipe() {
    return ripe;
  }

  public void setWeight(int weight) {
    this.weight = weight;
  }

  public void setType(String type) {
    this.type = type;
  }
```

158 애너테이션 리플렉션

자바 리플렉션 API는 자바 애너테이션(annotation)에 많은 관심을 기울여왔다. 다양한 애너테이션 유형(예를 들어 패키지, 클래스, 메서드)을 검사하는 몇 가지 해법을 알아보자.

애너테이션을 지원하는 아티팩트(artifact)(예를 들어 Package, Constructor, Class, Method, Field)를 표현한 주요 리플렉션 API 클래스는 대부분 애너테이션을 처리하는 공통 메서드 집합을 제공한다. 다음 메서드가 흔히 쓰인다.

- getAnnotations(): 주어진 아티팩트와 관련된 모든 애너테이션을 반환한다.
- getDeclaredAnnotations(): 주어진 아티팩트에 직접 선언된 모든 애너테이션을 반환한다.
- getAnnotation(): 특정 타입의 애너테이션을 반환한다.
- getDeclaredAnnotation(): 주어진 아티팩트에 직접 선언된 특정 타입의 애너테이션을 반환한다(JDK 1.8).
- getDeclaredAnnotationsByType(): 주어진 아티펙트에 직접 선언된 특정 타입의 모든 애너테이션을 반환한다(JDK 1.8).
- isAnnotationPresent(): 주어진 아티팩트에서 특정 타입의 애너테이션을 찾으면 true를 반환한다.

> *Info* ≡ getAnnotatedReceiverType()은 **152. 리시버 타입의 애너테이션 알아내기** 절에서 다뤘다.

이어지는 절들에서 패키지와 클래스, 메서드 등의 애너테이션을 어떻게 검사하는지 알아보겠다.

158.1 패키지 애너테이션 검사

그림 7-4에서 보듯이 패키지와 관련된 애너테이션은 package-info.java에 추가된다. 여기서는 modern.challenge 패키지에 @Packt 애너테이션을 넣었다.

▼ 그림 7-4

```
@Packt
package modern.challenge;
```

패키지의 클래스 중 하나로 패키지의 애너테이션을 간편하게 검사할 수 있다. 예를 들어 패키지 (modern.challenge)가 Melon 클래스를 포함할 때, 이 패키지의 모든 애너테이션을 다음과 같이 알아낸다.

```
Class<Melon> clazz = Melon.class;
Annotation[] pckgAnnotations = clazz.getPackage().getAnnotations();
```

Arrays.toString()으로 Annotation[]을 출력해보면 아래처럼 원소 하나를 포함한다.

```
[@modern.challenge.Packt()]
```

158.2 클래스 애너테이션 검사

Melon 클래스의 애너테이션은 @Fruit 하나다.

▼ 그림 7-5

```
@Fruit(name = "melon", value = "delicious")
public class Melon extends @Family Cucurbitaceae
        implements @ByWeight Comparable {
```

어쨌든 getAnnotations()로 전부 가져올 수 있다.

```
Class<Melon> clazz = Melon.class;
Annotation[] clazzAnnotations = clazz.getAnnotations();
```

Arrays.toString()으로 반환받은 배열을 출력해보면 원소가 하나다.

```
[@modern.challenge.Fruit(name="melon", value="delicious")]
```

애너테이션의 이름과 값 속성에 접근하려면 아래처럼 캐스팅해야 한다.

```
Fruit fruitAnnotation = (Fruit) clazzAnnotations[0];
System.out.println("@Fruit name: " + fruitAnnotation.name());
System.out.println("@Fruit value: " + fruitAnnotation.value());
```

getDeclaredAnnotation() 메서드를 사용하면 정확한 타입으로 바로 가져올 수 있다.

```
Fruit fruitAnnotation = clazz.getDeclaredAnnotation(Fruit.class);
```

158.3 메서드 애너테이션 검사

Melon 클래스의 eat() 메서드에 넣은 @Ripe 애너테이션을 검사해보자.

▼ 그림 7-6

```
@Ripe(true)
public void eat() throws @Runtime IllegalStateException {
}
```

선언된 모든 애너테이션을 가져온 후 다시 @Ripe로 돌아가겠다.

```
Class<Melon> clazz = Melon.class;
Method methodEat = clazz.getDeclaredMethod("eat");
Annotation[] methodAnnotations = methodEat.getDeclaredAnnotations();
```

Arrays.toString()으로 반환받은 배열을 출력해보면 원소가 하나다.

```
[@modern.challenge.Ripe(value=true)]
```

methodAnnotations[0]을 Ripe로 캐스팅하자.

```
Ripe ripeAnnotation = (Ripe) methodAnnotations[0];
System.out.println("@Ripe value: " + ripeAnnotation.value());
```

getDeclaredAnnotation() 메서드를 사용하면 정확한 타입으로 바로 가져올 수 있다.

```
Ripe ripeAnnotation = methodEat.getDeclaredAnnotation(Ripe.class);
```

158.4 메서드 예외의 애너테이션 검사

메서드 예외의 애너테이션을 검사하려면 getAnnotatedExceptionTypes() 메서드를 호출한다.

▼ 그림 7-7

```
@Ripe(true)
public void eat() throws @Runtime IllegalStateException {
}
```

이 메서드는 던지는 예외 타입과 애너테이션을 함께 반환한다.

```
Class<Melon> clazz = Melon.class;
Method methodEat = clazz.getDeclaredMethod("eat");
AnnotatedType[] exceptionsTypes
  = methodEat.getAnnotatedExceptionTypes();
```

Arrays.toString()으로 반환받은 배열을 출력해보면 원소가 하나다.

```
[@modern.challenge.Runtime() java.lang.IllegalStateException]
```

다음 코드로 첫 번째 예외 타입을 추출한다.

```
// class java.lang.IllegalStateException
System.out.println("First exception type: "
  + exceptionsTypes[0].getType());
```

다음 코드로 첫 번째 예외 타입의 애너테이션을 추출한다.

```
// [@modern.challenge.Runtime()]
System.out.println("Annotations of the first exception type: "
  + Arrays.toString(exceptionsTypes[0].getAnnotations()));
```

158.5 반환 타입의 애너테이션 검사

메서드 반환의 애너테이션을 검사하려면 getAnnotatedReturnType() 메서드를 호출한다.

▼ 그림 7-8

```
public @Shape("oval") List<Seed> seeds() {
    return Collections.emptyList();
}
```

이 메서드는 주어진 메서드의 반환 타입과 애너테이션을 함께 반환한다.

```
Class<Melon> clazz = Melon.class;
Method methodSeeds = clazz.getDeclaredMethod("seeds");
AnnotatedType returnType = methodSeeds.getAnnotatedReturnType();

// java.util.List<modern.challenge.Seed>
System.out.println("Return type: "
  + returnType.getType().getTypeName());

// [@modern.challenge.Shape(value="oval")]
```

```
System.out.println("Annotations of the return type: "
    + Arrays.toString(returnType.getAnnotations()));
```

158.6 메서드 인자의 애너테이션 검사

어떤 메서드가 있으면 getParameterAnnotations()를 호출해 메서드 인자의 애너테이션을 검사할 수 있다.

▼ 그림 7-9

```
public void slice(@Ripe(true) @Shape("square") int noOfSlices) {
}
```

이 메서드는 인자가 선언된 순서대로 인자의 애너테이션을 저장한 행렬(배열들의 배열)을 반환한다.

```
Class<Melon> clazz = Melon.class;
Method methodSlice = clazz.getDeclaredMethod("slice", int.class);
Annotation[][] paramAnnotations
    = methodSlice.getParameterAnnotations();
```

getParameterTypes()로 각 인자 타입과 애너테이션을 함께 가져올 수 있다(예제에서는 int 인자에 두 개의 애너테이션이 딸려 있다). 선언된 순서대로 저장하는 특성 덕분에 다음과 같이 정보를 추출할 수 있다.

```
Class<?>[] parameterTypes = methodSlice.getParameterTypes();

int i = 0;
for (Annotation[] annotations: paramAnnotations) {
  Class parameterType = parameterTypes[i++];
  System.out.println("Parameter: " + parameterType.getName());

  for (Annotation annotation: annotations) {
    System.out.println("Annotation: " + annotation);
    System.out.println("Annotation name: "
      + annotation.annotationType().getSimpleName());
  }
}
```

출력은 다음과 같다.

```
Parameter type: int
Annotation: @modern.challenge.Ripe(value=true)
Annotation name: Ripe
Annotation: @modern.challenge.Shape(value="square")
Annotation name: Shape
```

158.7 필드의 애너테이션 검사

어떤 필드가 있으면 getDeclaredAnnotations()로 필드의 애너테이션을 가져올 수 있다.

▼ 그림 7-10

```
@Unit
private final int weight;
```

코드로는 다음과 같다.

```
Class<Melon> clazz = Melon.class;
Field weightField = clazz.getDeclaredField("weight");
Annotation[] fieldAnnotations = weightField.getDeclaredAnnotations();
```

다음 코드로 @Unit 애너테이션의 값을 알아낸다.

```
Unit unitFieldAnnotation = (Unit) fieldAnnotations[0];
System.out.println("@Unit value: " + unitFieldAnnotation.value());
```

getDeclaredAnnotation() 메서드를 사용하면 정확한 타입으로 바로 가져올 수 있다.

```
Unit unitFieldAnnotation
  = weightField.getDeclaredAnnotation(Unit.class);
```

158.8 상위 클래스의 애너테이션 검사

상위 클래스의 애너테이션을 검사하려면 getAnnotatedSuperclass() 메서드를 호출한다.

▼ 그림 7-11

```
@Fruit(name = "melon", value = "delicious")
public class Melon extends @Family Cucurbitaceae
        implements @ByWeight Comparable {
```

이 메서드는 상위 클래스 타입과 애너테이션을 함께 반환한다.

```
Class<Melon> clazz = Melon.class;
AnnotatedType superclassType = clazz.getAnnotatedSuperclass();
```

마찬가지로 다음과 같은 정보를 알아낼 수 있다.

```
// modern.challenge.Cucurbitaceae
System.out.println("Superclass type: "
  + superclassType.getType().getTypeName());

// [@modern.challenge.Family()]
System.out.println("Annotations: "
  + Arrays.toString(superclassType.getDeclaredAnnotations()));

System.out.println("@Family annotation present: "
  + superclassType.isAnnotationPresent(Family.class)); // true
```

158.9 인터페이스의 애너테이션 검사

구현한 인터페이스의 애너테이션을 검사하려면 getAnnotatedInterfaces() 메서드를 호출한다.

▼ 그림 7-12

```
@Fruit(name = "melon", value = "delicious")
public class Melon extends @Family Cucurbitaceae
        implements @ByWeight Comparable {
```

이 메서드는 인터페이스 타입과 애너테이션을 함께 반환한다.

```
Class<Melon> clazz = Melon.class;
AnnotatedType[] interfacesTypes = clazz.getAnnotatedInterfaces();
```

Arrays.toString()으로 반환받은 배열을 출력해보면 원소가 하나다.

```
[@modern.challenge.ByWeight() java.lang.Comparable]
```

다음과 같이 첫 번째 인터페이스 타입을 추출한다.

```
// interface java.lang.Comparable
System.out.println("First interface type: "
  + interfacesTypes[0].getType());
```

이어서 첫 번째 인터페이스 타입의 애너테이션을 추출한다.

```
// [@modern.challenge.ByWeight()]
System.out.println("Annotations of the first exception type: "
  + Arrays.toString(interfacesTypes[0].getAnnotations()));
```

158.10 타입 애너테이션 알아내기

특정 컴포넌트에 같은 타입의 애너테이션이 여러 개면 getAnnotationsByType()으로 전부 가져올 수 있다. 다음은 클래스에 수행하는 예제다.

```
Class<Melon> clazz = Melon.class;
Fruit[] clazzFruitAnnotations
  = clazz.getAnnotationsByType(Fruit.class);
```

158.11 선언된 애너테이션 알아내기

주어진 아티팩트에 직접 선언된 특정 타입의 애너테이션 하나를 가져오려면 다음 예제처럼 수행한다.

```
Class<Melon> clazz = Melon.class;
Method methodEat = clazz.getDeclaredMethod("eat");
Ripe methodRipeAnnotation
  = methodEat.getDeclaredAnnotation(Ripe.class);
```

159 인스턴스 메서드 호출

다음 Melon 클래스를 예로 살펴보자.

```
public class Melon {
  ...
  public Melon() {}

  public List<Melon> cultivate(
      String type, Seed seed, int noOfSeeds) {
    System.out.println("The cultivate() method was invoked ...");

    return Collections.nCopies(noOfSeeds, new Melon("Gac", 5));
```

```
    }
    ...
  }
```

자바 리플렉션 API로 cultivate() 메서드를 호출해 반환값을 알아내보자.

먼저 Method.getDeclaredMethod()로 cultivate() 메서드를 Method로 가져온다. 메서드명(예제에서는 cultivate())와 올바른 인자 타입(String, Seed, int)만 넘기면 된다. getDeclaredMethod()의 두 번째 인수는 Class<?> 타입의 varargs이므로 인자가 없는 메서드라면 비어 있을 수도 있고, 다음 예제처럼 인자 타입 리스트를 포함할 수도 있다.

```
Method cultivateMethod = Melon.class.getDeclaredMethod(
  "cultivate", String.class, Seed.class, int.class);
```

이어서 Melon 클래스의 인스턴스를 생성하자. 인스턴스 메서드를 호출하려면 인스턴스가 필요하다. 빈 Melon 생성자와 자바 리플렉션 API를 이용해 다음과 같이 생성할 수 있다.

```
Melon instanceMelon = Melon.class
  .getDeclaredConstructor().newInstance();
```

끝으로 Method.invoke() 메서드에 주목하자. cultivate() 메서드를 호출하는 데 쓰이는 인스턴스와 인자 값을 이 메서드에 전달해야 한다.

```
List<Melon> cultivatedMelons = (List<Melon>) cultivateMethod.invoke(
  instanceMelon, "Gac", new Seed(), 10);
```

다음과 같은 메시지가 출력되면 호출에 성공한 것이다.

```
The cultivate() method was invoked ...
```

System.out.println()으로 호출의 반환값을 출력해보면 다음과 같다.

```
[Gac(5g), Gac(5g), Gac(5g), ...]
```

방금 리플렉션으로 걱(Gac) 멜론 10개를 수확했다.

자바 리플렉션 클래스, 인터페이스, 생성자, 메서드, 필드

160 static 메서드 알아내기

다음 Melon 클래스를 예로 살펴보자.

```
public class Melon {
  ...
  public void eat() {}

  public void weighsIn() {}

  public static void cultivate(Seed seeds) {
    System.out.println("The cultivate() method was invoked ...");
  }

  public static void peel(Slice slice) {
    System.out.println("The peel() method was invoked ...");
  }

  // 이하 게터와 세터, toString() 생략
}
```

위 클래스는 두 개의 static 메서드, cultivate()와 peel()을 포함한다. 두 메서드를 List<Method>로 가져와보자.

해법은 크게 두 단계다.

1. 주어진 클래스의 모든 메서드를 가져온다.

2. Modifier.isStatic() 메서드로 static 제어자를 포함하는 메서드를 필터링한다.

코드는 다음과 같다.

```
List<Method> staticMethods = new ArrayList<>();

Class<Melon> clazz = Melon.class;
Method[] methods = clazz.getDeclaredMethods();

for (Method method: methods) {
  if (Modifier.isStatic(method.getModifiers())) {
    staticMethods.add(method);
  }
}
```

System.out.println()으로 리스트를 나열해보자.

```
[public static void
    modern.challenge.Melon.peel(modern.challenge.Slice),

public static void
    modern.challenge.Melon.cultivate(modern.challenge.Seed)]
```

한 단계 더 나아가 두 메서드 중 하나만 호출하고 싶을 수 있다.

예를 들어 peel() 메서드를 호출해보자(코드에서 보듯이 static 메서드에는 인스턴스가 필요 없으므로 Melon의 인스턴스 대신 null을 전달했다).

```
Method method = clazz.getMethod("peel", Slice.class);
method.invoke(null, new Slice());
```

다음과 같은 메시지가 출력되면 peel() 메서드 호출에 성공한 것이다.

```
The peel() method was invoked ...
```

161 메서드, 필드, 예외의 제네릭 타입 알아내기

다음 Melon 클래스를 예로 살펴보자(문제와 관련된 부분만 나열했다).

```
public class Melon<E extends Exception>
    extends Fruit<String, Seed> implements Comparable<Integer> {
  ...
  private List<Slice> slices;
  ...

  public List<Slice> slice() throws E {
    ...
  }

  public Map<String, Integer> asMap(List<Melon> melons) {
    ...
  }
  ...
}
```

Melon 클래스는 다양한 아티팩트와 관련된 제네릭 타입을 포함한다. 상위 클래스, 인터페이스, 클래스, 메서드, 필드의 제네릭 타입은 대개 ParameterizedType 인스턴스다. ParameterizedType. getActualTypeArguments()를 통해 각 ParameterizedType의 실제 인수 타입을 알아내야 한다. 이 메서드가 반환하는 Type[]을 순회해 각 인수에 대한 정보를 추출하자.

```java
public static void printGenerics(Type genericType) {
  if (genericType instanceof ParameterizedType) {
    ParameterizedType type = (ParameterizedType) genericType;

    Type[] typeOfArguments = type.getActualTypeArguments();

    for (Type typeOfArgument: typeOfArguments) {
      Class classTypeOfArgument = (Class) typeOfArgument;
      System.out.println("Class of type argument: "
        + classTypeOfArgument);

      System.out.println("Simple name of type argument: "
        + classTypeOfArgument.getSimpleName());
    }
  }
}
```

이어서 메서드의 제네릭을 어떻게 처리하는지 알아보겠다.

161.1 메서드 제네릭

예제로서 slice()와 asMap() 메서드의 제네릭 반환 타입을 알아내보자. Method.getGeneric ReturnType() 메서드를 수행하면 된다.

```java
Class<Melon> clazz = Melon.class;

Method sliceMethod = clazz.getDeclaredMethod("slice");
Method asMapMethod = clazz.getDeclaredMethod("asMap", List.class);

Type sliceReturnType = sliceMethod.getGenericReturnType();
Type asMapReturnType = asMapMethod.getGenericReturnType();
```

printGenerics(sliceReturnType)을 호출하면 출력은 다음과 같다.

```
Class of type argument: class modern.challenge.Slice
Simple name of type argument: Slice
```

printGenerics(asMapReturnType)을 호출하면 출력은 다음과 같다.

```
Class of type argument: class java.lang.String
Simple name of type argument: String

Class of type argument: class java.lang.Integer
Simple name of type argument: Integer
```

메서드의 제네릭 인자는 Method.getGenericParameterTypes()로 구한다.

```
Type[] asMapParamTypes = asMapMethod.getGenericParameterTypes();
```

이어서 각 Type(각 제네릭 인자)에 printGenerics()를 호출한다.

```
for (Type paramType: asMapParamTypes) {
  printGenerics(paramType);
}
```

출력은 다음과 같다(제네릭 인자는 List<Melon> 하나다).

```
Class of type argument: class modern.challenge.Melon
Simple name of type argument: Melon
```

161.2 필드 제네릭

(slices 같은) 필드는 Field.getGenericType()으로 제네릭을 알아낸다.

```
Field slicesField = clazz.getDeclaredField("slices");
Type slicesType = slicesField.getGenericType();
```

printGenerics(slicesType)을 호출하면 출력은 다음과 같다.

```
Class of type argument: class modern.challenge.Slice
Simple name of type argument: Slice
```

161.3 상위 클래스 제네릭

상위 클래스의 제네릭은 현재 클래스의 getGenericSuperclass() 메서드를 호출해 알아낸다.

```
Type superclassType = clazz.getGenericSuperclass();
```

printGenerics(superclassType)을 호출하면 출력은 다음과 같다.

```
Class of type argument: class java.lang.String
Simple name of type argument: String

Class of type argument: class modern.challenge.Seed
Simple name of type argument: Seed
```

161.4 인터페이스 제네릭

구현한 인터페이스의 제네릭은 현재 클래스의 getGenericInterfaces() 메서드를 호출해 알아낸다.

```
Type[] interfacesTypes = clazz.getGenericInterfaces();
```

이어서 각 Type에 printGenerics()를 호출한다. 출력은 다음과 같다(Comparable<Integer>라는 인터페이스 하나뿐이다).

```
Class of type argument: class java.lang.Integer
Simple name of type argument: Integer
```

161.5 예외 제네릭

예외의 제네릭 타입은 TypeVariable이나 ParameterizedType의 인스턴스로 구체화된다. 예제에서는 TypeVariable 인스턴스로 제네릭 정보를 추출하고 출력하는 헬퍼 메서드를 작성해보겠다.

```java
public static void printGenericsOfExceptions(Type genericType) {
  if (genericType instanceof TypeVariable) {
    TypeVariable typeVariable = (TypeVariable) genericType;
    GenericDeclaration genericDeclaration
      = typeVariable.getGenericDeclaration();

    System.out.println("Generic declaration: " + genericDeclaration);

    System.out.println("Bounds: ");
    for (Type type: typeVariable.getBounds()) {
      System.out.println(type);
    }
  }
}
```

getGenericExceptionTypes()를 통해 메서드가 던진 예외를 알아내 위 헬퍼에 전달한다. 예외 타입이 타입 변수(TypeVariable)나 매개변수화된 타입(ParameterizedType)이면 생성된다. 그렇지 않으면 타입을 추론해낸다.

```
Type[] exceptionsTypes = sliceMethod.getGenericExceptionTypes();
```

이어서 각 Type에 printGenericsOfExceptions()를 호출한다.

```
for (Type paramType: exceptionsTypes) {
  printGenericsOfExceptions(paramType);
}
```

출력은 다음과 같다.

```
Generic declaration: class modern.challenge.Melon
Bounds: class java.lang.Exception
```

> TIP ≡ 추출한 제네릭 정보를 출력만 하는 것은 별로 쓸모가 없으니 필요에 맞게 위 헬퍼를 수정하자. 예를 들어 정보를 모아 List, Map 등으로 반환한다.

162 퍼블릭과 프라이빗 필드 알아내기

Modifier.isPublic()과 Modifier.isPrivate() 메서드로 문제를 해결할 수 있다.

다음 Melon 클래스는 public 필드 두 개와 private 필드 두 개를 포함한다.

```
public class Melon {
  private String type;
  private int weight;

  public Peeler peeler;
  public Juicer juicer;
  ...
}
```

먼저 getDeclaredFields() 메서드로 이 클래스의 Field[] 배열을 가져와야 한다.

```
Class<Melon> clazz = Melon.class;
Field[] fields = clazz.getDeclaredFields();
```

Field[]는 앞서 나온 필드 4개를 모두 포함한다. 이제 배열을 순회해 각 Field에 Modifier. isPublic()과 Modifier.isPrivate()를 호출해보자.

```
List<Field> publicFields = new ArrayList<>();
List<Field> privateFields = new ArrayList<>();

for (Field field: fields) {
  if (Modifier.isPublic(field.getModifiers())) {
    publicFields.add(field);
  }

  if (Modifier.isPrivate(field.getModifiers())) {
    privateFields.add(field);
  }
}
```

publicFields 리스트는 public 필드만 포함하고 privateFields는 private 필드만 포함한다. 간단히 System.out.println()으로 두 리스트를 출력해보면 다음과 같다.

```
Public fields:
[public modern.challenge.Peeler modern.challenge.Melon.peeler,
public modern.challenge.Juicer modern.challenge.Melon.juicer]

Private fields:
[private java.lang.String modern.challenge.Melon.type,
private int modern.challenge.Melon.weight]
```

163 배열 처리

자바 리플렉션 API는 배열 처리에 특화된 전용 클래스를 제공한다. 바로 java.lang.reflect. Array라는 클래스다.

int 배열을 생성하는 아래 코드를 예로 살펴보자. 첫 번째 인자는 배열의 각 원소가 어떤 타입인지 나타낸다. 두 번째 인자는 배열의 길이를 나타낸다. 따라서 정수 10개짜리 배열은 Array. newInstance()로 다음과 같이 정의한다.

```
int[] arrayOfInt = (int[]) Array.newInstance(int.class, 10);
```

자바 리플렉션을 사용하면 배열의 원소를 변경할 수 있다. 일반적인 set() 메서드와 setFoo() 메서드 집합(예를 들어 setInt(), setFloat())을 사용한다. 인덱스0에 100을 할당해보자.

```
Array.setInt(arrayOfInt, 0, 100);
```

get()과 getFoo() 메서드로 배열에서 값을 가져올 수도 있다(이러한 메서드는 배열과 인덱스를 인수로 받아 명시된 인덱스의 값을 반환한다).

```
int valueIndex0 = Array.getInt(arrayOfInt, 0);
```

이번에는 배열의 Class를 알아보자.

```
Class<?> stringClass = String[].class;
Class<?> clazz = arrayOfInt.getClass();
```

배열의 타입은 getComponentType()으로 추출한다.

```
// int
Class<?> typeInt = clazz.getComponentType();

// java.lang.String
Class<?> typeString = stringClass.getComponentType();
```

164 모듈 검사

자바 9부터 자바 플랫폼 모듈 시스템(Java Platform Module System)을 통해 모듈(module) 개념이 추가됐다. 기본적으로 모듈은 그 모듈이 관리하는 패키지 집합이다(가령 모듈은 어떤 패키지를 모듈 외부로 공개할지 결정한다).

그림 7-13의 스크린샷은 모듈 두 개로 된 애플리케이션을 보여준다.

▼ 그림 7-13

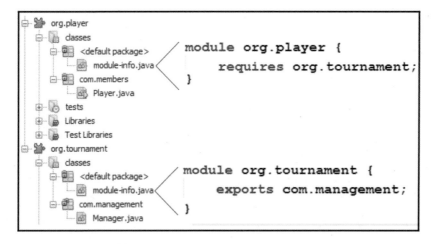

org.player와 org.tournament라는 두 모듈이 있다. org.player 모듈은 org.tournament 모듈을
필요로 하고 org.tournament 모듈은 org.management 패키지를 내보낸다.

자바 리플렉션 API는 (java.base module 내) java.lang.Module 클래스로 모듈을 표현한다. 자바
리플렉션 API로 정보를 추출하거나 모듈을 수정할 수 있다.

먼저 예제로 사용할 Module 인스턴스를 가져와보자.

```
Module playerModule = Player.class.getModule();
Module managerModule = Manager.class.getModule();
```

모듈명은 Module.getName() 메서드로 알아낸다.

```
// org.player
System.out.println("Class 'Player' is in module: "
  + playerModule.getName());

// org.tournament
System.out.println("Class 'Manager' is in module: "
  + managerModule.getName());
```

Module 인스턴스를 가져왔으니 몇 가지 메서드를 호출해 다양한 정보를 얻을 수 있다. 예를 들어
모듈이 명명됐는지, 특정 패키지를 내보냈거나 열었는지 등을 알아낸다.

```
boolean playerModuleIsNamed = playerModule.isNamed();   // true
boolean managerModuleIsNamed = managerModule.isNamed(); // true

boolean playerModulePnExported
  = playerModule.isExported("com.members");     // false
boolean managerModulePnExported
  = managerModule.isExported("com.management"); // true

boolean playerModulePnOpen
  = playerModule.isOpen("com.members");      // false
boolean managerModulePnOpen
  = managerModule.isOpen("com.management"); // false
```

정보 추출 외에 Module 클래스는 모듈을 수정할 수도 있다. 예를 들어 org.player 모듈은 com.members 패키지를 org.tournament 모듈에 내보내지 않는다. 확인하는 방법은 간단하다.

```
boolean before = playerModule.isExported(
    "com.members", managerModule); // false
```

하지만 리플렉션을 사용해 바꿀 수 있다. Module.addExports() 메서드로 내보내기를 수행해보자 (같은 부류로 addOpens(), addReads(), addUses()가 있다).

```
playerModule.addExports("com.members", managerModule);
```

다시 확인해보자.

```
boolean after = playerModule.isExported(
    "com.members", managerModule); // true
```

이 밖에도 모듈은 모듈 자체의 디스크립터를 이용한다. ModuleDescriptor 클래스는 모듈을 처리하는 시작점으로 쓰인다.

```
ModuleDescriptor descriptorPlayerModule
  = playerModule.getDescriptor();
```

가령 다음과 같이 모듈의 패키지를 가져올 수 있다.

```
Set<String> pcks = descriptorPlayerModule.packages();
```

165 동적 프록시

동적 프록시(dynamic proxies)는 횡단 관심사(Cross-Cutting Concerns, CCC) 범주에 속하는 다양한 기능을 구현하는 데 쓰인다. 횡단 관심사란 데이터베이스 연결 관리나 트랜잭션 관리(예를 들어 스프링 @Transactional), 보안, 로깅처럼 핵심 기능의 부수 기능에 해당하는 관심사다.

구체적으로 말하면 자바 리플렉션은 java.lang.reflect.Proxy라는 클래스를 제공함으로써 런타임에 인터페이스의 동적 구현을 생성할 수 있도록 돕는다. Proxy는 리플렉션을 통해 런타임에 구체 인터페이스 구현을 가져온다.

Proxy는 사용자의 호출을 올바른 메서드로 전달해주는 일종의 앞단 래퍼(front-wrapper)다. 상황에 따라 Proxy는 호출을 위임하기 전에 프로세스에 간섭하기도 한다.

그림 7-14에서 보듯이 동적 프록시는 메서드 한 개(invoke())를 포함하는 클래스 한 개(InvocationHandler)를 이용한다.

❤ 그림 7-14

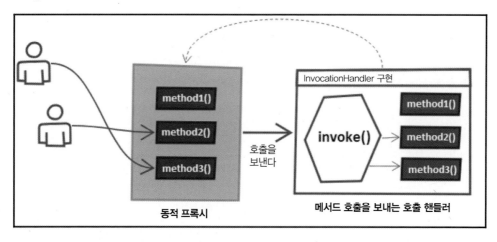

그림 7-14의 흐름을 단계별로 묘사해보겠다.

1. 액터는 동적 프록시를 통해 필요한 메서드를 호출한다(예를 들어 List.add() 메서드는 직접 호출할 수 없고 동적 프록시를 통해야 한다).

2. 동적 프록시는 이 호출을 InvocationHandler 구현의 인스턴스에게 보낸다(각 프록시 인스턴스마다 호출 핸들러가 존재한다).

3. 보내진 호출은 프록시 객체, 호출하는 메서드(Method 인스턴스), 메서드에 전달할 인수 배열, 세 가지를 invoke() 메서드에 전달한다.

4. InvocationHandler는 부수적인 선택 기능(예를 들어 횡단 관심사)을 실행한 후 해당하는 메서드를 호출한다.

5. InvocationHandler는 호출의 결과를 객체로 반환한다.

위 흐름을 요약해보면 동적 프록시는 메서드 한 개(invoke())를 포함하는 클래스 한 개 (InvocationHandler)로 임의의 클래스의 여러 메서드를 호출할 수 있게 한다.

165.1 동적 프록시 구현

예제로서 List의 메서드를 호출한 횟수를 세는 동적 프록시를 작성해보자.

동적 프록시는 Proxy.newProxyInstance() 메서드로 생성한다. newProxyInstance() 메서드는 다음의 세 인자를 받는다.

- ClassLoader: 동적 프록시 클래스 로딩에 필요
- Class<?>[]: 구현할 인터페이스 배열
- InvocationHandler: 메서드 호출을 보내는 호출 핸들러

다음 예제를 보자.

```
List<String> listProxy = (List<String>) Proxy.newProxyInstance(
    List.class.getClassLoader(), new Class[] {
        List.class}, invocationHandler);
```

위 코드는 List 인터페이스의 동적 구현을 반환한다. 또한 이 프록시를 통하는 모든 호출을 invocationHandler 인스턴스에게 보낸다.

InvocationHandler 구현의 스켈레톤은 일반적으로 다음과 같다.

```
public class DummyInvocationHandler implements InvocationHandler {
    @Override
    public Object invoke(Object proxy, Method method, Object[] args)
        throws Throwable {

        ...
    }
}
```

List의 메서드를 호출한 횟수를 세려면 모든 메서드 서명과 각각의 호출 횟수를 저장해야 한다. Map을 생성한 후 CountingInvocationHandler 생성자에서 초기화한다(다음은 InvocationHandler

구현으로서 이 구현의 인스턴스가 invocationHandler다).

```java
public class CountingInvocationHandler implements InvocationHandler {
  private final Map<String, Integer> counter = new HashMap<>();
  private final Object targetObject;

  public CountingInvocationHandler(Object targetObject) {
    this.targetObject = targetObject;

    for (Method method:targetObject.getClass().getDeclaredMethods()) {
      this.counter.put(method.getName()
        + Arrays.toString(method.getParameterTypes()), 0);
    }
  }
  ...
}
```

targetObject 필드에 List 인터페이스 구현(예제에서는 ArrayList)을 저장한다.

이어서 CountingInvocationHandler 인스턴스를 생성한다.

```java
CountingInvocationHandler invocationHandler
  = new CountingInvocationHandler(new ArrayList<>());
```

invoke() 메서드는 호출 횟수를 센 후 전달받은 인수로 Method를 호출한다.

```java
@Override
public Object invoke(Object proxy, Method method, Object[] args)
    throws Throwable {
  Object resultOfInvocation = method.invoke(targetObject, args);
  counter.computeIfPresent(method.getName()
    + Arrays.toString(method.getParameterTypes()), (k, v) -> ++v);

  return resultOfInvocation;
}
```

끝으로 주어진 메서드의 호출 횟수를 반환하는 메서드를 제공한다.

```java
public Map<String, Integer> countOf(String methodName) {
  Map<String, Integer> result = counter.entrySet().stream()
    .filter(e -> e.getKey().startsWith(methodName + "["))
    .filter(e -> e.getValue() != 0)
    .collect(Collectors.toMap(Entry::getKey, Entry::getValue));
```

```
    return result;
  }
```

지금까지 나열한 코드를 CountingInvocationHandler라는 클래스로 묶어 이 책의 예제 코드에 넣었다.

이제 listProxy로 메서드 몇 개를 호출해보자.

```
listProxy.add("Adda");
listProxy.add("Mark");
listProxy.add("John");
listProxy.remove("Adda");
listProxy.add("Marcel");
listProxy.remove("Mark");
listProxy.add(0, "Akiuy");
```

add()와 remove() 메서드를 몇 번 호출했는지 알아보자.

```
// {add[class java.lang.Object]=4, add[int, class java.lang.Object]=1}
invocationHandler.countOf("add");

// {remove[class java.lang.Object]=2}
invocationHandler.countOf("remove");
```

> Info ☰ 두 개의 서명으로 add() 메서드를 호출했으므로 결과 Map의 항목도 두 개다.

JAVA CODING PROBLEMS

7.3 요약

7장의 마지막 문제까지 모두 살펴보았다. 부디 이 광범위한 자바 리플렉션 API 여정을 무사히 마쳤기를 바란다. 클래스와 인터페이스, 생성자, 메서드, 필드, 애너테이션 등에 관한 문제를 상세하게 다뤘다.

7장의 애플리케이션을 다운로드해서 결과와 추가적인 세부 사항을 확인하자.

memo

8^장

함수형 스타일
프로그래밍의
기초와 디자인
패턴

8장에서는 자바 함수형 스타일 프로그래밍을 다루는 11개의 문제를 살펴본다. 먼저 함수형 인터페이스로 발전해 나가는 단계를 처음부터 완벽히 보여주는 문제로 시작한다. 이어서 GoF의 여러 가지 디자인 패턴을 자바 함수형 스타일로 해석한다.

8장을 마칠 때쯤에는 함수형 스타일 프로그래밍에 익숙해지면서 더 깊은 주제로 파고드는 문제 집합도 충분히 해결할 수 있게 된다. 함수형 스타일로 작성된 일반적인 디자인 패턴을 능숙히 다루며 함수형 인터페이스를 활용해 코드를 발전시키는 방법을 완벽히 이해할 것이다.

8.1 / 문제

다음 문제를 통해 함수형 스타일로 프로그래밍하는 실력을 테스트해보자. 해답 페이지로 넘어가 거나 예제 프로그램을 다운로드하기 전에 반드시 스스로 문제를 풀어보기 바란다.

- **166. 함수형 인터페이스 작성하기:** 유의미한 예제 집합을 통해 함수형 인터페이스로 발전하는 과정을 처음부터 정의하는 프로그램을 작성하라.

- **167. 람다 요약:** 람다식에 대해 설명하라.

- **168. 실행 어라운드 패턴 구현:** 람다를 기반으로 실행 어라운드 패턴을 구현한 프로그램을 작성하라.

- **169. 팩터리 패턴 구현:** 람다를 기반으로 팩터리 패턴을 구현한 프로그램을 작성하라.

- **170. 전략 패턴 구현:** 람다를 기반으로 전략 패턴을 구현한 프로그램을 작성하라.

- **171. 템플릿 메서드 패턴 구현:** 람다를 기반으로 템플릿 메서드 패턴을 구현한 프로그램을 작성하라.

- **172. 옵저버 패턴 구현:** 람다를 기반으로 옵저버 패턴을 구현한 프로그램을 작성하라.

- **173. 론 패턴 구현:** 람다를 기반으로 론 패턴을 구현한 프로그램을 작성하라.

- **174. 데코레이터 패턴 구현:** 람다를 기반으로 데코레이터 패턴을 구현한 프로그램을 작성하라.

- **175. 캐스케이드 빌더 패턴 구현:** 람다를 기반으로 캐스케이드 빌더 패턴을 구현한 프로그램을 작성하라.

- **176. 커맨드 패턴 구현:** 람다를 기반으로 커맨드 패턴을 구현한 프로그램을 작성하라.

8.2 / 해법

앞서 나열한 문제의 해법을 설명하겠다. 그에 앞서 문제의 정답이 딱 하나인 경우는 드물다는 점을 잊지 말자. 또한 문제를 푸는 데 반드시 필요한 가장 흥미롭고 중요한 사항만 설명했음을 기억하자. 코드를 자세히 살펴보고 프로그램을 직접 실행하려면 https://github.com/gilbutITbook/080292에서 예제 솔루션을 다운로드한다.

166 함수형 인터페이스 작성하기

이 해법에서는 여러 가지 대안을 비교하며 함수형 인터페이스의 목적과 유용성을 강조한다. 기초적이고 유연하지 못한 구현에서 함수형 인터페이스에 기반한 유연한 구현으로 어떻게 코드를 진화시키는지 알아본다. 다음 Melon 클래스를 예로 살펴보겠다.

```
public class Melon {
  private final String type;
  private final int weight;
  private final String origin;

  public Melon(String type, int weight, String origin) {
    this.type = type;
    this.weight = weight;
    this.origin = origin;
  }

  // 이하 게터와 toString() 등 생략
}
```

멜론 판매 사업을 준비 중인 마크라는 고객에게서 의뢰가 들어왔다. 위 클래스는 마크의 설명에 따른 것이다. 고객은 자신의 아이디어와 결정을 반영할 수 있는 재고 애플리케이션을 원하므로 비즈니스 요구 사항과 발전에 따라 애플리케이션도 진화해야 한다. 날짜 단위로 애플리케이션 개발 과정을 살펴보자.

8

함수형 스타일 프로그래밍의 기초와 디자인 패턴

166.1 첫째 날(품종에 따라 멜론 필터링)

어느 날 마크는 품종에 따라 멜론을 필터링하는 기능을 넣어달라고 요청했다. 그래서 Filters라는 클래스를 만들어 멜론 리스트와 필터링할 품목을 인수로 받는 static 메서드를 구현했다.

메서드는 아주 간단하다.

```java
public static List<Melon> filterByType(
    List<Melon> melons, String type) {
  List<Melon> result = new ArrayList<>();

  for (Melon melon: melons) {
    if (melon != null && type.equalsIgnoreCase(melon.getType())) {
      result.add(melon);
    }
  }

  return result;
}
```

이게 끝이다! 이제 아래처럼 품종으로 간단히 멜론을 필터링할 수 있다.

```java
List<Melon> bailans = Filters.filterByType(melons, "Bailan");
```

166.2 둘째 날(무게로 멜론 필터링)

마크는 결과물에 만족하면서 무게로 멜론을 찾는(예를 들어 무게가 1200그램인 모든 멜론) 또 다른 필터를 요청했다. 멜론 품종 필터와 비슷하게 구현할 목적으로 특정 무게의 멜론을 찾아내는 새 static 메서드를 만들었다.

```java
public static List<Melon> filterByWeight(
    List<Melon> melons, int weight) {
  List<Melon> result = new ArrayList<>();

  for (Melon melon: melons) {
    if (melon != null && melon.getWeight() == weight) {
      result.add(melon);
    }
  }

  return result;
}
```

filterByType()과 비슷한데 조건과 필터가 다르다. 개발자로서 이런 작업을 계속 하다가는 같은 코드를 반복하면서 조건만 다른 메서드가 Filters 클래스를 가득 채울 것임을 직감했다. **보일러플레이트(boilerplate) 코드**에 가까워질 것이다.

166.3 셋째 날(품종과 무게로 멜론 필터링)

상황이 더 악화됐다. 마크가 품종과 무게로 멜론을 필터링하는 새 필터를 빨리 추가해 달라고 요청해왔다. 간단하게 구현했더니 너무 보기 흉하다. 한번 보자.

```
public static List<Melon> filterByTypeAndWeight(
    List<Melon> melons, String type, int weight) {
  List<Melon> result = new ArrayList<>();

  for (Melon melon: melons) {
    if (melon != null && type.equalsIgnoreCase(melon.getType())
        && melon.getWeight() == weight) {
      result.add(melon);
    }
  }

  return result;
}
```

이러한 상황에서는 위와 같이 코드를 작성해서는 안 된다. 새 필터 기준을 추가했다가는 코드를 유지 보수하기 더 어렵고 오류도 발생하기 쉽다.

166.4 넷째 날(동작을 인자로 넣기)

회의가 필요하다! 이렇게 계속 필터를 추가할 수는 없다. 온갖 속성을 필터링하다 보면 너무 많은 인자와 반복되는 **보일러플레이트** 코드가 삽입된 크고 복잡한 메서드들 때문에 거대한 Filters 클래스가 만들어질 것이다.

가장 큰 문제는 **보일러플레이트** 코드로 감싼 여러 가지 동작들이다. 바꿔 말해 **보일러플레이트** 코드를 한 번만 작성하고 동작을 인자로 넣으면 좋겠다. 이렇게 하면 선택 조건이나 기준을 동작으로 만들어 요구에 맞게 효율적으로 조직할 수 있다. 코드는 더 명쾌하고 유연하고 유지 보수하기 쉬워지며 인자도 줄어든다.

그림 8-1에 묘사한 것처럼 이를 **동작 매개변수화(Behavior Parameterization)**라 부른다(왼쪽 그림은 현재 모습, 오른쪽 그림이 원하는 모습이다).

❤ 그림 8-1

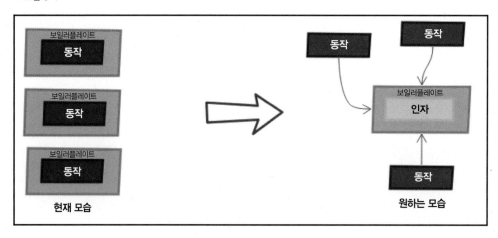

각 선택 조건이나 기준을 하나의 동작으로 보면 아주 직관적으로 각 동작을 인터페이스의 구현으로 간주할 수 있다. 기본적으로 모든 동작에는 선택 조건이나 기준과 boolean 타입 반환(프레디케이트(predicate)라 부름)이라는 공통점이 있다. 인터페이스 관점에서는 아래처럼 계약으로 작성할 수 있다.

```
public interface MelonPredicate {
  boolean test(Melon melon);
}
```

이 외에 MelonPredicate의 다른 구현도 작성할 수 있다. 예를 들어 다음 코드는 Gac 멜론을 필터링한다.

```
public class GacMelonPredicate implements MelonPredicate {
  @Override
  public boolean test(Melon melon) {
    return "gac".equalsIgnoreCase(melon.getType());
  }
}
```

혹은 5000그램보다 무거운 멜론도 필터링할 수 있다.

```
public class HugeMelonPredicate implements MelonPredicate {
  @Override
  public boolean test(Melon melon) {
    return melon.getWeight() > 5000;
  }
}
```

이러한 기법을 전략 디자인 패턴(Strategy design pattern)이라 부른다. GoF에 따르면 다음과 같다.

같은 목적의 알고리즘군을 정의하고 각 알고리즘을 캡슐화하여 상호 교환이 가능하게 한다. 전략 패턴을 사용하면 고객마다 다양하게 독립적으로 알고리즘을 사용할 수 있다.

즉, 런타임에 동적으로 알고리즘의 동작을 선택하는 것이 핵심 개념이다. MelonPredicate 인터페이스는 멜론을 필터링하는 데 필요한 모든 알고리즘을 통합하고, 이때 각각의 구현이 바로 전략이다.

이제 전략은 있는데 MelonPredicate 인자를 받을 메서드가 없다. 그림 8-2처럼 filterMelons() 메서드가 필요하다.

❤ 그림 8-2

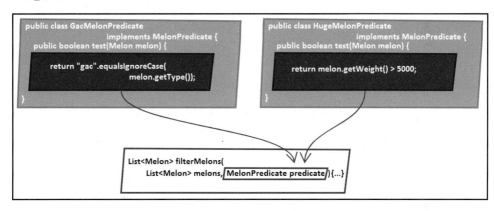

즉, 인자 하나와 동작 여러 개가 필요하다. filterMelons()의 소스 코드를 살펴보자.

```
public static List<Melon> filterMelons(
    List<Melon> melons, MelonPredicate predicate) {
  List<Melon> result = new ArrayList<>();
  for (Melon melon: melons) {
    if (melon != null && predicate.test(melon)) {
      result.add(melon);
    }
  }

  return result;
}
```

훨씬 낫다! 여러 가지 동작에 filterMelons() 메서드를 재사용할 수 있다(예제에서는 GacMelonPredicate와 HugeMelonPredicate를 전달한다).

```
List<Melon> gacs = Filters.filterMelons(
    melons, new GacMelonPredicate());

List<Melon> huge = Filters.filterMelons(
    melons, new HugeMelonPredicate());
```

166.5 다섯째 날(다른 필터 100개 구현)

마크가 필터 100개를 더 만들어 달라고 요청했다. 코드가 유연해졌으니 임무를 완수하기 쉽다. 하지만 각 선택 기준마다 MelonPredicate를 구현하려면 여전히 전략 또는 클래스 100개를 작성해야 한다. 뿐만 아니라 이러한 전략의 인스턴스를 생성해 filterMelons() 메서드에 전달해야 한다.

다시 말해 코드와 시간이 많이 든다는 뜻이다. 둘 다 아끼려면 자바 익명 클래스를 활용한다. 즉, 선언과 동시에 인스턴스가 생성되는 이름이 없는 클래스를 생성한다.

```
List<Melon> europeans = Filters.filterMelons(
    melons, new MelonPredicate() {
    @Override
    public boolean test(Melon melon) {
        return "europe".equalsIgnoreCase(melon.getOrigin());
    }
});
```

약간의 진전은 있으나 여전히 대량의 코드를 작성해야 하니 의미 있는 변화는 아니다. 그림 8-3에서 강조한 코드를 보자(구현한 각 동작마다 이 코드가 반복된다).

▼ 그림 8-3

```
List<Melon> europeans = Filters.filterMelons(
                    melons, new MelonPredicate() {
    @Override
    public boolean test(Melon melon) {

        return "europe".equalsIgnoreCase(melon.getOrigin());

    }
});
```

여전히 코드를 사용하기 불편하다. 익명 클래스는 상당히 복잡한데다 특히 초보자에게는 다소 불완전하고 이상해 보인다.

166.6 여섯째 날(익명 클래스는 람다로 작성할 수 있다)

날이 밝으니 새 아이디어가 떠올랐다! 고급 IDE라면 나아갈 길을 제시해준다. 가령 넷빈즈 IDE는 이 익명 클래스를 람다식으로 작성할 수 있다고 개별적으로 경고한다.

그림 8-4를 보자.

❤ 그림 8-4

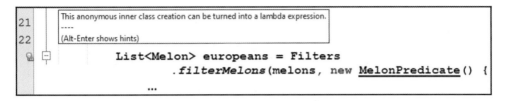

메시지는 아주 분명하다. 내부의 익명 클래스 생성을 람다식으로 바꿀 수 있다. 직접 바꿔도 되고 IDE에게 맡겨도 된다.

결과는 다음과 같다.

```
List<Melon> europeansLambda = Filters.filterMelons(
    melons, m -> "europe".equalsIgnoreCase(m.getOrigin()));
```

한결 낫다! 자바 8 람다식이 훌륭히 제 몫을 해냈다. 앞으로는 마크의 필터를 더 유연하고 빠르고 명쾌하고 읽기 쉽고 유지 보수가 가능하게 작성할 수 있다.

166.7 일곱째 날(List 타입 추상화)

다음 날 마크로부터 좋은 소식이 들려왔다. 사업을 확장해 멜론 말고 다른 과일도 팔게 됐다는 것이다. 잘된 일이지만 앞서 개발했던 프레디케이트는 Melon 인스턴스만 지원한다.

다른 과일도 지원하려면 무엇을 더 해야 할까? 과일 종류는 얼마나 될까? 마크가 과일 말고 야채 같은 품목도 판다고 하면 어쩌지? 각각의 프레디케이트를 모두 따로 만들 수는 없다. 결국 원점으로 돌아간다.

명백한 해법은 List 타입 추상화다. 새 인터페이스를 정의해서 Predicate라고 명명하자(이름에서 Melon을 뺐다).

```
@FunctionalInterface
public interface Predicate<T> {
  boolean test(T t);
}
```

이어서 filterMelons()의 이름을 filter()로 바꿔 다시 작성하자.

```
public static <T> List<T> filter(
    List<T> list, Predicate<T> predicate) {
  List<T> result = new ArrayList<>();

  for (T t: list) {
    if (t != null && predicate.test(t)) {
      result.add(t);
    }
  }

  return result;
}
```

이제 Melon 필터를 작성할 수 있다.

```
List<Melon> watermelons = Filters.filter(
  melons, (Melon m) -> "Watermelon".equalsIgnoreCase(m.getType()));
```

수에 대해서도 똑같이 할 수 있다.

```
List<Integer> numbers = Arrays.asList(1, 13, 15, 2, 67);
List<Integer> smallThan10 = Filters
  .filter(numbers, (Integer i) -> i < 10);
```

잠시 한 발 물러나 처음에 어떻게 시작했고 지금은 어떻게 하고 있는지 다시 살펴보자. 자바 8 함수형 인터페이스와 람다식이 불러온 차이가 엄청나다. Predicate 인터페이스의 @FunctionalInterface 애너테이션을 눈치챘는가? 함수형 인터페이스를 표시하는 매우 유익한 애너테이션 타입이다. 표시된 인터페이스가 함수형이 아니면 오류를 발생시켜준다.

개념상 함수형 인터페이스는 추상 메서드 딱 하나만 포함한다. 특히 앞서 정의한 Predicate 인터페이스는 이미 자바 8에 java.util.function.Predicate 인터페이스로 존재한다. java.util.function 패키지는 40개가 넘는 인터페이스를 포함한다. 그러니 새 인터페이스를 정의하기 전에 이 패키지를 반드시 확인해보기 바란다. 대개는 여섯 개의 표준 내장 함수형 인터페이스로 해결할 수 있다. 각각은 다음과 같다.

- Predicate<T>

- Consumer<T>

- Supplier<T>

- Function<T, R>

- UnaryOperator<T>

- BinaryOperator<T>

함수형 인터페이스와 람다식은 환상의 콤비다. 람다식은 함수형 인터페이스의 추상 메서드 구현을 직접 인라인으로 처리한다. 다음 코드에서처럼 표현식 전체를 함수형 인터페이스 구체 구현의 인스턴스로 간주한다.

```
Predicate<Melon> predicate = (Melon m)
  -> "Watermelon".equalsIgnoreCase(m.getType());
```

167 람다 요약

람다식을 분해해보면 그림 8-5의 세 가지 핵심 요소로 구성된다.

▼ 그림 8-5

각 요소에 대해 알아보자.

- 화살표 왼쪽은 람다 본문에 쓰일 람다의 인자다. FilenameFilter.accept(File folder, String fileName) 메서드의 인자들이다.

- 화살표 오른쪽은 람다 본문으로서 위 예제의 경우 파일이 들어 있는 폴더를 읽을 수 있는지, 파일명이 .pdf 접미사로 끝나는지 확인한다.

- 화살표는 람다 인자와 본문의 구분자다.

위 람다식을 익명 클래스로 나타내면 다음과 같다.

```
FilenameFilter filter = new FilenameFilter() {
  @Override
  public boolean accept(File folder, String fileName) {
    return folder.canRead() && fileName.endsWith(".pdf");
  }
};
```

람다와 람다의 익명 클래스 버전을 비교해보면 메서드에 인수로 전달하거나 변수로 저장할 수 있는 간결한 익명 함수를 람다식이라고 결론지을 수 있다. 요약하자면 그림 8-6에 나오는 네 단어로 람다식을 설명할 수 있다.

▼ 그림 8-6

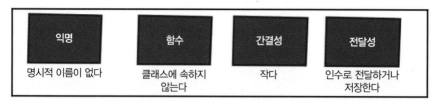

람다는 동작 매개변수화를 지원하는데, 이는 큰 장점이다(자세한 설명은 이전 문제를 참고한다). 다만 함수형 인터페이스 맥락에서만 람다를 사용할 수 있다는 점에 유의하자.

168 실행 어라운드 패턴 구현

실행 어라운드 패턴(Execute Around pattern)의 목적은 특정 작업을 둘러싼 **보일러플레이트** 코드를 제거하는 것이다. 가령 파일 관련 작업은 파일을 여닫는 코드로 감싸져 있다.

일반적으로 실행 어라운드 패턴은 자원을 여닫는 사이에 발생하는 작업을 수행할 때 유용하다. 예를 들어 Scanner를 사용해 파일로부터 double 값을 읽는다고 가정해보자.

```
try (Scanner scanner = new Scanner(
    Path.of("doubles.txt"), StandardCharsets.UTF_8)) {
  if (scanner.hasNextDouble()) {
    double value = scanner.nextDouble();
  }
}
```

이어서 모든 double 값을 출력해보자.

```
try (Scanner scanner = new Scanner(
    Path.of("doubles.txt"), StandardCharsets.UTF_8)) {
  while (scanner.hasNextDouble()) {
    System.out.println(scanner.nextDouble());
  }
}
```

그림 8-7은 위 두 작업을 둘러싼 **보일러플레이트 코드**를 보여준다.

▼ 그림 8-7

```
try (Scanner scanner = new Scanner(
            Path.of("doubles.txt"), StandardCharsets.UTF_8)) {
}
```

실행 어라운드 패턴은 동작 매개변수화 기법으로 보일러플레이트 코드를 방지한다(자세한 내용은 **166. 함수형 인터페이스 작성하기** 절을 참고한다). 이를 위해 다음 단계를 거쳐야 한다.

1. 첫 번째 단계에서는 Scanner -> double 서명에 부합하면서 IOException을 던질 수 있는 함수형 인터페이스를 정의한다.

```
@FunctionalInterface
public interface ScannerDoubleFunction {
  double readDouble(Scanner scanner) throws IOException;
}
```

함수형 인터페이스를 선언했으면 이미 반은 끝낸 것이다.

2. 이제 Scanner -> double 타입의 람다를 작성할 수 있으나 이를 받아 실행하는 메서드가 없다. Doubles 유틸리티 클래스에 다음 메서드를 정의하자.

```
public static double read(ScannerDoubleFunction snf)
    throws IOException {
  try (Scanner scanner = new Scanner(
      Path.of("doubles.txt"), StandardCharsets.UTF_8)) {
    return snf.readDouble(scanner);
  }
}
```

read() 메서드에 전달된 람다는 이 메서드의 본문에서 실행된다. 람다를 전달할 때 readDouble()이라는 abstract 메서드의 구현도 직접 인라인으로 제공한다. 보통은 이 구현을 함수형 인터페이스 ScannerDoubleFunction의 인스턴스로 간주하므로 readDouble() 메서드를 호출해 원하는 결과를 얻을 수 있다.

3. 이제 원하는 작업을 람다로 전달해 read() 메서드를 재활용할 수 있다. 다음 코드처럼 두 static 메서드로 작업을 감싼다(이러한 관례를 따라야 코드가 간결해지고 람다가 복잡해지지 않는다).

```
private static double getFirst(Scanner scanner) {
  if (scanner.hasNextDouble()) {
    return scanner.nextDouble();
  }

  return Double.NaN;
}

private static double sumAll(Scanner scanner) {
  double sum = 0.0d;
  while (scanner.hasNextDouble()) {
    sum += scanner.nextDouble();
  }

  return sum;
}
```

4. 두 가지 작업을 예제로 수행해봤으니 다른 작업도 작성할 수 있다. 작업을 read() 메서드에
   전달해보자.

```
double singleDouble
  = Doubles.read((Scanner sc) -> getFirst(sc));
double sumAllDoubles
  = Doubles.read((Scanner sc) -> sumAll(sc));
```

실행 어라운드 패턴은 자원을 여닫는 데 필요한(I/O 연산) 보일러플레이트 코드를 제거할 때 굉장
히 유용하다.

169 팩터리 패턴 구현

간단히 말해 팩터리 패턴(Factory pattern)은 호출자에게 인스턴스 생성 프로세스를 제공하지 않고
도 여러 종류의 객체를 생성하게 해주는 패턴이다. 이로써 복잡하고(하거나) 민감한 객체 생성 프
로세스는 감추면서 직관적이고 사용하기 쉬운 객체 팩터리를 호출자에게 제공할 수 있다.

전형적으로 팩터리 패턴은 내부 switch()를 활용해 구현된다.

```
public static Fruit newInstance(Class<?> clazz) {
  switch (clazz.getSimpleName()) {
    case "Gac":
      return new Gac();
    case "Hemi":
```

```
      return new Hemi();
    case "Cantaloupe":
      return new Cantaloupe();
    default:
      throw new IllegalArgumentException(
        "Invalid clazz argument: " + clazz);
  }
}
```

Gac, Hemi, Cantaloupe가 동일한 Fruit 인터페이스를 구현하고 있고 모두 빈 생성자를 포함한다. 위 메서드를 MelonFactory라는 유틸리티 클래스에 넣어 다음과 같이 호출한다.

```
Gac gac = (Gac) MelonFactory.newInstance(Gac.class);
```

하지만 자바 8 함수형 스타일에서는 메서드 참조(method reference) 기법으로 생성자를 참조한다. 즉, 빈 Gac 생성자를 참조하는 Supplier<Fruit>를 정의할 수 있다는 뜻이다.

```
Supplier<Fruit> gac = Gac::new;
```

Hemi와 Cantaloupe는 어떨까? 모조리 Map에 넣으면 된다(예제에서는 어떤 멜론 타입의 인스턴스도 생성하지 않고, 지연 메서드 참조만 수행한다).

```
private static final Map<String, Supplier<Fruit>> MELONS
  = Map.of("Gac", Gac::new, "Hemi", Hemi::new,
    "Cantaloupe", Cantaloupe::new);
```

이제 위 맵을 사용하도록 newInstance() 메서드를 다시 작성해보자.

```
public static Fruit newInstance(Class<?> clazz) {
  Supplier<Fruit> supplier = MELONS.get(clazz.getSimpleName());

  if (supplier == null) {
    throw new IllegalArgumentException(
      "Invalid clazz argument: " + clazz);
  }

  return supplier.get();
}
```

호출자 코드는 수정하지 않아도 된다.

```
Gac gac = (Gac) MelonFactory.newInstance(Gac.class);
```

하지만 생성자가 항상 비어 있지는 않다. 예를 들어 다음 Melon 클래스는 인수가 셋인 생성자 하나를 포함한다.

```java
public class Melon implements Fruit {
  private final String type;
  private final int weight;
  private final String color;

  public Melon(String type, int weight, String color) {
    this.type = type;
    this.weight = weight;
    this.color = color;
  }
}
```

빈 생성자로는 위 클래스의 인스턴스를 생성할 수 없다. 세 인수와 반환값을 지원하는 함수형 인터페이스를 정의해야 정상적으로 동작한다.

```java
@FunctionalInterface
public interface TriFunction<T, U, V, R> {
  R apply(T t, U u, V v);
}
```

이제 아래 명령문으로 String, Integer, String 타입의 인수 셋을 받는 생성자를 가져온다.

```java
private static final
  TriFunction<String, Integer, String, Melon> MELON = Melon::new;
```

다음은 Melon 클래스만을 위한 newInstance() 메서드다.

```java
public static Fruit newInstance(
    String name, int weight, String color) {
  return MELON.apply(name, weight, name);
}
```

Melon 인스턴스를 생성해보자.

```java
Melon melon = (Melon) MelonFactory.newInstance("Gac", 2000, "red");
```

다했다! 함수형 인터페이스로 Melon 팩터리를 만들었다.

170 전략 패턴 구현

전형적인 전략 패턴(Strategy pattern)은 아주 간단하다. 알고리즘군(전략)을 표현한 인터페이스와 그 인터페이스의 몇 가지 구현으로(각 구현이 전략이다) 구성된다.

예를 들어 다음 인터페이스는 주어진 문자열에서 어떤 문자를 제거하는 전략을 통합한다.

```java
public interface RemoveStrategy {
  String execute(String s);
}
```

먼저 문자열에서 수를 제거하는 전략을 정의해보자.

```java
public class NumberRemover implements RemoveStrategy {
  @Override
  public String execute(String s) {
    return s.replaceAll("\\d", "");
  }
}
```

이어서 문자열에서 여백을 제거하는 전략을 정의해보자.

```java
public class WhitespacesRemover implements RemoveStrategy {
  @Override
  public String execute(String s) {
    return s.replaceAll("\\s", "");
  }
}
```

마지막으로 전략의 진입점 역할을 할 유틸리티 클래스를 정의해보자.

```java
public final class Remover {
  private Remover() {
    throw new AssertionError("Cannot be instantiated");
  }

  public static String remove(String s, RemoveStrategy strategy) {
    return strategy.execute(s);
  }
}
```

간단하면서도 전형적인 전략 패턴 구현이다. 문자열에서 수를 제거하려면 다음을 수행한다.

```
String text = "This is a text from 20 April 2050";
String noNr = Remover.remove(text, new NumberRemover());
```

그런데 NumberRemover와 WhitespacesRemover 클래스가 정말로 필요할까? 다른 전략에 대해서도 비슷한 클래스를 작성해야 할까? 정답은 당연히 NO다.

인터페이스를 다시 들여다보자.

```
@FunctionalInterface
public interface RemoveStrategy {
  String execute(String s);
}
```

RemoveStrategy 인터페이스는 추상 메서드 하나를 정의하는 함수형 인터페이스이므로 @FunctionalInterface 힌트를 추가했다.

함수형 인터페이스 관점에서는 무엇을 사용할 수 있을까? 당연히 람다다. 그럼 람다는 이 시나리오에서 어떻게 쓰일까? 보일러플레이트 코드(예제에서는 전략을 나타내는 클래스)를 제거하고 전략을 본문 안에 캡슐화할 수 있다.

```
String noNr = Remover.remove(text, s -> s.replaceAll("\\d", ""));
String noWs = Remover.remove(text, s -> s.replaceAll("\\s", ""));
```

이렇게 전략 패턴을 람다로 표현한다.

171 템플릿 메서드 패턴 구현

템플릿 메서드(Template Method)는 알고리즘의 스켈레톤을 메서드로 작성한 후 이 알고리즘의 특정 단계들을 클라이언트 하위 클래스로 넘기는 GoF의 대표적인 디자인 메서드다.

예를 들어 피자 만들기는 크게 세 단계로 나뉜다. 반죽하고 토핑을 얹어서 피자를 굽는다. 첫 단계와 마지막 단계는 어떤 피자든 똑같지만(고정 단계) 두 번째 단계는 피자 종류마다 다르다(변형 단계).

이러한 과정을 템플릿 메서드 패턴으로 코드에 넣으면 다음과 같다(make( ) 메서드가 템플릿 메서드에 해당하며 고정 단계와 변형 단계를 명확한 순서로 정의하고 있다).

```
public abstract class PizzaMaker {
  public void make(Pizza pizza) {
```

```
        makeDough(pizza);
        addTopIngredients(pizza);
        bake(pizza);
    }

    private void makeDough(Pizza pizza) {
        System.out.println("Make dough");
    }

    private void bake(Pizza pizza) {
        System.out.println("Bake the pizza");
    }

    public abstract void addTopIngredients(Pizza pizza);
}
```

고정 단계는 기본 구현을 포함하나 변형 단계는 addTopIngredients()라는 abstract 메서드로만
표현한다. addTopIngredients() 메서드는 PizzaMaker 클래스의 하위 클래스에서 구현한다. 예를
들어 나폴리 피자는 아래처럼 추상화된다.

```
public class NeapolitanPizza extends PizzaMaker {
    @Override
    public void addTopIngredients(Pizza p) {
        System.out.println("Add: fresh mozzarella, tomatoes,
            basil leaves, oregano, and olive oil ");
    }
}
```

이와 달리 그리스 피자는 아래처럼 추상화된다.

```
public class GreekPizza extends PizzaMaker {
    @Override
    public void addTopIngredients(Pizza p) {
        System.out.println("Add: sauce and cheese");
    }
}
```

즉, 각 피자 종류마다 addTopIngredients() 메서드를 오버라이딩하는 새 클래스를 정의해야 한다.

```
Pizza nPizza = new Pizza();
PizzaMaker nMaker = new NeapolitanPizza();
nMaker.make(nPizza);
```

이 방식의 단점은 **보일러플레이트** 코드와 장황함이다. 하지만 람다로 문제를 해결할 수 있다. 템플릿 메서드의 변형 단계를 람다식으로 표현하자. 경우에 따라 적절한 함수형 인터페이스를 선택해야 한다. 예제에서는 Consumer를 이용한다.

```java
public class PizzaLambda {
  public void make(Pizza pizza, Consumer<Pizza> addTopIngredients) {
    makeDough(pizza);
    addTopIngredients.accept(pizza);
    bake(pizza);
  }

  private void makeDough(Pizza p) {
    System.out.println("Make dough");
  }

  private void bake(Pizza p) {
    System.out.println("Bake the pizza");
  }
}
```

이번에는 하위 클래스를 정의하지 않아도 된다(NeapolitanPizza, GreekPizza 등이 없어도 된다). 변형 단계를 람다식으로 전달할 뿐이다. 시칠리아 피자를 만들어보자.

```java
Pizza sPizza = new Pizza();
new PizzaLambda().make(sPizza, (Pizza p)
    -> System.out.println("Add: bits of tomato, onion,
      anchovies, and herbs "));
```

여기까지다! **보일러플레이트** 코드가 사라졌다. 람다로 해법을 크게 개선시켰다.

172 옵저버 패턴 구현

간단히 말해 옵저버 패턴은 객체(대상(subject))를 하나 정의해 특정 이벤트가 발생하면 그 객체의 구독자(옵저버(observer))에게 자동으로 알린다.

예를 들어 소방 본부가 **대상(subject)**, 관내 소방서가 **옵저버(observer)**일 수 있다. 불이 나면 소방 본부는 관내 모든 소방서에 알리고 불이 난 지역의 주소를 보낸다. 각 **옵저버**는 주소를 분석해 각자의 기준에 따라 불을 끄러 갈지 결정한다.

관내 소방서는 전부 FireObserver라는 인터페이스로 묶인다. 이 인터페이스는 소방 본부(대상 (subject))에서 호출할 추상 메서드 하나를 정의한다.

```java
public interface FireObserver {
  void fire(String address);
}
```

각 관내 소방서(옵저버)는 위 인터페이스를 구현해 fire() 구현에서 불을 끄러 갈지 결정한다. 세 개의 관내 소방서(Brookhaven, Vinings, Decatur)를 예로 살펴보자.

```java
public class BrookhavenFireStation implements FireObserver {
  @Override
  public void fire(String address) {
    if (address.contains("Brookhaven")) {
      System.out.println(
        "Brookhaven fire station will go to this fire");
    }
  }
}

public class ViningsFireStation implements FireObserver {
  // 위 코드를 ViningsFireStation에 맞게 바꾼다
}

public class DecaturFireStation implements FireObserver {
  // 위 코드를 DecaturFireStation에 맞게 바꾼다
}
```

벌써 절반을 끝냈다! 이제 **옵저버**를 등록해 대상에게 알림을 받도록 해야 한다. 다시 말해 각 관내 소방서를 소방 본부(대상)에 옵저버로 등록해야 한다. 이를 위해 인터페이스 하나를 더 선언해 **옵 저버**를 등록하고 **옵저버**에게 알림을 주는 **대상**(subject) 계약을 정의한다.

```java
public interface FireStationRegister {
  void registerFireStation(FireObserver fo);
  void notifyFireStations(String address);
}
```

마지막으로 소방 본부(대상)를 작성한다.

```java
public class FireStation implements FireStationRegister {
  private final List<FireObserver> fireObservers = new ArrayList<>();
```

```
  @Override
  public void registerFireStation(FireObserver fo) {
    if (fo != null) {
      fireObservers.add(fo);
    }
  }

  @Override
  public void notifyFireStations(String address) {
    if (address != null) {
      for (FireObserver fireObserver: fireObservers) {
        fireObserver.fire(address);
      }
    }
  }
}
```

관내 소방서(옵저버) 셋을 소방 본부(대상)에 등록해보자.

```
FireStation fireStation = new FireStation();
fireStation.registerFireStation(new BrookhavenFireStation());
fireStation.registerFireStation(new DecaturFireStation());
fireStation.registerFireStation(new ViningsFireStation());
```

불이 나면 소방 본부는 등록된 모든 관내 소방서에 알린다.

```
fireStation.notifyFireStations(
  "Fire alert: WestHaven At Vinings 5901 Suffex Green Ln Atlanta");
```

옵저버 패턴을 성공적으로 구현했다.

위 코드 역시 전형적인 보일러플레이트 코드다. 관내 소방서마다 새 클래스와 fire() 메서드를 구현해야 한다.

하지만 우리에겐 람다가 있다! FireObserver 인터페이스를 다시 보자. 추상 메서드 하나를 포함하는 함수형 인터페이스다.

```
@FunctionalInterface
public interface FireObserver {
  void fire(String address);
}
```

위 함수형 인터페이스는 Fire.registerFireStation() 메서드의 인수다. 따라서 registerFireStation() 메서드에 관내 소방서의 새 인스턴스 대신 람다를 전달해보자. 람다 본문에 동작이 들어 있으니 관내 소방서 클래스를 없애고 람다를 사용할 수 있다.

```
fireStation.registerFireStation((String address) -> {
  if (address.contains("Brookhaven")) {
    System.out.println(
      "Brookhaven fire station will go to this fire");
  }
});

fireStation.registerFireStation((String address) -> {
  if (address.contains("Vinings")) {
    System.out.println("Vinings fire station will go to this fire");
  }
});

fireStation.registerFireStation((String address) -> {
  if (address.contains("Decatur")) {
    System.out.println("Decatur fire station will go to this fire");
  }
});
```

완성했다! 보일러플레이트 코드가 모두 사라졌다.

173 론 패턴 구현

이번 문제에서는 론 패턴(Loan pattern)을 어떻게 구현하는지 알아본다. 수 3개(가령 실수)를 포함하는 파일이 있고, 각 수가 어떤 공식의 계수라고 가정하자. 예를 들어 세 수 x, y, z는 $x+y-z$와 $x-y*sqrt(z)$라는 두 공식의 계수다. 같은 방식으로 다른 공식도 작성할 수 있다.

지금까지 충분히 경험했으니 이 시나리오를 본 순간 동작 매개변수화가 떠올랐을 것이다. 이번에는 맞춤형 함수형 인터페이스를 정의하지 않고 Function<T, R>이라는 내장 함수형 인터페이스를 사용하겠다. Function<T, R> 함수형 인터페이스는 인수 하나를 받아 결과를 생성하는 함수를 표현한다. 추상 메서드의 서명은 R apply(T t)다.

이 함수형 인터페이스가 론 패턴을 구현할 static 메서드의 인수가 된다. 이 메서드를 Formula라는 클래스에 넣자.

```
public class Formula {
    ...
    public static double compute(
        Function<Formula, Double> f) throws IOException {
        ...
    }
}
```

코드에서 보듯이 Formula 클래스 안에 선언된 compute() 메서드가 Formula -> Double 타입의 람다를 허용한다. compute()의 전체 소스 코드를 살펴보자.

```
public static double compute(
    Function<Formula, Double> f) throws IOException {
    Formula formula = new Formula();
    double result = 0.0 d;

    try {
        result = f.apply(formula);
    } finally {
        formula.close();
    }

    return result;
}
```

코드에서 강조할 지점은 세 군데다. 첫째, 새 Formula 인스턴스를 생성할 때 실제로 새 Scanner를 만들어 파일을 연다(클래스의 private 생성자를 보자).

```
public class Formula {
    private final Scanner scanner;
    private double result;

    private Formula() throws IOException {
        result = 0.0 d;

        scanner = new Scanner(
            Path.of("doubles.txt"), StandardCharsets.UTF_8);
    }
    ...
}
```

둘째, 람다를 실행한다는 것은 사실 계산을 수행하는 (공식을 적용하는) Formula 인스턴스 메서드를 연달아 호출하는 것이다. 각 메서드는 현재 인스턴스를 반환한다. 람다식 본문에 호출해야 하는 인스턴스 메서드를 정의한다.

아래에는 예제에 필요한 계산만 나열했으나 더 추가할 수 있다.

```
public Formula add() {
  if (scanner.hasNextDouble()) {
    result += scanner.nextsDouble();
  }

  return this;
}

public Formula minus() {
  if (scanner.hasNextDouble()) {
    result -= scanner.nextDouble();
  }

  return this;
}

public Formula multiplyWithSqrt() {
  if (scanner.hasNextDouble()) {
    result *= Math.sqrt(scanner.nextDouble());
  }

  return this;
}
```

(공식) 계산 결과가 double이므로 최종 결과를 반환할 터미널 메서드도 제공해야 한다.

```
public double result() {
  return result;
}
```

끝으로 Scanner를 닫고 결과를 초기화한다. 이는 private close() 메서드에서 수행한다.

```
private void close() {
  try (scanner) {
    result = 0.0d;
  }
}
```

이 책의 예제 코드에서는 앞선 코드들을 Formula라는 클래스로 묶어 제공한다.

이제 공식을 떠올릴 차례다. $x+y-z$와 $x-y*sqrt(z)$였다. 첫 번째 공식은 아래처럼 작성한다.

```
double xPlusYMinusZ = Formula.compute((sc)
    -> sc.add().add().minus().result());
```

두 번째 공식은 아래처럼 작성한다.

```
double xMinusYMultiplySqrtZ = Formula.compute((sc)
    -> sc.add().minus().multiplyWithSqrt().result());
```

공식에만 집중하고 파일 열기/닫기는 신경 쓰지 않아도 된다. 뿐만 아니라 플루언트 API로 어떤 공식이든 만들 수 있으며 연산도 쉽게 추가할 수 있다.

174 데코레이터 패턴 구현

데코레이터 패턴은 상속(inheritance)보다 구성(composition)을 우선시하므로 서브클래싱 (subclassing) 기법을 대신할 훌륭한 대안이다. 이 패턴은 주로 기반 객체(base object)로 시작해 동적으로 부가 기능을 추가한다.

데코레이터 패턴으로 케이크를 장식해보자. 장식 과정에서 케이크 자체는 건드리지 않으며, 견과류, 크림, 과일 등만 얹는다.

그림 8-8처럼 구현해보겠다.

▼ 그림 8-8

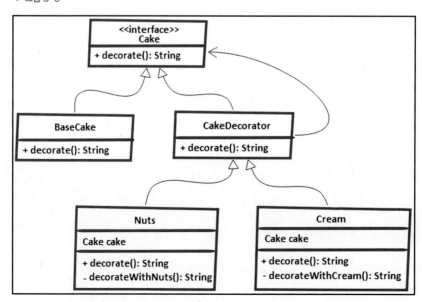

476

먼저 Cake라는 인터페이스를 생성한다.

```java
public interface Cake {
  String decorate();
}
```

이어서 BaseCake로 위 인터페이스를 구현한다.

```java
public class BaseCake implements Cake {
  @Override
  public String decorate() {
    return "Base cake ";
  }
}
```

이후 Cake의 추상 CakeDecorator 클래스를 생성한다. 이 클래스의 핵심 기능은 주어진 Cake의
decorate() 메서드를 호출하는 것이다.

```java
public class CakeDecorator implements Cake {
  private final Cake cake;

  public CakeDecorator(Cake cake) {
    this.cake = cake;
  }

  @Override
  public String decorate() {
    return cake.decorate();
  }
}
```

이제 데코레이터를 작성할 차례다.

각 데코레이터는 CakeDecorator를 확장해 decorate() 메서드에서 장식을 추가한다.

다음은 Nuts 데코레이터다.

```java
public class Nuts extends CakeDecorator {
  public Nuts(Cake cake) {
    super(cake);
  }

  @Override
  public String decorate() {
    return super.decorate() + decorateWithNuts();
  }
```

```
    private String decorateWithNuts() {
      return "with Nuts ";
    }
  }
```

설명이 길어질 수 있으니 Cream 데코레이터는 생략하겠다. 짐작하겠지만 Nuts 데코레이터와 거의 비슷하다.

이번에도 역시나 **보일러플레이트** 코드가 생겼다.

견과류와 크림으로 장식한 Cake를 생성해보자.

```
Cake cake = new Nuts(new Cream(new BaseCake()));
// 기반 케이크를 Cream과 Nuts로 장식

System.out.println(cake.decorate());
```

지금까지 전형적인 데코레이터 패턴 구현을 살펴봤다. 이제 위 코드를 대폭 줄이는 람다 기반 구현을 알아보자. 데코레이터 수가 많을수록 효과가 크다.

Cake 인터페이스를 클래스로 바꾸자.

```
public class Cake {
  private final String decorations;

  public Cake(String decorations) {
    this.decorations = decorations;
  }

  public Cake decorate(String decoration) {
    return new Cake(getDecorations() + decoration);
  }

  public String getDecorations() {
    return decorations;
  }
}
```

Cake 클래스에서 가장 중요한 부분은 decorate() 메서드다. 이 메서드는 기존 데코레이션 바로 다음에 주어진 데코레이션을 적용해 새 Cake를 반환한다.

java.awt.Color 클래스의 brighter() 메서드 역시 비슷한 예다. 이 메서드는 현재 Color보다 밝은 새 Color를 생성한다. 비슷하게 decorate() 메서드는 현재 Cake를 더 장식한 새 Cake를 생성한다.

또한 데코레이터를 별개의 클래스로 작성하지 않아도 된다. 람다를 이용해 데코레이터를 CakeDecorator에 전달할 뿐이다.

```java
public class CakeDecorator {
  private Function<Cake, Cake> decorator;

  public CakeDecorator(Function<Cake, Cake>... decorations) {
    reduceDecorations(decorations);
  }

  public Cake decorate(Cake cake) {
    return decorator.apply(cake);
  }

  private void reduceDecorations(
      Function<Cake, Cake>... decorations) {
    decorator = Stream.of(decorations)
      .reduce(Function.identity(), Function::andThen);
  }
}
```

위 클래스가 하는 일은 크게 두 가지다.

- 생성자는 reduceDecorations() 메서드를 호출한다. 이 메서드는 Stream.reduce()와 Function.andThen() 메서드를 사용해 전달받은 Function 배열을 연결한다. 그 결과 주어진 Function 배열로 구성된 하나의 Function이 나온다.
- decorate() 메서드는 이 Function의 apply() 메서드를 호출해 주어진 함수 체인을 하나씩 적용한다. 주어진 배열의 개개 Function이 데코레이터이므로 하나로 구성된 Function은 각 데코레이터를 하나씩 적용한다.

견과류와 크림으로 장식한 Cake를 생성해보자.

```java
CakeDecorator nutsAndCream = new CakeDecorator(
  (Cake c) -> c.decorate(" with Nuts"),
  (Cake c) -> c.decorate(" with Cream"));

Cake cake = nutsAndCream.decorate(new Cake("Base cake"));

// 기반 케이크를 견과류와 크림으로 장식
System.out.println(cake.getDecorations());
```

다했다! 이 책의 예제 코드에 나오는 코드를 실행해 결과를 확인해보자.

175 캐스케이드 빌더 패턴 구현

캐스케이드 빌더 패턴(cascaded builder pattern)은 2장의 051. **빌더 패턴으로 불변 클래스 작성** 절에서 이미 다룬 바 있다. 이 문제를 다시 보며 빌더 패턴을 상기하기 바란다.

전형적인 빌더 패턴을 익혔으니 택배 배달 클래스를 한 번 작성해보자. 수취인의 이름, 성, 주소, 택배 내용물을 할당하고 택배를 배달하는 클래스를 만들겠다.

빌더 패턴과 람다를 사용하자.

```java
public final class Delivery {
  public Delivery firstname(String firstname) {
    System.out.println(firstname);

    return this;
  }

  // 이름과 유사하게 성, 주소, 내용물을 할당한다

  public static void deliver(Consumer<Delivery> parcel) {
    Delivery delivery = new Delivery();
    parcel.accept(delivery);

    System.out.println("\nDone ...");
  }
}
```

람다를 사용해 택배를 배달시킨다.

```java
Delivery.deliver(d -> d.firstname("Mark")
  .lastname("Kyilt")
  .address("25 Street, New York")
  .content("10 books"));
```

물론 람다를 사용하려면 Consumer<Delivery> 인수여야 한다.

176 커맨드 패턴 구현

한마디로 커맨드 패턴(Command pattern)은 객체 안에 커맨드를 래핑하는 시나리오에 쓰인다. 이렇게 하면 객체를 커맨드 자체나 커맨드의 리시버 모르게 전달할 수 있다.

커맨드 패턴은 전형적으로 클래스 몇 개로 구현된다. 예제 시나리오는 다음 클래스를 포함한다.

- Command 인터페이스는 특정 액션을 실행하는 역할을 맡는다(예제에서는 이동, 복사, 삭제 액션을 수행할 수 있다). 이 인터페이스의 구체 구현이 CopyCommand, MoveCommand, DeleteCommand다.

- IODevice 인터페이스는 지원되는 액션(move(), copy(), delete())을 정의한다. HardDisk 클래스는 IODevice의 구체 구현으로서 **리시버**(receiver)를 표현한다.

- Sequence 클래스는 커맨드의 **호출자**(invoker)이며, 주어진 커맨드를 어떻게 실행하는 지 안다. 호출자는 여러 방법으로 동작할 수 있으나 예제의 호출자는 커맨드를 기록한 후 runSequence()가 호출되면 일괄적으로 실행한다.

이 커맨드 패턴을 그림으로 나타내면 다음과 같다.

❤ 그림 8-9

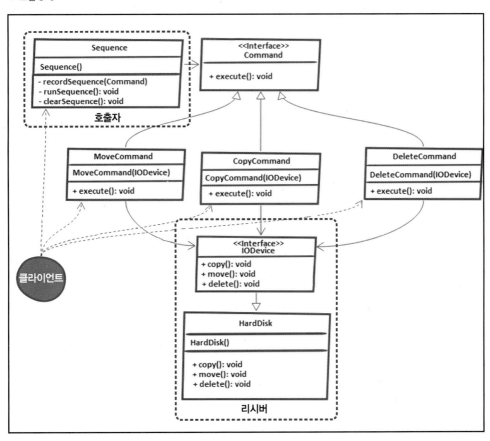

즉, HardDisk는 IODevice 인터페이스의 액션을 구현한다. 특정 커맨드의 execute() 메서드가 호출되면 HardDisk는 리시버로서 실제 액션을 실행한다. 다음은 IODevice의 소스 코드다.

```java
public interface IODevice {
  void copy();
  void delete();
  void move();
}
```

HardDisk는 IODevice의 구체 구현이다.

```java
public class HardDisk implements IODevice {
  @Override
  public void copy() {
    System.out.println("Copying ...");
  }

  @Override
  public void delete() {
    System.out.println("Deleting ...");
  }

  @Override
  public void move() {
    System.out.println("Moving ...");
  }
}
```

모든 구체 커맨드 클래스는 Command 인터페이스를 구현한다.

```java
public interface Command {
  public void execute();
}

public class DeleteCommand implements Command {
  private final IODevice action;

  public DeleteCommand(IODevice action) {
    this.action = action;
  }

  @Override
  public void execute() {
```

```
        action.delete()
    }
}
```

여기서는 생략했으나 CopyCommand와 MoveCommand도 같은 방식으로 구현했다.

Sequence 클래스는 **호출자**(invoker) 클래스 역할을 한다. **호출자**는 주어진 커맨드를 실행하는 방법은 알지만 (커맨드의 인터페이스만 알 뿐) 커맨드의 구현에 대해서는 전혀 모른다. 예제에서는 커맨드를 List에 기록한 후 runSequence() 메서드가 호출되면 일괄적으로 실행한다.

```
public class Sequence {
  private final List<Command> commands = new ArrayList<>();

  public void recordSequence(Command cmd) {
    commands.add(cmd);
  }

  public void runSequence() {
    commands.forEach(Command::execute);
  }

  public void clearSequence() {
    commands.clear();
  }
}
```

이제 잘 동작하는지 확인해보자. HardDisk의 액션을 일괄적으로 실행한다.

```
HardDisk hd = new HardDisk();
Sequence sequence = new Sequence();
sequence.recordSequence(new CopyCommand(hd));
sequence.recordSequence(new DeleteCommand(hd));
sequence.recordSequence(new MoveCommand(hd));
sequence.recordSequence(new DeleteCommand(hd));
sequence.runSequence();
```

한눈에 봐도 **보일러플레이트 코드**가 너무 많다. 커맨드 클래스를 다시 보자. 여기 나오는 클래스가 정말 다 필요한가? Command 인터페이스가 사실은 함수형 인터페이스임을 알면 인터페이스의 구현을 제거하고 동작을 람다로 제공할 수 있다(커맨드 클래스는 그저 여러 동작이 합쳐진 클래스일 뿐이니 람다로 표현할 수 있다).

```
HardDisk hd = new HardDisk();
Sequence sequence = new Sequence();
sequence.recordSequence(hd::copy);
sequence.recordSequence(hd::delete);
sequence.recordSequence(hd::move);
sequence.recordSequence(hd::delete);
sequence.runSequence();
```

8.3 요약

8장의 마지막 문제까지 마쳤다. 람다를 사용해 보일러플레이트 코드를 줄이거나 아예 없애는 기법은 다른 디자인 패턴과 시나리오에도 쓰일 수 있다. 다양한 지식을 축적하면서 상황에 따라 알맞게 조정할 수 있는 견고한 기반을 다졌다.

8장의 애플리케이션을 다운로드해서 결과와 추가적인 세부 사항을 확인하자.

9^장

함수형 스타일 프로그래밍 더 깊이 파고들기

9장에서는 자바 함수형 스타일 프로그래밍을 다루는 22개의 문제를 살펴본다. 스트림에 쓰이는 대표적 연산(filter와 map 등) 관련 문제를 주로 다루면서 무한 스트림, 널 안전 스트림, 디폴트 메서드를 알아본다. 또한 그루핑, 파티셔닝, 컬렉터를 비롯해 JDK 12의 teeing() 컬렉터, 맞춤형 컬렉터 작성 관련 문제까지 광범위하게 다룬다. 뿐만 아니라 takeWhile(), dropWhile()을 설명하고, 함수, 프레디케이트, 비교자 구성, 람다 테스트와 디버깅 같은 멋진 주제도 논한다.

8장과 9장을 마치면 자유자재로 함수형 스타일 프로그래밍을 프로덕션 애플리케이션에 적용해볼 수 있을 것이다. 또한 코너 케이스나 위험성이 내포된 다양한 유스 케이스에 대처할 수 있다.

9.1 / 문제

다음 문제를 통해 함수형 스타일로 프로그래밍하는 실력을 테스트해보자. 해답 페이지로 넘어가거나 예제 프로그램을 다운로드하기 전에 반드시 스스로 문제를 풀어보기 바란다.

177. 고차 함수 테스트: 고차 함수(high-order function)를 테스트하는 몇 가지 단위 테스트를 작성하라.

178. 람다를 사용하는 메서드 테스트: 람다를 사용하는 메서드를 테스트하는 몇 가지 단위 테스트를 작성하라.

179. 람다 디버깅: 람다를 디버깅하는 기법을 설명하라.

180. 스트림에서 0이 아닌 원소 필터링: 스트림에서 0이 아닌 원소를 필터링하는 스트림 파이프라인을 작성하라.

181. 무한 스트림, takeWhile( ), dropWhile( ): 무한 스트림을 처리하는 몇 가지 코드를 작성하라. 또한 takeWhile()과 dropWhile() API를 사용하는 몇 가지 예제도 작성하라.

182. 스트림 매핑: map()과 flatMap()으로 스트림을 매핑하는 몇 가지 예제를 작성하라.

183. 스트림에서 원소 찾기: 스트림에서 다양한 원소를 찾는 프로그램을 작성하라.

184. 스트림에서 같은 원소 찾기: 스트림에서 같은 원소를 찾는 프로그램을 작성하라.

185. 스트림의 합, 최대, 최소: 원시 타입에 쓰이는 Stream과 Stream.reduce() 메서드로 주어진 스트림의 합, 최대, 최소를 계산하는 프로그램을 작성하라.

186. **스트림 결과 모으기**: 스트림의 결과를 리스트, 맵, 세트에 모으는 몇 가지 코드를 작성하라.

187. **스트림 결과 조인**: 스트림 결과를 String으로 조인하는 몇 가지 코드를 작성하라.

188. **컬렉터 요약**: 요약 컬렉터를 사용하는 몇 가지 코드를 작성하라.

189. **그루핑**: groupingBy() 컬렉터를 사용하는 몇 가지 코드를 작성하라.

190. **파티셔닝**: partitioningBy() 컬렉터를 사용하는 몇 가지 코드를 작성하라.

191. **컬렉터 필터링, 플래트닝, 매핑**: 컬렉션 필터링, 플래트닝, 매핑의 사용 예를 보여주는 몇 가지 코드를 작성하라.

192. **병합**: 두 컬렉터의 결과를 병합하는 몇 가지 예제를 작성하라(JDK 12와 Collectors.teeing()).

193. **맞춤형 컬렉터 작성**: 맞춤형 컬렉터를 구현한 프로그램을 작성하라.

194. **메서드 참조**: 메서드 참조의 예를 보여주는 코드를 작성하라.

195. **스트림 병렬 처리**: 스트림 병렬 처리를 간략히 소개하라. parallelStream(), parallel(), spliterator() 각각의 예를 보여주는 코드를 최소 하나 이상 작성하라.

196. **널 안전 스트림**: 원소 하나 혹은 원소 컬렉션으로부터 널 안전(null-safe) 스트림을 반환하는 프로그램을 작성하라.

197. **함수, 프레디케이트, 비교자 구성**: 함수, 프레디케이트, 비교자를 구성하는 몇 가지 예제를 작성하라.

198. **디폴트 메서드**: default 메서드를 포함하는 인터페이스를 작성하라.

JAVA CODING PROBLEMS

9.2 / 해법

앞서 나열한 문제의 해법을 설명하겠다. 그에 앞서 문제의 정답이 딱 하나인 경우는 드물다는 점을 잊지 말자. 또한 문제를 푸는 데 반드시 필요한 가장 흥미롭고 중요한 사항만 설명했음을 기억하자. 코드를 자세히 살펴보고 프로그램을 직접 실행하려면 https://github.com/gilbutITbook/080292에서 예제 솔루션을 다운로드한다.

177 고차 함수 테스트

고차 함수(high-order function)란 함수를 반환하거나 함수를 인자로 받는 함수를 뜻하는 용어다.

따라서 람다를 사용하는 고차 함수에는 크게 다음 두 테스트가 이뤄져야 한다.

- 람다를 인자로 받는 메서드 테스트
- 함수형 인터페이스를 반환하는 메서드 테스트

두 테스트에 대해 알아보자.

177.1 람다를 인자로 받는 메서드 테스트

람다를 인자로 받는 메서드는 여러 가지 람다를 메서드에 전달하여 테스트한다. 다음 함수형 인터페이스를 예로 살펴보자.

```
@FunctionalInterface
public interface Replacer<String> {
  String replace(String s);
}
```

다음은 String -> String 타입의 람다를 받는 메서드다.

```
public static List<String> replace(
    List<String> list, Replacer<String> r) {

  List<String> result = new ArrayList<>();
  for (String s: list) {
    result.add(r.replace(s));
  }

  return result;
}
```

두 개의 람다로 위 메서드의 JUnit 테스트를 작성해보자.

```
@Test
public void testReplacer() throws Exception {
  List<String> names = Arrays.asList(
    "Ann a 15", "Mir el 28", "D oru 33");
```

```
  List<String> resultWs = replace(
    names, (String s) -> s.replaceAll("\\s", ""));
  List<String> resultNr = replace(
    names, (String s) -> s.replaceAll("\\d", ""));

  assertEquals(Arrays.asList(
    "Anna15", "Mirel28", "Doru33"), resultWs);
  assertEquals(Arrays.asList(
    "Ann a ", "Mir el ", "D oru "), resultNr);
}
```

177.2 함수형 인터페이스를 반환하는 메서드 테스트

반면, 함수형 인터페이스를 반환하는 메서드를 테스트하려면 그 함수형 인터페이스의 동작을 테스트해야 한다.

```
public static Function<String, String> reduceStrings(
    Function<String, String> ...functions) {
  Function<String, String> function = Stream.of(functions)
    .reduce(Function.identity(), Function::andThen);

  return function;
}
```

반환되는 Function<String, String>의 동작을 테스트하자.

```
@Test
public void testReduceStrings() throws Exception {
  Function<String, String> f1 = (String s) -> s.toUpperCase();

  Function<String, String> f2 = (String s) -> s.concat(" DONE");

  Function<String, String> f = reduceStrings(f1, f2);

  assertEquals("TEST DONE", f.apply("test"));
}
```

178 람다를 사용하는 메서드 테스트

메서드로 감싸지 않은 람다부터 테스트해보자. 예를 들어 다음 람다는 어떤 필드 하나를 (재)사용하는데, 이 로직을 테스트하고 싶다.

```
public static final Function<String, String> firstAndLastChar
  = (String s) -> String.valueOf(s.charAt(0))
    + String.valueOf(s.charAt(s.length() - 1));
```

람다가 함수형 인터페이스의 인스턴스를 생성한다는 점을 고려해 그 인스턴스의 동작을 테스트하면 된다.

```
@Test
public void testFirstAndLastChar() throws Exception {
  String text = "Lambda";
  String result = firstAndLastChar.apply(text);
  assertEquals("La", result);
}
```

> TIP ☰ 메서드 호출로 람다를 감싸 메서드 호출의 단위 테스트를 작성하는 방법도 있다.

람다는 주로 메서드 안에 사용한다. 대부분은 람다를 포함하는 메서드를 테스트하는 것으로 충분하지만 람다 자체를 테스트하고 싶을 때가 있다. 문제의 해법은 크게 세 단계로 나뉜다.

1. static 메서드 내 람다 추출

2. 람다를 메서드 참조(method reference)로 대체

3. 이 static 메서드 테스트

다음 메서드를 예로 살펴보자.

```
public List<String> rndStringFromStrings(List<String> strs) {
  return strs.stream()
    .map(str -> {
      Random rnd = new Random();
      int nr = rnd.nextInt(str.length());
      String ch = String.valueOf(str.charAt(nr));

      return ch;
    })
```

```
      .collect(Collectors.toList());
  }
```

위 메서드의 람다를 테스트하고 싶다.

```
str -> {
  Random rnd = new Random();
  int nr = rnd.nextInt(str.length());
  String ch = String.valueOf(str.charAt(nr));

  return ch;
})
```

앞서 언급한 세 단계를 적용해보자.

1. static 메서드 내 람다를 추출한다.

```
public static String extractCharacter(String str) {
  Random rnd = new Random();
  int nr = rnd.nextInt(str.length());
  String chAsStr = String.valueOf(str.charAt(nr));

  return chAsStr;
}
```

2. 람다를 메서드 참조로 대체한다.

```
public List<String> rndStringFromStrings(List<String> strs) {
  return strs.stream()
    .map(StringOperations::extractCharacter)
    .collect(Collectors.toList());
}
```

3. static 메서드(즉, 람다)를 테스트한다.

```
@Test
public void testRndStringFromStrings() throws Exception {
  String str1 = "Some";
  String str2 = "random";
  String str3 = "text";

  String result1 = extractCharacter(str1);
  String result2 = extractCharacter(str2);
```

9

함수형 스타일 프로그래밍 더 깊이 파고들기

491

```
    String result3 = extractCharacter(str3);

    assertEquals(result1.length(), 1);
    assertEquals(result2.length(), 1);
    assertEquals(result3.length(), 1);
    assertThat(str1, containsString(result1));
    assertThat(str2, containsString(result2));
    assertThat(str3, containsString(result3));
}
```

> TIP ≡ 람다 코드는 한 줄을 넘지 않는 것이 좋다. 그래야 앞선 기법으로 람다를 테스트하기 쉬워진다.

179 람다 디버깅

람다를 디버깅하는 방법은 최소 세 가지다.

- 스택 트레이스(stack trace) 검사

- 로깅

- IDE 지원 활용(예를 들어 넷빈즈, 이클립스, 인텔리제이 IDEA는 람다를 바로 디버깅하는 기능 혹은 플러그인을 제공한다)

IDE를 활용하는 방법은 주제가 너무 크고 구체적이라 이 책의 범위를 벗어나므로 처음 두 해법 위주로 살펴보겠다.

람다나 스트림 파이프라인 내부에서 실패가 발생하면 스택 트레이스를 검사하기 상당히 곤혹스럽다. 다음 코드를 보자.

```
List<String> names = Arrays.asList("anna", "bob", null, "mary");

names.stream()
    .map(s -> s.toUpperCase())
    .collect(Collectors.toList());
```

names 리스트의 세 번째 원소가 null이므로 그림 9-1의 화면처럼 NullPointerException이 발생해 스트림 파이프라인을 정의하는 전체 호출 시퀀스가 나열된다.

```
Exception in thread "main" java.lang.NullPointerException
        at modern.challenge.Main.lambda$main$5(Main.java:28)
        at java.base/java.util.stream.ReferencePipeline$3$1.accept(ReferencePipeline.java:195)
        at java.base/java.util.Spliterators$ArraySpliterator.forEachRemaining(Spliterators.java:948)
        at java.base/java.util.stream.AbstractPipeline.copyInto(AbstractPipeline.java:484)
        at java.base/java.util.stream.AbstractPipeline.wrapAndCopyInto(AbstractPipeline.java:474)
        at java.base/java.util.stream.ReduceOps$ReduceOp.evaluateSequential(ReduceOps.java:913)
        at java.base/java.util.stream.AbstractPipeline.evaluate(AbstractPipeline.java:234)
        at java.base/java.util.stream.ReferencePipeline.collect(ReferencePipeline.java:578)
        at modern.challenge.Main.main(Main.java:29)
```

그림으로 알 수 있듯이 lambda$main$5라는 람다식 내부에서 NullPointerException이 발생했다.
람다에는 이름이 없으므로 컴파일러가 만들어낸 이름이다. 게다가 어떤 원소가 null이었는지도
알 수 없다.

즉, 람다나 스트림 파이프라인에서 발생한 실패를 보고하는 스택 트레이스는 한눈에 이해하기 어
렵다.

이번에는 출력을 로깅해보자. 스트림의 연산 파이프라인을 디버깅할 때 좋은 방법이다. forEach()
메서드를 사용하면 된다.

```
List<String> list = List.of("anna", "bob",
    "christian", "carmen", "rick", "carla");

list.stream()
    .filter(s -> s.startsWith("c"))
    .map(String::toUpperCase)
    .sorted()
    .forEach(System.out::println);
```

출력은 다음과 같다.

```
CARLA
CARMEN
CHRISTIAN
```

어떤 경우에는 이 기법이 도움이 된다. 다만 forEach()가 터미널 연산이라 스트림을 모두 읽는다
는 점을 명심해야 한다. 스트림은 한 번만 읽을 수 있으므로 문제가 될 수 있다.

게다가 리스트가 null 값을 포함하면 마찬가지로 출력을 이해하기 어렵다.

더 나은 방법은 peek() 메서드를 활용하는 것이다. 이 메서드는 현재 원소에 특정 액션을 실행한
후 그 원소를 파이프라인 내 다음 연산으로 전달하는 중간 연산이다. 그림 9-2에서 peek() 연산
이 어떻게 동작하는지 보여준다.

▼ 그림 9-2

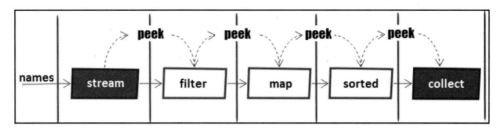

코드로 살펴보자.

```
System.out.println("After:");

names.stream()
    .peek(p -> System.out.println("\tstream(): " + p))
    .filter(s -> s.startsWith("c"))
    .peek(p -> System.out.println("\tfilter(): " + p))
    .map(String::toUpperCase)
    .peek(p -> System.out.println("\tmap(): " + p))
    .sorted()
    .peek(p -> System.out.println("\tsorted(): " + p))
    .collect(Collectors.toList());
```

그림 9-3처럼 출력된다.

▼ 그림 9-3

```
After:
        stream(): anna
        stream(): bob
        stream(): christian
        filter(): christian
        map(): CHRISTIAN
        stream(): carmen
        filter(): carmen
        map(): CARMEN
        stream(): rick
        stream(): carla
        filter(): carla
        map(): CARLA
        sorted(): CARLA
        sorted(): CARMEN
        sorted(): CHRISTIAN
```

이번에는 일부러 리스트에 null 값을 추가해 다시 실행해보자.

```
List<String> names = Arrays.asList("anna", "bob",
    "christian", null, "carmen", "rick", "carla");
```

null 값을 리스트에 추가했더니 다음과 같은 출력이 나왔다.

▼ 그림 9-4

```
After:
        stream(): anna
        stream(): bob
        stream(): christian
        filter(): christian
        map(): CHRISTIAN
        stream(): null
Exception in thread "main" java.lang.NullPointerException
        at modern.challenge.Main.lambda$main$1(Main.java:16)
        ...
```

stream()을 적용한 후 null 값이 발생했음을 알 수 있다. stream()이 첫 번째 연산이므로 리스트 내용에 오류가 있었음을 쉽게 유추할 수 있다.

180 스트림에서 0이 아닌 원소 필터링

8장의 166. **함수형 인터페이스 작성하기** 절에서 Predicate라는 함수형 인터페이스로 filter() 메서드를 정의했었다. 사실 자바 스트림 API에서 이미 제공하는 메서드이며, 이 함수형 인터페이스를 java.util.function.Predicate라 부른다.

다음 정수 List를 예로 살펴보자.

```
List<Integer> ints = Arrays.asList(1, 2, -4, 0, 2, 0, -1, 14, 0, -1);
```

위 리스트를 스트리밍해서 0이 아닌 원소만 추출해보자.

```
List<Integer> result = ints.stream()
    .filter(i -> i != 0)
    .collect(Collectors.toList());
```

결과 리스트는 1, 2, -4, 2, -1, 14, -1을 포함한다.

그림 9-5는 filter( )가 내부적으로 어떻게 동작하는지 보여준다.

▼ 그림 9-5

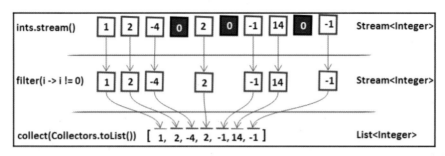

자바 스트림 API는 일부 공통 연산에 대해 이미 중간 연산을 제공하고 있다. Predicate를 작성하지 않아도 된다는 뜻이다. 몇 가지 연산을 나열해보겠다.

- distinct( ): 스트림 내 중복을 제거한다.
- skip(n): 앞에 원소 n개를 제거한다.
- limit(s): 길이가 s를 넘지 않도록 스트림 길이를 줄인다.
- sorted( ): 스트림을 자연 정렬한다.
- sorted(Comparator<? super T> comparator): 주어진 Comparator로 스트림을 정렬한다.

위 연산과 filter( )를 예제에 넣어보자. 0을 없애고, 중복을 없애고, 앞에 원소 하나를 제거하고, 두 원소만 남기고 나머지 스트림을 자르고, 자연 정렬하겠다.

```
List<Integer> result = ints.stream()
  .filter(i -> i != 0)
  .distinct()
  .skip(1)
  .limit(2)
  .sorted()
  .collect(Collectors.toList());
```

결과 리스트는 -4와 2를 포함한다.

그림 9-6은 위 스트림 파이프라인이 내부적으로 어떻게 동작하는지 보여준다.

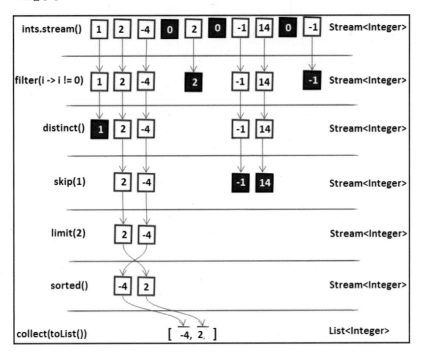

filter() 연산에 들어갈 조건이 복잡하거나 복합적이거나 너무 길면 static 보조 메서드로 따로
추출해 메서드 참조를 사용하는 것이 좋다. 즉, 아래처럼 작성하지 말자.

```
List<Integer> result = ints.stream()
  .filter(value -> value > 0 && value < 10 && value % 2 == 0)
  .collect(Collectors.toList());
```

대신 아래처럼 작성하자(Numbers 클래스가 보조 메서드를 포함한다).

```
List<Integer> result = ints.stream()
  .filter(Numbers::evenBetween0And10)
  .collect(Collectors.toList());

private static boolean evenBetween0And10(int value) {
  return value > 0 && value < 10 && value % 2 == 0;
}
```

181 무한 스트림, takeWhile( ), dropWhile( )

먼저 무한 스트림부터 알아보자. 이어서 takeWhile( )과 dropWhile( ) API를 설명하겠다.

무한 스트림(infinite stream)은 데이터를 무한대로 생성하는 스트림이다. 스트림은 지연 생성되므로 무한일 수 있다. 좀 더 정확히 말하자면 중간 연산으로 무한 스트림이 생성될 수 있으므로 파이프 라인의 터미널 연산 실행 전까지는 어떤 데이터도 생성하지 않는다.

예를 들어 다음 코드는 이론상 무한대로 실행된다. 터미널 연산인 forEach( )에서 스트림을 생성하는 데 제약 혹은 제한이 없으므로 스트림이 무한대로 만들어진다.

```
Stream.iterate(1, i -> i + 1)
  .forEach(System.out::println);
```

자바 스트림 API로 무한 스트림을 생성하고 조작하는 몇 가지 방법을 곧 보이겠다.

이 밖에도 Stream은 정의된 발생 순서(encounter order)에 따라 정렬될 수도, 정렬되지 않을 수도 있다. 스트림이 발생 순서를 유지하느냐는 데이터 소스와 중간 연산에 달렸다. 가령 List는 고유의 순서를 유지하므로 소스가 List인 Stream은 정렬된다. 반면, Set은 순서를 보장하지 않으므로 소스가 Set인 Stream은 정렬되지 않는다. 어떤 중간 연산(예를 들어 sorted( ))은 정렬되지 않은 Stream에 순서를 부여하지만 어떤 터미널 연산(예를 들어 forEach( ))은 발생 순서를 무시한다.

> TIP ≡ 일반적으로 순차 스트림에서는 정렬이 성능에 거의 영향이 없으나 병렬 스트림에서는 수행하는 연산에 따라 Stream의 정렬이 성능에 상당히 영향을 미치기도 한다.

Collection.stream( ).forEach( )와 Collection.forEach( )를 혼동하지 말자. Collection.forEach( )는 컬렉션의 반복자(어떤 반복자든)를 사용해 순서를 유지하지만 Collection.stream( ).forEach( )는 순서를 정의하지 않는다. 예를 들어 list.forEach( )는 List를 몇 번이고 순회해도 삽입 순서대로 원소를 처리하지만 list.parallelStream( ).forEach( )는 실행할 때마다 결과가 다르다. 따라서 스트림이 필요하지 않으면 Collection.forEach( )로 컬렉션을 순회하자.

BaseStream.unordered( )를 사용하면 정렬된 스트림을 정렬되지 않은 스트림으로 바꿀 수 있다.

```
List<Integer> list
  = Arrays.asList(1, 4, 20, 15, 2, 17, 5, 22, 31, 16);

Stream<Integer> unorderedStream = list.stream()
  .unordered();
```

181.1 정렬된 무한 순차 스트림

정렬된 무한 순차 스트림은 Stream.iterate(T seed, UnaryOperator<T> f)로 생성한다. 명시한 시드부터 시작해 앞 원소에 f 함수를 적용하며 결과 스트림을 생성해 나간다(가령 n번째 원소는 f(n - 1)이다).

1, 2, 3, ..., n으로 된 정수 타입 스트림을 생성해보자.

```
Stream<Integer> infStream = Stream.iterate(1, i -> i + 1);
```

위 스트림을 다양한 용도로 사용할 수 있다. 먼저 위 스트림에서 처음 10개의 짝수를 리스트로 가져와보자.

```
List<Integer> result = infStream
  .filter(i -> i % 2 == 0)
  .limit(10)
  .collect(Collectors.toList());
```

다음은 결과 List다(무한 스트림은 원소 1, 2, 3, ..., 20을 생성하지만 원소를 10개로 제한했으므로 다음 원소만 필터에 부합한다).

```
2, 4, 6, 8, 10, 12, 14, 16, 18, 20
```

> TIP ≡ 중간 연산인 limit()에 주목하자. limit()가 없으면 코드가 무한대로 실행되므로 꼭 필요하다. 스트림을 명시적으로 버려야 한다. 즉, 필터에 부합하는 원소를 몇 개까지 최종 리스트에 모을지 명시해야 한다. 한계에 도달하면 나머지 무한 스트림은 버린다.

이와 달리 처음 10개의 짝수 리스트가 아니라 10(혹은 다른 제한)까지의 짝수 리스트를 원한다고 가정해보자. JDK 9부터 지원되는 새 Stream.iterate()로 이 동작을 구현할 수 있다. 이 메서드를 사용하면 hasNext 프레디케이트를 직접 스트림 선언 안에 넣을 수 있다(iterate(T seed, Predicate<? super T> hasNext, UnaryOperator<T> next)). hasNext 프레디케이트가 false를 반환하면 스트림은 즉시 종료된다.

```
Stream<Integer> infStream = Stream.iterate(
  1, i -> i <= 10, i -> i + 1);
```

hasNext 프레디케이트에서 원소를 10개로 제한했으므로 이제 limit() 중간 연산을 빼도 된다.

```
List<Integer> result = infStream
  .filter(i -> i % 2 == 0)
  .collect(Collectors.toList());
```

결과 List는 다음과 같다(hasNext 프레디케이트에 따라 무한 스트림은 원소 1, 2, 3, ..., 10을 생성하지만 스트림 필터에 부합하는 원소는 아래 5개다).

```
2, 4, 6, 8, 10
```

Stream.iterate()와 limit()를 조합해 더 복잡한 시나리오도 구현할 수 있다. 예를 들어 다음 스트림은 hasNext 프레디케이트인 i -> i <= 10까지 새 원소를 생성한다. 난숫값을 사용하므로 hasNext 프레디케이트가 언제 false를 반환할지 누구도 알 수 없다.

```
Stream<Integer> infStream = Stream.iterate(
  1, i -> i <= 10, i -> i + i % 2 == 0
    ? new Random().nextInt(20) : -1 * new Random().nextInt(10));
```

다음은 가능한 출력 중 하나다.

```
1, -5, -4, -7, -4, -2, -8, -8, ..., 3, 0, 4, -7, -6, 10, ...
```

다음 파이프라인은 infStream으로 생성한 수를 최대 25개까지 모은다.

```
List<Integer> result = infStream
  .limit(25)
  .collect(Collectors.toList());
```

두 지점에서 무한 스트림이 버려질 수 있다. 원소 25개를 모으기 전에 hasNext 프레디케이트에서 false를 반환하면 그 때까지 모은 (25개보다 적은) 원소들만 남는다. 25개를 모두 모을 때까지 hasNext 프레디케이트가 false를 반환하지 않으면 limit() 연산에서 나머지 스트림을 버린다.

181.2 유사 난숫값의 무제한 스트림

유사 난수(pseudorandom) 값으로 무제한 스트림(unlimited stream)을 생성하려면 ints()나 longs(), doubles() 같은 Random 메서드를 활용한다. 유사 난수 정숫값으로 무제한 스트림을 선언해보자 ([1, 100] 범위의 정수가 생성된다).

```
IntStream rndInfStream = new Random().ints(1, 100);
```

위 스트림에서 유사 난수 짝수 값 10개를 포함하는 리스트를 가져와보자.

```
List<Integer> result = rndInfStream
  .filter(i -> i % 2 == 0)
  .limit(10)
  .boxed()
  .collect(Collectors.toList());
```

다음은 가능한 출력 중 하나다.

```
8, 24, 82, 42, 90, 18, 26, 96, 86, 86
```

이번에는 리스트를 다 모을 때까지 실제 몇 개의 수를 생성했는지 알기 더 어렵다.

ints()는 ints(long streamSize, int randomNumberOrigin, int randomNumberBound)도 지원한다. 첫 번째 인수에 유사 난숫값을 몇 개 생성할지 명시한다. 다음 스트림은 [1, 100] 범위의 값을 딱 10개 생성한다.

```
IntStream rndInfStream = new Random().ints(10, 1, 100);
```

다음은 이렇게 모은 10개에서 짝수 값만 가져오는 코드다.

```
List<Integer> result = rndInfStream
  .filter(i -> i % 2 == 0)
  .boxed()
  .collect(Collectors.toList());
```

다음은 가능한 출력 중 하나다.

```
80, 28, 60, 54
```

위 예제를 바탕으로 정해진 길이의 무작위 문자열도 생성할 수 있다.

```
IntStream rndInfStream = new Random().ints(20, 48, 126);
String result = rndInfStream
  .mapToObj(n -> String.valueOf((char) n))
  .collect(Collectors.joining());
```

아래처럼 출력될 것이다.

```
AIW?F1obl3KPKMItqY8>
```

181.3 정렬되지 않은 무한 순차 스트림

정렬되지 않은 무한 순차 스트림을 생성하려면 Stream.generate(Supplier<? extends T> s)를 이용한다. 전달된 Supplier가 각 원소를 생성한다. 이 방법은 상수 스트림, 무작위 원소 스트림 등을 생성할 때 알맞다.

문자 8개짜리 비밀번호를 생성하는 다음의 간단한 헬퍼를 예로 살펴보자.

```java
private static String randomPassword() {
  String chars = "abcd0123!@#$";

  return new SecureRandom().ints(8, 0, chars.length())
    .mapToObj(i -> String.valueOf(chars.charAt(i)))
    .collect(Collectors.joining());
}
```

위 헬퍼를 사용해 무작위 비밀번호를 반환하는 정렬되지 않은 무한 순차 스트림을 정의하고 싶다 (Main은 앞선 헬퍼를 포함하는 클래스다).

```java
Supplier<String> passwordSupplier = Main::randomPassword;
Stream<String> passwordStream = Stream.generate(passwordSupplier);
```

이제 passwordStream은 비밀번호를 무한대로 생성할 수 있다. 그래도 10개만 생성해보자.

```java
List<String> result = passwordStream
  .limit(10)
  .collect(Collectors.toList());
```

다음은 가능한 출력 중 하나다.

```
213c1b1c, 2badc$21, d33321d$, @a0dc323, 3!1aa!dc, 0a3##@3!, $!b2#1d@,
0@0#dd$#, cb$12d2@, d2@@cc@d
```

181.4 프레디케이트가 true를 반환하는 동안 가져오기

JDK 9부터 Stream 클래스에 takeWhile(Predicate<? super T> predicate)라는 아주 유용한 메서드 하나가 추가됐다. 이 메서드는 다음 두 가지 동작을 지원한다.

- 스트림이 정렬되어 있으면 주어진 프레디케이트에 부합하는 원소들의 가장 긴 접두사로 이뤄진 스트림을 반환한다.
- 스트림이 정렬되어 있지 않고 스트림의 원소 중 (전부가 아닌) 일부가 주어진 프레디케이트에 부합하면 이 연산이 어떻게 동작할지 누구도 알 수 없다. 즉, (빈 집합을 포함해) 프레디케이트에 부합하는 원소들의 어떤 부분 집합이든 가져올 수 있다.

정렬된 Stream에서 원소들의 가장 긴 접두사(the longest prefix of elements)는 주어진 프레디케이트에 부합하는 스트림 내 원소들의 연속 순열이다.

> TIP ≡ 주어진 프레디케이트가 false를 반환하는 순간 takeWhile()은 나머지 스트림을 버린다.

예를 들어 정수 10개로 된 리스트를 가져와보자.

```
List<Integer> result = IntStream
  .iterate(1, i -> i + 1)
  .takeWhile(i -> i <= 10)
  .boxed()
  .collect(Collectors.toList());
```

출력은 다음과 같을 것이다.

```
1, 2, 3, 4, 5, 6, 7, 8, 9, 10
```

혹은 처음으로 50보다 작은 값이 나올 때까지 무작위 짝수 List를 가져올 수도 있다.

```
List<Integer> result = new Random().ints(1, 100)
  .filter(i -> i % 2 == 0)
  .takeWhile(i -> i >= 50)
  .boxed()
  .collect(Collectors.toList());
```

심지어 takeWhile()에서 프레디케이트를 합칠 수도 있다.

```
List<Integer> result = new Random().ints(1, 100)
  .takeWhile(i -> i % 2 == 0 && i >= 50)
```

```
    .boxed()
    .collect(Collectors.toList());
```

다음은 가능한 출력 중 하나다(비어 있을 수도 있다).

  64, 76, 54, 68

처음으로 ! 문자를 포함하지 않는 비밀번호가 생성될 때까지 무작위 비밀번호 List를 가져오려면 어떻게 해야 할까?

앞서 봤던 헬퍼를 기반으로 만들어보자.

```
List<String> result = Stream.generate(Main::randomPassword)
  .takeWhile(s -> s.contains("!"))
  .collect(Collectors.toList());
```

다음은 가능한 출력 중 하나다(비어 있을 수도 있다).

  0!dac!3c, 2!$!b2ac, 1d12ba1!

이번에는 정렬되지 않은 정수 스트림을 가정해보자. 다음 코드는 10보다 작거나 같은 원소들의 부분 집합을 가져온다.

```
Set<Integer> setOfInts = new HashSet<>(
  Arrays.asList(1, 4, 3, 52, 9, 40, 5, 2, 31, 8));

List<Integer> result = setOfInts.stream()
  .takeWhile(i -> i<= 10)
  .collect(Collectors.toList());
```

다음은 가능한 출력 중 하나다(정렬되지 않은 스트림이라면 결과는 누구도 알 수 없다).

  1, 3, 4

181.5 프레디케이트가 true를 반환하는 동안 버리기

JDK 9는 Stream.dropWhile(Predicate<? super T> predicate) 메서드도 지원한다. 이 메서드는 takeWhile()과 정반대다. 주어진 프레디케이트가 false를 반환할 때까지 원소를 가져오는 것이 아니라 주어진 원소가 false를 반환할 때까지 원소를 버린 후 반환된 스트림 내 나머지 원소들을 포함시킨다.

- 스트림이 정렬되어 있으면 주어진 프레디케이트에 부합하는 **원소들의 가장 긴 접두사**를 버린 후 나머지 원소들로 이뤄진 스트림을 반환한다.
- 스트림이 정렬되어 있지 않고 스트림의 원소 중 (전부가 아닌) 일부가 주어진 프레디케이트에 부합하면 이 연산이 어떻게 동작할지 누구도 알 수 없다. 즉, (빈 집합을 포함해) 부합하는 원소들의 어떤 부분 집합이든 가져올 수 있다.

정렬된 Stream에서 원소들의 가장 긴 접두사는 주어진 프레디케이트에 부합하는 스트림 내 원소들의 연속 순열이다.

예를 들어 처음 10개를 버린 후 정수 5개를 모아보자.

```
List<Integer> result = IntStream
    .iterate(1, i -> i + 1)
    .dropWhile(i -> i <= 10)
    .limit(5)
    .boxed()
    .collect(Collectors.toList());
```

출력은 항상 다음과 같다.

```
11, 12, 13, 14, 15
```

혹은 50보다 큰 무작위 짝수 5개를 List로 가져올 수도 있다(최소한 코드가 이 정도는 돼야 하지 않을까).

```
List<Integer> result = new Random().ints(1, 100)
    .filter(i -> i % 2 == 0)
    .dropWhile(i -> i < 50)
    .limit(5)
    .boxed()
    .collect(Collectors.toList());
```

다음은 가능한 출력 중 하나다.

```
78, 16, 4, 94, 26
```

하지만 16과 4는 왜 포함할까? 짝수지만 50보다 작지 않은가! 프레디케이트를 통과하지 못한 첫 번째 원소 다음에 나온 수라 그렇다. 50보다 작은 수가 나오는 동안 값을 버렸다(dropWhile(i -> i < 50)). 값 78이 프레디케이트를 통과하지 못하므로 dropWhile의 역할은 거기서 끝난다. 또한 생성된 모든 원소는 limit(5)만큼 결과에 포함된다.

비슷한 함정을 하나 더 살펴보자. ! 문자를 포함하는 무작위 비밀번호 5개를 List로 가져와보자 (최소한 코드가 이 정도는 돼야 하지 않을까).

```
List<String> result = Stream.generate(Main::randomPassword)
  .dropWhile(s -> !s.contains("!"))
  .limit(5)
  .collect(Collectors.toList());
```

다음은 가능한 출력 중 하나다.

```
bab2!3dd, c2@$1acc, $c1c@cb@, !b21$cdc, #b103c21
```

! 문자를 포함하지 않는 비밀번호가 또 보인다. bab2!3dd 비밀번호가 프레디케이트를 통과하지 못하므로 최종 결과(List)가 만들어진다. 뒤이어 생성된 비밀번호 4개가 dropWhile()과 상관없이 결과에 추가된다.

이번에는 정렬되지 않은 정수 스트림을 가정해보자. 다음 코드는 10보다 작거나 같은 원소들의 부분 집합을 버리고 나머지를 가져온다.

```
Set<Integer> setOfInts = new HashSet<>(
    Arrays.asList(5, 42, 3, 2, 11, 1, 6, 55, 9, 7));

List<Integer> result = setOfInts.stream()
  .dropWhile(i -> i <= 10)
  .collect(Collectors.toList());
```

다음은 가능한 출력 중 하나다(정렬되지 않은 스트림에서 결과는 누구도 알 수 없다).

```
55, 7, 9, 42, 11
```

모든 원소가 주어진 프레디케이트에 부합하면 takeWhile()은 모든 원소를 가져오고 dropWhile()은 (스트림이 정렬됐든 아니든) 모든 원소를 버린다. 반면, 어떤 원소도 프레디케이트에 부합하지 않으면 takeWhile()은 어떤 원소도 가져오지 않고(빈 스트림 반환) dropWhile()은 어떤 원소도 버리지 않는다(스트림 그대로 반환).

TIP ≡ 병렬 스트림에는, 특히 정렬된 스트림이라면 takeWhile()과 dropWhile()은 비용이 크니 사용하지 말자. 정렬하지 않아도 된다면 BaseStream.unordered()로 순서 제약을 없애자.

182 스트림 매핑

스트림 원소 매핑은 각 원소마다 주어진 함수를 적용한 결과를 새 Stream에 모아 원소를 새로운 원소로 변환(transforming)하는 중간 연산이다(가령 Stream<String>을 Stream<Integer>로 변환하거나 Stream<String>을 또 다른 Stream<String>으로 변환하는 등).

182.1 Stream.map( )

스트림의 각 원소에 mapper 함수를 적용하려면 Stream.map(Function<? super T, ? extends R> mapper)를 호출한다. 결과는 새 Stream이다. 원본 Stream은 바뀌지 않는다.

다음 Melon 클래스를 예로 살펴보자.

```
public class Melon {
  private String type;
  private int weight;

  // 이하 생성자, 게터, 세터, equals(),
  // hashCode(), toString() 생략
}
```

다음 List<Melon>도 가정하자.

```
List<Melon> melons = Arrays.asList(new Melon("Gac", 2000),
  new Melon("Hemi", 1600), new Melon("Gac", 3000),
  new Melon("Apollo", 2000), new Melon("Horned", 1700));
```

위 리스트에서 멜론 이름만 또 다른 리스트인 List<String>으로 추출하고 싶다.

```
List<String> melonNames = melons.stream()
  .map(Melon::getType)
  .collect(Collectors.toList());
```

다음과 같이 멜론 품종이 출력된다.

```
Gac, Hemi, Gac, Apollo, Horned
```

그림 9-7은 예제의 map( )이 어떻게 동작하는지 보여준다.

▼ 그림 9-7

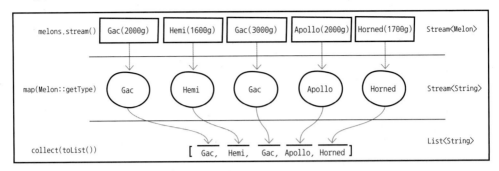

보다시피 map() 메서드는 String<Melon>을 가져와 String<String>을 출력한다. 각 Melon은 map() 메서드를 통과하고, map() 메서드는 멜론의 품종(String)을 추출해 또 다른 Stream에 저장한다.

멜론의 무게도 비슷하게 추출할 수 있다. 무게는 정수이므로 map() 메서드는 Stream<Integer>를 반환한다.

```
List<Integer> melonWeights = melons.stream()
  .map(Melon::getWeight)
  .collect(Collectors.toList());
```

다음과 같이 무게가 출력된다.

```
2000, 1600, 3000, 2000, 1700
```

> Info ≡ map() 외에도 Stream 클래스는 mapToInt(), mapToLong(), mapToDouble() 같은 원시 타입을 위한 메서드도 제공한다. 이러한 메서드는 int 원시 타입용 Stream(IntStream), long 원시 타입용 Stream(LongStream), double 원시 타입용 Stream(DoubleStream)을 반환한다.

map()이 Function을 사용해 Stream의 원소를 새 Stream으로 매핑할 수 있다고 해서 아래처럼 할 수 있다고 지레짐작하지 말자.

```
List<Melon> lighterMelons = melons.stream()
  .map(m -> m.setWeight(m.getWeight() - 500))
  .collect(Collectors.toList());
```

setWeight() 메서드가 void를 반환하므로 예상대로 동작하지 않을 뿐더러 컴파일도 되지 않는다. Melon을 반환해야 동작할 테니 형식적인 코드(예를 들어 return)를 추가하는 수밖에 없다.

```
List<Melon> lighterMelons = melons.stream()
  .map(m -> {
    m.setWeight(m.getWeight() - 500);

    return m;
  })
  .collect(Collectors.toList());
```

peek()은 어떨까? peek()은 **보기는 하되 만지지는 말라**(look, but don't touch)는 원칙을 지지하지만 아래처럼 상태를 바꿀 수는 있다.

```
List<Melon> lighterMelons = melons.stream()
  .peek(m -> m.setWeight(m.getWeight() - 500))
  .collect(Collectors.toList());
```

다음과 같이 멜론이 출력된다(보기 좋게 출력된다).

```
Gac(1500g), Hemi(1100g), Gac(2500g), Apollo(1500g), Horned(1200g)
```

map()을 사용할 때보다 명확하다. setWeight() 호출은 상태를 바꾸겠다는 분명한 신호지만 공식 문서에 따르면 peek()에 전달할 Consumer는 (스트림의 데이터 소스를 수정하지 않는) 비간섭(non-interfering) 액션이어야 한다.

(앞선 스트림 같은) 순차 스트림이라면 설명서에 어긋나더라도 부수 효과 없이 통제할 수 있다. 하지만 병렬 스트림 파이프라인이라면 문제가 복잡해진다.

원소를 업스트림 연산에 사용하는 스레드에서는 언제든 이 액션을 호출할 수 있으므로 액션이 공유 상태를 수정한다면 그것에 맞게 동기화해야 한다.

경험상 peek()으로 상태를 변경하기 전에 한 번 더 생각하자. 위 예제는 잘못된 사례, 심지어 역효과를 낳는 안티패턴(anti-pattern) 사례에 해당하는 논쟁 거리다.

182.2 Stream.flatMap()

앞서 봤듯이 map()은 Stream 내 원소 순열을 래핑하는 법을 안다.

즉, map()이 Stream<String[]>, Stream<List<String>>, Stream<Set<String>>, 심지어 Stream<Stream<R>> 같은 스트림을 생성할 수 있다는 뜻이다.

다만 이러한 스트림은 sum(), distinct(), filter() 같은 스트림 연산으로 성공적으로(혹은 원하는 대로) 조작할 수 없다.

다음 Melon 배열을 예로 살펴보자.

```
Melon[][] melonsArray = {
  {new Melon("Gac", 2000), new Melon("Hemi", 1600)},
  {new Melon("Gac", 2000), new Melon("Apollo", 2000)},
  {new Melon("Horned", 1700), new Melon("Hemi", 1600)}
};
```

위 배열을 가져와 Arrays.stream()으로 스트림 안에 래핑해보자.

```
Stream<Melon[]> streamOfMelonsArray = Arrays.stream(melonsArray);
```

TIP ≡ 배열 Stream을 얻는 방법은 여러 가지다. 예를 들어 문자열 s가 있을 때, map(s -> s.split(""))은 Stream<String[]>을 반환한다.

중복을 제거한 Melon 인스턴스를 구하고 싶을 때, distinct() 호출만으로 충분하다고 생각할 수 있다.

```
streamOfMelonsArray
  .distinct()
  .collect(Collectors.toList());
```

하지만 멜론 배열로 이뤄진 스트림이기에 distinct()는 중복 없는 Melon이 아니라 중복 없는 배열 Melon[]을 찾아내고, 위 코드는 기대대로 동작하지 않는다.

게다가 반환되는 결과가 Stream<Melon> 타입이 아니라 Stream<Melon[]> 타입이다. 최종적으로 List<Melon[]>에 Stream<Melon[]>을 모은다.

어떻게 해결할 수 있을까?

우선 Arrays.stream()을 사용해 Melon[]을 Stream<Melon>으로 변환해보자.

```
streamOfMelonsArray
  .map(Arrays::stream) // Stream<Stream<Melon>>
  .distinct()
  .collect(Collectors.toList());
```

이번에도 map()은 원하는 대로 동작하지 않는다.

Arrays.stream() 호출은 주어진 각 Melon[]으로부터 Stream<Melon>을 반환한다. 하지만 map()은 원소들의 Stream을 반환하므로 Arrays.stream()을 적용한 결과를 다시 Stream으로 래핑한다.

결국 Stream<Stream<Melon>>이 된다.

즉, distinct()는 Stream<Melon> 원소에서 중복을 제거한다.

▼ 그림 9-8

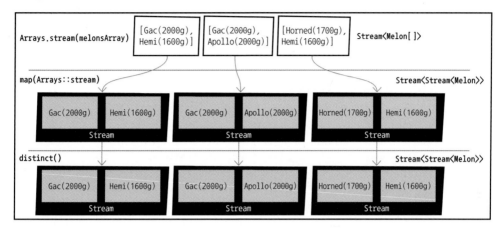

문제를 해결하려면 flatMap()을 활용해야 한다. 그림 9-9는 flatMap()이 내부적으로 어떻게 동작하는지 보여준다.

▼ 그림 9-9

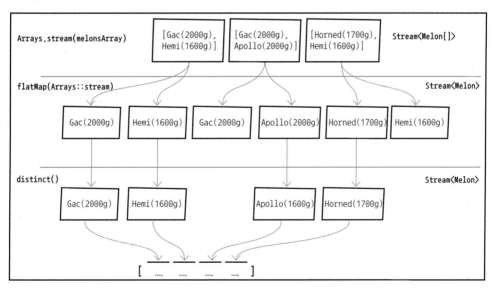

map()과 달리 flatMap() 메서드는 별개의 스트림을 플래트닝(flattening)해서 스트림을 반환한다. 따라서 모든 배열이 결국 하나의 스트림 안에 놓인다.

```
streamOfMelonsArray
  .flatMap(Arrays::stream) // Stream<Melon>
  .distinct()
  .collect(Collectors.toList());
```

Melon.equals() 구현에 기반해 아래처럼 중복이 제거된 멜론을 출력한다.

```
Gac(2000g), Hemi(1600g), Apollo(2000g), Horned(1700g)
```

이번에는 List<List<String>>으로 시작하는 문제를 살펴보자.

```
List<List<String>> melonLists = Arrays.asList(
  Arrays.asList("Gac", "Cantaloupe"),
  Arrays.asList("Hemi", "Gac", "Apollo"),
  Arrays.asList("Gac", "Hemi", "Cantaloupe"),
  Arrays.asList("Apollo"),
  Arrays.asList("Horned", "Hemi"),
  Arrays.asList("Hemi"));
```

위 리스트로부터 중복을 제거한 멜론 이름을 알아내고 싶다. 배열을 Arrays.stream()으로 래핑했듯이 컬렉션은 Collection.stream()으로 래핑한다. 따라서 우선 아래처럼 시도해볼 수 있다.

```
melonLists.stream()
  .map(Collection::stream)
  .distinct();
```

하지만 이전에도 경험했듯이 map()은 Stream<Stream<String>>을 반환하므로 위 코드는 제대로 동작하지 않는다.

해법은 flatMap()이다.

```
List<String> distinctNames = melonLists.stream()
  .flatMap(Collection::stream)
  .distinct()
  .collect(Collectors.toList());
```

출력은 다음과 같다.

```
Gac, Cantaloupe, Hemi, Apollo, Horned
```

flatMap() 외에도 Stream 클래스는 flatMapToInt(), flatMapToLong(), flatMapToDouble() 같은 원시 타입을 위한 메서드도 제공한다. 이러한 메서드는 int 원시 타입용 Stream(IntStream), long 원시 타입용 Stream(LongStream), double 원시 타입용 Stream(DoubleStream)을 반환한다.

183 스트림에서 원소 찾기

filter()를 사용해 프레디케이트로 스트림의 원소를 필터링하는 것 외에 anyFirst(), findFirst() 로도 스트림에서 원소를 찾을 수 있다.

스트림으로 래핑한 다음 리스트를 예로 살펴보자.

```
List<String> melons = Arrays.asList(
    "Gac", "Cantaloupe", "Hemi", "Gac", "Gac",
      "Hemi", "Cantaloupe", "Horned", "Hemi", "Hemi");
```

183.1 findAny

findAny() 메서드는 스트림에서 임의의(비결정적) 원소를 반환한다. 다음 코드는 앞선 리스트의 원소를 하나 반환한다.

```
Optional<String> anyMelon = melons.stream()
    .findAny();

if (!anyMelon.isEmpty()) {
  System.out.println("Any melon: " + anyMelon.get());
} else {
  System.out.println("No melon was found");
}
```

TIP ≡ 실행할 때마다 같은 원소를 반환한다는 보장은 없다. 스트림을 병렬화하면 더욱 그렇다.

findAny()에 다른 연산도 합칠 수 있다. 예제로 살펴보자.

```
String anyApollo = melons.stream()
    .filter(m -> m.equals("Apollo"))
    .findAny()
    .orElse("nope");
```

이번에는 결과가 nope다. 리스트에 Apollo가 없으므로 filter() 연산은 빈 스트림을 만든다. findAny()가 빈 스트림을 반환하므로 orElse()는 명시된 문자열인 nope를 최종 결과로 반환한다.

183.2 findFirst

findAny()가 임의의 원소를 반환한다면 findFirst()는 스트림의 첫 번째 원소를 반환한다. 스트림의 맨 앞 원소만 알고 싶을 때 유용하다(예를 들어 어떤 대회의 참가자에 순위를 매긴 리스트가 있을 때, 우승자는 첫 번째 원소다).

> TIP ≡ 그러나 스트림에 **발생 순서(encounter order)**가 없으면 어떤 원소든 반환될 수 있다. 공식 문서에 따르면 **스트림에는 정의된 발생 순서가 있을 수도 있고 없을 수도 있다.** 소스와 중간 연산에 따라 달라진다. 같은 규칙이 병렬화에도 적용된다.

리스트의 첫 번째 멜론을 구하는 예제부터 시작해보자.

```
Optional<String> firstMelon = melons.stream()
  .findFirst();

if (!firstMelon.isEmpty()) {
  System.out.println("First melon: " + firstMelon.get());
} else {
  System.out.println("No melon was found");
}
```

출력은 다음과 같다.

```
First melon: Gac
```

findFirst()에도 다른 연산을 합칠 수 있다. 예제로 살펴보자.

```
String firstApollo = melons.stream()
  .filter(m -> m.equals("Apollo"))
  .findFirst()
  .orElse("nope");
```

filter()가 빈 스트림을 만드므로 이번에도 결과는 nope이다.

정수를 처리하는 문제 하나를 더 살펴보자(오른쪽 주석을 통해 흐름을 간단히 파악할 수 있다).

```
List<Integer> ints = Arrays.asList(4, 8, 4, 5, 5, 7);

int result = ints.stream()
  .map(x -> x * x - 1)    // 23, 63, 23, 24, 24, 48
  .filter(x -> x % 2 == 0) // 24, 24, 48
  .findFirst()             // 24
  .orElse(-1);
```

184 스트림에서 같은 원소 찾기

Stream에서 같은 원소를 찾으려면 다음 메서드를 사용한다.

- anyMatch()

- noneMatch()

- allMatch()

위 메서드 모두 Predicate를 인수로 받아 그 Predicate에 맞는 Boolean 결과를 가져온다.

> *Info* ≡ 세 연산은 단락 평가(short-circuiting) 기법을 이용한다. 다시 말해 전체 스트림을 처리하기 전에 반환
> 할 수 있다. 예를 들어 allMatch()에서 false가 나오면(주어진 Predicate를 false로 평가하면) 계속할 이유가
> 없다. 최종 결과는 false다.

스트림으로 래핑한 다음 리스트를 예로 살펴보자.

```
List<String> melons = Arrays.asList(
  "Gac", "Cantaloupe", "Hemi", "Gac", "Gac", "Hemi",
   "Cantaloupe", "Horned", "Hemi", "Hemi");
```

이제 다음 질문에 답해보자.

- Gac 문자열과 일치하는 원소가 있는가? 코드로 알아보자.

```
boolean isAnyGac = melons.stream()
  .anyMatch(m -> m.equals("Gac")); // true
```

- Apollo 문자열과 일치하는 원소가 있는가? 코드로 알아보자.

```
boolean isAnyApollo = melons.stream()
  .anyMatch(m -> m.equals("Apollo")); // false
```

일반적으로 바꿔보면, 스트림 내에 주어진 프레디케이트에 부합하는 원소가 있는가?

- Gac 문자열과 일치하는 원소가 없는가? 코드로 알아보자.

```
boolean isNoneGac = melons.stream()
  .noneMatch(m -> m.equals("Gac")); // false
```

- Apollo 문자열과 일치하는 원소가 없는가? 코드로 알아보자.

```
boolean isNoneApollo = melons.stream()
  .noneMatch(m -> m.equals("Apollo")); // true
```

일반적으로 바꿔보면, 스트림 내에 주어진 프레디케이트에 부합하는 원소가 없는가?

- 모든 원소가 Gac 문자열과 일치하는가? 코드로 알아보자.

```
boolean areAllGac = melons.stream()
  .allMatch(m -> m.equals("Gac")); // false
```

- 모든 원소의 길이가 2보다 큰가? 코드로 알아보자.

```
boolean areAllLargerThan2 = melons.stream()
  .allMatch(m -> m.length() > 2);
```

일반적으로 바꿔보면, 스트림 내 모든 원소가 주어진 프레디케이트에 부합하는가?

185 스트림의 합, 최대, 최소

다음 Melon 클래스를 예로 살펴보자.

```
public class Melon {
  private String type;
  private int weight;

  // 이하 생성자, 게터, 세터, equals(),
  // hashCode(), toString() 생략
}
```

스트림으로 래핑한 다음 Melon 리스트도 가정하자.

```
List<Melon> melons = Arrays.asList(new Melon("Gac", 2000),
  new Melon("Hemi", 1600), new Melon("Gac", 3000),
  new Melon("Apollo", 2000), new Melon("Horned", 1700));
```

sum(), min(), max() 터미널 연산을 Melon 클래스에 적용해보자.

185.1 sum( ), min( ), max( ) 터미널 연산

위 스트림의 원소들을 합쳐서 다음 쿼리를 표현해보자.

- 멜론 무게의 총합은 어떻게 계산할까?(sum( ))

- 가장 무거운 멜론은 무엇일까?(max( ))

- 가장 가벼운 멜론은 무엇일까?(min( ))

멜론 무게의 총합을 계산하려면 모든 무게를 합해야 한다. 자바 스트림 API는 원시 타입용 Stream(IntStream, LongStream 등)에 쓸 수 있는 sum( )이라는 터미널 연산을 제공한다. 이름에서 알 수 있듯이 이 메서드는 스트림의 모든 원소를 합한다.

```
int total = melons.stream()
  .mapToInt(Melon::getWeight)
  .sum();
```

sum( ) 외에 max( )와 min( ) 터미널 연산도 있다. 당연히 max( )는 스트림의 최댓값을, min( )은 그 반대를 반환한다.

```
int max = melons.stream()
  .mapToInt(Melon::getWeight)
  .max()
  .orElse(-1);

int min = melons.stream()
  .mapToInt(Melon::getWeight)
  .min()
  .orElse(-1);
```

TIP ≡ max( )와 min( ) 연산은 OptionalInt(OptionalLong 등)를 반환한다. (빈 스트림 등의 이유로) 최댓값 또는 최솟값을 계산할 수 없는 경우 -1을 반환했다. 무게는 항상 양수이므로 -1을 반환하는 것이 타당하다. 하지만 당연한 규칙처럼 여기지 말자. 경우에 따라 값을 다르게 반환해야 하며, orElseGet( )이나 orElseThrow( )를 사용하는 편이 나을 수도 있다.

원시 타입이 아닌 Stream에 대해서는 188. **컬렉터 요약** 절을 참고한다.

이어지는 절에서는 리듀싱에 대해 알아본다.

함수형 스타일 프로그래밍 더 깊이 파고들기

185.2 리듀싱

sum(), max(), min()은 리덕션(reduction)의 특수한 형태다. 리덕션은 다음 두 문장의 추상화로 요약된다.

- 초깃값(T)을 받는다.
- BinaryOperator<T>를 받아 두 원소를 결합해 새 값을 생성한다.

리덕션은 위 추상화를 따르면서 다음 두 서명을 정의하는 reduce() 터미널 연산으로 수행한다(두번째 서명은 초깃값을 사용하지 않는다).

- T reduce(T identity, BinaryOperator<T> accumulator)
- Optional<T> reduce(BinaryOperator<T> accumulator)

말이 나왔으니 reduce() 터미널 연산으로 원소들의 합을 계산해보자(초깃값은 0이고 람다는 (m1, m2) -> m1 + m2다).

```
int total = melons.stream()
    .map(Melon::getWeight)
    .reduce(0, (m1, m2) -> m1 + m2);
```

그림 9-10에서 reduce() 연산이 어떻게 동작하는지 보여준다.

▼ 그림 9-10

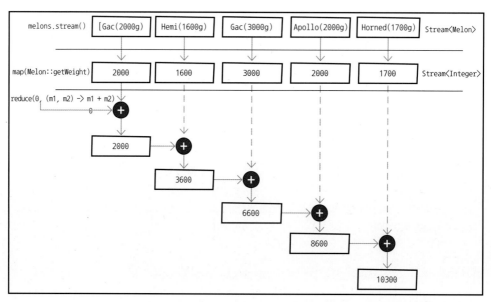

reduce() 연산이 어떻게 동작하는지 알겠는가?

다음 단계를 따라가며 알아보자.

1. 먼저 0을 람다의 첫 번째 인자(m1)로 넣고, 스트림에서 2000을 가져와 두 번째 인자(m2)로 넣는다. 0 + 2000은 2000이므로 2000이 새 누적 값이 된다.

2. 이어서 누적 값과 스트림의 다음 원소인 1600으로 다시 람다를 호출하면 새 누적 값 3600이 된다.

3. 다음으로 누적 값과 다음 원소인 3000으로 다시 람다를 호출하면 누적 값이 6600이 된다.

4. 또 다음으로 누적 값과 다음 원소인 2000으로 다시 람다를 호출하면 누적 값이 8600이 된다.

5. 끝으로 8600과 스트림의 마지막 원소 1700으로 람다를 호출하면 최종 값 10300이 나온다.

최댓값과 최솟값도 계산할 수 있다.

```
int max = melons.stream()
  .map(Melon::getWeight)
  .reduce(Integer::max)
  .orElse(-1);

int min = melons.stream()
  .map(Melon::getWeight)
  .reduce(Integer::min)
  .orElse(-1);
```

reduce()에는 람다만 바꿔 전달하면 계산을 쉽게 바꿀 수 있다는 이점이 있다. 예를 들어 합에서 곱으로 바꾸기는 다음과 같이 아주 간단하다.

```
List<Double> numbers = Arrays.asList(1.0d, 5.0d, 8.0d, 10.0d);

double total = numbers.stream()
  .reduce(1.0 d, (x1, x2) -> x1 * x2);
```

하지만 원하지 않는 결과로 이어질 수도 있으니 유의하자. 예를 들어 주어진 수들의 조화 평균 (harmonic mean)을 계산하고 싶을 때, 바로 쓸 수 있는 특수한 형태의 리덕션이 없으니 reduce()를 이용해야 한다.

```
List<Double> numbers = Arrays.asList(1.0d, 5.0d, 8.0d, 10.0d);
```

9

함수형 스타일 프로그래밍 더 깊이 파고들기

다음은 조화 평균 공식이다.

▼ 그림 9-11

$$H = \frac{n}{\frac{1}{x_1} + \frac{1}{x_2} + \cdots + \frac{1}{x_n}} = \frac{n}{\sum\limits_{i=1}^{n} \frac{1}{x_i}} = \left(\frac{\sum\limits_{i=1}^{n} x_i^{-1}}{n}\right)^{-1}$$

n은 리스트 크기이므로 예제에서 H는 2.80701이다. 단순하게 reduce() 함수를 구현해보면 다음과 같다.

```
double hm = numbers.size() / numbers.stream()
  .reduce((x1, x2) -> (1.0d / x1 + 1.0d / x2))
  .orElseThrow();
```

결과값은 3.49809다.

계산에 표현된 대로 설명해보겠다. 첫 번째 단계에서는 1.0/1.0 + 1.0/5.0 = 1.2를 계산한다. 이어서 1.2 + 1.0/1.8을 계산해야 하는데, 실제로는 1.0/1.2 + 1.0/1.8을 계산한다. 당연히 원하던 결과가 아니다.

mapToDouble()로 문제를 해결할 수 있다.

```
double hm = numbers.size() / numbers.stream()
  .mapToDouble(x -> 1.0d / x)
  .reduce((x1, x2) -> (x1 + x2))
  .orElseThrow();
```

이제 원하던 결과인 2.80701이 나온다.

186 스트림 결과 모으기

다음 Melon 클래스를 예로 살펴보자.

```
public class Melon {
  private String type;
  private int weight;
```

```
    // 이하 생성자, 게터, 세터, equals(),
    // hashCode(), toString() 생략
}
```

또한 다음 Melon List도 가정하자.

```
List<Melon> melons = Arrays.asList(new Melon("Crenshaw", 2000),
    new Melon("Hemi", 1600), new Melon("Gac", 3000),
    new Melon("Apollo", 2000), new Melon("Horned", 1700),
    new Melon("Gac", 3000), new Melon("Cantaloupe", 2600));
```

일반적으로 스트림 파이프라인은 스트림 내 원소를 요약하며 끝난다. 다시 말해 결과가 List,
Set, Map 같은 데이터 구조(혹은 비슷한 부류)에 모인다.

이때 Stream.collect(Collector<? super T,A,R> collector) 메서드를 이용한다. 이 메서드는
java.util.stream.Collector 또는 사용자 정의 Collector에 해당하는 인수 하나를 받는다.

잘 알려진 컬렉터 몇 개를 소개하겠다.

- toList()

- toSet()

- toMap()

- toCollection()

이름만으로 충분히 알 수 있다. 몇 가지 예제를 살펴보자.

- 1000그램보다 무거운 멜론을 필터링해 toList()와 toCollection()으로 결과를 List에 모
  으자.

  ```
  List<Integer> resultToList = melons.stream()
    .map(Melon::getWeight)
    .filter(x -> x >= 1000)
    .collect(Collectors.toList());
  ```

  ```
  List<Integer> resultToList = melons.stream()
    .map(Melon::getWeight)
    .filter(x -> x >= 1000)
    .collect(Collectors.toCollection(ArrayList::new));
  ```

  toCollection() 메서드의 인수는 결과를 삽입할 새 빈 Collection을 제공하는 Supplier다.

- 1000그램보다 무거운 멜론을 필터링해 toSet()과 toCollection()으로 중복 없이 결과를 Set에 모으자.

```
Set<Integer> resultToSet = melons.stream()
  .map(Melon::getWeight)
  .filter(x -> x >= 1000)
  .collect(Collectors.toSet());

Set<Integer> resultToSet = melons.stream()
  .map(Melon::getWeight)
  .filter(x -> x >= 1000)
  .collect(Collectors.toCollection(HashSet::new));
```

- 1000그램보다 무거운 멜론을 필터링해 toCollection()으로 중복 없이 결과를 Set에 모으고 오름차순으로 정렬하자.

```
Set<Integer> resultToSet = melons.stream()
  .map(Melon::getWeight)
  .filter(x -> x >= 1000)
  .collect(Collectors.toCollection(TreeSet::new));
```

- 중복 없이 Melon을 필터링하고 toMap()으로 결과를 Map<String, Integer>에 모으자.

```
Map<String, Integer> resultToMap = melons.stream()
  .distinct()
  .collect(Collectors.toMap(Melon::getType,
    Melon::getWeight));
```

toMap() 메서드의 두 인수는 키와 각각의 값을 생성하는 데 필요한 매핑 함수다(두 Melon의 키가 같으면 java.lang.IllegalStateException이라는 중복 키 예외가 발생하기 쉽다).

- 중복 없이 Melon을 필터링하고 무작위 키를 사용해 toMap()으로 결과를 Map<String, Integer>에 모으자(동일한 키가 생성되면 java.lang.IllegalStateException 중복 키 예외가 발생하기 쉽다).

```
Map<Integer, Integer> resultToMap = melons.stream()
  .distinct()
  .map(x -> Map.entry(
    new Random().nextInt(Integer.MAX_VALUE), x.getWeight()))
  .collect(Collectors.toMap(Entry::getKey, Entry::getValue));
```

- toMap()으로 Melon을 맵에 모으되 키가 충돌할 경우 기존(이전) 값을 선택함으로써 java.lang.IllegalStateException 중복 키 예외를 방지한다.

```java
Map<String, Integer> resultToMap = melons.stream()
    .collect(Collectors.toMap(Melon::getType, Melon::getWeight,
    (oldValue, newValue) -> oldValue));
```

toMap() 메서드의 마지막 인수는 Map.merge(Object, Object, BiFunction)에 제공될 병합 함수로서 하나의 키에 여러 값이 충돌하는 문제를 해결한다.

(oldValue, newValue) -> newValue 코드에서 보듯이 새 값을 선택한다.

- 앞선 예제를 (무게로) 정렬한 Map에 적용해보자.

```java
Map<String, Integer> resultToMap = melons.stream()
    .sorted(Comparator.comparingInt(Melon::getWeight))
    .collect(Collectors.toMap(Melon::getType, Melon::getWeight,
    (oldValue, newValue) -> oldValue,
        LinkedHashMap::new));
```

toMap() 메서드의 마지막 인수는 결과를 삽입할 새 빈 Map을 제공하는 Supplier다. 이때 Supplier는 정렬 이후의 순서를 유지해야 한다. HashMap은 삽입 순서를 보장하지 않으므로 LinkedHashMap을 써야 한다.

- toMap()으로 단어 빈도수를 모으자.

```java
String str = "Lorem Ipsum is simply
              Ipsum Lorem not simply Ipsum";

Map<String, Integer> mapOfWords = Stream.of(str)
    .map(w -> w.split("\\s+"))
    .flatMap(Arrays::stream)
    .collect(Collectors.toMap(
      w -> w.toLowerCase(), w -> 1, Integer::sum));
```

Info ≡ Collectors 클래스는 toList(), toMap(), toSet() 외에 수정할 수 없는 컬렉션과 동시 실행 컬렉션에 쓰이는 toUnmodifiableList(), toConcurrentMap() 등의 컬렉터도 제공한다.

187 스트림 결과 조인

다음 Melon 클래스를 예로 살펴보자.

```
public class Melon {
  private String type;
  private int weight;

  // 이하 생성자, 게터, 세터, equals(),
  // hashCode(), toString() 생략
}
```

Melon List도 가정하자.

```
List<Melon> melons = Arrays.asList(new Melon("Crenshaw", 2000),
  new Melon("Hemi", 1600), new Melon("Gac", 3000),
  new Melon("Apollo", 2000), new Melon("Horned", 1700),
  new Melon("Gac", 3000), new Melon("Cantaloupe", 2600));
```

앞선 문제에서는 Collectors에 내장된 스트림 API를 알아봤다. 같은 범주로 Collectors. joining()도 있다. 이 컬렉터는 스트림의 원소를 발생 순서대로 String으로 이어 붙인다. 필요에 따라 구분자, 접두사, 접미사를 사용할 수 있으므로 가장 포괄적인 joining() 메서드는 String joining(CharSequence delimiter, CharSequence prefix, CharSequence suffix)다.

우선은 구분자 없이 멜론 이름을 이어 붙여보자(지루하지 않게 정렬도 하고 중복도 제거하자).

```
String melonNames = melons.stream()
  .map(Melon::getType)
  .distinct()
  .sorted()
  .collect(Collectors.joining());
```

다음과 같이 출력된다.

```
ApolloCantaloupeCrenshawGacHemiHorned
```

쉼표나 공백 같은 구분자를 추가하면 더 보기 좋다.

```
String melonNames = melons.stream()
  ...
  .collect(Collectors.joining(", "));
```

다음과 같이 출력된다.

```
Apollo, Cantaloupe, Crenshaw, Gac, Hemi, Horned
```

출력에 접두사와 접미사를 붙일 수도 있다.

```
String melonNames = melons.stream()
  ...
  .collect(Collectors.joining(", ",
    "Available melons: ", " Thank you!"));
```

다음과 같이 출력된다.

```
Available melons: Apollo, Cantaloupe, Crenshaw, Gac, Hemi, Horned
Thank you!
```

188 컬렉터 요약

줄곧 예제로 삼았던 (type과 weight를 사용하는) Melon 클래스와 Melon List를 가정하겠다.

```
List<Melon> melons = Arrays.asList(new Melon("Crenshaw", 2000),
  new Melon("Hemi", 1600), new Melon("Gac", 3000),
  new Melon("Apollo", 2000), new Melon("Horned", 1700),
  new Melon("Gac", 3000), new Melon("Cantaloupe", 2600));
```

자바 스트림 API는 개수, 합, 최소, 평균, 최대 연산을 한데 묶어 **요약**(summarization)이라 부른다. Collectors 클래스에서 요약 연산을 수행하는 전용 메서드를 제공한다.

지금부터 하나씩 살펴보자.

188.1 합

멜론의 무게를 전부 합쳐보자. 185. **스트림의 합, 최대, 최소** 절에서 원시 타입용 Stream으로 합을 구했었다. 여기서는 summingInt(ToIntFunction<? super T> mapper) 컬렉터를 이용하겠다.

```
int sumWeightsGrams = melons.stream()
  .collect(Collectors.summingInt(Melon::getWeight));
```

Collectors.summingInt()는 어떤 객체와 합해야 할 int 간 매핑 함수를 인자로 받는 팩터리 메서드다. 이렇게 하면 요약을 수행할 컬렉터가 collect() 메서드로 반환된다. 그림 9-12는 summingInt()가 어떻게 동작하는지 보여준다.

▼ 그림 9-12

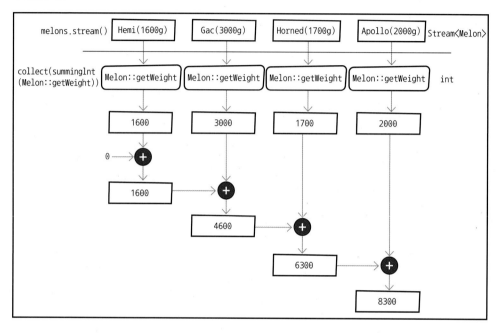

스트림을 순회하며 각 무게(Melon::getWeight)를 하나의 수로 매핑하고, 초깃값 0에서 시작해 이 수를 누산기(accumulator)에 더한다.

summingInt()뿐 아니라 summingLong(), summingDouble()도 있다. 멜론 무게를 킬로그램 단위로 합하려면 어떻게 해야 할까? summingDouble()을 이용한다.

```
double sumWeightsKg = melons.stream()
  .collect(Collectors.summingDouble(
    m -> (double) m.getWeight() / 1000.0d));
```

결과만 킬로그램이어도 되면 합은 그램으로 계산해도 된다.

```
double sumWeightsKg = melons.stream()
  .collect(Collectors.summingInt(Melon::getWeight)) / 1000.0d;
```

요약도 일종의 리덕션이므로 Collectors 클래스는 reducing() 메서드도 제공한다. 다음 세 가지 reducing() 메서드를 통해 온갖 종류의 람다를 제공할 수 있으므로 보다 보편적으로 활용 가능하다.

- reducing(BinaryOperator<T> op)

- reducing(T identity, BinaryOperator<T> op)

- reducing(U identity, Function<? super T, ? extends U> mapper, BinaryOperator<U> op)

reducing()의 인수는 아주 간단하다. 리덕션할 identity 값(입력 원소가 없을 때 반환되는 값이기도 하다), 각 입력 값에 적용할 매핑 함수, 매핑한 값을 리듀스하는 함수, 이렇게 세 가지다.

앞선 코드를 reducing()을 사용해 다시 작성해보자. 0부터 더하기 시작해 매핑 함수로 그램을 킬로그램으로 바꾸고 람다로 값을 리듀스한다(결과는 킬로그램).

```
double sumWeightsKg = melons.stream()
  .collect(Collectors.reducing(0.0,
    m -> (double) m.getWeight() / 1000.0d, (m1, m2) -> m1 + m2));
```

혹은 마지막에 킬로그램으로 변환해도 된다.

```
double sumWeightsKg = melons.stream()
  .collect(Collectors.reducing(0,
    m -> m.getWeight(), (m1, m2) -> m1 + m2)) / 1000.0d;
```

> TIP ≡ 알맞은 내장 솔루션이 없으면 무조건 reducing()을 활용하자. reducing()은 일반화된 요약 메서드다.

188.2 평균

멜론 무게의 평균은 어떻게 계산할까?

Collectors.averagingInt(), averagingLong(), averagingDouble()을 이용한다.

```
double avgWeights = melons.stream()
  .collect(Collectors.averagingInt(Melon::getWeight));
```

188.3 개수 세기

텍스트 내 단어 수 세기는 count()로 해결할 수 있는 흔한 문제 중 하나다.

```
String str = "Lorem Ipsum is simply dummy text ...";

long numberOfWords = Stream.of(str)
  .map(w -> w.split("\\s+"))
  .flatMap(Arrays::stream)
```

```
    .filter(w -> w.trim().length() != 0)
    .count();
```

여기서는 스트림 내에 무게가 3000그램인 Melon이 몇 개인지 알아내보자.

```
long nrOfMelon = melons.stream()
    .filter(m -> m.getWeight() == 3000)
    .count();
```

counting() 팩터리 메서드가 반환하는 컬렉터를 이용한다.

```
long nrOfMelon = melons.stream()
    .filter(m -> m.getWeight() == 3000)
    .collect(Collectors.counting());
```

깔끔하지는 않지만 reducing()을 이용하는 방법도 있다.

```
long nrOfMelon = melons.stream()
    .filter(m -> m.getWeight() == 3000)
    .collect(Collectors.reducing(0L, m -> 1L, Long::sum));
```

188.4 최대와 최소

185. **스트림의 합, 최대, 최소** 절에서 min()과 max() 메서드로 최솟값과 최댓값을 계산했었다. 이
번에는 Collectors.maxBy()와 Collectors.minBy() 컬렉터로 가장 무거운 Melon과 가장 가벼
운 Melon을 계산해보자. 두 컬렉터는 Comparator를 인수로 받아 스트림 내 원소들을 비교한 후
Optional을 반환한다(스트림이 비어 있으면 빈 Optional이 반환된다).

```
Comparator<Melon> byWeight = Comparator.comparing(Melon::getWeight);

Melon heaviestMelon = melons.stream()
    .collect(Collectors.maxBy(byWeight))
    .orElseThrow();

Melon lightestMelon = melons.stream()
    .collect(Collectors.minBy(byWeight))
    .orElseThrow();
```

위 코드는 스트림이 비어 있으면 NoSuchElementException을 던진다.

188.5 전부 알아내기

개수, 합, 평균, 최소, 최대를 하나의 연산으로 합쳐 구할 방법은 없을까?

물론 있다! 두 가지 이상의 연산이 필요하면 Collectors.summarizingInt(), summarizingLong(), summarizingDouble()을 사용한다. 세 메서드는 연산을 IntSummaryStatistics, LongSummary Statistics, DoubleSummaryStatistic으로 래핑한다.

```
IntSummaryStatistics melonWeightsStatistics = melons
  .stream().collect(Collectors.summarizingInt(Melon::getWeight));
```

객체를 출력해보면 다음과 같다.

```
IntSummaryStatistics{count=7, sum=15900, min=1600,
  average=2271.428571, max=3000}
```

각 연산마다 전용 게터를 사용하면 된다.

```
int max = melonWeightsStatistics.getMax()
```

여기까지다! 이어지는 절에서는 스트림의 원소를 그루핑하는 방법을 알아보겠다.

189 그루핑

다음 Melon 클래스와 Melon List를 예로 살펴보자.

```
public class Melon {
  enum Sugar {
    LOW, MEDIUM, HIGH, UNKNOWN
  }

  private final String type;
  private final int weight;
  private final Sugar sugar;

  // 이하 생성자, 게터, 세터, equals(),
  // hashCode(), toString() 생략
}

List<Melon> melons = Arrays.asList(
```

```
    new Melon("Crenshaw", 1200),
    new Melon("Gac", 3000), new Melon("Hemi", 2600),
    new Melon("Hemi", 1600), new Melon("Gac", 1200),
    new Melon("Apollo", 2600), new Melon("Horned", 1700),
    new Melon("Gac", 3000), new Melon("Hemi", 2600)
);
```

자바 스트림 API는 Collectors.groupingBy()로 SQL GROUP BY 절의 기능을 제공한다.

SQL GROUP BY 절은 데이터베이스 테이블을 처리하는 반면, Collectors.groupingBy()는 스트림 원소를 처리한다.

다시 말해 groupingBy() 메서드는 어떤 특징으로 원소들을 그루핑(grouping)한다. (자바 8의) 스트림과 함수형 스타일 프로그래밍 이전에는 복잡하고 장황하고 오류가 발생하기 쉬운 대량의 스파게티 코드를 작성해 컬렉션을 그루핑해야 했다. 자바 8부터 **그루핑 컬렉터**(grouping collector)가 등장했다.

이어지는 절에서는 단일 그루핑과 다중 그루핑에 대해 알아본다. 단일 그루핑부터 시작하겠다.

189.1 단일(single-level) 그루핑

모든 그루핑 컬렉터는 **분류 함수**(classification function)(스트림의 원소를 서로 다른 그룹으로 분류하는 함수)를 포함한다. 이 함수는 대개 Function<T, R> 함수형 인터페이스의 인스턴스다.

(T 타입의) 스트림의 각 원소를 이 함수에 전달하면 (R 타입의) **분류자 객체**(classifier object)를 반환한다. 반환된 R 타입이 Map<K, V>의 키(K)이며, 각 그룹이 Map<K, V>의 값이다.

다시 말해 키(K)는 분류 함수가 반환하는 값이고, 값(V)은 분류된 값(K)을 포함하는 스트림 내 원소 리스트다. 따라서 최종 결과는 Map<K, List<T>> 타입이다.

이 난해한 설명을 쉽게 이해할 수 있도록 예제 하나를 살펴보겠다. 가장 단순한 groupingBy() 종류인 groupingBy(Function<? super T, ? extends K> classifier)를 이용한다.

우선 품종으로 Melon을 그루핑해보자.

```
Map<String, List<Melon>> byTypeInList = melons.stream()
    .collect(groupingBy(Melon::getType));
```

출력은 다음과 같다.

```
{
  Crenshaw = [Crenshaw(1200 g)],
  Apollo = [Apollo(2600 g)],
  Gac = [Gac(3000 g), Gac(1200 g), Gac(3000 g)],
  Hemi = [Hemi(2600 g), Hemi(1600 g), Hemi(2600 g)],
  Horned = [Horned(1700 g)]
}
```

무게로도 Melon을 그루핑해보자.

```
Map<Integer, List<Melon>> byWeightInList = melons.stream()
  .collect(groupingBy(Melon::getWeight));
```

출력은 다음과 같다.

```
{
  1600 = [Hemi(1600 g)],
  1200 = [Crenshaw(1200 g), Gac(1200 g)],
  1700 = [Horned(1700 g)],
  2600 = [Hemi(2600 g), Apollo(2600 g), Hemi(2600 g)],
  3000 = [Gac(3000 g), Gac(3000 g)]
}
```

그림 9-13에서 어떻게 그루핑하는지 보여준다. 정확히 말하면 Gac(1200g)이 분류 함수 (Melon::getWeight)를 통과하는 순간의 모습이다.

❤ 그림 9-13

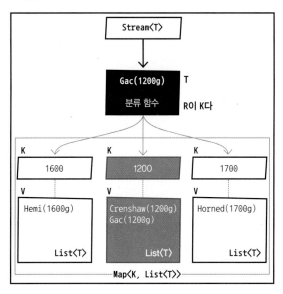

이 멜론 분류 예제에서 키는 Melon의 무게이고, 값은 그 무게의 모든 Melon 객체를 포함하는 리스트다.

위 방식의 한 가지 문제점은 예상치 못한 중복이다. 값을 List로 모아 중복이 생긴다(예를 들어 3000=[Gac(3000g), Gac(3000g)]). 하지만 groupingBy()의 하나인 groupingBy(Function<? super T, ? extends K> classifier, Collector<? super T, A, D> downstream)으로 문제를 해결할 수 있다.
원하는 다운스트림 컬렉터를 두 번째 인수로 명시하자. 즉, 분류 함수 외에 다운스트림 컬렉터도 지정한다.

Collectors.toSet()으로 중복을 없애자.

```
Map<String, Set<Melon>> byTypeInSet = melons.stream()
  .collect(groupingBy(Melon::getType, toSet()));
```

출력은 다음과 같다.

```
{
  Crenshaw = [Crenshaw(1200 g)],
  Apollo = [Apollo(2600 g)],
  Gac = [Gac(1200 g), Gac(3000 g)],
  Hemi = [Hemi(2600 g), Hemi(1600 g)],
  Horned = [Horned(1700 g)]
}
```

무게에도 마찬가지다.

```
Map<Integer, Set<Melon>> byWeightInSet = melons.stream()
  .collect(groupingBy(Melon::getWeight, toSet()));
```

출력은 다음과 같다.

```
{
  1600 = [Hemi(1600 g)],
  1200 = [Gac(1200 g), Crenshaw(1200 g)],
  1700 = [Horned(1700 g)],
  2600 = [Hemi(2600 g), Apollo(2600 g)],
  3000 = [Gac(3000 g)]
}
```

물론 distinct()를 사용해도 된다.

```
Map<String, List<Melon>> byTypeInList = melons.stream()
  .distinct()
  .collect(groupingBy(Melon::getType));
```

무게에도 마찬가지다.

```
Map<Integer, List<Melon>> byWeightInList = melons.stream()
  .distinct()
  .collect(groupingBy(Melon::getWeight));
```

중복은 제거됐으나 결과가 정렬되지 않았다. 맵을 키로 정렬하면 좋은데 기본 HashMap으로는 어렵다. 기본 HashMap 대신 TreeMap을 명시하면 문제가 해결된다. 또 다른 groupingBy() 유형 인 groupingBy(Function<? super T, ? extends K> classifier, Supplier<M> mapFactory, Collector<? super T, A, D> downstream)을 이용할 차례다.

이 함수의 두 번째 인수는 결과를 삽입할 새 빈 Map을 제공하는 Supplier 객체다.

```
Map<Integer, Set<Melon>> byWeightInSetOrdered = melons.stream()
  .collect(groupingBy(Melon::getWeight, TreeMap::new, toSet()));
```

이렇게 하면 정렬된 결과가 출력된다.

```
{
  1200 = [Gac(1200 g), Crenshaw(1200 g)],
  1600 = [Hemi(1600 g)],
  1700 = [Horned(1700 g)],
  2600 = [Hemi(2600 g), Apollo(2600 g)],
  3000 = [Gac(3000 g)]
}
```

멜론 100개의 무게를 포함하는 List<Integer>도 만들 수 있다.

```
List<Integer> allWeights = new ArrayList<>(100);
```

위 리스트를 각각 무게 10개를 포함하는 10개의 리스트로 쪼개고 싶다. 다음과 같이 그루핑을 이용한다(parallelStream()도 적용할 수 있다).

```
final AtomicInteger count = new AtomicInteger();
Collection<List<Integer>> chunkWeights = allWeights.stream()
  .collect(Collectors.groupingBy(c -> count.getAndIncrement() / 10))
  .values();
```

이제 또 다른 문제를 해결해보자. 위 예제에서는 Stream<Melon>을 List<Melon> 묶음으로 나누었다. 각 리스트가 Melon 인스턴스 대신 멜론 품종만 포함하도록 Stream<Melon>을 List<String> 묶음으로 나누려면 어떻게 해야 할까?

스트림 원소 변환은 일반적으로 map()의 역할이다. 하지만 groupingBy()에서는 Collectors.mapping()의 역할이다(자세한 내용은 191. **컬렉터 필터링, 플래트닝, 매핑** 절을 참고한다).

```
Map<Integer, Set<String>> byWeightInSetOrdered = melons.stream()
  .collect(groupingBy(Melon::getWeight, TreeMap::new,
    mapping(Melon::getType, toSet())));
```

이번에는 원하던 출력이 정확히 나왔다.

```
{
  1200 = [Crenshaw, Gac],
  1600 = [Hemi],
  1700 = [Horned],
  2600 = [Apollo, Hemi],
  3000 = [Gac]
}
```

아주 순조롭다! 세 종류의 groupingBy() 중 두 종류가 컬렉터(예를 들어 toSet())를 인수로 받았다. 어떤 컬렉터든 상관없다. 멜론을 품종으로 그루핑한 후 각각을 세고 싶다고 가정해보자. 이럴 때 Collectors.counting()이 매우 유용하다(자세한 내용은 188. **컬렉터 요약** 절을 찾아본다).

```
Map<String, Long> typesCount = melons.stream()
  .collect(groupingBy(Melon::getType, counting()));
```

출력은 다음과 같다.

```
{Crenshaw=1, Apollo=1, Gac=3, Hemi=3, Horned=1}
```

무게에 대해서도 똑같이 할 수 있다.

```
Map<Integer, Long> weightsCount = melons.stream()
  .collect(groupingBy(Melon::getWeight, counting()));
```

출력은 다음과 같다.

```
{1600=1, 1200=2, 1700=1, 2600=3, 3000=2}
```

가장 가벼운 멜론과 가장 무거운 멜론을 품종으로 그루핑할 수 있을까? 당연히 할 수 있다! 188.
컬렉터 요약 절에서 언급했던 Collectors.minBy()와 maxBy()를 이용하면 된다.

```
Map<String, Optional<Melon>> minMelonByType = melons.stream()
  .collect(groupingBy(Melon::getType,
    minBy(comparingInt(Melon::getWeight))));
```

출력은 다음과 같다(보다시피 minBy()에서 Optional을 반환했다).

```
{
  Crenshaw = Optional[Crenshaw(1200 g)],
  Apollo = Optional[Apollo(2600 g)],
  Gac = Optional[Gac(1200 g)],
  Hemi = Optional[Hemi(1600 g)],
  Horned = Optional[Horned(1700 g)]
}
```

maxMelonByType()에도 똑같이 할 수 있다.

```
Map<String, Optional<Melon>> maxMelonByType = melons.stream()
  .collect(groupingBy(Melon::getType,
    maxBy(comparingInt(Melon::getWeight))));
```

출력은 다음과 같다(보다시피 maxBy()에서 Optional을 반환했다).

```
{
  Crenshaw = Optional[Crenshaw(1200 g)],
  Apollo = Optional[Apollo(2600 g)],
  Gac = Optional[Gac(3000 g)],
  Hemi = Optional[Hemi(2600 g)],
  Horned = Optional[Horned(1700 g)]
}
```

> Info ≡ minBy()와 maxBy() 컬렉터는 Comparator를 인수로 받는다. 예제에서는 내장 함수인 Comparator.
> comparingInt()를 사용했다. JDK 8부터 비교자를 이어 붙이는 thenComparing()을 포함해 비교자 몇 개가
> java.util.Comparator 클래스에 추가됐다.

한 가지 문제는 옵셔널 제거다. 더 일반적으로 말해 컬렉터가 반환한 결과를 다른 타입으로 바꿔야 하는 문제가 존재한다.

9

함수형 스타일 프로그래밍 더 깊이 파고들기

이러한 작업에는 collectingAndThen(Collector⟨T, A, R⟩ downstream, Function⟨R, RR⟩ finisher) 팩터리 메서드가 알맞다. 이 메서드는 다운스트림 컬렉터(종료자(finisher))의 최종 결과에 적용할 함수를 인자로 받는다. 다음과 같이 사용한다.

```
Map<String, Integer> minMelonByType = melons.stream()
  .collect(groupingBy(Melon::getType,
    collectingAndThen(minBy(comparingInt(Melon::getWeight)),
      m -> m.orElseThrow().getWeight()))));
```

출력은 다음과 같다.

```
{Crenshaw=1200, Apollo=2600, Gac=1200, Hemi=1600, Horned=1700}
```

maxMelonByType()에도 사용할 수 있다.

```
Map<String, Integer> maxMelonByType = melons.stream()
  .collect(groupingBy(Melon::getType,
    collectingAndThen(maxBy(comparingInt(Melon::getWeight)),
      m -> m.orElseThrow().getWeight()))));
```

출력은 다음과 같다.

```
{Crenshaw=1200, Apollo=2600, Gac=3000, Hemi=2600, Horned=1700}
```

이번에는 Map⟨String, Melon[]⟩에서 멜론을 품종으로 그루핑해보자. 마찬가지로 collectingAndThen()을 이용한다.

```
Map<String, Melon[]> byTypeArray = melons.stream()
  .collect(groupingBy(Melon::getType, collectingAndThen(
    Collectors.toList(), l -> l.toArray(Melon[]::new))));
```

제네릭 컬렉터를 만들어 호출해도 된다.

```
private static <T> Collector<T, ? , T[]>
    toArray(IntFunction<T[]> func) {
  return Collectors.collectingAndThen(
    Collectors.toList(), l -> l.toArray(func.apply(l.size())));
}

Map<String, Melon[]> byTypeArray = melons.stream()
  .collect(groupingBy(Melon::getType, toArray(Melon[]::new)));
```

189.2 다중(multilevel) 그루핑

세 종류의 groupingBy() 중 두 종류에서 또 다른 컬렉터를 인수로 받는다고 설명했었다. 또한 어떤 컬렉터든 가능하다고도 했었다. 어떤 컬렉터를 이용하든 groupingBy()가 잘 동작한다.

groupingBy()에 groupingBy()를 전달해 레벨 n(n-levels) 그루핑 또는 다중(multilevel) 그루핑을 수행할 수 있다. 대개 레벨 n(n-levels) 분류 함수를 이용한다.

다음 Melon 리스트를 예로 살펴보자.

```java
List<Melon> melonsSugar = Arrays.asList(
  new Melon("Crenshaw", 1200, HIGH),
  new Melon("Gac", 3000, LOW), new Melon("Hemi", 2600, HIGH),
  new Melon("Hemi", 1600), new Melon("Gac", 1200, LOW),
  new Melon("Cantaloupe", 2600, MEDIUM),
  new Melon("Cantaloupe", 3600, MEDIUM),
  new Melon("Apollo", 2600, MEDIUM), new Melon("Horned", 1200, HIGH),
  new Melon("Gac", 3000, LOW), new Melon("Hemi", 2600, HIGH));
```

각 Melon은 품종과 무게, 당도를 포함한다. 먼저 당도(LOW, MEDIUM, HIGH, UNKNOWN(기본값))로 멜론을 그루핑해보자. 이어서 무게로 멜론을 그루핑해보자. 이중 그루핑으로 가능하다.

```java
Map<Sugar, Map<Integer, Set<String>>> bySugarAndWeight =
  melonsSugar.stream()
  .collect(groupingBy(Melon::getSugar,
    groupingBy(Melon::getWeight, TreeMap::new,
      mapping(Melon::getType, toSet())))));
```

출력은 다음과 같다.

```
{
  MEDIUM = {
    2600 = [Apollo, Cantaloupe], 3600 = [Cantaloupe]
  },
  HIGH = {
    1200 = [Crenshaw, Horned], 2600 = [Hemi]
  },
  UNKNOWN = {
    1600 = [Hemi]
  },
  LOW = {
    1200 = [Gac], 3000 = [Gac]
  }
}
```

Crenshaw와 Horned는 무게가 1200그램이고 당도가 높다. 또한 Hemi는 무게가 2600그램이고 당도가 높다.

위 데이터를 그림 9-14처럼 표로 나타낼 수도 있다.

▼ 그림 9-14

무게 \ 당도	LOW	MEDIUM	HIGH	UNKNOWN
2600		Apollo Cantaloupe	Hemi	
3600		Cantaloupe		
1200	Gac		Crenshaw Horned	
1600				Hemi
3000	Gac			

이제 파티셔닝에 대해 알아보자.

190 파티셔닝

파티셔닝(partitioning)은 Predicate를 이용해 스트림을 두 그룹(true 그룹과 false 그룹)으로 분할하는 그루핑의 일종이다. true 그룹에는 프레디케이트를 통과한 스트림의 원소를 저장하고, false 그룹에는 나머지 원소(프레디케이트를 통과하지 못한 원소)를 저장한다.

이때 Predicate가 파티셔닝의 **분류 함수**이며 파티셔닝 함수(partitioning function)라고 부른다. Predicate는 Boolean 값으로 평가되기 때문에 파티셔닝 연산은 Map<Boolean, V>를 반환한다.

다음 Melon 클래스와 Melon List를 예로 살펴보자.

```
public class Melon {
  private final String type;
  private int weight;

  // 이하 생성자, 게터, 세터, equals(),
  // hashCode(), toString() 생략
}

List<Melon> melons = Arrays.asList(new Melon("Crenshaw", 1200),
  new Melon("Gac", 3000), new Melon("Hemi", 2600),
  new Melon("Hemi", 1600), new Melon("Gac", 1200),
```

```
    new Melon("Apollo", 2600), new Melon("Horned", 1700),
    new Melon("Gac", 3000), new Melon("Hemi", 2600));
```

파티셔닝은 Collectors.partitioningBy()로 수행한다. 두 종류가 있는데, 그 중 하나가 인수 하나를 받는 partitioningBy(Predicate<? super T> predicate)다.

다음 코드는 무게 2000그램을 기준으로 중복을 허용해 멜론을 분할한다.

```
Map<Boolean, List<Melon>> byWeight = melons.stream()
    .collect(partitioningBy(m -> m.getWeight() > 2000));
```

출력은 다음과 같다.

```
{
  false=[Crenshaw(1200g),Hemi(1600g), Gac(1200g),Horned(1700g)],
  true=[Gac(3000g),Hemi(2600g),Apollo(2600g), Gac(3000g),Hemi(2600g)]
}
```

> TIP ≡ 파티셔닝이 필터링보다 나은 점은 스트림 원소를 두 리스트로 나눠 모두 유지한다는 점이다.

그림 9-15는 partitioningBy()가 내부적으로 어떻게 동작하는지 보여준다.

▼ 그림 9-15

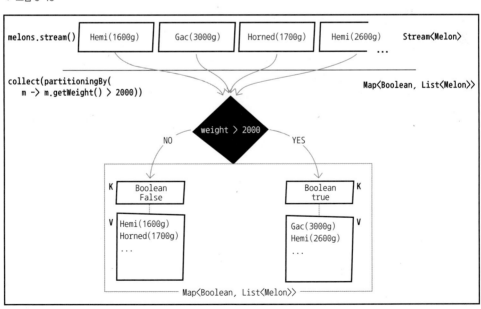

중복을 없애려면 partitioningBy(Predicate<? super T> predicate, Collector<? super T, A, D> downstream)처럼 종류가 다른 partitioningBy()를 이용한다. 두 번째 인수에 다운스트림 리덕션을 구현할 또 다른 Collector를 명시할 수 있다.

```
Map<Boolean, Set<Melon>> byWeight = melons.stream()
  .collect(partitioningBy(m -> m.getWeight() > 2000, toSet()));
```

이렇게 하면 중복 없이 출력된다.

```
{
  false=[Horned(1700g), Gac(1200g), Crenshaw(1200g), Hemi(1600g)],
  true=[Gac(3000g), Hemi(2600g), Apollo(2600g)]
}
```

물론 distinct()를 사용해도 된다.

```
Map<Boolean, List<Melon>> byWeight = melons.stream()
  .distinct()
  .collect(partitioningBy(m -> m.getWeight() > 2000));
```

다른 컬렉터도 사용할 수 있다. 예를 들어 counting()으로 두 그룹의 원소를 각각 센다.

```
Map<Boolean, Long> byWeightAndCount = melons.stream()
  .collect(partitioningBy(m -> m.getWeight() > 2000, counting()));
```

출력은 다음과 같다.

```
{false=4, true=5}
```

중복 없이 셀 수도 있다.

```
Map<Boolean, Long> byWeight = melons.stream()
  .distinct()
  .collect(partitioningBy(m -> m.getWeight() > 2000, counting()));
```

출력은 다음과 같다.

```
{false=4, true=3}
```

끝으로 partitioningBy()를 189. **그루핑** 절에서 소개했던 collectingAndThen()과 함께 사용할 수 있다. 예를 들어 무게 2000그램을 기준으로 멜론을 분할한 후 각 분할에서 가장 무거운 멜론만 남겨보자.

```
Map<Boolean, Melon> byWeightMax = melons.stream()
  .collect(partitioningBy(m -> m.getWeight() > 2000,
    collectingAndThen(maxBy(comparingInt(Melon::getWeight)),
      Optional::get)));
```

출력은 다음과 같다.

```
{false=Horned(1700g), true=Gac(3000g)}
```

191 컬렉터 필터링, 플래트닝, 매핑

다음 Melon 클래스와 Melon List를 예로 살펴보자.

```
public class Melon {
  private final String type;
  private final int weight;
  private final List<String> pests;

  // 이하 생성자, 게터, 세터, equals(),
  // hashCode(), toString() 생략
}

List<Melon> melons = Arrays.asList(new Melon("Crenshaw", 2000),
  new Melon("Hemi", 1600), new Melon("Gac", 3000),
  new Melon("Hemi", 2000), new Melon("Crenshaw", 1700),
  new Melon("Gac", 3000), new Melon("Hemi", 2600));
```

자바 스트림 API는 (groupingBy()나 partitioningBy()의 다운스트림 같은) 다중 리덕션에 사용할 수 있도록 filtering(), flatMapping(), mapping()을 제공한다.

개념적으로 filtering()은 filter()와, flatMapping()은 flatMap()과, mapping()은 map()과 그 목적이 같다.

191.1 filtering()

사용자 문제: 2000그램보다 무거운 멜론을 가져와 품종에 따라 분류한다. 각 품종마다 적절한 컨테이너를 추가한다(품종마다 컨테이너가 있으니 각 컨테이너의 레이블을 확인하자).

filtering(Predicate<? super T> predicate, Collector<? super T, A, R> downstream)을 사용해 현재 컬렉터의 각 원소에 프레디케이트를 적용하며 다운스트림 컬렉터에 출력을 누적한다.

즉, 2000그램보다 무거운 멜론을 품종에 따라 그루핑하려면 다음과 같은 스트림 파이프라인을 작성한다.

```
Map<String, Set<Melon>> melonsFiltering = melons.stream()
  .collect(groupingBy(Melon::getType,
    filtering(m -> m.getWeight() > 2000, toSet())));
```

출력은 다음과 같다(각 Set<Melon>이 컨테이너다).

```
{Crenshaw=[], Gac=[Gac(3000g)], Hemi=[Hemi(2600g)]}
```

2000그램보다 무거운 Crenshaw가 없어 filtering()은 Crenshaw를 빈 세트(컨테이너)와 매핑했다. 위 코드를 filter()로 다시 작성해보자.

```
Map<String, Set<Melon>> melonsFiltering = melons.stream()
  .filter(m -> m.getWeight() > 2000)
  .collect(groupingBy(Melon::getType, toSet()));
```

filter()는 프레디케이트를 통과하지 못한 원소에는 매핑을 수행하지 않으므로 출력은 다음과 같다.

```
{Gac=[Gac(3000g)], Hemi=[Hemi(2600g)]}
```

사용자 문제: 이번에는 하미(Hemi) 품종의 멜론만 알고 싶다. 2000그램보다 같거나 가벼운 하미 멜론과 2000그램보다 무거운 하미 멜론, 두 컨테이너로 분류한다.

partitioningBy()에도 필터링을 함께 사용할 수 있다. 2000그램보다 무거운 멜론으로 분할하고 특정 품종(여기서는 Hemi)으로 필터링하려면 다음과 같이 작성한다.

```
Map<Boolean, Set<Melon>> melonsFiltering = melons.stream()
  .collect(partitioningBy(m -> m.getWeight() > 2000,
    filtering(m -> m.getType().equals("Hemi"), toSet())));
```

출력은 다음과 같다.

```
{false=[Hemi(1600g), Hemi(2000g)], true=[Hemi(2600g)]}
```

filter()를 적용해도 결과는 같다.

```
Map<Boolean, Set<Melon>> melonsFiltering = melons.stream()
  .filter(m -> m.getType().equals("Hemi"))
  .collect(partitioningBy(m -> m.getWeight() > 2000, toSet()));
```

출력은 다음과 같다.

```
{false=[Hemi(1600g), Hemi(2000g)], true=[Hemi(2600g)]}
```

191.2 mapping( )

사용자 문제: 각 멜론 품종마다 오름차순으로 무게를 정렬한 리스트를 구하고 싶다.

mapping(Function<? super T, ? extends U> mapper, Collector<? super U, A, R> downstream) 을 이용해 현재 컬렉터의 각 원소에 매핑 함수를 적용하고 출력을 다운스트림 컬렉터에 누적한다.

예를 들어 멜론의 무게를 품종에 따라 그루핑하려면 다음과 같이 코드를 작성한다.

```java
Map<String, TreeSet<Integer>> melonsMapping = melons.stream()
    .collect(groupingBy(Melon::getType,
        mapping(Melon::getWeight, toCollection(TreeSet::new))));
```

출력은 다음과 같다.

```
{Crenshaw=[1700, 2000], Gac=[3000], Hemi=[1600, 2000, 2600]}
```

사용자 문제: 리스트 두 개를 만들고 싶다. 하나는 2000그램보다 같거나 가벼운 멜론 품종을 포함하고 나머지 하나는 나머지 품종을 포함해야 한다.

2000그램보다 무거운 멜론으로 분할해 품종만 모으려면 다음과 같이 작성한다.

```java
Map<Boolean, Set<String>> melonsMapping = melons.stream()
    .collect(partitioningBy(m -> m.getWeight() > 2000,
        mapping(Melon::getType, toSet())));
```

출력은 다음과 같다.

```
{false=[Crenshaw, Hemi], true=[Gac, Hemi]}
```

191.3 flatMapping( )

182. **스트림 매핑** 절에 나오는 스트림 플래트닝(flattening)에 대해 다시 한번 읽어보고 오기 바란다.

다음 Melon 리스트를 예로 살펴보자(이번에는 해충의 이름이 추가됐다).

```java
List<Melon> melonsGrown = Arrays.asList(
```

```
    new Melon("Honeydew", 5600,
      Arrays.asList("Spider Mites", "Melon Aphids", "Squash Bugs")),
    new Melon("Crenshaw", 2000,
      Arrays.asList("Pickleworms")),
    new Melon("Crenshaw", 1000,
      Arrays.asList("Cucumber Beetles", "Melon Aphids")),
    new Melon("Gac", 4000,
      Arrays.asList("Spider Mites", "Cucumber Beetles")),
    new Melon("Gac", 1000,
      Arrays.asList("Squash Bugs", "Squash Vine Borers")));
```

사용자 문제: 멜론 품종별로 해충 리스트를 구하고 싶다.

즉, 품종에 따라 멜론을 그루핑하고 각 해충을 모은다. 멜론마다 0개 이상의 해충이 존재하니 출력은 Map<String, List<String>> 타입일 것이다. mapping()을 활용하는 방법부터 시도해보자.

```
  Map<String, List<List<String>>> pests = melonsGrown.stream()
    .collect(groupingBy(Melon::getType,
      mapping(m -> m.getPests(), toList())));
```

반환 타입이 Map<String, List<List<String>>>이니 방법이 틀렸다.

매핑을 이용한 단순한 방법을 하나 더 시도해보자.

```
  Map<String, List<List<String>>> pests = melonsGrown.stream()
    .collect(groupingBy(Melon::getType,
      mapping(m -> m.getPests().stream(), toList())));
```

반환 타입이 Map<String, List<Stream<String>>>이니 이번에도 방법이 틀렸다.

드디어 flatMapping()을 소개할 차례다. flatMapping(Function<? super T, ? extends Stream<? extends U>> mapper, Collector<? super U, A, R> downstream)을 이용해 현재 컬렉터의 각 원소에 flatMapping 함수를 적용해 결과를 다운스트림 컬렉터에 누적한다.

```
  Map<String, Set<String>> pestsFlatMapping = melonsGrown.stream()
    .collect(groupingBy(Melon::getType,
      flatMapping(m -> m.getPests().stream(), toSet())));
```

이번에는 타입에 문제가 없어 보이고, 출력은 다음과 같다.

```
  {
    Crenshaw = [Cucumber Beetles, Pickleworms, Melon Aphids],
```

```
    Gac = [Cucumber Beetles, Squash Bugs, Spider Mites,
         Squash Vine Borers],
    Honeydew = [Squash Bugs, Spider Mites, Melon Aphids]
  }
```

사용자 문제: 리스트 두 개를 구하고 싶다. 하나는 2000그램보다 가벼운 멜론의 해충을 포함하고, 나머지 하나는 나머지 멜론의 해충을 포함해야 한다.

다음 코드는 2000그램보다 무거운 멜론으로 분할하고 해충을 모은다.

```
Map<Boolean, Set<String>> pestsFlatMapping = melonsGrown.stream()
  .collect(partitioningBy(m -> m.getWeight() > 2000,
    flatMapping(m -> m.getPests().stream(), toSet())));
```

출력은 다음과 같다.

```
  {
    false = [Cucumber Beetles, Squash Bugs, Pickleworms, Melon Aphids,
           Squash Vine Borers],
    true = [Squash Bugs, Cucumber Beetles, Spider Mites, Melon Aphids]
  }
```

192 병합

JDK 12부터 Collectors.teeing()으로 두 컬렉터의 결과를 병합(merge)할 수 있다.

- public static <T, R1, R2, R> Collector<T, ?, R> teeing (Collector<? super T, ?, R1> downstream1, Collector<? super T, ?, R2> downstream2, BiFunction<? super R1, ? super R2, R> merger)

▼ 그림 9-16

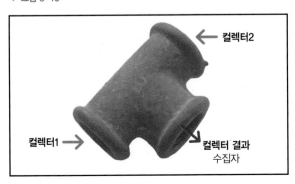

전달된 두 다운스트림 컬렉터를 합친 Collector가 결과로 나온다. 결과 컬렉터로 전달된 모든 원소를 두 다운스트림 컬렉터에서 처리한 후 명시된 BiFunction을 사용해 그 결과를 최종 결과로 병합한다.

대표적인 문제 하나를 살펴보자. 다음은 정수 스트림 내 원소 개수와 그 합을 저장하는 클래스다.

```java
public class CountSum {
  private final Long count;
  private final Integer sum;

  public CountSum(Long count, Integer sum) {
    this.count = count;
    this.sum = sum;
  }
  ...
}
```

teeing()으로도 위 정보를 뽑아낼 수 있다.

```java
CountSum countsum = Stream.of(2, 11, 1, 5, 7, 8, 12)
  .collect(Collectors.teeing(
    counting(),
    summingInt(e -> e),
    CountSum::new));
```

스트림의 각 원소에 두 컬렉터(counting()과 summingInt())를 적용한 후 그 결과를 CountSum의 인스턴스로 병합했다.

```
CountSum{count=7, sum=46}
```

문제 하나를 더 살펴보자. 다음 MinMax 클래스는 정수 스트림의 최솟값과 최댓값을 저장한다.

```java
public class MinMax {
  private final Integer min;
  private final Integer max;

  public MinMax(Integer min, Integer max) {
    this.min = min;
    this.max = max;
  }
  ...
}
```

다음 방법으로도 정보를 뽑아낼 수 있다.

```
MinMax minmax = Stream.of(2, 11, 1, 5, 7, 8, 12)
  .collect(Collectors.teeing(
    minBy(Comparator.naturalOrder()),
    maxBy(Comparator.naturalOrder()),
    (Optional<Integer> a, Optional<Integer> b)
      -> new MinMax(a.orElse(Integer.MIN_VALUE),
        b.orElse(Integer.MAX_VALUE))));
```

스트림의 각 원소에 두 컬렉터(minBy()와 maxBy())를 적용한 후 그 결과를 MinMax의 인스턴스로 병합했다.

```
MinMax{min=1, max=12}
```

마지막으로 다음 Melon 클래스와 Melon List를 예로 살펴보자.

```
public class Melon {
  private final String type;
  private final int weight;

  public Melon(String type, int weight) {
    this.type = type;
    this.weight = weight;
  }
  ...
}

List<Melon> melons = Arrays.asList(new Melon("Crenshaw", 1200),
  new Melon("Gac", 3000), new Melon("Hemi", 2600),
  new Melon("Hemi", 1600), new Melon("Gac", 1200),
  new Melon("Apollo", 2600), new Melon("Horned", 1700),
  new Melon("Gac", 3000), new Melon("Hemi", 2600));
```

멜론의 총 무게를 계산하고, 각 무게를 나열해보자. 다음과 같이 매핑할 수 있다.

```
public class WeightsAndTotal {
  private final int totalWeight;
  private final List<Integer> weights;

  public WeightsAndTotal(int totalWeight, List<Integer> weights) {
    this.totalWeight = totalWeight;
    this.weights = weights;
  }
```

```
      ...
  }
```

Collectors.teeing()을 이용해 해결해보자.

```
  WeightsAndTotal weightsAndTotal = melons.stream()
    .collect(Collectors.teeing(
      summingInt(Melon::getWeight),
      mapping(m -> m.getWeight(), toList()),
      WeightsAndTotal::new));
```

summingInt()와 mapping() 컬렉터를 적용했다. 출력은 다음과 같다.

```
  WeightsAndTotal {
    totalWeight = 19500,
    weights = [1200, 3000, 2600, 1600, 1200, 2600, 1700, 3000, 2600]
  }
```

193 맞춤형 컬렉터 작성

다음 Melon 클래스와 Melon List를 예로 살펴보자.

```
  public class Melon {
    private final String type;
    private final int weight;
    private final List<String> grown;

    // 이하 생성자, 게터, 세터, equals(),
    // hashCode(), toString() 생략
  }

  List<Melon> melons = Arrays.asList(new Melon("Crenshaw", 1200),
    new Melon("Gac", 3000), new Melon("Hemi", 2600),
    new Melon("Hemi", 1600), new Melon("Gac", 1200),
    new Melon("Apollo", 2600), new Melon("Horned", 1700),
    new Melon("Gac", 3000), new Melon("Hemi", 2600));
```

190. 파티셔닝 절에서는 partitioningBy() 컬렉터로 중복을 허용해 무게 2000그램으로 멜론을 분할했다.

```
  Map<Boolean, List<Melon>> byWeight = melons.stream()
    .collect(partitioningBy(m -> m.getWeight() > 2000));
```

이번에는 전용 맞춤형 컬렉터(custom collector)로 같은 결과를 얻어보자.

맞춤형 컬렉터를 일상적으로 작성하지는 않겠지만 방법을 알아두면 유용하다. 다음은 내장 자바 Collector 인터페이스다.

```
public interface Collector<T, A, R> {
  Supplier<A> supplier();
  BiConsumer<A, T> accumulator();
  BinaryOperator<A> combiner();
  Function<A, R> finisher();
  Set<Characteristics> characteristics();
  ...
}
```

맞춤형 컬렉터를 작성하려면 T, A, R이 무엇을 뜻하는지 잘 알아야 한다.

- T는 Stream 내 원소들(앞으로 모을 원소들)의 타입을 나타낸다.
- A는 컬렉션 프로세스 중에 쓰였던 객체 타입을 나타내며, 스트림 원소를 **가변 결과 컨테이너** (mutable result container)에 누적할 때 사용해 **누산기**(accumulator)라고도 부른다.
- R은 컬렉션 프로세스가 끝난 후 (최종 결과의) 객체 타입을 나타낸다.

컬렉터는 누산기 자체를 최종 결과로 반환할 수도 있고, 필요에 따라 누산기를 변형해 최종 결과를 반환하기도 한다(필요에 따라 중간 누적 타입 A에서 최종 결과 타입 R로 최종 변형을 수행한다).

다시 문제로 돌아가 T는 Melon, A는 Map<Boolean, List<Melon>>, R은 Map<Boolean, List<Map>> 이다. 컬렉터는 Function.identity()를 사용해 누산기 자체를 최종 결과로 반환한다. 이 맞춤형 컬렉터는 아래처럼 시작한다.

```
public class MelonCollector implements
  Collector<Melon, Map<Boolean, List<Melon>>,
    Map<Boolean, List<Melon>>> {
  ...
}
```

Collector에는 함수 4개를 명시한다. 이 함수들이 서로 협력해 항목을 가변 결과 컨테이너에 누적하고 필요에 따라 결과를 최종 변형한다. 각 함수는 다음과 같다.

- 새 빈 가변 결과 컨테이너를 생성한다(supplier()).
- 새 데이터 원소를 가변 결과 컨테이너에 포함시킨다(accumulator()).
- 두 가변 결과 컨테이너를 하나로 합친다(combiner()).

- 필요에 따라 가변 결과 컨테이너를 최종 변형해 최종 결과를 얻는다(finisher()).

또한 마지막 메서드인 characteristics().Set<Characteristics>는 컬렉터의 동작을 정의하며, 다음 3개의 값을 포함할 수 있다.

- UNORDERED: 원소를 누적하거나 모으는 순서가 최종 결과에 영향을 미치지 않는다.

- CONCURRENT: 다수의 스레드를 동시에 실행해 스트림의 원소를 누적할 수 있다(마지막에 컬렉터가 병렬 스트림 리덕션을 수행한다. 스트림 병렬 처리로 생긴 여러 컨테이너를 하나의 결과 컨테이너로 합친다. 단, 애초에 정렬되지 않은 데이터 소스이든지 아니면 UNORDERED 플래그를 명시해야 한다).

- IDENTITY_FINISH: 누산기 자체가 최종 결과라는 뜻이다(즉, A를 R로 캐스팅할 수 있다). 이때 finisher()는 호출되지 않는다.

193.1 공급자 – Supplier⟨A⟩ supplier();

supplier의 역할은 (매 호출마다) 빈 가변 결과 컨테이너의 Supplier를 반환하는 것이다.

문제에서 결과 컨테이너는 Map⟨Boolean, List⟨Melon⟩⟩ 타입이므로 supplier()를 다음과 같이 구현한다.

```
@Override
public Supplier<Map<Boolean, List<Melon>>> supplier() {
  return () -> {
    return new HashMap<Boolean, List<Melon>> () {
      {
        put(true, new ArrayList<>());
        put(false, new ArrayList<>());
      }
    };
  };
}
```

병렬 실행에서는 위 메서드가 여러 번 호출될 수 있다.

193.2 원소 누적 – BiConsumer⟨A, T⟩ accumulator();

accumulator() 메서드는 리덕션 연산을 수행할 함수를 반환한다. 이 함수가 두 입력 인수를 받아 어떤 결과도 반환하지 않는 연산인 BiConsumer다. 첫 번째 입력 인수는 현재 결과 컨테이너(지금까지의 리덕션 결과)고, 두 번째 입력 인수는 스트림의 현재 원소다. 함수는 순회 중인 원소 또는 이 원소를 순회한 결과를 누적해 결과 컨테이너를 수정한다. 문제의 accumulator()는 현재 순회 중인 원소를 두 ArrayList 중 하나에 더한다.

```
@Override
public BiConsumer<Map<Boolean, List<Melon>>, Melon> accumulator() {
  return (var acc, var melon) -> {
    acc.get(melon.getWeight() > 2000).add(melon);
  };
}
```

193.3 최종 변형 – Function<A, R> finisher();

finisher() 메서드는 누적 프로세스 마지막에 적용할 함수를 반환한다. 이 메서드를 호출하는 시점에는 더 이상 순회할 원소가 스트림에 남아 있지 않다. 모든 원소가 중간 누적 타입 A에서 최종 결과 타입 R로 변환된다. 변환하지 않아도 되면 중간 결과(누산기 자체)를 반환한다.

```
@Override
public Function<Map<Boolean, List<Melon>>,
    Map<Boolean, List<Melon>>> finisher() {
  return Function.identity();
}
```

193.4 컬렉터 병렬화 – BinaryOperator<A> combiner();

스트림을 병렬로 처리하는 경우 여러 스레드(누산기)에서 부분 결과 컨테이너를 생성한다. 마지막에 이러한 부분 결과를 하나로 병합해야 한다. 이것이 combiner()의 역할이다. 문제에서 combiner() 메서드는 두 맵을 병합해야 한다. 두 번째 Map의 두 리스트에 있는 값을 첫 번째 Map 내 대응하는 리스트에 추가해 두 맵을 병합해야 한다.

```
@Override
public BinaryOperator<Map<Boolean, List<Melon>>> combiner() {
  return (var map, var addMap) -> {
    map.get(true).addAll(addMap.get(true));
    map.get(false).addAll(addMap.get(false));

    return map;
  };
}
```

193.5 최종 결과 반환 – Function⟨A, R⟩ finisher;

최종 결과는 finisher() 메서드에서 계산한다. 문제에서는 누산기를 더 변환하지 않아도 되므로 단순히 Function.identity()를 반환한다.

```
@Override
public Function<Map<Boolean, List<Melon>>,
    Map<Boolean, List<Melon>>> finisher() {
  return Function.identity();
}
```

193.6 특징 – Set⟨Characteristics⟩ characteristics( );

끝으로 사용하는 컬렉터가 IDENTITY_FINISH와 CONCURRENT라고 알린다.

```
@Override
public Set<Characteristics> characteristics() {
  return Set.of(IDENTITY_FINISH, CONCURRENT);
}
```

이 책의 예제 코드에서는 앞서 나온 모든 코드를 한데 모아 MelonCollector라는 클래스로 제공하고 있다.

193.7 테스트

new 키워드로 MelonCollector를 사용할 수 있다.

```
Map<Boolean, List<Melon>> melons2000 = melons.stream()
  .collect(new MelonCollector());
```

출력은 다음과 같다.

```
{
  false = [Crenshaw(1200 g),Hemi(1600 g),Gac(1200 g),Horned(1700 g)],
  true = [Gac(3000 g),Hemi(2600 g),Apollo(2600 g),
}
```

parallelStream()으로도 할 수 있다.

```
Map<Boolean, List<Melon>> melons2000 = melons.parallelStream()
  .collect(new MelonCollector());
```

combiner() 메서드를 사용하면 출력은 다음과 같다.

```
{false = [], true = [Hemi(2600g)]}
    ForkJoinPool.commonPool - worker - 7
...
{false = [Horned(1700g)], true = []}
    ForkJoinPool.commonPool - worker - 15
{false = [Crenshaw(1200g)], true = [Gac(3000g)]}
    ForkJoinPool.commonPool - worker - 9
...
{false = [Crenshaw(1200g), Hemi(1600g), Gac(1200g), Horned(1700g)],
true = [Gac(3000g), Hemi(2600g), Apollo(2600g),
        Gac(3000g), Hemi(2600g)]}
```

193.8 collect()로 맞춤형 컬렉팅

IDENTITY_FINISH 컬렉션 연산인 경우, 맞춤형 컬렉터를 구하는 해법이 최소 하나 이상이다. 다음 메서드를 사용하면 된다.

```
<R> R collect(Supplier<R> supplier, BiConsumer<R, ? super T> accumulator,
BiConsumer<R, R> combiner)
```

위 collect()는 IDENTITY_FINISH 컬렉션 연산에 한해 잘 동작하며 공급자, 누산기, 컴바이너를 제공한다.

몇 가지 예제를 살펴보자.

```
List<String> numbersList = Stream.of("One", "Two", "Three")
  .collect(ArrayList::new, ArrayList::add,
    ArrayList::addAll);

Deque<String> numbersDeque = Stream.of("One", "Two", "Three")
  .collect(ArrayDeque::new, ArrayDeque::add,
    ArrayDeque::addAll);

String numbersString = Stream.of("One", "Two", "Three")
  .collect(StringBuilder::new, StringBuilder::append,
    StringBuilder::append).toString();
```

위 예제를 바탕으로 collect()에 전달할 메서드 참조로 사용하기 알맞은 서명을 가진 JDK 클래스를 더 찾아낼 수 있다.

194 메서드 참조

다음 Melon 클래스와 Melon List를 예로 살펴보자.

```java
public class Melon {
  private final String type;
  private int weight;

  public static int growing100g(Melon melon) {
    melon.setWeight(melon.getWeight() + 100);

    return melon.getWeight();
  }

  // 이하 생성자, 게터, 세터, equals(),
  // hashCode(), toString() omitted for brevity
}

List<Melon> melons = Arrays.asList(
  new Melon("Crenshaw", 1200), new Melon("Gac", 3000),
  new Melon("Hemi", 2600), new Melon("Hemi", 1600));
```

간단히 말해 **메서드 참조**(method reference)는 람다식의 단축키 같은 것이다.

메서드 참조는 메서드 호출 방법에 대한 설명 대신 이름으로 메서드를 호출하는 기법이다. 가장 큰 이점은 가독성이다.

구분자 :: 앞에 타깃 참조를, 뒤에 메서드명을 넣어 메서드 참조를 작성한다.

네 가지 종류의 메서드 참조를 알아보겠다.

194.1 정적 메서드 참조

static 메서드인 growing100g()으로 melons 리스트의 각 Melon에 100g을 더할 수 있다.

- 메서드 참조를 사용하지 않는 코드

  ```java
  melons.forEach(m -> Melon.growing100g(m));
  ```

- 메서드 참조를 사용하는 코드

  ```java
  melons.forEach(Melon::growing100g);
  ```

194.2 인스턴스 메서드 참조

Melon의 Comparator를 다음과 같이 정의하겠다.

```
public class MelonComparator implements Comparator {
  @Override
  public int compare(Object m1, Object m2) {
    return Integer.compare(((Melon) m1).getWeight(),
      ((Melon) m2).getWeight());
  }
}
```

이제 위 클래스를 참조해보자.

- 메서드 참조를 사용하지 않는 코드

```
MelonComparator mc = new MelonComparator();

List<Melon> sorted = melons.stream()
  .sorted((Melon m1, Melon m2) -> mc.compare(m1, m2))
  .collect(Collectors.toList());
```

- 메서드 참조를 사용하는 코드

```
List<Melon> sorted = melons.stream()
  .sorted(mc::compare)
  .collect(Collectors.toList());
```

물론 Integer.compare()도 직접 호출할 수 있다.

- 메서드 참조를 사용하지 않는 코드

```
List<Integer> sorted = melons.stream()
  .map(m -> m.getWeight())
  .sorted((m1, m2) -> Integer.compare(m1, m2))
  .collect(Collectors.toList());
```

- 메서드 참조를 사용하는 코드

```
List<Integer> sorted = melons.stream()
  .map(m -> m.getWeight())
  .sorted(Integer::compare)
  .collect(Collectors.toList());
```

194.3 생성자 메서드 참조

생성자는 new 키워드로 참조한다.

```
BiFunction<String, Integer, Melon> melonFactory = Melon::new;
Melon hemi1300 = melonFactory.apply("Hemi", 1300);
```

생성자 메서드 참조에 대한 자세한 설명과 예제는 8장의 169. **팩터리 패턴 구현** 절을 참고한다.

195 스트림 병렬 처리

간단히 요약하면 스트림 병렬 처리는 다음 세 단계를 따르는 프로세스다.

1. 스트림 원소를 여러 덩어리로 분할

2. 각 덩어리를 별개의 스레드에서 처리

3. 처리 결과를 하나의 결과로 합치기

10장과 11장에서 설명할 ForkJoinPool 디폴트 메서드가 위 세 단계를 내부적으로 처리한다.

일반적으로 병렬 처리는 **상태가 없는**(stateless)(원소의 상태가 다른 원소에 영향을 주지 않는다), **비간섭**(non-interfering)(데이터 소스가 영향을 받지 않는다), **결합**(associative)(결과가 피연산자의 순서에 영향을 받지 않는다) 연산에만 적용할 수 있다.

실수(double) 리스트의 원소를 합하는 문제를 가정해보자.

```
Random rnd = new Random();
List<Double> numbers = new ArrayList<>();

for (int i = 0; i < 1 _000_000; i++) {
  numbers.add(rnd.nextDouble());
}
```

스트림으로 곧장 처리할 수도 있다.

```
DoubleStream.generate(() -> rnd.nextDouble()).limit(1_000_000)
```

순차 방식에서는 다음과 같이 구한다.

```
double result = numbers.stream()
  .reduce((a, b) -> a + b).orElse(-1d);
```

(장비에 코어가 여러 개여도) 위 연산은 그림 9-17처럼 코어 하나에서 내부적으로 수행된다.

◆ 그림 9-17

병렬화를 활용하기 좋은 문제이니 stream() 대신 parallelStream()을 호출해보자.

```
double result = numbers.parallelStream()
    .reduce((a, b) -> a + b).orElse(-1d);
```

parallelStream()을 호출하면 자바가 직접 나서서 다수의 스레드로 스트림을 처리한다. 또한 parallel() 메서드로도 병렬화할 수 있다.

```
double result = numbers.stream()
    .parallel()
    .reduce((a, b) -> a + b).orElse(-1d);
```

그림 9-18처럼 포크(fork)와 조인(join)으로 처리된다(각 코어마다 스레드가 하나다).

◆ 그림 9-18

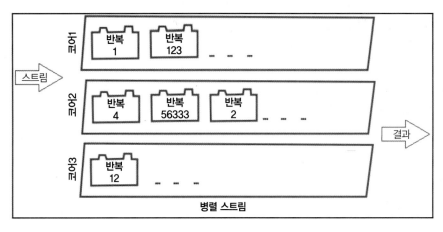

그림 9-19는 reduce() 관점에서 본 병렬화다.

▼ 그림 9–19

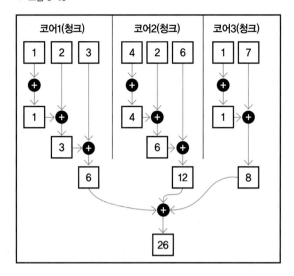

기본적으로 자바 ForkJoinPool은 프로세서 수만큼 스레드를 가져오려 한다.

```
int noOfProcessors = Runtime.getRuntime().availableProcessors();
```

(모든 병렬 스트림이 사용하도록) 전역으로 스레드 수를 설정할 수 있다.

```
System.setProperty(
  "java.util.concurrent.ForkJoinPool.common.parallelism", "10");
```

혹은 다음과 같이 특정 병렬 스트림에만 스레드 수를 설정할 수 있다.

```
ForkJoinPool customThreadPool = new ForkJoinPool(5);

double result = customThreadPool.submit(
  () -> numbers.parallelStream()
    .reduce((a, b) -> a + b)).get().orElse(-1d);
```

스레드 수 설정은 중요한 결정이다. 환경에 맞는 최적의 스레드 수를 찾기란 쉽지 않으며, 대부분의 시나리오에는 기본 설정(스레드 수 = 프로세서 수)이 가장 알맞다.

> TIP ≡ 병렬화를 활용하기 좋은 문제였으나 병렬 처리가 만병통치약은 아니다. 순차 처리와 병렬 처리를 벤치마킹하고 비교해서 병렬 처리를 수행할지 결정해야 한다. 일반적으로 말해 병렬 처리는 거대한 데이터 세트에 더 알맞다.

스레드 수가 많다고 처리가 빠를 것이라는 함정에 빠지지 말자. 다음과 같이 되어서는 안 된다(아래 수치는 8코어 장비에서의 지표일 뿐이다).

```
5 threads (~40 ms)
20 threads (~50 ms)
100 threads (~70 ms)
1000 threads (~ 250 ms)
```

195.1 Spliterator

자바 Spliterator 인터페이스(혹은 **분할할 수 있는 반복자**(splittable iterator))는 소스(컬렉션이나 스트림)의 원소를 병렬로 순회하는 인터페이스다. Spliterator 인터페이스는 다음 메서드를 정의한다.

```
public interface Spliterator<T> {
    boolean tryAdvance(Consumer<? super T> action);
    Spliterator<T> trySplit();
    long estimateSize();
    int characteristics();
}
```

정수 10개 리스트를 예로 살펴보자.

```
List<Integer> numbers = Arrays.asList(1, 2, 3, 4, 5, 6, 7, 8, 9, 10);
```

다음은 위 리스트의 Spliterator 인터페이스다.

```
Spliterator<Integer> s1 = numbers.spliterator();
```

스트림에도 똑같이 할 수 있다.

```
Spliterator<Integer> s1 = numbers.stream().spliterator();
```

첫 번째 원소로 가려면(순회하려면) tryAdvance() 메서드를 호출해야 한다.

```
s1.tryAdvance(e
    -> System.out.println("Advancing to the
        first element of s1: " + e));
```

아래처럼 출력된다.

```
Advancing to the first element of s1: 1
```

Spliterator는 estimateSize() 메서드로 아직 순회하지 않은 원소 수를 추정할 수 있다.

```
System.out.println("\nEstimated size of s1: " + s1.estimateSize());
```

출력은 다음과 같다(원소 하나를 순회했으니 9개 남았다).

```
Estimated size of s1: 9
```

이제 Spliterator 인터페이스의 trySplit() 메서드로 s1을 분할할 수 있다. 결과는 또 다른 Spliterator 인터페이스다.

```
Spliterator<Integer> s2 = s1.trySplit();
```

원소 수를 검사해보면 trySplit()이 어떻게 동작했는지 알 수 있다.

```
System.out.println("Estimated size s1: " + s1.estimateSize());
System.out.println("Estimated size s2: " + s2.estimateSize());
```

출력은 다음과 같다.

```
Estimated size s1: 5
Estimated size s2: 4
```

s1과 s2의 원소를 출력하려면 forEachRemaining()을 호출한다.

```
s1.forEachRemaining(System.out::println); // 6, 7, 8, 9, 10
s2.forEachRemaining(System.out::println); // 2, 3, 4, 5
```

Spliterator 인터페이스는 몇 가지 특성을 나타내는 상수 묶음을 정의한다(CONCURRENT(4096), DISTINCT(1), IMMUTABLE(1024), NONNULL(256), ORDERED(16), SIZED(64), SORTED(4), SUBSIZED(16384)).

characteristics() 메서드로 이러한 특성(characteristic)을 출력할 수 있다.

```
System.out.println(s1.characteristics()); // 16464
System.out.println(s2.characteristics()); // 16464
```

간단히 hasCharacteristics()로 특정 특성을 띠는지 테스트할 수 있다.

```
if (s1.hasCharacteristics(Spliterator.ORDERED)) {
  System.out.println("ORDERED");
}
```

```
if (s1.hasCharacteristics(Spliterator.SIZED)) {
  System.out.println("SIZED");
}
```

195.2 맞춤형 Spliterator 작성

맞춤형 Spliterator를 일상적으로 작성하지는 않으나 어떤 이유로 표의문자(ideographic character)
(Chinese, Japanese, Korean, Vietnamese, CJKV)와 비표의문자를 포함하는 문자열을 처리
해야 하는 프로젝트에 착수했다고 하자. 문자열을 병렬로 처리하고 싶다. 이렇게 하려면 표의문자
가 나타난 위치에서만 문자를 분할해야 한다.

기본 Spliterator로는 원하는 동작을 수행할 수 없으니 맞춤형 Spliterator를 작성해야 한다.
즉, Spliterator 인터페이스를 구현하고 몇몇 메서드를 구현해야 한다. 구현은 이 책의 예제 코드
에서 확인한다. IdeographicSpliterator 소스 코드를 열어 옆에 두고 보면서 계속 읽자.

구현의 핵심은 trySplit() 메서드다. 이 메서드에서 현재 문자열을 반으로 쪼갤 표의문자를 찾을
때까지 계속 순회한다. 진행 상황을 확인할 수 있게 다음 행을 추가했다.

```
System.out.println("Split successfully at character: "
  + str.charAt(splitPosition));
```

다음은 표의문자를 포함하는 문자열이다.

```
String str = "Character Information 字 Development and Maintenance " + "Project 盤 for
e-Government MojiJoho-Kiban 事 Project";
```

위 문자열의 병렬 스트림을 생성해 IdeographicSpliterator를 실행시킨다.

```
Spliterator<Character> spliterator = new IdeographicSpliterator(str);
Stream<Character> stream = StreamSupport.stream(spliterator, true);

// spliterator를 실행시킨다
stream.collect(Collectors.toList());
```

출력해보면 표의문자를 포함하는 위치에서만 분할이 일어남을 알 수 있다.

```
Split successfully at character: 盤
Split successfully at character: 事
```

196 널 안전 스트림

null을 포함할 수 있는 원소들의 Stream을 생성할 때는 Optional.ofNullable()이나 혹은 더 나은 방법인 JDK 9의 Stream.ofNullable()을 이용한다.

- static <T> Stream<T> ofNullable(T t)

위 메서드는 원소 하나(T)를 받아 이 원소를 포함하는 순차 Stream(Stream<T>)를 반환한다. 그렇지 않고 null이 아니면 빈 Stream을 반환한다.

예를 들어 Stream.ofNullable() 호출을 감싸는 헬퍼 메서드를 아래처럼 작성할 수 있다.

```
public static <T> Stream<T> elementAsStream(T element) {
  return Stream.ofNullable(element);
}
```

위 메서드를 AsStreams라는 유틸리티 클래스에 넣어 다음과 같이 호출해보자.

```
// 0
System.out.println("Null element: "
  + AsStreams.elementAsStream(null).count());

// 1
System.out.println("Non null element: "
  + AsStreams.elementAsStream("Hello world").count());
```

null을 전달했더니 빈 스트림을 반환했다(count() 메서드가 0을 반환한다)!

원소가 컬렉션일 때는 더 흥미롭다. 다음 리스트를 예로 살펴보자(이 리스트는 null 값을 몇 개 포함한다).

```
List<Integer> ints = Arrays.asList(5, null, 6, null, 1, 2);
```

이제 T가 컬렉션일 때 Stream<T>를 반환하는 헬퍼 메서드를 작성해보자.

```
public static <T> Stream<T> collectionAsStreamWithNulls(
    Collection<T> element) {
  return Stream.ofNullable(element).flatMap(Collection::stream);
}
```

위 메서드에 null을 전달해 호출하면 빈 스트림이 나온다.

```
// 0
System.out.println("Null collection: "
  + AsStreams.collectionAsStreamWithNulls(null).count());
```

ints 리스트로 호출하면 Stream<Integer>가 나온다.

```
// 6
System.out.println("Non-null collection with nulls: "
  + AsStreams.collectionAsStreamWithNulls(ints).count());
```

스트림이 5, null, 6, null, 1, 2의 원소 6개(원래 리스트의 모든 원소)를 포함함에 주목하자.

컬렉션 자체는 null이 아닌데 컬렉션이 null 값을 포함할 수 있으면 다음과 같이 헬퍼 메서드를 작성한다.

```
public static <T> Stream<T> collectionAsStreamWithoutNulls(
    Collection<T> collection) {
  return collection.stream().flatMap(e -> Stream.ofNullable(e));
}
```

이번에는 컬렉션 자체가 null이면 코드에서 NullPointerException을 던진다. 하지만 ints를 전달하면 null 값이 없는 Stream<Integer>가 나온다.

```
// 4
System.out.println("Non-null collection without nulls: "
  + AsStreams.collectionAsStreamWithoutNulls(ints).count());
```

반환된 스트림은 5, 6, 1, 2의 원소 4개만 포함한다.

끝으로 컬렉션 자체가 null일 수도 있고 null 값을 포함할 수도 있으면 널 안전(null-safe) 스트림을 반환하는 다음 헬퍼 메서드가 알맞다.

```
public static <T> Stream<T> collectionAsStream(
    Collection<T> collection) {
  return Stream.ofNullable(collection)
    .flatMap(Collection::stream)
    .flatMap(Stream::ofNullable);
}
```

null을 전달하면 빈 스트림이 나온다.

```
// 0
System.out.println(
  "Null collection or non-null collection with nulls: "
    + AsStreams.collectionAsStream(null).count());
```

ints 리스트를 전달하면 null 값이 없는 Stream<Integer> 스트림이 나온다.

```
// 4
System.out.println(
  "Null collection or non-null collection with nulls: "
    + AsStreams.collectionAsStream(ints).count());
```

197 함수, 프레디케이트, 비교자 구성

복합적인 기준을 일제히 적용해야 할 때 함수, 프레디케이트, 비교자 구성(또는 연결)을 사용해
작성한다.

197.1 프레디케이트 구성

다음 Melon 클래스와 Melon List를 예로 살펴보자.

```
public class Melon {
  private final String type;
  private final int weight;

  // 이하 생성자, 게터, 세터, equals(),
  // hashCode(), toString() 생략
}

List<Melon> melons = Arrays.asList(new Melon("Gac", 2000),
  new Melon("Horned", 1600), new Melon("Apollo", 3000),
  new Melon("Gac", 3000), new Melon("Hemi", 1600));
```

Predicate 인터페이스가 제공하는 3개의 메서드는 Predicate를 받아 보다 강화된 Predicate를
반환한다. 각각 and(), or(), negate() 메서드다.

예를 들어 2000그램보다 무거운 멜론을 필터링하고 싶다고 하자. 다음과 같이 Predicate를 작성
할 수 있다.

```
Predicate<Melon> p2000 = m -> m.getWeight() > 2000;
```

이제 p2000에서 품종이 Gac이나 Apollo인 멜론만 필터링하도록 이 Predicate를 강화하고 싶다. 이럴 때 and()와 or() 메서드를 사용한다.

```
Predicate<Melon> p2000GacApollo
  = p2000.and(m -> m.getType().equals("Gac"))
    .or(m -> m.getType().equals("Apollo"));
```

a, b, c가 각각 다음과 같을 때, 왼쪽에서 오른쪽으로 a && (b || c)와 같이 해석한다.

- a는 m -> m.getWeight() > 2000
- b는 m -> m.getType().equals("Gac")
- c는 m -> m.getType().equals("Apollo")

같은 방법으로 기준을 더 추가할 수 있다.

위 Predicate를 filter()에 전달해보자.

```
// Apollo(3000g), Gac(3000g)
List<Melon> result = melons.stream()
  .filter(p2000GacApollo)
  .collect(Collectors.toList());
```

이번에는 앞서 만든 복잡한 프레디케이트의 부정을 구해보자. !a && !b !c나 이와 비슷한 반대식으로 다시 작성하기는 상당히 번거롭다. negate() 메서드를 호출하는 방법이 좀 더 낫다.

```
Predicate<Melon> restOf = p2000GacApollo.negate();
```

위 Predicate를 filter()에 전달해보자.

```
// Gac(2000g), Horned(1600g), Hemi(1600g)
List<Melon> result = melons.stream()
  .filter(restOf)
  .collect(Collectors.toList());
```

JDK 11부터는 not() 메서드에 인수로 전달해 Predicate를 부정할 수 있다. not()을 사용해 2000 그램보다 가볍거나 같은 멜론을 필터링해보자.

```java
Predicate<Melon> pNot2000 = Predicate.not(m -> m.getWeight() > 2000);

// Gac(2000g), Horned(1600g), Hemi(1600g)
List<Melon> result = melons.stream()
  .filter(pNot2000)
  .collect(Collectors.toList());
```

197.2 비교자 구성

프레디케이트 구성에서 예로 들었던 Melon 클래스와 Melon List를 그대로 사용하겠다.

먼저 Comparator.comparing()을 사용해 무게로 Melon List를 정렬해보자.

```java
Comparator<Melon> byWeight = Comparator.comparing(Melon::getWeight);

// Horned(1600g), Hemi(1600g), Gac(2000g), Apollo(3000g), Gac(3000g)
List<Melon> sortedMelons = melons.stream()
  .sorted(byWeight)
  .collect(Collectors.toList());
```

품종으로도 리스트를 정렬할 수 있다.

```java
Comparator<Melon> byType = Comparator.comparing(Melon::getType);

// Apollo(3000g), Gac(2000g), Gac(3000g), Hemi(1600g), Horned(1600g)
List<Melon> sortedMelons = melons.stream()
  .sorted(byType)
  .collect(Collectors.toList());
```

정렬 순서를 뒤집으려면 reversed()를 호출한다.

```java
Comparator<Melon> byWeight
  = Comparator.comparing(Melon::getWeight).reversed();
```

아주 순조롭다!

이제 무게와 품종으로 리스트를 정렬해보자. 즉, 두 멜론의 무게가 같으면(예를 들어 Horned(1600g)과 Hemi(1600g)) 품종에 따라 정렬한다(Hemi(1600g)과 Horned(1600g)으로 정렬). 단순한 방법으로 시작해보자.

```
// Apollo(3000g), Gac(2000g), Gac(3000g), Hemi(1600g), Horned(1600g)
List<Melon> sortedMelons = melons.stream()
  .sorted(byWeight)
  .sorted(byType)
  .collect(Collectors.toList());
```

원하던 결과가 나오지 않는다. 비교자가 서로 다른 리스트에 적용됐기 때문이다. byWeight 비교자는 원래 리스트에 적용되지만 byType 비교자는 byWeight의 출력에 적용된다. 사실상 byType이 byWeight를 무효화하는 셈이다.

문제를 해결할 열쇠는 Comparator.thenComparing() 메서드다. 이 메서드는 비교자를 연결해준다.

```
Comparator<Melon> byWeightAndType
  = Comparator.comparing(Melon::getWeight)
    .thenComparing(Melon::getType);

// Hemi(1600g), Horned(1600g), Gac(2000g), Apollo(3000g), Gac(3000g)
List<Melon> sortedMelons = melons.stream()
  .sorted(byWeightAndType)
  .collect(Collectors.toList());
```

위 코드에 쓰인 thenComparing()은 Function을 인수로 받는다. 이 Function으로 Comparable 정렬 키를 추출한다. 앞선 Comparator에서 두 동등 객체를 발견했을 때만 반환된 Comparator를 적용한다.

Comparator를 인수로 받는 thenComparing()도 있다.

```
Comparator<Melon> byWeightAndType =
Comparator.comparing(Melon::getWeight)
  .thenComparing(Comparator.comparing(Melon::getType));
```

끝으로 다음 Melon List를 살펴보자.

```
List<Melon> melons = Arrays.asList(new Melon("Gac", 2000),
  new Melon("Horned", 1600), new Melon("Apollo", 3000),
  new Melon("Gac", 3000), new Melon("hemi", 1600));
```

일부러 마지막 Melon에 오타를 넣었다. 품종이 소문자로 시작한다. byWeightAndType 비교자를 사용하면 출력은 다음과 같다.

```
Horned(1600g), hemi(1600g), ...
```

사전 순 비교자인 byWeightAndType을 사용하면 Horned가 hemi 앞에 놓인다. 따라서 대소문자 구분 없이 품종에 따라 정렬할 때 유용하다. 문제를 정교하게 해결하려면 Function과 Comparator를 인수로 전달하는 또 다른 종류의 thenComparing()을 활용한다. 전달된 Function은 Comparable 정렬 키를 추출하고 주어진 Comparator는 정렬 키를 비교한다.

```
Comparator<Melon> byWeightAndType =
Comparator.comparing(Melon::getWeight)
   .thenComparing(Melon::getType, String.CASE_INSENSITIVE_ORDER);
```

결과는 다음과 같다(이제 정상으로 돌아왔다).

```
hemi(1600g), Horned(1600g),...
```

Info ≡ int, long, double에는 comparingInt(), comparingLong(), comparingDouble(), thenComparingInt(), thenComparingLong(), thenComparingDouble()이 있다. comparing()과 thenComparing() 메서드에서 지원하는 메서드 종류가 같다.

197.3 함수 구성

Function 인터페이스로 나타낸 람다식을 Function.andThen()과 Function.compose() 메서드로 구성할 수 있다.

andThen(Function<? super R, ? extends V> after)는 다음을 수행하는 Function을 구성해 반환한다.

- 함수를 입력에 적용한다.
- 결과에 after 함수를 적용한다.

예제 몇 개를 살펴보자.

```
Function<Double, Double> f = x -> x * 2;
Function<Double, Double> g = x -> Math.pow(x, 2);
Function<Double, Double> gf = f.andThen(g);
double resultgf = gf.apply(4d); // 64.0
```

함수 f를 입력(4)에 적용한다. 결과는 8이다(f(4) = 4 * 2). 이 결과가 곧 두 번째 함수 g의 입력이다. g를 적용한 결과는 64다(g(8) = Math.pow(8, 2)). 그림 9-20은 입력 1, 2, 3, 4가 어떻게 바뀌는지 보여준다.

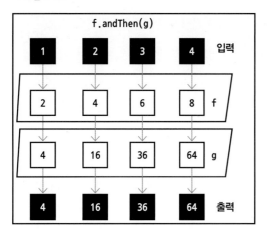

♥ 그림 9-20

즉, g(f(x))와 같다. 그 반대인 f(g(x))도 Function.compose()로 만들 수 있다. 이렇게 구성해 반환한 함수는 입력에 사전 함수(before function)를 적용한 후 그 결과에 다시 함수(this function)를 적용한다.

```
double resultfg = fg.apply(4d); // 32.0
```

함수 g를 입력(4)에 적용한다. 결과는 16이다(g(4) = Math.pow(4, 2)). 이 결과가 곧 두 번째 함수 f의 입력이다. f를 적용한 결과는 32다(f(16) = 16 * 2). 그림 9-21은 입력 1, 2, 3, 4가 어떻게 바뀌는지 보여준다.

♥ 그림 9-21

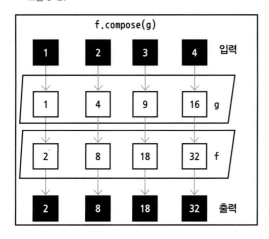

같은 원리로 addIntroduction(), addBody(), addConclusion() 메서드를 구성해 기사를 편집하는 애플리케이션을 개발할 수 있다. 이 책의 예제 코드에 구현되어 있으니 찾아보기 바란다.

위 과정을 구성 프로세스에 따라 적절히 조정하면 다른 파이프라인도 작성할 수 있다.

198 디폴트 메서드

자바 8부터 디폴트 메서드가 추가됐다. 인터페이스가 단순히 추상 계약(추상 메서드만 포함) 이상의 역할을 할 수 있도록 지원하기 위해서다. 이러한 기능은 라이브러리를 작성하거나 API를 호환시키려는 개발자에게 아주 유용하다. 디폴트 메서드를 사용함으로써 기존 구현에 지장 없이 인터페이스를 향상시킬 수 있다.

디폴트 메서드는 인터페이스에 직접 구현하며 default 키워드로 표시한다.

다음은 area()라는 추상 메서드와 perimeter()라는 디폴트 메서드를 정의하는 인터페이스다.

```
public interface Polygon {
  public double area();

  default double perimeter(double... segments) {
    return Arrays.stream(segments)
      .sum();
  }
}
```

일반적인 다각형(예를 들어 정사각형)의 둘레는 각 변의 합이므로 위 인터페이스에 구현할 수 있다. 반면, 넓이 공식은 다각형마다 달라서 기본 구현이 별로 의미가 없다.

Polygon을 구현한 Square 클래스를 정의해보자. 둘레로 정사각형의 넓이를 나타내는 것이 목표다.

```
public class Square implements Polygon {
  private final double edge;

  public Square(double edge) {
    this.edge = edge;
  }

  @Override
  public double area() {
```

```
    return Math.pow(perimeter(edge, edge, edge, edge) / 4, 2);
  }
}
```

다른 다각형(사각형이나 삼각형 등)도 Polygon을 구현해서 기본 구현으로 계산한 둘레를 이용해 넓이를 계산할 수 있다.

하지만 디폴트 메서드의 기본 구현을 오버라이딩해야 하는 경우도 있다. Square 클래스의 perimeter() 메서드를 오버라이딩해보자.

```
@Override
public double perimeter(double...segments) {
  return segments[0] * 4;
}
```

이제 다음과 같이 perimeter()를 호출한다.

```
@Override
public double area() {
  return Math.pow(perimeter(edge) / 4, 2);
}
```

9.3 / 요약

JAVA CODING PROBLEMS

여기까지다! 9장에서는 무한 스트림, 널 안전 스트림, 디폴트 메서드를 다뤘다. JDK 12 teeing() 컬렉터와 맞춤형 컬렉터 작성을 포함해 그루핑, 파티셔닝, 컬렉터까지 폭넓게 살펴봤다. 뿐만 아니라 takeWhile(), dropWhile()을 비롯해 함수, 프레디케이트, 비교자 구성, 람다 테스트와 디버깅 외 여러 가지 멋진 주제도 다뤘다.

9장의 애플리케이션을 다운로드해서 결과와 추가적인 세부 사항을 확인하자.

memo

10장

동시성 –
스레드 풀, 콜러블,
싱크로나이저

10장에서는 자바 동시성을 다루는 14개의 문제를 살펴본다. 먼저 스레드 생명 주기와 객체 및 클래스 레벨 잠금을 다루는 기초적인 문제로 시작한다. 이어서 JDK 8의 작업 가로채기 스레드 풀을 포함해 자바 스레드 풀 관련 문제를 살펴본다. Callable과 Future도 사용해본다. 다음으로 자바 싱크로나이저(배리어, 세마포어, 익스체인저 등)에 관한 문제를 다룬다. 10장을 끝내면 자바 동시성을 이루는 핵심 요소를 깊이 이해하게 되어 보다 고급 문제 집합으로 나아갈 준비가 된다.

10.1 / 문제

다음 문제를 통해 동시성을 프로그래밍하는 실력을 테스트해보자. 해답 페이지로 넘어가거나 예제 프로그램을 다운로드하기 전에 반드시 스스로 문제를 풀어보기 바란다.

199. **스레드 생명 주기 상태:** 스레드 생명 주기의 각 상태를 보여주는 몇 가지 프로그램을 작성하라.

200. **객체 레벨 잠금 대 클래스 레벨 잠금:** 스레드 동기화를 통해 객체 레벨 잠금과 클래스 레벨 잠금을 비교하는 몇 가지 예제를 작성하라.

201. **자바 스레드 풀:** 자바 스레드 풀을 간략히 설명하라.

202. **단일 스레드 풀:** 두 작업자가 전구를 검사하고 포장하는 생산 라인을 시뮬레이션하는 프로그램을 작성하라.

203. **고정된 수의 스레드 풀:** 다수의 작업자가 전구를 검사하고 포장하는 생산 라인을 시뮬레이션하는 프로그램을 작성하라.

204. **캐시와 스케줄 스레드 풀:** 필요한 만큼의 작업자를 사용해 전구를 검사하고 포장하는 생산 라인을 시뮬레이션하는 프로그램을 작성하라(예를 들어 포장 직원 수를 조정해(늘리거나 줄여) 검사 직원이 보내는 유입량을 소화한다).

205. **작업 가로채기 스레드 풀:** 작업 가로채기(work-stealing) 스레드 풀을 이용하는 프로그램을 작성하라. 구체적으로 낮에는 검사하고 밤에는 포장하는 방식으로 전구를 검사하고 포장하는 생산 라인을 시뮬레이션하는 프로그램을 작성하라. 검사 과정에서 매일 15,000,000개의 전구 큐가 생긴다.

206. Callable과 Future: Callable과 Future를 이용해 전구를 검사하고 포장하는 생산 라인을 시뮬레이션하는 프로그램을 작성하라.

207. 다수의 Callable 작업 호출: 낮에는 검사하고 밤에는 포장하는 방식으로 전구를 검사하고 포장하는 생산 라인을 시뮬레이션하는 프로그램을 작성하라. 검사 과정에서 매일 100개의 전구 큐가 생긴다. 포장 과정에서는 한 번에 모든 전구를 포장해 반납해야 한다. 즉, Callable 작업을 모두 제출하고 전부 완료될 때까지 기다려야 한다.

208. 래치: CountDownLatch로 서버 구동 프로세스를 시뮬레이션하는 프로그램을 작성하라. 내부 서비스를 모두 시작해야 서버를 구동했다고 간주한다. 서비스는 동시에 시작할 수 있으며 서로 독립적이다.

209. 배리어: CyclicBarrier로 서버 구동 프로세스를 시뮬레이션하는 프로그램을 작성하라. 내부 서비스를 모두 시작해야 서버를 구동했다고 간주한다. 서비스를 동시에 시작할 수 있으나 상호 독립적으로 실행되므로 시작할 준비가 되면 일제히 한 번에 시작해야 한다.

210. 익스체인저: Exchanger로 두 작업자가 전구를 검사하고 포장하는 생산 라인을 시뮬레이션하는 프로그램을 작성하라. 한 작업자(검사 직원)는 전구를 검사해 바구니에 넣는다. 바구니가 가득 차면 작업자는 바구니를 다른 작업자(포장 직원)에게 넘기고 빈 바구니를 받는다. 생산 라인이 중지될 때까지 이 과정을 반복한다.

211. 세마포어: 하루에 한 Semaphore를 사용하는 이발소 시뮬레이션 프로그램을 작성하라. 이발소는 한 번에 최대 3명의 손님을 받을 수 있다(좌석이 3개다). 이발소에 도착한 손님은 앉을 자리를 찾는다. 이발이 끝나면 자리에서 일어난다. 이발소에 왔는데 자리가 모두 차 있으면 어느 정도 기다린다. 정해진 시간이 지나도 자리가 나지 않으면 손님은 이발소를 나간다.

212. 페이저: Phaser를 사용해 서버 구동 프로세스를 세 단계로 시뮬레이션하는 프로그램을 작성하라. 내부 서비스 5개를 모두 시작해야 서버를 구동했다고 간주한다. 첫 번째 단계에서 동시에 세 서비스를 시작해야 한다. 두 번째 단계에서 동시에 두 서비스 이상을 시작해야 한다(처음 세 서비스가 이미 실행 중이어야 시작할 수 있다). 세 번째 단계에서 서버가 최종 체크인을 수행한 후 서버를 구동했다고 간주한다.

10.2 해법

앞서 나열한 문제의 해법을 설명하겠다. 그에 앞서 문제의 정답이 딱 하나인 경우는 드물다는 점을 잊지 말자. 또한 문제를 푸는 데 반드시 필요한 가장 흥미롭고 중요한 사항만 설명했음을 기억하자. 코드를 자세히 살펴보고 프로그램을 직접 실행하려면 https://github.com/gilbutITbook/080292 에서 예제 솔루션을 다운로드한다.

199 스레드 생명 주기 상태

자바는 Thread.State 열거형으로 스레드 상태를 정의한다. 다음 그림을 통해 여러 가지 자바 스레드 상태를 살펴보자.

❤ 그림 10-1

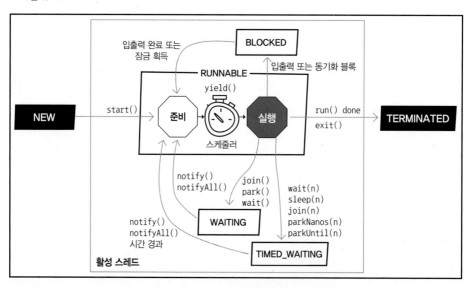

다음은 그림 10-1에 나오는 다양한 생명 주기 상태다.

- NEW 상태
- RUNNABLE 상태
- BLOCKED 상태

- WAITING 상태
- TIMED_WAITING 상태
- TERMINATED 상태

이어지는 절들에서 하나씩 알아보겠다.

199.1 NEW 상태

자바 스레드를 생성했으나 아직 시작 전이면 NEW 상태다(스레드 생성자는 NEW 상태로 스레드를 생성한다). start() 메서드를 호출하기 전까지 상태가 바뀌지 않는다. 이 책의 예제 코드에서 람다 등의 다양한 생성 기법으로 NEW 상태를 보여주는 코드를 제공한다. 여기서는 간단히 한 가지 방법만 보이겠다.

```
public class NewThread {
  public void newThread() {
    Thread t = new Thread(() -> {});
    System.out.println("NewThread: " + t.getState()); // NEW
  }
}

NewThread nt = new NewThread();
nt.newThread();
```

199.2 RUNNABLE 상태

start() 메서드를 호출하면 NEW에서 RUNNABLE 상태로 바뀐다. RUNNABLE 상태에서 스레드는 실행 중이거나 실행 준비가 된 상태다. 실행 준비가 된 스레드는 JVM 스레드 스케줄러가 스레드 실행에 필요한 자원과 시간을 할당할 때까지 기다린다. 프로세서를 사용할 수 있으면 스레드 스케줄러는 즉시 스레드를 실행한다.

다음 코드는 start()를 호출한 후 스레드 상태를 출력하므로 RUNNABLE을 출력해야 맞다. 하지만 스레드 스케줄러 내부 메커니즘으로 인해 보장되지 않는다.

```
public class RunnableThread {
  public void runnableThread() {
    Thread t = new Thread(() -> {});
    t.start();

    // RUNNABLE
    System.out.println("RunnableThread : " + t.getState());
  }
}

RunnableThread rt = new RunnableThread();
rt.runnableThread();
```

199.3 BLOCKED 상태

스레드는 I/O 작업 또는 동기화 블록을 실행할 때 BLOCKED 상태로 들어간다. 예를 들어 스레드 t2에서 이미 접근 중인 동기화 코드 블록에 스레드 t1이 들어가려 하면 t1은 잠금을 획득할 때까지 BLOCKED 상태로 들어간다.

위 시나리오를 코드로 표현하면 다음과 같다.

1. 두 스레드 t1과 t2를 생성한다.

2. start() 메서드로 t1을 시작한다.

   1. t1은 run() 메서드를 실행하고 동기화 메서드인 syncMethod()의 잠금을 획득한다.

   2. syncMethod()는 무한 루프를 포함하므로 t1이 무한히 갇힌다.

3. 2초(임의의 시간) 후 start() 메서드로 t2를 시작한다.

   1. t2는 run() 메서드를 실행하는데, syncMethod()의 잠금을 획득할 수 없으므로 BLOCKED 상태로 들어간다.

코드로는 다음과 같다.

```java
public class BlockedThread {
  public void blockedThread() {
    Thread t1 = new Thread(new SyncCode());
    Thread t2 = new Thread(new SyncCode());

    t1.start();
    Thread.sleep(2000);
    t2.start();
    Thread.sleep(2000);

    System.out.println("BlockedThread t1: "
      + t1.getState() + "(" + t1.getName() + ")");
    System.out.println("BlockedThread t2: "
      + t2.getState() + "(" + t2.getName() + ")");

    System.exit(0);
  }

  private static class SyncCode implements Runnable {
    @Override
    public void run() {
      System.out.println("Thread " + Thread.currentThread().getName()
```

```
            + " is in run() method");
        syncMethod();
    }


    public static synchronized void syncMethod() {
        System.out.println("Thread " + Thread.currentThread().getName()
          + " is in syncMethod() method");


        while (true) {
            // t1이 여기에 영원히 갇히기 때문에 t2는 블로킹된다
        }
    }
  }
}


BlockedThread bt = new BlockedThread();
bt.blockedThread();
```

(스레드명은 달라도) 다음과 비슷하게 출력될 것이다.

```
Thread Thread-0 is in run() method
Thread Thread-0 is in syncMethod() method
Thread Thread-1 is in run() method
BlockedThread t1: RUNNABLE(Thread-0)
BlockedThread t2: BLOCKED(Thread-1)
```

199.4 WAITING 상태

스레드 t1은 스레드 t2가 끝나기를 (타임아웃 주기 없이) 기다리는 WAITING 상태에 들어간다.

위 시나리오를 코드로 나타내면 다음과 같다.

1. 스레드 t1을 생성한다.

2. start() 메서드로 t1을 시작한다.

3. t1의 run() 메서드에서

   1. 또 다른 스레드 t2를 생성한다.

   2. start() 메서드로 t2를 시작한다.

   3. t2를 실행하며 t2.join()을 호출한다. t2는 t1에 조인해야 하므로(바꿔 말해 t1은 t2가 종료되기를 기다려야 하므로) t1은 WAITING 상태로 들어간다.

10 동시성 – 스레드 풀, 블록된 상크로나이저

4. t2의 run() 메서드에서 t2는 t1의 상태, 즉 WAITING을 출력한다(t1의 상태를 출력할 때 t2
   가 실행 중이므로 t1은 대기 상태다).

코드로는 다음과 같다.

```java
public class WaitingThread {
  public void waitingThread() {
    new Thread(() -> {
      Thread t1 = Thread.currentThread();
      Thread t2 = new Thread(() -> {
        Thread.sleep(2000);
        System.out.println("WaitingThread t1: "
          + t1.getState()); // WAITING
      });

      t2.start();

      t2.join();

    }).start();
  }
}

WaitingThread wt = new WaitingThread();
wt.waitingThread();
```

199.5 TIMED_WAITING 상태

명시한 기간 동안 스레드 t2가 끝나기를 기다리는 스레드 t1은 TIMED_WAITING 상태다.

위 시나리오를 코드로 나타내면 다음과 같다.

1. 스레드 t1을 생성한다.

2. start() 메서드로 t1을 시작한다.

3. t1의 run() 메서드에 2초(임의의 시간) 슬립 타임을 추가한다.

4. t1을 실행하며 메인 스레드는 t1의 상태를 출력한다. t1이 2초 후 만료되는 sleep() 중이니
   상태는 TIMED_WAITING일 것이다.

코드로는 다음과 같다.

```
public class TimedWaitingThread {
  public void timedWaitingThread() {
    Thread t = new Thread(() -> {
      Thread.sleep(2000);
    });

    t.start();

    Thread.sleep(500);

    System.out.println("TimedWaitingThread t: "
      + t.getState()); // TIMED_WAITING
  }
}

TimedWaitingThread twt = new TimedWaitingThread();
twt.timedWaitingThread();
```

199.6 TERMINATED 상태

성공적으로 잡을 끝냈거나 비정상적으로 중단된 스레드는 TERMINATED 상태에 놓인다. 다음 코드에서 보듯이 시뮬레이션하기 아주 쉽다(애플리케이션의 메인 스레드가 스레드 t의 상태를 출력할 때 스레드 t는 잡을 끝낸 상태다).

```
public class TerminatedThread {
  public void terminatedThread() {
    Thread t = new Thread(() -> {});
    t.start();

    Thread.sleep(1000);

    System.out.println("TerminatedThread t: "
      + t.getState()); // TERMINATED
  }
}

TerminatedThread tt = new TerminatedThread();
tt.terminatedThread();
```

스레드 안전(thread-safe) 클래스를 작성하려면 다음 기법을 고려한다.

- 상태를 두지 않는다(인스턴스와 static 변수 없이 클래스를 선언한다).

- 상태를 두되 공유하지 않는다(Runnable이나 ThreadLocal 등으로 인스턴스 변수를 사용한다).

- 상태를 두되 불변(immutable) 상태를 둔다.

- (아카(Akka) 프레임워크 같은) 메시지 전달(message-passing)을 사용한다.

- synchronized 블록을 사용한다.

- volatile 변수를 사용한다.

- java.util.concurrent 패키지의 데이터 구조를 사용한다.

- (CountDownLatch와 Barrier 같은) 싱크로나이저를 사용한다.

- java.util.concurrent.locks 패키지의 잠금을 사용한다.

200 객체 레벨 잠금 대 클래스 레벨 잠금

자바에서 synchronized로 표시한 코드 블록은 한 번에 한 스레드만 실행할 수 있다. 자바는 다중 스레드 환경이므로(동시성을 지원하므로) 동시 실행 관련 문제를 방지할 동기화 메커니즘이 필요하다(데드락, 메모리 일관성 등).

스레드는 객체 단 또는 클래스 단에서 잠금을 획득할 수 있다.

200.1 객체 레벨 잠금

객체 레벨 잠금을 수행하려면 비static 코드 블록이나 비static 메서드를 synchronized로 표시한다. 다음 예제들에서는 주어진 클래스 인스턴스에 한 번에 한 스레드만 synchronized 메서드나 블록을 실행할 수 있다.

- 동기화 메서드

```
public class ClassOll {
  public synchronized void methodOll() {
    ...
  }
}
```

- 동기화 코드 블록

```java
public class ClassO11 {
  public void methodO11() {
    synchronized(this) {
      ...
    }
  }
}
```

- 또 다른 동기화 코드 블록

```java
public class ClassO11 {
  private final Object o11Lock = new Object();
  public void methodO11() {
    synchronized(o11Lock) {
      ...
    }
  }
}
```

200.2 클래스 레벨 잠금

static 데이터를 보호하려면 static 메서드나 블록을 synchronized로 표시하거나 synchronized로 .class 참조에 대한 잠금을 획득해야 클래스 레벨 잠금을 수행할 수 있다. 다음은 런타임에 사용 가능한 인스턴스 중 하나에 한 번에 한 스레드만 synchronized 블록을 실행할 수 있는 예제들이다.

- synchronized static 메서드

```java
public class ClassC11 {
  public synchronized static void methodC11() {
    ...
  }
}
```

- 동기화 블록과 .class에 대한 잠금

```java
public class ClassC11 {
  public void method() {
    synchronized(ClassC11.class) {
      ...
    }
  }
}
```

동시성 – 스레드 풀, 클래스, 상프로나이저

- 동기화 코드 블록과 다른 static 객체에 대한 잠금

```java
public class ClassCll {
  private final static Object aLock = new Object();

  public void method() {
    synchronized(aLock) {
      ...
    }
  }
}
```

200.3 알아두면 좋을 내용

동기화를 다루는 일반적인 몇 가지 사례를 살펴보자.

- 두 스레드는 synchronized static 메서드와 같은 클래스 내 비static 메서드를 동시에 실행할 수 있다(P200_ObjectVsClassLevelLocking 앱의 OllAndCll 클래스 참고). 스레드가 서로 다른 객체에 대한 잠금을 획득하기 때문이다.

- 두 스레드는 한 클래스 내 두 synchronized static 메서드(혹은 같은 synchronized static 메서드)를 동시에 실행할 수 없다(P200_ObjectVsClassLevelLocking 애플리케이션의 TwoCll 클래스 참고). 첫 번째 스레드가 클래스 단 잠금을 획득하므로 동작하지 않는다. 아래처럼 조합하면 staticMethod1(): Thread-0을 출력하므로 한 스레드가 한 static synchronized 메서드만 실행한다.

```java
TwoCll instance1 = new TwoCll();
TwoCll instance2 = new TwoCll();
```

- 두 스레드와 두 인스턴스

```java
new Thread(() -> {
  instance1.staticMethod1();
}).start();

new Thread(() -> {
  instance2.staticMethod2();
}).start();
```

- 두 스레드와 한 인스턴스

```
new Thread(() -> {
  instance1.staticMethod1();
}).start();

new Thread(() -> {
  instance1.staticMethod2();
}).start();
```

- 두 스레드는 비synchronized, synchronized static, synchronized 비static 메서드를 동시에 실행할 수 있다(P200_ObjectVsClassLevelLocking 애플리케이션의 OllCllAndNoLock 클래스 참고).

- synchronized 메서드를 안전하게 호출하려면 같은 잠금을 획득해야 하는 같은 클래스 내 다른 synchronized 메서드에서 호출하는 것이 안전하다. synchronized는 재진입(re-entrant)이 가능하기 때문이다(같은 잠금이면 첫 번째 메서드에서 획득한 잠금이 두 번째 메서드에도 쓰인다). P200_ObjectVsClassLevelLocking 애플리케이션의 TwoSyncs 클래스를 확인한다.

TIP ≡ 일반적으로 synchronized 키워드는 static 메서드/비static 메서드(생성자 제외)/코드 블록에만 사용할 수 있다. 비final 필드와 String 리터럴은 동기화하지 말자(new로 생성한 String 인스턴스는 괜찮다).

201 자바 스레드 풀

스레드 풀(thread pool)은 작업 실행에 쓰이는 스레드 컬렉션이다. 스레드 풀은 스레드의 생성, 할당, 생명 주기 관리뿐 아니라 성능 향상에도 책임이 있다. Executor에 대해 알아보자.

201.1 Executor

java.util.concurrent 패키지는 작업 실행에 필요한 여러 인터페이스를 지원한다. 가장 간단한 인터페이스가 Executor다. Executor 인터페이스는 execute(Runnable command)라는 메서드 하나만 제공한다. 이 메서드로 작업 하나를 실행해보자.

```java
public class SimpleExecutor implements Executor {
  @Override
  public void execute(Runnable r) {
    (new Thread(r)).start();
  }
}

SimpleExecutor se = new SimpleExecutor();

se.execute(() -> {
  System.out.println("Simple task executed via Executor interface");
});
```

201.2 ExecutorService

ExecutorService는 더 많은 메서드를 제공하는 보다 복잡하고 포괄적인 인터페이스다. Executor
의 향상된 버전이다. 자바는 ThreadPoolExecutor라는 모든 기능을 갖춘 ExecutorService 구현을
제공한다. ThreadPoolExecutor 스레드 풀은 다음과 같이 다수의 인수로 인스턴스를 생성할 수 있다.

```java
ThreadPoolExecutor(
  int corePoolSize,
  int maximumPoolSize,
  long keepAliveTime,
  TimeUnit unit,
  BlockingQueue<Runnable> workQueue,
  ThreadFactory threadFactory,
  RejectedExecutionHandler handler)
```

위 코드에 나오는 각 인수를 간단히 알아보자.

- corePoolSize: 풀에 유지할 스레드 수로서 (allowCoreThreadTimeOut이 할당되지 않은 경
  우에는) 유휴 상태까지 포함한다.

- maximumPoolSize: 허용된 최대 스레드 수

- keepAliveTime: 이 시간이 경과하면 (corePoolSize를 초과한) 유휴 스레드를 풀에서 제거
  한다.

- unit: keepAliveTime 인수의 시간 단위

- workQueue: 실행 전의 Runnable 인스턴스(오직 execute( ) 메서드가 제출한 Runnable 작업)
  를 저장하는 큐

- threadFactory: Executor가 새 스레드를 실행할 때 사용할 팩터리
- handler: 스레드 한계와 큐 용량에 도달해 ThreadPoolExecutor가 Runnable을 실행할 수 없으면(예를 들어 workQueue 크기가 고정이고 maximumPoolSize도 할당되면) 이 핸들러가 제어하고 결정한다.

풀 크기를 최적화하려면 다음 정보가 필요하다.

- CPU 수(Runtime.getRuntime(), .availableProcessors())
- 타깃 CPU 사용률([0, 1] 범위 내)
- 대기 시간(W)
- 계산 시간(C)

다음은 최적의 풀 크기를 정하는 공식이다.

```
스레드 수
  = CPU 수 * 타깃 CPU 사용률 * (1 + W/C)
```

> *TIP* ≡ 계산 집약적 작업(대개 작은 작업)에는 일반적으로 프로세서 수 또는 프로세서 수 + 1(잠재적 일시 중지에 대비하기 위해)만큼의 스레드로 스레드 풀을 벤치마킹하는 것이 좋다. (입출력처럼) 시간이 걸리고 블로킹하는 작업에는 스레드를 빠른 속도로 스케줄링할 수 없으니 풀이 더 큰 것이 좋다. 다른 풀(예를 들어 데이터베이스 연결 풀, 소켓 연결 풀)의 간섭에도 유의하자.

ThreadPoolExecutor 예제를 살펴보자.

```java
public class SimpleThreadPoolExecutor implements Runnable {
  private final int taskId;

  public SimpleThreadPoolExecutor(int taskId) {
    this.taskId = taskId;
  }

  @Override
  public void run() {
    Thread.sleep(2000);
    System.out.println("Executing task " + taskId
      + " via " + Thread.currentThread().getName());
  }

  public static void main(String[] args) {
```

```
    BlockingQueue<Runnable> queue = new LinkedBlockingQueue<>(5);
    final AtomicInteger counter = new AtomicInteger();

    ThreadFactory threadFactory = (Runnable r) -> {
      System.out.println("Creating a new Cool-Thread-"
        + counter.incrementAndGet());

      return new Thread(r, "Cool-Thread-" + counter.get());
    };

    RejectedExecutionHandler rejectedHandler
      = (Runnable r, ThreadPoolExecutor executor) -> {
        if (r instanceof SimpleThreadPoolExecutor) {
          SimpleThreadPoolExecutor task=(SimpleThreadPoolExecutor) r;
          System.out.println("Rejecting task " + task.taskId);
        }
    };

    ThreadPoolExecutor executor = new ThreadPoolExecutor(10, 20, 1,
      TimeUnit.SECONDS, queue, threadFactory, rejectedHandler);

    for (int i = 0; i < 50; i++) {
      executor.execute(new SimpleThreadPoolExecutor(i));
    }

    executor.shutdown();
    executor.awaitTermination(
      Integer.MAX_VALUE, TimeUnit.MILLISECONDS);
  }
}
```

main() 메서드에서 Runnable 인스턴스 50개를 실행한다. 각 Runnable은 2초 간 슬립 후 메시지를 출력한다. 작업 큐는 Runnable 인스턴스 5개로 제한되고, 코어 스레드는 10개, 최대 스레드 수는 20개, 유휴 타임아웃은 1초다. 출력은 다음과 같다.

```
Creating a new Cool-Thread-1
...
Creating a new Cool-Thread-20
Rejecting task 25
...
Rejecting task 49
Executing task 22 via Cool-Thread-18
...
Executing task 12 via Cool-Thread-2
```

201.3 ScheduledExecutorService

ScheduledExecutorService는 주어진 지연 시간이 흐른 후 또는 정기적으로 작업을 실행하도록 스케줄링하는 ExecutorService다. schedule(), scheduleAtFixedRate(), scheduleWithFixedDelay() 같은 메서드를 지원한다. schedule()은 일회성 작업에, scheduleAtFixedRate()와 scheduleWithFixedDelay()는 정기 작업에 쓰인다.

201.4 스레드 풀 대 Executors

한 단계 더 나아가 Executors라는 헬퍼 클래스를 알아보자. Executors 클래스는 다음 메서드를 통해 여러 유형의 스레드 풀을 제공한다.

- newSingleThreadExecutor(): 무제한 큐로 스레드 하나만 관리하는 스레드 풀로서 한 번에 한 작업만 실행한다.

    ```
    ExecutorService executor
        = Executors.newSingleThreadExecutor();
    ```

- newCachedThreadPool(): 새 스레드를 생성하고 필요에 따라 유휴 스레드를 (60초 후) 제거하는 스레드 풀이다. 코어 풀 크기는 0이고 최대 풀 크기는 Integer.MAX_VALUE다(이 스레드 풀은 수요가 늘면 커지고 수요가 줄면 작아진다).

    ```
    ExecutorService executor = Executors.newCachedThreadPool();
    ```

- newFixedThreadPool(): 고정된 수의 스레드와 무제한 큐로 이뤄진 스레드 풀이다. 무한 타임아웃과 같은 효과를 낸다(명시한 크기로 코어 풀 크기와 최대 풀 크기를 할당한다).

    ```
    ExecutorService executor = Executors.newFixedThreadPool(5);
    ```

- newWorkStealingThreadPool(): 작업 가로채기(work-stealing) 알고리즘에 기반한 스레드 풀이다(포크/조인 프레임워크를 감싸는 계층이다).

    ```
    ExecutorService executor = Executors.newWorkStealingPool();
    ```

- newScheduledThreadPool(): 주어진 지연 시간이 흐른 후 또는 정기적으로 실행하도록 명령을 스케줄링하는 스레드 풀이다(코어 풀 크기를 명시할 수 있다).

    ```
    ScheduledExecutorService executor
        = Executors.newScheduledThreadPool(5);
    ```

202 단일 스레드 풀

두 작업자가 전구를 검사하고 포장하는 생산 라인(또는 컨베이어)을 시뮬레이션하는 프로그램을 작성해 스레드 하나짜리 스레드 풀이 어떻게 동작하는지 알아보자.

검사하는 작업자는 전구에 불이 들어오는지 테스트한다. 포장하는 작업자는 검사한 전구를 가져와 상자에 넣는다. 이러한 프로세스는 대부분의 공장에서 아주 흔하다.

두 작업자는 다음과 같다.

- 각 전구에 불이 들어오는지 테스트하는 프로듀서(혹은 검사 직원)

- 검사한 각 전구를 상자에 포장하는 컨슈머(혹은 포장 직원)

이러한 유형의 문제는 그림 10-2에 나오는 프로듀서-컨슈머 디자인 패턴에 완전히 부합한다.

▼ 그림 10-2

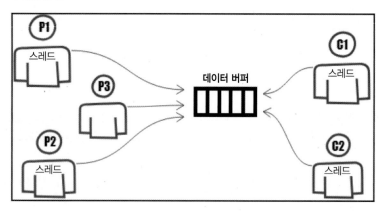

이 패턴에서는 프로듀서와 컨슈머가 대부분 큐로 커뮤니케이션한다(프로듀서가 큐에 데이터를 넣으면 컨슈머가 큐에서 데이터를 가져온다). 이 큐를 데이터 버퍼(data buffer)라 부른다. 물론 프로세스 디자인에 따라 데이터 버퍼 역할을 하는 데이터 구조도 달라진다.

먼저 컨슈머가 일할 수 있을 때까지 프로듀서가 기다리는 패턴부터 구현해보자.

이어서 컨슈머를 기다리지 않는 프로듀서 패턴을 구현해보자.

202.1 컨슈머가 일할 수 있을 때까지 기다리는 프로듀서

생산 라인이 가동되면 프로듀서는 들어오는 전구를 하나씩 검사하고 컨슈머는 (상자당 전구 하나씩) 포장한다. 생산 라인이 중지될 때까지 이 과정을 반복한다.

그림 10-3은 **프로듀서**와 **컨슈머** 간 흐름을 보여준다.

❤ 그림 10-3

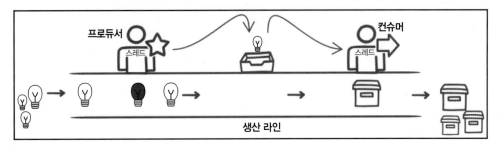

생산 라인을 이 공장의 헬퍼로 볼 수 있으니 헬퍼나 유틸리티 클래스로 구현한다(물론 비static 구현으로도 대체할 수 있으므로 애플리케이션에 더 어울리는 방식으로 편하게 바꾸자).

```
public final class AssemblyLine {
  private AssemblyLine() {
    throw new AssertionError("There is a single assembly line!");
  }
  ...
}
```

위 시나리오를 구현하는 방법은 다양하나 자바 ExecutorService, 더 정확히 말해 Executors. newSingleThreadExecutor()를 사용해 구현하고 싶다. 이 메서드는 무제한 큐 기반에 워커 스레드 하나를 사용하는 Executor를 생성한다.

작업자가 둘뿐이니 Executor 인스턴스도 두 개면 된다(한 Executor는 프로듀서를 가동하고 나머지 한 Executor는 컨슈머를 가동한다). 따라서 프로듀서가 한 스레드, 컨슈머가 또 다른 스레드다.

```
private static ExecutorService producerService;
private static ExecutorService consumerService;
```

프로듀서와 컨슈머는 사이가 좋아서 단순한 시나리오로 일하기로 한다.

- 프로듀서는 전구를 검사하고 컨슈머가 바쁘지 않을 때만 컨슈머에게 넘긴다(컨슈머가 바쁘면 프로듀서는 컨슈머가 한가해질 때까지 기다린다).
- 프로듀서는 현재 전구를 컨슈머에게 넘길 때까지 다음 전구를 검사하지 않는다.
- 컨슈머는 되도록 빨리 넘겨 받은 전구를 포장한다.

위 시나리오에는 매우 비슷한 프로세스를 수행하는 TransferQueue나 SynchronousQueue가 잘 어울린다. TransferQueue를 사용해보자. TransferQueue는 컨슈머가 원소를 받을 때까지 프로듀서가 기다릴 수 있는 BlockingQueue다. BlockingQueue 구현은 스레드 안전(thread-safe)이다.

```
private static final TransferQueue<String> queue
  = new LinkedTransferQueue<>();
```

프로듀서와 컨슈머 간 워크플로는 선입 선출(First In First Out, FIFO) 방식(먼저 검사한 전구를 먼저 포장한다)이므로 LinkedTransferQueue가 어울린다.

생산 라인이 가동되면 프로듀서는 끊임없이 전구를 검사하므로 다음과 같은 클래스로 구현한다.

```
private static final int MAX_PROD_TIME_MS = 5 * 1000;
private static final int MAX_CONS_TIME_MS = 7 * 1000;
private static final int TIMEOUT_MS = MAX_CONS_TIME_MS + 1000;
private static final Random rnd = new Random();
private static volatile boolean runningProducer;
...
private static class Producer implements Runnable {

  @Override
  public void run() {
    while (runningProducer) {
      try {
        String bulb = "bulb-" + rnd.nextInt(1000);
        Thread.sleep(rnd.nextInt(MAX_PROD_TIME_MS));

        boolean transfered = queue.tryTransfer(bulb,
          TIMEOUT_MS, TimeUnit.MILLISECONDS);
        if (transfered) {
          logger.info(() -> "Checked: " + bulb);
        }
      } catch (InterruptedException ex) {
        Thread.currentThread().interrupt();
        logger.severe(() -> "Exception: " + ex);
        break;
      }
    }
  }
}
```

프로듀서는 검사한 전구를 tryTransfer() 메서드로 컨슈머에게 전달한다. 타임아웃이 경과하기 전에 컨슈머에게 원소를 전달할 수 있으면 전달한다.

TIP ≡ | transfer() 메서드는 스레드를 무기한 블로킹할 수 있으니 사용하지 말자.

프로듀서가 전구 검사에 쓴 시간을 시뮬레이션하기 위해 해당 스레드를 0에서 5초 사이의 임의의 시간 동안 슬립했다(5초는 전구 검사에 필요한 최대 시간이다). 이 시간 이후에도 컨슈머를 사용할 수 없으면 컨슈머를 사용할 수 있을 때까지 또는 타임아웃이 경과할 때까지 (tryTransfer()에서) 더 기다린다.

컨슈머는 또 다른 클래스로 구현한다.

```java
private static volatile boolean runningConsumer;
...
private static class Consumer implements Runnable {
  @Override
  public void run() {
    while (runningConsumer) {
      try {
        String bulb = queue.poll(
          MAX_PROD_TIME_MS, TimeUnit.MILLISECONDS);

        if (bulb != null) {
          Thread.sleep(rnd.nextInt(MAX_CONS_TIME_MS));
          logger.info(() -> "Packed: " + bulb);
        }
      } catch (InterruptedException ex) {
        Thread.currentThread().interrupt();
        logger.severe(() -> "Exception: " + ex);
        break;
      }
    }
  }
}
```

컨슈머는 queue.take() 메서드를 사용해 프로듀서로부터 전구를 가져온다. 이 메서드는 큐 앞에서 추출하고 삭제하며 필요에 따라 전구를 사용할 수 있을 때까지 기다린다. 혹은 큐 앞에서 추출하고 삭제하되 큐가 비어 있으면 null을 반환하는 poll() 메서드를 호출해도 된다. 하지만 두 메서드 모두 문제와는 어울리지 않는다. 프로듀서를 사용할 수 없으면 컨슈머는 take() 메서드 안에 갇힌다. 반면, 큐가 비어 있으면(프로듀서가 현재 전구를 지금 당장 검사 중이면) poll() 메서드가 아주 빠르게 반복 호출되어 더미 반복(dummy repetition)이 발생한다. 문제의 해법은 poll(long

10

동시성 - 스레드 풀, 콜러블, 싱크로나이저

timeout, TimeUnit unit)이다. 이 메서드는 큐 앞에서 추출하고 삭제한 후 필요하다면 전구를 사용할 수 있을 때까지 명시한 대기 시간 동안 기다린다. 대기 시간 경과 후 큐가 빌 때만 null을 반환한다.

컨슈머가 전구 포장에 쓴 시간을 시뮬레이션하기 위해 해당 스레드를 0에서 7초 사이의 임의의 시간 동안 슬립했다(7초는 전구 포장에 필요한 최대 시간이다).

startAssemblyLine()이라는 메서드로 아주 간단히 프로듀서와 컨슈머를 구동할 수 있다.

```
public static void startAssemblyLine() {
  if (runningProducer || runningConsumer) {
    logger.info("Assembly line is already running ...");
    return;
  }

  logger.info("\n\nStarting assembly line ...");
  logger.info(() -> "Remaining bulbs from previous run: \n"
    + queue + "\n\n");

  runningProducer = true;
  producerService = Executors.newSingleThreadExecutor();
  producerService.execute(producer);

  runningConsumer = true;
  consumerService = Executors.newSingleThreadExecutor();
  consumerService.execute(consumer);
}
```

생산 라인 중단은 시나리오를 따로 만들어 해결해야 하는 까다로운 프로세스다. 생산 라인을 중단하려면 프로듀서는 현재 전구가 마지막 전구인지 검사해야 하고 컨슈머는 그 전구를 포장해야 한다. 마지막 전구를 전달하기 전에 프로듀서는 컨슈머가 현재 전구를 포장하기를 기다려야 할 수 있다. 또한 컨슈머는 이 전구를 포장해야 한다.

설명한 시나리오대로 프로듀서를 먼저, 컨슈머를 나중에 중지시킨다.

```
public static void stopAssemblyLine() {
  logger.info("Stopping assembly line ...");

  boolean isProducerDown = shutdownProducer();
  boolean isConsumerDown = shutdownConsumer();

  if (!isProducerDown || !isConsumerDown) {
```

```
        logger.severe("Something abnormal happened during
            shutting down the assembling line!");

        System.exit(0);
    }

    logger.info("Assembling line was successfully stopped!");
}

private static boolean shutdownProducer() {
    runningProducer = false;
    return shutdownExecutor(producerService);
}

private static boolean shutdownConsumer() {
    runningConsumer = false;
    return shutdownExecutor(consumerService);
}
```

끝으로 충분한 시간을 제공해 프로듀서와 컨슈머를 정상적으로(스레드 중단 없이) 중지시킨다.
shutdownExecutor() 메서드에서 수행한다.

```
private static boolean shutdownExecutor(ExecutorService executor) {
    executor.shutdown();

    try {
        if (!executor.awaitTermination(TIMEOUT_MS * 2,
            TimeUnit.MILLISECONDS)) {
            executor.shutdownNow();
            return executor.awaitTermination(TIMEOUT_MS * 2,
                TimeUnit.MILLISECONDS);
        }

        return true;
    } catch (InterruptedException ex) {
        executor.shutdownNow();
        Thread.currentThread().interrupt();
        logger.severe(() -> "Exception: " + ex);
    }

    return false;
}
```

먼저 runningProducer static 변수에 false를 할당한다. 이로써 while(runningProducer)가 종료되고 이 전구가 마지막으로 검사한 전구가 된다. 이어서 프로듀서 셧다운 절차를 시작한다.

컨슈머도 마찬가지로 먼저 runningConsumer static 변수에 false를 할당한다. 이로써 while(runningConsumer)가 종료되고 이 전구가 마지막으로 포장한 전구가 된다. 이어서 컨슈머 셧다운 절차를 시작한다.

다음과 같이 생산 라인을 가동해보자(10초 동안 실행한다).

```
AssemblyLine.startAssemblyLine();
Thread.sleep(10 * 1000);
AssemblyLine.stopAssemblyLine();
```

다음과 비슷하게 출력될 것이다.

```
Starting assembly line ...
...
[2019-04-14 07:39:40] [INFO] Checked: bulb-89
[2019-04-14 07:39:43] [INFO] Packed: bulb-89
...
Stopping assembly line ...
...
[2019-04-14 07:39:53] [INFO] Packed: bulb-322
Assembling line was successfully stopped!
```

> TIP ≡ 일반적으로 생산 라인 중단에 시간이 오래 걸리면(블로킹한 것처럼 동작하면) 프로듀서 수와 컨슈머 수 간 균형이 맞지 않았고(않았거나) 생산 시간과 소비 시간 간 균형이 맞지 않았기 쉽다.

202.2 컨슈머가 일할 수 있을 때까지 기다리지 않는 프로듀서

컨슈머가 전구를 포장하는 것보다 더 빠르게 전구를 검사하는 프로듀서라면 다음 워크플로를 따를 가능성이 높다.

- 프로듀서는 전구를 하나씩 검사하고 큐에 넣는다.
- 컨슈머는 큐에서 전구를 가져와 포장한다.

프로듀서보다 컨슈머가 느리므로 검사했으나 포장하지 않은 전구가 큐에 쌓인다(큐가 빌 가능성은 거의 없다고 가정해도 무방하다). 그림 10-4는 프로듀서와 컨슈머, 그리고 검사했으나 포장하지 않은 전구를 저장한 큐를 보여준다.

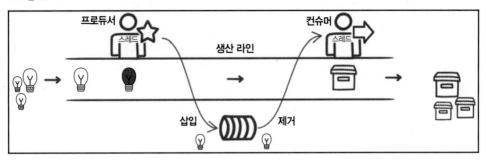

위 시나리오대로 수행하기 위해 ConcurrentLinkedQueue(또는 LinkedBlockingQueue)를 이용한다. ConcurrentLinkedQueue는 연결 노드 기반의 무제한(unbounded) 스레드 안전 큐다.

```
private static final Queue<String> queue
    = new ConcurrentLinkedQueue<>();
```

프로듀서는 offer() 메서드를 호출해 큐에 전구를 삽입한다.

```
queue.offer(bulb);
```

반면, 컨슈머는 poll() 메서드를 호출해 큐에서 전구를 가져온다(컨슈머가 프로듀서보다 느리므로 poll()이 null을 반환할 가능성은 매우 적다).

```
String bulb = queue.poll();
```

우선 생산 라인을 10초 간 가동해보자. 출력은 다음과 같다.

```
Starting assembly line ...
...
[2019-04-14 07:44:58] [INFO] Checked: bulb-827
[2019-04-14 07:44:59] [INFO] Checked: bulb-257
[2019-04-14 07:44:59] [INFO] Packed: bulb-827
...
Stopping assembly line ...
...
[2019-04-14 07:45:08] [INFO] Checked: bulb-369
[2019-04-14 07:45:09] [INFO] Packed: bulb-690
...
Assembling line was successfully stopped!
```

생산 라인을 중지하면 큐는 다음과 같다(검사했으나 포장하지 않은 전구를 포함한다).

```
[bulb-968, bulb-782, bulb-627, bulb-886, ...]
```

생산 라인을 재가동하면 중지했던 순간부터 컨슈머가 작업을 재개한 것이 굵게 표시한 행으로 보인다.

```
Starting assembly line ...
[2019-04-14 07:45:12] [INFO ] Packed: bulb-968
[2019-04-14 07:45:12] [INFO ] Checked: bulb-812
[2019-04-14 07:45:12] [INFO ] Checked: bulb-470
[2019-04-14 07:45:14] [INFO ] Packed: bulb-782
[2019-04-14 07:45:15] [INFO ] Checked: bulb-601
[2019-04-14 07:45:16] [INFO ] Packed: bulb-627
...
```

203 고정된 수의 스레드 풀

202. **단일 스레드 풀** 절에서 다뤘던 시나리오를 그대로 사용하겠다. 단, 생산 라인에 프로듀서 3개와 컨슈머 2개를 사용한다.

▼ 그림 10-5

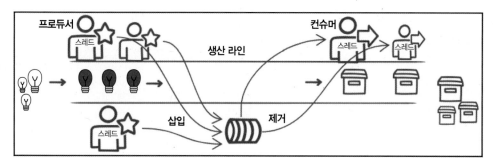

Executor.newFixedThreadPool(int nThreads)로 고정된 수의 프로듀서와 컨슈머를 시뮬레이션할 수 있다. 프로듀서 하나에 스레드 하나를 할당하므로(컨슈머도 마찬가지) 코드는 매우 간단하다.

```
private static final int PRODUCERS = 3;
private static final int CONSUMERS = 2;
private static final Producer producer = new Producer();
private static final Consumer consumer = new Consumer();
private static ExecutorService producerService;
private static ExecutorService consumerService;
...
producerService = Executors.newFixedThreadPool(PRODUCERS);
for (int i = 0; i < PRODUCERS; i++) {
  producerService.execute(producer);
```

```
    }

    consumerService = Executors.newFixedThreadPool(CONSUMERS);
    for (int i = 0; i < CONSUMERS; i++) {
        consumerService.execute(consumer);
    }
```

LinkedTransferQueue나 ConcurrentLinkedQueue 타입의 큐에 프로듀서가 검사한 전구를 추가할
수 있다.

LinkedTransferQueue와 ConcurrentLinkedQueue를 사용한 소스 코드는 이 책의 예제 코드에서
확인한다.

204 캐시와 스케줄 스레드 풀

202. **단일 스레드 풀** 절에서 다뤘던 시나리오를 그대로 사용하겠다. 이번에는 (1개 이상의) 프로듀
서가 1초 이내에 전구를 검사한다. 반면, 컨슈머(포장 직원)는 최대 10초 내에 전구를 포장한다.
프로듀서와 컨슈머 시간을 코드로 나타내면 다음과 같다.

```
    private static final int MAX_PROD_TIME_MS = 1 * 1000;
    private static final int MAX_CONS_TIME_MS = 10 * 1000;
```

이러한 조건에서는 당연히 컨슈머 하나로 유입 흐름에 대처할 수 없다. 모두 포장할 때까지 전구
를 저장한 큐는 계속 커진다. 프로듀서는 컨슈머가 가져가는 것보다 훨씬 빨리 큐에 전구를 채운
다. 따라서 그림 10-6처럼 컨슈머가 더 필요하다.

❤ 그림 10-6

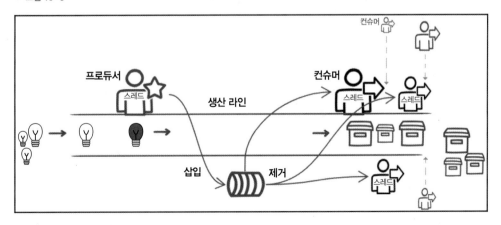

프로듀서가 하나뿐이니 Executors.newSingleThreadExecutor()를 이용한다.

```
    private static volatile boolean runningProducer;
    private static ExecutorService producerService;
    private static final Producer producer = new Producer();
    ...
    public static void startAssemblyLine() {
      ...
      runningProducer = true;
      producerService = Executors.newSingleThreadExecutor();
      producerService.execute(producer);
      ...
  }
```

Producer는 extraProdTime 변수를 제외하고는 앞선 문제와 거의 비슷하다.

```
  private static int extraProdTime;
  private static final Random rnd = new Random();
  ...
  private static class Producer implements Runnable {
    @Override
    public void run() {
      while (runningProducer) {
        try {
          String bulb = "bulb-" + rnd.nextInt(1000);
          Thread.sleep(rnd.nextInt(MAX_PROD_TIME_MS) + extraProdTime);
          queue.offer(bulb);
          logger.info(() -> "Checked: " + bulb);
        } catch (InterruptedException ex) {
          Thread.currentThread().interrupt();
          logger.severe(() -> "Exception: " + ex);
          break;
        }
      }
    }
  }
```

extraProdTime 변수를 0으로 초기화한다. 이 변수는 프로듀서의 속도를 늦추는 데 쓰인다.

```
  Thread.sleep(rnd.nextInt(MAX_PROD_TIME_MS) + extraProdTime);
```

한동안 빠른 속도로 실행한 프로듀서는 어느 순간 지치게 되고 각 전구를 검사하는 데 시간이 더 걸린다. 프로듀서가 생산 속도를 늦추면 컨슈머 수도 줄여야 한다.

프로듀서가 빠른 속도로 실행할 때는 컨슈머(포장 직원)가 더 필요하다. 하지만 얼마나 더 필요할까? 컨슈머 수를 고정하면 최소 다음 두 가지 문제가 생긴다.

- 프로듀서가 어느 순간 속도를 늦추면 어떤 컨슈머는 할 일 없이 배회하게 된다.
- 프로듀서가 훨씬 더 효율적이게 되면 유입 흐름에 대처하기 위해 컨슈머가 더 필요하다.

근본적으로 프로듀서 효율에 따라 컨슈머 수를 조정할 수 있어야 한다.

이럴 때 Executors.newCachedThreadPool()이 알맞다. 캐시 스레드 풀(cached thread pool)은 기존 스레드를 재사용하고 필요할 때마다 새 스레드를 생성한다(컨슈머를 추가할 수 있다). 60초 동안 쓰이지 않은 스레드를 종료하고 캐시에서 삭제한다(컨슈머를 삭제할 수 있다).

활성 상태의 컨슈머 하나로 시작해보자.

```
private static volatile boolean runningConsumer;
private static final AtomicInteger
  nrOfConsumers = new AtomicInteger();
private static final ThreadGroup threadGroup
  = new ThreadGroup("consumers");
private static final Consumer consumer = new Consumer();
private static ExecutorService consumerService;
...
public static void startAssemblyLine() {
  ...
  runningConsumer = true;
  consumerService = Executors
    .newCachedThreadPool((Runnable r) -> new Thread(threadGroup, r));
  nrOfConsumers.incrementAndGet();
  consumerService.execute(consumer);
  ...
}
```

어느 순간 몇 개의 스레드(컨슈머)가 활성 상태인지 알아야 하니 맞춤형 ThreadFactory로 ThreadGroup에 스레드를 추가한다.

```
consumerService = Executors
  .newCachedThreadPool((Runnable r) -> new Thread(threadGroup, r));
```

이렇게 하면 다음 코드로 활성 상태의 컨슈머 수를 알아낼 수 있다.

```
threadGroup.activeCount();
```

활성 상태의 컨슈머 수는 현재 전구 큐 크기와 함께 고려했을 때 컨슈머가 더 필요한지 알려주는 유익한 지표다.

다음은 컨슈머 구현이다.

```java
private static class Consumer implements Runnable {
  @Override
  public void run() {
    while (runningConsumer && queue.size() > 0
                          || nrOfConsumers.get() == 1) {
      try {
        String bulb = queue.poll(MAX_PROD_TIME_MS
          + extraProdTime, TimeUnit.MILLISECONDS);

        if (bulb != null) {
          Thread.sleep(rnd.nextInt(MAX_CONS_TIME_MS));
          logger.info(() -> "Packed: " + bulb + " by consumer: "
            + Thread.currentThread().getName());
        }
      } catch (InterruptedException ex) {
        Thread.currentThread().interrupt();
        logger.severe(() -> "Exception: " + ex);
        break;
      }
    }

    nrOfConsumers.decrementAndGet();
    logger.warning(() -> "### Thread " +
      Thread.currentThread().getName()
        + " is going back to the pool in 60 seconds for now!");
  }
}
```

생산 라인이 가동 중일 때 컨슈머는 큐가 비어 있지 않거나 컨슈머가 자신뿐이면(컨슈머가 0일 수는 없다) 계속 전구를 포장한다. 큐가 비면 컨슈머가 너무 많다는 뜻이다. 따라서 빈 큐를 발견한 컨슈머는 자신 외에 다른 컨슈머가 동작 중이면 유휴 상태에 들어간다(60초 후 자동으로 캐시 스레드 풀에서 삭제된다).

nrOfConsumers와 threadTroup.activeCount()를 혼동하지 말자. nrOfConsumers 변수는 현재 전구를 포장하는 컨슈머(스레드) 수를 나타내고, threadTroup.activeCount()는 지금 당장 일하고 있지 않은(유휴 상태인) 컨슈머와 재사용되거나 캐시에서 나가기를 기다리고 있는 활성 상태의 컨슈머(스레드) 모두를 나타낸다.

좀 더 현실적으로 생산 라인을 감시하는 관리자를 두어 현재 컨슈머 수로는 유입 흐름에 대처할 수 없음을 감지하면 조인할 컨슈머를 더 호출해보자(컨슈머는 최대 50개까지 허용된다). 또한 배회하는 컨슈머를 발견하면 다른 잡에 배치하자. 그림 10-7은 이러한 시나리오를 그림으로 보여준다.

▼ 그림 10-7

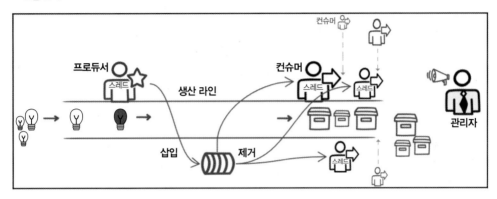

테스트할 관리자인 newSingleThreadScheduledExecutor()는 단일 스레드 실행자로서 명시된 지연 시간 후 주어진 명령을 실행하도록 스케줄링할 수 있다. 혹은 명령을 정기적으로 실행할 수도 있다.

```java
private static final int MAX_NUMBER_OF_CONSUMERS = 50;
private static final int MAX_QUEUE_SIZE_ALLOWED = 5;
private static final int MONITOR_QUEUE_INITIAL_DELAY_MS = 5000;
private static final int MONITOR_QUEUE_RATE_MS = 3000;
private static ScheduledExecutorService monitorService;
...
private static void monitorQueueSize() {
  monitorService = Executors.newSingleThreadScheduledExecutor();

  monitorService.scheduleAtFixedRate(() -> {
    if (queue.size() > MAX_QUEUE_SIZE_ALLOWED
        && threadGroup.activeCount() < MAX_NUMBER_OF_CONSUMERS) {
      logger.warning("### Adding a new consumer (command) ...");

      nrOfConsumers.incrementAndGet();
      consumerService.execute(consumer);
    }

    logger.warning(() -> "### Bulbs in queue: " + queue.size()
```

```
            + " | Active threads: " + threadGroup.activeCount()
            + " | Consumers: " + nrOfConsumers.get()
            + " | Idle: " + (threadGroup.activeCount()
              - nrOfConsumers.get()));
      }, MONITOR_QUEUE_INITIAL_DELAY_MS, MONITOR_QUEUE_RATE_MS,
            TimeUnit.MILLISECONDS);
   }
```

최초 5초 간 지연시킨 후 scheduleAtFixedRate()로 3초마다 생산 라인을 감시한다. 즉, 3초마다 관리자는 전구 큐 크기를 확인한다. 큐에 전구가 6개 이상이고 컨슈머가 50개보다 적으면 관리자는 새 컨슈머를 요청해 생산 라인에 조인시킨다. 큐에 전구가 5개 이하거나 이미 컨슈머가 50개면 관리자는 어떤 액션도 취하지 않는다.

이제 생산 라인을 가동해 큐 크기가 6보다 작아질 때까지 컨슈머 수가 어떻게 증가하는지 보자. 다음은 가능한 스냅샷 중 하나다.

```
Starting assembly line ...
[11:53:20] [INFO] Checked: bulb-488
...
[11:53:24] [WARNING] ### Adding a new consumer (command) ...
[11:53:24] [WARNING] ### Bulbs in queue: 7
                        | Active threads: 2
                        | Consumers: 2
                        | Idle: 0
[11:53:25] [INFO] Checked: bulb-738
...
[11:53:36] [WARNING] ### Bulbs in queue: 23
                        | Active threads: 6
                        | Consumers: 6
                        | Idle: 0

...
```

필요 이상으로 스레드가 많으면 일부는 유휴 상태로 들어 간다. 60초 동안 잡을 받지 못하면 캐시에서도 제거된다. 유휴 상태인 스레드가 없을 때 잡이 들어오면 새 스레드를 생성한다. 생산 라인에 균형이 잡힐 때까지 이 과정이 끊임없이 반복된다. 얼마 후 변동성이 적어지고 적절한 컨슈머 수가 좁은 범위로 유지된다(작은 변동). 프로듀서가 최대 1초의 무작위 속도로 출력하기 때문이다.

얼마 후(가령 20초 후) 프로듀서 속도를 4초 늦춰보자(즉, 전구를 최대 5초 안에 검사한다).

```
private static final int SLOW_DOWN_PRODUCER_MS = 20 * 1000;
private static final int EXTRA_TIME_MS = 4 * 1000;
```

이번에도 newSingleThreadScheduledExecutor()를 사용하면 된다.

```java
private static void slowdownProducer() {
  slowdownerService = Executors.newSingleThreadScheduledExecutor();

  slowdownerService.schedule(() -> {
    logger.warning("### Slow down producer ...");
    extraProdTime = EXTRA_TIME_MS;
  }, SLOW_DOWN_PRODUCER_MS, TimeUnit.MILLISECONDS);
}
```

생산 라인 가동 20초 후 딱 한 번만 수행한다. 프로듀서 속도가 4초 늦춰졌으니 최대 5개짜리 전구 큐를 유지하는 데 그만큼의 컨슈머는 필요 없다.

출력을 보면 알 수 있다(어느 순간 컨슈머 하나로 큐를 처리한다).

```
...
[11:53:36] [WARNING] ### Bulbs in queue: 23
                         ¦ Active threads: 6
                         ¦ Consumers: 6
                         ¦ Idle: 0

...
[11:53:39] [WARNING] ### Slow down producer ...
...
[11:53:56] [WARNING] ### Thread Thread-5 is going
                         back to the pool in 60 seconds for now!
[11:53:56] [INFO] Packed: bulb-346 by consumer: Thread-2
...
[11:54:36] [WARNING] ### Bulbs in queue: 1
                         ¦ Active threads: 12
                         ¦ Consumers: 1
                         ¦ Idle: 11

...
[11:55:48] [WARNING] ### Bulbs in queue: 3
                         ¦ Active threads: 1
                         ¦ Consumers: 1
                         ¦ Idle: 0


...
Assembling line was successfully stopped!
```

생산 라인 가동 후 관리자를 가동한다.

```
public static void startAssemblyLine() {
  ...
  monitorQueueSize();
  slowdownProducer();
}
```

전체 애플리케이션은 이 책의 예제 코드에서 확인할 수 있다.

TIP ≡ 캐시 스레드 풀을 사용할 때는 제출된 작업 수에 맞춰 스레드를 몇 개 생성하는지 유심히 지켜보자. 단일 스레드와 고정된 수의 스레드 풀에서는 개발자가 생성되는 스레드 수를 제어하나 캐시 풀은 스스로 너무 많은 스레드를 생성할 수 있다. 실제로 감당하기 어려울 만큼 스레드를 생성해 자원을 빠르게 고갈시키기도 한다. 따라서 과부하에 취약한 시스템에는 고정된 수의 스레드 풀이 더 알맞다.

205 작업 가로채기 스레드 풀

이번에는 작업 가로채기(work-stealing) 스레드 풀로 구현해야 하는 포장 과정을 살펴보자. 시작하기 앞서 작업 가로채기 스레드 풀이 무엇인지 알아보고 일반적인 스레드 풀과 비교해보겠다. 그림 10-8은 일반적인 스레드 풀이 어떻게 동작하는지 보여준다.

▼ 그림 10-8

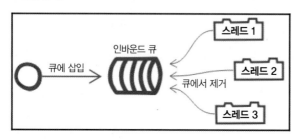

스레드 풀은 내부 인바운드 큐(inbound queue)에 작업을 저장한다. 각 스레드는 작업을 꺼내와 실행한다. 이 방법은 작업 하나당 시간이 오래 걸리고 작업 수가 상대적으로 적을 때 알맞다. 간단한 작업을 대량으로 수행하면(실행 시간이 짧으면) 잦은 경합이 발생한다. 바람직하지 못한 경우로서 큐에 잠금이 없어도 문제를 완전히 해결하지는 못한다.

경합을 줄이고 성능을 높이기 위해 스레드 풀은 작업 가로채기 알고리즘과 스레드당 큐 하나를 사용한다. 중앙에는 모든 작업을 보관하는 인바운드 큐를 두고, 각 스레드(워커 스레드)마다 또 다른 큐(로컬 작업 큐라고도 부름)를 둔다.

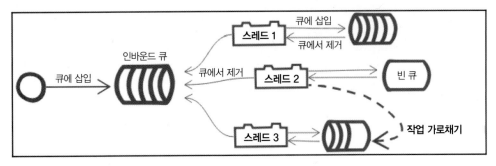

각 스레드는 중앙 큐에서 작업을 가져와 자신의 큐에 넣는다. 스레드마다 로컬 작업 큐가 딸려 있다. 이어서 스레드는 자신의 로컬 큐에서 작업을 꺼내 처리한다. 로컬 큐가 빌 때까지 스레드는 다른 스레드를 간섭하지 않고 계속 작업을 꺼내 처리한다(다른 스레드와 경합이 없다). 로컬 큐가 비면(그림 10-9에서 **스레드 2**처럼) 다른 스레드의 로컬 큐에서 (작업 가로채기 알고리즘으로) 작업을 가로챈다(예를 들어 **스레드 2**가 **스레드 3**의 작업을 가로챈다). 가로챌 작업이 없으면 중앙의 공유 인바운드 큐에 접근한다.

각 로컬 큐는 실제로 덱(double-ended queue, deque)이므로 양 단에서 효율적으로 접근할 수 있다. 스레드는 덱을 스택으로 보고 한쪽 끝에만 작업을 넣고(새 작업 추가) 가져온다(작업을 가져와 처리). 반면, 다른 스레드의 큐에서 작업을 가로챌 때는 나머지 한쪽 끝에 접근한다(예를 들어 **스레드 2**는 **스레드 3** 큐의 다른 쪽 끝에서 가로챈다). 따라서 한쪽 끝에서는 작업을 처리하고 다른 한쪽 끝에서는 작업을 빼앗긴다.

두 스레드가 동시에 같은 로컬 큐의 작업을 가로챌 때 경합이 발생하는데, 보통은 크게 문제가 되지 않는다.

방금 설명한 내용이 JDK 7에 도입된 포크/조인 프레임워크(fork/join framework)다. 11장의 214. **포크/조인 프레임워크** 절에서 예제로 살펴보겠다. JDK 8부터는 타깃 병렬 처리 수준만큼 프로세서 수를 사용하는 작업 가로채기 스레드 풀이 Executors 클래스에 추가됐다. Executors.newWorkStealingPool()과 Executors.newWorkStealingPool(int parallelism)을 통해 사용할 수 있다.

작업 가로채기 스레드 풀의 소스 코드를 살펴보자.

```
public static ExecutorService newWorkStealingPool() {
  return new ForkJoinPool(Runtime.getRuntime().availableProcessors(),
    ForkJoinPool.defaultForkJoinWorkerThreadFactory,
      null, true);
}
```

내부적으로 이 스레드 풀은 다음 생성자로 ForkJoinPool 인스턴스를 생성한다.

```
public ForkJoinPool(int parallelism,
   ForkJoinPool.ForkJoinWorkerThreadFactory factory,
   Thread.UncaughtExceptionHandler handler,
   boolean asyncMode)
```

병렬 처리 수준을 availableProcessors()로, 새 스레드를 반환하기 위해 기본 스레드 팩터리를, Thread.UncaughtExceptionHandler을 null로, asyncMode를 true로 할당했다. asyncMode를 true로 할당하면 포크되고 절대 조인되지 않을 작업에 로컬 **선입 선출(FIFO)** 스케줄링 모드를 적용할 수 있다. 워커 스레드로 이벤트 방식의 비동기식 작업만 처리하는 프로그램이라면 기본 모드(로컬 스택 기반)보다 이 모드가 알맞다.

그렇지만 로컬 작업 큐와 작업 가로채기 알고리즘은 워커 스레드가 새 작업을 자신의 로컬 큐에 스케줄링할 때만 효과를 발휘한다는 점을 잊지 말자. 그렇지 않으면 ForkJoinPool은 오버헤드만 더 드는 ThreadPoolExecutor일 뿐이다.

ForkJoinPool을 직접 다루면 ForkJoinTask를 사용해 실행 중에 명시적으로 새 작업을 스케줄링 하라고 지시할 수 있다(일반적으로 RecursiveTask나 RecursiveAction을 통해).

하지만 newWorkStealingPool()은 ForkJoinPool의 더 높은 수준의 추상화이므로 실행 중에 명시적으로 새 작업을 스케줄링하라고 지시할 수 없다. 따라서 newWorkStealingPool()은 전달받은 작업에 기반해 알아서 동작 방식을 결정한다. newWorkStealingPool(), newCachedThreadPool(), newFixedThreadPool()을 비교해보고, 다음 두 시나리오에서 어떻게 동작하는지 살펴본다.

- 대량의 간단한 작업
- 시간이 걸리는 소수의 작업

이제부터 두 시나리오의 해법을 알아보자.

205.1 대량의 간단한 작업

프로듀서(검사 직원)와 컨슈머(포장 직원)가 동시에 일하지 않으니 일반적인 for 루프로 전구 15,000,000개를 큐에 쉽게 채울 수 있다(생산 라인에서 크게 신경 쓰지 않는 부분이다). 코드로 살펴보자.

```
private static final Random rnd = new Random();
private static final int MAX_PROD_BULBS = 15_000_000;
private static final BlockingQueue<String> queue
  = new LinkedBlockingQueue<>();
...
private static void simulatingProducers() {
  logger.info("Simulating the job of the producers overnight ...");
  logger.info(() -> "The producers checked "
    + MAX_PROD_BULBS + " bulbs ...");

  for (int i = 0; i < MAX_PROD_BULBS; i++) {
    queue.offer("bulb-" + rnd.nextInt(1000));
  }
}
```

이어서 기본 작업 가로채기 스레드 풀을 생성한다.

```
private static ExecutorService consumerService
  = Executors.newWorkStealingPool();
```

비교를 위해 다음 스레드 풀도 사용하겠다.

- 캐시 스레드 풀

```
private static ExecutorService consumerService
  = Executors.newCachedThreadPool();
```

- 스레드 수만큼 프로세서를 사용하는 고정된 수의 스레드 풀(기본 작업 가로채기 스레드 풀
  에서는 프로세서 수를 병렬 처리 수준으로 사용한다)

```
private static final Consumer consumer = new Consumer();
private static final int PROCESSORS
  = Runtime.getRuntime().availableProcessors();
private static ExecutorService consumerService
  = Executors.newFixedThreadPool(PROCESSORS);
```

이제 간단한 작업 15,000,000개를 실행해보자.

```
for (int i = 0; i < queueSize; i++) {
  consumerService.execute(consumer);
}
```

간단한 queue.poll() 연산만 수행하므로 Consumer는 아주 빠르게 실행된다.

```java
private static class Consumer implements Runnable {
  @Override
  public void run() {
    String bulb = queue.poll();

    if (bulb != null) {
      // 아무것도 하지 않는다
    }
  }
}
```

10번 실행해 수집한 데이터를 그래프로 나타내보았다.

❤ 그림 10-10

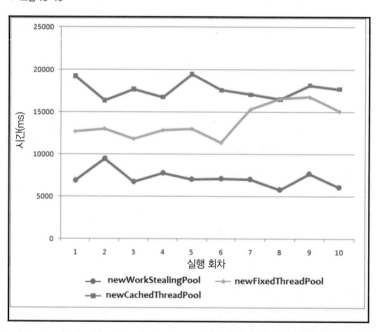

전문적인 벤치마킹이 아니지만 작업 가로채기 스레드 풀의 성능이 가장 좋다는 것은 알 수 있다.
반면, 최악은 캐시 스레드 풀이다.

205.2 시간이 걸리는 소수의 작업

큐 하나에 전구 15,000,000개를 채우는 대신 큐 15개에 각각 전구를 1,000,000개씩 채워보자.

```
private static final int MAX_PROD_BULBS = 15_000_000;
private static final int CHUNK_BULBS = 1_000_000;
private static final Random rnd = new Random();
private static final Queue<BlockingQueue<String>> chunks
  = new LinkedBlockingQueue<>();
...
private static Queue<BlockingQueue<String>> simulatingProducers() {
  logger.info("Simulating the job of the producers overnight ...");
  logger.info(() -> "The producers checked "
    + MAX_PROD_BULBS + " bulbs ...");

  int counter = 0;
  while (counter < MAX_PROD_BULBS) {
    BlockingQueue chunk = new LinkedBlockingQueue<>(CHUNK_BULBS);

    for (int i = 0; i < CHUNK_BULBS; i++) {
      chunk.offer("bulb-" + rnd.nextInt(1000));
    }

    chunks.offer(chunk);
    counter += CHUNK_BULBS;
  }

  return chunks;
}
```

이어서 작업 15개를 시작한다.

```
while (!chunks.isEmpty()) {
  Consumer consumer = new Consumer(chunks.poll());
  consumerService.execute(consumer);
}
```

각 Consumer는 다음 코드로 전구 1,000,000개를 순회한다.

```
private static class Consumer implements Runnable {
  private final BlockingQueue<String> bulbs;

  public Consumer(BlockingQueue<String> bulbs) {
    this.bulbs = bulbs;
  }

  @Override
```

```
  public void run() {
    while (!bulbs.isEmpty()) {
      String bulb = bulbs.poll();

      if (bulb != null) {}
    }
  }
}
```

10번 실행해 수집한 데이터를 그래프로 나타내보았다.

▼ 그림 10-11

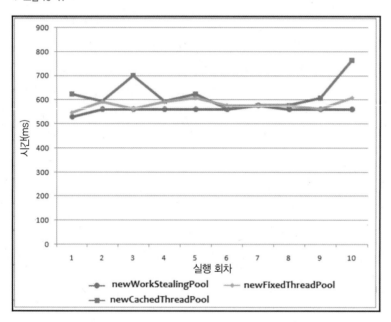

이번에는 작업 가로채기 풀과 일반적인 스레드 풀이 비슷해 보인다.

206 Callable과 Future

202. **단일 스레드 풀** 절에서 다뤘던 시나리오를 그대로 사용하겠다. 다음 시나리오를 따르는 프로 듀서와 컨슈머가 하나씩 필요하다.

   1. 자동 시스템은 프로듀서에게 요청을 보내 **전구를 검사해서 정상이면 돌려주고 그렇지 않으면 전구에 어떤 문제가 있는지 알려달라고** 말한다.

2. 자동 시스템은 프로듀서가 전구를 검사할 동안 기다린다.

3. 자동 시스템은 검사한 전구를 받아 컨슈머(포장 직원)에게 전달하고 앞선 과정을 반복한다.

4. 전구에 결함이 있으면 프로듀서는 예외(DefectBulbException)를 던지고 자동 시스템은 문제의 원인을 조사한다.

위 시나리오를 그림으로 살펴보자.

▼ 그림 10-12

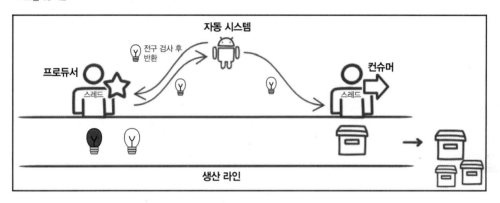

시나리오대로 구현하려면 프로듀서가 결과를 반환하고 예외를 던질 수 있어야 한다. 프로듀서는 Runnable이므로 둘 다 할 수 없다. 하지만 자바는 Callable이라는 인터페이스를 제공한다. Callable은 call() 메서드를 포함하는 함수형 인터페이스다. Runnable의 run() 메서드와 달리 call() 메서드인 V call() throws Exception은 결과를 반환하고 심지어 예외도 던질 수 있다.

프로듀서(검사 직원)를 다음과 같이 작성할 수 있다는 뜻이다.

```
private static volatile boolean runningProducer;
private static final int MAX_PROD_TIME_MS = 5 * 1000;
private static final Random rnd = new Random();
...
private static class Producer implements Callable {
  private final String bulb;

  private Producer(String bulb) {
    this.bulb = bulb;
  }

  @Override
  public String call()
```

```
        throws DefectBulbException, InterruptedException {
    if (runningProducer) {
        Thread.sleep(rnd.nextInt(MAX_PROD_TIME_MS));

        if (rnd.nextInt(100) < 5) {
            throw new DefectBulbException("Defect: " + bulb);
        } else {
            logger.info(() -> "Checked: " + bulb);
        }

        return bulb;
    }

    return "";
  }
}
```

ExecutorService는 submit( ) 메서드로 Callable에 작업을 제출할 수 있으나 제출된 작업의 결과를 언제 받을지는 모른다. 따라서 Callable은 Future라는 특수 타입을 즉시 반환한다. 비동기식 계산 결과를 Future로 표현하고, 작업이 끝나면 Future를 통해 가져온다. 개념상 Future를 자바스크립트의 프라미스(promise) 혹은 향후 어떤 시점에 완료되는 계산 결과로 생각하면 된다. 이제 Producer를 생성해 Callable에게 제출해보자.

```
String bulb = "bulb-" + rnd.nextInt(1000);
Producer producer = new Producer(bulb);

Future<String> bulbFuture = producerService.submit(producer);
// 이 행을 즉시 실행한다
```

Callable은 Future를 즉시 반환하므로 제출한 작업 결과를 기다리는 도중에 다른 작업을 수행할 수 있다(isDone( ) 플래그 메서드는 작업이 완료되면 true를 반환한다).

```
while (!future.isDone()) {
    System.out.println("Do something else ...");
```

Future의 결과는 Future.get( )이라는 블로킹 메서드로 추출한다. 이 메서드는 결과를 가져올 수 있을 때까지 혹은 명시된 타임아웃이 경과할 때까지 블로킹한다(타임아웃 종료 전에 결과를 가져올 수 없으면 TimeoutException을 던진다).

```
String checkedBulb = bulbFuture.get(
  MAX_PROD_TIME_MS + 1000, TimeUnit.MILLISECONDS);

// 결과를 가져올 수 있어야 이 행을 실행한다
```

결과를 가져올 수 있으면 그 결과를 Consumer에 전달하고 또 다른 작업을 Producer에게 제출한다.
컨슈머와 프로듀서를 실행하는 동안 이러한 순환을 반복한다. 코드로는 다음과 같다.

```
private static void automaticSystem() {
  while (runningProducer &amp;&amp; runningConsumer) {
    String bulb = "bulb-" + rnd.nextInt(1000);

    Producer producer = new Producer(bulb);
    Future<String> bulbFuture = producerService.submit(producer);
    ...
    String checkedBulb = bulbFuture.get(
      MAX_PROD_TIME_MS + 1000, TimeUnit.MILLISECONDS);

    Consumer consumer = new Consumer(checkedBulb);
    if (runningConsumer) {
      consumerService.execute(consumer);
    }
  }
  ...
}
```

Consumer 역시 Runnable이므로 결과를 반환하거나 예외를 던질 수 없다.

```
private static final int MAX_CONS_TIME_MS = 3 * 1000;
...
private static class Consumer implements Runnable {
  private final String bulb;

  private Consumer(String bulb) {
    this.bulb = bulb;
  }

  @Override
  public void run() {
    if (runningConsumer) {
      try {
        Thread.sleep(rnd.nextInt(MAX_CONS_TIME_MS));
        logger.info(() -> "Packed: " + bulb);
```

```
      } catch (InterruptedException ex) {
        Thread.currentThread().interrupt();
        logger.severe(() -> "Exception: " + ex);
      }
    }
  }
}
```

끝으로 자동 시스템을 시작해야 한다. 코드는 다음과 같다.

```
public static void startAssemblyLine() {
  ...
  runningProducer = true;
  consumerService = Executors.newSingleThreadExecutor();

  runningConsumer = true;
  producerService = Executors.newSingleThreadExecutor();

  new Thread(() -> {
    automaticSystem();
  }).start();
}
```

메인 스레드를 블로킹하지 않으려고 자동 시스템을 새 스레드에서 시작했다. 이로써 메인 스레드가 생산 라인의 가동—중지 프로세스를 제어할 수 있다.

몇 분 동안 생산 라인을 가동해 출력해보자.

```
Starting assembly line ...
[08:38:41] [INFO ] Checked: bulb-879
...
[08:38:52] [SEVERE ] Exception: DefectBulbException: Defect: bulb-553
[08:38:53] [INFO ] Packed: bulb-305
...
```

예상대로 실행된다! 이제 마지막 주제로 넘어가겠다.

206.1 Future 취소

Future를 취소할 수 있다. cancel(boolean mayInterruptIfRunning) 메서드를 사용하면 된다. 이 메서드에 true를 전달하면 작업을 실행하는 스레드가 중단되고, 그렇지 않으면 스레드는 작업을 완료한다. cancel() 메서드는 태스크를 성공적으로 취소하면 true를, 그렇지 못하면 false를 반

환한다(보통은 이미 정상적으로 완료됐기 때문이다). 1초 넘게 실행하면 작업을 취소하는 간단한
예제를 살펴보자.

```
long startTime = System.currentTimeMillis();

Future<String> future = executorService.submit(() -> {
  Thread.sleep(3000);

  return "Task completed";
});

while (!future.isDone()) {
  System.out.println("Task is in progress ...");
  Thread.sleep(100);

  long elapsedTime = (System.currentTimeMillis() - startTime);

  if (elapsedTime > 1000) {
    future.cancel(true);
  }
}
```

isCancelled() 메서드는 작업을 정상적으로 완료하기 전에 취소했으면 true를 반환한다.

```
System.out.println("Task was cancelled: " + future.isCancelled()
  + "\nTask is done: " + future.isDone());
```

출력은 다음과 같다.

```
Task is in progress ...
Task is in progress ...
...
Task was cancelled: true
Task is done: true
```

예제 몇 개를 더 살펴보자.

- Callable과 람다 사용

```
Future<String> future = executorService.submit(() -> {
  return "Hello to you!";
});
```

- Executors.callable(Runnable task)를 사용해 null을 반환하는 Callable 가져오기

```
Callable<Object> callable = Executors.callable(() -> {
  System.out.println("Hello to you!");
});

Future<Object> future = executorService.submit(callable);
```

- Executors.callable(Runnable task, T result)를 사용해 결과(T)를 반환하는 Callable 가져오기

```
Callable<String> callable = Executors.callable(() -> {
  System.out.println("Hello to you!");
}, "Hi");

Future<String> future = executorService.submit(callable);
```

207 다수의 Callable 작업 호출

프로듀서(검사 직원)와 컨슈머(포장 직원)가 동시에 일하지 않으니 for 문으로 전구 100개를 큐에 추가하도록 둘의 작업을 시뮬레이션할 수 있다.

```
private static final BlockingQueue<String> queue
  = new LinkedBlockingQueue<>();
...
private static void simulatingProducers() {
  for (int i = 0; i < MAX_PROD_BULBS; i++) {
    queue.offer("bulb-" + rnd.nextInt(1000));
  }
}
```

컨슈머는 각 전구를 포장해서 반환해야 한다. 즉, Consumer가 Callable이라는 뜻이다.

```
private static class Consumer implements Callable {
  @Override
  public String call() throws InterruptedException {
    String bulb = queue.poll();

    Thread.sleep(100);
```

```
      if (bulb != null) {
        logger.info(() -> "Packed: " + bulb + " by consumer: "
          + Thread.currentThread().getName());

        return bulb;
      }

      return "";
    }
  }
```

단, 모든 Callable 작업을 제출해야 하고 전부 완료되기를 기다려야 한다. 이럴 때 ExecutorService.
invokeAll() 메서드를 이용한다. 이 메서드는 작업 컬렉션(Collection<? extends Callable<T>>)을
인수로 받아 Future 인스턴스 리스트(List<Future<T>>)를 반환한다. Future.get() 호출은 Future
인스턴스를 전부 완료할 때까지 블로킹된다.

먼저 작업 100개 리스트부터 생성해보자.

```
private static final Consumer consumer = new Consumer();
...
List<Callable<String>> tasks = new ArrayList<>();
for (int i = 0; i < queue.size(); i++) {
  tasks.add(consumer);
}
```

이어서 모든 작업을 실행하고 Future 리스트 결과를 가져온다.

```
private static ExecutorService consumerService
  = Executors.newWorkStealingPool();
...
List<Future<String>> futures = consumerService.invokeAll(tasks);
```

끝으로 결과를 처리한다(여기서는 표시한다).

```
for (Future<String> future: futures) {
  String bulb = future.get();
  logger.info(() -> "Future done: " + bulb);
}
```

앞서 말했듯이 future.get() 명령문을 호출하면 모든 Future 인스턴스를 완료할 때까지 블로킹한다. 따라서 출력은 다음과 같다.

```
[12:06:41] [INFO] Packed: bulb-595 by consumer: ForkJoinPool-1-
worker-9
...
[12:06:42] [INFO] Packed: bulb-478 by consumer: ForkJoinPool-1-
worker-15
[12:06:43] [INFO] Future done: bulb-595
...
```

제출한 작업 몇 개 중 어느 하나가 완료되기를 기다리고 싶을 수도 있다. 이럴 때는 ExecutorService. invokeAny()를 사용한다. invokeAll()처럼 이 메서드도 작업 컬렉션(Collection<? extends Callable<T>>)을 인수로 받는다. 하지만 (Future가 아니라) 가장 빨리 끝난 작업의 결과를 반환하고 아직 완료되지 않은 나머지 작업을 모두 취소한다.

```
String bulb = consumerService.invokeAny(tasks);
```

모든 Future가 완료되기를 기다리지 않으려면 다음과 같이 수행한다.

```
int queueSize = queue.size();
List<Future<String>> futures = new ArrayList<>();
for (int i = 0; i < queueSize; i++) {
  futures.add(consumerService.submit(consumer));
}

for (Future<String> future: futures) {
  String bulb = future.get();
  logger.info(() -> "Future done: " + bulb);
}
```

위 코드는 작업이 전부 완료될 때까지 블로킹하지 않는다. 출력 예제로 살펴보자.

```
[12:08:56] [INFO ] Packed: bulb-894 by consumer: ForkJoinPool-1-
worker-7
[12:08:56] [INFO ] Future done: bulb-894
[12:08:56] [INFO ] Packed: bulb-953 by consumer: ForkJoinPool-1-
worker-5
...
```

208 래치

래치(latch)는 하나 이상의 스레드가 다른 스레드에 있는 다수의 이벤트가 완료될 때까지 기다리는
자바 싱크로나이저다. 주어진 카운터(대개 기다려야 할 이벤트 수로 나타냄)로 시작해 각 이벤트가
완료될 때마다 카운터가 줄어든다. 카운터가 0이 되어야 기다리던 모든 스레드가 지나갈 수 있다.
이때가 래치의 종료 상태다. 래치는 다시 할당하거나 재사용할 수 없으므로 대기 중인 이벤트는 한
번만 일어날 수 있다. 그림 10-13은 스레드 3개로 동작하는 래치의 동작을 네 단계로 보여준다.

▼ 그림 10-13

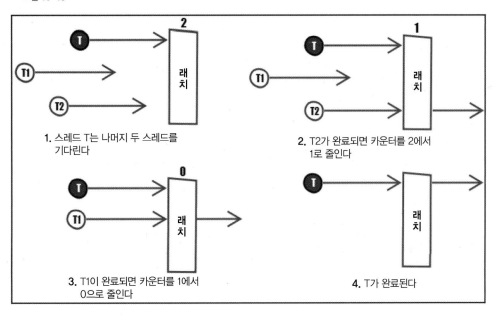

래치의 API 구현은 java.util.concurrent.CountDownLatch다.

CountDownLatch 생성자에 최초 카운터를 정수로 할당한다. 예를 들어 카운터가 3인 CountDownLatch
는 다음과 같이 정의한다.

```
CountDownLatch latch = new CountDownLatch(3);
```

await() 메서드를 호출하는 스레드는 카운터가 0이 될 때까지 블로킹된다. 따라서 래치가 종료
상태에 도달할 때까지 블로킹되어야 하는 스레드는 await()을 호출한다. 각 이벤트를 완료하면
countDown() 메서드를 호출한다. countDown() 메서드는 카운터 값을 1 줄인다. 카운터가 0이 될
때까지 await()을 호출했던 스레드는 계속 블로킹 상태다.

래치는 광범위하게 쓰인다. 여기서는 서버 구동 프로세스를 시뮬레이션하는 문제를 살펴보겠다. 내부 서비스를 모두 시작해야 서버를 구동했다고 간주한다. 서비스는 동시에 시작할 수 있고 서로 독립적이다. 서버 구동은 서버 내부의 모든 서비스를 시작해야 하는 시간이 걸리는 프로세스다. 따라서 서버 구동을 마무리 짓고 검증하는 스레드는 모든 서버 서비스(이벤트)가 다른 스레드에서 시작할 때까지 기다려야 한다. 서비스가 3개인 ServerService 클래스를 작성해보자.

```java
public class ServerInstance implements Runnable {
  private static final Logger logger =
    Logger.getLogger(ServerInstance.class.getName());

  private final CountDownLatch latch = new CountDownLatch(3);

  @Override
  public void run() {
    logger.info("The server is getting ready to start ");
    logger.info("Starting services ...\n");

    long starting = System.currentTimeMillis();

    Thread service1 = new Thread(
      new ServerService(latch, "HTTP Listeners"));
    Thread service2 = new Thread(
      new ServerService(latch, "JMX"));
    Thread service3 = new Thread(
      new ServerService(latch, "Connectors"));

    service1.start();
    service2.start();
    service3.start();

    try {
      latch.await();
      logger.info(() -> "Server has successfully started in "
        + (System.currentTimeMillis() - starting) / 1000
        + " seconds");
    } catch (InterruptedException ex) {
      Thread.currentThread().interrupt();
      // log ex
    }
  }
}
```

먼저 카운터 3으로 CountDownLatch를 정의한다. 이어서 세 스레드에서 서비스를 시작한다. 끝으로 await()을 통해 이 스레드를 블로킹한다. 다음은 임의의 시간을 슬립해 서비스 시작 프로세스를 시뮬레이션하는 클래스다.

```java
public class ServerService implements Runnable {
  private static final Logger logger =
    Logger.getLogger(ServerService.class.getName());

  private final String serviceName;
  private final CountDownLatch latch;
  private final Random rnd = new Random();

  public ServerService(CountDownLatch latch, String serviceName) {
    this.latch = latch;
    this.serviceName = serviceName;
  }

  @Override
  public void run() {
    int startingIn = rnd.nextInt(10) * 1000;

    try {
      logger.info(() -> "Starting service '" + serviceName + "' ...");

      Thread.sleep(startingIn);

      logger.info(() -> "Service '" + serviceName
        + "' has successfully started in "
        + startingIn / 1000 + " seconds");
    } catch (InterruptedException ex) {
      Thread.currentThread().interrupt();
      // log ex
    } finally {
      latch.countDown();

      logger.info(() -> "Service '" + serviceName + "' running ...");
    }
  }
}
```

성공적으로 시작한(또는 실패한) 각 서비스는 countDown()으로 래치를 감소시킨다. 카운터가 0이되면 서버를 구동한 것으로 간주한다. 서버를 구동해보자.

동시성 – 스레드 풀, 콜러블, 싱크로나이저

```
Thread server = new Thread(new ServerInstance());
server.start();
```

다음과 같이 출력될 것이다.

[08:49:17] [INFO] The server is getting ready to start

[08:49:17] [INFO] Starting services ...
[08:49:17] [INFO] Starting service 'JMX' ...
[08:49:17] [INFO] Starting service 'Connectors' ...
[08:49:17] [INFO] Starting service 'HTTP Listeners' ...

[08:49:22] [INFO] Service 'HTTP Listeners' started in 5 seconds
[08:49:22] [INFO] Service 'HTTP Listeners' running ...
[08:49:25] [INFO] Service 'JMX' started in 8 seconds
[08:49:25] [INFO] Service 'JMX' running ...
[08:49:26] [INFO] Service 'Connectors' started in 9 seconds
[08:49:26] [INFO] Service 'Connectors' running ...

[08:49:26] [INFO] Server has successfully started in 9 seconds

TIP ≡ 무한 대기를 막기 위해 CountDownLatch 클래스는 타임아웃을 받는 await(long timeout, TimeUnit unit) 메서드를 지원한다. 카운트가 0이 되기 전에 대기 시간이 경과하면 메서드는 false를 반환한다.

209 배리어

배리어(barrier)는 스레드 그룹(또는 파티)이 공통 배리어 지점(barrier point)에 도달할 때까지 기다리는 자바 싱크로나이저다. 스레드 그룹은 배리어에서 만날 때까지 서로를 기다린다. 여러 명의 친구가 약속 장소를 정했다가 모두 이곳에 도착해야 다같이 출발하는 것과 비슷하다. 전부 도착했거나 너무 오래 기다렸다고 생각할 때까지 약속 장소를 떠나지 않는다.

이 싱크로나이저는 어떤 작업을 부분 작업으로 나눠 해결할 수 있는 문제에 잘 맞는다. 다수의 스레드에서 각 부분 작업을 실행하면서 나머지 스레드를 기다린다. 모든 스레드를 완료하면 각각의 결과를 하나의 결과로 합친다.

그림 10-14는 스레드 3개로 된 배리어가 어떻게 동작하는지 보여준다.

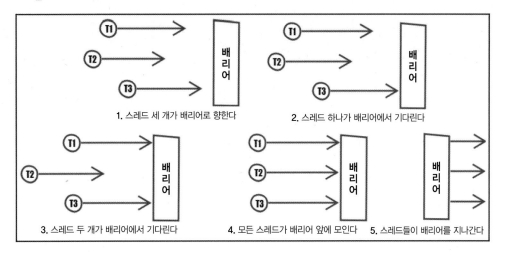

1. 스레드 세 개가 배리어로 향한다
2. 스레드 하나가 배리어에서 기다린다
3. 스레드 두 개가 배리어에서 기다린다
4. 모든 스레드가 배리어 앞에 모인다
5. 스레드들이 배리어를 지나간다

배리어의 API 구현은 java.util.concurrent.CyclicBarrier다.

CyclicBarrier는 다음 두 생성자 중 하나로 생성한다.

- 한 생성자에는 파티 수(정수)를 명시할 수 있다.
- 다른 생성자에는 모든 파티가 배리어 앞에 모인 후 취할 동작(Runnable)을 추가할 수 있다.

여기서 동작이란 파티 내 스레드가 모두 도착한 후 어떤 스레드도 떠나기 전에 수행할 동작을 말한다.

배리어에서 기다릴 스레드는 await() 메서드를 호출한다. 이 메서드는 무기한 또는 명시된 타임아웃까지 기다린다(명시된 타임아웃을 경과하거나 스레드가 중단되면 TimeoutException으로 스레드를 종료한다. 이로써 배리어가 무너지고(broken) 배리어에서 기다리던 모든 스레드도 BrokenBarrierException으로 종료된다). getParties() 메서드는 배리어를 지나가려면 파티 몇 개가 모여야 하는지, getNumberWaiting() 메서드는 현재 배리어에서 기다리고 있는 파티가 몇 개인지 알려준다.

> Info ≡ await() 메서드는 현재 스레드의 도착 인덱스를 나타내는 정수를 반환한다. 인덱스가 getParties()
> – 1이면 처음으로 도착했다는 뜻이고, 0이면 마지막으로 도착했다는 뜻이다.

이제 서버를 구동해보자. 내부 서비스를 모두 시작해야 서버를 구동했다고 간주한다. 서비스를 동시에 시작할 수 있으나(시간이 걸린다) 독립적으로 실행되므로 시작 준비를 마치고 한 번에 다같이 시작해야 한다.

즉, 서비스마다 별도의 스레드에서 시작할 수 있다. 시작할 준비를 갖추면 스레드는 배리어에서 나머지 서비스를 기다린다. 전부 시작할 준비가 되면 배리어를 지나 서비스를 실행한다. 서비스가 3개일 때 CyclicBarrier를 정의해보자.

```
Runnable barrierAction
  = () -> logger.info("Services are ready to start ...");

CyclicBarrier barrier = new CyclicBarrier(3, barrierAction);
```

이제 스레드 3개로 서비스를 준비해보자.

```
public class ServerInstance implements Runnable {
  private static final Logger logger
    = Logger.getLogger(ServerInstance.class.getName());

  private final Runnable barrierAction
    = () -> logger.info("Services are ready to start ...");

  private final CyclicBarrier barrier
    = new CyclicBarrier(3, barrierAction);

  @Override
  public void run() {
    logger.info("The server is getting ready to start ");
    logger.info("Starting services ...\n");

    long starting = System.currentTimeMillis();

    Thread service1 = new Thread(
      new ServerService(barrier, "HTTP Listeners"));
    Thread service2 = new Thread(
      new ServerService(barrier, "JMX"));
    Thread service3 = new Thread(
      new ServerService(barrier, "Connectors"));

    service1.start();
    service2.start();
    service3.start();

    try {
      service1.join();
      service2.join();
      service3.join();
```

```java
        logger.info(() -> "Server has successfully started in "
          + (System.currentTimeMillis() - starting) / 1000
          + " seconds");
      } catch (InterruptedException ex) {
        Thread.currentThread().interrupt();
        logger.severe(() -> "Exception: " + ex);
      }
    }
  }
```

ServerService는 각 서비스를 시작할 준비를 마치면 await()으로 배리어 앞에서 블로킹한다.

```java
public class ServerService implements Runnable {
  private static final Logger logger =
    Logger.getLogger(ServerService.class.getName());

  private final String serviceName;
  private final CyclicBarrier barrier;
  private final Random rnd = new Random();

  public ServerService(CyclicBarrier barrier, String serviceName) {
    this.barrier = barrier;
    this.serviceName = serviceName;
  }

  @Override
  public void run() {
    int startingIn = rnd.nextInt(10) * 1000;

    try {
      logger.info(() -> "Preparing service '"
        + serviceName + "' ...");

      Thread.sleep(startingIn);
      logger.info(() -> "Service '" + serviceName
        + "' was prepared in " + startingIn / 1000
        + " seconds (waiting for remaining services)");

      barrier.await();

      logger.info(() -> "The service '" + serviceName
        + "' is running ...");
    } catch (InterruptedException ex) {
```

```
            Thread.currentThread().interrupt();
            logger.severe(() -> "Exception: " + ex);
        } catch (BrokenBarrierException ex) {
            logger.severe(() -> "Exception ... barrier is broken! " + ex);
        }
    }
}
```

서버를 실행해보자.

```
Thread server = new Thread(new ServerInstance());
server.start();
```

아래처럼 출력될 것이다(스레드가 배리어를 지날 때 어떻게 종료되는지 잘 보자).

```
[10:38:34] [INFO] The server is getting ready to start

[10:38:34] [INFO] Starting services ...
[10:38:34] [INFO] Preparing service 'Connectors' ...
[10:38:34] [INFO] Preparing service 'JMX' ...
[10:38:34] [INFO] Preparing service 'HTTP Listeners' ...

[10:38:35] [INFO] Service 'HTTP Listeners' was prepared in 1 seconds
                  (waiting for remaining services)
[10:38:36] [INFO] Service 'JMX' was prepared in 2 seconds
                  (waiting for remaining services)
[10:38:38] [INFO] Service 'Connectors' was prepared in 4 seconds
                  (waiting for remaining services)

[10:38:38] [INFO] Services are ready to start ...

[10:38:38] [INFO] The service 'Connectors' is running ...
[10:38:38] [INFO] The service 'HTTP Listeners' is running ...
[10:38:38] [INFO] The service 'JMX' is running ...

[10:38:38] [INFO] Server has successfully started in 4 seconds
```

> TIP ≡ CyclicBarrier는 다시 할당하고 재사용할 수 있으므로 순환적이다. 이를 위해 배리어에서 기다리던 모
> 든 스레드를 종료한 후 reset() 메서드를 호출한다. 이렇게 하지 않으면 BrokenBarrierException이 발생한다.
> 배리어가 무너지면(broken) isBroken() 플래그 메서드는 true를 반환한다.

210 익스체인저

익스체인저(exchanger)는 두 스레드가 교환 혹은 동기화 지점에서 객체를 교환하는 자바 싱크로나이저다.

이러한 유형의 싱크로나이저는 대개 배리어 역할을 한다. 두 스레드가 배리어에서 서로를 기다린다. 둘 다 도착하면 객체를 교환하고 원래 작업을 이어간다.

그림 10-15는 익스체인저의 동작을 네 단계로 보여준다.

▼ 그림 10-15

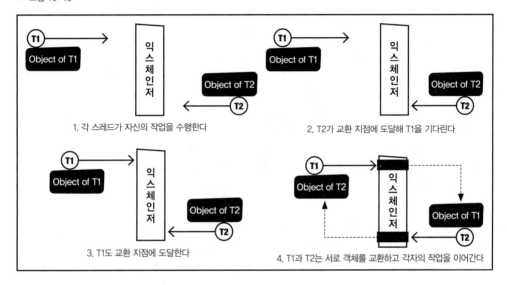

1. 각 스레드가 자신의 작업을 수행한다
2. T2가 교환 지점에 도달해 T1을 기다린다
3. T1도 교환 지점에 도달한다
4. T1과 T2는 서로 객체를 교환하고 각자의 작업을 이어간다

익스체인저의 API 구현은 java.util.concurrent.Exchanger다.

Exchanger는 빈 생성자로 생성하며 두 개의 exchange() 메서드를 제공한다.

- 한 메서드는 제공할 객체만 받는다.
- 다른 한 메서드는 제공할 객체와 타임아웃을 받는다(다른 스레드가 교환하러 들어오기 전에 명시한 대기 시간이 경과하면 TimeoutException을 던진다).

전구 생산 라인을 다시 떠올려보자. 프로듀서(검사 직원)가 검사한 전구를 바구니(예를 들어 List<String>)에 넣는다고 가정하자. 바구니가 가득 차면 프로듀서는 바구니를 컨슈머(포장 직원)의 빈 바구니(예를 들어 또 다른 List<String>)와 맞바꾼다. 생산 라인을 가동하는 동안 이 과정을 반복한다.

그림으로 살펴보자.

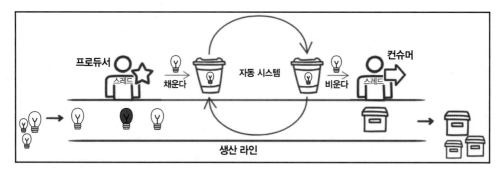

먼저 Exchanger를 생성하자.

```
private static final int BASKET_CAPACITY = 5;
...
private static final Exchanger<List<String>> exchanger
  = new Exchanger<>();
```

프로듀서는 바구니를 채운 후 교환 지점에서 컨슈머를 기다린다.

```
private static final int MAX_PROD_TIME_MS = 2 * 1000;
private static final Random rnd = new Random();
private static volatile boolean runningProducer;
...
private static class Producer implements Runnable {
  private List<String> basket = new ArrayList<>(BASKET_CAPACITY);

  @Override
  public void run() {
    while (runningProducer) {
      try {
        for (int i = 0; i < BASKET_CAPACITY; i++) {
          String bulb = "bulb-" + rnd.nextInt(1000);
          Thread.sleep(rnd.nextInt(MAX_PROD_TIME_MS));
          basket.add(bulb);

          logger.info(() -> "Checked and added in the basket: "
            + bulb);
        }
```

```
          logger.info("Producer: Waiting to exchange baskets ...");

          basket = exchanger.exchange(basket);
        } catch (InterruptedException ex) {
          Thread.currentThread().interrupt();
          logger.severe(() -> "Exception: " + ex);
          break;
        }
      }
    }
  }
```

컨슈머는 교환 지점에서 전구로 가득 찬 바구니를 프로듀서로부터 받으려고 기다렸다가 교환할
때 빈 바구니를 넘긴다. 이어서 다시 프로듀서가 바구니를 채울 동안 컨슈머는 바구니의 전구를
포장한다. 작업이 끝나면 다시 교환 지점으로 돌아가 전구로 가득 찬 바구니를 기다린다. 따라서
다음과 같이 Consumer를 작성할 수 있다.

```
private static final int MAX_CONS_TIME_MS = 5 * 1000;
private static final Random rnd = new Random();
private static volatile boolean runningConsumer;
...
private static class Consumer implements Runnable {
  private List<String> basket = new ArrayList<>(BASKET_CAPACITY);

  @Override
  public void run() {
    while (runningConsumer) {
      try {
        logger.info("Consumer: Waiting to exchange baskets ...");
        basket = exchanger.exchange(basket);
        logger.info(() -> "Consumer: Received the following bulbs: "
          + basket);

        for (String bulb: basket) {
          if (bulb != null) {
            Thread.sleep(rnd.nextInt(MAX_CONS_TIME_MS));
            logger.info(() -> "Packed from basket: " + bulb);
          }
        }

        basket.clear();
      } catch (InterruptedException ex) {
```

```
            Thread.currentThread().interrupt();
            logger.severe(() -> "Exception: " + ex);
            break;
        }
    }
  }
}
```

나머지 코드는 너무 길어 생략했다.

다음과 같이 출력될 것이다.

```
Starting assembly line ...
[13:23:13] [INFO] Consumer: Waiting to exchange baskets ...
[13:23:15] [INFO] Checked and added in the basket: bulb-606
...
[13:23:18] [INFO] Producer: Waiting to exchange baskets ...
[13:23:18] [INFO] Consumer: Received the following bulbs:
[bulb-606, bulb-251, bulb-102, bulb-454, bulb-280]
[13:23:19] [INFO] Checked and added in the basket: bulb-16
...
[13:23:21] [INFO] Packed from basket: bulb-606
...
```

211 세마포어

세마포어(semaphore)는 임의의 시점에 자원에 접근하는 스레드 수를 제어하는 자바 싱크로나이 저다. 개념상 이 싱크로나이저는 (토큰과 비슷한) 다수의 퍼밋(permit)(허가)을 관리한다. 스레드가 자원에 접근하려면 싱크로나이저로부터 퍼밋을 획득해야 한다. 해당 자원으로 잡을 모두 끝내면 스레드는 다른 스레드가 획득할 수 있도록 퍼밋을 세마포어에게 반환해 돌려주어야 한다. 스레드는 (퍼밋을 가져올 수 있으면) 퍼밋을 즉각 획득할 수도 있고, 정해진 시간 동안 기다릴 수도 있고, 다른 스레드가 퍼밋을 사용하지 않을 때까지 기다릴 수도 있다. 또한 스레드는 한 번에 둘 이상의 퍼밋을 획득하고 돌려줄 수 있으며, 획득하지 못했더라도 퍼밋을 돌려줄 수 있다. 이는 세마포어에 퍼밋을 추가하는 셈이니 세마포어를 시작할 때의 퍼밋 개수와 세마포어를 종료할 때의 퍼밋 개수가 다를 수 있다.

세마포어의 API 구현은 java.util.concurrent.Semaphore다.

Semaphore는 다음 두 생성자 중 하나를 호출해 생성한다.

- public Semaphore(int permits)

- public Semaphore(int permits, boolean fair)

공평한 세마포어는 경합이 발생하면 FIFO 방식의 퍼밋 승인을 보장한다.

퍼밋은 acquire( ) 메서드로 획득한다. 퍼밋 획득 과정을 살펴보자.

- 인수 없이 acquire( ) 메서드를 호출하면 퍼밋 하나를 쓸 수 있을 때까지 또는 스레드가 중단될 때까지 블로킹해 이 세마포어로부터 퍼밋을 획득한다.

- 둘 이상의 퍼밋을 획득하려면 acquire(int permits)를 사용한다.

- 퍼밋을 획득하고 플래그 값을 즉시 반환하려면 tryAcquire( )나 tryAcquire(int permits)를 사용한다.

- 주어진 대기 시간 동안 퍼밋 하나를 쓸 수 있을 때까지 기다렸다가 퍼밋을 획득하려면(또한 현재 스레드가 중단되지 않았어야 한다) tryAcquire(int permits, long timeout, TimeUnit unit)을 사용한다.

- 이 세마포어로부터 퍼밋을 획득하려면 acquireUninterruptibly( )와 acquireUninterruptibly (int permits)로 퍼밋 하나를 쓸 수 있을 때까지 블로킹한다.

- 퍼밋을 반환하려면 release( )를 사용한다.

예제 시나리오에서 이발소에는 좌석이 3개였고 고객을 FIFO 방식으로 응대했다. 고객은 5초 동안 자리에 앉으려 시도한다. 이발이 끝나면 앉았던 좌석을 돌려준다. 다음 코드로 좌석을 어떻게 획득하고 돌려주는지 살펴보자.

```java
public class Barbershop {
  private static final Logger logger =
    Logger.getLogger(Barbershop.class.getName());

  private final Semaphore seats;

  public Barbershop(int seatsCount) {
    this.seats = new Semaphore(seatsCount, true);
  }

  public boolean acquireSeat(int customerId) {
    logger.info(() -> "Customer #" + customerId
      + " is trying to get a seat");
```

```
    try {
      boolean acquired = seats.tryAcquire(
        5 * 1000, TimeUnit.MILLISECONDS);

      if (!acquired) {
        logger.info(() -> "Customer #" + customerId
          + " has left the barbershop");

        return false;
      }

      logger.info(() -> "Customer #" + customerId + " got a seat");

      return true;
    } catch (InterruptedException ex) {
      Thread.currentThread().interrupt();
      logger.severe(() -> "Exception: " + ex);
    }

    return false;
  }

  public void releaseSeat(int customerId) {
    logger.info(() -> "Customer #" + customerId
      + " has released a seat");
    seats.release();
  }
}
```

5초 동안 자리가 나지 않으면 손님은 이발소를 떠난다. 반면, 자리에 앉는 데 성공하면 고객은 이발사에게 서비스를 받는다(0에서 10초 사이의 임의의 시간이 걸린다). 끝으로 고객은 좌석을 돌려준다. 코드로는 다음과 같이 작성할 수 있다.

```
public class BarbershopCustomer implements Runnable {
  private static final Logger logger =
    Logger.getLogger(BarbershopCustomer.class.getName());
  private static final Random rnd = new Random();

  private final Barbershop barbershop;
  private final int customerId;

  public BarbershopCustomer(Barbershop barbershop, int customerId) {
```

```
        this.barbershop = barbershop;
        this.customerId = customerId;
    }

    @Override
    public void run() {
        boolean acquired = barbershop.acquireSeat(customerId);

        if (acquired) {
            try {
                Thread.sleep(rnd.nextInt(10 * 1000));
            } catch (InterruptedException ex) {
                Thread.currentThread().interrupt();
                logger.severe(() -> "Exception: " + ex);
            } finally {
                barbershop.releaseSeat(customerId);
            }
        } else {
            Thread.currentThread().interrupt();
        }
    }
}
```

이발소에 손님 10명을 데려가겠다.

```
Barbershop bs = new Barbershop(3);

for (int i = 1; i <= 10; i++) {
    BarbershopCustomer bc = new BarbershopCustomer(bs, i);
    new Thread(bc).start();
}
```

다음과 같이 출력될 것이다.

```
[16:36:17] [INFO] Customer #10 is trying to get a seat
[16:36:17] [INFO] Customer #5 is trying to get a seat
[16:36:17] [INFO] Customer #7 is trying to get a seat
[16:36:17] [INFO] Customer #5 got a seat
[16:36:17] [INFO] Customer #10 got a seat
[16:36:19] [INFO] Customer #10 has released a seat
    ...
```

212 페이저

페이저(phaser)는 다음과 같이 CyclicBarrier와 CountDownLatch의 기능을 섞은 유연한 자바 싱
크로나이저다.

- 페이저는 배리어 역할을 하는 하나 또는 다수의 단계를 구성해 동적으로 파티(스레드) 수를
  바꾼다.

- 페이저 생명 주기 동안 동기화 파티(스레드) 수를 동적으로 바꿀 수 있다. 파티를 등록하거
  나 취소할 수 있다.

- 현재 등록된 파티는 다음 실행 단계로 넘어가기 전에 CyclicBarrier처럼 현재 단계(배리어)
  에서 기다려야 한다.

- 페이저의 각 단계는 0부터 시작하는 연관 번호 혹은 인덱스로 식별한다. 첫 번째 단계는 0,
  다음 단계는 1, 그 다음 단계는 2, …, Integer.MAX_VALUE까지 매긴다.

- 페이저는 어떤 단계에서든 세 종류의 파티를 포함한다. **등록된** 파티, **도착한** 파티(현재 단계/
  배리어에서 기다리고 있는 등록된 파티들), **도착하지 않은** 파티(현재 단계로 가는 중인 등록
  된 파티)다.

- 파티는 세 종류의 동적 카운터를 포함한다. 각각 등록된 파티를 세는 카운터, 도착한 파티를
  세는 카운터, 도착하지 않은 파티를 세는 카운터다. 모든 파티가 현재 단계에 도착하면(등록
  된 파티 수와 도착한 파티 수가 같으면) 페이저는 다음 단계로 넘어간다.

- 다음 단계로 넘어가기 전에(모든 파티가 그 단계/배리어에 도착했을 때) 선택적으로 어떤
  동작(코드)을 수행할 수 있다.

- 페이저는 종료 상태를 가진다. 종료해도 등록된 파티 수는 바뀌지 않으나 종료 후 모든 동기
  화 메서드는 다른 단계로 넘어가기를 기다리지 않고 즉시 반환한다. 비슷하게 종료 상태에
  서 등록을 시도해도 통하지 않는다.

그림 10-17을 보면 0단계에 등록된 파티가 4개, 1단계에 등록된 파티가 3개인 페이저가 나온다.
또한 앞으로 설명할 몇몇 API도 보인다.

▼ 그림 10-17

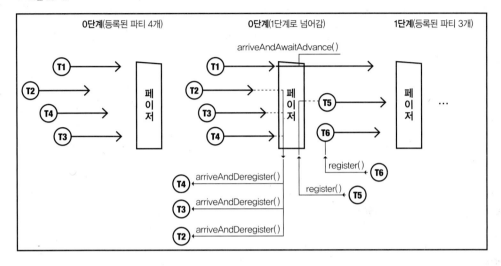

TIP ≡ 일반적으로 파티를 스레드로 이해하지만(1파티 = 1스레드) 사실 페이저는 파티와 특정 스레드를 연결 짓
지 않는다. 페이저는 등록된 파티와 취소한 파티 수를 세고 관리할 뿐이다.

페이저의 API 구현은 java.util.concurrent.Phaser다.

Phaser는 빈 생성자로 파티 0개로 생성하거나 정수 인수를 받는 생성자인 Phaser(int parties)
에 파티 수를 명시해 생성할 수 있다. 또한 Phaser(Phaser parent)나 Phaser(Phaser parent,
int parties)로 Phaser에 부모를 명시할 수도 있다. 보통은 컨트롤러 혹은 컨트롤 파티(control-
party)라 불리는 파티 하나짜리 Phaser로 시작한다. 일반적으로 이 파티가 Phaser 생명 주기에서
가장 오래 살아남는다.

파티는 언제든 register() 메서드로 등록할 수 있다(그림 10-17을 보면 0단계와 1단계 사이에
T5와 T6를 등록했다). 또한 bulkRegister(int parties)로 여러 개의 파티를 등록할 수도 있다.
다른 파티를 기다리지 않고 등록된 파티를 취소하려면 arriveAndDeregister()를 사용한다. 이
메서드는 현재 배리어(Phaser)에 도착한 파티가 다른 파티가 도착하기를 기다리지 않고도 취소할
수 있게 해준다(그림 10-17에서 T4, T3, T2 파티를 하나씩 취소했다). 각 파티를 취소할 때마다
등록된 파티 수가 1씩 감소한다.

현재 단계(배리어)에 도착해 다른 파티가 도착하기를 기다리려면 arriveAndAwaitAdvance() 메서드를 호출한다. 이 메서드는 등록된 모든 파티가 현재 단계에 도착할 때까지 블로킹한다. 등록된 파티가 전부 현재 단계에 도착해야 모든 파티가 Phaser의 다음 단계로 넘어간다.

등록된 파티가 전부 현재 단계에 도착했을 때 선택적으로 onAdvance() 메서드인 onAdvance(int phase, int registeredParties)를 오버라이딩해 특정 동작을 실행할 수 있다. Phaser를 종료하려면 이 메서드에서 boolean 값 true를 반환한다. 이 밖에 forceTermination()으로 강제 종료한 후 플래그 메서드인 isTerminated()로 종료 여부를 테스트할 수 있다. onAdvance() 메서드를 오버라이딩하려면 (대개 익명 클래스를 통해) Phaser 클래스를 확장해야 한다.

이제 문제를 해결할 만큼 충분히 배웠다. 세 단계의 Phaser로 서버 구동 프로세스를 시뮬레이션해보자. 내부 서비스 5개를 시작해야 서버를 구동했다고 간주하고 실행한다. 첫 번째 단계에서 동시에 서비스 3개를 시작해야 한다. 두 번째 단계에서 동시에 서비스를 2개 더 시작해야 한다(처음 세 서비스가 이미 실행 중이어야 시작할 수 있다). 세 번째 단계에서 서버는 최종 체크인을 수행한 후 드디어 구동하고 실행한다.

따라서 서버 구동 프로세스를 관리하는 스레드(파티)가 나머지 스레드(파티)를 제어하는 스레드다. 다시 말해 Phaser를 생성한 후 Phaser 생성자로 이 제어 스레드(혹은 컨트롤러)를 등록할 수 있다는 뜻이다.

```java
public class ServerInstance implements Runnable {
  private static final Logger logger =
    Logger.getLogger(ServerInstance.class.getName());

  private final Phaser phaser = new Phaser(1) {
    @Override
    protected boolean onAdvance(int phase, int registeredParties) {
      logger.warning(() -> "Phase:" + phase
        + " Registered parties: " + registeredParties);

      return registeredParties == 0;
    }
  };
  ...
}
```

익명 클래스를 사용해 Phaser 객체를 생성하고 onAdvance() 메서드를 오버라이딩해 다음 두 가지 목적을 달성하는 액션을 정의했다.

- 현재 단계의 간단한 상태와 등록된 파티수를 출력한다.

- 더 이상 등록된 파티가 없으면 Phaser를 종료한다.

매 단계마다 현재 등록된 모든 파티가 현재 배리어(현재 단계)에 도착하면 onAdvance() 메서드를 호출한다.

서버의 서비스를 관리하는 스레드는 서비스를 시작하고 Phaser에서 해당 서비스를 취소해야 한다. 따라서 각 서비스를 별도의 스레드에서 시작하고 잡이 끝나면 arriveAndDeregister()로 마지막에 등록을 취소한다. 이때 다음 Runnable을 사용한다.

```java
public class ServerService implements Runnable {
  private static final Logger logger =
    Logger.getLogger(ServerService.class.getName());

  private final String serviceName;
  private final Phaser phaser;
  private final Random rnd = new Random();

  public ServerService(Phaser phaser, String serviceName) {
    this.phaser = phaser;
    this.serviceName = serviceName;
    this.phaser.register();
  }

  @Override
  public void run() {
    int startingIn = rnd.nextInt(10) * 1000;

    try {
      logger.info(() -> "Starting service '" + serviceName + "' ...");
      Thread.sleep(startingIn);
      logger.info(() -> "Service '" + serviceName
        + "' was started in " + startingIn / 1000
        + " seconds (waiting for remaining services)");
    } catch (InterruptedException ex) {
      Thread.currentThread().interrupt();
      logger.severe(() -> "Exception: " + ex);
    } finally {
      phaser.arriveAndDeregister();
    }
  }
}
```

이제 제어 스레드는 service1, service2, service3의 시작 프로세스를 수행할 수 있다. 이 과정을 다음 메서드로 나타냈다.

```
private void startFirstThreeServices() {
    Thread service1 = new Thread(
        new ServerService(phaser, "HTTP Listeners"));
    Thread service2 = new Thread(
        new ServerService(phaser, "JMX"));
    Thread service3 = new Thread(
        new ServerService(phaser, "Connectors"));

    service1.start();
    service2.start();
    service3.start();

    phaser.arriveAndAwaitAdvance(); // 0단계
}
```

메서드 마지막에 phaser.arriveAndAwaitAdvance()를 호출했다. 나머지 등록된 파티가 모두 도착하기를 기다리는 제어 파티다. 나머지 등록된 파티(service1, service2, service3)는 제어 파티만 Phaser에 남을 때까지 하나씩 등록을 취소한다. 이후 다음 단계로 넘어간다. 즉, 다음 단계로 넘어가는 파티는 제어 파티뿐이다.

앞선 구현과 비슷하게 제어 스레드는 service4와 service5의 시작 프로세스를 수행한다. 이 과정을 다음 메서드로 나타냈다.

```
private void startNextTwoServices() {
    Thread service4 = new Thread(
        new ServerService(phaser, "Virtual Hosts"));
    Thread service5 = new Thread(
        new ServerService(phaser, "Ports"));

    service4.start();
    service5.start();

    phaser.arriveAndAwaitAdvance(); // 1단계
}
```

서비스 5개를 시작한 후 제어 스레드는 마지막으로 다음 메서드에서 더미 Thread.sleep()으로 마지막 확인을 수행한다. 이 동작 끝에 서버를 구동했던 제어 스레드는 스스로 Phaser로부터 등록을

취소한다. 이제 등록된 파티가 없으니 Phaser는 onAdvance() 메서드로부터 true를 반환받아 종료된다.

```java
private void finalCheckIn() {
  try {
    logger.info("Finalizing process (should take 2 seconds) ...");
    Thread.sleep(2000);
  } catch (InterruptedException ex) {
    Thread.currentThread().interrupt();
    logger.severe(() -> "Exception: " + ex);
  } finally {
    phaser.arriveAndDeregister(); // 2단계
  }
}
```

제어 스레드의 역할은 앞선 세 메서드를 적절한 순서로 호출하는 것이다. 나머지 로깅 코드는 간결한 설명을 위해 생략했다. 전체 소스 코드는 이 책의 예제 코드에서 확인한다.

> Info ≡ 언제든 getRegisteredParties()로 등록된 파티 수를, getArrivedParties()로 도착한 파티 수를, getUnarrivedParties()로 도착하지 않은 파티 수를 알아낼 수 있다. arrive(), awaitAdvance(int phase), awaitAdvanceInterruptibly(int phase) 메서드로 확인하기도 한다.

JAVA CODING PROBLEMS

10.3 요약

10장에서는 자바 동시성의 핵심 요소를 개략적으로 소개하며 11장을 다룰 준비를 마쳤다. 스레드 생명 주기, 객체 및 클래스 레벨 잠금, 스레드 풀, Callable과 Future에 대한 기초 문제를 다뤘다.

10장의 애플리케이션을 다운로드해서 결과와 추가적인 세부 사항을 확인하자.

memo

11장

동시성 더 깊이
파고들기

11장에서는 포크/조인 프레임워크, CompletableFuture, ReentrantLock, ReentrantReadWriteLock, StampedLock, 원자 변수, 작업 취소, 인터럽터블 메서드, 스레드 로컬, 데드락 같은 주제로 자바 동시성을 다루는 13개의 문제를 살펴본다. 동시성은 개발자라면 누구나 알아야 하는 주제이며, 구직 면접에 빼놓지 않고 등장한다. 그래서 11장과 마지막 장이 매우 중요하다. 11장을 읽고 나면 자바 개발자가 알아야 할 동시성을 깊이 이해하게 될 것이다.

11.1 / 문제

다음 문제를 통해 동시성을 프로그래밍하는 실력을 테스트해보자. 해답 페이지로 넘어가거나 예제 프로그램을 다운로드하기 전에 반드시 스스로 문제를 풀어보기 바란다.

213. **인터럽터블 메서드:** 인터럽터블 메서드를 다루는 최선의 방식을 보여주는 프로그램을 작성하라.

214. **포크/조인 프레임워크:** 포크/조인 프레임워크로 리스트 원소의 합을 구하는 프로그램을 작성하라. 포크/조인 프레임워크로 주어진 위치의 피보나치 수를 계산하는 프로그램도 작성하라(예를 들어 $F_{12} = 144$). 또한 CountedCompleter의 사용 예를 보여주는 프로그램도 작성하라.

215. **포크/조인 프레임워크와 compareAndSetForkJoinTaskTag():** 한 번만 실행해야 하는 상호 독립적인 작업 묶음에 포크/조인 프레임워크를 적용하는 프로그램을 작성하라(예를 들어 **작업 D**가 **작업 C**와 **작업 B**에 종속되는데, **작업 C**가 **작업 B**에도 종속되면 **작업 B**는 두 번이 아니라 한 번만 실행되어야 한다).

216. **CompletableFuture:** CompletableFuture를 사용한 비동기 코드의 예를 보여주는 몇 가지 코드를 작성하라.

217. **다수의 CompletableFuture 객체 조합:** 다수의 CompletableFuture 객체를 조합하는 다양한 해법을 보여주는 몇 가지 코드를 작성하라.

218. **바쁜 대기 최적화:** onSpinWait()으로 바쁜 대기 기법을 최적화하는 예를 보이는 개념 증명을 작성하라.

219. **작업 취소:** volatile 변수로 프로세스 취소 상태를 저장하는 예를 보이는 개념 증명을 작성하라.

220. **ThreadLocal:** ThreadLocal의 사용 예를 보이는 개념 증명을 작성하라.

221. **원자 변수:** 다중 스레드 애플리케이션(Runnable)을 이용해 1부터 1,000,000까지의 정수를 세는 프로그램을 작성하라.

222. **ReentrantLock:** ReentrantLock으로 1부터 1,000,000까지 정수를 증가시키는 프로그램을 작성하라.

223. **ReentrantReadWriteLock:** ReentrantReadWriteLock으로 읽기-쓰기 프로세스 조정을 시뮬레이션하는 프로그램을 작성하라.

224. **StampedLock:** StampedLock으로 읽기-쓰기 프로세스 조정을 시뮬레이션하는 프로그램을 작성하라.

225. **데드락(식사하는 철학자):** 식사하는 철학자라는 유명한 문제에서 발생하는 데드락(순환 대기 또는 죽음의 포옹)을 밝혀내고 해결하는 프로그램을 작성하라.

11.2 해법

동시성을 더 깊이 파고들기

앞서 나열한 문제의 해법을 설명하겠다. 그에 앞서 문제의 정답이 딱 하나인 경우는 드물다는 점을 잊지 말자. 또한 문제를 푸는 데 반드시 필요한 가장 흥미롭고 중요한 사항만 설명했음을 기억하자. 코드를 자세히 살펴보고 프로그램을 직접 실행하려면 https://github.com/gilbutITbook/080292 에서 예제 솔루션을 다운로드한다.

213 인터럽터블 메서드

인터럽터블(interruptible) 메서드란 Thread.sleep(), BlockingQueue.take(), BlockingQueue. poll(long timeout, TimeUnit unit)처럼 InterruptedException을 던질 수 있는 블로킹 메서드를 말한다. 블로킹 스레드는 대개 BLOCKED, WAITING, TIMED_WAITING 상태인데, 이 스레드가 인터럽트되면 메서드는 최대한 빨리 InterruptedException을 던진다.

InterruptedException은 확인된 예외이므로 잡아서(잡거나) 던져야 한다. 다시 말해 InterruptedException을 던지는 메서드를 호출하려면 이 예외를 처리할 준비부터 갖춰야 한다. 예외를 던질 수 있으면(호출자에게 전파할 수 있으면) 메서드 안에서 처리하지 않는다. 호출자에게 처리를 넘긴다. 그렇다면 언제 예외를 잡아야 할까? 코드를 Runnable 안에서 실행해 예외를 던질 수 없을 때다.

간단한 예제로 알아보자. 다음은 poll(long timeout, TimeUnit unit)으로 BlockingQueue에서 원소를 가져오는 코드다.

```
try {
  queue.poll(3000, TimeUnit.MILLISECONDS);
} catch (InterruptedException ex) {
  ...
  logger.info(() -> "Thread is interrupted? "
    + Thread.currentThread().isInterrupted());
}
```

큐에서 원소를 가져오다 InterruptedException이 발생할 수 있다. 3000밀리초 사이에 스레드가 인터럽트될 수 있기 때문이다. (Thread.interrupt() 등으로) 인터럽트됐을 때 catch 블록에서 Thread.currentThread().isInterrupted()를 호출하면 true를 반환할 것이라 생각하기 쉽다. InterruptedException 예외를 잡은 catch 블록에서 호출했으니 이렇게 생각할 만하다. 하지만 실제로는 false를 반환하고, 그 이유는 다음에 나열한 poll(long timeout, TimeUnit unit) 메서드의 소스 코드에 있다.

```
1: public E poll(long timeout, TimeUnit unit)
       throws InterruptedException {
2:   E e = xfer(null, false, TIMED, unit.toNanos(timeout));
3:   if (e != null || !Thread.interrupted())
4:     return e;
5:   throw new InterruptedException();
6: }
```

정확히 말하면 3번째 줄 때문이다. 스레드가 인터럽트되면 Thread.interrupted()가 true를 반환해 5번째 행(throw new InterruptedException())으로 이동한다. 하지만 Thread.interrupted()는 테스트만 하는 것이 아니라 현재 스레드가 인터럽트됐을 경우 스레드의 인터럽트 상태를 해제한다. 인터럽트된 스레드를 다음과 같이 연속으로 호출해 확인해보자.

```
Thread.currentThread().isInterrupted(); // true
Thread.interrupted() // true
Thread.currentThread().isInterrupted(); // false
Thread.interrupted() // false
```

Thread.currentThread().isInterrupted()는 인터럽트 상태에 영향 없이 스레드가 인터럽트됐는지 테스트한다.

예제로 다시 돌아가보자. InterruptedException을 잡았으니 스레드는 인터럽트됐다. 하지만 Thread.interrupted()로 인터럽트 상태가 해제된다. 즉, 코드의 호출자가 인터럽트를 알 수 없다.

이제부터 선량한 시민이 되어 interrupt() 메서드를 호출해 인터럽트를 복구해야 한다. 그래야 코드의 호출자가 인터럽트가 발생했는지 알 수 있고 그에 맞게 대처할 수 있다. 올바른 코드는 다음과 같다.

```
try {
  queue.poll(3000, TimeUnit.MILLISECONDS);
} catch (InterruptedException ex) {
  ...
  Thread.currentThread().interrupt(); // 인터럽트를 복구한다
}
```

> TIP ≡ 일반적으로 InterruptedException을 잡으면 Thread.currentThread().interrupt()를 호출해 잊지 말고 인터럽트를 복구하자.

인터럽트 복구를 잊어버리면 어떻게 되는지 문제를 통해 살펴보자. 현재 스레드가 인터럽트될 때까지 실행되는 Runnable을 예로 들겠다(가령 while(!Thread.currentThread().isInterrupted()) { ... }).

매 반복 후 현재 스레드의 인터럽트 상태가 false라면 BlockingQueue의 원소를 가져온다.

코드로 구현하면 다음과 같다.

```
Thread thread = new Thread(() -> {
  // 일종의 더미 큐
  TransferQueue<String> queue = new LinkedTransferQueue<>();

  while (!Thread.currentThread().isInterrupted()) {
    try {
      logger.info(() -> "For 3 seconds the thread "
```

```
        + Thread.currentThread().getName()
        + " will try to poll an element from queue ...");
      queue.poll(3000, TimeUnit.MILLISECONDS);
    } catch (InterruptedException ex) {
      logger.severe(() -> "InterruptedException! The thread "
        + Thread.currentThread().getName() + " was interrupted!");
      Thread.currentThread().interrupt();
    }
  }

  logger.info(() -> "The execution was stopped!");
});
```

호출자(또 다른 스레드)로 위 스레드를 시작하고 1.5초 간 슬립해 이 스레드가 poll() 메서드에 들어갈 시간을 준 후 인터럽트해보자. 코드로는 다음과 같다.

```
thread.start();
Thread.sleep(1500);
thread.interrupt();
```

InterruptedException이 발생한다.

예외를 로깅하고 인터럽트를 복구한다.

다음 단계에서 while은 Thread.currentThread().isInterrupted()를 false로 평가하고 종료된다.

출력은 다음과 같다.

```
[18:02:43] [INFO] For 3 seconds the thread Thread-0
                  will try to poll an element from queue ...

[18:02:44] [SEVERE] InterruptedException!
                  The thread Thread-0 was interrupted!

[18:02:45] [INFO] The execution was stopped!
```

이번에는 인터럽트를 복구하는 행을 주석 처리해보자.

```
  ...
  } catch (InterruptedException ex) {
    logger.severe(() -> "InterruptedException! The thread "
      + Thread.currentThread().getName() + " was interrupted!");
```

```
    // 아래 행을 주석 처리한다
    // Thread.currentThread().interrupt();
  }
  ...
```

이렇게 하면 while 블록의 경계 조건이 항상 true로 평가되어 무한히 실행된다.

위 코드는 인터럽트에 상관 없이 동작하므로 출력은 다음과 같다.

```
[18:05:47] [INFO] For 3 seconds the thread Thread-0
                  will try to poll an element from queue ...

[18:05:48] [SEVERE] InterruptedException!
                    The thread Thread-0 was interrupted!

[18:05:48] [INFO] For 3 seconds the thread Thread-0
                  will try to poll an element from queue ...
  ...
```

> TIP ≡ 인터럽트를 (복구하지 않고) 무시해도 되는 유일한 경우는 대개 전체 호출 스택을 제어할 수 있을 때다(예를 들어 extend Thread).
>
> 그 외에는 InterruptedException을 잡으면 반드시 Thread.currentThread().interrupt()를 넣는다.

214 포크/조인 프레임워크

10장의 205. **작업 가로채기 스레드 풀** 절에서 포크/조인 프레임워크를 소개한 바 있다.

포크/조인 프레임워크는 큰 작업(일반적으로 대량의 데이터를 다루는 작업)을 병렬로 수행할 수 있는 더 작은 작업(부분 작업)으로 재귀적으로 분할한다(포크한다). 부분 작업이 모두 끝나면 마지막에 그 결과를 하나의 결과로 합친다(조인한다).

포크/조인 과정을 그림으로 살펴보자.

▼ 그림 11-1

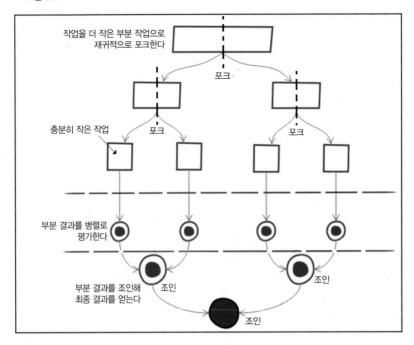

포크/조인은 java.util.concurrent.ForkJoinPool이라는 API로 생성한다.

JDK 8 이전에는 public static 변수 사용을 권장했다.

```
public static ForkJoinPool forkJoinPool = new ForkJoinPool();
```

JDK 8부터 다음과 같이 할 수 있다.

```
ForkJoinPool forkJoinPool = ForkJoinPool.commonPool();
```

어떤 방식을 사용하든 병렬 연산 각각에 풀을 생성하느라 JVM 하나에 풀 스레드가 집중되는 달갑지 않은 사태는 일어나지 않는다.

> Info ≡   ForkJoinPool 클래스의 생성자를 활용해 맞춤형 ForkJoinPool을 작성하자. 가장 광범위한 생성자 집합이 JDK 9에 추가됐다(자세한 내용은 설명서를 참고한다).

ForkJoinPool 객체는 작업을 처리한다. ForkJoinPool에서 실행되는 기반 작업 타입은 ForkJoinPool⟨V⟩다. 구체적으로 다음과 같은 작업을 실행한다.

- void 작업에는 RecursiveAction

- 값을 반환하는 작업에는 RecursiveTask<V>

- 지연 중(pending)인 작업 수를 기록해야 하는 작업에는 CountedCompleter<T>

세 가지 작업 유형 모두 작업 로직을 표현하는 compute()라는 abstract 메서드를 제공한다.

다음 메서드 중 하나로 ForkJoinPool에 작업을 제출한다.

- execute()와 submit()

- 작업을 포크하고 결과를 기다릴 때는 invoke()

- 다수의 작업(예를 들어 컬렉션)을 포크할 때는 invokeAll()

- 비동기식으로 풀에 작업을 배치할 때는 fork(), 작업이 끝나고 계산 결과를 반환할 때는 join()

먼저 RecursiveTask로 해결할 수 있는 문제부터 살펴보자.

214.1 RecursiveTask로 합 계산

포크/조인 프레임워크의 포크 동작을 보이기 위해 주어진 수 리스트에서 수들의 합을 계산하는 예제를 살펴보겠다. createSubtasks() 메서드로 명시한 THRESHOLD보다 작아질 때까지 재귀적으로 리스트를 분할(포크)하면 된다. 각 작업은 List<SumRecursiveTask>에 추가된다. 마지막에 invokeAll(Collection<T> tasks) 메서드로 이 리스트를 ForkJoinPool에 제출한다. 코드로 구현하면 다음과 같다.

```java
public class SumRecursiveTask extends RecursiveTask<Integer> {
  private static final Logger logger
    = Logger.getLogger(SumRecursiveTask.class.getName());

  private static final int THRESHOLD = 10;

  private final List<Integer> worklist;

  public SumRecursiveTask(List<Integer> worklist) {
    this.worklist = worklist;
  }

  @Override
  protected Integer compute() {
```

```
    if (worklist.size() <= THRESHOLD) {
      return partialSum(worklist);
    }

    return ForkJoinTask.invokeAll(createSubtasks())
      .stream()
      .mapToInt(ForkJoinTask::join)
      .sum();
  }

  private List<SumRecursiveTask> createSubtasks() {
    List<SumRecursiveTask> subtasks = new ArrayList<>();
    int size = worklist.size();

    List<Integer> worklistLeft
      = worklist.subList(0, (size + 1) / 2);
    List<Integer> worklistRight
      = worklist.subList((size + 1) / 2, size);

    subtasks.add(new SumRecursiveTask(worklistLeft));
    subtasks.add(new SumRecursiveTask(worklistRight));

    return subtasks;
  }

  private Integer partialSum(List<Integer> worklist) {
    int sum = worklist.stream()
      .mapToInt(e -> e)
      .sum();

    logger.info(() -> "Partial sum: " + worklist + " = "
      + sum + "\tThread: " + Thread.currentThread().getName());

    return sum;
  }
}
```

다음과 같이 리스트와 ForkJoinPool을 선언해 위 코드를 테스트해보자.

```
ForkJoinPool forkJoinPool = ForkJoinPool.commonPool();

Random rnd = new Random();
List<Integer> list = new ArrayList<>();
```

```
for (int i = 0; i < 200; i++) {
  list.add(1 + rnd.nextInt(10));
}

SumRecursiveTask sumRecursiveTask = new SumRecursiveTask(list);
Integer sumAll = forkJoinPool.invoke(sumRecursiveTask);

logger.info(() -> "Final sum: " + sumAll);
```

아래와 비슷하게 출력될 것이다.

```
...
[15:17:06] Partial sum: [1, 3, 6, 6, 2, 5, 9] = 32
ForkJoinPool.commonPool-worker-9
...
[15:17:06] Partial sum: [1, 9, 9, 8, 9, 5] = 41
ForkJoinPool.commonPool-worker-7
[15:17:06] Final sum: 1084
```

214.2 RecursiveAction으로 피보나치 계산

보통 F_n으로 표기하는 피보나치 수는 다음 공식을 따르는 순열이다.

$$F_0 = 0, F_1 = 1, \cdots, F_n = F_{n-1} + F_{n-2} \; (n > 1)$$

피보나치 수 몇 개를 나열해보겠다.

0, 1, 1, 2, 3, 5, 8, 13, 21, 34, 55, 89, 144, ⋯

피보나치 수를 RecursiveAction으로 다음과 같이 구현한다.

```
public class FibonacciRecursiveAction extends RecursiveAction {
  private static final Logger logger =
    Logger.getLogger(FibonacciRecursiveAction.class.getName());
  private static final long THRESHOLD = 5;

  private long nr;

  public FibonacciRecursiveAction(long nr) {
    this.nr = nr;
  }

  @Override
```

```java
protected void compute() {
  final long n = nr;

  if (n <= THRESHOLD) {
    nr = fibonacci(n);
  } else {
    nr = ForkJoinTask.invokeAll(createSubtasks(n))
      .stream()
      .mapToLong(x -> x.fibonacciNumber())
      .sum();
  }
}

private List<FibonacciRecursiveAction> createSubtasks(long n) {
  List<FibonacciRecursiveAction> subtasks = new ArrayList<>();

  FibonacciRecursiveAction fibonacciMinusOne
    = new FibonacciRecursiveAction(n - 1);
  FibonacciRecursiveAction fibonacciMinusTwo
    = new FibonacciRecursiveAction(n - 2);

  subtasks.add(fibonacciMinusOne);
  subtasks.add(fibonacciMinusTwo);

  return subtasks;
}

private long fibonacci(long n) {
  logger.info(() -> "Number: " + n
    + " Thread: " + Thread.currentThread().getName());

  if (n <= 1) {
    return n;
  }

  return fibonacci(n - 1) + fibonacci(n - 2);
}

public long fibonacciNumber() {
  return nr;
}
}
```

ForkJoinPool 객체를 선언해 위 코드를 테스트해보자.

```
ForkJoinPool forkJoinPool = ForkJoinPool.commonPool();

FibonacciRecursiveAction fibonacciRecursiveAction
  = new FibonacciRecursiveAction(12);
forkJoinPool.invoke(fibonacciRecursiveAction);

logger.info(() -> "Fibonacci: "
  + fibonacciRecursiveAction.fibonacciNumber());
```

다음은 F_{12}의 출력이다.

```
[15:40:46] Number: 5 Thread: ForkJoinPool.commonPool-worker-3
[15:40:46] Number: 5 Thread: ForkJoinPool.commonPool-worker-13
[15:40:46] Number: 4 Thread: ForkJoinPool.commonPool-worker-3
[15:40:46] Number: 4 Thread: ForkJoinPool.commonPool-worker-9
...
[15:40:49] Number: 0 Thread: ForkJoinPool.commonPool-worker-7
[15:40:49] Fibonacci: 144
```

214.3 CountedCompleter 사용하기

CountedCompleter는 JDK 8에 추가된 ForkJoinPool 중 하나다.

CountedCompleter는 지연 중인 작업 수를 기억하는 데 쓰인다(딱 그 기능만 한다). 지연 중인 작업 수를 할당할 때는 setPendingCount()를, 명시적으로 delta만큼 증가시킬 때는 addToPendingCount(int delta)를 사용한다. 대개 이러한 메서드는 포크 직전에 호출한다(예를 들어 두 번 포크한다면 상황에 따라 addToPendingCount(2) 또는 setPendingCount(2)를 호출한다).

compute() 메서드에서는 tryComplete()나 propagateCompletion()으로 지연 중인 작업 수를 감소시킨다. 지연 수 0으로 tryComplete() 메서드를 호출하거나 조건 없이 complete()를 호출하면 onCompletion() 메서드가 호출된다. propagateCompletion() 메서드도 tryComplete()와 비슷하나 onCompletion()을 호출하지 않는다.

CountedCompleter는 필요에 따라 계산한 값을 반환할 수 있다. 단, 값을 반환하도록 getRawResult() 메서드를 오버라이딩해야 한다.

다음 코드는 CountedCompleter로 리스트의 값을 모두 합한다.

```java
public class SumCountedCompleter extends CountedCompleter<Long> {
  private static final Logger logger
    = Logger.getLogger(SumCountedCompleter.class.getName());
  private static final int THRESHOLD = 10;
  private static final LongAdder sumAll = new LongAdder();

  private final List<Integer> worklist;
  public SumCountedCompleter(
    CountedCompleter<Long> c, List<Integer> worklist) {
    super(c);
    this.worklist = worklist;
  }

  @Override
  public void compute() {
    if (worklist.size() <= THRESHOLD) {
      partialSum(worklist);
    } else {
      int size = worklist.size();

      List<Integer> worklistLeft
        = worklist.subList(0, (size + 1) / 2);
      List<Integer> worklistRight
        = worklist.subList((size + 1) / 2, size);

      addToPendingCount(2);
      SumCountedCompleter leftTask
        = new SumCountedCompleter(this, worklistLeft);
      SumCountedCompleter rightTask
        = new SumCountedCompleter(this, worklistRight);

      leftTask.fork();
      rightTask.fork();
    }

    tryComplete();
  }

  @Override
  public void onCompletion(CountedCompleter<?> caller) {
    logger.info(() -> "Thread complete: "
      + Thread.currentThread().getName());
  }

  @Override
```

```
public Long getRawResult() {
  return sumAll.sum();
}


private Integer partialSum(List<Integer> worklist) {
  int sum = worklist.stream()
    .mapToInt(e -> e)
    .sum();

  sumAll.add(sum);

  logger.info(() -> "Partial sum: " + worklist + " = "
    + sum + "\tThread: " + Thread.currentThread().getName());

  return sum;
  }
}
```

예제 호출과 출력을 살펴보자.

```
ForkJoinPool forkJoinPool = ForkJoinPool.commonPool();
Random rnd = new Random();
List<Integer> list = new ArrayList<>();

for (int i = 0; i < 200; i++) {
  list.add(1 + rnd.nextInt(10));
}

SumCountedCompleter sumCountedCompleter
  = new SumCountedCompleter(null, list);
forkJoinPool.invoke(sumCountedCompleter);

logger.info(() -> "Done! Result: "
  + sumCountedCompleter.getRawResult());
```

출력은 다음과 같다.

```
[11:11:07] Partial sum: [7, 7, 8, 5, 6, 10] = 43
  ForkJoinPool.commonPool-worker-7
[11:11:07] Partial sum: [9, 1, 1, 6, 1, 2] = 20
  ForkJoinPool.commonPool-worker-3
...
[11:11:07] Thread complete: ForkJoinPool.commonPool-worker-15
[11:11:07] Done! Result: 1159
```

215 포크/조인 프레임워크와 compareAndSetForkJoinTaskTag( )

포크/조인 프레임워크를 배웠으니 문제 하나를 더 살펴보자. 이번에는 상호 의존적인 ForkJoinTask 객체 묶음을 가정하겠다. 그림 11-2가 이러한 유스 케이스 중 하나를 보여준다.

▼ 그림 11-2

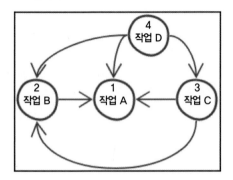

위 그림을 다음과 같이 설명할 수 있다.

- 작업 D는 작업 A, 작업 B, 작업 C에 의존한다.
- 작업 C는 작업 A, 작업 B에 의존한다.
- **작업 B는 작업 A**에 의존한다.
- **작업 A**는 어디에도 의존하지 않는다.

코드로는 다음과 같이 구현한다.

```
ForkJoinPool forkJoinPool = ForkJoinPool.commonPool();

Task taskA = new Task("Task-A", new Adder(1));

Task taskB = new Task("Task-B", new Adder(2), taskA);

Task taskC = new Task("Task-C", new Adder(3), taskA, taskB);

Task taskD = new Task("Task-D", new Adder(4), taskA, taskB, taskC);

forkJoinPool.invoke(taskD);
```

Adder는 각 작업마다 한 번씩(즉, **작업 D, 작업 C, 작업 B, 작업 A** 각 한 번씩)만 실행해야 하는 단순한 Callable이다. 다음 코드로 Adder를 초기화한다.

```
  private static class Adder implements Callable {
    private static final AtomicInteger result = new AtomicInteger();

    private Integer nr;

    public Adder(Integer nr) {
      this.nr = nr;
    }

    @Override
    public Integer call() {
      logger.info(() -> "Adding number: " + nr
        + " by thread:" + Thread.currentThread().getName());

      return result.addAndGet(nr);
    }
  }
}
```

비순환적이고(비순환적이거나) 반복할 수 없는(혹은 반복해도 상관 없는) 완료 의존(completion dependency) 관계의 작업에 포크/조인 프레임워크를 이용하는 법은 이미 배웠다. 하지만 이렇게 구현하면 작업당 Callable을 두 번 이상 호출한다. 가령 **작업 A**는 나머지 세 작업에 의존하므로 Callable을 세 번 호출한다. 한 번만 호출하도록 바꿔보자.

JDK 8부터 short 값을 이용해 원자적으로 태깅하는 아주 편리한 기능이 ForkJoinPool에 추가됐다.

- short getForkJoinTaskTag(): 작업의 태그를 반환한다.

- short setForkJoinTaskTag(short newValue): 작원에 원자적으로 태그 값을 할당한 후 기존 값을 반환한다.

- boolean compareAndSetForkJoinTaskTag(short expect, short update): 현재 값이 expect와 같으면 update로 바꾸고 true를 반환한다.

즉, compareAndSetForkJoinTaskTag()를 사용해 작업에 VISITED라고 태그할 수 있다는 뜻이다. VISITED로 태그된 작업은 실행되지 않는다. 코드로 살펴보자.

```
public class Task<Integer> extends RecursiveTask<Integer> {
  private static final Logger logger
    = Logger.getLogger(Task.class.getName());
  private static final short UNVISITED = 0;
  private static final short VISITED = 1;

  private Set<Task<Integer>> dependencies = new HashSet<>();
```

```java
    private final String name;
    private final Callable<Integer> callable;

    public Task(String name, Callable<Integer> callable,
        Task<Integer> ...dependencies) {
      this.name = name;
      this.callable = callable;
      this.dependencies = Set.of(dependencies);
    }

    @Override
    protected Integer compute() {
      dependencies.stream()
        .filter((task) -> (task.updateTaskAsVisited()))
        .forEachOrdered((task) -> {
          logger.info(() -> "Tagged: " + task + "("
            + task.getForkJoinTaskTag() + ")");

          task.fork();
        });

      for (Task task: dependencies) {
        task.join();
      }

      try {
        return callable.call();
      } catch (Exception ex) {
        logger.severe(() -> "Exception: " + ex);
      }

      return null;
    }

    public boolean updateTaskAsVisited() {
      return compareAndSetForkJoinTaskTag(UNVISITED, VISITED);
    }

    @Override
    public String toString() {
      return name + " | dependencies=" + dependencies + "}";
    }
}
```

아래와 비슷하게 출력될 것이다.

```
[10:30:53] [INFO] Tagged: Task-B(1)
[10:30:53] [INFO] Tagged: Task-C(1)
[10:30:53] [INFO] Tagged: Task-A(1)
[10:30:53] [INFO] Adding number: 1
                  by thread:ForkJoinPool.commonPool-worker-3
[10:30:53] [INFO] Adding number: 2
                  by thread:ForkJoinPool.commonPool-worker-3
[10:30:53] [INFO] Adding number: 3
                  by thread:ForkJoinPool.commonPool-worker-5
[10:30:53] [INFO] Adding number: 4
                  by thread:main
[10:30:53] [INFO] Result: 10
```

216 CompletableFuture

JDK 8은 Future를 향상시킨 CompletableFuture를 통해 비동기 프로그래밍 분야에서 중요한 진전을 이뤘다. Future의 제약은 크게 다음과 같다.

- 명시적으로 완료할 수 없다.

- 결과에 액션을 수행하는 콜백을 지원하지 않는다.

- 연결하거나 조합함으로써 복잡한 비동기식 파이프라인을 만들 수 없다.

- 예외 처리를 제공하지 않는다.

CompletableFuture에는 위와 같은 제약이 없다. 간단하면서도 유용한 CompletableFuture를 작성하는 방법은 다음과 같다.

```
CompletableFuture<Integer> completableFuture
  = new CompletableFuture<>();
```

get() 메서드를 블로킹해 결과를 얻는다.

```
completableFuture.get();
```

지금부터 전자 상거래 플랫폼에서 비동기 작업을 실행하는 예제를 몇 가지 살펴보겠다. 각 예제를 CustomerAsyncs라는 헬퍼 클래스에 넣었다.

동시성 더 깊이 파고들기

216.1 비동기 작업 실행과 void 반환

사용자 문제: 고객의 주문을 출력한다.

출력할 때는 결과를 반환하지 않아도 되니 runAsync()가 알맞다. runAsync() 메서드는 작업을 비동기식으로 실행하고 결과를 반환하지 않는다. 즉, Runnable 객체를 받아 CompletableFuture<Void>를 반환하며 코드로는 다음과 같다.

```
public static void printOrder() {
  CompletableFuture<Void> cfPrintOrder
      = CompletableFuture.runAsync(new Runnable() {

    @Override
    public void run() {
      logger.info(() -> "Order is printed by: "
        + Thread.currentThread().getName());
      Thread.sleep(500);
    }
  });

  cfPrintOrder.get(); // 주문을 출력할 때까지 블로킹한다
  logger.info("Customer order was printed ...\n");
}
```

람다로 작성할 수도 있다.

```
public static void printOrder() {
  CompletableFuture<Void> cfPrintOrder
      = CompletableFuture.runAsync(() -> {

    logger.info(() -> "Order is printed by: "
      + Thread.currentThread().getName());
    Thread.sleep(500);
  });

  cfPrintOrder.get(); // 주문을 출력할 때까지 블로킹한다
  logger.info("Customer order was printed ...\n");
}
```

216.2 비동기 작업 실행과 결과 반환

사용자 문제: 고객의 주문 내역을 가져온다.

이번에는 비동기 작업에서 결과를 반환해야 하니 runAsync()로는 부족하다. supplyAsync()가 알맞다. supplyAsync() 메서드는 Supplier<T>를 받아 CompletableFuture<T>를 반환한다. T는 get() 메서드로 Supplier에서 가져온 결과의 타입이다. 코드로는 다음과 같이 해결한다.

```
public static void fetchOrderSummary() {
  CompletableFuture<String> cfOrderSummary
      = CompletableFuture.supplyAsync(() -> {

    logger.info(() -> "Fetch order summary by: "
      + Thread.currentThread().getName());
    Thread.sleep(500);

    return "Order Summary #93443";
  });

  // 주문 내역을 받을 때까지 기다리며 블로킹한다
  String summary = cfOrderSummary.get();
  logger.info(() -> "Order summary: " + summary + "\n");
}
```

216.3 비동기 작업 실행과 명시적 스레드 풀로 결과 반환

사용자 문제: 고객의 주문 내역을 가져온다.

앞선 예제들에서처럼 기본적으로는 전역 ForkJoinPool.commonPool()에서 가져온 스레드로 비동기 작업을 실행한다. Thread.currentThread().getName()을 로깅해보면 ForkJoinPool.commonPool-worker-3 같은 스레드가 보인다.

하지만 명시적인 Executor 맞춤형 스레드 풀을 이용하는 방법도 있다. 비동기 작업을 실행할 수 있는 모든 CompletableFuture 메서드는 Executor를 받는 메서드를 제공한다.

다음은 단일 스레드 풀을 사용하는 예제다.

```
public static void fetchOrderSummaryExecutor() {
  ExecutorService executor = Executors.newSingleThreadExecutor();

  CompletableFuture<String> cfOrderSummary
      = CompletableFuture.supplyAsync(() -> {
```

```
    logger.info(() -> "Fetch order summary by: "
      + Thread.currentThread().getName());
    Thread.sleep(500);

    return "Order Summary #91022";
  }, executor);

  // 주문 내역을 받을 때까지 기다리며 블로킹한다
  String summary = cfOrderSummary.get();
  logger.info(() -> "Order summary: " + summary + "\n");
  executor.shutdownNow();
}
```

216.4 비동기 작업의 결과를 처리하고 그 결과를 반환하는 콜백 이어 붙이기

사용자 문제: 고객의 주문 송장을 가져와 합계를 내고 서명한다.

get()을 블로킹하는 방법으로는 해결할 수 없다. CompletableFuture의 결과를 사용할 수 있을 때 자동으로 호출되는 콜백 메서드가 필요하다.

즉, 결과를 기다리지 않겠다는 뜻이다. 송장(CompletableFuture의 결과)이 준비되면 콜백 메서드에서 합계를 낸 후 또 다른 콜백에서 송장에 서명해야 한다. thenApply() 메서드로 구현할 수 있다.

도착한 CompletableFuture의 결과를 처리하고 변환할 때는 thenApply() 메서드가 유용하다. Function<T, R>을 인수로 받는다. 어떻게 동작하는지 보자.

```
public static void fetchInvoiceTotalSign() {
  CompletableFuture<String> cfFetchInvoice
      = CompletableFuture.supplyAsync(() -> {

    logger.info(() -> "Fetch invoice by: "
      + Thread.currentThread().getName());
    Thread.sleep(500);

    return "Invoice #3344";
  });

  CompletableFuture<String> cfTotalSign = cfFetchInvoice
    .thenApply(o -> o + " Total: $145")
    .thenApply(o -> o + " Signed");
```

```java
    String result = cfTotalSign.get();
    logger.info(() -> "Invoice: " + result + "\n");
  }
```

다음과 같이 연결해도 된다.

```java
public static void fetchInvoiceTotalSign() {
  CompletableFuture<String> cfTotalSign
      = CompletableFuture.supplyAsync(() -> {

    logger.info(() -> "Fetch invoice by: "
      + Thread.currentThread().getName());
    Thread.sleep(500);

    return "Invoice #3344";
  }).thenApply(o -> o + " Total: $145")
    .thenApply(o -> o + " Signed");

  String result = cfTotalSign.get();
  logger.info(() -> "Invoice: " + result + "\n");
}
```

> Info ≡ applyToEither()와 applyToEitherAsync()도 살펴보자. 이번 단계 또는 나머지 주어진 단계를 정상적으로 완료하면 두 메서드는 그 결과를 제공받은 함수에 인수로 넣어 실행하는 새 완료 단계를 반환한다.

216.5 비동기 작업의 결과를 처리하고 void를 반환하는 콜백 이어 붙이기

사용자 문제: 고객의 주문을 가져와 출력한다.

결과를 반환하지 않는 콜백은 일반적으로 비동기 파이프라인의 종료 동작을 수행한다.

이 동작은 thenAccept() 메서드로 넣는다. thenAccept() 메서드는 Consumer<T>를 받아 CompletableFuture<Void>를 반환한다. 이 메서드는 CompletableFuture의 결과를 처리해 바꿀 수 있으나 결과는 반환하지 않는다. 따라서 주문, 즉 CompletableFuture의 결과를 받아 다음과 같이 출력할 수 있다.

```java
public static void fetchAndPrintOrder() {
  CompletableFuture<String> cfFetchOrder
      = CompletableFuture.supplyAsync(() -> {
```

```
        logger.info(() -> "Fetch order by: "
            + Thread.currentThread().getName());
        Thread.sleep(500);

        return "Order #1024";
    });

    CompletableFuture<Void> cfPrintOrder = cfFetchOrder.thenAccept(
        o -> logger.info(() -> "Printing order " + o +
        " by: " + Thread.currentThread().getName()));

    cfPrintOrder.get();
    logger.info("Order was fetched and printed \n");
}
```

더 간결하게 작성하면 다음과 같다.

```
public static void fetchAndPrintOrder() {
    CompletableFuture<Void> cfFetchAndPrintOrder
        = CompletableFuture.supplyAsync(() -> {

        logger.info(() -> "Fetch order by: "
            + Thread.currentThread().getName());
        Thread.sleep(500);

        return "Order #1024";
    }).thenAccept(
        o -> logger.info(() -> "Printing order " + o + " by: "
            + Thread.currentThread().getName()));

    cfFetchAndPrintOrder.get();
    logger.info("Order was fetched and printed \n");
}
```

> $Info \equiv$ acceptEither()와 acceptEitherAsync()도 살펴보자.

216.6 비동기 작업 이후 실행하고 void를 반환하는 콜백 이어 붙이기

사용자 문제: 주문을 배송하고 고객에게 알린다.

주문을 배송했으면 고객에게 알려야 한다. "고객님, 주문하신 상품을 오늘 배송하였습니다" 같은 문자 메시지일 뿐이므로 알림 작업에서는 주문에 대해 몰라도 된다. 이러한 작업 유형은 thenRun()으로 수행한다. thenRun() 메서드는 Runnable을 받아 CompletableFuture<Void>를 반환한다. 어떻게 동작하는지 보자.

```java
public static void deliverOrderNotifyCustomer() {
  CompletableFuture<Void> cfDeliverOrder
    = CompletableFuture.runAsync(() -> {

    logger.info(() -> "Order was delivered by: "
      + Thread.currentThread().getName());
    Thread.sleep(500);
  });

  CompletableFuture<Void> cfNotifyCustomer
    = cfDeliverOrder.thenRun(() -> logger.info(
      () -> "Dear customer, your order has been delivered today by:"
        + Thread.currentThread().getName()));

  cfNotifyCustomer.get();
  logger.info(() -> "Order was delivered
                        and customer was notified \n");
}
```

Info ≡ 병렬화를 위해 thenApply(), thenAccept(), thenRun()은 thenApplyAsync(), thenAcceptAsync(), thenRunAsync()도 제공한다. 각각 전역 ForkJoinPool.commonPoo() 또는 맞춤형 스레드 풀(Executor)을 이용할 수 있다. thenApply/Accept/Run()은 앞서 실행했던 CompletableFuture 작업과 동일한 스레드(또는 메인 스레드에서)에서 실행되지만 thenApplyAsync/AcceptAsync/RunAsync()는 (ForkJoinPool.commonPool()이나 맞춤형 스레드 풀(Executor)과) 다른 스레드에서 실행될 수 있다.

216.7 exceptionally()로 비동기 작업의 예외 처리

사용자 문제: 주문 합계를 낸다. 문제가 생기면 IllegalStateException을 던진다.

그림 11-3의 화면은 비동기 파이프라인에서 예외가 어떻게 전파되는지 보여준다. 예외가 발생한 시점부터 박스 안 코드는 실행되지 않는다.

▼ 그림 11-3

```
CompletableFuture.supplyAsync(() -> {       CompletableFuture.supplyAsync(() -> {
    // Code prone to exception                  // Code prone to exception
    return "result1";                           return "result1";
}).thenApply(r1 -> {                        }).thenApply(r1 -> {
    // Code prone to exception                  // Code prone to exception
    return "result2";                           return "result2";
}).thenApply(r2 -> {                        }).thenApply(r2 -> {
    // Code prone to exception                  // Code prone to exception
    return "result3";                           return "result3";
}).thenAccept(r3 -> {                       }).thenAccept(r3 -> {
    // Code prone to exception                  // Code prone to exception
});                                         });
supplyAsync( )에서 예외 발생             첫 번째 thenApply( )에서 예외 발생
```

그림 11-4의 화면은 thenApply()와 thenAccept()에서 발생한 예외를 보여준다.

▼ 그림 11-4

```
CompletableFuture.supplyAsync(() -> {       CompletableFuture.supplyAsync(() -> {
    // Code prone to exception                  // Code prone to exception
    return "result1";                           return "result1";
}).thenApply(r1 -> {                        }).thenApply(r1 -> {
    // Code prone to exception                  // Code prone to exception
    return "result2";                           return "result2";
}).thenApply(r2 -> {                        }).thenApply(r2 -> {
    // Code prone to exception                  // Code prone to exception
    return "result3";                           return "result3";
}).thenAccept(r3 -> {                       }).thenAccept(r3 -> {
    // Code prone to exception                  // Code prone to exception
});                                         });
두 번째 thenApply( )에서 예외 발생       thenAccept( )에서 예외 발생
```

supplyAsync()에서 예외가 발생하면 연이은 콜백 중 아무것도 호출되지 않는다. 나중에 퓨처에서 이 예외를 해결한다. 매 콜백마다 같은 규칙을 적용한다. 첫 번째 thenApply()에서 예외가 발생하면 연이은 thenApply()와 thenAccept()는 호출되지 않는다.

주문 합계를 내다 IllegalStateException이 발생하는 경우 exceptionally() 콜백을 통해 복구할 수 있다. exceptionally() 메서드는 Function<Throwable, ? extends T>를 받아 CompletionStage<T>, 즉 CompletableFuture를 반환한다. 어떻게 동작하는지 보자.

```java
public static void fetchOrderTotalException() {
  CompletableFuture<Integer> cfTotalOrder
      = CompletableFuture.supplyAsync(() -> {

    logger.info(() -> "Compute total: "
      + Thread.currentThread().getName());
```

```
    int surrogate = new Random().nextInt(1000);
    if (surrogate < 500) {
      throw new IllegalStateException(
        "Invoice service is not responding");
    }

    return 1000;
  }).exceptionally(ex -> {
    logger.severe(() -> "Exception: " + ex
      + " Thread: " + Thread.currentThread().getName());

    return 0;
  });

  int result = cfTotalOrder.get();
  logger.info(() -> "Total: " + result + "\n");
}
```

예외가 발생하면 다음과 같이 출력한다.

```
Compute total: ForkJoinPool.commonPool-worker-3
Exception: java.lang.IllegalStateException: Invoice service
           is not responding Thread: ForkJoinPool.commonPool-worker-3
Total: 0
```

다른 문제를 하나 더 살펴보자.

사용자 문제: 송장을 가져와 합계를 내고 서명한다. 문제가 생기면 IllegalStateException을 던지고 프로세스를 중지한다.

supplyAsync()로 송장을 가져와 thenApply()로 합계를 낸 후 또 다른 thenApply()로 서명한다고 했을 때, 다음과 같이 구현하기 쉽다.

```
public static void fetchInvoiceTotalSignChainOfException()
    throws InterruptedException, ExecutionException {
  CompletableFuture<String> cfFetchInvoice
    = CompletableFuture.supplyAsync(() -> {

    logger.info(() -> "Fetch invoice by: "
      + Thread.currentThread().getName());

    int surrogate = new Random().nextInt(1000);
    if (surrogate < 500) {
```

```java
      throw new IllegalStateException(
        "Invoice service is not responding");
    }


    return "Invoice #3344";
}).exceptionally(ex -> {
  logger.severe(() -> "Exception: " + ex
    + " Thread: " + Thread.currentThread().getName());
  return "[Invoice-Exception]";
}).thenApply(o -> {
  logger.info(() -> "Compute total by: "
    a+ Thread.currentThread().getName());


  int surrogate = new Random().nextInt(1000);
  if (surrogate < 500) {
    throw new IllegalStateException(
      "Total service is not responding");
  }


  return o + " Total: $145";
}).exceptionally(ex -> {
  logger.severe(() -> "Exception: " + ex
    + " Thread: " + Thread.currentThread().getName());


  return "[Total-Exception]";
}).thenApply(o -> {
  logger.info(() -> "Sign invoice by: "
    + Thread.currentThread().getName());


  int surrogate = new Random().nextInt(1000);
  if (surrogate < 500) {
    throw new IllegalStateException(
      "Signing service is not responding");
  }


  return o + " Signed";
}).exceptionally(ex -> {
  logger.severe(() -> "Exception: " + ex
    + " Thread: " + Thread.currentThread().getName());


  return "[Sign-Exception]";
});
```

```
    String result = cfFetchInvoice.get();
    logger.info(() -> "Result: " + result + "\n");
  }
```

문제는 원하던 출력이 아니라는 것이다.

```
[INFO] Fetch invoice by: ForkJoinPool.commonPool-worker-3
[SEVERE] Exception: java.lang.IllegalStateException: Invoice service
          is not responding Thread: ForkJoinPool.commonPool-worker-3
[INFO] Compute total by: ForkJoinPool.commonPool-worker-3
[INFO] Sign invoice by: ForkJoinPool.commonPool-worker-3
[SEVERE] Exception: java.lang.IllegalStateException: Signing service
          is not responding Thread: ForkJoinPool.commonPool-worker-3
[INFO] Result: [Sign-Exception]
```

송장을 가져올 수 없는데도 합계를 내고 서명을 한다. 상식적으로 말이 안 된다. 송장을 가져올 수 없거나 합계를 낼 수 없으면 프로세스를 중단해야 맞다. 복구해서 이어갈 수 있으면 위 구현이 타당하나 문제에는 결코 알맞지 않다. 다음과 같이 구현해야 한다.

```
public static void fetchInvoiceTotalSignException()
    throws InterruptedException, ExecutionException {
  CompletableFuture<String> cfFetchInvoice
     = CompletableFuture.supplyAsync(() -> {

    logger.info(() -> "Fetch invoice by: "
      + Thread.currentThread().getName());

    int surrogate = new Random().nextInt(1000);
    if (surrogate < 500) {
      throw new IllegalStateException(
        "Invoice service is not responding");
    }

    return "Invoice #3344";
  }).thenApply(o -> {
    logger.info(() -> "Compute total by: "
      + Thread.currentThread().getName());

    int surrogate = new Random().nextInt(1000);
    if (surrogate < 500) {
      throw new IllegalStateException(
        "Total service is not responding");
```

동시성 더 깊이 파고들기

```
      }

      return o + " Total: $145";
    }).thenApply(o -> {
        logger.info(() -> "Sign invoice by: "
          + Thread.currentThread().getName());

      int surrogate = new Random().nextInt(1000);
      if (surrogate < 500) {
        throw new IllegalStateException(
          "Signing service is not responding");
      }

      return o + " Signed";
    }).exceptionally(ex -> {
      logger.severe(() -> "Exception: " + ex
        + " Thread: " + Thread.currentThread().getName());

      return "[No-Invoice-Exception]";
    });

    String result = cfFetchInvoice.get();
    logger.info(() -> "Result: " + result + "\n");
  }
```

이번에는 어떤 CompletableFuture에서 예외가 발생하더라도 프로세스를 중지시킨다. 이제 출력
은 다음과 같다.

```
[INFO ] Fetch invoice by: ForkJoinPool.commonPool-worker-3
[SEVERE] Exception: java.lang.IllegalStateException: Invoice service
         is not responding Thread: ForkJoinPool.commonPool-worker-3
[INFO ] Result: [No-Invoice-Exception]
```

JDK 12부터 예외를 일으킨 코드와 동일한 스레드 또는 주어진 스레드 풀(Executor)의 스레드를
사용하는 exceptionallyAsync()로 예외적인 경우를 더 병렬화할 수 있게 됐다. 예제로 살펴보자.

```
public static void fetchOrderTotalExceptionAsync() {
  ExecutorService executor = Executors.newSingleThreadExecutor();

  CompletableFuture<Integer> totalOrder
    = CompletableFuture.supplyAsync(() -> {
```

```
    logger.info(() -> "Compute total by: "
      + Thread.currentThread().getName());

    int surrogate = new Random().nextInt(1000);
    if (surrogate < 500) {
      throw new IllegalStateException(
        "Computing service is not responding");
    }

    return 1000;
  }).exceptionallyAsync(ex -> {
    logger.severe(() -> "Exception: " + ex
      + " Thread: " + Thread.currentThread().getName());

    return 0;
  }, executor);

  int result = totalOrder.get();
  logger.info(() -> "Total: " + result + "\n");
  executor.shutdownNow();
}
```

출력을 보면 ForkJoinPool.commonPool-worker-3이라는 스레드에서 예외를 일으킨 코드를 실행했음을 알 수 있다. 반면, 예외적인 코드는 주어진 스레드 풀의 pool-1-thread-1이라는 스레드에서 실행했다.

```
Compute total by: ForkJoinPool.commonPool-worker-3
Exception: java.lang.IllegalStateException: Computing service is
          not responding Thread: pool-1-thread-1
Total: 0
```

216.8 JDK 12 exceptionallyCompose()

사용자 문제: 프린팅 서비스에서 프린터 IP를 가져오거나 백업 프린터 IP로 폴백(fallback)한다. 보다 일반적으로 말해 이 단계를 예외적으로 완료하는 경우에는 이 단계에서 예외가 발생했을 때 적용할 함수의 결과를 사용해 구성한다.

첫 번째 CompletableFuture는 프린팅 서비스에서 관리하는 프린터 IP를 가져온다. 서비스가 응답하지 않으면 다음과 같은 예외를 던진다.

```
CompletableFuture<String> cfServicePrinterIp
    = CompletableFuture.supplyAsync(() -> {
  int surrogate = new Random().nextInt(1000);
  if (surrogate < 500) {
    throw new IllegalStateException(
      "Printing service is not responding");
  }

    return "192.168.1.0";
});
```

두 번째 CompletableFuture는 백업 프린터의 IP를 가져온다.

```
CompletableFuture<String> cfBackupPrinterIp
    = CompletableFuture.supplyAsync(() -> {
  return "192.192.192.192";
});
```

프린팅 서비스를 사용할 수 없으면 백업 프린터를 이용해야 한다. 이때 JDK 12 exceptionallyCompose()를 사용한다.

```
CompletableFuture<Void> printInvoice
    = cfServicePrinterIp.exceptionallyCompose(th -> {
  logger.severe(() -> "Exception: " + th
    + " Thread: " + Thread.currentThread().getName());

    return cfBackupPrinterIp;
}).thenAccept((ip) -> logger.info(() -> "Printing at: " + ip));
```

printInvoice.get() 메서드를 호출하면 결과는 아래 둘 중 하나다.

- 프린팅 서비스를 사용할 수 있으면,

  [INFO] Printing at: 192.168.1.0

- 프린팅 서비스를 사용할 수 없으면,

  [SEVERE] Exception: java.util.concurrent.CompletionException ...
  [INFO] Printing at: 192.192.192.192

병렬화하려면 exceptionallyComposeAsync()를 이용한다.

216.9 handle( )로 비동기 작업의 예외 처리

사용자 문제: 주문 합계를 낸다. 문제가 생기면 IllegalStateException을 던진다.

예외가 발생하지 않더라도 try-catch 블록의 finally 절처럼 예외적인 코드 블록을 실행하고 싶을 수 있다. 이럴 때 handle( ) 콜백을 사용한다. handle( ) 메서드는 예외와 상관 없이 호출되며 catch와 finally의 중간 성격을 띤다. 이 메서드는 반환된 CompletionStage의 값을 계산하는 함수인 BiFunction<? super T, Throwable, ? extends U>를 받아 CompletionStage<U>를 반환한다(U는 함수의 반환 타입이다).

어떻게 동작하는지 보자.

```
public static void fetchOrderTotalHandle() {
  CompletableFuture<Integer> totalOrder
    = CompletableFuture.supplyAsync(() -> {

    logger.info(() -> "Compute total by: "
      + Thread.currentThread().getName());

    int surrogate = new Random().nextInt(1000);
    if (surrogate < 500) {
      throw new IllegalStateException(
        "Computing service is not responding");
    }

    return 1000;
  }).handle((res, ex) -> {
    if (ex != null) {
      logger.severe(() -> "Exception: " + ex
        + " Thread: " + Thread.currentThread().getName());

      return 0;
    }

    if (res != null) {
      int vat = res * 24 / 100;
      res += vat;
    }

    return res;
  });

  int result = totalOrder.get();
  logger.info(() -> "Total: " + result + "\n");
}
```

res는 null이고, 예외가 발생하면 ex가 null이다.

예외로 완료해야 하면 아래 예제처럼 completeExceptionally()를 호출한다.

```
CompletableFuture<Integer> cf = new CompletableFuture<>();
...
cf.completeExceptionally(new RuntimeException("Ops!"));
...
cf.get(); // ExecutionException : RuntimeException
```

실행을 취소하고 CacellationException을 던지려면 cancel() 메서드를 호출한다.

```
CompletableFuture<Integer> cf = new CompletableFuture<>();
...

// 인수가 true든 false든 상관없다
cf.cancel(true/false);
...
cf.get(); // CancellationException
```

216.10 CompletableFuture 명시적 완료

complete(T value), completeAsync(Supplier<? extends T> supplier), completeAsync
(Supplier<? extends T> supplier, Executor executor)로 CompletableFuture를 완료할 수 있
다. 이때 T는 get()이 반환하는 값이다. 이러한 메서드는 CompletableFuture를 생성해 즉시 반환
한다. 또 다른 스레드에서 세금 계산을 실행하고 해당 결과로 CompletableFuture를 완료해야 한다.

```
public static CompletableFuture<Integer> taxes() {
  CompletableFuture<Integer> completableFuture
    = new CompletableFuture<>();

  new Thread(() -> {
    int result = new Random().nextInt(100);
    Thread.sleep(10);

    completableFuture.complete(result);
  }).start();

  return completableFuture;
}
```

이제 위 메서드를 호출해보자.

```
logger.info("Computing taxes ...");

CompletableFuture<Integer> cfTaxes = CustomerAsyncs.taxes();

while (!cfTaxes.isDone()) {
  logger.info("Still computing ...");
}

int result = cfTaxes.get();
logger.info(() -> "Result: " + result);
```

다음과 같이 출력될 것이다.

```
[14:09:40] [INFO ] Computing taxes ...
[14:09:40] [INFO ] Still computing ...
[14:09:40] [INFO ] Still computing ...
...
[14:09:40] [INFO ] Still computing ...
[14:09:40] [INFO ] Result: 17
```

CompletableFuture의 결과를 미리 알면 completedFuture(U value)를 다음 예제처럼 호출할 수 있다.

```
CompletableFuture<String> completableFuture
  = CompletableFuture.completedFuture("How are you?");

String result = completableFuture.get();
logger.info(() -> "Result: " + result); // Result: How are you?
```

> Info ≡ whenComplete()와 whenCompleteAsync() 설명서도 확인해보자.

217 다수의 CompletableFuture 객체 조합

CompletableFuture 인스턴스는 일반적으로 다음 메서드를 사용해 조합한다.

- thenCompose()
- thenCombine()
- allOf()
- anyOf()

CompletableFuture 인스턴스를 조합함으로써 복합적인 비동기식 해법을 마련할 수 있다. 다수의 CompletableFuture 인스턴스가 각자의 능력을 합쳐 공통 목표를 달성한다.

217.1 thenCompose( )로 조합

CustomerAsync라는 헬퍼 클래스에 다음 두 CompletableFuture 인스턴스가 있다고 하자.

```
private static CompletableFuture<String>
    fetchOrder(String customerId) {
  return CompletableFuture.supplyAsync(() -> {
    return "Order of " + customerId;
  });
}

private static CompletableFuture<Integer> computeTotal(String order) {
  return CompletableFuture.supplyAsync(() -> {
    return order.length() + new Random().nextInt(1000);
  });
}
```

어떤 고객의 주문을 가져와 모두 가져왔으면 합계를 내보자. 즉, fetchOrder()를 호출한 후 computeTotal()을 호출한다. thenApply()를 사용해보겠다.

```
CompletableFuture<CompletableFuture<Integer>> cfTotal
    = fetchOrder(customerId).thenApply(o -> computeTotal(o));

int total = cfTotal.get().get();
```

결과가 CompletableFuture<CompletableFuture<Integer>> 타입이니 간편한 해법은 아니다. CompletableFuture 인스턴스를 중첩시키지 않으려면 thenCompose()를 사용한다.

```
CompletableFuture<Integer> cfTotal
    = fetchOrder(customerId).thenCompose(o -> computeTotal(o));

int total = cfTotal.get();

// 예를 들어, Total: 734
logger.info(() -> "Total: " + total);
```

연결된 CompletableFuture 인스턴스를 플래트닝한 결과가 필요하면 thenCompose()를 사용한다. CompletableFuture 인스턴스의 중첩을 피하는 방법이다.

병렬화하려면 thenComposeAsync()를 이용한다.

217.2 thenCombine()으로 조합

thenCompose()는 의존적인 두 CompletableFuture 인스턴스를 연결할 때 유용한 반면, thenCombine()은 독립적인 두 CompletableFuture 인스턴스를 연결할 때 유용하다. 두 CompletableFuture 인스턴스가 끝나야 이어 나갈 수 있다.

다음 두 CompletableFuture 인스턴스를 예로 살펴보자.

```
private static CompletableFuture<Integer> computeTotal(String order) {
  return CompletableFuture.supplyAsync(() -> {
    return order.length() + new Random().nextInt(1000);
  });
}

private static CompletableFuture<String> packProducts(String order) {
  return CompletableFuture.supplyAsync(() -> {
    return "Order: " + order
      + " ¦ Product 1, Product 2, Product 3, ... ";
  });
}
```

고객의 주문을 배송하려면 합계를 내고(송장 발급을 위해) 주문한 제품을 포장해야 한다. 두 동작을 병렬로 진행할 수 있다. 마지막에 주문한 제품과 송장을 함께 넣은 소포를 배송한다. thenCombine()으로 구현해보자.

```
CompletableFuture<String> cfParcel = computeTotal(order)
  .thenCombine(packProducts(order), (total, products) -> {
    return "Parcel-[" + products + " Invoice: $" + total + "]";
  });

String parcel = cfParcel.get();

// 예를 들어, Delivering: Parcel-[Order: #332 ¦ Product 1, Product 2,
// Product 3, ... Invoice: $314]
logger.info(() -> "Delivering: " + parcel);
```

thenCombine()에 주어진 콜백 함수는 두 CompletableFuture 인스턴스가 모두 끝나야 호출된다.

두 CompletableFuture 인스턴스(이 인스턴스와 또 다른 인스턴스)가 정상적으로 완료된 후 어떤 동작을 수행할 뿐이라면 thenAcceptBoth()를 사용해도 된다. thenAcceptBoth() 메서드는 두 결과를 제공된 동작에 인수로 넣어 실행하는 새 CompletableFuture를 반환한다. 두 결과란 이 단계와 나머지 주어진 단계(정상적으로 완료되어야 한다)를 말한다. 예제로 살펴보자.

```
CompletableFuture<Void> voidResult = CompletableFuture
  .supplyAsync(() -> "Pick")
  .thenAcceptBoth(CompletableFuture.supplyAsync(() -> " me"),
    (pick, me) -> System.out.println(pick + me));
```

두 CompletableFuture 인스턴스의 결과가 필요 없으면 runAfterBoth()가 더 낫다.

217.3 allOf()로 조합

다음 송장 목록을 다운로드하고 싶다.

```
List<String> invoices = Arrays.asList("#2334", "#122", "#55");
```

병렬로 수행할 수 있는 다수의 독립적인 작업처럼 보이니 CompletableFuture를 사용해 다음과 같이 할 수 있다.

```
public static CompletableFuture<String>
    downloadInvoices(String invoice) {
  return CompletableFuture.supplyAsync(() -> {
    logger.info(() -> "Downloading invoice: " + invoice);

    return "Downloaded invoice: " + invoice;
  });
}

CompletableFuture<String> [] cfInvoices = invoices.stream()
  .map(CustomerAsyncs::downloadInvoices)
  .toArray(CompletableFuture[]::new);
```

보다시피 CompletableFuture 인스턴스 배열, 즉 비동기 계산 배열을 생성했다. 이 배열의 모든 인스턴스를 병렬로 실행하고 싶다. 이럴 때 allOf(CompletableFuture<?>... cfs) 메서드를 사용한다. 결과는 CompletableFuture<Void> 타입이다.

```
CompletableFuture<Void> cfDownloaded
  = CompletableFuture.allOf(cfInvoices);
cfDownloaded.get();
```

물론 allOf()의 결과는 별로 쓸모가 없다. CompletableFuture<Void>로 무엇을 하겠는가? 병렬화로 계산한 각 결과를 가져오려면 당연히 문제가 많을 테니 CompletableFuture<Void>를 이용하는 대신 결과를 가져오는 해법이 필요하다.

이 문제를 thenApply()로 해결해보자.

```
List<String> results = cfDownloaded.thenApply(e -> {
  List<String> downloaded = new ArrayList<>();

  for (CompletableFuture<String> cfInvoice: cfInvoices) {
    downloaded.add(cfInvoice.join());
  }

  return downloaded;
}).get();
```

> $Info \equiv$ join() 메서드는 get()과 비슷하나 내부의 CompletableFuture가 예외적으로 완료되면 확인되지 않은 예외를 던진다.

CompletableFuture를 전부 완료한 후 join()을 호출하므로 블로킹하는 지점이 없다.

반환받은 List<String>은 downloadInvoices() 메서드 호출로 구한 결과를 포함한다.

```
Downloaded invoice: #2334

Downloaded invoice: #122

Downloaded invoice: #55
```

217.4 anyOf()로 조합

고객에게 추첨권을 배부하려고 한다.

```
List<String> customers = Arrays.asList(
  "#1", "#4", "#2", "#7", "#6", "#5"
);
```

먼저 단순한 메서드를 정의해 문제를 해결해보자.

```
public static CompletableFuture<String> raffle(String customerId) {
  return CompletableFuture.supplyAsync(() -> {
    Thread.sleep(new Random().nextInt(5000));

    return customerId;
  });
}
```

CompletableFuture<String> 인스턴스 배열을 생성해보자.

```
CompletableFuture<String>[] cfCustomers = customers.stream()
  .map(CustomerAsyncs::raffle)
  .toArray(CompletableFuture[]::new);
```

cfCustomers를 병렬로 실행해 추첨권 당첨자를 뽑는 방식으로 첫 번째로 완료한 CompletableFuture 가 당첨자다. raffle() 메서드는 임의의 초 시간 동안 블로킹하므로 당첨자가 무작위로 뽑힌다. 나머지 CompletableFuture 인스턴스는 쓸모가 없으니 당첨자가 정해지는 대로 즉시 완료한다.

이럴 때 anyOf(CompletableFuture<?>... cfs)가 알맞다. anyOf()는 CompletableFuture 인스턴스 중 하나라도 끝나면 즉시 완료되는 새 CompletableFuture를 반환한다. 어떻게 동작하는지 보자.

```
CompletableFuture<Object> cfWinner
  = CompletableFuture.anyOf(cfCustomers);

Object winner = cfWinner.get();

// 예를 들어, 당첨자: #2
logger.info(() -> "Winner: " + winner);
```

> TIP ≡ 다양한 타입의 결과를 반환하는 CompletableFuture를 활용하는 시나리오들을 눈여겨보자. anyOf() 는 CompletableFuture<Object>를 반환하므로 먼저 완료된 CompletableFuture의 타입은 알 수 없다.

218 바쁜 대기 최적화

바쁜 대기(busy waiting)(busy-looping 또는 spinning이라고도 함) 기법은 조건(일반적으로 플래그 조건)을 확인하는 루프로 구성된다. 예를 들어 다음 루프는 서비스의 시작을 기다린다.

```
private volatile boolean serviceAvailable;
...
while (!serviceAvailable) {}
```

자바 9부터 Thread.onSpinWait() 메서드가 도입됐다. 이 메서드는 JVM에 코드가 스핀 루프에 있음을 알리는 핫스팟이다.

```
while (!serviceAvailable) {
  Thread.onSpinWait();
}
```

> TIP ≡ 인텔에서 SSE2 PAUSE 설명서를 제공하는 이유가 바로 이 스핀 루프 때문이다. 자세한 내용은 인텔 공식 문서를 참고한다. 또한 https://www.intel.com/content/www/us/en/developer/topic-technology/modern-code/overview.html 링크도 방문해본다.

예제에 맞게 위 while 루프를 추가한 클래스는 다음과 같다.

```
public class StartService implements Runnable {
  private volatile boolean serviceAvailable;

  @Override
  public void run() {
    System.out.println("Wait for service to be available ...");

    while (!serviceAvailable) {
      // 스핀 대기(spin-wait) 힌트를 사용한다
      // (프로세서에 자원 최적화를 요청한다)
      // 내부 하드웨어가 이 힌트를 지원하면
      // 성능이 향상된다
      Thread.onSpinWait();
    }

    serviceRun();
  }

  public void serviceRun() {
    System.out.println("Service is running ...");
  }

  public void setServiceAvailable(boolean serviceAvailable) {
    this.serviceAvailable = serviceAvailable;
  }
}
```

테스트하기도 쉽다(onSpinWait()의 효과를 기대하지 말자).

```java
StartService startService = new StartService();
new Thread(startService).start();

Thread.sleep(5000);

startService.setServiceAvailable(true);
```

219 작업 취소

취소(cancellation)는 현재 실행 중인 작업을 강제로 중지하거나 완료하는 일반적인 기법이다. 취소된 작업은 정상적으로 완료되지 못한다. 취소는 이미 완료된 작업에는 지장을 주지 않는다. GUI의 **취소(Cancel)** 버튼 정도로 생각하면 된다.

자바는 스레드를 중지하는 선제적 방법을 제공하지 않는다. 따라서 플래그 조건이 들어간 루프를 활용해 작업을 취소하는 관례가 일반적이다. 작업에서는 이 플래그를 정기적으로 확인해야 하며, 플래그가 설정되어 있으면 최대한 빨리 중지해야 한다. 다음 코드를 예로 살펴보자.

```java
public class RandomList implements Runnable {
  private volatile boolean cancelled;
  private final List<Integer> randoms = new CopyOnWriteArrayList<>();
  private final Random rnd = new Random();

  @Override
  public void run() {
    while (!cancelled) {
      randoms.add(rnd.nextInt(100));
    }
  }

  public void cancel() {
    cancelled = true;
  }

  public List<Integer> getRandoms() {
    return randoms;
  }
}
```

코드의 핵심은 cancelled 변수다. 이 변수를 volatile로 선언했음에 주목하자(경량(lighter-weight) 동기화 메커니즘이라고도 부른다). 스레드는 volatile 변수를 캐싱하지 않고 volatile 변수에 대한 연산은 메모리에서 재정렬되지 않으므로 스레드는 기존 값을 알 수 없다. volatile 필드를 읽는 모든 스레드는 가장 최근에 쓰여진 값을 본다. 취소 동작과 관련된 실행 중인 모든 스레드에 취소 동작을 알리는 데 꼭 알맞다. 그림 11-5는 volatile과 비volatile이 어떻게 동작하는지 보여준다.

▼ 그림 11-5

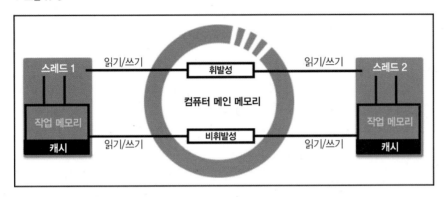

그림에서 보듯이 volatile 변수는 읽기-수정-쓰기 시나리오에 알맞지 않다. 이러한 시나리오에는 원자 변수(예를 들어 AtomicBoolean, AtomicInteger, AtomicReference 등)를 이용한다.

RandomList로 구현된 작업을 취소하는 간단한 코드를 살펴보자.

```
RandomList rl = new RandomList();

ExecutorService executor = Executors.newFixedThreadPool(10);

for (int i = 0; i < 100; i++) {
  executor.execute(rl);
}

Thread.sleep(100);

rl.cancel();

System.out.println(rl.getRandoms());
```

220 ThreadLocal

자바 스레드는 하나의 메모리를 공유하지만 때로는 각 스레드를 위한 전용 메모리도 필요하다. 자바는 각 스레드별로 값을 저장하고 추출할 수 있도록 ThreadLocal을 제공한다. ThreadLocal 인스턴스 하나로 여러 스레드의 값을 저장하고 추출할 수 있다. 어떤 ThreadLocal 인스턴스에 스레드 A는 값 x를, 스레드 B는 값 y를 저장한 후 스레드 A는 값 x를 추출하고 스레드 B는 값 y를 추출한다.

자바의 ThreadLocal은 일반적으로 다음 두 시나리오에 쓰인다.

- 스레드별 인스턴스 제공(스레드 안전과 메모리 효율성)
- 스레드별 컨텍스트 제공

이어지는 절들에서 각 시나리오와 관련된 문제를 살펴보자.

220.1 스레드별 인스턴스

StringBuilder 타입의 전역 변수를 사용하는 단일 스레드 애플리케이션을 가정해보자. 애플리케이션을 다중 스레드 애플리케이션으로 바꾸려면 스레드 안전인 StringBuilder를 처리해야 한다. 기본적으로 동기화와 StringBuffer 같은 여러 가지 방식이 있다. 하지만 ThreadLocal을 이용해도 된다. 핵심 개념은 각 스레드마다 별개의 StringBuilder를 제공하는 것이다. 다음은 ThreadLocal을 이용한 코드다.

```
private static final ThreadLocal<StringBuilder>
    threadLocal = new ThreadLocal<>() {
  @Override
  protected StringBuilder initialValue() {
    return new StringBuilder("ThreadSafe ");
  }
};
```

initialValue() 메서드로 스레드 로컬 변수에 현재 스레드의 **초깃값**을 할당한다. 자바 8에서는 withInitial()로도 작성할 수 있다.

```
private static final ThreadLocal<StringBuilder> threadLocal
    = ThreadLocal.<StringBuilder> withInitial((() -> {
  return new StringBuilder("Thread-safe ");
});
```

ThreadLocal은 get()과 set()으로 접근한다. set()을 호출할 때마다 현재 스레드만 접근할 수 있는 메모리 영역에 주어진 값을 저장한다. 이후 get()을 호출하면 이 영역의 값을 추출한다. 더불어 잡을 끝냈으면 반드시 ThreadLocal 인스턴스에 remove()나 set(null) 메서드를 호출해 메모리 누수를 막는다.

Runnable을 사용해 ThreadLocal이 어떻게 동작하는지 보자.

```java
public class ThreadSafeStringBuilder implements Runnable {
  private static final Logger logger =
    Logger.getLogger(ThreadSafeStringBuilder.class.getName());
  private static final Random rnd = new Random();

  private static final ThreadLocal<StringBuilder> threadLocal
    = ThreadLocal.<StringBuilder> withInitial(() -> {
    return new StringBuilder("Thread-safe ");
  });

  @Override
  public void run() {
    logger.info(() -> "-> " + Thread.currentThread().getName()
      + " [" + threadLocal.get() + "]");

    Thread.sleep(rnd.nextInt(2000));

    // threadLocal.set(new StringBuilder(
    // Thread.currentThread().getName()));
    threadLocal.get().append(Thread.currentThread().getName());

    logger.info(() -> "-> " + Thread.currentThread().getName()
      + " [" + threadLocal.get() + "]");

    threadLocal.set(null);
    // threadLocal.remove();

    logger.info(() -> "-> " + Thread.currentThread().getName()
      + " [" + threadLocal.get() + "]");
  }
}
```

스레드 몇 개로 테스트해보자.

```
ThreadSafeStringBuilder threadSafe = new ThreadSafeStringBuilder();

for (int i = 0; i < 3; i++) {
  new Thread(threadSafe, "thread-" + i).start();
}
```

출력해보면 스레드마다 각자의 StringBuilder에 접근했음을 알 수 있다.

```
[14:26:39] [INFO] -> thread-1 [Thread-safe ]
[14:26:39] [INFO] -> thread-0 [Thread-safe ]
[14:26:39] [INFO] -> thread-2 [Thread-safe ]
[14:26:40] [INFO] -> thread-0 [Thread-safe thread-0]
[14:26:40] [INFO] -> thread-0 [null]
[14:26:41] [INFO] -> thread-1 [Thread-safe thread-1]
[14:26:41] [INFO] -> thread-1 [null]
[14:26:41] [INFO] -> thread-2 [Thread-safe thread-2]
[14:26:41] [INFO] -> thread-2 [null]
```

TIP ≡   앞선 예제 같은 시나리오에는 ExecutorService를 사용해도 된다.

다음은 각 스레드별로 JDBC Connection을 제공하는 또 다른 코드다.

```
private static final ThreadLocal<Connection> connections
    = ThreadLocal.<Connection> withInitial(() -> {
  try {
    return DriverManager.getConnection("jdbc:mysql://...");
  } catch (SQLException ex) {
    throw new RuntimeException("Connection acquisition failed!", ex);
  }
});

public static Connection getConnection() {
  return connections.get();
}
```

220.2 스레드별 컨텍스트

다음 Order 클래스를 예로 살펴보자.

```java
public class Order {
  private final int customerId;

  public Order(int customerId) {
    this.customerId = customerId;
  }

  // 이하 게터와 toString() 생략
}
```

이어서 CustomerOrder를 다음과 같이 작성하자.

```java
public class CustomerOrder implements Runnable {
  private static final Logger logger
    = Logger.getLogger(CustomerOrder.class.getName());
  private static final Random rnd = new Random();

  private static final ThreadLocal<Order>
    customerOrder = new ThreadLocal<>();

  private final int customerId;

  public CustomerOrder(int customerId) {
    this.customerId = customerId;
  }

  @Override
  public void run() {
    logger.info(() -> "Given customer id: " + customerId
      + " ¦ " + customerOrder.get()
      + " ¦ " + Thread.currentThread().getName());
    customerOrder.set(new Order(customerId));

    try {
      Thread.sleep(rnd.nextInt(2000));
    } catch (InterruptedException ex) {
      Thread.currentThread().interrupt();
      logger.severe(() -> "Exception: " + ex);
    }

    logger.info(() -> "Given customer id: " + customerId
      + " ¦ " + customerOrder.get()
      + " ¦ " + Thread.currentThread().getName());
```

```
        customerOrder.remove();
    }
  }
```

각 customerId를 제어하는 전용 스레드를 둔다.

```
  CustomerOrder co1 = new CustomerOrder(1);
  CustomerOrder co2 = new CustomerOrder(2);
  CustomerOrder co3 = new CustomerOrder(3);

  new Thread(co1).start();
  new Thread(co2).start();
  new Thread(co3).start();
```

즉, 각 스레드는 특정 CustomerOrder를 수정한다(인스턴스마다 특정 스레드가 존재한다).

run() 메서드는 주어진 customerId의 주문을 가져와 set() 메서드로 ThreadLocal 변수에 저장한다.

그럼 다음과 비슷하게 출력한다.

```
  [14:48:20] [INFO]
    Given customer id: 3 ¦ null ¦ Thread-2
  [14:48:20] [INFO]
    Given customer id: 2 ¦ null ¦ Thread-1
  [14:48:20] [INFO]
    Given customer id: 1 ¦ null ¦ Thread-0


  [14:48:20] [INFO]
    Given customer id: 2 ¦ Order{customerId=2} ¦ Thread-1
  [14:48:21] [INFO]
    Given customer id: 3 ¦ Order{customerId=3} ¦ Thread-2
  [14:48:21] [INFO]
    Given customer id: 1 ¦ Order{customerId=1} ¦ Thread-0
```

앞선 예제 같은 시나리오에는 ExecutorService를 사용하지 말자. 실행할 때마다 각 Runnable이 같은 스레드로 처리된다는 보장이 없다. 예상 밖의 결과로 이어질 수 있다.

221 원자 변수

다음은 Runnable을 이용해 1부터 1,000,000까지 세는 단순한 방법이다.

```
public class Incrementator implements Runnable {
  public [static] int count = 0;

  @Override
  public void run() {
    count++;
  }

  public int getCount() {
    return count;
  }
}
```

이번에는 count 변수를 동시에 증가시키는 스레드 5개를 돌려보겠다.

```
Incrementator nonAtomicInc = new Incrementator();
ExecutorService executor = Executors.newFixedThreadPool(5);

for (int i = 0; i < 1 _000_000; i++) {
  executor.execute(nonAtomicInc);
}
```

그런데 위 코드를 여러 번 실행해보면 결과가 매번 다르다.

```
997776, 997122, 997681 ...
```

대체 원하는 결과인 1,000,000이 왜 나오지 않을까? count++가 원자적 연산 혹은 동작이 아니기 때문이다. 이 동작은 세 개의 원자적 바이트 코드 명령으로 이뤄진다.

```
iload_1
iinc 1, 1
istore_1
```

한 스레드에서 count 값을 읽어 1 증가시킨 후 또 다른 스레드에서 기존 값을 읽는 바람에 잘못된 결과가 나온다. 다중 스레드 애플리케이션의 스케줄러는 각 바이트 코드 명령 중간에 현재 스레드의 실행을 중단시키고 같은 변수를 처리하는 새 스레드를 시작할 수 있다. 동기화로 해결하든지 더 나은 방법으로는 원자 변수(atomic variable)로 해결할 수 있다.

원자 변수 클래스는 java.util.concurrent.atomic에 들어 있다. 변수 하나의 경합 범위를 제한하는 여러 가지 래퍼 클래스다. 자바 동기화보다 훨씬 경량이며 CAS(Compare and Swap의 줄임말로 주어진 메모리 위치의 값과 주어진 값을 비교해서 현재 값이 기대 값과 같으면 새 값으로 업데이트하도록 최신 CPU가 지원하는 기법) 기반이다. 대개 volatile과 비슷하게 잠금 없이 값 하나에 영향을 미치는 원자적 복합 동작이다. 가장 흔히 쓰이는 원자 변수는 다음과 같은 스칼라다.

- AtomicInteger
- AtomicLong
- AtomicBoolean
- AtomicReference

다음은 배열의 스칼라다.

- AtomicIntegerArray
- AtomicLongArray
- AtomicReferenceArray

앞선 예제를 AtomicInteger를 사용해 다시 작성해보자.

```java
public class AtomicIncrementator implements Runnable {
  public static AtomicInteger count = new AtomicInteger();

  @Override
  public void run() {
    count.incrementAndGet();
  }

  public int getCount() {
    return count.get();
  }
}
```

count++ 대신 count.incrementAndGet()을 사용했다. 이 메서드는 AtomicInteger가 제공하는 많은 메서드 중 하나일 뿐이다. incrementAndGet() 메서드는 원자적으로 변수를 증가시킨 후 새 값을 반환한다. 이번에는 count가 1,000,000이다.

표 11-1은 자주 쓰이는 AtomicInteger 메서드를 보여준다. 왼쪽 열은 메서드, 오른쪽 열은 비원자적으로 나타낸 연산이다.

```
AtomicInteger ai = new AtomicInteger(0); // 원자적
int i = 0; // 비원자적

// and
int q = 5;
int r;

// and
int e = 0;
boolean b;
```

▼ 표 11-1

원자적 연산	비원자적 연산
r = ai.get();	r = i;
ai.set(q);	i = q;
r = ai.incrementAndGet();	r = ++i;
r = ai.getAndIncrement();	r = i++;
r = ai.decrementAndGet();	r = --i;
r = ai.getAndDecrement();	r = i--;
r = ai.addAndGet(q);	i = i + q; r = i;
r = ai.getAndAdd(q);	r = i; i = i + q;
r = ai.getAndSet(q);	r = i; i = q;
b = ai.compareAndSet(e, q);	if (i == e) { i = q; return true; } else { return false; }

원자적 연산으로 몇 가지 문제를 해결해보자.

- updateAndGet(IntUnaryOperator updateFunction)으로 배열의 원소를 업데이트한다.

```
// [9, 16, 4, 25]
AtomicIntegerArray atomicArray
  = new AtomicIntegerArray(new int[] {3, 4, 2, 5});

for (int i = 0; i < atomicArray.length(); i++) {
  atomicArray.updateAndGet(i, elem -> elem * elem);
}
```

- updateAndGet(IntUnaryOperator updateFunction)으로 정수 하나를 업데이트한다.

```
// 15
AtomicInteger nr = new AtomicInteger(3);
int result = nr.updateAndGet(x -> 5 * x);
```

- accumulateAndGet(int x, IntBinaryOperator accumulatorFunction)으로 정수 하나를 업데이트한다.

```
// 15
AtomicInteger nr = new AtomicInteger(3);
// x = 3, y = 5
int result = nr.accumulateAndGet(5, (x, y) -> x * y);
```

- addAndGet(int delta)로 정수 하나를 업데이트한다.

```
// 7
AtomicInteger nr = new AtomicInteger(3);
int result = nr.addAndGet(4);
```

- compareAndSet(int expectedValue, int newValue)로 정수 하나를 업데이트한다.

```
// 5, true
AtomicInteger nr = new AtomicInteger(3);
boolean wasSet = nr.compareAndSet(3, 5);
```

JDK 9부터 원자 변수 클래스에 get/setPlain(), get/setOpaque(), getAcquire()를 비롯해 그와 비슷한 몇몇 메서드가 더 추가됐다. 궁금하면 http://gee.cs.oswego.edu/dl/html/j9mm.html에 방문해 더그 레아(Doug Lea)가 쓴 JDK 9 메모리 순서 모드 사용하기를 읽어보자.

221.1 가산기와 누산기

자바 API 공식 문서에 따르면 업데이트가 잦고 읽기가 드문 다중 스레드 애플리케이션에는 AtomicFoo 클래스 대신 LongAdder, DoubleAdder, LongAccumulator, DoubleAccumulator를 사용하는 것이 좋다. 각각 이러한 시나리오에서 스레드 사용을 최적화하도록 디자인한 클래스다.

다시 말해 1부터 1,000,000까지 셀 때 AtomicInteger 대신 LongAdder를 사용할 수 있다.

```java
public class AtomicAdder implements Runnable {
  public static LongAdder count = new LongAdder();

  @Override
  public void run() {
    count.add(1);
  }

  public long getCount() {
    return count.sum();
  }
}
```

혹은 LongAccumulator도 가능하다.

```java
public class AtomicAccumulator implements Runnable {
  public static LongAccumulator count
    = new LongAccumulator(Long::sum, 0);

  @Override
  public void run() {
    count.accumulate(1);
  }

  public long getCount() {
    return count.get();
  }
}
```

LongAdder와 DoubleAdder는 덧셈이 필요한 시나리오(덧셈에 한정된 연산)에 알맞고, LongAccumulator와 DoubleAccumulator는 주어진 함수로 값을 조합하는 시나리오에 알맞다.

222 ReentrantLock

Lock 인터페이스는 잠금 프로세스를 세밀하게 조정하는 데 명시적으로 사용할 수 있는 잠금 연산 집합을 제공한다(기존의 잠금보다 더 제어할 수 있다). 폴링 잠금, 조건 없는 잠금, 시간이 정해진 잠금, 인터럽트할 수 있는 잠금 획득 등이다. 기본적으로 Lock은 synchronized 키워드 기능에 몇 가지 추가 기능을 제공한다. Lock 인터페이스를 코드로 살펴보자.

```
public interface Lock {
    void lock();
    void lockInterruptibly() throws InterruptedException;
    boolean tryLock();
    boolean tryLock(long timeout, TimeUnit unit)
        throws InterruptedException;
    void unlock();
    Condition newCondition();
}
```

Lock 구현의 하나가 ReentrantLock이다. 재진입(reentrant) 잠금은 다음과 같이 동작한다. 스레드가 처음 잠금에 들어오면 홀드 카운트를 1로 할당한다. 잠금을 해제하기 전 스레드가 잠금에 다시 들어갈 때마다 홀드 카운트를 1씩 증가시킨다. 잠금 해제 요청이 있을 때마다 홀드 카운트를 1씩 감소시키고 홀드 카운트가 0이 되면 잠금이 걸린 자원을 해제한다.

synchronized 키워드와 비슷하게 ReentrantLock은 관용적으로 다음과 같이 구현한다.

```
Lock / ReentrantLock lock = new ReentrantLock();
...
lock.lock();

try {
    ...
} finally {
    lock.unlock();
}
```

> TIP ≡ 비공정(non-fair) 잠금이면 스레드에 부여되는 접근 순서가 명시되지 않는다. 잠금이 공정해야 한다면(가장 오래 기다린 스레드에 우선순위를 주어야 한다면) ReentrantLock(boolean fair) 생성자를 사용한다.

다음은 ReentrantLock으로 1부터 1,000,000까지의 정수를 세는 코드다.

```
public class CounterWithLock {
    private static final Lock lock = new ReentrantLock();

    private static int count;

    public void counter() {
        lock.lock();
```

```
      try {
        count++;
      } finally {
        lock.unlock();
      }
    }
  }
```

스레드 몇 개로 위 클래스를 사용해보자.

```
CounterWithLock counterWithLock = new CounterWithLock();
Runnable task = () -> {
  counterWithLock.counter();
};

ExecutorService executor = Executors.newFixedThreadPool(8);
for (int i = 0; i < 1 _000_000; i++) {
  executor.execute(task);
}
```

성공이다!

덧붙여 ReentrantLock.lockInterruptibly()로 문제를 해결하는 관용적 코드도 살펴보자. 이 책의 예제 코드에서 lockInterruptibly()를 이용하는 예제를 제공한다.

```
Lock / ReentrantLock lock = new ReentrantLock();
public void execute() throws InterruptedException {
  lock.lockInterruptibly();

  try {
    // 어떤 작업을 수행한다
  } finally {
    lock.unlock();
  }
}
```

위 잠금을 가진 스레드를 인터럽트하면 InterruptedException을 던진다. lockInterruptibly() 대신 lock()을 사용하면 인터럽트를 허용하지 않는다.

다음은 ReentrantLock.tryLock(long timeout, TimeUnit unit) throws InterruptedException을 사용하는 관용적 코드다. 마찬가지로 이 책의 예제 코드에서 예제를 제공한다.

```
Lock / ReentrantLock lock = new ReentrantLock();

public boolean execute() throws InterruptedException {
  if (!lock.tryLock(n, TimeUnit.SECONDS)) {
    return false;
  }

  try {
    // 어떤 작업을 수행한다
  } finally {
    lock.unlock();
  }

  return true;
}
```

tryLock()은 명시한 시간 동안 잠금을 획득하려 한다. 이 시간이 경과하면 스레드는 잠금을 획득하지 못한다. 자동으로 재시도하지 않는다. 잠금을 획득하려던 중에 스레드를 인터럽트하면 InterruptedException을 던진다.

끝으로 이 책의 예제 코드에서 ReentrantLock.newCondition()을 사용하는 예제를 제공한다. 관용적 코드는 그림 11-6에서 확인한다.

▼ 그림 11-6

```
newCondition
Lock/ReentrantLock lock = new ReentrantLock();
Condition condition = lock.newCondition();
public void execute() throws InterruptedException {
  lock.lock();
  try {
    ...
      while/if(some_condition) {
        condition.await();              lock.lock();
      }                                 try {
  } finally {                             condition.signal(All)();
    lock.unlock();                      } finally {
  }                                       lock.unlock();
}                                       }

await()가 호출되면 스레드는 잠금을 해제한다. 계속하라는 신호를 받으면 스레드는 다시
획득해야 한다.
```

698

223 ReentrantReadWriteLock

일반적으로 읽기-쓰기(예를 들어 파일 읽기-쓰기)는 다음 두 규칙에 기반해 연계된다.

- 라이터가 없으면 리더는 동시에 읽을 수 있다(공유 비관적(pessimistic) 잠금).

- 한 번에 한 라이터만 쓸 수 있다(배타적(exclusive)/비관적(pessimistic) 잠금).

그림 11-7에서 왼쪽은 리더, 오른쪽은 라이터다.

▼ 그림 11-7

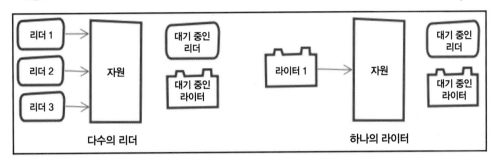

ReentrantReadWriteLock은 크게 다음 동작을 구현한다.

- 두 잠금(읽기 잠금과 쓰기 잠금)에 비관적 잠금 개념을 제공한다.

- 어떤 리더가 읽기 잠금을 가지고 있고 라이터가 쓰기 잠금을 원하면, 라이터가 쓰기 잠금을 해제할 때까지 어떤 리더도 읽기 잠금을 획득하지 못한다.

- 라이터는 읽기 잠금을 획득할 수 있으나 리더는 쓰기 잠금을 획득할 수 없다.

> TIP ≡ 비공정 잠금이면 스레드에 부여되는 접근 순서가 명시되지 않는다. 잠금이 공정해야 한다면(가장 오래 기다린 스레드에 우선순위를 주어야 한다면) ReentrantReadWriteLock(boolean fair) 생성자를 사용한다.

ReentrantReadWriteLock은 관용적으로 다음과 같이 사용한다.

```
ReadWriteLock / ReentrantReadWriteLock lock
  = new ReentrantReadWriteLock();
...
lock.readLock() / writeLock().lock();
try {
  ...
} finally {
```

```
      lock.readLock() / writeLock().unlock();
    }
```

ReentrantReadWriteLock을 사용해 정수량 변수를 읽고 쓰는 코드를 예제로 살펴보자.

```
  public class ReadWriteWithLock {
    private static final Logger logger
      = Logger.getLogger(ReadWriteWithLock.class.getName());
    private static final Random rnd = new Random();

    private static final ReentrantReadWriteLock lock
      = new ReentrantReadWriteLock(true);

    private static final Reader reader = new Reader();
    private static final Writer writer = new Writer();

    private static int amount;

    private static class Reader implements Runnable {
      @Override
      public void run() {
        if (lock.isWriteLocked()) {
          logger.warning(() -> Thread.currentThread().getName()
            + " reports that the lock is hold by a writer ...");
        }

        lock.readLock().lock();

        try {
          logger.info(() -> "Read amount: " + amount
            + " by " + Thread.currentThread().getName());
        } finally {
          lock.readLock().unlock();
        }
      }
    }

    private static class Writer implements Runnable {
      @Override
      public void run() {
        lock.writeLock().lock();
        try {
          Thread.sleep(rnd.nextInt(2000));
```

```
        logger.info(() -> "Increase amount with 10 by "
            + Thread.currentThread().getName());

        amount += 10;
      } catch (InterruptedException ex) {
        Thread.currentThread().interrupt();
        logger.severe(() -> "Exception: " + ex);
      } finally {
        lock.writeLock().unlock();
      }
    }
    ...
  }
```

리더 2개와 라이터 4개로 읽기 10번과 쓰기 10번을 수행해보자.

```
ExecutorService readerService = Executors.newFixedThreadPool(2);
ExecutorService writerService = Executors.newFixedThreadPool(4);

for (int i = 0; i < 10; i++) {
  readerService.execute(reader);

  writerService.execute(writer);
}
```

아래와 비슷하게 출력될 것이다.

```
[09:09:25] [INFO] Read amount: 0 by pool-1-thread-1
[09:09:25] [INFO] Read amount: 0 by pool-1-thread-2
[09:09:26] [INFO] Increase amount with 10 by pool-2-thread-1
[09:09:27] [INFO] Increase amount with 10 by pool-2-thread-2
[09:09:28] [INFO] Increase amount with 10 by pool-2-thread-4
[09:09:29] [INFO] Increase amount with 10 by pool-2-thread-3
[09:09:29] [INFO] Read amount: 40 by pool-1-thread-2
[09:09:29] [INFO] Read amount: 40 by pool-1-thread-1
[09:09:31] [INFO] Increase amount with 10 by pool-2-thread-1

...
```

동시성 더 깊이 파고들기

TIP ≡   ReentrantReadWriteLock 사용을 결정하기 전에 기아 상태에 빠질 수 있다는 점을 고려하자(예를 들어 라이터에 우선순위가 주어지면 리더는 기아 상태에 빠진다). 또한 읽기 잠금을 쓰기 잠금으로 업그레이드할 수 없으며(쓰기에서 읽기로 다운그레이드는 가능하다) 낙관적(optimistic) 읽기도 지원하지 않는다. 이 중 하나라도 문제가 된다면 다음 문제에서 알아볼 StampedLock을 고려하자.

224 StampedLock

한마디로 요약하면 StampedLock은 ReentrantReadWriteLock보다 성능이 뛰어나고 낙관적 읽기까지 지원한다. 재진입(reentrant) 방식이 아니라 데드락에 걸리기 쉽다. 잠금을 획득하면 스탬프(stamp)(long 값)를 반환하고 이 스탬프로 finally 블록에서 잠금을 해제한다. 잠금을 획득할 때마다 새 스탬프를 받는데, 만약 사용 가능한 잠금이 없으면 생길 때까지 블로킹할 수 있다. 즉, 현재 스레드가 잠금을 가지고 있는데 또 획득하려고 하면 데드락에 걸릴 수 있다.

다음은 StampedLock의 읽기/쓰기 프로세스를 조정하는 메서드다.

- readLock(): 필요에 따라 사용할 수 있을 때까지 블로킹하면서 비배타적으로(non-exclusively) 잠금을 획득한다. 블로킹하지 않으면서 읽기 잠금을 획득하려면 tryReadLock()을 사용한다. 정해진 시간 동안 블로킹하려면 tryReadLock(long time, TimeUnit unit)을 사용한다. 반환받은 스탬프는 unlockRead()에 쓰인다.

- writeLock(): 필요에 따라 사용할 수 있을 때까지 블로킹하며 배타적으로(exclusively) 잠금을 획득한다. 블로킹하지 않으면서 쓰기 잠금을 획득하려면 tryWriteLock()을 사용한다. 정해진 시간 동안 블로킹하려면 tryWriteLock(long time, TimeUnit unit)을 사용한다. 반환받은 스탬프는 unlockWrite()에 쓰인다.

- tryOptimisticRead(): 이 메서드는 StampedLock의 큰 이점 중 하나다. 이 메서드에서 반환하는 스탬프를 validate() 플래그 메서드로 검증해야 한다. 현재 잠금이 쓰기 모드 상태라면 반환되는 스탬프는 0이다.

readLock()과 writeLock()을 사용하는 관용적 코드는 아주 간단하다.

```
StampedLock lock = new StampedLock();
...
long stamp = lock.readLock() / writeLock();

try {
  ...
} finally {
  lock.unlockRead(stamp) / unlockWrite(stamp);
}
```

tryOptimisticRead()는 관용적으로 다음과 같이 쓰인다.

```
StampedLock lock = new StampedLock();

int x; // 라이터 스레드(writer-thread)는 x를 수정할 수 있다
...
long stamp = lock.tryOptimisticRead();
int thex = x;

if (!lock.validate(stamp)) {
  stamp = lock.readLock();

  try {
    thex = x;
  } finally {
    lock.unlockRead(stamp);
  }
}

return thex;
```

코드에서 보듯이 낙관적 읽기 잠금을 획득한 후 then 변수에 초깃값(x)을 할당한다. 이어서 validate() 플래그 메서드로 주어진 스탬프를 받은 이후 스탬프 받은 잠금이 배타적으로 획득되지 않았는지 검증한다. validate()가 false를 반환하면(다시 말해 낙관적 잠금 획득 후 스레드가 쓰기 잠금을 획득했다면) 블로킹하는 readLock()으로 읽기 잠금을 획득해 다시 값(x)을 할당한다. 쓰기 잠금이 있어야 읽기 잠금이 블로킹할 수 있다는 점을 꼭 기억하자. 낙관적 잠금을 획득해야 값(들)을 읽고 이러한 값(들)에 어떤 변경이 있었는지 검증할 수 있다. 변경이 있을 때만 블로킹한 읽기 잠금을 거쳐야 한다.

StampedLock을 사용해 정수량 변수를 읽고 쓰는 코드를 예제로 살펴보자. 앞선 문제의 해법을 낙관적 읽기로 다시 작성한 코드다.

```
public class ReadWriteWithStampedLock {
  private static final Logger logger
    = Logger.getLogger(ReadWriteWithStampedLock.class.getName());
  private static final Random rnd = new Random();

  private static final StampedLock lock = new StampedLock();

  private static final OptimisticReader optimisticReader
    = new OptimisticReader();
  private static final Writer writer = new Writer();
```

```java
    private static int amount;

    private static class OptimisticReader implements Runnable {
      @Override
      public void run() {
        long stamp = lock.tryOptimisticRead();

        // tryOptimisticRead()의 스탬프가 유효하지 않으면
        // 스레드는 읽기 잠금을 획득하려 한다
        if (!lock.validate(stamp)) {
          stamp = lock.readLock();
          try {
            logger.info(() -> "Read amount (read lock): " + amount
              + " by " + Thread.currentThread().getName());
          } finally {
            lock.unlockRead(stamp);
          }
        } else {
          logger.info(() -> "Read amount (optimistic read): " + amount
            + " by " + Thread.currentThread().getName());
        }
      }
    }

    private static class Writer implements Runnable {
      @Override
      public void run() {
        long stamp = lock.writeLock();

        try {
          Thread.sleep(rnd.nextInt(2000));
          logger.info(() -> "Increase amount with 10 by "
            + Thread.currentThread().getName());

          amount += 10;
        } catch (InterruptedException ex) {
          Thread.currentThread().interrupt();
          logger.severe(() -> "Exception: " + ex);
        } finally {
          lock.unlockWrite(stamp);
        }
      }
    }
    ...
}
```

리더 2개와 라이터 4개로 읽기 10번과 쓰기 10번을 수행해보자.

```
ExecutorService readerService = Executors.newFixedThreadPool(2);
ExecutorService writerService = Executors.newFixedThreadPool(4);

for (int i = 0; i < 10; i++) {
  readerService.execute(optimisticReader);
  writerService.execute(writer);
}
```

아래와 비슷하게 출력될 것이다.

```
...
[12:12:07] [INFO] Increase amount with 10 by pool-2-thread-4
[12:12:07] [INFO] Read amount (read lock): 90 by pool-1-thread-2
[12:12:07] [INFO] Read amount (optimistic read): 90 by pool-1-thread-2
[12:12:07] [INFO] Increase amount with 10 by pool-2-thread-1
...
```

JDK 10부터 isWriterLockStamp(), isReadLockStamp(), isLockStamp(), isOptimisticReadStamp()
로 스탬프의 타입을 쿼리할 수 있다. 타입에 따라 적절한 잠금 해제 메서드를 결정한다.

```
if (StampedLock.isReadLockStamp(stamp))
  lock.unlockRead(stamp);
}
```

이 책의 예제 코드에서는 tryConvertToWriteLock() 메서드의 사용법을 보이는 애플리케이션도
제공한다. tryConvertToReadLock()과 tryConvertToOptimisticRead()를 사용하는 애플리케이션
을 개발하고 싶을 수도 있다.

225 데드락(식사하는 철학자)

데드락이란 무엇인가? 인터넷에 떠도는 유명한 농담 하나가 데드락에 대해 잘 말해준다.

면접관: 데드락에 대해 잘 설명하시면 채용하겠습니다!

나: 채용되면 설명해드릴게요….

간단히 말해 데드락이란 잠금 L을 가진 스레드 A가 잠금 P를 획득하려 하고, 동시에 잠금 P를 가진 스레드 B가 잠금 L을 획득하려 하는 경우다. 이러한 종류의 데드락을 순환 대기(circular wait)라 부른다. 자바는 (데이터베이스와 달리) 데드락 감지 기능과 해결 메커니즘을 지원하지 않으므로 데드락으로 인해 애플리케이션이 곤혹스러운 상황에 처할 수 있다. 데드락은 애플리케이션 전체 혹은 부분을 블로킹해 심각한 성능 저하와 기이한 동작 등을 야기한다. 대개 데드락은 디버깅하기 어렵고 유일한 해결책은 애플리케이션을 재시작하고 이 방법이 최선이길 기도하는 것뿐이다.

데드락을 묘사한 잘 알려진 문제 중 하나가 식사하는 철학자(dining philosopher)다. 다섯 명의 철학자가 테이블에 둘러 앉는다. 각자 생각하고 먹기를 반복한다. 식사하려면 철학자는 왼편에 있는 포크 하나와 오른편에 있는 포크 하나, 포크 2개를 손에 쥐어야 한다. 문제는 포크가 5개뿐이라는 점이다. 식사를 마친 철학자는 포크 2개를 테이블에 다시 내려놓고, 같은 패턴을 반복하고 있는 또 다른 철학자가 그 포크를 다시 들 수 있다. 식사하지 않는 동안 철학자는 생각한다. 그림 11-8이 이러한 시나리오를 보여준다.

❤ 그림 11-8

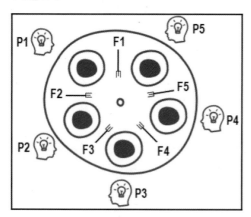

여기서 임무는 굶어 죽지 않으면서 철학자들이 생각하고 식사할 수 있는 해법을 찾아내는 것이다.

코드로는 각 철학자를 Runnable 인스턴스로 생각할 수 있다. Runnable 인스턴스를 만들면 별개의 스레드에서 실행된다. 각 철학자는 왼편과 오른편에 놓인 포크 두 개를 든다. 포크를 String으로 표현하면 다음 코드와 같다.

```
public class Philosopher implements Runnable {
  private final String leftFork;
  private final String rightFork;
```

```java
  public Philosopher(String leftFork, String rightFork) {
    this.leftFork = leftFork;
    this.rightFork = rightFork;
  }

  @Override
  public void run() {
    // 다음 코드에서 구현
  }
}
```

즉, 철학자는 leftFork와 rightFork를 들 수 있다. 하지만 철학자끼리 포크를 공유하므로 철학자는 두 포크에 대한 배타적 잠금을 획득해야 한다. leftFork에 대한 배타적 잠금과 rightFork에 대한 배타적 잠금을 획득해야 두 포크를 손에 쥔 것이다. leftFork와 rightFork에 대한 배타적 잠금을 획득했다는 것은 철학자가 식사를 하고 있다는 뜻이다. 두 배타적 잠금을 해제한다는 것은 철학자가 먹지 않고 생각한다는 뜻이다.

다음 run() 메서드처럼 synchronized 키워드로 잠금을 획득할 수 있다.

```java
@Override
public void run() {
  while (true) {
    logger.info(() -> Thread.currentThread().getName()
      + ": thinking");
    doIt();

    synchronized(leftFork) {
      logger.info(() -> Thread.currentThread().getName()
        + ": took the left fork (" + leftFork + ")");
      doIt();

      synchronized(rightFork) {
        logger.info(() -> Thread.currentThread().getName()
          + ": took the right fork (" + rightFork + ") and eating");
        doIt();

        logger.info(() -> Thread.currentThread().getName()
          + ": put the right fork ( " + rightFork
          + ") on the table");
        doIt();
```

```
        }

        logger.info(() -> Thread.currentThread().getName()
          + ": put the left fork (" + leftFork
          + ") on the table and thinking");
        doIt();
      }
    }
  }
```

철학자는 생각하기 시작한다. 잠시 후 배가 고파지면 왼편과 오른편 포크를 들려 한다. 성공하면 한동안 식사를 한다. 그 뒤 포크를 테이블에 내려놓고 다시 배가 고파질 때까지 생각을 이어간다. 그사이 다른 철학자가 식사를 한다.

다음 doIt() 메서드는 임의의 슬립을 주어 관련 동작(생각하고 먹고 포크를 들고 다시 내려놓는 동작)을 시뮬레이션한다. 코드로 나타내면 다음과 같다.

```
private static void doIt() {
  try {
    Thread.sleep(rnd.nextInt(2000));
  } catch (InterruptedException ex) {
    Thread.currentThread().interrupt();
    logger.severe(() -> "Exception: " + ex);
  }
}
```

마지막으로 다음과 같은 포크와 철학자가 필요하다.

```
String[] forks = {
  "Fork-1", "Fork-2", "Fork-3", "Fork-4", "Fork-5"
};

Philosopher[] philosophers = {
  new Philosopher(forks[0], forks[1]),
  new Philosopher(forks[1], forks[2]),
  new Philosopher(forks[2], forks[3]),
  new Philosopher(forks[3], forks[4]),
  new Philosopher(forks[4], forks[0])
};
```

각 철학자는 스레드 하나에서 실행된다.

```
Thread threadPhilosopher1
  = new Thread(philosophers[0], "Philosopher-1");
...
Thread threadPhilosopher5
  = new Thread(philosophers[4], "Philosopher-5");

threadPhilosopher1.start();
...
threadPhilosopher5.start();
```

나쁘지 않은 구현이고 심지어 한동안 잘 동작할지도 모른다. 하지만 머지않아 위 구현은 다음과 같은 출력과 함께 블로킹된다.

```
[17:29:21] [INFO] Philosopher-5: took the left fork (Fork-5)
...
// 아무 일도 일어나지 않는다
```

이것이 바로 데드락이다! 각 철학자는 왼손에 포크를 든 채(이 포크에 대한 배타적 잠금) 테이블에 오른쪽 포크가 놓이기를(잠금이 해제되기를) 기다린다. 물론 포크가 5개뿐인데 각자 손에 하나씩 들고 있으니 이러한 기대는 영영 충족되지 못한다.

데드락을 방지하는 방법은 아주 간단하다. 철학자 중 하나에게 오른편 포크를 먼저 들라고 강제하면 된다. 오른편 포크를 성공적으로 들면 왼편 포크를 들려 한다. 코드로는 다음 행만 간단히 수정하면 된다.

```
// 원래 행
new Philosopher(forks[4], forks[0])

// 데드락이 없어지도록 수정한 행
new Philosopher(forks[0], forks[4])
```

이제 데드락 없이 애플리케이션이 실행된다.

11.3 / 요약

여기까지다! 11장에서는 포크/조인 프레임워크, CompletableFuture, ReentrantLock, ReentrantReadWriteLock, StampedLock, 원자 변수, 작업 취소, 인터럽터블 메서드, 스레드 로컬, 데드락과 관련된 문제를 다뤘다.

11장의 애플리케이션을 다운로드해서 결과와 추가적인 세부 사항을 확인하자.

12^장

옵셔널

12장에서는 Optional을 다루는 몇 가지 규칙을 강조하는 24개의 문제를 살펴본다. 12장의 문제와 해법은 자바 언어 설계자 브라이언 게츠가 내린 정의에 기반했다.

"Optional은 결과가 없음을 명확하게 표현해야 하는 라이브러리 메서드 반환 타입을 위해 만들어진 제한된 메커니즘으로서 결과 없음을 널(null)로 표현하면 오류 발생 가능성이 압도적으로 높다."

단, 규칙이 있으면 예외도 있는 법이다. 즉, 12장에서 소개할 규칙(또는 관례)을 무조건 따라야 한다고(혹은 따르지 말아야 한다고) 결론 내리지 말자. 늘 그렇듯 문제에 따라 다르며 상황을 파악해 장단점을 따져봐야 한다.

파벨 프쉬들(Pavel Pscheidl)이 개발한 자바 EE(자카르타 EE)를 위한 CDI 플러그인(https://github.com/Pscheidl/FortEE)도 함께 찾아보자. 이 플러그인은 Optional 패턴을 활용하는 자카르타 EE/자바 EE 결함 허용 가드(falut-tolerance guard)다. 단순함이 가장 큰 강점이다.

12.1 / 문제

다음 문제를 통해 Optional을 프로그래밍하는 실력을 테스트해보자. 해답 페이지로 넘어가거나 예제 프로그램을 다운로드하기 전에 반드시 스스로 문제를 풀어보기 바란다.

226. Optional 초기화: Optional을 초기화하는 올바른 방식과 잘못된 방식을 보이는 예제 프로그램을 작성하라.

227. Optional.get()과 누락 값: Optional.get()의 올바른 용법과 잘못된 용법을 보이는 예제 프로그램을 작성하라.

228. 미리 정해둔 기본값 반환: 값이 존재하지 않을 때 Optional.orElse() 메서드를 통해 미리 정해둔 기본값을 할당(또는 반환)하는 프로그램을 작성하라.

229. 존재하지 않는 기본값 반환: 값이 존재하지 않을 때 Optional.orElseGet() 메서드를 통해 존재하지 않는 기본값을 할당(또는 반환)하는 프로그램을 작성하라.

230. NoSuchElementException 던지기: 값이 존재하지 않을 때 NoSuchElementException 타입의 예외나 또 다른 예외를 던지는 프로그램을 작성하라.

231. Optional과 null 참조: Optional.orElse(null)을 올바르게 사용하는 예를 보여주는 프로그램을 작성하라.

232. **값이 존재하는 Optional 클래스 소비:** `ifPresent()`와 `ifPresentElse()`로 값이 존재하는 Optional 클래스를 소비하는 프로그램을 작성하라.

233. **값이 존재하는 Optional 클래스나 다른 클래스 반환:** 어떤 `Optional`이 있다고 가정하자. `Optional.or()`를 사용해 (값이 존재하면) `Optional`을 반환하고 아니면(값이 존재하지 않으면) 또 다른 Optional 클래스를 반환하는 프로그램을 작성하라.

234. **orElseFoo()로 람다 연결:** `orElse()`와 `orElseFoo()`를 사용해 람다 체인을 깨뜨리지 않는 예를 보여주는 프로그램을 작성하라.

235. **값을 구하기 위한 Optional 사용 금지:** 어떤 값을 얻으려는 목적 하나로 Optional 메서드를 연결하는 잘못된 관례를 예제를 통해 보여라.

236. **필드에 Optional 사용 금지:** `Optional` 타입의 필드를 선언하는 잘못된 관례를 예제를 통해 보여라.

237. **생성자 인수에 Optional 사용 금지:** 생성자 인수에 `Optional`을 사용하는 잘못된 관례를 예제를 통해 보여라.

238. **세터 인수에 Optional 사용 금지:** 세터 인수에 `Optional`을 사용하는 잘못된 관례를 예제를 통해 보여라.

239. **메서드 인수에 Optional 사용 금지:** 메서드 인수에 `Optional`을 사용하는 잘못된 관례를 예제를 통해 보여라.

240. **비어 있거나 널인 컬렉션 또는 배열 반환에 Optional 사용 금지:** 비어 있거나 널인 컬렉션 또는 배열 반환에 `Optional`을 사용하는 잘못된 관례를 예제를 통해 보여라.

241. **컬렉션에 Optional 쓰지 않기:** 컬렉션에 `Optional`을 사용하면 디자인 스멜이 될 수 있다. 전형적인 유스 케이스와 함께 컬렉션에 `Optional`을 사용하지 않을 대안을 예제를 통해 보여라.

242. **of()와 ofNullable() 혼동:** `Optional.of()`와 `ofNullable()`을 혼동해 일어날 수 있는 결과를 예제를 통해 보여라.

243. **Optional⟨T⟩ 대 OptionalInt:** `Optional<T>` 대신 제네릭이 아닌 `OptionalInt`를 사용하는 경우를 예제를 통해 보여라.

244. **Optional 클래스 동등 어서션:** `Optional` 클래스의 동등 어서션을 예제를 통해 보여라.

245. **map()과 flatMap()으로 값 변형:** `Optional.map()`과 `flatMap()`을 사용하는 예를 보여주는 몇 가지 코드를 작성하라.

246. Optional.filter()로 값 필터링: `Optional.filter()`를 사용해 미리 정의된 규칙에 따라 래핑한 값을 거절하는 예를 보여라.

247. Optional과 스트림 API 연결: `Optional.stream()`으로 Optional API와 스트림 API를 연결하는 예를 보여라.

248. Optional과 식별에 민감한 연산: `Optional`에는 식별에 민감한(identity-sensitive) 연산을 사용하지 말아야 한다는 사실을 뒷받침하는 코드를 작성하라.

249. Optional이 비었으면 boolean 반환: 주어진 `Optional class`가 비어 있으면 `boolean`을 반환하는 두 가지 해법의 예제 코드를 각각 작성하라.

12.2 해법

앞서 나열한 문제의 해법을 설명하겠다. 그에 앞서 문제의 정답이 딱 하나인 경우는 드물다는 점을 잊지 말자. 또한 문제를 푸는 데 반드시 필요한 가장 흥미롭고 중요한 사항만 설명했음을 기억하자. 코드를 자세히 살펴보고 프로그램을 직접 실행하려면 https://github.com/gilbutITbook/080292에서 예제 솔루션을 다운로드한다.

226 Optional 초기화

Optional은 null이 아니라 Optional.empty()로 초기화해야 한다.

```
// 잘못된 방법
Optional<Book> book = null;

// 올바른 방법
Optional<Book> book = Optional.empty();
```

Optional은 컨테이너(박스)이므로 null로 초기화해도 소용없다.

227 Optional.get()과 누락 값

Optional.get()을 호출해 Optional에 래핑된 값을 가져오려면 다음과 같이 해서는 안 된다.

```
Optional<Book> book = ...; // 비어 있기 쉽다

// 잘못된 방법
// "book"이 비어 있으면 아래 코드에서
// java.util.NoSuchElementException을 던진다
Book theBook = book.get();
```

즉, Optional.get()으로 값을 가져오기 전에 값이 있는지 먼저 확인해야 한다. get()을 호출하기 전에 isPresent()를 호출하면 된다. 다음과 같이 검사해서 누락 값을 처리한다.

```
Optional<Book> book = ...; // 비어 있기 쉽다

// 올바른 방법
if (book.isPresent()) {
  Book theBook = book.get();
  ... // "theBook"으로 어떤 작업을 수행한다
} else {
  ... // book.get()을 호출하지 않는 어떤 작업을 수행한다
}
```

> TIP ≣ 그렇지만 isPresent-get() 팀은 워낙 악명이 높으니 신중하게 사용해야 한다. 다른 대안을 소개하는 다음 문제를 꼭 읽어보자. 뿐만 아니라 언젠가는 Optional.get()을 더 이상 지원하지 않을 수도 있다.

12

옵셔널

228 미리 정해둔 기본값 반환

Optional에 따라 결과를 반환하는 메서드를 가정해보자. Optional이 비어 있으면 이 메서드는 기본값을 반환한다. 즉, 앞 절의 해법을 다음과 같이 작성할 수 있다.

```
public static final String BOOK_STATUS = "UNKNOWN";
...
// 잘못된 방법
public String findStatus() {
  Optional<String> status = ...; // 비어 있기 쉽다
```

```
    if (status.isPresent()) {
      return status.get();
    } else {
      return BOOK_STATUS;
    }
  }
```

크게 문제는 없으나 그다지 명쾌하지 못하다. Optional.orElse() 메서드를 활용하는 해법이 보다
간결하고 명쾌하다. Optional.orElse()는 빈 Optional 클래스에 기본값을 할당하거나 반환하고
싶을 때 isPresent()-get() 쌍 대신 사용하기 좋다. 이제 코드를 아래처럼 다시 작성할 수 있다.

```
public static final String BOOK_STATUS = "UNKNOWN";
...
// 올바른 방법
public String findStatus() {
  Optional<String> status = ...; // 비어 있기 쉽다

  return status.orElse(BOOK_STATUS);
}
```

TIP ≡ 다만 Optional 클래스가 비어 있지 않아도 orElse()는 무조건 평가된다. 다시 말해 값을 사용하지 않
는데도 orElse()를 평가한다. 그러니 인수가 미리 정해둔 값일 때만 orElse()를 사용하는 것이 바람직하다. 이로
써 잠재적 성능 저하를 완화한다. 이어지는 문제에서는 orElse()를 사용하지 말아야 할 경우를 다룬다.

229 존재하지 않는 기본값 반환

Optional 클래스에 따라 결과를 반환하는 메서드를 가정해보자. Optional 클래스가 비어 있으면
이 메서드는 값을 계산해서 반환한다. 다음 computeStatus() 메서드에서 값을 계산한다.

```
private String computeStatus() {
  // 상태 계산에 쓰이는 코드
}
```

대충 isPresent()-get() 쌍으로 해결해보자.

```
// 잘못된 방법
public String findStatus() {
  Optional<String> status = ...; // 비어 있기 쉽다
```

```
    if (status.isPresent()) {
      return status.get();
    } else {
      return computeStatus();
    }
  }
```

위 해법이 어설프기는 해도 아래처럼 orElse() 메서드를 쓰는 것보다는 낫다.

```
  // 잘못된 방법
  public String findStatus() {
    Optional<String> status = ...; // 비어 있기 쉽다

    // "status"가 비어 있지 않아도 computeStatus()를 호출한다
    return status.orElse(computeStatus());
  }
```

이럴 때 Optional.orElseGet() 메서드를 활용하면 좋다. orElseGet() 메서드는 Supplier를 인수로 받으므로 Optional에 값이 존재하지 않을 때만 실행한다. Optional에 값이 존재하면 불필요하게 코드를 실행하지 않아도 되니 orElse()보다 훨씬 낫다. 즉, 다음과 같은 해법이 바람직하다.

```
  // 올바른 방법
  public String findStatus() {
    Optional<String> status = ...; // 비어 있기 쉽다

    // "status"가 비어 있을 때만 computeStatus()를 호출한다
    return status.orElseGet(this::computeStatus);
  }
```

230 NoSuchElementException 던지기

Optional이 비어 있으면 예외(예를 들어 NoSuchElementException)를 던지고 싶을 수 있다. 어설픈 해법부터 살펴보자.

```
  // 잘못된 방법
  public String findStatus() {
    Optional<String> status = ...; // 비어 있기 쉽다

    if (status.isPresent()) {
```

```
      return status.get();
  } else {
    throw new NoSuchElementException("Status cannot be found");
  }
}
```

이럴 때 Optional.orElseThrow() 메서드를 활용하면 훨씬 더 정교하다. 메서드 서명인 orElse Throw(Supplier<? extends X> exceptionSupplier)에서 알 수 있듯이 다음과 같이 예외를 던진다(값이 존재하면 orElseThrow()는 그 값을 반환한다).

```
// 올바른 방법
public String findStatus() {
  Optional<String> status = ...; // 비어 있기 쉽다

  return status.orElseThrow(
      () -> new NoSuchElementException("Status cannot be found"));
}
```

혹은 IllegalStateException 같은 예외를 던질 수도 있다.

```
// 올바른 방법
public String findStatus() {
  Optional<String> status = ...; // 비어 있기 쉽다

  return status.orElseThrow(
      () -> new IllegalStateException("Status cannot be found"));
}
```

JDK 10부터 인수 없는 orElseThrow()가 Optional에 추가됐다. 이 메서드는 암묵적으로 NoSuchElementException을 던진다.

```
// 올바른 방법 (JDK 10 이상에서)
public String findStatus() {
  Optional<String> status = ...; // 비어 있기 쉽다

  return status.orElseThrow();
}
```

그러나 프로덕션 코드에서 정보가 담긴 메시지도 없이 확인되지 않은 예외를 던지는 것은 좋은 관례가 아니다.

231 Optional과 null 참조

특정 상황에서 null 참조를 허용하는 메서드를 사용하면 orElse(null)을 이용할 수 있다.

이 시나리오에 해당하는 메서드가 자바 리플렉션 API의 Method.invoke()다(7장 참고).

Method.invoke()의 첫 번째 인수는 이 특정 메서드를 호출할 객체 인스턴스를 나타낸다. 메서드가 static이면 첫 번째 인수는 null이어야 하므로 객체 인스턴스가 필요 없다.

아래 나열할 Book 클래스와 헬퍼 메서드를 예로 살펴보자.

이 메서드는 (주어진 메서드가 static이면) 빈 Optional 클래스를, (주어진 메서드가 static이 아니면) Book 인스턴스를 포함하는 Optional 클래스를 반환한다.

```
private static Optional<Book> fetchBookInstance(Method method) {
  if (Modifier.isStatic(method.getModifiers())) {
    return Optional.empty();
  }

  return Optional.of(new Book());
}
```

호출하는 방법은 아주 간단하다.

```
Method method = Book.class.getDeclaredMethod(...);

Optional<Book> bookInstance = fetchBookInstance(method);
```

이제 Optional이 비어 있으면(메서드가 static이면) Method.invoke()에 null을 전달하고, 값이 있으면 Book 인스턴스를 전달해보자. isPresent()-get() 쌍을 이용하는 서투른 해법부터 살펴보겠다.

```
// 잘못된 방법
if (bookInstance.isPresent()) {
  method.invoke(bookInstance.get());
} else {
  method.invoke(null);
}
```

이럴 때 Optional.orElse(null)이 딱 맞다. 해법이 코드 한 줄로 줄어든다.

```
// 올바른 방법
method.invoke(bookInstance.orElse(null));
```

232 값이 존재하는 Optional 클래스 소비

값이 존재하는 Optional 클래스를 그저 소비하기만 할 때가 있다. Optional에 값이 존재하지 않으면 아무것도 하지 않는다. 일단은 isPresent()-get() 쌍으로 대충 해결해보자.

```
// 잘못된 방법
public void displayStatus() {
  Optional<String> status = ...; // 비어 있기 쉽다

  if (status.isPresent()) {
    System.out.println(status.get());
  }
}
```

이럴 때 Consumer를 인수로 받는 ifPresent()를 이용하면 좋다. 존재하는 값을 소비하는 것이 전부라면 isPresent()-get() 쌍을 대신할 수 있다. 코드는 다음과 같이 작성한다.

```
// 올바른 방법
public void displayStatus() {
  Optional<String> status = ...; // 비어 있기 쉽다

  status.ifPresent(System.out::println);
}
```

Optional에 값이 존재하지 않는 경우에도 빈 상태를 기준으로 동작을 실행하고 싶을 수 있다. 우선 isPresent()-get() 쌍으로 해결해보자.

```
// 잘못된 방법
public void displayStatus() {
  Optional<String> status = ...; // 비어 있기 쉽다

  if (status.isPresent()) {
    System.out.println(status.get());
  } else {
    System.out.println("Status not found ...");
```

```
    }
  }
```

이번에도 최선은 아니다. 대신 ifPresentOrElse()를 사용하자. JDK 9부터 사용할 수 있고 ifPresent() 메서드와 비슷한데, else 분기까지 처리한다는 점이 다르다.

```
// 올바른 방법
public void displayStatus() {
  Optional<String> status = ...; // 비어 있기 쉽다

  status.ifPresentOrElse(System.out::println,
    () -> System.out.println("Status not found ..."));
}
```

233 값이 존재하는 Optional 클래스 혹은 다른 클래스 반환

Optional 클래스를 반환하는 메서드를 생각해보자. 이 메서드는 Optional 클래스를 계산해서 클래스가 비어 있지 않으면 그 Optional 클래스를 그대로 반환한다. 반면, 계산한 Optional 클래스가 비어 있으면 다른 Optional 클래스를 반환한다.

isPresent()-get() 쌍으로 할 수 있다(물론 하지 말아야 한다).

```
private final static String BOOK_STATUS = "UNKNOWN";
...
// 잘못된 방법
public Optional<String> findStatus() {
  Optional<String> status = ...; // 비어 있기 쉽다

  if (status.isPresent()) {
    return status;
  } else {
    return Optional.of(BOOK_STATUS);
  }
}
```

혹은 다음과 같이 구성하면 절대 안 된다.

```
return Optional.of(status.orElse(BOOK_STATUS));
return Optional.of(status.orElseGet(() -> (BOOK_STATUS)));
```

가장 좋은 해법은 JDK 9부터 사용할 수 있는 Optional.or() 메서드를 활용하는 것이다. 이 메서드는 값이 존재하면 Optional을 반환한다. 아니면 주어진 Supplier 함수(반환할 Optional을 생성하기 위해 제공한 함수)가 생성한 Optional을 반환한다.

```java
private final static String BOOK_STATUS = "UNKNOWN";
...
// 올바른 방법
public Optional<String> findStatus() {
  Optional<String> status = ...; // 비어 있기 쉽다

  return status.or(() -> Optional.of(BOOK_STATUS));
}
```

234 orElseFoo( )로 람다 연결

람다식에 쓰이는 일부 연산(예를 들어 findFirst(), findAny(), reduce() 등)은 Optional을 반환한다. 이러한 Optional 클래스를 isPresent()-get() 쌍으로 처리하려면 연속된 람다식을 분해하고 if-else 블록으로 조건 코드를 추가하고 체인을 다시 돌려놓는 것까지 고려해야 하니 번거롭고 복잡하다.

다음 코드로 살펴보자.

```java
private static final String NOT_FOUND = "NOT FOUND";

List<Book> books...;
...
// 잘못된 방법
public String findFirstCheaperBook(int price) {
  Optional<Book> book = books.stream()
    .filter(b -> b.getPrice()<price)
    .findFirst();

  if (book.isPresent()) {
    return book.get().getName();
  } else {
    return NOT_FOUND;
  }
}
```

한 발 더 나아가 다음과 같이 작성할 수도 있다.

```
// 잘못된 방법
public String findFirstCheaperBook(int price) {
  Optional<Book> book = books.stream()
    .filter(b -> b.getPrice()<price)
    .findFirst();

  return book.map(Book::getName)
    .orElse(NOT_FOUND);
}
```

isPresent()-get() 쌍 대신 orElse()를 쓰면 더 좋다. 특히 orElse()(와 orElseFoo())를 람다 체인에 바로 사용하면 코드가 끊기지 않아 훨씬 더 좋다.

```
private static final String NOT_FOUND = "NOT FOUND";
...
// 올바른 방법
public String findFirstCheaperBook(int price) {
  return books.stream()
    .filter(b -> b.getPrice()<price)
    .findFirst()
    .map(Book::getName)
    .orElse(NOT_FOUND);
}
```

문제를 하나 더 살펴보자.

한 저자가 몇 권의 책을 썼는데, 어떤 책이 이 저자의 책인지 알고 싶다. 저자가 쓴 책이 아니면 NoSuchElementException을 던진다.

정말 형편없는 해법은 다음과 같다.

```
// 잘못된 방법
public void validateAuthorOfBook(Book book) {
  if (!author.isPresent() ||
    !author.get().getBooks().contains(book)) {
    throw new NoSuchElementException();
  }
}
```

이와 달리 orElseThrow()로 문제를 아주 명쾌하게 해결할 수 있다.

```
// 올바른 방법
public void validateAuthorOfBook(Book book) {
  author.filter(a -> a.getBooks().contains(book))
    .orElseThrow();
}
```

235 값을 구하기 위한 Optional 사용 금지

이제부터 **사용 금지**(do not use) 범주에 속하는 문제 묶음을 다루겠다. **사용 금지** 범주에서는 Optional의 **남용**을 막고 많은 수고를 덜어주는 몇 가지 규칙을 제공한다. 하지만 규칙에는 예외가 따른다. 따라서 제안한 규칙을 어떻게든 꼭 지켜야 한다고 지레 판단하지 말자. 늘 그렇듯 문제에 따라 다르다.

Optional의 흔한 시나리오는 어떤 값을 구하기 위해 메서드를 연결하는 것이다.

이러한 관례 대신 간단하고 이해하기 쉬운 코드를 활용하자. 다시 말해 다음 코드처럼 하지 말자.

```
public static final String BOOK_STATUS = "UNKNOWN";
...
// 잘못된 방법
public String findStatus() {
  // 가져오는 상태가 null이기 쉽다
  String status = ...;

  return Optional.ofNullable(status).orElse(BOOK_STATUS);
}
```

대신 간단한 if-else 블록이나 (간단한 경우라면) 삼항 연산자를 사용하자.

```
// 올바른 방법
public String findStatus() {
  // 가져오는 상태가 null이기 쉽다
  String status = null;

  return status == null ? BOOK_STATUS : status;
}
```

236 필드에 Optional 사용 금지

사용 금지 범주를 계속 설명하겠다. Optional은 필드에 사용하려고 만든 것이 아니며 Serializable
을 구현하지 않는다.

Optional 클래스는 절대 자바빈 필드에 쓰려던 것이 아니다. 따라서 아래처럼 하지 말자.

```
// 잘못된 방법
public class Book {
  [access_modifier][static][final]
    Optional<String> title;
  [access_modifier][static][final]
    Optional<String> subtitle = Optional.empty();
  ...
}
```

대신 다음과 같이 하자.

```
// 올바른 방법
public class Book {
  [access_modifier][static][final] String title;
  [access_modifier][static][final] String subtitle = "";
  ...
}
```

237 생성자 인수에 Optional 사용 금지

Optional의 사용 목적에 위배되는 또 다른 시나리오를 살펴보며 **사용 금지** 범주에 대한 설명을
이어가겠다. Optional은 객체의 컨테이너를 표현하므로 추상화 수준이 하나 더 늘어난다는 점에
유의해야 한다. 다시 말해 부적절한 Optional 사용은 보일러플레이트(boilerplate) 코드만 늘릴
뿐이다.

이를 보여주는 Optional 유스 케이스를 살펴보자(아래 코드는 236. **필드에 Optional 사용 금지** 절
에서 다뤘던 필드에 Optional 사용 금지도 위반한다).

```
// 잘못된 방법
public class Book {
  // null일 수 없다
  private final String title;
```

725

```
// null일 수 없는 Optional 필드
private final Optional<String> isbn;

public Book(String title, Optional<String> isbn) {
  this.title = Objects.requireNonNull(title,
    () -> "Title cannot be null");

  if (isbn == null) {
    this.isbn = Optional.empty();
  } else {
    this.isbn = isbn;
  }

  // 또는
  this.isbn = Objects.requireNonNullElse(isbn, Optional.empty());
}

public String getTitle() {
  return title;
}

public Optional<String> getIsbn() {
  return isbn;
}
}
```

필드와 생성자 인수에서 Optional을 제거해 위 코드를 수정하자.

```
// 올바른 방법
public class Book {
  private final String title; // null일 수 없다
  private final String isbn; // null일 수 있다

  public Book(String title, String isbn) {
    this.title = Objects.requireNonNull(title,
      () -> "Title cannot be null");
    this.isbn = isbn;
  }

  public String getTitle() {
    return title;
  }
```

```
  public Optional<String> getIsbn() {
    return Optional.ofNullable(isbn);
  }
}
```

isbn의 게터가 Optional을 반환한다. 그렇다고 모든 게터를 이렇게 바꾸어야 한다는 절대적인 규칙으로 받아들이지 말자. 컬렉션이나 배열을 반환하는 게터는 Optional보다 빈 컬렉션이나 배열을 반환하는 편이 낫다. 이 기법을 사용하되 브라이언 게츠(자바의 언어 설계자)의 다음 구절을 명심하자.

"게터의 반환 값으로 Optional을 사용하는 것은 무조건 남용이라고 항상 되새긴다."

— 브라이언 게츠

238 세터 인수에 Optional 사용 금지

세터 인수에 Optional을 사용하는 아주 유혹적인 시나리오로 사용 금지 범주를 계속 설명하겠다. 다음 코드는 보일러플레이트 코드를 늘리고 236. **필드에 Optional 사용 금지** 절에서 다룬 규칙까지 위반(setIsbn() 메서드를 확인해본다)하니 반드시 피해야 한다.

```
// 잘못된 방법
public class Book {
  private Optional<String> isbn;

  public Optional<String> getIsbn() {
    return isbn;
  }

  public void setIsbn(Optional<String> isbn) {
    if (isbn == null) {
      this.isbn = Optional.empty();
    } else {
      this.isbn = isbn;
    }

    // 또는
    this.isbn = Objects.requireNonNullElse(isbn, Optional.empty());
  }
}
```

필드와 세터의 인수에서 Optional을 제거해 코드를 수정하자.

```java
// 올바른 방법
public class Book {
  private String isbn;

  public Optional<String> getIsbn() {
    return Optional.ofNullable(isbn);
  }

  public void setIsbn(String isbn) {
    this.isbn = isbn;
  }
}
```

> TIP ≡ 일반적으로 이 잘못된 관례는 지속 프로퍼티(persistent properties)를 위한 JPA 엔터티에 쓰인다(엔터티 속성을 Optional로 매핑하기 위해). 그렇지만 도메인 모델 엔터티에는 Optional을 사용할 수 있다.

239 메서드 인수에 Optional 사용 금지

Optional을 사용하는 또 하나의 흔한 실수로 **사용 금지** 범주에 대한 설명을 이어가겠다. 이번에는 메서드 인수에 Optional을 사용하는 문제를 다뤄보자.

메서드 인수에 Optional을 사용하는 것 역시 쓸데없이 복잡한 코드를 만드는 또 다른 유스 케이스일 뿐이다. 호출자가 Optional 클래스를, 특히 빈 Optional 클래스를 생성할 것이라고 믿는 대신 인수에 null 검사를 수행하는 것이 바람직하다. 이 잘못된 관례는 코드를 어수선하게 만들고 NullPointerException도 발생하기 쉽다. 호출자가 여전히 null을 전달할 수 있어서다. 따라서 그냥 null 인수 검사를 택하는 편이 낫다.

Optional 역시 또 다른 객체(컨테이너)일 뿐이며 비용이 적지 않다는 점을 잊지 말자. Optional은 텅 빈 메모리 참조를 네 번이나 소비한다!

결론적으로 다음과 같이 하기 전에 한 번 더 신중히 생각하자.

```java
// 잘못된 방법
public void renderBook(Format format,
    Optional<Renderer> renderer, Optional<String> size) {
  Objects.requireNonNull(format, "Format cannot be null");
```

```
    Renderer bookRenderer = renderer.orElseThrow(
      () -> new IllegalArgumentException("Renderer cannot be empty")
    );

    String bookSize = size.orElseGet(() -> "125 x 200");
    ...
  }
```

필요한 Optional 클래스를 생성하며 위 메서드를 호출해보자. 아래 코드에서 보다시피 null을 전달할 수도 있고 NullPointerException이 발생하겠으나 이는 알면서도 Optional의 취지에 맞지 않게 사용한 것이다. 위 코드를 Optional 인자를 위한 null 검사로 더럽힐 생각은 하지 말자. 아주 잘못된 생각이다.

```
Book book = new Book();

// 잘못된 방법
book.renderBook(new Format(),
  Optional.of(new CoolRenderer()), Optional.empty());

// 잘못된 방법
// NullPointerException으로 이어진다
book.renderBook(new Format(),
  Optional.of(new CoolRenderer()), null);
```

Optional 클래스를 제거해 위 코드를 고칠 수 있다.

```
// 올바른 방법
public void renderBook(Format format,
    Renderer renderer, String size) {
  Objects.requireNonNull(format, "Format cannot be null");
  Objects.requireNonNull(renderer, "Renderer cannot be null");

  String bookSize = Objects.requireNonNullElseGet(
    size, () -> "125 x 200");
  ...
}
```

이번에는 위 메서드를 호출하느라 일부러 Optional을 생성하지 않아도 된다.

```
Book book = new Book();

// 올바른 방법
book.renderBook(new Format(), new CoolRenderer(), null);
```

TIP ≡ 선택 인수를 허용하는 메서드에는 Optional 대신 전통적인 메서드 오버로딩을 사용하자.

240 비어 있거나 널인 컬렉션 또는 배열 반환에 Optional 사용 금지

이번에는 **사용 금지** 범주 중 비어 있거나 null인 컬렉션 또는 배열을 래핑하는 반환 타입으로 Optional을 사용하는 경우를 다뤄보자.

비어 있거나 null인 컬렉션 또는 배열을 래핑하는 Optional을 반환하는 코드는 경량으로 간결하게 구현할 수 있다. 다음 코드로 확인해보자.

```
// 잘못된 방법
public Optional<List<Book>> fetchBooksByYear(int year) {
  // 책을 가져오다 null을 반환할 수 있다
  List<Book> books = ...;

  return Optional.ofNullable(books);
}

Optional<List<Book>> books = author.fetchBooksByYear(2021);

// 잘못된 방법
public Optional<Book[]> fetchBooksByYear(int year) {
  // 책을 가져오다 null을 반환할 수 있다
  Book[] books = ...;

  return Optional.ofNullable(books);
}

Optional<Book[]> books = author.fetchBooksByYear(2021);
```

불필요한 Optional을 제거하고 빈 컬렉션(예를 들어 Collections.emptyList(), emptyMap(), emptySet())과 배열(예를 들어 newString[0])을 활용해 코드를 간결하게 만들어보자. 다음과 같은 해법이 바람직하다.

```
// 올바른 방법
public List<Book> fetchBooksByYear(int year) {
  // 책을 가져오다 null을 반환할 수 있다
  List<Book> books = ...;

  return books == null ? Collections.emptyList() : books;
```

```
    }

    List<Book> books = author.fetchBooksByYear(2021);

    // 올바른 방법
    public Book[] fetchBooksByYear(int year) {
        // 책을 가져오다 null을 반환할 수 있다
        Book[] books = ...;

        return books == null ? new Book[0] : books;
    }

    Book[] books = author.fetchBooksByYear(2021);
```

누락과 빈 컬렉션/배열을 구분해야 한다면 누락인 경우에 예외를 던지자.

241 컬렉션에 Optional 쓰지 않기

컬렉션에 Optional을 사용하면 디자인 스멜(design smell)[1]이 될 수 있다. 30분만 더 투자해 문제를 다시 검토하고 더 나은 해법을 찾아보자.

특히 Map에서 다음과 같은 이유로 문제가 된다. 어떤 키에 매핑이 없거나 null과 매핑되면 Map은 둘 다 null을 반환하므로 키가 존재하지 않는 것인지 혹은 값이 누락된 것인지 판단할 수가 없다. 그래서 Optional.ofNullable()로 값을 래핑한다!

하지만 Optional<Foo>의 Map이 null 값이나 비어 있는 Optional 값, 심지어 Foo가 아닌 무언가를 포함하는 Optional 객체로 채워지면 어떤 결정을 더 내려야 할까? 최초의 문제에 계층 하나를 더 얹지 않았는가? 성능 저하는 또 어떤가? Optional은 메모리를 소모하고 모아야 하는 객체이므로 비용이 든다.

우선 바람직하지 않은 해법부터 살펴보자.

```
    private static final String NOT_FOUND = "NOT FOUND";
    ...
    // 잘못된 방법
    Map<String, Optional<String>> isbns = new HashMap<>();
```

---

1 **역주** 〈리팩터링〉에서 코드 속에서 나는 악취를 코드 스멜(code smell)로 표현하면서 사용하게 된 표현입니다. 코드 디자인에서 나는 악취를 디자인 스멜이라고 씁니다.

```
isbns.put("Book1", Optional.ofNullable(null));
isbns.put("Book2", Optional.ofNullable("123-456-789"));
...
Optional<String> isbn = isbns.get("Book1");

if (isbn == null) {
  System.out.println("This key cannot be found");
} else {
  String unwrappedIsbn = isbn.orElse(NOT_FOUND);
  System.out.println("Key found, Value: " + unwrappedIsbn);
}
```

JDK 8의 getOrDefault()를 활용하면 보다 명쾌하게 해결된다.

```
private static String get(Map<String, String> map, String key) {
  return map.getOrDefault(key, NOT_FOUND);
}

Map<String, String> isbns = new HashMap<>();
isbns.put("Book1", null);
isbns.put("Book2", "123-456-789");
...
String isbn1 = get(isbns, "Book1"); // null
String isbn2 = get(isbns, "Book2"); // 123-456-789
String isbn3 = get(isbns, "Book3"); // NOT FOUND
```

다음 방법을 이용해도 된다.

- containsKey() 메서드

- HashMap을 확장한 일반적인 구현

- JDK 8 computeIfAbsent() 메서드

- 아파치 커먼즈 DefaultedMap

결론적으로 컬렉션에 Optional을 쓰는 것보다 더 나은 해법은 항상 존재한다.

하지만 앞서 논했던 유스 케이스가 최악의 시나리오는 아니다. 아래 두 가지는 반드시 피해야 한다.

```
Map<Optional<String>, String> items = new HashMap<>();
Map<Optional<String>, Optional<String>> items = new HashMap<>();
```

242 of( )와 ofNullable( ) 혼동

Optional.ofNullable( ) 대신 Optional.of( )를, 혹은 그 반대를 혼동하거나 실수로 사용하면 예
상 밖의 동작이나 심지어 NullPointerException으로 이어질 수 있다.

> TIP ≡   Optional.of(null)은 NullPointerException을 던지지만 Optional.ofNullable(null)은
> Optional.empty가 나온다.

다음 코드로 NullPointerException을 피하려 했으나 실패로 끝났다.

```java
// 잘못된 방법
public Optional<String> isbn(String bookId) {
    // 주어진 "bookId"로 가져온 "isbn"이 null일 수 있다
    String isbn = ...;

    return Optional.of(isbn); // "isbn"이 null이면 NullPointerException을 던진다 :(
}
```

실제 필요했던 메서드는 아마 ofNullable( )이었을 것이다.

```java
// 올바른 방법
public Optional<String> isbn(String bookId) {
    // 주어진 "bookId"로 가져온 "isbn"이 null일 수 있다
    String isbn = ...;

    return Optional.ofNullable(isbn);
}
```

of( ) 대신 ofNullable( )을 사용해도 큰 문제는 없으나 혼란을 야기할 수 있고 값을 가져오지 못
할 수 있다. 다음 코드를 살펴보자.

```java
// 잘못된 방법
// ofNullable()을 쓸 이유가 없다
return Optional.ofNullable("123-456-789");

// 올바른 방법
return Optional.of("123-456-789"); // NullPointerException이 발생할 위험이 없다
```

다른 문제로 넘어가보자. 빈 String 객체를 빈 Optional로 변환하고 싶다. of( )가 적절한 해법이
라고 생각할 수 있다.

```
// 잘못된 방법
Optional<String> result = Optional.of(str)
  .filter(not(String::isEmpty));
```

하지만 String도 null일 수 있음을 기억하자. 위 해법은 빈 문자열이나 비어 있지 않은 문자열에는 잘 동작하지만 null 문자열에는 그렇지 않다. ofNullable()이 적절한 해법을 제공한다.

```
// 올바른 방법
Optional<String> result = Optional.ofNullable(str)
  .filter(not(String::isEmpty));
```

243 Optional<T> 대 OptionalInt

객체화된(boxed) 원시 타입을 사용할 특별한 이유가 없다면 Optional<T> 대신 제네릭이 아닌 OptionalInt, OptionalLong, OptionalDouble 타입을 사용하는 것이 바람직하다.

박싱(boxing)과 언박싱(unboxing)은 성능 저하를 일으키기 쉬운 비용이 큰 연산이다. OptionalInt, OptionalLong, OptionalDouble을 사용해 이러한 위험을 미리 제거하자. 각각 int, long, double 원시 타입의 래퍼다.

즉, 다음과 비슷한 해법은 쓰지 말자.

```
// 잘못된 방법
Optional<Integer> priceInt = Optional.of(50);
Optional<Long> priceLong = Optional.of(50L);
Optional<Double> priceDouble = Optional.of(49.99d);
```

다음 해법을 사용하자.

```
// 올바른 방법
// getAsInt()로 객체에서 값을 얻는다
OptionalInt priceInt = OptionalInt.of(50);

// getAsLong()로 객체에서 값을 얻는다
OptionalLong priceLong = OptionalLong.of(50L);

// getAsDouble()로 객체에서 값을 얻는다
OptionalDouble priceDouble = OptionalDouble.of(49.99d);
```

244 Optional 클래스 동등 어서션

두 Optional 객체에 assertEquals()를 사용할 때는 객체에서 값을 가져오지 않아도 된다. Optional.equals()는 Optional 객체가 아니라 래핑된 값을 비교하기 때문이다. 다음은 Optional. equals()의 소스 코드다.

```
@Override
public boolean equals(Object obj) {
  if (this == obj) {
    return true;
  }

  if (!(obj instanceof Optional)) {
    return false;
  }

  Optional<?> other = (Optional<?>) obj;

  return Objects.equals(value, other.value);
}
```

다음 두 Optional 객체를 예로 살펴보자.

```
Optional<String> actual = ...;
Optional<String> expected = ...;

// 또는
Optional actual = ...;
Optional expected = ...;
```

테스트를 아래처럼 작성해서는 안 된다.

```
// 잘못된 방법
@Test
public void givenOptionalsWhenTestEqualityThenTrue()
    throws Exception {
  assertEquals(expected.get(), actual.get());
}
```

expected와(나) actual이 비어 있으면 get() 메서드는 NoSuchElementException 타입의 예외를 던진다.

다음과 같은 테스트가 좋다.

```
// 올바른 방법
@Test
public void givenOptionalsWhenTestEqualityThenTrue()
    throws Exception {
  assertEquals(expected, actual);
}
```

245 map( )과 flatMap( )으로 값 변형

Optional.map( )과 flatMap( ) 메서드는 Optional 값을 바꿀 때 편리하다.

map( ) 메서드는 함수 인수를 값에 적용해서 Optional 객체로 래핑해 반환한다. flatMap( ) 메서드는 함수 인수를 값에 적용해서 바로 반환한다.

Optional<String>이 있을 때 String을 소문자에서 대문자로 바꾸고 싶다고 하자. 평범하게 해결하면 다음과 같다.

```
Optional<String> lowername = ...; // 마찬가지로 비어 있을 수 있다

// 잘못된 방법
Optional<String> uppername;

if (lowername.isPresent()) {
  uppername = Optional.of(lowername.get().toUpperCase());
} else {
  uppername = Opti onal.empty();
}
```

더 탁월한 해법(코드 한 줄짜리)은 Optional.map( )을 이용한다.

```
// 올바른 방법
Optional<String> uppername = lowername.map(String::toUpperCase);
```

또한 map( ) 메서드는 람다 체인을 깨뜨리지 않을 때도 유용하다. List<Book>이 있을 때, 50달러보다 싼 첫 번째 책을 찾아 제목을 대문자로 바꾸고 싶다. 마찬가지로 평범한 해법은 다음과 같다.

```
private static final String NOT_FOUND = "NOT FOUND";
List<Book> books = Arrays.asList();
```

```
    ...
    // 잘못된 방법
    Optional<Book> book = books.stream()
       .filter(b -> b.getPrice()<50)
       .findFirst();

    String title;
    if (book.isPresent()) {
      title = book.get().getTitle().toUpperCase();
    } else {
      title = NOT_FOUND;
    }
```

map()을 사용하면 다음과 같은 람다 체인으로 수행할 수 있다.

```
    // 올바른 방법
    String title = books.stream()
       .filter(b -> b.getPrice()<50)
       .findFirst()
       .map(Book::getTitle)
       .map(String::toUpperCase)
       .orElse(NOT_FOUND);
```

예제에서 getTitle() 메서드는 책 제목을 String으로 반환하는 전형적인 게터다. 이 게터가
Optional을 반환하도록 수정해보자.

```
    public Optional<String> getTitle() {
      return ...;
    }
```

이렇게 하면 map(Book::getTitle)이 Optional<String>이 아니라 Optional<Optional<String>>
을 반환하므로 map()을 사용할 수 없다. 반면, flatMap()은 반환값을 또 다른 Optional 객체로 래
핑하지 않는다.

```
    // 올바른 방법
    String title = books.stream()
       .filter(b -> b.getPrice()<50)
       .findFirst()
       .flatMap(Book::getTitle)
       .map(String::toUpperCase)
       .orElse(NOT_FOUND);
```

즉, Optional.map()은 변형한 결과를 Optional 객체로 래핑한다. 결과가 Optional이면 Optional<Optional<...>>이 된다. 반면, flatMap()은 또 다른 Optional 객체 안에 결과를 래핑하지 않는다.

246 Optional.filter()로 값 필터링

Optional.filter()를 사용해 래핑된 값을 받아들이거나 거절하면 명시적으로 객체에서 값을 가져오지 않아도 되니 아주 편리하다. 프레디케이트(조건)만 인수로 전달해 Optional 객체를 가져오면 된다(조건을 만족하면 원래의 Optional 객체를, 조건을 만족하지 않으면 빈 Optional 객체를 가져온다).

책의 ISBN 길이를 검증하는 평범한 방법을 살펴보자.

```
// 잘못된 방법
public boolean validateIsbnLength(Book book) {
  Optional<String> isbn = book.getIsbn();

  if (isbn.isPresent()) {
    return isbn.get().length() > 10;
  }

  return false;
}
```

명시적으로 Optional 객체에서 값을 가져온다. 하지만 Optional.filter()를 사용하면 명시적으로 값을 가져오지 않고도 할 수 있다.

```
// 올바른 방법
public boolean validateIsbnLength(Book book) {
  Optional<String> isbn = book.getIsbn();

  return isbn.filter((i) -> i.length() > 10)
    .isPresent();
}
```

TIP ≡ Optional.filter()는 람다 체인을 깨뜨리지 않을 때도 유용하다.

247 Optional과 스트림 API 연결

JDK 9부터 Optional.stream() 메서드를 이용해 Optional 인스턴스를 Stream으로 참조할 수 있다.

Optional.stream() 메서드는 Optional과 스트림 API를 연결해야 할 때 아주 유용하다. 이 메서드는 한 원소의 Stream(Optional의 값) 또는 빈 Stream(Optional에 값이 없을 때)을 반환한다. 뿐만 아니라 스트림 API에서 지원하는 모든 메서드를 사용할 수 있다.

ISBN으로 책을 가져오는 메서드를 예로 살펴보자(주어진 ISBN과 일치하는 책이 없으면 빈 Optional 객체를 반환한다).

```java
public Optional<Book> fetchBookByIsbn(String isbn) {
  // 주어진 "isbn"으로 책을 가져오다 null을 반환할 수 있다
  Book book = ...;

  return Optional.ofNullable(book);
}
```

이어서 ISBN List를 순회하며 Book List를 반환해보자(fetchBookByIsbn() 메서드에 각 ISBN을 전달한다).

```java
// 잘못된 방법
public List<Book> fetchBooks(List<String> isbns) {
  return isbns.stream()
    .map(this::fetchBookByIsbn)
    .filter(Optional::isPresent)
    .map(Optional::get)
    .collect(toList());
}
```

위 코드의 핵심은 다음 두 줄이다.

```java
.filter(Optional::isPresent)
.map(Optional::get)
```

fetchBookByIsbn() 메서드는 빈 Optional 클래스를 반환할 수 있으므로 최종 결과에서 제거해야 한다. 따라서 Stream.filter()를 호출해 fetchBookByIsbn() 메서드가 반환한 각 Optional 객체에 Optional.isPresent() 함수를 적용한다. 필터링이 끝나면 값이 존재하는 Optional 클래스만 남는다. 이어서 Stream.map() 메서드를 적용해 Optional 클래스에서 Book 값을 가져온다. 끝으로 Book 객체를 List로 모은다.

하지만 Optional.stream()을 사용하면 더 간결하게 같은 작업을 수행할 수 있다.

```java
// 올바른 방법
public List<Book> fetchBooksPrefer(List<String> isbns) {
  return isbns.stream()
    .map(this::fetchBookByIsbn)
    .flatMap(Optional::stream)
    .collect(toList());
}
```

> TIP ≡ 실제로 위와 같은 경우에는 Optional.stream()을 사용해 filter()와 map()을 flatMap()으로 대체할 수 있다.

fetchBookByIsbn() 메서드가 반환한 각 Optional<Book> 객체에 Optional.stream()을 호출하면 Book 객체 하나를 포함하거나 아무것도 포함하지 않는(빈 스트림) Stream<Book>이 결과로 나온다. Optional<Book>이 값을 포함하지 않으면(비어 있으면) Stream<Book> 또한 비어 있다. map() 대신 flatMap()을 사용해 Stream<Stream<Book>> 타입의 결과가 나오지 않게 하자.

덧붙여 Optional을 List로 변환할 수도 있다.

```java
public static<T> List<T> optionalToList(Optional<T> optional) {
  return optional.stream().collect(toList());
}
```

248 Optional과 식별에 민감한 연산

식별에 민감한(identity-sensitive) 연산은 참조 동등(==), 해시 기반 식별, 동기화 등이다.

Optional 클래스는 LocalDateTime처럼 **값 기반**(value-based) 클래스이므로 식별에 민감한 연산은 피해야 한다.

예를 들어 두 Optional 클래스의 동등을 ==로 테스트해보자.

```java
Book book = new Book();
Optional<Book> op1 = Optional.of(book);
Optional<Book> op2 = Optional.of(book);

// 잘못된 방법
// op1 == op2 => true를 기대했으나 false
if (op1 == op2) {
```

```
    System.out.println("op1 is equal with op2, (via ==)");
  } else {
    System.out.println("op1 is not equal with op2, (via ==)");
  }
```

출력은 다음과 같다.

```
  op1 is not equal with op2, (via ==)
```

op1과 op2는 같은 객체를 참조하지 않으므로 동등하지 않고 따라서 == 구현을 따라서는 안 된다.

값을 비교하려면 equals()를 이용해야 한다.

```
  // 올바른 방법
  if (op1.equals(op2)) {
    System.out.println("op1 is equal with op2, (via equals())");
  } else {
    System.out.println("op1 is not equal with op2, (via equals())");
  }
```

출력은 다음과 같다.

```
  op1 is equal with op2, (via equals())
```

식별에 민감한(identity-sensitive) 연산을 사용할 때는 절대 아래처럼 하지 말자(Optional은 값 기반 클래스고 이러한 클래스는 잠금에 사용할 수 없음을 기억하자. 자세한 내용은 https://rules.sonarsource.com/java/tag/java8/ RSPEC-3436을 참고한다).

```
  Optional<Book> book = Optional.of(new Book());
  synchronized(book) {
    ...
  }
```

249 Optional이 비었으면 boolean 반환

다음의 간단한 메서드를 예로 살펴보자.

```
  public static Optional<Cart> fetchCart(long userId) {
    // 주어진 "userId"의 쇼핑 카트가 null일 수 있다
    Cart cart = ...;
```

```
        return Optional.ofNullable(cart);
    }
```

fetchCart() 메서드를 호출해서 가져온 카트가 비어 있으면 true 플래그를 반환하는 cartIsEmpty() 라는 메서드를 작성해보자. JDK 11 이전에는 Optional.isPresent()를 통해 구현할 수 있었다.

```
// 잘못된 방법(JDK 11 이후)
public static boolean cartIsEmpty(long id) {
    Optional<Cart> cart = fetchCart(id);

    return !cart.isPresent();
}
```

잘 동작하지만 아주 표현적이지는 못하다. 비어 있는지를 존재하는지로 확인하고, 그래서 isPresent() 결과를 부정해야 한다.

JDK 11부터 Optional 클래스에 isEmpty()라는 새 메서드가 추가됐다. 이름에서 알 수 있듯이 테스트할 Optional 클래스가 비어 있으면 true를 반환하는 플래그 메서드다. 따라서 위 해법의 표현력을 더 높일 수 있다.

```
// 올바른 방법 (JDK 11 이후)
public static boolean cartIsEmpty(long id) {
    Optional<Cart> cart = fetchCart(id);

    return cart.isEmpty();
}
```

12.3 / 요약

다 끝났다! 12장의 마지막 문제까지 마쳤다. Optional을 올바르게 사용하는 데 필요한 모든 논의를 나눴다.

12장의 애플리케이션을 다운로드해서 결과와 추가적인 세부 사항을 확인하자.

13^장

HTTP 클라이언트와 WebSocket API

13장에서는 HTTP 클라이언트와 WebSocket API를 다루는 20개의 문제를 살펴본다.

혹시 HttpUrlConnection을 기억하는가? JDK 11은 HttpUrlConnection을 다시 만든 HTTP 클라이언트 API를 제공한다. HTTP 클라이언트 API는 사용하기 쉬우며 HTTP/2(기본)와 HTTP/1.1을 지원한다. 후방 호환성을 위해 HTTP 클라이언트 API는 HTTP/2를 지원하지 않는 서버는 HTTP/2에서 HTTP/1.1로 자동으로 다운그레이드한다. 또한 동기와 비동기 프로그래밍 모델을 지원하고 스트림을 이용해 데이터를 전송한다(리액티브 스트림). 실시간 웹 애플리케이션에서 메시지 오버헤드가 적은 클라이언트-서버 커뮤니케이션을 제공하기 위한 WebSocket 프로토콜도 지원한다.

13.1 문제

다음 문제를 통해 HTTP 클라이언트와 WebSocket API를 프로그래밍하는 실력을 테스트해보자. 해답 페이지로 넘어가거나 예제 프로그램을 다운로드하기 전에 반드시 스스로 문제를 풀어보기 바란다.

250. HTTP/2: HTTP/2 프로토콜에 대해 간략히 설명하라.

251. 비동기 GET 요청 트리거: HTTP 클라이언트 API를 사용해 비동기 GET 요청을 트리거하고 응답 코드와 본문을 표시하는 프로그램을 작성하라.

252. 프록시 설정: HTTP 클라이언트 API를 사용해 프록시로 연결을 설정하는 프로그램을 작성하라.

253. 헤더 설정/가져오기: 요청에 헤더를 추가하고 응답 헤더를 가져오는 프로그램을 작성하라.

254. HTTP 메서드 명시: HTTP 요청 메서드(예를 들어 GET, POST, PUT, DELETE)를 명시하는 프로그램을 작성하라.

255. 요청 본문 설정: HTTP 클라이언트 API를 사용해 요청에 본문을 추가하는 프로그램을 작성하라.

256. **연결 인증 설정:** HTTP 클라이언트 API를 사용해 사용자명과 비밀번호로 연결 인증을 설정하는 프로그램을 작성하라.

257. **타임아웃 설정:** HTTP 클라이언트 API를 사용해 응답을 기다릴 시간(타임아웃)을 설정하는 프로그램을 작성하라.

258. **리다이렉트 정책 설정:** HTTP 클라이언트 API를 사용해 필요한 경우 자동으로 리다이렉트하는 프로그램을 작성하라.

259. **동기와 비동기 요청 전송:** 같은 요청을 동기와 비동기 모드로 전송하는 프로그램을 작성하라.

260. **쿠키 처리:** HTTP 클라이언트 API를 사용해 쿠키 핸들러를 설정하는 프로그램을 작성하라.

261. **응답 정보 가져오기:** HTTP 클라이언트 API를 사용해 응답에 대한 정보(예를 들어 URI, 버전, 헤더, 상태 코드, 본문 등)를 가져오는 프로그램을 작성하라.

262. **응답 본문 타입 처리:** `HttpResponse.BodyHandlers`를 통해 일반적인 응답 본문 타입 처리 방법의 예를 보여주는 몇 가지 코드를 작성하라.

263. **JSON 가져오기와 업데이트, 저장:** HTTP 클라이언트 API를 사용해 JSON을 가져오고 업데이트하고 저장하는 프로그램을 작성하라.

264. **압축:** 압축된 응답(예를 들어 .gzip)을 처리하는 프로그램을 작성하라.

265. **폼 데이터 처리:** HTTP 클라이언트 API를 사용해 데이터 폼(`application/x-www-form-urlencoded`)을 제출하는 프로그램을 작성하라.

266. **자원 다운로드:** HTTP 클라이언트 API를 사용해 자원을 다운로드하는 프로그램을 작성하라.

267. **다중 업로드:** HTTP 클라이언트 API를 사용해 자원을 업로드하는 프로그램을 작성하라.

268. **HTTP/2 서버 푸시:** HTTP 클라이언트 API를 사용해 HTTP/2 서버 푸시 기능의 예를 보여주는 프로그램을 작성하라.

269. **WebSocket:** WebSocket 엔드포인트로의 연결을 열고 10초 동안 데이터를 수집하고 연결을 닫는 프로그램을 작성하라.

13.2 해법

앞서 나열한 문제의 해법을 설명하겠다. 그에 앞서 문제의 정답이 딱 하나인 경우는 드물다는 점을 잊지 말자. 또한 문제를 푸는 데 반드시 필요한 가장 흥미롭고 중요한 사항만 설명했음을 기억하자. 코드를 자세히 살펴보고 프로그램을 직접 실행하려면 https://github.com/gilbutITbook/080292 에서 예제 솔루션을 다운로드한다.

250 HTTP/2

HTTP/2는 HTTP/1.1 프로토콜을 상당히 그리고 눈에 띄게 향상시킨 효율적인 프로토콜이다. 크게 HTTP/2는 두 부분으로 나뉜다.

- **프레이밍 계층(framing layer)**: HTTP/2 멀티플렉싱(multiplexing)의 핵심 기능 계층
- **데이터 계층(data layer)**: (일반적으로 HTTP라 부르는) 데이터를 포함하는 계층

그림 13-1은 HTTP/1.1(위)과 HTTP/2(아래)의 커뮤니케이션을 보여준다.

▼ 그림 13-1

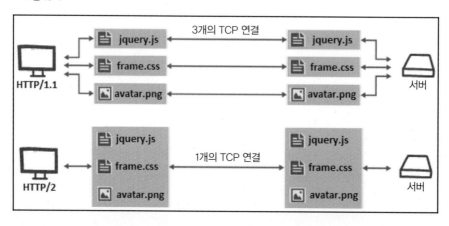

HTTP/2는 서버와 브라우저에 널리 쓰이고 있으며 HTTP/1.1에 비해 다음이 개선되었다.

- **이진 프로토콜**: 가독성은 떨어지나 훨씬 기계 친화적이다. HTTP/2 프레이밍 계층은 이진 프레임 프로토콜이다.

- **멀티플렉싱**: 요청과 응답이 뒤섞인다. 다수의 요청이 연결 하나에서 동시에 실행된다.

- **서버 푸시**: 서버는 클라이언트에게 자원을 추가로 전송하기로 결정할 수 있다.

- **서버와 단일 연결**: HTTP/2는 원점(origin)(도메인) 하나당 하나의 커뮤니케이션 라인(TCP 연결)을 사용한다.

- **헤더 압축**: HTTP/2는 HPACK 압축을 이용해 헤더를 줄인다. 불필요한 바이트를 상당히 제거한다.

- **암호화**: 인터넷으로 전송되는 데이터는 대부분 암호화된다.

251 비동기 GET 요청 트리거

비동기 GET 요청은 세 단계로 트리거된다.

1. 새 HttpClient 객체를 생성한다(java.net.http.HttpClient).

```
HttpClient client = HttpClient.newHttpClient();
```

2. HttpRequest 객체(java.net.http.HttpRequest)를 생성해 요청을 명시한다(기본적으로 GET 요청이다).

```
HttpRequest request = HttpRequest.newBuilder()
  .uri(URI.create("https://reqres.in/api/users/2"))
  .build();
```

> **TIP** ≡ URI를 설정하려면 HttpRequest.newBuilder(URI) 생성자를 호출하거나 (앞서 했듯이) uri(URI) 메서드를 Builder 인스턴스에 호출한다.

3. 요청을 트리거하고 응답을 기다린다(java.net.http.HttpResponse). 동기 요청을 보내면 애플리케이션은 응답을 사용할 수 있을 때까지 블로킹한다.

```
HttpResponse<String> response
  = client.send(request, BodyHandlers.ofString());
```

위 세 단계를 모아서 응답 코드와 본문을 콘솔에 표시하는 행을 추가하면 코드는 다음과 같다.

13

HTTP 클라이언트와 WebSocket API

747

```
HttpClient client = HttpClient.newHttpClient();

HttpRequest request = HttpRequest.newBuilder()
  .uri(URI.create("https://reqres.in/api/users/2"))
  .build();

HttpResponse<String> response
  = client.send(request, BodyHandlers.ofString());

System.out.println("Status code: " + response.statusCode());
System.out.println("\n Body: " + response.body());
```

아래와 비슷하게 출력될 것이다.

```
Status code: 200
Body:
{
  "data": {
    "id": 2,
    "email": "janet.weaver@reqres.in",
    "first_name": "Janet",
    "last_name": "Weaver",
    "avatar": "https://s3.amazonaws.com/..."
  }
}
```

기본적으로 이 요청은 HTTP/2를 사용해 이뤄진다. 하지만 HttpRequest.Builder.version()으로 명시적으로 버전을 설정할 수 있다. 이 메서드는 두 상수 HTTP_2와 HTTP_1_1을 포함하는 enum 데이터 타입인 HttpClient.Version 타입의 인수를 받는다. 명시적으로 HTTP/1.1로 다운그레이드해보자.

```
HttpRequest request = HttpRequest.newBuilder()
  .version(HttpClient.Version.HTTP_1_1)
  .uri(URI.create("https://reqres.in/api/users/2"))
  .build();
```

HttpClient의 기본 설정은 다음과 같다.

- HTTP/2

- 인증(authenticator) 없음

- 연결 타임아웃 없음

- 쿠키 핸들러 없음

- 기본 스레드 풀 실행자(executor)

- NEVER 리다이렉션 정책

- 기본 프록시 셀렉터(selector)

- 기본 SSL 컨텍스트

이어지는 절에서는 쿼리 인자 빌더를 살펴보겠다.

251.1 쿼리 인자 빌더

쿼리 인자를 포함하는 URI를 처리하려면 당연히 이 인자들을 인코딩해야 한다. 자바 내장 메서드인 URIEncoder.encode()가 이러한 작업을 수행한다. 하지만 쿼리 인자 몇 개를 이어 붙이고 인코딩하려면 다음과 같이 해야 한다.

```
URI uri = URI.create("http://localhost:8080/books?name=" +
  URLEncoder.encode("Games & Fun!", StandardCharsets.UTF_8) +
  "&no=" + URLEncoder.encode("124#442#000", StandardCharsets.UTF_8) +
  "&price=" + URLEncoder.encode("$23.99", StandardCharsets.UTF_8)
);
```

처리할 쿼리 인자가 많아질수록 꽤 불편한 해법이다. 다행히 헬퍼 메서드를 작성해 쿼리 인자 컬렉션을 순회하는 루프 안에 URIEncoder.encode() 메서드를 숨기거나 URI 빌더를 이용할 수 있다.

스프링(Spring)의 URI 빌더는 org.springframework.web.util.UriComponentsBuilder다. 코드만 봐도 충분히 이해가 된다.

```
URI uri = UriComponentsBuilder.newInstance()
  .scheme("http")
  .host("localhost")
  .port(8080)
  .path("books")
  .queryParam("name", "Games & Fun!")
  .queryParam("no", "124#442#000")
  .queryParam("price", "$23.99")
  .build()
  .toUri();
```

스프링 외에 애플리케이션에서는 urlbuilder 라이브러리(https://github.com/mikaelhg/urlbuilder) 같은 URI 빌더를 이용한다. 이 책의 예제 코드에서 사용 예제를 제공하고 있다.

252 프록시 설정

프록시 설정은 Builder 메서드의 HttpClient.proxy() 메서드를 이용한다. proxy() 메서드는 ProxySelector 타입의 인수를 받는다. (getDefault()로 구한) 시스템 전체의 프록시 셀렉터일 수도 있고 (InetSocketAddress로 구한) 주소로 가리키는 프록시 셀렉터일 수도 있다.

proxy.host:80 주소에 프록시가 있다고 하자. 아래처럼 프록시를 설정한다.

```
HttpClient client = HttpClient.newBuilder()
  .proxy(ProxySelector.of(new InetSocketAddress("proxy.host", 80)))
  .build();
```

시스템 전체의 프록시 셀렉터도 설정할 수 있다.

```
HttpClient client = HttpClient.newBuilder()
  .proxy(ProxySelector.getDefault())
  .build();
```

253 헤더 설정/가져오기

HttpRequest와 HttpResponse는 헤더를 처리하는 메서드 묶음을 제공한다. 어떤 메서드가 있는지 살펴보자.

253.1 요청 헤더 설정

HttpRequest.Builder 클래스는 다음 세 메서드로 헤더를 추가한다.

- header(String name, String value)와 setHeader(String name, String value): 다음 코드처럼 헤더를 하나씩 추가할 때 사용한다.

```
HttpRequest request = HttpRequest.newBuilder()
  .uri(...)
  ...
  .header("key_1", "value_1")
  .header("key_2", "value_2")
  ...
  .build();
```

```
HttpRequest request = HttpRequest.newBuilder()
  .uri(...)
  ...
  .setHeader("key_1", "value_1")
  .setHeader("key_2", "value_2")
  ...
  .build();
```

> $TIP \equiv$ header()는 명시된 헤더를 추가하고, setHeader()는 명시된 헤더를 설정한다는 점이 다르다. 다시 말해 header()는 주어진 값을 그 이름/키의 값 목록(리스트)에 추가하는 반면, setHeader()는 그 이름/키에 이미 설정된 값을 덮어쓴다.

- headers(String... headers): 다음 코드처럼 쉼표로 구분된 헤더를 추가할 때 사용한다.

```
HttpRequest request = HttpRequest.newBuilder()
  .uri(...)
  ...
  .headers("key_1", "value_1", "key_2",
  "value_2", "key_3", "value_3", ...)
  ...
  .build();
```

예를 들어 https://reqres.in/api/users/2로 트리거한 요청에 Content-Type: application/json과 Referer: https://reqres.in/ 헤더를 추가할 수 있다.

```
HttpRequest request = HttpRequest.newBuilder()
  .header("Content-Type", "application/json")
  .header("Referer", "https://reqres.in/")
  .uri(URI.create("https://reqres.in/api/users/2"))
  .build();
```

이렇게도 가능하다.

```
HttpRequest request = HttpRequest.newBuilder()
  .setHeader("Content-Type", "application/json")
  .setHeader("Referer", "https://reqres.in/")
  .uri(URI.create("https://reqres.in/api/users/2"))
  .build();
```

끝으로 다음과 같이 할 수도 있다.

```
HttpRequest request = HttpRequest.newBuilder()
  .headers("Content-Type", "application/json",
    "Referer", "https://reqres.in/")
  .uri(URI.create("https://reqres.in/api/users/2"))
  .build();
```

목적에 따라 세 가지 메서드를 조합해 요청 헤더를 명시할 수 있다.

253.2 요청/응답 헤더 가져오기

요청 헤더는 HttpRequest.header() 메서드로 가져온다. HttpResponse도 응답 헤더를 가져오는
비슷한 메서드를 제공한다. 두 메서드 모두 HttpHeaders 객체를 반환한다.

사용하는 방식은 같으니 응답 헤더를 가져오는 문제만 살펴보자. 다음과 같이 헤더를 가져올 수
있다.

```
HttpResponse<...> response ...
HttpHeaders allHeaders = response.headers();
```

헤더의 값을 전부 가져오려면 HttpHeaders.allValues()를 호출한다.

```
List<String> allValuesOfCacheControl
  = response.headers().allValues("Cache-Control");
```

헤더의 첫 번째 값만 가져오려면 HttpHeaders.firstValue()를 호출한다.

```
Optional<String> firstValueOfCacheControl
  = response.headers().firstValue("Cache-Control");
```

> TIP ≡ 반환될 헤더 값이 Long이면 HttpHeaders.firstValueLong()을 이용한다. 이 메서드는 헤더명을 인수
> 로 받아 Optional<Long>을 반환한다. 명시된 헤더의 값을 Long으로 파싱할 수 없으면 NumberFormatException을
> 던진다.

254 HTTP 메서드 명시

HttpRequest.Builder에 있는 다음 메서드를 사용해 요청에서 사용할 HTTP 메서드를 지정할 수
있다.

- GET(): 예제에서 보듯이 HTTP GET 메서드를 사용해 요청을 전송한다.

```
HttpRequest requestGet = HttpRequest.newBuilder()
  .GET() // 기본 설정이므로 생략할 수 있다
  .uri(URI.create("https://reqres.in/api/users/2"))
  .build();
```

- POST(): 예제에서 보듯이 HTTP POST 메서드를 사용해 요청을 전송한다.

```
HttpRequest requestPost = HttpRequest.newBuilder()
  .header("Content-Type", "application/json")
  .POST(HttpRequest.BodyPublishers.ofString(
    "{\"name\": \"morpheus\",\"job\": \"leader\"}"))
  .uri(URI.create("https://reqres.in/api/users"))
  .build();
```

- PUT(): 예제에서 보듯이 HTTP PUT 메서드를 사용해 요청을 전송한다.

```
HttpRequest requestPut = HttpRequest.newBuilder()
  .header("Content-Type", "application/json")
  .PUT(HttpRequest.BodyPublishers.ofString(
    "{\"name\": \"morpheus\",\"job\": \"zion resident\"}"))
  .uri(URI.create("https://reqres.in/api/users/2"))
  .build();
```

- DELETE(): 예제에서 보듯이 HTTP DELETE 메서드를 사용해 요청을 전송한다.

```
HttpRequest requestDelete = HttpRequest.newBuilder()
  .DELETE()
  .uri(URI.create("https://reqres.in/api/users/2"))
  .build();
```

클라이언트는 미리 정의된 메서드(GET, POST, PUT, DELETE)뿐만 아니라 모든 HTTP 메서드 타입을 처리할 수 있다. 다른 HTTP 메서드로 요청을 생성하려면 method()를 호출한다.

다음은 HTTP PATCH 요청을 트리거하는 해법이다.

```
HttpRequest requestPatch = HttpRequest.newBuilder()
  .header("Content-Type", "application/json")
  .method("PATCH", HttpRequest.BodyPublishers.ofString(
    "{\"name\": \"morpheus\",\"job\": \"zion resident\"}"))
  .uri(URI.create("https://reqres.in/api/users/1"))
  .build();
```

HTTP 클라이언트와 WebSocket API

요청 본문이 없어도 되면 BodyPublishers.noBody()를 사용해도 된다. 아래 코드는 noBody() 메서드로 HTTP HEAD 요청을 트리거한다.

```
HttpRequest requestHead = HttpRequest.newBuilder()
  .method("HEAD", HttpRequest.BodyPublishers.noBody())
  .uri(URI.create("https://reqres.in/api/users/1"))
  .build();
```

비슷한 요청이 여러 개이면 다음 코드처럼 copy() 메서드로 빌더를 복사한다.

```
HttpRequest.Builder builder = HttpRequest.newBuilder()
  .uri(URI.create("..."));

HttpRequest request1 = builder.copy().setHeader("...", "...").build();
HttpRequest request2 = builder.copy().setHeader("...", "...").build();
```

255 요청 본문 설정

요청 본문 설정은 HttpRequest.Builder.POST()와 HttpRequest.Builder.PUT()으로 수행하거나 method()를 이용한다(예를 들어 method("PATCH", HttpRequest.BodyPublisher)). POST()와 PUT()은 HttpRequest.BodyPublisher 타입의 인수를 받는다. HttpRequest.BodyPublishers 클래스에서 이 인터페이스(BodyPublisher)의 몇 가지 구현을 제공한다.

- BodyPublishers.ofString()

- BodyPublishers.ofFile()

- BodyPublishers.ofByteArray()

- BodyPublishers.ofInputStream()

이어지는 절들에서 각 구현을 살펴보겠다.

255.1 문자열로 본문 생성

다음 코드처럼 BodyPublishers.ofString()을 사용해 문자열로 본문을 생성할 수 있다.

```
HttpRequest requestBody = HttpRequest.newBuilder()
  .header("Content-Type", "application/json")
  .POST(HttpRequest.BodyPublishers.ofString(
```

```
      "{\"name\": \"morpheus\",\"job\": \"leader\"}"))
    .uri(URI.create("https://reqres.in/api/users"))
    .build();
```

호출에 charset을 명시하려면 ofString(String s, Charset charset)을 사용한다.

255.2 InputStream으로 본문 생성

다음 코드처럼 BodyPublishers.ofInputStream()을 사용해 InputStream으로 본문을 생성할 수
있다(예제에서는 ByteArrayInputStream을 사용했으나 어떤 InputStream이든 괜찮다).

```
HttpRequest requestBodyOfInputStream = HttpRequest.newBuilder()
  .header("Content-Type", "application/json")
  .POST(HttpRequest.BodyPublishers.ofInputStream(()
    -> inputStream("user.json")))
  .uri(URI.create("https://reqres.in/api/users"))
  .build();

private static ByteArrayInputStream inputStream(String fileName) {
  try (ByteArrayInputStream inputStream = new ByteArrayInputStream(
    Files.readAllBytes(Path.of(fileName)))) {

    return inputStream;
  } catch (IOException ex) {
    throw new RuntimeException("File could not be read", ex);
  }
}
```

지연 생성을 이용하려면 InputStream을 Supplier로 전달한다.

255.3 바이트 배열로 본문 생성

다음 코드처럼 BodyPublishers.ofByteArray()를 사용해 바이트 배열로 본문을 생성할 수 있다.

```
HttpRequest requestBodyOfByteArray = HttpRequest.newBuilder()
  .header("Content-Type", "application/json")
  .POST(HttpRequest.BodyPublishers.ofByteArray(
    Files.readAllBytes(Path.of("user.json"))))
  .uri(URI.create("https://reqres.in/api/users"))
  .build();
```

ofByteArray(byte[] buf, int offset, int length)를 사용해 바이트 배열 일부만 전송할 수도 있다. 또한 ofByteArrays(Iterable<byte[]> iter)를 사용해 바이트 배열의 Iterable로 데이터를 제공할 수 있다.

255.4 파일로 본문 생성

다음 코드처럼 BodyPublishers.ofFile()을 사용해 파일로 본문을 생성할 수 있다.

```
HttpRequest requestBodyOfFile = HttpRequest.newBuilder()
  .header("Content-Type", "application/json")
  .POST(HttpRequest.BodyPublishers.ofFile(Path.of("user.json")))
  .uri(URI.create("https://reqres.in/api/users"))
  .build();
```

256 연결 인증 설정

전형적으로 서버 인증은 사용자명과 비밀번호를 통해 이뤄진다. 코드로는 Authenticator 클래스(HTTP 인증을 위해 자격증명(credential) 협상)와 PasswordAuthentication 클래스(사용자명과 비밀번호를 저장)를 함께 사용한다.

```
HttpClient client = HttpClient.newBuilder()
  .authenticator(new Authenticator() {
    @Override
    protected PasswordAuthentication getPasswordAuthentication() {
      return new PasswordAuthentication(
        "username",
        "password".toCharArray());
    }
  })
  .build();
```

이어서 클라이언트를 사용해 요청을 전송한다.

```
HttpRequest request = HttpRequest.newBuilder()
  ...
  .build();

HttpResponse<String> response
  = client.send(request, HttpResponse.BodyHandlers.ofString());
```

헤더에 자격증명을 추가하는 방법도 있다.

```
HttpClient client = HttpClient.newHttpClient();

HttpRequest request = HttpRequest.newBuilder()
  .header("Authorization", basicAuth("username", "password"))
  ...
  .build();

HttpResponse<String> response
  = client.send(request, HttpResponse.BodyHandlers.ofString());

private static String basicAuth(String username, String password) {
  return "Basic " + Base64.getEncoder().encodeToString(
    (username + ":" + password).getBytes());
}
```

Bearer 인증(HTTP 베어러(bearer) 토큰)의 경우 다음과 같이 한다.

```
HttpRequest request = HttpRequest.newBuilder()
  .header("Authorization",
        "Bearer mT8JNMyWCG0D7waCHkyxo0Hm80YBqelv5SBL")
  .uri(URI.create("https://gorest.co.in/public-api/users"))
  .build();
```

POST 요청 본문에 넣을 수도 있다.

```
HttpClient client = HttpClient.newHttpClient();

HttpRequest request = HttpRequest.newBuilder()
  .header("Content-Type", "application/json")
  .POST(BodyPublishers.ofString("{\"email\":\"eve.holt@reqres.in\",
   \"password\":\"cityslicka\"}"))
  .uri(URI.create("https://reqres.in/api/login"))
 .build();

HttpResponse<String> response
  = client.send(request, HttpResponse.BodyHandlers.ofString());
```

257 타임아웃 설정

요청에는 기본적으로 타임아웃이 없다(무한 타임아웃). 응답을 기다리는 시간(타임아웃)을 설정하려면 HttpRequest.Builder.timeout() 메서드를 호출한다. 이 메서드는 Duration 타입의 인수를 받으며 다음과 같이 사용한다.

```
HttpRequest request = HttpRequest.newBuilder()
    .uri(URI.create("https://reqres.in/api/users/2"))
    .timeout(Duration.of(5, ChronoUnit.MILLIS))
    .build();
```

명시한 타임아웃이 경과하면 java.net.http.HttpConnectTimeoutException을 던진다.

258 리다이렉트 정책 설정

다른 URI로 옮겨진 자원에 접근하려 하면 서버는 3xx 범위의 HTTP 상태 코드와 함께 새 URI에 대한 정보를 반환한다. 리다이렉트 응답(301, 302, 303, 307, 308)을 받은 브라우저는 자동으로 또 다른 요청을 새 위치에 전송할 수 있다.

HTTP 클라이언트 API의 followRedirects()를 통해 다음과 같이 리다이렉트 정책을 명시적으로 설정하면 자동으로 새 URI로 리다이렉트할 수 있다.

```
HttpClient client = HttpClient.newBuilder()
    .followRedirects(HttpClient.Redirect.ALWAYS)
    .build();
```

무조건 리다이렉트를 막으려면 HttpClient.Redirect.NEVER 상수를 followRedirects()에 전달한다(NEVER가 기본값이다).

HTTPS URL에서 HTTP URL까지 제외하고 항상 리다이렉트하려면 HttpClient.Redirect.NORMAL 상수를 followRedirects()에 전달한다.

리다이렉트 정책을 ALWAYS로 설정하지 않으면 애플리케이션에서 리다이렉트를 책임져야 한다. 보통은 HTTP Location 헤더에서 새 주소를 읽으면 된다(아래 코드는 반환된 상태 코드가 301(영구적으로 옮겨짐) 또는 308(영구적 리다이렉트)일 때만 리다이렉트한다).

```
int sc = response.statusCode();

if (sc == 301 || sc == 308) { // HTTP 응답 코드의 enum을 사용한다
  String newLocation = response.headers()
    .firstValue("Location").orElse("");

  // newLocation으로 리다이렉션을 처리한다
}
```

요청 URI와 응답 URI를 비교하면 리다이렉트를 쉽게 감지할 수 있다. 같지 않으면 리다이렉트가 일어난 것이다.

```
if (!request.uri().equals(response.uri())) {
  System.out.println("The request was redirected to: "
    + response.uri());
}
```

259 동기와 비동기 요청 전송

HttpClient의 다음 두 메서드로 서버에 요청을 전송할 수 있다.

- send(): 동기식으로 요청을 전송한다(응답을 사용할 수 있거나 타임아웃이 발생할 때까지 블로킹한다).
- sendAsync(): 비동기식으로 요청을 전송한다(블로킹이 없다).

이어지는 절에서 요청을 전송하는 다양한 방법을 설명하겠다.

259.1 동기식 요청 전송

이전 문제들에서 이미 해보았으니 코드만 간단히 짚고 넘어가자.

```
HttpClient client = HttpClient.newHttpClient();

HttpRequest request = HttpRequest.newBuilder()
```

```
    .uri(URI.create("https://reqres.in/api/users/2"))
    .build();

HttpResponse<String> response
  = client.send(request, HttpResponse.BodyHandlers.ofString());
```

259.2 비동기식 요청 전송

비동기식으로 요청을 전송하려면 11장에서 설명했던 CompletableFeature와 HTTP 클라이언트
API의 sendAsync() 메서드를 사용한다.

```
HttpClient client = HttpClient.newHttpClient();

HttpRequest request = HttpRequest.newBuilder()
  .uri(URI.create("https://reqres.in/api/users/2"))
  .build();

client.sendAsync(request, HttpResponse.BodyHandlers.ofString())
  .thenApply(HttpResponse::body)
  .exceptionally(e -> "Exception: " + e)
  .thenAccept(System.out::println)
  .get(30, TimeUnit.SECONDS); // or join()
```

응답을 기다리는 동안 다른 작업도 실행하고 싶다고 가정해보자.

```
HttpClient client = HttpClient.newHttpClient();

HttpRequest request = HttpRequest.newBuilder()
  .uri(URI.create("https://reqres.in/api/users/2"))
  .build();

CompletableFuture<String> response
    = client.sendAsync(request, HttpResponse.BodyHandlers.ofString())
  .thenApply(HttpResponse::body)
  .exceptionally(e -> "Exception: " + e);

while (!response.isDone()) {
  Thread.sleep(50);
  System.out.println("Perform other tasks
    while waiting for the response ...");
}

String body = response.get(30, TimeUnit.SECONDS); // or join()
System.out.println("Body: " + body);
```

259.3 동시에 다수의 요청 전송

어떻게 하면 다수의 요청을 동시에 전송하고 모든 응답을 사용할 수 있을 때까지 기다릴 수 있을까?

알다시피 CompletableFeature에는 작업을 병렬로 실행하고 모든 작업의 완료를 기다릴 수 있는 allOf() 메서드가 딸려 있다(자세한 내용은 11장을 읽어보기 바란다). 이 메서드는 CompletableFeature<Void>를 반환한다.

다음 코드는 요청 4개의 응답을 기다린다.

```
List<URI> uris = Arrays.asList(
  new URI("https://reqres.in/api/users/2"),       // 사용자 한 명
  new URI("https://reqres.in/api/users?page=2"),  // 사용자 목록
  new URI("https://reqres.in/api/unknown/2"),     // 자원 목록
  new URI("https://reqres.in/api/users/23"));     // 찾을 수 없는 사용자

HttpClient client = HttpClient.newHttpClient();

List<HttpRequest> requests = uris.stream()
  .map(HttpRequest::newBuilder)
  .map(reqBuilder -> reqBuilder.build())
  .collect(Collectors.toList());

CompletableFuture.allOf(requests.stream()
  .map(req -> client.sendAsync(
    req, HttpResponse.BodyHandlers.ofString())
  .thenApply((res) -> res.uri() + " ¦ " + res.body() + "\n")
  .exceptionally(e -> "Exception: " + e)
  .thenAccept(System.out::println))
  .toArray(CompletableFuture<?>[]::new))
  .join();
```

응답 본문을 모으는(예를 들어 List<String>으로) 코드는 이 책의 예제 코드에 나오는 WaitAllResponsesFetchBodiesInList 클래스를 참고한다.

맞춤형 Executor 객체는 다음과 같이 사용한다.

```
ExecutorService executor = Executors.newFixedThreadPool(5);

HttpClient client = HttpClient.newBuilder()
  .executor(executor)
  .build();
```

260 쿠키 처리

JDK 11의 HTTP 클라이언트는 기본적으로 쿠키를 지원하지만 인스턴스에는 내장 지원이 비활성화된다. 다음과 같이 활성화할 수 있다.

```
HttpClient client = HttpClient.newBuilder()
  .cookieHandler(new CookieManager())
  .build();
```

즉, HTTP 클라이언트 API의 `HttpClient.Builder.cookieHandler()` 메서드로 쿠키 핸들러를 설정할 수 있다. 이 메서드는 `CookieManager` 타입의 인수를 받는다.

다음은 쿠키를 허용하지 않도록 `CookieManager`를 설정하는 해법이다.

```
HttpClient client = HttpClient.newBuilder()
  .cookieHandler(new CookieManager(null, CookiePolicy.ACCEPT_NONE))
  .build();
```

쿠키를 허용하려면 `CookiePolicy`를 `All`(모든 쿠키 허용)이나 `ACCEPT_ORIGINAL_SERVER`(원래 서버로부터의 쿠키만 허용)로 설정한다.

모든 쿠키를 허용하고 그 쿠키를 콘솔에 표시해보자(유효하지 않다고 보고되는 자격증명(credential)이 하나라도 있으면 https://gorest.co.in/rest-console.html에서 새 토큰을 가져오는 것이 좋다).

```
CookieManager cm = new CookieManager();
cm.setCookiePolicy(CookiePolicy.ACCEPT_ALL);

HttpClient client = HttpClient.newBuilder()
  .cookieHandler(cm)
  .build();

HttpRequest request = HttpRequest.newBuilder()
  .header("Authorization",
        "Bearer mT8JNMyWCG0D7waCHkyxo0Hm80YBqelv5SBL")
  .uri(URI.create("https://gorest.co.in/public-api/users/1"))
  .build();

HttpResponse<String> response
  = client.send(request, HttpResponse.BodyHandlers.ofString());
```

```
System.out.println("Status code: " + response.statusCode());
System.out.println("\n Body: " + response.body());

CookieStore cookieStore = cm.getCookieStore();
System.out.println("\nCookies: " + cookieStore.getCookies());
```

set-cookie 헤더를 확인해보자.

```
Optional<String> setcookie
  = response.headers().firstValue("set-cookie");
```

261 응답 정보 가져오기

응답에 대한 정보를 얻으려면 HttpResponse 클래스의 메서드를 사용한다. 메서드명이 아주 직관적이라 다음 코드로 설명을 대신할 수 있다.

```
...
HttpResponse<String> response
  = client.send(request, HttpResponse.BodyHandlers.ofString());

System.out.println("Version: " + response.version());
System.out.println("\nURI: " + response.uri());
System.out.println("\nStatus code: " + response.statusCode());
System.out.println("\nHeaders: " + response.headers());
System.out.println("\n Body: " + response.body());
```

설명서를 훑어보며 유용한 메서드를 더 찾아보기 바란다.

262 응답 본문 타입 처리

HttpResponse.BodyHandler로 응답 본문 타입을 처리할 수 있다. HttpResponse.BodyHandlers 클래스에서 이 인터페이스(BodyHandler)의 몇 가지 구현을 제공한다.

- BodyHandlers.ofByteArray()
- BodyHandlers.ofFile()
- BodyHandlers.ofString()
- BodyHandlers.ofInputStream()
- BodyHandlers.ofLines()

다음 요청에 대해 응답 본문을 처리하는 몇 가지 방법을 알아보자.

```
HttpClient client = HttpClient.newHttpClient();

HttpRequest request = HttpRequest.newBuilder()
  .uri(URI.create("https://reqres.in/api/users/2"))
  .build();
```

이어지는 절들에서 다양한 타입의 응답 본문을 처리하는 방법을 살펴보겠다.

262.1 응답 본문을 문자열로 처리

다음 코드에서 보듯이 BodyHandlers.ofString()으로 응답 본문을 문자열로 처리할 수 있다.

```
HttpResponse<String> responseOfString
  = client.send(request, HttpResponse.BodyHandlers.ofString());

System.out.println("Status code: " + responseOfString.statusCode());
System.out.println("Body: " + responseOfString.body());
```

charset을 명시하려면 ofString(String s, Charset charset)을 호출한다.

262.2 응답 본문을 파일로 처리

다음 코드에서 보듯이 BodyHandlers.ofFile()로 응답 본문을 파일로 처리할 수 있다.

```
HttpResponse<Path> responseOfFile = client.send(
  request, HttpResponse.BodyHandlers.ofFile(
    Path.of("response.json")));

System.out.println("Status code: " + responseOfFile.statusCode());
System.out.println("Body: " + responseOfFile.body());
```

열기 옵션을 명시하려면 ofFile(Path file, OpenOption... openOptions)를 호출한다.

262.3 응답 본문을 바이트 배열로 처리

다음 코드에서 보듯이 BodyHandlers.ofByteArray()로 응답 본문을 바이트 배열로 처리할 수 있다.

```
HttpResponse<byte[]> responseOfByteArray = client.send(
  request, HttpResponse.BodyHandlers.ofByteArray());
```

```
System.out.println("Status code: "
  + responseOfByteArray.statusCode());
System.out.println("Body: "
  + new String(responseOfByteArray.body()));
```

바이트 배열을 소비하려면 ofByteArrayConsumer(Consumer<Optional<byte[]>> consumer)를 호출한다.

262.4 응답 본문을 입력 스트림으로 처리

다음 코드에서 보듯이 BodyHandlers.ofInputStream()을 통해 응답 본문을 InputStream으로 처리할 수 있다.

```
HttpResponse<InputStream> responseOfInputStream = client.send(
  request, HttpResponse.BodyHandlers.ofInputStream());

System.out.println("\nHttpResponse.BodyHandlers.ofInputStream():");
System.out.println("Status code: "
  + responseOfInputStream.statusCode());

byte[] allBytes;

try (InputStream fromIs = responseOfInputStream.body()) {
  allBytes = fromIs.readAllBytes();
}

System.out.println("Body: "
  + new String(allBytes, StandardCharsets.UTF_8));
```

262.5 응답 본문을 문자열 스트림으로 처리

다음 코드에서 보듯이 BodyHandlers.ofLines()를 통해 응답 본문을 문자열 스트림으로 처리할 수 있다.

```
HttpResponse<Stream<String>> responseOfLines = client.send(
  request, HttpResponse.BodyHandlers.ofLines());

System.out.println("Status code: " + responseOfLines.statusCode());
System.out.println("Body: "
  + responseOfLines.body().collect(toList()));
```

263 JSON 가져오기와 업데이트, 저장

앞선 문제들에서는 JSON 데이터를 플레인 텍스트(문자열)로 처리했다. HTTP 클라이언트 API 는 JSON 데이터를 처리하는 특수 또는 전용 기능을 지원하지 않으며 이러한 종류의 데이터를 다른 문자열과 똑같이 취급한다.

그렇지만 개발자는 JSON 데이터를 자바 객체(POJO)로 표현하고 필요할 때마다 JSON과 자바를 서로 변환하는 데 익숙하다. HTTP 클라이언트 API 없이도 문제의 해법을 작성할 수 있다. 하지만 JSON 파서를 이용해 응답을 자바 객체로 변환하도록 HttpResponse.BodyHandlers를 따로 구현해서 해법을 작성할 수도 있다. 가령 JSON-B(6장에서 소개했다)를 이용할 수 있다.

HttpResponse.BodyHandler 인터페이스를 구현하려면 apply(HttpResponse.ResponseInfo responseInfo) 메서드를 오버라이딩해야 한다. 이 메서드를 사용해 응답에서 바이트를 가져와 자바 객체로 변환할 수 있다. 코드는 다음과 같다.

```java
public class JsonBodyHandler<T>
    implements HttpResponse.BodyHandler<T> {
  private final Jsonb jsonb;
  private final Class<T> type;

  private JsonBodyHandler(Jsonb jsonb, Class<T> type) {
    this.jsonb = jsonb;
    this.type = type;
  }

  public static <T> JsonBodyHandler<T>
      jsonBodyHandler(Class<T> type) {
    return jsonBodyHandler(JsonbBuilder.create(), type);
  }

  public static <T> JsonBodyHandler<T> jsonBodyHandler(
      Jsonb jsonb, Class<T> type) {
    return new JsonBodyHandler<>(jsonb, type);
  }

  @Override
  public HttpResponse.BodySubscriber<T> apply(
    HttpResponse.ResponseInfo responseInfo) {

    return BodySubscribers.mapping(BodySubscribers.ofByteArray(),
      byteArray -> this.jsonb.fromJson(
```

```
          new ByteArrayInputStream(byteArray), this.type));
    }
  }
```

다음 JSON(서버로부터 받은 응답)을 처리해보자.

```
{
  "data": {
    "id": 2,
    "email": "janet.weaver@reqres.in",
    "first_name": "Janet",
    "last_name": "Weaver",
    "avatar": "https://s3.amazonaws.com/..."
  }
}
```

위 JSON을 자바 객체로 표현하면 다음과 같다.

```
public class User {
  private Data data;
  private String updatedAt;

  // 이하 게터, 세터, toString() 생략
}

public class Data {
  private Integer id;
  private String email;

  @JsonbProperty("first_name")
  private String firstName;

  @JsonbProperty("last_name")
  private String lastName;

  private String avatar;

  // 이하 게터, 세터, toString() 생략
}
```

이제 요청과 응답에 들어 있는 JSON을 어떻게 처리하는지 알아보자.

263.1 JSON 응답을 User로 변환

GET 요청을 트리거하고 반환된 JSON 응답을 User로 변환해보자.

```
Jsonb jsonb = JsonbBuilder.create();
HttpClient client = HttpClient.newHttpClient();

HttpRequest requestGet = HttpRequest.newBuilder()
  .uri(URI.create("https://reqres.in/api/users/2"))
  .build();

HttpResponse<User> responseGet = client.send(
  requestGet, JsonBodyHandler.jsonBodyHandler(jsonb, User.class));

User user = responseGet.body();
```

263.2 업데이트한 User를 JSON 요청으로 변환

이전 절에서 가져온 사용자의 이메일 주소를 업데이트해보자.

```
user.getData().setEmail("newemail@gmail.com");

HttpRequest requestPut = HttpRequest.newBuilder()
  .header("Content-Type", "application/json")
  .uri(URI.create("https://reqres.in/api/users"))
  .PUT(HttpRequest.BodyPublishers.ofString(jsonb.toJson(user)))
  .build();

HttpResponse<User> responsePut = client.send(
  requestPut, JsonBodyHandler.jsonBodyHandler(jsonb, User.class));

User updatedUser = responsePut.body();
```

263.3 새 User를 JSON 요청으로 변환

새 사용자를 생성해보자(응답 상태 코드는 201이어야 한다).

```
Data data = new Data();
data.setId(10);
data.setFirstName("John");
data.setLastName("Year");
```

```
      data.setAvatar("https://johnyear.com/jy.png");

      User newUser = new User();
      newUser.setData(data);

      HttpRequest requestPost = HttpRequest.newBuilder()
        .header("Content-Type", "application/json")
        .uri(URI.create("https://reqres.in/api/users"))
        .POST(HttpRequest.BodyPublishers.ofString(jsonb.toJson(user)))
        .build();

      HttpResponse<Void> responsePost = client.send(
        requestPost, HttpResponse.BodyHandlers.discarding());

      int sc = responsePost.statusCode(); // 201
```

HttpResponse.BodyHandlers.discarding()을 사용해 모든 응답 본문을 무시했다.

264 압축

서버에 .gzip 압축을 활성화해 사이트 로드 시간을 현저히 단축시키는 것이 일반적인 관례다. 하지만 JDK 11의 HTTP 클라이언트 API는 .gzip 압축을 사용하지 않는다. 즉, HTTP 클라이언트 API는 압축된 응답을 요구하지 않으며 그러한 응답을 어떻게 처리해야 하는지도 모른다.

압축된 응답을 요청하려면 Accept-Encoding 헤더를 .gzip 값으로 전송해야 한다. 이 헤더는 HTTP 클라이언트 API에 추가되지 않으므로 다음과 같이 추가해야 한다.

```
      HttpClient client = HttpClient.newHttpClient();

      HttpRequest request = HttpRequest.newBuilder()
        .header("Accept-Encoding", "gzip")
        .uri(URI.create("https://davidwalsh.name"))
        .build();
```

이제 절반을 끝냈다. gzip 인코딩을 서버에 활성화해 압축된 응답을 받았다. 응답이 압축됐는지 알아내려면 Encoding 헤더를 확인한다.

```
      HttpResponse<InputStream> response = client.send(
        request, HttpResponse.BodyHandlers.ofInputStream());
```

```
String encoding = response.headers()
  .firstValue("Content-Encoding").orElse("");

if ("gzip".equals(encoding)) {
  String gzipAsString = gZipToString(response.body());
  System.out.println(gzipAsString);
} else {
  String isAsString = isToString(response.body());
  System.out.println(isAsString);
}
```

gZipToString() 메서드는 InputStream을 받아 GZIPInputStream으로 처리하는 헬퍼 메서드다. 즉, 이 메서드는 주어진 입력 스트림에서 바이트를 읽어 문자열을 생성한다.

```
public static String gzipToString(InputStream gzip)
    throws IOException {
  byte[] allBytes;
  try (InputStream fromIs = new GZIPInputStream(gzip)) {
    allBytes = fromIs.readAllBytes();
  }

  return new String(allBytes, StandardCharsets.UTF_8);
}
```

압축된 응답이 아닐 때 필요한 헬퍼 메서드는 isToString()이다.

```
public static String isToString(InputStream is) throws IOException {
  byte[] allBytes;
  try (InputStream fromIs = is) {
    allBytes = fromIs.readAllBytes();
  }

  return new String(allBytes, StandardCharsets.UTF_8);
}
```

265 폼 데이터 처리

JDK 11의 HTTP 클라이언트 API는 x-www-form-urlencoded로 POST 요청을 트리거하는 내장 지원을 제공하지 않는다. 문제를 해결하려면 맞춤형 BodyPublisher 클래스를 작성해야 한다.

다음 사항만 고려한다면 맞춤형 BodyPublisher 클래스 작성은 아주 쉽다.

- 데이터를 키-값 쌍으로 표현한다.

- 각 쌍은 key = value 타입이다.

- 쌍은 & 문자로 구분한다.

- 키와 값을 적절히 인코딩해야 한다.

데이터를 키-값 쌍으로 표현하므로 Map에 저장하면 편리하다. 이 Map을 순회해 앞선 정보대로 적용하면 된다.

```java
public class FormBodyPublisher {
  public static HttpRequest.BodyPublisher ofForm(
      Map<Object, Object> data) {
    StringBuilder body = new StringBuilder();

    for (Object dataKey: data.keySet()) {
      if (body.length() > 0) {
        body.append("&");
      }

      body.append(encode(dataKey))
        .append("=")
        .append(encode(data.get(dataKey)));
    }

    return HttpRequest.BodyPublishers.ofString(body.toString());
  }

  private static String encode(Object obj) {
    return URLEncoder.encode(obj.toString(), StandardCharsets.UTF_8);
  }
}
```

위 클래스로 POST(x-www-form-urlencoded) 요청을 다음과 같이 트리거한다.

```java
Map<Object, Object> data = new HashMap<>();
data.put("firstname", "John");
data.put("lastname", "Year");
data.put("age", 54);
data.put("avatar", "https://avatars.com/johnyear");

HttpClient client = HttpClient.newHttpClient();
```

```
HttpRequest request = HttpRequest.newBuilder()
  .header("Content-Type", "application/x-www-form-urlencoded")
  .uri(URI.create("http://jkorpela.fi/cgi-bin/echo.cgi"))
  .POST(FormBodyPublisher.ofForm(data))
  .build();

HttpResponse<String> response = client.send(
  request, HttpResponse.BodyHandlers.ofString());
```

응답은 전송한 데이터의 반복일 뿐이다. 262. **응답 본문 타입 처리** 절에서 보였듯이 애플리케이션
은 서버의 응답에 맞게 처리해야 한다.

266 자원 다운로드

255. **요청 본문 설정** 절과 262. **응답 본문 타입 처리** 절에서 설명했듯이 HTTP 클라이언트 API는
텍스트와 이진 데이터(예를 들어 이미지, 동영상 등)를 전송하고 받을 수 있다.

파일 다운로드는 다음 두 단계로 처리한다.

* GET 요청 전송
* (BodyHandlers.ofFile() 등을 통해) 전송받은 바이트 처리

메이븐 저장소에서 hibernate-core-5.4.2.Final.jar 파일을 프로젝트 클래스 경로(classpath)에
다운로드해보자.

```
HttpClient client = HttpClient.newHttpClient();

HttpRequest request = HttpRequest.newBuilder()
  .uri(URI.create("http://.../hibernate-core-5.4.2.Final.jar"))
  .build();

HttpResponse<Path> response
  = client.send(request, HttpResponse.BodyHandlers.ofFile(
    Path.of("hibernate-core-5.4.2.Final.jar")));
```

다운로드할 자원이 Content-Disposition HTTP 헤더로, 즉 Content-Disposition attachment;
filename="..." 타입으로 전송된다면 다음 예제처럼 BodyHandlers.ofFileDownload()를 사용할
수 있다.

```
import static java.nio.file.StandardOpenOption.CREATE;
...
HttpClient client = HttpClient.newHttpClient();

HttpRequest request = HttpRequest.newBuilder()
  .uri(URI.create("http://...downloadfile.php
    ?file=Hello.txt&cd=attachment+filename"))
  .build();

HttpResponse<Path> response = client.send(request,
  HttpResponse.BodyHandlers.ofFileDownload(Path.of(
    System.getProperty("user.dir")), CREATE));
```

http://demo.borland.com/testsite/download_testpage.php에 있는 파일로 더 테스트해보자.

267 다중 업로드

255. **요청 본문 설정** 절에서 알아봤듯이 BodyPublishers.ofFile()과 POST 요청으로 파일(텍스트나 이진)을 서버로 전송할 수 있다.

하지만 일반적인 업로드 요청 전송은 Content-Type이 multipart/form-data인 다중 폼(multipart form) POST를 포함할 수 있다.

이때 요청 본문은 그림 13-2에서 묘사하듯이 경계로 구분된 여러 부분으로 구성된다(--779d3 34bbfa...가 경계다).

▼ 그림 13-2

```
--779d334bbfa749fdb1f4d115cd18a0cd
Content-Disposition: form-data; name="author"                        ┐
                                                                      ├ 파트1
Lorem Ipsum Generator                                                 ┘
--779d334bbfa749fdb1f4d115cd18a0cd
Content-Disposition: form-data; name="filefield"; filename="figure.png"
Content-Type: image/png

%PNG

` Øæᴹ>ïïA-  8   -ò }Ÿ>)wð{þûó  °Ÿç÷Kt Ï| ªç Ï Øåᴹ>ïÓ¼}'ûú SÁhOcáu~¿ ¾o9Û÷¹ß:ë÷¸  ├ 파트2
´Ó 4V>çØ/th^\œ£¦ Ä ûÐÏÑ `Ÿî} Bý «"è iaQ_Q »{«á i¸>Y_O )yàLeÊÁ|®‡+N ¼4 ô}¹V|eú
`ê ›à›  Ö;+?Q~æg‹t_çªª¢ Ôf⁺ ÊçOðIÓô§Ü äy  Vx#^^Ö3Çm ~Ú9~ç(W·Ù
`zí ãàºÁ ã rŸR ^  TÉ«øŸô}š·p  .c· O"-
--779d334bbfa749fdb1f4d115cd18a0cd--
```

하지만 JDK 11의 HTTP 클라이언트 API는 이렇게 요청 본문을 만드는 내장 지원을 제공하지 않는다. 그래도 그림 13-2의 화면처럼 요청 본문을 생성하도록 맞춤형 BodyPublisher를 다음과 같이 정의할 수 있다.

```java
public class MultipartBodyPublisher {
  private static final String LINE_SEPARATOR = System.lineSeparator();

  public static HttpRequest.BodyPublisher ofMultipart(
    Map<Object, Object> data, String boundary) throws IOException {
    final byte[] separator = ("--" + boundary +
      LINE_SEPARATOR + "Content-Disposition: form-data;
      name = ").getBytes(StandardCharsets.UTF_8);

    final List<byte[] > body = new ArrayList<>();

    for (Object dataKey: data.keySet()) {
      body.add(separator);
      Object dataValue = data.get(dataKey);

      if (dataValue instanceof Path) {
        Path path = (Path) dataValue;
        String mimeType = fetchMimeType(path);

        body.add(("\"" + dataKey + "\"; filename=\"" +
          path.getFileName() + "\"" + LINE_SEPARATOR +
          "Content-Type: " + mimeType + LINE_SEPARATOR +
          LINE_SEPARATOR).getBytes(StandardCharsets.UTF_8));

        body.add(Files.readAllBytes(path));
        body.add(LINE_SEPARATOR.getBytes(StandardCharsets.UTF_8));
      } else {
        body.add(("\"" + dataKey + "\"" + LINE_SEPARATOR +
            LINE_SEPARATOR + dataValue + LINE_SEPARATOR)
              .getBytes(StandardCharsets.UTF_8));
      }
    }

    body.add(("--" + boundary
      + "--").getBytes(StandardCharsets.UTF_8));

    return HttpRequest.BodyPublishers.ofByteArrays(body);
  }

  private static String fetchMimeType(
```

```
    Path filenamePath) throws IOException {

    String mimeType = Files.probeContentType(filenamePath);

    if (mimeType == null) {
      throw new IOException("Mime type could not be fetched");
    }

    return mimeType;
  }
}
```

이제 다중 요청을 생성해보자(LoremIpsum.txt라는 텍스트 파일을 서버에 업로드하면 서버는 원본 폼 데이터를 그대로 돌려보낸다).

```
Map<Object, Object> data = new LinkedHashMap<>();
data.put("author", "Lorem Ipsum Generator");
data.put("filefield", Path.of("LoremIpsum.txt"));

String boundary = UUID.randomUUID().toString().replaceAll("-", "");

HttpClient client = HttpClient.newHttpClient();

HttpRequest request = HttpRequest.newBuilder()
  .header("Content-Type", "multipart/form-data;boundary=" + boundary)
  .POST(MultipartBodyPublisher.ofMultipart(data, boundary))
  .uri(URI.create("http://jkorpela.fi/cgi-bin/echoraw.cgi"))
  .build();

HttpResponse<String> response = client.send(
  request, HttpResponse.BodyHandlers.ofString());
```

아래와 비슷하게 응답할 것이다(경계는 임의의 UUID다).

```
--7ea7a8311ada4804ab11d29bcdedcc55
Content-Disposition: form-data; name="author"
Lorem Ipsum Generator
--7ea7a8311ada4804ab11d29bcdedcc55
Content-Disposition: form-data; name="filefield";
filename="LoremIpsum.txt"
Content-Type: text/plain
Lorem ipsum dolor sit amet, consectetur adipiscing elit, sed do
eiusmod tempor incididunt ut labore et dolore magna aliqua.
--7ea7a8311ada4804ab11d29bcdedcc55--
```

268 HTTP/2 서버 푸시

멀티플렉싱(multiplexing) 외에 HTTP/2의 또 다른 강력한 기능이 바로 **서버 푸시**(server push)다. 기존 방식(HTTP/1.1)에서는 브라우저가 HTML 페이지를 가져오는 요청을 트리거한 후 전송받은 마크업을 파싱해 참조된 자원(예를 들어 JS, CSS, 이미지 등)을 식별한다. 브라우저는 이러한 자원을 가져오기 위해 추가로 요청을 전송한다(참조된 자원마다 하나씩). 반면, HTTP/2는 브라우저에서 명시적으로 요청하지 않아도 HTML 페이지와 참조된 자원을 함께 전송한다. 즉, 브라우저가 HTML 페이지를 요청하면 페이지뿐 아니라 그 페이지를 표시하는 데 필요한 모든 것을 함께 받는다.

HTTP 클라이언트 API는 PushPromiseHandler 인터페이스를 통해 HTTP/2의 서버 푸시 기능을 지원한다. 이 인터페이스를 구현해 send()나 sendAsync() 메서드의 세 번째 인수로 넣어야 한다.

PushPromiseHandler는 다음 세 가지 요소로 구성된다.

- 클라이언트 전송 요청 초기화(initiatingRequest)

- 가상(synthetic) 푸시 요청(pushPromiseRequest)

- 푸시 프라미스(promise)를 허용하기 위해 성공적으로 호출되어야 하는 액셉터(acceptor) 함수

푸시 프라미스가 허용되려면 주어진 액셉터 함수를 호출해야 한다. 액셉터 함수에는 프라미스의 응답 본문을 처리할 널이 아닌 BodyHandler를 전달한다. 액셉터 함수는 프라미스의 응답을 완료할 CompletableFuture 인스턴스를 반환한다.

이러한 정보를 토대로 PushPromiseHandler 구현을 살펴보자.

```
private static final List<CompletableFuture<Void>>
  asyncPushRequests = new CopyOnWriteArrayList<>();
...
private static HttpResponse.PushPromiseHandler<String>
  pushPromiseHandler() {
    return (HttpRequest initiatingRequest,
      HttpRequest pushPromiseRequest,
      Function<HttpResponse.BodyHandler<String> ,
      CompletableFuture<HttpResponse<String>>> acceptor) -> {
        CompletableFuture<Void> pushcf =
          acceptor.apply(HttpResponse.BodyHandlers.ofString())
            .thenApply(HttpResponse::body)
            .thenAccept((b) -> System.out.println(
              "\nPushed resource body:\n " + b));
```

```
        asyncPushRequests.add(pushcf);

        System.out.println("\nJust got promise push number: " +
            asyncPushRequests.size());
        System.out.println("\nInitial push request: " +
            initiatingRequest.uri());
        System.out.println("Initial push headers: " +
            initiatingRequest.headers());
        System.out.println("Promise push request: " +
            pushPromiseRequest.uri());
        System.out.println("Promise push headers: " +
            pushPromiseRequest.headers());
    };
}
```

요청을 트리거하고 위 PushPromiseHandler를 sendAsync()에 전달해보자.

```
HttpClient client = HttpClient.newHttpClient();

HttpRequest request = HttpRequest.newBuilder()
    .uri(URI.create("https://http2.golang.org/serverpush"))
    .build();

client.sendAsync(request,
    HttpResponse.BodyHandlers.ofString(), pushPromiseHandler())
    .thenApply(HttpResponse::body)
    .thenAccept((b) -> System.out.println("\nMain resource:\n" + b))
    .join();

asyncPushRequests.forEach(CompletableFuture::join);

System.out.println("\nFetched a total of " +
    asyncPushRequests.size() + " push requests");
```

푸시 프라미스와 각 응답을 주어진 맵으로 모으는 푸시 프라미스 핸들러를 반환하려면 Push
PromiseHandler.of() 메서드를 호출한다.

```
private static final ConcurrentMap<HttpRequest,
    CompletableFuture<HttpResponse<String>>> promisesMap
        = new ConcurrentHashMap<>();

private static final Function<HttpRequest,
    HttpResponse.BodyHandler<String>> promiseHandler
```

```
    = (HttpRequest req) -> HttpResponse.BodyHandlers.ofString();

public static void main(String[] args)
    throws IOException, InterruptedException {
  HttpClient client = HttpClient.newHttpClient();

  HttpRequest request = HttpRequest.newBuilder()
    .uri(URI.create("https://http2.golang.org/serverpush"))
    .build();

  client.sendAsync(request,
      HttpResponse.BodyHandlers.ofString(), pushPromiseHandler())
    .thenApply(HttpResponse::body)
    .thenAccept((b) -> System.out.println("\nMain resource:\n" + b))
    .join();

  System.out.println("\nPush promises map size: " +
    promisesMap.size() + "\n");

  promisesMap.entrySet().forEach((entry) -> {
    System.out.println("Request = " + entry.getKey() +
      ", \nResponse = " + entry.getValue().join().body());
  });
}

private static HttpResponse.PushPromiseHandler<String>
  pushPromiseHandler() {
    return HttpResponse.PushPromiseHandler
      .of(promiseHandler, promisesMap);
}
```

두 해법 모두 ofString()을 통해 String 타입의 BodyHandler를 사용했다. 그러나 서버가 이진 데이터(가령 이미지)도 푸시하면 별로 쓸모가 없다. 이진 데이터를 처리하고 있으면 ofByteArray()를 통해 BodyHandler를 byte[] 타입으로 바꿔야 한다. 혹은 다음 해법처럼 offile()을 통해 푸시된 자원을 디스크에 전송하고 그에 맞게 코드를 조정한다.

```
private static final ConcurrentMap<HttpRequest,
  CompletableFuture<HttpResponse<Path>>>
    promisesMap = new ConcurrentHashMap<>();

private static final Function<HttpRequest,
  HttpResponse.BodyHandler<Path>> promiseHandler
```

```
    = (HttpRequest req) -> HttpResponse.BodyHandlers.ofFile(
        Paths.get(req.uri().getPath()).getFileName());

public static void main(String[] args)
    throws IOException, InterruptedException {
  HttpClient client = HttpClient.newHttpClient();

  HttpRequest request = HttpRequest.newBuilder()
    .uri(URI.create("https://http2.golang.org/serverpush"))
    .build();

  client.sendAsync(request, HttpResponse.BodyHandlers.ofFile(
        Path.of("index.html")), pushPromiseHandler())
    .thenApply(HttpResponse::body)
    .thenAccept((b) -> System.out.println("\nMain resource:\n" + b))
    .join();

  System.out.println("\nPush promises map size: " +
    promisesMap.size() + "\n");

  promisesMap.entrySet().forEach((entry) -> {
    System.out.println("Request = " + entry.getKey() +
      ", \nResponse = " + entry.getValue().join().body());
  });
}

private static HttpResponse.PushPromiseHandler<Path>
  pushPromiseHandler() {
    return HttpResponse.PushPromiseHandler
      .of(promiseHandler, promisesMap);
  }
```

위 코드는 그림 13-3의 화면에서 보듯이 애플리케이션 클래스 경로에 푸시된 자원을 저장한다.

❤ 그림 13-3

🖼 godocs	5/16/2019 10:26 AM	JScript Script File	18 KB
⬜ index	5/16/2019 10:26 AM	Chrome HTML Do...	66 KB
🖼 jquery.min	5/16/2019 10:26 AM	JScript Script File	92 KB
🖼 playground	5/16/2019 10:26 AM	JScript Script File	15 KB
⚙ style	5/16/2019 10:26 AM	Cascading Style S...	14 KB

269 WebSocket

HTTP 클라이언트는 WebSocket 프로토콜을 지원한다. API로는 java.net.http.WebSocket 인터페이스로 구현한다. 이 인터페이스는 WebSocket 커뮤니케이션을 처리하는 메서드 묶음을 제공한다.

HttpClient.newWebSocketBuilder().buildAsync()로 WebSocket 인스턴스를 비동기식으로 생성할 수 있다.

잘 알려진 밋업(Meetup) RSVP WebSocket 엔드포인트로 연결하는 예를 살펴보자.

```
HttpClient client = HttpClient.newHttpClient();

WebSocket webSocket = client.newWebSocketBuilder()
  .buildAsync(URI.create("ws://stream.meetup.com/2/rsvps"),
    wsListener).get(10, TimeUnit.SECONDS);
```

본질적으로 WebSocket 프로토콜은 양방향이다. 데이터를 전송할 때 sendText(), sendBinary(), sendPing(), sendPong()을 이용한다. 밋업 RSVP는 전송한 데이터를 처리하지 않으나 재미를 위해 다음과 같은 텍스트 메시지를 전송해보겠다.

```
webSocket.sendText("I am an Meetup RSVP fan", true);
```

boolean 인수를 넣어 메시지의 끝을 표시했다. 이 호출이 완료되지 않으면 메시지는 false를 전달한다.

연결을 닫으려면 sendClose()를 사용한다.

```
webSocket.sendClose(WebSocket.NORMAL_CLOSURE, "ok");
```

끝으로 유입되는 메시지를 처리할 WebSocket.Listener를 작성해야 한다. 이 인터페이스는 다수의 메서드를 기본 구현으로 포함한다. 아래 코드는 onOpen(), onText(), onClose()를 오버라이딩한다. WebSocket 리스너와 앞선 코드를 합치면 다음 애플리케이션이 만들어진다.

```
public class Main {
  public static void main(String[] args) throws
      InterruptedException, ExecutionException, TimeoutException {
    Listener wsListener = new Listener() {
      @Override
      public CompletionStage<?> onText(WebSocket webSocket,
          CharSequence data, boolean last) {
```

```java
        System.out.println("Received data: " + data);
        return Listener.super.onText(webSocket, data, last);
    }

    @Override
    public void onOpen(WebSocket webSocket) {
        System.out.println("Connection is open ...");
        Listener.super.onOpen(webSocket);
    }

    @Override
    public CompletionStage<? > onClose(WebSocket webSocket,
        int statusCode, String reason) {
        System.out.println("Closing connection: " +
          statusCode + " " + reason);

        return Listener.super.onClose(webSocket, statusCode, reason);
    }
  };

  HttpClient client = HttpClient.newHttpClient();

  WebSocket webSocket = client.newWebSocketBuilder()
    .buildAsync(URI.create(
      "ws://stream.meetup.com/2/rsvps"), wsListener)
    .get(10, TimeUnit.SECONDS);

  TimeUnit.SECONDS.sleep(10);

  webSocket.sendClose(WebSocket.NORMAL_CLOSURE, "ok");
  }
}
```

위 애플리케이션을 10초 동안 실행해 출력을 확인해보자.

```
Connection is open ...

Received data:
{"visibility":"public","response":"yes","guests":0,"member":{"member_i
d":267133566,"photo":"https:\/\/secure.meetupstatic.com\/photos\/membe
r\/8\/7\/8\/a\/thumb_282154698.jpeg","member_name":"SANDRA
MARTINEZ"},"rsvp_id":1781366945...
```

```
Received data:
{"visibility":"public","response":"yes","guests":1,"member":{"member_i
d":51797722,...
...
```

10초 후 애플리케이션은 WebSocket 엔드포인트와 연결이 끊긴다.

13.3 요약

여기까지다! 13장의 마지막 문제까지 끝났다. 이제 마지막 페이지다. 새로운 HTTP 클라이언트와 WebSocket API는 정말 근사해 보인다. 상당한 유연성과 다양성을 지니고 있으며 굉장히 직관적이고, 개발 중에 마주치고 싶지 않은 다수의 사소한 골칫거리를 어떻게든 감춘다.

13장의 애플리케이션을 다운로드해서 결과와 추가적인 세부 사항을 확인하자.